本书为广西教育科学"十五"规划课题核心成果（课题编号：2005-C-39）

本书荣获2007年广西教育科学"十五"规划课题优秀成果评选三等奖

本书受广西民族大学专著出版经费资助

本书受2010年广西壮族自治区高校质量工程专项物流管理紧缺人才专业项目出版资助

中国外语教育品牌战略研究

——基于路径选择的视角

李雪岩 著

The Study for Brand Strategy of Chinese Foreign Language Education

—Based on the Perspective of Path Selection

经济管理出版社
ECONOMY & MANAGEMENT PUBLISHING HOUSE

图书在版编目（CIP）数据

中国外语教育品牌战略研究：基于路径选择的视角/李雪岩著. —北京：经济管理出版社，2012.5

ISBN 978-7-5096-1916-2

Ⅰ. ①中… Ⅱ. ①李… Ⅲ. ①外语教学—教学研究—中国 Ⅳ. ①H09

中国版本图书馆 CIP 数据核字（2012）第 085912 号

出版发行：经济管理出版社
北京市海淀区北蜂窝 8 号中雅大厦 11 层
电话:(010)51915602　　邮编:100038

印刷：三河市延风印装厂　　经销：新华书店

组稿编辑：邱永辉　　责任编辑：邱永辉
责任印制：杨国强　　责任校对：超　凡

720mm×1000mm/16　　14.75 印张　　200 千字
2012 年 5 月第 1 版　　2012 年 5 月第 1 次印刷

定价：38.00 元

书号：ISBN 978-7-5096-1916-2

前　言

要发展外语教育，优先考虑的应该是品牌战略路径。中国外语教育品牌战略实施现状堪忧，个中原因复杂，但一个明显的问题是：现行外语教育制度的困扰。解构中国现行的外语教育制度，建构新的外语教育制度，是中国外语教育品牌战略的重要环节。

中国现行外语教育制度有一个显著特点，就是必修性：从小学、中学到大学、硕士、博士研究生等 20 多年的学习中，外语是唯一始终必修、必考的课程，甚至是硕士研究生入学考试两门公共必考科目之一，是博士研究生入学考试的唯一公共必考科目；一些高校实行学士、硕士学位与大学英语四、六级挂钩；外语专业学生还必须学习、考试第二外语；中级以上职称晋升还与职称外语考试挂钩。由于具有以上的必修性特点，笔者在此将中国现行外语教育制度称为“外语必修制度”。

中国现行外语必修制度产生于 20 世纪 80 年代初期的特定历史时期，有利于缓解当时外交战略变化和外语人才的极度缺乏等问题，有其历史合理性。

但是，在中国已经从 20 世纪 80 年代初期的高等教育精英化阶段演变到高等教育大众化阶段，并逐渐向高等教育普及化阶段演进的今天，外语必修制度已经严重不符合中国的现实情况，并带来了严重的问题：消耗了国民太多的时间和精力，外语学习效果却不明显；严重阻碍、扭曲了专业人才的发展；使中国教育进一步陷入应试教育深渊；形成了深厚的外语考试利益链，甚至诱发了违法犯罪和道德丧失；浪费了有限的外语教育资源；让中国的母语教育陷入危机；有损中华文化传承和民族尊严；使中国边疆外语教育陷入尴尬境地；阻碍了中国外语教育的多元化发展；最终阻碍了中国外语教育品牌战略的发展。

中国现行外语必修制度设计的逻辑基础是"外语重要=外语必修"，这种制度逻辑存在严重的问题，"外语重要"不是"外语必修"的充分条件。

中国外语必修制度不符合"行为—关系—制度"的普通社会学原理，一个人学不学外语，并不损害他人利益，不应该在制度上将外语学习设定为必需。

社会语言学的理论认为，学习语言，需要一定的语言、文化环境；离开这种环境，语言学习将失去其意义。目前，中国绝大多数人没有外语学习所必需的环境，外语必修制度有违社会语言学的规律。

从经济学的角度来分析，学习外语是一种投资行为，其意义在于对学习者个人有用。但是，中国目前绝大多数人其实用不上外语，或者是用得很少。在这种情势下，外语必修制度必然让很多人浪费了大量的时间和精力。

从马克思主义民族语言观出发，任何人都有凭借其自身民族语言发展自己的权利，不以掌握另一个民族语言为前提。外语必修制度迫使中华民族的优秀儿女不得不学习英语等外语，否则将失去在中华民族土地上的受教育权、职称晋升权等发展权利，这不符合马克思主义民族语言观的要求。

从法律的角度来看，中国有不少现行的法律法规明确要求使用中国的通用语言文字，禁止使用非通用语言文字。外语必修制度将外语置于太重要的位置，有不合理的嫌疑。

从国际比较的视角来看，全球有200多个国家，有的国家为保护母语而抵制外语，有的由学校自行确定是否开设外语，有的仅是在基础教育阶段实行有限的外语必修，还没有哪个国家像中国一样实行从基础教育到高等教育、研究生教育的全程外语必修制度，而且在学校教育结束以后的职称晋升还要测试外语。

从人类语言发展规律来看，人类语言从无到有，从多到少，到最后可能走向统一，都有其自身的发展规律，一般是代表经济强势、文化强势的语言战胜代表经济弱势、文化弱势的语言。在人类语言竞争性发展中，英语未必是最后的胜利者，汉语也未必不是最后的胜利者。中国现行外语教育制度将英语等语言置于全体中华民族儿女的必修必考之地位，这实际上抑制了汉语的发展，不利于汉语按照语言发展的自身规律进行演进。

从国家外交关系的层面来看，中国的外交对象越来越多元化，越来越向更多的非英语国家深入。在这种外交关系的带动下，中国越来越多公民的目光也开始投向非英语国家。这种情势的出现，必然要求中国的外语教育越来越走向多元化。这对现行的外语必修制度也是一个挑战。

综合上述，中国的外语必修制度必须改革，中国的外语教育应遵循自愿化、专业化、基础化、区域化、激励化的方向进行改革，核心是改“必修”为“选修”：一个人学不学外语，完全由个人自由选择，把不愿进行外语投资、没有外语学习条件的人解放出来，让有外语学习条件的人找到自己的天空。在制度设计上，需要将高考、硕士、博士研究生入学考试的公共外语科目以及外语专业第二外语考试科目取消，或者由高校自己决定是否开考；将大学、硕士、博士研究生学习阶段的公共外语科目以及外语专业的第二外语科目取消，或仅作为任意选修课；应禁止将大学英语四、六级考试与大学学位证挂钩的做法；取消职称外语。

通过对外语必修制度和外语选修制度进行比较，我们可以发现，在制度弊端、制度目标与途径、制度合理性与合法性等方面，外语选修制度都比外语必修制度更有优势。

实行外语选修制度，扫除了中国外语教育品牌战略的最大障碍。要进一步推进外语教育品牌战略，还需要在品牌定位、品牌建设、品牌延伸等方面做出努力。

李雪岩

2012 年 3 月于广西民族大学相思湖畔

目 录

第一章　中国现行外语教育制度概述

中国外语教育有超过 700 年的历史，但在 20 世纪 80 年代以前，中国并没有实行外语必修制度。20 世纪 80 年代初，中国逐步建立外语必修制度。中国的外语必修制度有一定的历史合理性，但在中国高等教育由精英化向大众化转变、向普及化迈进的背景下，外语必修制度已经面临严峻的挑战。

第一节　中国外语教育制度的历史

外语教育在中国已有超过 700 年的历史。有证可考的中国最早的外语学校教育可以追溯到元朝时期的 1289 年。之后，明朝设立"四夷馆"，清朝于 1727 年设立"俄罗斯文馆"、于 1862 年创立京师同文馆，京师同文馆开始教授英语和法、日等国语言。此后的 40 年是中国英语教学漫长的萌芽阶段。

在以上几百年的历史时期，外语教育仅在个别学校开展，所教语种也局限于波斯语、俄语以及其他与中国接壤的少数几个国家的语言。

1902年，清政府颁布了《钦定学堂章程》，规定全国的中小学堂外语课以英语为主，该章程于1903年正式实施，由此开始了全国规模的外语课以英语为主的先河。一时间，学生学习、翻译西文，向西方学习之势蔚然成风，英语教学纳入正轨。但是，该章程并没有将外语课纳入必修的范围，只是一种鼓励和倡导。实际上，当时正规的学校很少，绝大多数人接受不到正规的学校教育。

1913年南京临时政府颁布了《中学校课程标准》，1922年南京政府颁布了《中学英语课标准》，都是将英语仅仅规定为中小学的必修课程，中小学以外则无任何规定。

1949年至20世纪50年代初期，外语（主要是俄语）也仅列为中学必修课程，在中学以外则没有外语方面的任何要求，只是根据需要在大学开设了俄语等外语专业。[①] “文化大革命”期间，中学外语教学也遭受了破坏，更谈不上必修。

外语语种方面，俄语在中国外语教育的舞台上所占优势时间最长，达154年之久（1708~1862年）。1862~1903年，不同的外国语交替占据学校外语课程舞台，时而日语，时而英语。1903~1949年，中国的外语语种主要是英语，也有其他语种。1949年之后的10多年时间里，由于当时的社会主义革命的需要，中国向苏联学习，开始全国上下普遍学习俄语。

1958年，中国局部恢复英语教学。1964年，教育部确定英语为第一外语，调整了中学的外语教学结构。但由于受“左”的思想影响，“文化大革命”期间的英语课本从头到尾充斥了所谓的“革命”英译口号，学起来不伦不类，闹了不少笑话。

---

① 四川外国语学院高等教育研究所. 中国外语教育要事录［M］. 北京：外语教学与研究出版社 1993：1~3.

“文化大革命”后的1978年，中国政府向41个国家派遣了480名留学生，这一举措激活了蛰伏多年的中国学子的求学之心，英语热开始预燃。1981年，国务院颁布了《关于自费出国留学的暂行规定》，出国留学之路被打通了，国内兴起了出国热潮，其标志就是托福热。

1977年，中国恢复高等学校招生考试制度，“英语热”伴随求知热在全国迅速掀起。1979年英语高考成绩以10%记入总分，以后逐年增加，到1983年英语高考总分以100%记入总分。从此，英语成为高考主要的必考科目之一，这对中学英语教学起到了极大的推动作用。

在外国语学校方面，可以说，在中国现代教育史上，最新建立的、具有现代学校雏形的学校是外国语学校，其中最早的是“京师同文馆”（1862年），其于1901年并入京师大学堂，即后来的北京大学。1940年前后，中国共产党在延安成立了延安外国语学校。1949年前，全国只有高等院校205所，英语教师918人，英语专业学生7000人。1956年，由于受当时俄语教育“一边倒”倾向的影响，英语教师下降为545人，其中教授132人，副教授68人，讲师183人，助教162人。1983年，英语课程教授人数增至175人，副教授974人，讲师6569人，助教6902人，其他1222人。

1949年以后，北京俄文专科学校、上海俄文学校、西北俄文专科学校、西南俄文专科学校、沈阳俄文专科学校、新疆俄文专科学校、北京外国语学校等纷纷成立，同时，北京大学、清华大学、复旦大学等几十所综合性大学设有俄文等外语系，培养国家军政机关和经济建设急需的俄文翻译人才。

1953年7月20日，教育部为了解决高等师范院校一些系科设置与中等学校所需师资之间的矛盾，下达《关于高等师范学校教育、英语、体育、政治等系科的调整设置的决定》，指出：由于全国开设英语课的中学逐渐减少，计划今后只有少数中学保留英语课，因此，高等师范的英语系应大量减少，决定只保留华东师范大学英语系，负责培养全国的中学英语师资，其他各校一律停办。

综上所述，我们可以看出，中国外语教育有超过 700 年的历史，但在 20 世纪 70 年代末 80 年代初以前，中国外语教育并没有必修性的特点。

第二节　中国现行外语教育制度的核心特征及其形成过程

中国现行外语教育制度有一个显著特点，就是必修性：从小学、中学到大学、硕士、博士研究生等 20 多年的学习中，外语是唯一始终必修、必考的课程，甚至是硕士研究生入学考试两门公共必考科目之一，是博士研究生入学考试的唯一公共必考科目；一些高校实行学士硕士学位与大学英语四、六级挂钩；外语专业学生还必须学习、考试第二外语；中级以上职称晋升还与职称外语考试挂钩。由于具有以上的“必修性”这个核心特征，笔者在此将中国现行外语教育制度称为“外语必修制度”。

在 20 世纪 80 年代初以前，中国外语教育并没有必修性特点。中国现行外语必修制度开始于 20 世纪 80 年代初期的高考制度，并经历了一个逐步演变的过程。

1978 年 6 月 6 日，中华人民共和国教育部（以下简称“教育部”）下发《关于 1978 年高等学校和中专学校招生工作的意见》规定，高考全国统一命题，考外语科目。当时规定外语科目成绩虽然暂不记分，仅作参考，但从此外语成为高考必考科目之一。[①]

1979 年 5 月 3 日，教育部下发《关于 1979 年高等学校招生工作的意见》规定，报考重点院校的，外语考试成绩按 10%算分，报考一般院校则不算分。[②]

1980 年 4 月 24 日，教育部下发《关于 1980 年高等学校招生工作的意见》规定，逐年提高外语成绩在高考成绩中的记分比例：1980 年为 30%、1981 年为 50%、1982 年为 70%，1983 年起按 100%记入总分。[③]

随后，硕士、博士研究生入学考试也将外语列为必考科目。

从 1979 年开始，大学公共外语课程在高校逐步设立，大学外语专业的学生也被要求学习第二外语。随后，延伸到研究生阶段。表 1–1 为 1950~1987 年中国外语课程设置的演变情况。

表 1–1　1950~1987 年中国外语课程设置演变

时间	发文部门	文件名称	内　　容
1950 年 5 月 26 日	教育部	《关于高等学校 1950 年度暑期招考新生的规定》	外国语为各系共同必考科目，允许免试
1950 年 8 月 1 日	教育部	《中学暂行教学计划（草案）》	外语课初中三年共 360 学时，每周 3 学时，高中三年共 480 学时，每周 4 学时；外语课在初高中须设一种，如有条件宜设俄语
1953 年 6 月 26 日	高教部 教育部	《关于全国高等学校 1953 年暑期招考新生的规定》	要求将外语作为统一考试科目

① 四川外国语学院高等教育研究所. 中国外语教育要事录［M］. 北京：外语教学与研究出版社 1993：134.

② 四川外国语学院高等教育研究所. 中国外语教育要事录［M］. 北京：外语教学与研究出版社 1993：159.

③ 四川外国语学院高等教育研究所. 中国外语教育要事录［M］. 北京：外语教学与研究出版社 1993：176.

续表

时间	发文部门	文件名称	内　容
1954年4月28日	教育部	《关于从1954年秋季起中学外国语科设置的通知》	为了减轻学生学习负担，使学生能更好地学好本国语文及其他学科，初中一律不设外国语科（1954~1959年）
1954年5月18日	高教部 教育部	《关于全国高等学校1954年暑期招考新生的规定》	两大类专业必须考试外国语，其余专业不考外国语
1956年4月6日	高教部 教育部	《关于全国高等学校1956年暑期招考新生的规定》	各类考试科目均取消外国语，仅文科类的外语专业加试俄语或英语，但没有学过俄语或英语的可以不加试
1958年7月1日	教育部	《关于高等学校1958年招考新生的规定》	要求各科考生都要考试外国语，但考试成绩仅作参考
1959年3月26日	教育部	《关于在中学加强和开设外国语的通知》	要求加强高中外国语教学，并在大、中城市的初中学校逐步开设外国语
1960年5月28日	教育部	《关于高等学校1960年招考新生的规定》	外语考试成绩，重点高校和外语专业作为录取根据之一，其余学校作为参考
1961年12月8日	教育部	《关于从1962年起高等学校招生外国语考试成绩作为正式分数的通知》	从1962年起，高等学校在录取新生时，将外国语考试成绩作为正式分数
1963年4月29日	教育部	《高等学校培养研究生工作暂行条例（草案）》	在研究生的培养目标中规定：掌握两门外国语
1966~1970年，“文革”，停止招生长达5年之久			
1970~1976年，开始招收“工农兵”大学生，不用文化考试，仅凭推荐、考查			
1977年10月12日	教育部	《关于1977年高等学校招生工作的意见》	自愿报名，统一考试，省级出题，分文理科——恢复高考
1978年1月18日	教育部	《全日制十年制中小学计划试行草案》	中学5年制，小学5年制，有条件的小学三年级开设外语，无条件的初一开设外语
1978年6月6日	教育部	《关于1978年高等学校和中专学校招生工作的意见》	全国统一命题，考外语，但暂不记分，仅作参考（高校开设了公共外语课）
1979年5月3日	教育部	《关于1979年高等学校招生工作的意见》	外语考试成绩，报考重点院校按10%算分，报考一般院校不算分
1980年4月24日	教育部	《关于1980年高等学校招生工作的意见》	逐年提高外语成绩记分比例：1980年为30%、1981年为50%、1982年为70%，1983年起按100%记入总分
1985年6月28日	国家教育委员会	《调整初中外语教学要求的意见》	不具备外语师资条件的中学，外语课可不开设，中考时各地相应调整
1987年9月20日	国家教育委员会		试行大学英语四级标准考试（CET—4），自愿报名的有26个省470所高校

资料来源：笔者根据有关文件资料整理而成。

1987年、1989年，国家教育委员会先后推行大学英语四、六级标准考试。不过，当时还只是部分高校自愿参加。[①] 20世纪90年代中期以后，开始有一些高校将大学英语四、六级考试与学士硕士学位挂钩。此后，这种情况逐步蔓延到越来越多的高校。

20世纪90年代，“外语热”进一步从学校蔓延到社会，其标志是人事部门规定将中级以上职称晋升也与职称外语考试挂钩。自1999年开始，职称外语考试实施全国统一大纲、统一命题、统一组织的制度。

第三节 中国外语必修制度的历史合理性

中国外语必修制度的产生，有其特殊的历史背景及其特殊的历史任务。

1954年，中国把英语、法语等外语科目基本废除，改设俄语，因为当时中国和苏联关系很好。1950年初，刘少奇副主席接见北京俄文专修学校干部时指出，鉴于中苏两国友好合作的前景和大批苏联专家即将来华帮助中国进行建设，国家急需大批俄文翻译干部等。1951年9月25~28日，第一次全国俄文教学工作会议在北京举行，胡乔木同志指出：“目前大量培养俄文翻译人才是非常重要的政治任务……培养翻译干部，必须配合国家需要，通盘筹划，照顾轻重缓急。”1949~1951年，全国各类学校培养的俄文人才仅

① 四川外国语学院高等教育研究所. 中国外语教育要事录［M］. 北京：外语教学与研究出版社1993：360.

2500名，当时全国俄文学校的在校人数仅5000人。朱德同志在1951年10月1日创刊的《俄文教学》上题词："做好俄文教学工作，认真培养俄语人才，为忠实地介绍苏联先进的政治斗争经验、经济建设经验和军事建设经验准备力量，以适应中国当前各项建设工作的需要。"

20世纪60~70年代以来，随着中国与苏联的关系有所恶化，中国恢复联合国席位，并与英、日、法、德等语种国家有了密切交往，原来培养的俄语人才显得过剩，而英语、日语、法语、德语等外语翻译人才紧缺，以致于严重影响中国经济建设，甚至直接影响到国家外交工作。所以中国又转而急需英语、日语、法语、德语等人才，该类语言国家的翻译任务很重，翻译人才紧缺。在这种背景下，大量培养英语等外语人才被当作当时非常重要的政治任务。正如1979年11月17日在国务院批转民政部、国家计委、外交部、教育部《关于全国外语人员普查结果和做好调整、使用工作的报告》中所指出的："目前，中国外语人才在数量和质量上，还远远不能适应'四化'建设的要求。今年全国高等学校外语专业毕业生为3597人，而社会各方面需要的则为7921人，相差近一倍。贵州省有2766所中学，英语教师为1239人，两个中学还分不到一名。吉林省现在从事英语工作的1724人中，有353人是从俄语专业改行过来的，400多人是中专毕业的。上海市外贸系统从事外国语工作的1165人，能独立和半独立使用外国语工作的仅占50%，复旦大学外国语人员360人，水平较高、能独立开课的仅占35%。"①

1954年，中国把英语、法语都废除，开设俄语。到1978年，中国的外语学习者80%以上学英语，俄语又被大部分废除了。当

① 四川外国语学院高等教育研究所. 中国外语教育要事录［M］. 北京：外语教学与研究出版社 1993：172.

时许多俄语老师被迫转教英语。例如，吉林省1979年从事英语工作的1724人中，有353人是从俄语专业改行过来的。1981年7月18日，教育部发出《征求对高校俄语专业调整工作初步设想的意见》，进一步压缩俄语教育，提出拟将当时的57个专业点调整为26个。

1979年11月17日，在国务院批转民政部、国家计委、外交部、教育部《关于全国外语人员普查结果和做好调整、使用工作的报告》中显示：当时全国有现职外语干部188943人，另有用非所学外语人员33330人，合计222273人，含56个语种，其中英语145843人，日语13251人，德语4690人，法语8183人，俄语36136人，罗语154人，塞尔维亚语79人，意大利语278人，其他13659人。高等学校外语专业毕业的152259人（包括研究生1338人），中专学校外语专业毕业的24088人，其他45926人。

当时，由于客观形势变化等原因，外语人才（大部分是1949年以前毕业）“被改行”的情况比较严重，见表1–2。

表1–2　1979年部分外语人才情况表

类型	英语	日语	德语	法语
用非所学的外语人才	8914人	2376人	570人	1518人
闲散社会的外语人才	8816人	2631人	81人	275人

资料来源：四川外国语学院高等教育研究所. 中国外语教育要事录［M］. 北京：外语教学与研究出版社 1993：172.

由此可见，中国的外语必修制度是在中国外语人才奇缺、以致于影响到中国当时外交工作正常开展的特定历史背景下产生的，肩负着特殊的历史任务，有其历史合理性。

第四节　中国外语必修制度的历史任务已经完成

在特定历史背景下产生的外语必修制度，有其历史合理性。但是，任何一项制度都有其生命周期，再合理的制度也不可能永远是合理的，因为社会情势在不断发生变化。

一、中国外语人才的供需情况已经大不相同

从高等学校开设英语专业的情况来看，早在 2001 年，全国就有 400 多个高等学校开设英语专业，英语专业在校生超过 15 万人，而且还在继续增加。[①] 外语专业人才的规模已经远远超过 20 世纪 80 年代初的高等教育人才的总量。

从英语专业毕业生的就业情况来看，现实中，社会上已经有许多外语专业的大学毕业生找不到工作，或者选择一些跟外语完全无关的行业。

从翻译人才来看，中国也已经成为翻译大国。中国翻译协会提供的数据显示，截至 2004 年上半年，中国有在岗聘任的翻译专业技术人员约 6 万人，翻译从业人员保守估计达 50 万人，而有关抽样调查显示该数字可能达到 100 万人。[②]

---

① 王守仁. 关于英语教育的思考［N］. 光明网—光明日报，2001-10-18.

② 全晓书，郭丽琨. 中国翻译事业迎接辉煌明天［N］. 参考消息，2004-11-10.

二、中国高等教育已经从精英阶段过渡到普及化甚至大众化阶段

20世纪80年代中国外语必修制度设立之初，中国的高等教育刚刚恢复，处于精英化阶段。当时，全国高校招生人数也就几千人到几万人。在这种情况下，实施外语必修制度，有利于推动外语人才的成长，即使有一定的负功能，其负功能也只是影响少量的几千人或几万人。

但是，现在的中国高等教育已经进入了大众化阶段，江苏等局部地区已经进入普及化阶段，每年招收的大学生已经是成百上千万人。这个时候继续实施外语必修制度，可以说影响广泛，外语必修制度的负功能变得突出。

所以，20多年前中国外语必修制度设立时的特殊历史背景已经不存在，其原来所肩负的特殊历史任务已经完成。

第二章　中国外语必修制度的困境

失去了历史合理性的外语必修制度，其负功能越来越显现，目前已经带来了严重的社会问题，主要体现在：消耗了国民太多的时间、精力，外语学习效果却不明显；严重阻碍、扭曲了专业人才的发展；使中国教育进一步陷入应试教育的深渊，形成了深厚的外语考试利益链，甚至诱发了违法犯罪和道德丧失；让中国的母语即汉语教育陷入危机，有损中华文化传承和民族尊严；阻碍了中国外语教育的多元化发展，浪费了有限的外语教育资源；最终阻碍了中国外语教育品牌战略的发展。

第一节　消耗国民太多精力却收效甚微

一、中国外语教育消耗了国民太多的精力

在中国，一个大学毕业生到底花费了多少时间、精力学外语，

这虽然难以精确统计，但我们可以有一个大体的共识：外语学习确实消耗了国民很多的时间和精力。我们可以做一个粗略的估算：初中生平均每日不低于 1.5 个小时，高中生平均每日至少 2~2.5 个小时，大学一、二年级学生投入的时间更多，几乎超过一半，大学三、四年级学生稍微少一些，但还是有许多学生忙于过大学英语四、六级或准备考研，平均每日还是占了 2 个小时以上。所以，一个普通大学毕业生从初中到大学毕业的 10 年时间里，用于外语这一门课程学习的时间应该占全部学习时间的 1/4 左右。

即使到了硕士阶段，一般要学习公共外语、专业外语和第二外语，课程总量本身就超过其他专业课。而且，由于许多高校将英语六级和学位挂钩，这是一个硬指标，大家都在上课以外还得挤时间拼命学外语，担心自己因为外语没有过六级而拿不到学位。另外，就是过了大学英语六级，大家还不敢放松，因为博士研究生入学考试还要考外语。这样一来，一名硕士研究生实际上三年都被外语束缚住，始终不敢放松。

《21 世纪人才报》记者在 2003 年曾做过一个调查，有 46%的被调查者表示，自己把一半的学习时间用在了英语学习上，还有 21%的学生表示学习英语所用的时间占其学习时间的一半以上。

中央电视台《时空调查》栏目的一项调查发现，有 29.7%的非英语专业的大学生将在校期间的大部分时间甚至全部时间都花在了英语学习上。该调查的结果也显示，有 54.48%的学生经常利用其他课程的时间准备大学英语四、六级考试，有 43.7%的人为应付大学英语四、六级考试而利用课余时间参加过校外辅导班。

中国外国语教育研究中心曾在 4000 多名非英语专业的大学生中做过一个“你在大学期间，花在英语上的时间有多少？”的调查，回答“占几乎全部时间”的占 19%，回答“占大部分时间”的占

56%，回答“正常学习时间”的占16%，回答“很少”的只占9%。也就是说，75%左右的大学生把大部分时间、精力投入到外国语学习上了。

烟台师范学院公共课教研室进行的一项调查表明，49.15%的大学生每天花在英语上的学习时间是3.5小时，31.96%的人是3小时。也就是说，81.11%的大学生每天花在英语学习上的时间在3小时以上。

笔者在一些大学的自修室里发现，如果你想根据学生们看的书目来判断他们的专业的话，那么你无法实现，因为他们大部分在看外语。

大学生花费这么多的时间、精力去学外语，不禁使一些老师感到困惑。某大学一位教授曾自嘲地说：“他们现在都学外语去了，没有时间来学我教的专业。”某大学的一位数学专业硕士研究生导师有着同样的烦恼，他每次希望学生在自己的指导下实现一些专业创新的时候却总有一个犹豫：“自己的学生不过大学英语六级的话就拿不到硕士学位，我的专业还是给英语让路。”也有一些大学老师特别是一些硕士研究生导师禁不住发出不满的呼声：“我招的学生到底是来学专业的还是学外语的？”中国外国语教育研究中心做的一项调查则显示，70%以上的老师对现行的外国语教育制度不满。

二、外语学习收效甚微，得不偿失

学生花费大量的时间、精力学习外语，效果却并不理想。早在1996年6月，李岚清副总理在一次外语教学座谈会上曾尖锐地指出：“我们的普通外语教学，从小学三年级一直学到大学二年级，花那么长的时间，从一个普通大学毕业出来，既不能看，又不能听，也不能讲……费时较多，收效较低。”李副总理所说的这“三不”，道出了中国普通大学毕业生英语实际运用能力的实况。

多数大学毕业生实际达到的外语水平确实十分有限。就是在已经取得了大学英语四、六级考试证书的学生中，能够比较流畅地阅读英语原文报刊，或能够比较流利地进行英语对话的人还是极少数。大多数学生实际掌握的英语除了应付毕业考试、入学考试、证书考试以外，几乎派不上其他用场。从中国派出的留学生情况来看，他们的考试分数虽高于东南亚地区的华裔学生，但实际的语言应用能力却大为逊色，尤其是口头表达和写作能力较差。新华网记者做了一个“如果你已经通过了大学英语四级考试，你的英语水平通过考试取得了什么效果”的调查，结果是“水平有很大提高、能熟练自由使用”的为17%，而“应试能力有提高、但实际听说等水平提高很小”的为59%。

中央电视台《时空调查》栏目的调查结果显示，61.6%的已经通过了大学英语四、六级考试的人表示，尽管考试通过了，对英语的兴趣反而降低了。

笔者在调查中了解到，一些已经过了大学英语四级的本科毕业生在做毕业论文时，论文的英文摘要竟然是请外语专业的人帮忙翻译的，或是使用电脑翻译软件进行翻译的。有的高校要求论文引用外文的文献资料，一些学生采取的办法让人吃惊：首先从《参考消息》等报刊里找一些别人已经翻译成中文的文献资料，然后再请人翻译成英文拿去应付老师。

几乎可以公认，作为中国教育体系中持续时间最长、投入力量最大的外语教育在相当程度上是失败的，有教授把它说成是“摧毁中国素质教育的一把利剑”。[①] 与时间成本、费用成本、机会成本相比，外语教育得不偿失。绝大多数人在学习十几年外语之后，其实际外语能力仍很低。分析原因，除了学习目的有误、学习内容庞杂之外，大概与以下几个原因有关：

第一，没有外语学习的语言环境。语言学习和数学、物理、化学、法律等其他学科的学习有一个关键的不同点，那就是对语言环境的特殊要求。中国实行外语必修制度，但学习者缺乏外语的语言学习环境，这是很难学好语言的。

第二，学习方法不当。语言学习的最佳（某种意义上来说也是唯一）途径就是语言交流，包括阅读和听说。但现在我们的现状却是外语学习被考试规则所束缚，学习者“看得少、说得少”。“看得少”是指该看的外文原文少，该看的专业外文少，不该看的东西如所谓的语法、特例看得多，结果真看原文反而看不懂、看得慢。“说得少”更是普遍，很多学习者几乎没有“说”外语的机会。2003 年 4 月，一个中国人在英国留学时，曾把国内的一份大学英语四级考试卷拿给自己的英语老师 Shelley 试做，但 Shelley 拒绝了他的要求。Shelley 认为，试卷中的很多选择题都没法选择，因为很多句子的用法，现代英语中已经不再使用。

第三，学习动力缺乏。当前，中国的外语学习者大都并不是基于想运用外语，而是为了应付考试。这种学习动机，注定了外语学习只是一种短期、近利的行为，缺乏学习外语的真正动力。

① 文摘报，2004-8-22.

第二节　破坏人才生态系统

社会对人才的需求是多元的，而人才的形成由于受天赋、兴趣、环境、经历等方面的影响，也是多元的，是各有特点的。这种多元人才之间的相互补充，适应着社会对人才的多元需求，构成生机勃勃的人才生态系统。要保护人才生态系统，必须保护人才发展方向的多元性。中国的外语必修制度，抑制了人才的多元化发展，阻碍、扭曲了专业人才发展，破坏了人才生态系统。

一、外语学习占用了大量专业学习时间，使专业学习的时间一再被压缩

有的学校为了加大学生的英语学习力度，不惜打乱正常的教学进程，缩减其他课时，进行外国语强化训练。一些学生甚至在专业课堂上还“红杏出墙”，偷偷翻阅英语书。这种因为外语学习而冲击其他课程的做法，毫无疑问地影响了专业课的学习，也降低了学校的整体教学水平，造成学生综合能力的欠缺。中国外语教育研究中心主任刘润清教授接受记者采访时也指出，大学英语教学目前形成了单一、刻板的教学模式。“他们绝大部分时间都用来应付大学英语四、六级的考试，从而影响了专业知识学习。原因很简单，专业学得再好，英语没过级就毕不了业。这是不正常的。”

二、外语考试使一些专业人才失去了专业发展的机会

例如，一个报考中国古代文学专业的考生，由于外语差，即便专业再优异也不能如愿以偿。据清华大学美术学院陈丹青教授介绍，历年美术学院的专业课程考试前3名者往往都因外语差一些而被拒之门外；相反，专业水平平庸、外语成绩突出的考生，却往往成了录取的亮点。所以，有一些硕士研究生导师曾经说：“许多专业很好的学生因为外语差而被挡在门外，而一些专业一般的学生却因为外语好一点就进来了。”有人发出这样的感叹：“在中国，只要你外语好，你肯定能考上硕士、博士研究生；只要你外语不好，你肯定考不上！”笔者曾经对100名硕士考试落榜生进行调查，结果有95人是因为外语没能考上。在这种状况下，因为外语考试而失去专业发展机会的专业人才有多少，可想而知。

三、外语考试使一些专业人才改变了专业发展方向

例如，一些有法律、经济类专业特长的本科生，由于外语差一点，丧失了竞争力，只好转向自己不爱好的、冷门的、竞争不激烈的专业；有些专业很好的本科生，由于外语差一点，只好从北京大学、清华大学转而调剂到外语可以降分的西部一些普通高校。就是一些英语专业比较好的人才，由于第二外语差一点，只好改变方向去考中文、历史等非英语专业。在这种情况下，难免有许多优秀专业人才因为外语加入竞争指标而失去竞争优势，被迫改变专业发展方向，也使北大、清华等名牌高校并没有招收到最优秀的专业人才。例如，清华大学美术学院陈丹青教授竟然连续四年招不到一名

专业好的硕士研究生。笔者在广西一所高校的 80 名硕士研究生当中进行调查发现，有 59 名是因为外语考试而改变了自己的专业发展方向或学校。

四、阻碍了中国边疆民族地区专业人才的培养

生活在中国广阔边疆地区的居民，由于他们和邻国居民长期友好往来，有不少还和邻国同属于一个民族，所以有得天独厚的学习外语所必需的语言环境和文化环境，掌握邻国语言也就轻而易举。例如，在中国西南边疆民族地区，由于存在京族、壮族、傣族等跨国民族，他们的民族语言本身就和越南语、老挝语、泰国语等外语完全相同或非常相近，所以京族人、壮族人、傣族人本身就是“天然外语人才”，如果能够再进行一些经济、管理、旅游、营销等方面的专业训练，他们就是难得的综合性国际人才。但是，在现行外语教育制度的要求下，他们却不得不学习对他们来说用途不大的英语，而实际上学英语恰恰是他们的弱项。所以，许多京族人、壮族人、傣族人或者因为学英语困难而荒废学业，或者因花费大量时间学英语而荒废其他专业，后果是阻碍了边疆民族地区专业人才的培养。

五、职称外语考试同样严重阻碍、扭曲了专业人才的发展

实际上，在绝大多数领域，外国语是基本用不上或完全不用的，也正因为这些专业领域用不上外国语，所以业内专业人员的外语水平基本不高，即使原来外国语有相当水平者，也因为长期用不着而荒废。现实中，中文、历史等许多专业上极有成果的老教师，

他们的理论水平、专业水平都很高，可就是评不上高级职称，其原因就是卡在了外国语这道门槛上。一些地方出现中级职称以上技术人员严重缺乏的局面，一个重要原因也是许多专业人才被外语卡住了。笔者了解到某高校中文学院的一名50多岁的副教授，已经出版多本专著，发表论文数十篇，科研成果显著，但就是被职称英语考试卡住而评不了教授，相反，他的一名40多岁的学生只出版了一本专著，发表论文也只有10多篇，但因为职称外语考试通过了，于是评上了教授。这名副教授说："我也曾专门花费一年时间来攻职称外语考试，但因为没有学语言的环境，所以一年时间白白浪费了。有人劝我继续学英语，我没有接受，我不能再浪费时间了，我还有许多专著和论文要写，我还有很多科研工作要做，这才是最重要的。"中国经历了从几乎彻底否定外语学习的一个极端，走向了唯外语独尊的另一个极端。考研究生外语不合格不行，晋升职称外语不合格也不行，外语几乎成为做任何事情（更不用说学术研究）必须跨越的门坎。

六、拉大了中国专业人才与国外专业人才的差距

国外大学并不强制学生学习外语，国外大学毕业生学习专业的时间比中国大学生要多好几年。中国高校本科4年，硕士2年或3年，博士3年或4年，中国学生总的学习时间和国外学生学习时间差不多，但专业学习时间却相差很远，因为中国的本科生基本上要用2~3年的时间学外语，有的甚至学了4年外语，硕士一般也要用1~2年时间来学外语。以硕士研究生培养为例，欧美高校的硕士大都是1~2年时间即可完成，其中一个重要原因是他们不用为学外语劳神，而中国高校的硕士必须把很多精力放在学习外语上。

第三节 使中国教育进一步陷入应试教育深渊

学会一门外语，应该学会用外语来听、说、读、写，而不是通过死记单词、琢磨语法、研究考试技巧来对付考试。但是，在中学，由于受高考的影响，学生花大量的时间训练考试，研究题型，琢磨考试技巧。进入大学后，经历高考应试教育的学生没有了高考压力，本应该是接受素质教育，强调专业教育和创新教育，也应该尽快补上因高考而耽误的外语听说技能。可是接踵而至的大学英语四、六级考试、硕士研究生入学考试等，使学生从踏入大学校门的那一天开始，又一次陷入了“听讲—死记—应考”的怪圈，大学外语教学也被迫再次循着语法、翻译技巧的老路走。就是硕士研究生阶段的外语教育，因为一些学校将硕士学位与大学英语六级挂钩，而且考博士研究生还要考外语，所以继续陷入“听讲—死记—应考”、研究考试技巧的应试教育泥潭。

再就在职人员技术职称评定外国语考试的情况来说，每年离考试尚有半年多时间，许多专业技术人员就得扔下专业或拿较少的精力做本职工作，而把大多数或绝大多数时间和精力用来“学习”外语。说是学习，其实多数人不过是临阵擦枪，把早已陌生或本来就不太认识的英语词句、语法对着汉语译文生吞活剥，弄个面熟，求得考试时勉强过关。一旦考试结束，硬塞进脑子里的平时又难以派上用场的英语知识很快就忘得一干二净。

实际上，对大部分中国人来说，学外语用途不大，其目的本身就是对付一个又一个的考试。

笔者对不同的群体曾做过“外语学习目的”的调查，回答基本雷同：为了升学，为了考试。

表 2–1　“你为什么学习外语”的调查

群体对象	主要答案
中小学生	为了考试，将来考大学
本科生	为了考大学英语四、六级，为了考硕士研究生
硕士研究生	为了考大学英语六级，考学位英语拿学位，为了考博士
博士研究生	为了拿外语公共科目的学分
评职称的工作人员	为了评职称

可见，中国的外语必修制度从头到尾就是考试，它直接导致“考试”本身就是学习外语的目的。这样的制度，注定使本来就是以应试教育为特征的中国教育进一步陷入应试教育的深渊。

中国现行教育发展所面临的最大症结就是应试教育。高考指挥棒已指挥着众学子从小学甚至幼儿园开始就围绕着它转，外语必修制度则是将外语教育从幼儿园、小学、中学到大学和职称的外语学习，等等，全部沦为应试教育。考什么、如何考，决定了教什么、如何教，考试制度决定着教学方法。在为考试而考试的疲于奔命中，我们的学校已经失去了产生新思想、新方法、新创造的土壤。

这种应试教育模式，不但培养不出创新人才，而且外语人才也培养不好。多年来，我们的英语教学一直以“应试”为主，加之目前的英语考试主要是语言知识的测试，为了应付所谓的标准化考试，学生们只需掌握一定的语言知识和一般的阅读能力，就能勉强过关，因此教师与学生花大量时间做各类试题，搞“题海战术”，而无暇顾及语言基本功的训练。长此以往，学生们做起试题来虽然得心应手，但到了实际运用英语交际时却耳听不懂，口张不开，提笔忘词。难怪他们自我解嘲说学的是“哑巴”英语。

还有一个严峻的问题，那就是：在外语必修制度的压力下，考试作弊、考风不正的情况日趋严重。道理很简单："重赏之下必有勇夫"。外语考试成绩直接和学位联系在一起，和硕士、博士研究生的录取通知书联系在一起，和职称联系在一起，如此诱人的"利润"，必然带来不顾一切的"冒险"。笔者也曾经对高校学生的考试作弊情况进行过调查，结果发现，绝大多数人发生作弊仅仅是因为外语课程，其他课程则很少作弊。湖北某高校有一年开除了 8 名考试作弊的学生，全部是因为英语课程考试作弊。广西某高校有一年查处了 5 名考试作弊的研究生，全部是因为英语课程考试作弊。

中华人民共和国人事部副部长王晓初曾透露，2003 年全国共有 19 项考试发现夹带、抄袭、交换试卷等作弊行为，仅职称外语一门考试的违纪人数就达到 11000 余人。

实际上，中国还有一个专门的、奇特的利益群体："枪手"，主要是外语考试"枪手"。目前，中国外语考试"枪手"价格一般在 3000 元左右每次。有的职业"枪手"代替别人参加大学英语四、六级考试、职称外语考试等，一年能"接活"3~5 次，一年的收入能达到 1 万多元。

在大学英语四、六级考试通过率关乎高校评估结果的背景下，一些院校的少数领导和教师为了保证通过率，保全学校名誉，不惜放松考场纪律，纵容考生作弊。

中国外语考试还带来不同寻常的泄题等违法犯罪现象。

2002 年 6 月，重庆一些校园里开始出现有人兜售四级考题答案的情况，在随后的一年半时间里，每到大学英语四、六级考试前，在校园里和网上公开兜售考题答案的小广告就会扑面而来。

2003 年 9 月，北京惊曝大学英语四级考题被泄露。经调查，东方大学城宇航培训学校法人刘某和曹某伙同中国人民公安大学负责考务工作的史某，在考前一天窃取出试卷，然后在考前培训班和学校网站上公布，造成大学英语四级考题泄露。2004 年 6 月，以上三人因故意泄露国家秘密分别被判处两年和三年有期徒刑。

北京大学英语四级考试泄题案才宣判几天，广西南宁又在 2004 年 6 月的大学英语四级考试中出现泄题的情况。考前 7 小时，许多人发现考题已经挂在网站上明码标价公开出售，在南宁提前拿到考题答案的考生至少占 50%。2005 年元旦前，此案的涉案人员广西交通职业技术学院英语系原副主任林某等 7 人，因构成故意泄露国家秘密罪，分别受到不同程度的惩处。

2004 年 12 月 13 日，一起震惊全国的泄题案一审审结：原西南农业大学外语学院教师孔某利用监考的便利，提前一个小时把试题启封，然后请“枪手”做好答案后通过网络传递给事先联系好的买家。经调查，孔某的买家涉及重庆、浙江、北京等 11 个省市数百名考生，有些买主又继续倒卖，舞弊范围难以估量。一审判定，孔某犯故意泄露国家秘密罪，被判处有期徒刑 4 年。

在中国，围绕考试而发生的泄题、作弊等违法犯罪和道德丧失现象难免时有发生，但围绕外语考试所发生的违法犯罪和道德丧失现象是如此严重，确实不同寻常。其主要原因是外语考试被人为地赋予太重要的内涵，它关乎大学、硕士及博士研究生的入学资格，关乎能否拿到学位，关乎能否晋升职称等，这是其他任何考试都没有的重要附加值，必然迫使一些人去冒风险。

第四节　外语教育耗费国民财富

在外语必修制度的压力下，中国社会形成了深厚的外语考试利益链，耗费大量国民财富。

随着各种外语考试的登场，一种新的经济——外语“考试经济”应运而生。对绝大多数参加外语考试的人来说，有一些钱他们是不得不花的：

第一，交纳考试报名费。每人从三四十元到五六十元不等。有关资料显示，这笔钱是由各级有关部门按一定标准和比例分配使用的。

第二，购买相关图书的费用。一些打着权威人士、权威机构旗号的图书，一些号称是考试主办单位与出版社联合推出的辅导图书，也往往成为参考者四处搜罗的“宝典”。而这些图书动辄四五十元一本。

第三，参加培训班的费用。每期时间不长，费用却从 200 元到 700 元不等。培训班往往自称是某某省级培训中心举办的，由某某名家授课，权威性让人不容置疑。

在众多的外语考试背后，中国一个新的消费市场正在形成。出版社将考试用书作为稳定的盈利产品，各类考试培训班和助学单位也打出诱人的招生广告。如今，每年 1000 多万人参加的大学英语四、六级考试，每年 1000 多万人参加的初中升高中外语考试，每年 1000 万左右的人参加的高考外语考试，每年超过 100 万人参加的硕士、博士研究生入学外语考试，每年超过 100 万人参加的职称外语考试，还有成千上万的小学生、中学生的外语课程考试……这已经使外语考试成为一个产业，从考试组织部门收取的考试报名费，到开培训班收取的辅导费，还有出版社、学校印制的辅导资料和书目费等，都多得让人难以统计。比如大学英语四、六级考试，报名费每人次 15~20 元，资料费每人在 100 元以上，还有培训费等，其费用总数十分庞大。又比如职称外语考试，报名费每人 30~60 元，购买职称外国语考试所必需的《职称英语指定用书》及《考试大纲》费用为 50~60 元，还有几百元的培训费等，数目也十分可观。

据统计，英语教育市场已经成为中国的一大产业，学习者人数以几亿计，年产值高达数百亿元人民币，为国民生产总值的 1%，相当于中国一个较发达的中等城市的年产值。英语教育市场的构成主要包括：林林总总的培训学校、补习班；五花八门的考试、测验；种类繁多数以万计的英语课本、参考书、辞典；各式各样的教育器材；等等。在英语教育市场中，收入最稳定的是各类考试的主办者。以职称英语考试为例，每年的考试费、教材、参考书等加起来按 200 元算，400 多万报考者，费用就有数十亿元。托福、GRE、GMAT、雅思等国外机构主办的考试，费用还要高得多。托福考试费 800 元，10 万人报考，其收入也达到 8000 万元。有观点认为，英语已经成为利益集团的赚钱工具之一，吞噬了大量的国民财富。

据一项不完全统计显示，中国大陆的外语培训教育机构目前超过 3000 家，学费根据培训内容、课程安排的不同，从几百元到几千元不等，平均收费标准为，每人每小时 10~20 元。在市场的追捧下，20 多年来，这些培训机构中诞生了不少明星，比如 1993 年俞敏洪在北京创办的“新东方”。近年来，“新东方”平均每年培训学员四五万人。

另外，近10年来，以游戏机、学习机、语言复读机等为代表的教育器材在市场上抢尽了风头。早在2000年的统计资料就显示，中国大陆的语言复读机销量为800万台、学习机为750万台、电子辞典为600万台。按一台复读机100多元的价格计算，800万台复读机的总价格就在10亿元左右。

铺天盖地的外国语考试带来的另一个利益环节就是：庞大的外语教师群体，特别是“外教”。他们频繁进行各种外语培训以赚取丰厚的额外收入。有些高校外语教师整天忙于上课挣钱，忘记了自己“教书育人”和科研的职责。而穿梭于各种高校特别是民办外国语培训学校的外籍教师中，除了极少数来华前在本国从事过外语教学、有过教书的经历外，绝大多数外籍教师属“临时工”，有些甚至来自偏远的地区，带有明显地方口音，无法教出纯正的外语。现在中国市场上的外教主要由三部分构成：留学生、旅游者和拿工作签证的外国人。培训学校和外教自身也都知道学生青睐来自北美或英联邦国家的老师，在乎外教是否有教学经验，因此，无论学校的招生宣传还是外教的自我介绍，都常有“注水”现象。一位业内人士透露，别看每所培训学校都称自己的外教不是来自北美就是来自英联邦国家，都是“Native Speaker”，但实际上有很多外教是俄罗斯人、东欧人。培训学校和外教一般就国籍问题会有个约定，市场需要你是哪国人，你就是哪国人，反正外国人看上去都长得差不多。在培训市场，活跃着一批来自西非国家如尼日利亚、肯尼亚的外教。按照一位“圈里人”的说法，“这些人不仅语音特别糟糕，而且穷困潦倒，文化素质也不高。”如果学生要问他们是哪里人，他们会说：“我是美国芝加哥人。”另外，按规定，聘请外教必须经有关部门批准，可是，中国不少外教是非法“打黑工”。据2004年8月23日《法治快报》报道，在广西柳州，真正具有聘请外教资格的教育机构只有17家，但实际聘请外教的教育机构已经超过40家。

据《北京青年报》报道，原打算到郑州学习中国历史的美国小伙子克雷斯（音），却成了当地人眼中的“英语专家”，被一些外语学校争来抢去做“外教”。克雷斯来自于美国洛基山脉下的一个小农庄，他的英语带有很重的地方口音，但这丝毫不影响学生们对他的崇拜，除了在5所学校教授英语口语外，他还时常被请去做家教。克雷斯说，他的英语很不好听，属于很“土”的地方方言。有时候学生问他，为什么他的发音和磁带上有很大不同，他不知如何解释。但他还是乐此不疲地整天忙着做“外教”，毕竟每45分钟30多美元的收入，是他在美国打工也很难挣得的。有人曾在郑州就目前出现的“外教热”做过调查，结果发现，穿梭于郑州市各种学校特别是民办外语培训学校的外籍教师中，除了极少数来华前在本国从事过英语教学、有过教授英语的经历外，绝大多数外籍教师属“临时工”。对此，我们没有理由不担忧，这就像一位连普通话都说不清楚、又没有任何教学经历的中国山区农民，他却在美国教汉语。

外语已经成为利益集团的赚钱工具之一，吞噬了大量的国民财富。像职称外国语考试这一类的考试，在某种意义上已受到部门利益的驱动，形成了相应的利益分配体系。

2004年，中华人民共和国审计署审计长李金华在年度审计工作报告中指出：仅是一个全国大学英语四、六级考试委员会，自1989年以来就违规集中各地考试费2.24亿元，未上缴财政专户，并从中坐支相关考试费用等1.9亿元。而职称英语考试每年的报名考试、教材、参考书等费用加起来按200元算，400多万报考者的总费用就可达数亿元。硕士、博士入学考试等全国的各种英语考试、英语培训造就了一个多大的市场，有多少相关部门从中获取了多少好处，恐怕我们很难估算。

面对这个深厚的考试利益链，我们完全可以合理地怀疑：中国的外语必修制度之所以如此巩固，是不是因为这些利益集团的功劳。资深人力资源管理专家、管理学博士曹子祥说，像职称外语考试这一类的考试，在某种意义上已受到部门利益的驱动，形成了相应的利益分配体系。

近几年来，对大学英语四、六级乃至更大范围内的英语考级制度的质疑不断，但这些考试仍然是该怎样进行还怎样进行，该如何收钱还如何收钱。为什么明明大多数人都知道这项制度有问题，而这项制度还能够安然无恙地存在下去，并且任凭其危害愈演愈烈呢？我们可以大胆地怀疑：有些群体从这项制度中获得可观的利益，因而才会不遗余力地维护它。笔者也注意到：近年来，社会对外语教育进行几次反思的过程中，大力主张维系当前外语教育制度的往往是一些外语界的人士，包括外语培训机构，或从事外语教育的专家人士。

所以，中国外语必修制度的长期维系，固然有教育观念偏差的问题，而背后的利益驱动也是一个至关重要的动因。若想把外语真正还原为一门语言工具、改革现有的外语必修制度，打破既得利益集团的阻碍也是一个关键。

第五节　外语必修制度下的母语文化忧思

近年来，中国人汉语水平下降的问题开始受到社会的关注，不同的学者从不同的角度探索其根源。有观点认为主要原因是越来越多的人不太重视汉语学习，也有观点认为主要原因是学校忽略了汉语教学。于是，加强汉语学习、强制推动汉语考试等观点和行动开始出现。

但是，笔者通过对“相思湖作家群”的深入观察后发现，成绩骄人的“相思湖作家群”正面临一大困境：中文作家的培养和发展正普遍被外语（英语）所束缚。中国人汉语水平下降的原因固然很多，但有一个主要原因则是不合理的外语教育制度导致了外语学习对汉语学习的挤压。“相思湖作家群”等中国千千万万个“作家群”要腾飞，必须改革现行的外语教育制度，让中国作家的培养和发展摆脱外语（英语）的束缚。

一、“相思湖作家群”，一个响亮的名字

相思湖，是位于中国南疆边陲广西南宁的广西民族大学校内的一个湖，得名于1958年时任中央内务部长的谢觉哉在该校视察时看到湖内碧波荡漾而欣然所题诗句“还从湖畔觅相思”。半个世纪以来，碧波荡漾、游鱼可数、翠竹掩映的相思湖孕育了数以百计的作家、诗人和评论家等，并形成了一支庞大的群体，引起了文坛的

瞩目。人们把这一文学群体称为“相思湖作家群”。其中成就突出者主要有：小说家蓝怀昌、刘文勇、莫义明等；诗人韦其麟、苗延秀、侬易天等；散文家徐治平、严凤华、林宝等；评论家梁超然、农学冠、朱慧珍；等等。

2000 年 6 月 8 日，广西文艺理论家协会、广西民族大学联合在相思湖畔举行“相思湖作家群现象”研讨会。研讨会上，与会代表回顾了“相思湖作家群”的成长过程，并总结了相思湖作家群的几个显著特点。广西民族大学中文学院教授鲁西认为“相思湖作家群”的特点主要有以下几点：一是人数众多，群体庞大。二是这个群体的作家大部分来自少数民族地区和农村，他们的作品大都富有浓郁的民族特色及乡土气息。三是这个群体的作家在相思湖畔度过了人生的金色年华，他们的灵魂染上了相思湖的波光水色，他们的作品也像相思湖那样碧绿而深沉，蕴藏着真诚而博大的爱心。四是这个群体不易被中外文学潮流所左右，也不热衷于打出标新立异的旗号，而是冷静思考，博采众长，默默耕耘，走自己的路。五是这个群体富有开拓创新精神，具有爆发力和冲击力。六是这个群体有很强的凝聚力。在文学上，他们同根同源，他们在广西民族大学文学社团的活动中，早就结下了深厚的友谊。走出校门后，他们自尊自信，相互交流，相互支持，显示出了群体的力量。

一个普普通通的相思湖，能孕育出如此多的作家，对此，人们众说纷纭。

有人说，这是历届领导支持和教师指导的结果。教师呕心沥血的指导，诱发出相思湖学子们对文学的追求欲望、热情、信心和才气。

有人说，这是因为，作为广西民族院校的最高学府，相思湖边集中了大量的少数民族知识分子佼佼者，他们深受自身民族文化的陶冶，具有很高的各自民族的文化素养。

有人说，相思湖边具有宽容、轻松、和谐的文学创作氛围。这里的老师和学生长期以来都相互尊敬，相互包容，相互鼓励。

但有一个原因是比较能得到公认的，那就是相思湖边有诗情画意般的自然环境。半个世纪以来，相思湖湖水清澈，碧波荡漾，两岸翠竹掩映，杂有南国相思树，秋冬之交，豆荚绽开，西风过处，红艳艳的豆粒撒满湖岸，吸引不少少男少女竞相捡拾寄托相思。相思湖所在的校园，也是景色清幽，民族式建筑与现代式建筑交相辉映，园内林木成荫，相思鸟栖息其间，嘤鸣不已，到处植有奇花异卉，四季飘香，犹如人间仙境，是理想的学习环境，也是容易激发诗情的地方。难怪当年谢觉哉老人视察学院时，禁不住题诗云："还从湖畔觅相思"。陈毅元帅视察广西民族大学的时候，在相思湖边感叹说："你们有这么优美的环境，应该多出诗人、作家。"20世纪80年代初，蒙古族诗人查干游览了相思湖后也禁不住写下诗句"相思湖边觅小诗/相思树下唱祝愿/南疆北国皆相思/……"

二、走近"相思湖作家群"，内心无比忧思

几年前，笔者有幸来到了广西民族大学，走到了相思湖边，走近了"相思湖作家群"。笔者憧憬着可以天天去和那些少男少女们在相思湖边感悟文学，至少可以静静地欣赏少男少女们吟诗诵词。

然而，在相思湖边寻找了很长时间以后，笔者失望了：笔者没有找到一个吟诗诵词的人！相思湖很美，相思湖边的知识分子也很多，这些知识分子读书也很刻苦，但他们不是在吟诗诵词，而是在吟诵外语，大部分是英语。

笔者惊讶了，笔者也忧思了："相思湖作家群"竟然在拼命学

外语。

在中国几千年的文学史上，名垂千古的文人和感天动地的名著举不胜举，比如《诗经》，屈原和《离骚》，司马迁和《史记》，陶渊明和《归田园居》，李白和《蜀道难》，杜甫和《春望》，王实甫和《西厢记》，罗贯中和《三国演义》，施耐庵和《水浒传》，吴承恩和《西游记》，蒲松龄和《聊斋志异》，吴敬梓和《儒林外史》，曹雪芹和《红楼梦》，等等。他们谁也不懂英语。

中国现代的文学巨匠及巨著也层出不穷，比如鲁迅和《狂人日记》、《孔乙己》、《阿 Q 正传》，叶圣陶和《多收了三五斗》，茅盾和《子夜》，老舍和《骆驼祥子》，巴金和《家》、《春》、《秋》，丁玲和《太阳照在桑干河上》，赵树理和《小二黑结婚》，郭沫若和《女神》，魏巍和《谁是最可爱的人》，杨沫和《青春之歌》，毛泽东和《沁园春·雪》，等等。这与英语也没有任何关系。

就是“相思湖作家群”的作家，也有响当当的作品，比如韦其麟的《百鸟衣》、《凤凰歌》、《童心集》、《梦的森林》，苗延秀的《大苗山交响曲》、《元宵夜曲》、《带刺的玫瑰》，蓝怀昌的《波努河》、《魂断孤岛》、《一个死者的婚礼》，容本镇的《古海角血祭》，等等。这与英语也没有什么关系。

再放眼全球，无数的文学巨匠，创作了无数的文学巨著，但这和英语也没有什么关系。从 1901 年至今，共有约 100 人获得诺贝尔文学奖，分布的国家有 30 多个，其中获奖最多的国家是法国，另外俄罗斯也有 5 人获奖，德国、意大利、西班牙、埃及、葡萄牙、日本等都有人获奖。这与英语没有什么关系。

从本质上讲，文学是一种反映，是对现实的反映的产物。“一切种类的文学艺术的源泉究竟是从何而来？作为观念形态的文艺作品，都是一定的社会生活在人类头脑中的反映的产物。”[①] 这明确规定了文学与现实社会生活的依赖关系，文学依赖或受制于现实社会生活的根本性质。没有现实社会生活，也就不可能有文学。文学源于现实社会生活，现实社会生活是文学的唯一源泉。中国自古以来的文学巨匠和文学巨著的产生，莫不如此。

而且，文学属于文化范畴，具有民族性，文学是民族文化的重要载体。鲁迅认为，中国文学的“民族性”在于以“新的形，尤其是新的色”来展示“中国向来的魂灵”，[②] 并且强调，“现在的文学也一样，有地方色彩的，倒容易成为世界的，即为别国所注意。”[③]

中国作家协会全国执委潘琦认为，“作为相思湖作家群，它的个性在哪里？很重要的一点就是注重民族文学的创作与研究，反映广西这块土地上的民族文学、民族文化……民族性是我们相思湖作家群的文化背景所在”，相思湖作家群“是广西这片具有丰富文化底蕴的土壤生长出来的文学新桂军”。[④]

三、“相思湖作家群”拼命学外语，是制度的悲哀

面对“相思湖作家群”如此高的外语“热情”，笔者深入了解，才发现，原来他们绝大多数不是自愿学外语的，而是被迫学外语。这种不自愿的背后，是现行外语教育制度的束缚。

在现行外语必修制度下，高校别无选择：招生时，学生的中文成绩再优秀，文学素养再高，如果外语成绩不过关，高校也无法录

① 毛泽东. 毛泽东选集（第三卷）[M]. 北京：人民出版社 1991：860.
② 鲁迅. 鲁迅全集（第三卷）[M]. 北京：人民文学出版社 1957：411.
③ 鲁迅. 鲁迅全集（第十卷）[M]. 北京：人民文学出版社 1957：206.
④ 潘琦. 造就新世纪文学的新桂军 [J]. 广西民族学院学报（哲学社会科学版），2000（5）.

取；在安排课程时，哪怕学生是学中国古代文学或少数民族文学等专业的，高校也必须安排大量课时来学习外语。笔者查阅了广西民族大学 2003 级、2004 级、2005 级中文专业本科生的课程安排，发现英语学习达 4 个学期，总学时超过 300 个，总学分达 18 分，是 5 门甚至 6 门中文专业课的总和。笔者也查阅了 2004 级中文专业硕士研究生的课程安排，发现基础英语和专业英语的学习共达 3 个学期，总学时达 270 个，总学分达 8 分，是 5 门中文专业课的总和。

在现行外语必修制度下，学生别无选择：为了期末考试过关拿到英语课程的学分，为了在毕业时拿到学位，大一、大二只能拼命学英语；有些学生大二还没有过大学英语四级，只好在大三甚至大四继续拼命学英语；为了在毕业后能考上硕士研究生，大三、大四继续拼命学英语。就是硕士研究生，也难逃厄运：一、二年级时拼命学英语，为了期末考试过关拿学分、过大学英语六级或学位英语考试；三年级时拼命学英语，为了考博士。

在现行外语必修制度下，老师也别无选择：有些老师为了能考博士，被迫拼命学外语；有些老师为了评职称，也不得不经常学外语。学校为了鼓励老师搞文学创作，在 2003 年出台的《广西民族大学岗位津贴实施办法》还专门设置了"文学作品类"，规定：中、长篇小说，剧本每千字算 5 个工作量，短篇小说、散文、报告文学每千字算 4 个工作量，格律诗每首 5 个工作量，自由诗每行 0.1 个工作量，音乐、绘画则另行规定……但这改变不了老师被迫学外语的命运，为了考博士，为了评职称。

造成以上重外语轻母语的现象，外语必修制度有不可推卸的责任。在外语必修制度下，一个中国人学不好外语，那么考大学、读硕士博士研究生及拿学位、评中级以上职称等全都实现不了；但学不好中文却影响不大，因为一个中文只有中学水平的人可以走"函授大学—考硕士—读博士”的道路，拿学位、评职称等也没有问题。这必然使国民把太多的精力投入到外语学习当中，造成重外语轻母语的后果。

一个专门从事中国文学创作的“相思湖作家群”竟然都被外语所困，学中文的时间都被外语挤压，我们可以大胆地判断，其他的群体被外语所困的程度只会更加严重，学中文的时间只会更加被挤压。

四、汉语受挤压不利于中华文化传承

2005 年 2 月底，时任教育部副部长袁贵仁呼吁：不能重外语而轻母语；母语是民族的标志和民族文化的重要载体及组成部分，其应用水平体现和直接影响着民族的教育、文化和素质。

本来，汉语是联合国的五种工作语言之一，也是世界上使用人数最多的语言，而且全球“汉语热”正持续升温，包括美英日韩等 100 多个国家的 2300 余所大学开设了汉语课程，学习汉语的外国人数达 3000 万人，汉语理应是我们为之感到骄傲和自豪的一种语言。可是在外语热的冲击下，中国国民对汉语却表现出一种严峻的冷漠，人们只会为能说一口流利的外语而自鸣得意，却毫不在意母语表达上的词不达意，人们为托福满分而欢呼，却对母语的错别字连篇无动于衷。甚至在一些大学里，中文专业学生过不了大学英语六级考试就拿不到学位，可写不出锦绣文章却没人计较。正如武汉大学朱湘教授所说的：“汉语现在已经明显成为了一种弱势语言、一种第二阶级的语言，甚至说得不中听点是奴隶的语言。”上海曾举办英语小说翻译成汉语的比赛，结果是一新加坡选手领先，中国人却落后。专家分析，这次中国选手失利的原因不在外国语，而在汉语水平不够，有的参赛者虽读懂了英语原文，但因为找不到恰当的汉语表达，甚至词不达意，结果落败。

语言本身是一种工具，同时又是一种文化，一种语言是一种文化的承载体，对于培育民族精神、孕育民族情结、弘扬民族文化都有极强的凝聚、教化作用。母语的衰落必将深刻地影响到民族文化的纯洁性和可持续发展能力。

为保护民族文化，法国、日本等不少国家正在抑制外语以保护民族文化。法国人对母语的热爱、对英语的鄙视是众所周知的，目前，法国文化部刚刚宣布一项禁令，为了阻止英语的入侵，禁止国人使用电子邮件的英文单词“E-mail”，而必须使用法语版的“Courriel”。作为国际大都市，在巴黎懂英语者大有人在，但如果有人同他们用英语交流，他们大多不理不睬。这倒不是法国人高傲，而是他们已把使用法语提高到有关民族形象和尊严的高度。然而在中国，却往往是以能说外语为荣。在大街上碰到一个外国人，很多中国人不认为这个外国人应该用汉语和我们交流，而是争先恐后地用外语和外国人交流。2004 年在上海落幕的第四届全球华人物理学家大会，聚集了 500 多名学界精英，尽管都是黄皮肤黑头发的华人，但从论文汇编到会议网站，从演讲到提问，甚至会场门口的指南，全是英文。一位与会学者认为，大多数报告用中文完全可以讲清楚，而且更容易被听众理解。即使考虑到部分海外华裔学者的需要，至少可以采用中英文双语，但这些要求被组织者以国际惯例为由遭拒绝，大有非熟练英语者不得发声的霸势，有损华人自尊。我们不否认，今天我们必须学习西方科技知识，掌握其语言，了解其文化。但是，如果我们普遍陷入对外语的畸形崇拜，那么这实际上就是一个关系到本民族文化生存前景的严重问题。

在中国，母语在外语热中衰落，这意味着以汉语为载体的中国民族文化处于一种尴尬的危险境地。中华民族的强盛必须是中华文化的强盛，中华文化的强盛必须是中华母语的强盛。在全球“汉语热”持续升温的情形下，学习汉语的外国人数达 3000 万，100 多个国家的 2300 余所大学开设汉语课程，汉语进入美英日韩等国的中小学课堂。可是在中国，能用普通话进行交际的人口比例仅有约 53%，就是 15~29 岁年龄段的比例也仅有 70%，“大专及以上”人群也只有 87%。这毫无疑问是一大悲剧。余光中的提醒不无意义：“英文充其量是我们了解世界的一种工具而已，而汉语才是我们真正的根……”不敢想象，如果我们的国民真的如一些热衷于外语热的人所期望的那样，最终与西方人说着同样一种语言的话，我们的民族文化还将如何继续存在。

第六节 阻碍外语教育多元化品牌战略发展

学外语的目的是在将来应用外语。从应用外语的角度来考量，在中国广袤的土地上，需要的外语语种是有很大区别的。例如，在北京、上海、广州等经济发达地区，一般来说，需要的外语语种是英语比较多，但也还是有多元化需求的特征。而对广袤的边疆地区来说，大都需要学习邻国的语言。和中国陆地相邻的国家有 14 个，分别是：越南、老挝、缅甸、不丹、尼泊尔、印度、巴基斯坦、阿富汗、塔吉克斯坦、吉尔吉斯斯坦、哈萨克斯坦、俄罗斯、蒙古国和朝鲜。同中国隔海相望的国家有 6 个，分别是：韩国、日本、菲律宾、马来西亚、文莱、印度尼西亚。以上共计 20 个相邻国家，全都不是英语国家。

中国目前的外语必修制度在语种上限于英语、法语、日语、俄语、德语等少数几种，这种制度的后果是阻碍了其他上百种外语语种的学习，使外语教育无法适应外语人才需求的区域多元化要求。

为了集中讨论，笔者在此选择中国—东盟自由贸易区架构下的西南边疆地区的外语教育问题作为研究对象来进行阐述。

2010 年，中国和东盟建成中国—东盟自由贸易区。在中国—东盟自由贸易区架构下，中国与东盟国家的各方面交往必将日益密切。这种密切的交往必然需要有相应的外语人才来支持。作为中国—东盟自由贸易区的前沿地区，广西、云南等西南边疆地区尤其需要大量的东盟国家语种的外语人才。

一、东盟各国语言概况

东南亚总共有 11 个国家，总面积 447 万平方公里，总人口 5.3 亿，其中人口较多的民族有爪哇族、京族（越族）、泰族、缅族、老族、高棉族、苏禄族等，并有华侨华人超过 2000 万人，是世界华侨华人最集中、人数最多的地区之一。东南亚各国语言包括汉藏语系、印地语系、南亚语系、南岛语系等。表 2–2 为东南亚国家语种。

表 2–2 东南亚国家语种

国家	主要民族	语种
文莱	马来人，华人	—
柬埔寨	高棉族	高棉语是官方语和通用语，英语、法语也是官方语
印度尼西亚	爪哇族	印尼语为官方语言，通用英语
老挝	老龙，老听，老松	老挝语为通用语
马来西亚	马来人，华人	马来语，华文

续表

国家	主要民族	语种
缅甸		缅甸语为国语，部分人会讲英语
菲律宾	马来族	菲律宾语为通用语，英语为官方语
新加坡	华人，马来人	马来语为国语，汉语、英语、马来语为官方语言
泰国		泰语
越南	京族（越族）	越南语
东帝汶		—

资料来源：笔者根据古小松. 中国—东盟知识读本［M］. 桂林：广西师范大学出版社，2004 年 4 月第 1 版整理而成。

从表 2–2 可见，和中国广西、云南等西南地区陆路相邻的东盟国家越南、泰国、老挝、缅甸和柬埔寨等都不是英语国家，而是大都用越南语、泰语、老挝语、缅甸语和柬埔寨语。所以，在中国—东盟自由贸易区架构下，作为中国—东盟自由贸易区桥头堡的中国西南地区，最需要的外语人才不是英语人才，而是越南语、泰语、老挝语、缅甸语和柬埔寨语等东盟国家语种人才。

二、中国西南边疆地区与东盟各国的民族文化渊源

中国西南和东盟各国的民族渊源很深远。据有关史料证实，东盟各国的许多民族就是从中国西南地区迁移过去的，和中国西南地区的有关民族属于跨国而居的同一民族，相互间的民族文化渊源深厚。特别是与中国西南陆路相邻的越南、老挝、泰国、缅甸、柬埔寨 5 个国家，与中国西南地区山水相连，友好往来历史悠久，民族关系更是密切。中国越南两国跨国民族见表 2–3。中国老挝两国跨国民族见表 2–4。

表 2–3　中国越南两国跨国民族

序号	中国民族称谓	越南民族对应称谓
1	壮	岱、侬、布标、拉基、山斋
2	傣	泰
3	布依	布依、热依
4	苗	赫蒙
5	瑶	瑶、巴天、山由
6	汉	华、艾
7	彝	倮倮
8	哈尼	哈尼、西拉、贡
9	拉祜	拉祜
10	仡佬	仡佬
11	京（越）	越
12	回	占
13	克木人	克木（克姆）
14	莽人	莽人

资料来源：周建新. 中越中老跨国民族及其族群关系研究［M］. 北京：民族出版社，2002：78，132.

表 2–4　中国老挝两国跨国民族

序号	中国民族称谓	老挝民族对应称谓
1	傣	普泰
2	壮	央
3	苗	赫蒙
4	瑶	瑶
5	汉	贺
6	彝	倮倮
7	哈尼	哈尼、西拉、戈
8	拉祜	木舍、归
9	京	温
10	布朗	三岛
11	克木人	克木、拉勉特

资料来源：周建新. 中越中老跨国民族及其族群关系研究［M］. 北京：民族出版社，2002：78，132.

在西南壮侗语民族与东南亚泰、掸民族关系方面，根据中国和泰国双方研究人员共同撰写的最新研究《壮泰民族传统文化比较研究》的结论表明，泰国主体民族泰族与中国壮族有着共同的起源，仅仅是后来发展出现了差别。泰族与壮族在语言、建筑、宗教风俗等多方面都存在相似性。例如，研究发现，壮、泰语的元音、辅音基本相同；在1000个较古老的基本词汇中相同或相近的占75%以上；在语法结构上，壮、泰语则完全相同。壮、泰民族都喜欢干栏式建筑，房屋的结构及其名称乃至居住习俗也基本相同，只是屋顶形式和装饰以及屋内布局有所差异而已。壮、泰民族的服饰虽然色彩各异，但基调则很接近，比如都喜爱以靛蓝色染色，都崇尚黄色，宽衣宽裙，童帽也颇相类似。在饮食方面，两个民族都以大米为主食，而且喜食糯米饭，就连在野外烧制的竹筒饭也相同。在文化艺术方面，壮族和泰族的创世神话都与葫芦有关；有关牛、谷种的来源，都有多种传说，虽然情节不一样，但都根植于水稻种植的基础之上。

东盟国家和中国西南地区这种相同或者相近的民族文化，为中国西南地区居民学习东盟国家语言提供了得天独厚的文化环境。

三、中国西南地区民族与东盟各国的语言渊源

中国西南地区民族语言主要有汉藏语系和南亚语系，与东盟各国语言的渊源关系深远。中国和东盟邻国的语言渊源见表2–5。

表2–5 中国和东盟邻国的语言渊源

国家	语种	所属语系、语族	中国西南地区操相同语族的民族
老挝	老挝语	汉藏语系壮侗语族	壮、水、毛南、仫佬族、傣族、布依族、侗族
泰国	泰语	汉藏语系壮侗语族	壮、水、毛南、仫佬族、傣族、布依族、侗族
缅甸	缅甸语	汉藏语系藏缅语族	白族、纳西族、怒族、彝族、
柬埔寨	高棉语	南亚语系孟高棉语族	佤族、德昂族、布朗族
越南	越南语	语系未定	京族

资料来源：顾有识，罗树杰. 中国民族志［M］. 哈尔滨：黑龙江人民出版社，2003：13~14.

从表 2–5 可以看出，中国西南地区有许多民族的语言和东盟国家的语言完全相同或非常相近，能够直接沟通，所以中国西南地区实际上有许多“天然的外语人才”。

四、中国西南边疆地区与东盟国家陆路相邻，有得天独厚的语言学习环境

中国西南地区和越南、老挝、泰国、缅甸、柬埔寨等东盟国家相邻，有很长的水陆边界。边境地区的各民族居民长期以来相互密切来往，或经商，或通婚，或旅游，或走亲访友等。这种各民族之间跨越国家的密切来往，为边境地区居民相互学习对方语言创造了得天独厚的语言环境。许多中国西南边境地区的居民在和越南、老挝等东盟邻国居民的交往中自然而然地学会了对方国家的语言。

五、中国外语必修制度所带来的问题

从上述分析中我们可以发现，在中国广袤的边疆地区，在外语学习方面呈现以下几个特点：一是需要的外语往往不是英语，而是邻国的语言；二是学习邻国的外语有很好的环境，有些边疆民族的语言和邻国的语言还是一致的，有“天然的外语人才”。

但是，中国边疆地区的外语教育都遭遇一个困境：在中国现行的外语必修制度下，邻国的外语往往不在可供选择的范围内，在国家的外语教育体系中没有地位，导致边疆地区的学生无法享受到必要的邻国语言的教育。

当前，在外语必修制度的影响下，中国的外语教育在语种上以学习英语为主，限于英语、法语、日语、俄语、德语等几种；在全

国范围内统一执行，不管是在面向亚太地区的上海，还是在面向中亚的新疆，不管是在面向朝鲜、韩国的辽宁，还是在面向越南、泰国等东南亚国家的广西。中国目前小学、初中和高中在校学生人数分别约为 1.3 亿、5700 多万和 1000 多万，其中只有东北三省和内蒙古自治区的 35 万学生学习俄语和 12 万学生学习日语，其余中学生全部学习英语。

然而，中国国民对外语语种的需求远远不止这几种，而是几乎涵盖了全球各个国家的语言。这样，外语必修制度就必然阻碍外语教育多元化品牌战略发展。

第三章　中国现行外语教育制度的逻辑分析

中国现行外语必修制度在中国已经推行了 20 多年，将近 30 年，可谓已经“深入人心”，似乎没有人去深究这个制度的设计原委。但是，笔者对这个制度设计逻辑进行深入分析后发现，中国推行了将近 30 年的外语必修制度，其实存在逻辑上的误区。

第一节　“学外语”的制度社会学视角

按照普通社会学的“行为—关系—制度”框架理论原理，我们设立某种制度以强制性规范某种行为，并不是因为该行为对行为者本人有多么重要，而是因为该行为与他人有关系，通常是会损害公共利益。比如杀人、抢劫、盗窃等行为，与他人有关系，会损害公共利益，所以我们设立制度对这些行为进行强制性的规范。如果某行为与他人利益没有什么关系，不会损害公共利益，我们就没必要设立制度去进行规范。

一个人是否实施“学外语”这一行为，就像是否学法律、医学一样，这与他人的利益没有关系，也不损害公共利益，不应该被强制性规范。比如甲是一个懂英语的导游，乙是一个不懂外语的导游，丙是一个懂越南语的导游，结果无非是甲多挣点英语国家游客的钱，但乙可以利用甲学英语的时间来提升自己的导游专业水平，丙可以利用甲学英语的时间来提升自己的越南语水平，乙和丙也许能比甲挣更多的钱，所以不应该要求乙和丙也必须学习英语，甚至要求乙和丙获取学位也要过大学英语四、六级或评职称也要过职称英语考试。

现在，社会上还有一些观点认为中国的外语必修制度有存在的必要，原因是外语很重要，特别是在全方位改革开放的今天，在加入了世界贸易组织的中国，外语非常重要。

实际上，“外语重要”不应该是“外语必修”的充分理由，只有当“学外语”这一行为关涉他人利益、关涉公共利益的时候，我们才能对“学外语”行为进行干涉，包括强制学习。

另外，任何一种制度都不是永恒的，不是从一诞生就成熟的，不是一成不变的，而是有一个产生、发展、成熟、消失最后被新的制度替代的过程，这个过程被称为制度的生命周期。制度的生命周期一般由以下四个阶段构成：

一、形成阶段

在形成阶段，制度尚处于萌芽状态，或者很不完备，但是只要它代表了社会发展的方向，符合当时环境下人们协调相互之间的关系和行为的需要，就有无限的生命力。

二、成熟阶段或效能阶段

在成熟阶段，制度日趋完善，其整合功能、导向功能、传递功能能够充分发挥出来，组织运转良好，人们的行为和关系正常，显然，这是制度生命力的顶峰时期。

三、形式主义阶段

在形式主义阶段，制度的各个构成要素和它原来的社会作用已经逐渐脱节，一些要素越来越流于形式而不起实际作用，与其相依存的组织的工作效益日渐降低，人们的行为与关系固定化作用渐渐消失，制度的正功能逐渐失调，制度的负功能则日益增长。

四、瓦解阶段

制度进入这个阶段，已经完全失去其原有的功能。当制度不能调整人们之间关系、不能规范人们的行为、不能满足人们的需要并最终阻碍社会发展的时候，意味着该制度已面临瓦解，即将被新的制度所取代。

具体而言，社会制度功能的失调表现为制度原有的意义与价值变得模糊不清，失去了行为导向的作用；表现为制度结构内部出现某种程度的混乱，使行为与规范、角色与地位、组织与个人种种关系脱节，制度的整合效用难以发挥；还表现为制度的程序流于形式，对人们失去约束力，也使团体和组织效率降低。所有这一切都使社会制度脱离社会，起到阻碍人们行为、关系正常运行的作用，这种现象反映出社会制度已由正功能向负功能或反功能转化。

造成制度功能转化的原因主要有：自然环境和社会环境的变化导致原有的社会制度与人们的行为、关系不相适应；社会结构的变迁导致原有的社会制度与现行人们的行为、关系相冲突；任何社会关系、社会行为都处在不断变化和发展的过程中，而作为关系和行为固定化形式的制度却具有相对稳定性和滞后性。当社会发展到一定阶段时，制度的制约性就表现为保守性和惰性，其中制度的惰性在社会的变革时期表现得尤为明显，它对社会发展具有阻碍作用。

中国的外语必修制度在 20 世纪 80 年代产生初期具有一定的合理性，主要是因为当时中国经历了外交的大转型，英语人才奇缺，急需培养外语人才来应对当时的各项对外工作。同时，当时中国的高等教育处于精英教育阶段，接受高等教育的人数还很少，实行外语必修制度，所带来的负面影响还限制在很小的一个群体内。随着时势的变迁，当前的中国已经是外语人才大量剩余，很多外语专业人才都找不到工作，而且中国高等教育已经进入普及化阶段，有的地方已经进入大众化阶段，实行外语必修制度，影响的群体已经达到几亿人口，负面影响很大。所以，外语必修制度已经不再具备合理性。

第二节　从“外语重要”走向“外语必修”之悖论

中国现行外语必修制度的“必修”，其立足点是“外语重要”。这个立足点似乎无从驳斥。细一思考，其实不然。

一、“外语重要”不能成为“外语必修”的理由

目前，外语必修制度已经在社会上引起了越来越大的质疑声，特别是职称外语考试和大学英语四、六级考试，可以说是质疑声一片。就是对高考外语和硕士博士研究生入学考试公共外语科目，质疑的声音也越来越大。但社会上支持外语必修制度的声音也还存在，分析其原因不外乎：外语很重要，特别是在全方位改革开放的今天，在加入了世界贸易组织的中国，外语非常重要。所以，在他们看来，外语必修制度设计的依据是“外语重要”。

笔者认为，那种因为外语“重要”而主张实行外语“必修”制度的主张里面实际上存在逻辑悖论。也就是说，笔者认为：“外语重要＝外语必修”，其中的推论是有问题的。

如果“重要＝必修”在逻辑推理上成立的话，那么，按照逻辑学的类比推理方法，笔者将得出下面的可怕结论：

法律重要＝法律必修！所以高考及硕士、博士入学考试应将法律列为必考科目，获取学位要过法律四、六级，评职称应通过职称法律考试。

医学重要＝医学必修！所以高考及硕士、博士入学考试应将医学列为必考科目，获取学位要过医学四、六级，评职称应通过职称医学考试。

中文重要＝中文必修！所以高考及硕士、博士入学考试应将中文列为必考科目，获取学位要过中文四、六级，评职称应通过职称中文考试。

还有计算机、数学、物理、化学、人类学、史学……实际上，有哪门学科不重要呢？那是不是都要像外语一样实行必修制度呢？

实际上，“重要”不能成为“必修”的理由，“外语重要”并不能成为“外语必修”的理由。

二、外语是否“最”重要

也许有人试图辩解说：“在所有科目中，外语最重要，其他任何科目都没有外语重要”！加了这个“最”字以后，似乎外语“必修”制度又理所当然了。可是，对中国人来说，外语真的“最”重要吗？笔者认为这是经不起现实检验的。

我们谁也不敢说：所有人、所有专业、所有行业都离不开外语。有一些人、有一些专业、有一些行业确实用不上外语。例如，中国超过 9 亿的农民群体，成千上万的中小学非外语教师，成千上万的国家公务员（按照《中华人民共和国国家通用语言文字法》第 9 条规定公务员应以普通话为公务用语），成千上万的工人，等等，外语对他们并不是“最”重要。

有人认为，知识分子需要做科研，科研是离不开外语的。笔者并不这么认为。

第一，并不是所有的知识分子都在做科研。实际上，绝大多数人本科毕业以后没有读硕士、博士，直接走上了工作岗位，他们并没有从事科研工作。

第二，并不是所有领域的科研都需要外语。对于研究中文（如中国古代文学、中国少数民族文学等）、中医学等专业领域的科研人员、教授，外语并不是必需的。

第三，并不是所有从事科研的人都能达到学贯中西、走在国际前沿而必须使用外语的程度。实际上，绝大多数科研人员并不能达到学贯中西、走在国际前沿的程度，外语也就不是必不可少的。

第四，并不是所有专业研究都必须利用外国的一手资料。一位科研者不可能精通所有外国语，他需要利用别人的翻译成果，因为外语有上百种，谁能全部掌握？实际上，中国有许多著名的法学家、经济学家、教育学家、人类学家等，他们使用了大量外国资料，但这些资料并不一定都是他们翻译的，很多资料是同行的其他人翻译的。

于是又有人提出，外企、涉外商务、留学等总需要外语吧？可是，在外企工作、从事涉外商务或留学的中国人有多少？2005 年 1 月 26 日，广西举行大学毕业生双选会，笔者在双选会上调查了 46 个用人单位 1829 个岗位，其中提出大学英语四、六级要求的只有 6 个用人单位共 160 岗位，比率为 8.7%。2005 年 1 月 27 日下午，笔者还登录“中国高校毕业生就业服务信息网”调查了 39 个单位超过 174 个岗位，提出大学英语四、六级的仅有 5 个单位 14 个岗位，比率不到 8%。另外，就是在外企、涉外商务、留学等方面需要外语，也不等于外语“最”重要。比如一个想去外企从事市场营销工作的中国人，什么对他“最”重要？是营销知识还是外语？不懂外语固然可能进不了外企，但只懂外语不具备营销知识，又怎么进得了外企？

三、“外语”到底是指哪门外语

笔者认为，“外语”本身是个宽泛的概念，因为外语包括英语，也包括越南语、韩国语等。如果说“外语重要”所以要实行“外语必修制度”，那是不是所有的外语都要学呢？这显然不可能，现行外语必修制度也没有这样要求。那是不是随便选择一门外语都可以呢？可是现行外语必修制度又不允许选择越南语、韩国语等其他外语。现行外语教育制度在设计的时候并非包括全球所有的外语。

于是又有人说，“外语重要”就是“英语、日语、法语、俄语等少数几门外语重要”，其他的外语不重要。如果是这样，笔者认为，那就应该同时学习英语、日语、法语、俄语等所有重要的外语，而不是仅仅学习其中的一门。可现行外语必修制度并没有要求这样。另外，笔者发现，论证“外语重要”时所使用的论据往往是“英语已经成为公认的世界通行语言”、“有高达80%的工程类专业论文是用英语书写的”，等等，这也仅仅是论证了“英语重要”，并没有论证“日语、法语、俄语”重要。也就是说，“日语、法语、俄语重要”并没有得到令人信服的论证。

于是又有人说，“外语重要”其实就是“英语重要”，日语等其他外语不重要。可笔者认为，如果“外语重要”其实就是“英语重要”，那么，在实行外语必修制度的时候应该仅仅是限于英语。可是，现行的外语必修制度却又允许日语、法语、俄语等少数几种外语可以代替英语。也就是说，假如你学的是日语，那么你就可以用日语代替英语参加高考、硕士博士入学考试和职称外语考试等。

从以上矛盾可以发现，现行外语必修制度设计的依据其实不明，我们不知道到底是根据什么来设计的，为什么要实行“外语必修”制度。

四、并非所有专业都离不开外语

现行外语教育制度设计的第三个逻辑误区是：所有的专业都离不开外语。

现行外语教育制度要求所有的专业在高考、硕士博士入学考试时都必须考外语，所有的专业人才在职称晋升的时候都必须考职称外语。如果这个制度设计得合理，那必须是所有的专业领域都离不开外语。可是，难道真的是所有的专业领域都离不开外语吗?

例如，研究中国古代文学甚至研究中国现代文学，研究中国民间文学，研究中医学，等等专业，并不是都需要外语的。

既然存在一些专业和外语没有什么关系，我们却在制度上要求这些专业的学生或工作者必须学外语考外语，这只能说明我们的外语教育制度在设计的时候有缺陷。

第三节　水平性考试与选拔性考试的易位

中国现行外语必修制度的另一个逻辑误区是：混淆了水平性考试与选拔性考试的区别。

“水平”，顾名思义，是有一个水平线的，只要达到这个层次以上的就称为有水平，如及格线、合格线等这些都属于水平性的东西。外语的水平性考试，目的在于测量受试者现有的外语知识及外语运用能力，以便评定其外语水平是否适应某一新的学习任务或工作的需要。水平性考试的应试者之间通常没有竞争关系，只要达到某个水平（比如60分），那么就算通过了考试。

“选拔性考试”则是根据一定的目的从应试者群体中选拔一定数量的应试者从事某种活动的一种考核形式，其主要功能是选拔性。选拔是一个竞争性的活动，选拔出来的人通常是应试者中的优秀者，这些优秀者可能是水平比较高的，但也有可能是水平比较低甚至不合格的。也就是说，“选拔性考试”和“水平性考试”未必是同一的。

国家教委公布的《大学英语教学大纲》明确规定：大学英语课程旨在使学生能以英语为工具，获取本专业所需的信息。其中“以英语为工具”，是指用英语作为信息获取和交流的工具。按理说，中国在硕士、博士研究生入学考试中设置外语科目是为了对学生在后面的专业深造中提出一种外语水平要求，是一种“水平准入”，只要达到某个水平，不管分数高低，学生都应该准许进入专业方面的平等竞争。例如，要读国际法专业的硕士研究生，导师要求考生应该达到某个外语水平；只要达到这个外语水平，就应该准许进入专业上的平等竞争。

可现实是，外语已经不是一种“水平准入”要求，而是和专业一起成为了一种主要的竞争指标，而且外语的竞争强度甚至超过了专业。也就是说，外语考试已经不是按“水平准入”来设置，而是参与专业科目的竞争，甚至卡住了很多的专业人才。如在近几年的硕士入学考试中，与外语联系不多的中文专业的外国语分数线竟然是最高的，而与外语联系较多的工程类等专业的外国语分数线却是最低的。这个外语分数线不是按照“外国语水平准入”的标准，而是按照考试竞争情况来定的，其目标不是用分数来判断你的外国语水平是否达到专业入学的要求，而是要用来淘汰一部分竞争者，要把一部分专业竞争者在外语科目上淘汰。如果中文专业的考生外国语都很好，则外语分数线将会提高；如果工程专业的考生外国语很差，差到根本就不应该进入硕士研究生学习，则分数也会进一步下降，因为它只考虑按 1∶1.2 的比例进入复试，而不是考虑外语是否达到“水平准入”。

有一些专业，比如国际贸易、国际关系、国际法律等专业，确实需要掌握一定的外语，所以在招收这些专业的学生时也有必要考查其外语水平。但是，这个外语水平考查应该定位于“水平性考试”，也就是说，凡是进入国际贸易等专业的学生，应该掌握一定水平的外语知识；在达到一定的外语水平以后，相互的竞争应该体现在国际贸易的专业方面。比如有100名学生竞争考某学校的国际贸易专业硕士或博士研究生，我们可以要求外语达到50分这个基本水平。当有80名学生的外语成绩达到50分以上时，不管是80分，还是51分，他们的外语水平都是同样“合格”的，都已经具备了从事国际贸易研究所需要的外语水平。这个时候，外语“合格”的80名学生在进一步竞争的时候，他们应该是在专业领域竞争，外语成绩不应该再纳入竞争体系，因为他们毕竟是考国际贸易专业，而不是外语专业。如果他们是考外语专业，当然是谁的外语分数高，谁就更应具有竞争力。可是他们考的是国际贸易专业，在他们的外语水平都同样“合格”的情况下，应该是谁的国际贸易专业分数高，谁就更具有竞争力。

可是，我们现行的外语教育制度却在高考、硕士博士招生的时候，不管是外语专业还是非外语专业，都将外语成绩直接纳入最后的总分进行竞争，结果是大大挫伤了专业水平高但外语水平一般的人才的竞争力。比如，甲同学外语是51分，国际贸易专业课总分是280分；乙同学外语是78分，国际贸易专业课总分是254分。从培养国际贸易专业人才的角度来说，甲、乙同学的外语水平都是合格了，就应该看谁的国际贸易专业水平更有竞争力，因为我们要选拔的是国际贸易专业人才，而不是外语人才，所以，我们说甲同学在国际贸易专业方面更具有竞争力。可是，现行的制度却将外语成绩也加入总分进行竞争，结果是甲同学为331分，乙同学为332分，最后却是乙同学获得了国际贸易专业的求学资格，甲同学却失去了机会。对于考研者来说，英语具有“一票否决”的作用，它早已成为考研“游戏”的前提。而且，随着竞争者日众，它的难度也不断水涨船高。具体地说，一个报考中国现当代文学甚至中国古代文学专业的考生，如果英语不达所谓“国家线”的话，即便专业成绩再优异也没有用。相反，专业平庸、英语成绩突出的考生，却往往成了录取的亮点。如此，是否本末倒置呢?

实际上，中国的现状是，由于硕士研究生的公共科目外语是国家统一划定分数线的，造成的后果是：只要你外语好，你肯定能考上硕士研究生；只要你外语不好，你肯定不能考上硕士研究生！因为只要你的外语好，即使你考不上热门专业，考一个冷门专业则是一点问题也没有。而如果你外语不好，你的专业成绩再好，也没有机会继续深造。这毫无疑问是制度设计出了问题。

第四节　外语必修制度的其他逻辑误区

除了上述逻辑误区，现行外语必修制度还有另外两个比较明显的逻辑误区：

一、人文社科类某些专业与工程类某些专业在外语要求方面的倒置

中国现行外语必修制度的另一个明显的逻辑误区是：人文社科类专业与工程类专业在外语要求方面的倒置。

在硕士研究生入学考试中，外语用途不大的人文社科类某些专

业的外语分数线往往最高，而外语用途很大的工程类某些专业的外语分数线却往往最低。

我们都知道，对中文专业来说，外语的用途其实不大，特别是其中的中国古代文学和民间文学等，几乎用不上外语；而对工程类某些专业来说，外语的用途往往是很大的。我们说世界先进水平的论文主要是用英语发表的，这其实指的是某些学科领域的论文，而不是文学方面的论文。可是，历年的硕士研究生外语分数线都显示：中文专业的外语分数线往往都是最高的，超过55分；而工程类专业的外语分数线往往都是最低的，甚至低于40分。

实际上，很多时候，我们的外语考试已经并不是按需设置，而是为了“卡住”一部分人：

硕士入学考试，中文专业的外语分数线竟然还是最高，而工程类等还是最低——这个分数线不是按照“外语是否合格”的标准，而是按照考试情况来定的；

外语用途不大的专业的外语分数线却最高；外语用途很大的专业的外语分数线却最低。这体现了现行外语教育制度设计的又一逻辑误区。

二、外语专业的学生为什么需要学习、考试第二外语

现行外语必修制度设计的另外一个逻辑误区是：外语专业的学生为什么需要学习、考试第二外语？

如果说攻读国际贸易专业需要学外语的话，那么，一个学英语专业或日语专业的人，为什么必须学习第二外语？这实在令人无法理解。这也凸显出中国现行外语教育制度的又一逻辑误区。

第四章　中国现行外语教育制度的社会语言学分析

“你在美国待了一年，我相信你的英语水平应该很好了。”

“你的俄罗斯语讲得这么好，你一定是在俄罗斯待过几年吧。”

这是我们在生活中可随时听到的一些话，但这些话其实得到了普遍的共识。这些话之所以是对的，是因为它有一种客观存在的规律作为支撑，那就是语言习得的规律。

外语学习，是一种语言学习，而语言习得有其自身的特殊规律。我们在设计语言教育制度时，必须遵守这种特殊规律。违背语言习得的特殊规律，语言习得无法完成，反而会带来不利的后果。在语言习得规律中，比较突出的是社会语言学理论及其学习的境脉理论。

第一节 社会语言学理论

社会语言学原理认为，语言是和社会、文化等密切相关的；学语言离不开语言环境、文化环境、学习兴趣、学习动机的支持。

一、语言学习与语言环境

语言学习离不开特定的语言环境，这几乎已经成为一个无须论证的公理。语言是一个在实践中养成的习俗问题，不是逻辑问题，我们不可能根据抽象的逻辑法则来说话。要学好一种语言，除了语言交流实践，别无其他途径。要学习外语，我们也只能这样。

我们可以对两种外语教学环境进行进一步比较：第一种是在以学习者所要学习的语言为母语的国家（环境）内教学，第二种是在学习者母语国家进行外国语教学。比较这两种环境，第一种有明显的优势，因为第一种环境可以产生两种教学途径：一是教师在课堂上教授；二是学生在使用该语言交际时自然习得。我们目前的外国语教学是在第二种环境中进行的，缺少学生可以自由使用语言交际的自然习得环境。

中国很多人有过出国的经历，对语言学习环境有十分深切的感受。邓亚萍去英国三个月就会一般对话，两年就获得了英国大学学位。她要是在国内和大家一起听外语课，整天琢磨单词、语法，不停地参加各种外语培训、考试，可能今天还和大家一样，或者是正困于大学英语四、六级考试，或者是过了大学英语四、六级但依然是“哑巴英语”。

作为中国重要的外国语非通用语种本科人才培养基地的广西民族大学，近年来培养了不少外语流畅的东盟国家语种的外语人才。在中学阶段没有接触过越南、柬埔寨、老挝等东盟国家语言的学生，为什么进入广西民族大学以后 4 年时间就能说一口流利的外语？并不是广西民族大学的外语老师教学水平很高，主要原因就是尊重了社会语言学的规律，学校选择了“3 + 1 开放式培养模式”：从 1993 年开始，在全国首开先河，实行国内学习 3 年、国外学习 1 年的开放式培养模式，先后与东盟国家超过 30 所的高校或机构签订了合作办学协议，以对等交流的方式将学校越南语、泰语、老挝语、柬埔寨语等专业的学生送到语言对象国留学实习一年。在语言对象国留学实习期间，学生可以在实实在在的语言环境、文化环境里学习语言，实现语言与文化、语言与技能、语言与实践三结合。

语言环境是学好语言不可或缺的必要条件，我们在开展外国语教学时不能忽视语言环境条件。但在中国，目前学习外语的语言环境非常有限，主要是限于有密切海外关系或在工作、生活中和外国人有频繁接触机会的这部分人，绝大多数人是没有外语学习的语言环境的。特别是在“应试教育”的影响下，外语被认为是一门学科，而不是一种技能。语言原本是很活的东西，我们却非要把它定格，把它变成语言学。如此，学生只要掌握了语法结构和单词，再加上应试技巧，多数学生都能如鱼得水般应对考试，甚至拿到比美国人还要高的分数，然而，却不能简单地表达自己的思想。学生掌握了时态、语法，明白了介词、冠词，而从来没有将它们的用法用到实际生活中。掌握技能要求学生有应用能力，对语言而言，就是交际能力。技能的获得要靠大量的训练，是一个从认知、模仿、记忆到表达的全过程的大量训练，而不单纯是单词和语法规则的掌握。

所以，在目前还没有足够语言环境支持的情况下，中国不宜普遍性地强制推行外国语学习，因为在绝大多数人没有语言环境的情况下被迫强制学习外语，结果是事倍功半，浪费人力、财力和时间。

二、语言与社会、文化环境及跨文化交际

作为人类交际的语言，其产生是一种社会现象，它与社会有着十分密切的关系。语言是社会的产物，是社会约定俗成的符号系统，是随着社会的发展而发展变化的。社会语言学主张语言的社会交际功能是语言最本质的功能，人们总是在一定的社会环境中习得语言。

社会语言学的交际能力理论认为，一个学语言的人，其语言能力不仅是他能否造出合乎语法的句子，而且还包括他是否能恰当地使用语言的能力，也就是说，仅仅学习某种语言是不够的，还必须学习怎样使用那种语言，即必须掌握使用那种语言进行交际的能力。

社会语言学的语言变体理论认为，在语言交际中，人们常因交际的目的不同、对象不同、场合不同而使用不同的语言，这便产生了语言的不同变体。

语言与文化同样有着十分密切的关系。语言是文化的一个十分重要的组成部分；语言是一面镜子，它反映着一个民族的文化，揭示该民族文化的内容；语言与文化相互影响、相互制约。没有文化

就没有真正的语言。克拉申的第二语言习得理论认为，在语言文化之外的语言学习定位只能以掌握基本的语音、词汇和语法结构为目标，不应该定位于语言的真正使用；如果在没有语言文化环境的情况下将外国语学习定位于后者，结果肯定是事倍功半，甚至无功而返。外国语教学的一个本质特征是：跨文化交际能力的培养。

学习语言，掌握其组词造句规则固然重要，但更重要的是要能将这些知识在语言交际环境中加以运用。外国语教学应以培养学习者用外国语进行交际的能力为最终目标。语言反映文化，是以文化为背景的；而各民族的文化又是独特的、互不相同的。所以，外国语学习从根本上说是一种跨文化交际能力的培养，即在交际环境中正确地、恰当地运用外国语能力的培养。离开跨文化交际来学习外国语，是不可能真正掌握一门外国语的，充其量是死记硬背了一些单词和僵硬的语法规则。实际上，学习者凭着这点死记硬背的单词和僵硬的语法规则是无法进行跨文化交际的。离开跨文化交际来学习外国语，就好像在岸上学游泳，其结果往往是产生“中国式英语”，如 Long Time No See（好久不见），Good Good Study，Day Day Up（好好学习，天天向上）。

如果举英语的案例不好明白，笔者在此举一个中国汉语的例子：

录音 1: “小明，帮我擦下窗户好吗?”“我擦!! 我不擦!!”——问：小明擦不擦窗户?

录音 2: “小明，这碟是小红的吗?”“你大爷的！我的!”——问：这碟是谁的?

录音 3: “小明，今晚上有思修课呢！你去不去?”“我去!! 我不去!!”——问：小明去不去思修课?

录音 4：“小明，房间味道有点重，去倒一下夜香吧。”“我倒！！我不倒！！”——问：小明倒不倒夜香？

录音 5：“小明，你要他那个礼物呢还是我这个礼物呢？”“那个……这个吧”——问：小明要哪个？

录音 6：“小明，你的睫毛好漂亮，真的假的？”“假的。”“真的假的？”“真的。”——问：小明的睫毛是真的假的？

录音 7：“小明，今天我妹妹来看我，能不能帮我去接下她啊？”“接你妹啊？不接！！”——问：小明到底要不要去接人家妹妹？

录音 8：“小明，今天上书法课用不用带笔啊？”“带毛笔啊！”——问：小明的意思是带不带笔？

上述几个题目，在美国土地上学汉语的人几乎不可能理解。只有熟谙中国文化的人才能理解这些语言，才能学会这些语言。

在中越边境地区，边境附近的两国公民都能说对方国家的语言，为什么？就是因为有跨文化的交际。在广西桂林的阳朔西街，包括老太太在内的居民大都能说外国语，为什么？就是因为有很多外国人在该街居住，有学习外国语的环境，也有学习外国语的动力（和外国人做生意）。

基于语言与社会、文化的以上关系，结合语言的本质特征和外国语教学的特点，外国语教学实践应该遵循系统原则、交际原则、认知原则、文化原则、情感原则。其中的“交际原则”认为，外国语教学的最终目的是培养学习者用外国语进行交际的能力，因此在整个外国语教学过程中，教师应把外国语作为一种交际工具来教，也就是说，要注重在外国语的听、说、读、写等交际实践的活动中发展学习者的语言运用能力。其中的“文化原则”认为，语言离不开文化，外国语交际能力从某种意义上来说就是一种跨文化交际的能力。结合文化因素来进行外国语教学有利于培养学习者正确理解和恰当运用目的语言的能力。其中的“情感原则”包括对学习者学习外国语的动机和态度加以引导，以及对学习过程中学习者的其他感情因素，如性格、兴趣、情绪等方面的培养和控制。

所以，在长期的语言教学实践中，人们归纳了一种最为重要的语言教学方法：交际法或文化交际法。交际法也称功能法或意念法，产生于20世纪70年代初期的欧洲共同体国家（现为欧盟），首先由英国学者提出的。交际法认为外国语教学的目的在于培养学生不仅能用正确的外国语语音和语法结构来表达思想，而且还要能在各种不同的语言环境中正确使用外国语；语言是一种交际工具，交际法提倡在交际过程中学习语言。社会语言学主张语言的社会交际功能是语言最本质的功能，人们总是在一定的社会环境中习得语言。

一些早期到国外勤工俭学的留学生，他们出国之前的外国语水平要么等于零，或者不会超过今日的高中生，但这并不影响他们后来外国语水平的迅速提高。在一个外国语环境较浓的社会中，学好外国语并非难事，而将其局限于校园学习，并强制学习，其效果可能正好相反。可惜的是，中国外语教育的现状却是：一方面，在校园里强制学习外国语；另一方面，除了课堂上教师对学生的灌输以外，几乎没有其他外国语的语言学习环境。

如果说语言环境还可以通过教师、语音设备等在一定程度上进行人为营造的话，文化环境则是无法营造的。语言学习不是一个孤立的过程。任何一种语言都是由生活在一定言语使用区域中的人们在一定的语境下，通过口语或书面语形式相互交际而使用的。一种特定的语言总是和使用这种语言的民族或国家，以及其历史文化、社会背景等因素息息相关。任何语言都是某种文化的反映，有其深刻的文化内涵。我们可以把语言比作树木，把文化比作森林，如果只顾语言，而不了解所学语言赖以存在的文化，等于“只见树木不见森林”，就很难完全理解语言。人们常说“To be bilingual, one must be bicultural”（要掌握两种语言，必须掌握两种文化）就是这个道理。

文化包括思维文化、习俗文化、历史文化、心态文化、地域文化、宗教文化、体态文化等，体现在语言中，可以分为语构文化、语义文化、语用文化、语体文化等，不深入其文化环境，就无法真正体悟其文化的内涵，也就不可能真正掌握由这种文化决定的语言。

一个社会的语言是该社会的文化的一个方面，语言和文化是部分和整体的关系，语言作为文化的组成部分，其特殊性表现在：语言是学习文化的主要工具，人在学习和运用语言的过程中了解整个文化。

既然语言和文化的关系如此密切，那就可以毫不夸张地断言：不了解目的语言所属的文化，便无法正确理解和运用外国语。

三、语言学习与学习动机、语言兴趣

动机是指引发并维持活动的倾向。学习动机是指推动学生进行学习的一种驱动力，是激励和指引学生进行学习的一种需要。根据教育心理学的原理，学生的学习行为有多方面的推动力，如个人价值观、学习态度、学生志向水平以及外来的鼓励等，但学习动机是学习的直接支配力量，而且学生的学习兴趣、价值观等往往难以直接作用于学生的学习行为，而要通过学习动机才能激发和维持学习行为。对于短期的、低级的学习，可以不靠动机来给予力量，但要有效地进行长期的有意义的学习，动机是必需的。

学习动机可以分为内部学习动机和外部学习动机。内部学习动机指人们对学习任务或活动本身的兴趣所引起的动机，是与自我奖励的学习活动相联系的动机；动机的满足在活动之内而不在活动之外，它不需要外界的诱因、惩罚来使行动指向目标，因为行动本身就是一种动力。外部学习动机是指指向学习结果的学习动机，往往由外部诱因引起，与外部奖励相联系；动机的满足不在活动之内，而在活动之外，这时人们不是对学习本身感兴趣，而是对学习所带来的结果感兴趣。这些外部奖励来自学习情景之外，如有的学生学习外语就是为了获得一个好分数，或是受迫于考试等外在压力。内部动机和外部动机决定着学生们是否去持续掌握他们所学习的知识。具有内部动机的学生能在学习活动中得到满足，他们具有好奇心，喜欢挑战，能持续地积极参与学习过程。而具有外部动机的学生一旦达到了目的，学习动机就会下降甚至消失。另外，为了达到目标，他们往往采取避免失败的做法，或是选择没有挑战性的任务，而且一旦失败便一蹶不振。所以，外部压力太大，有时会收到适得其反的效果，甚至会削弱学生原有的内部动机。

那么，如何增强一个人的内部动机呢？人的动机来源于人的自我需要。不同的人有不同的需要，反映在学习动机上的求知需要也多种多样。

学习动机的强弱决定着学习者所投入的精力、时间以及他们的毅力。这是个非常复杂的现象，它包含有许多成分，如学习的动力、成功的需要、好奇心、上进心以及寻求更多新知识的欲望等。在外语学习中，有两个动机起着关键作用。一是工具动机，二是综合动机。具有综合动机的学习者“对第二语言使用社团表现出真正的兴趣”，他们学习外国语是为了用所学语言与那个社团的人进行交际，从而了解他们和他们的文化。而具有工具动机的学习者“更多的是对语言如何进一步达到自己的目标感兴趣”。一般来说，综合性动机对语言学习的促进作用更大，这是因为学习者的愿望更高。具有工具性动机的学习者一旦达到了目标，外语学习便有可能停滞不前，出现语言僵化，即发音、词汇、语法及语言各技能基本停留在原有水平上，有的甚至退步。中国大多数外国语学习者之所以未能充分掌握一门外语，一部分原因是受到动机的制约。

应用语言学家研究表明，具有强综合动机的外语学习者可能在语言熟练程度上所取得的进步比具有强工具动机的学生大。同理，一个迫切需要使用外语的学习团体或个人学习劲头及掌握外语的熟练程度要比无此动机的人高得多。在中国，学习者中除了极少的一部分人因家庭背景或兴趣而具有综合动机外，绝大多数都是工具动机型。他们学外语多是为了掌握一门语言作为工具、参加升学考试或为今后留学打下基础。

兴趣是最好的老师，学习外语，尤其离不开兴趣支持。由于中国实行强制性学习外国语制度，不管学生有没有兴趣都得学，这一方面浪费了学生的大好时光，另一方面还使越来越多的学生对外语产生了反感甚至厌恶情绪，使外语学习陷入一种可怕的恶性循环当中。目前，由于被迫强制学习外语，很多人因外语浪费了太多的时间和精力，增加了很多压力，甚至自己一生的命运（如考研、考博）都被改变，所以越来越多的人对外语非常反感、憎恶，更谈不上学习兴趣。《21 世纪人才报》记者在 2003 年曾经在调查中发现，44.5%的人认为现行的英语教育考试制度弊大于利。而中国外语教育研究中心在 2004 年进行的一项调查中发现，甚至有 70%的老师反感中国目前的强制学习外语制度。

对于英语学习的动机，有一项调查显示，74%的人认为是因为学校要求而被迫学习，只有16%的人认为学习英语是自己的兴趣；另有59%的被调查者表示，英语是他们大学学习的负担，这种负担不仅是经济上，还有精神上的，甚至使学生在学习上产生反感情绪。中央电视台《时空调查》栏目调查结果显示，61.6%已经通过了大学英语四、六级考试的人表示，尽管考试通过了，但对英语的兴趣反而降低了。而职称外国语考试的负面作用还表现在，它极易造成许多人过重的心理压力和精神负担，产生逆反心理和抵触情绪，甚至严重挫伤他们的工作热情和积极性。

四、语言学习与语言学能

学习外语需要一些特殊的素质。人们把学外语所需的认知素质称为外语学习的学能。语言学家卡罗尔（Carrell）认为语言学能应包括以下四个方面：①语言编码解码能力；②语言敏感性；③强记能力；④语言学习的归纳能力。学习者不同程度地具备这些能力，但存在着个别差异，特别在语言技能上所表现出的差异更为明显。就拿语音来说，当过教师的人会有这样的体会，无论你怎样教，有些学生的语音就是发不好，发不准。这是因为他缺乏语言敏感性，模仿能力差。语言学能可以大致分为语言天赋、性格、年龄等方面。

语言学习是要有天赋的，就像画家需要一定的绘画天赋、歌唱家要有良好的音质和乐感一样。外语必修制度，让没有语言天赋的人卡在外语这道关口上无法继续深造成才，这是制度的缺陷。

在性格方面，有些人生性沉默，不喜言谈，不愿意语言交流而喜欢独处，甚至还有一些怪异性格，这些性格不利于学习外语，因为语言是人类交际的工具，而这种交际又受制于个人的性格差异。

如果他们被强制学习外国语，不太可能有好的学习效果。在市场经济条件下，竞争会使人们自然地在各种科目的学习上作出优化选择。人的时间是有限的，人力资源是有限的，人的能力是有限的。人类历史表明，绝大多数天才都是偏才，每一个人都有不同的偏好，一律强制所有不同性格、不同兴趣、不同优势的人必须长时间学习同一个东西，必然扼杀人的多样性，限制人的发展空间。

年龄差异对语言学习也有很大影响。研究表明，学习语言，年龄越大，学习成本越高，且学习的收益越低。学习外语，特别是学习口语，如果不在中学阶段解决，还要放到大学甚至硕士生、博士生阶段解决，往往事倍功半。目前的大学英语在语法、口语上并未超过高中阶段，大学英语仅仅是高中英语的重复，而研究生英语又是大学英语的重复。英语学习仅仅是为了通过考试，英语学习不再是学习语言，而是技术学习。结果，学生真正需要学的专业外语反而用时很少，如此，完全背离了外语的工具性质，使专业人才不专。我们现在取消了高考的年龄限制，大学生可能会超过 30 岁，硕士研究生、博士研究生也可以到 40 岁，申报高级职称可能到 50 多岁。这么大年龄还来学习外语，甚至是学习外语听力和口语，毫无疑问是事倍功半。

第二节　学习的境脉理论

“外语教育”是一种语言学习，除涉及语言的理论，还涉及学习的理论。语言学习主要是一种实践性的活动，要把语言学好，还需要接受学习的境脉理论的指导。实际上，学习的境脉理论和社会语言学理论是相通的，是社会语言学理论在某些方面的进一步深化。

一、学习的境脉理论是对传统学习理论的质疑

第一，传统学习理论将学习作为学习者头脑中的一个内部过程来研究，忽略了真实世界对于人脑运用的影响，无视人在真实世界中的学习，从而使学习远离经验，把学习与真实世界分割开来。

第二，传统学习理论还将“学习”从人类活动中区分出来。这种区分基于两个理论假设：一是处在学习与发展的具体阶段内，行为者与其活动中的知识的联系是固定的；二是在特殊的教育机构安排的制度环境中，通过知识的反复灌输所进行的与日常实践相分离的学习是十分必要的。由于传统学习理论对学习与其他类型活动的区分，致使人们对学习的理解似乎总是与学校场景有着难以分离的联系。这种强大的思维定式在很大程度上制约着关于人的学习的科学研究。

第三，传统学习理论，包括知识的传播、迁移或内化，片面强调学习是对现存知识和显性知识的获取，却无视实践中出现的新知识、隐性知识与默会知识，也不承认，实践当中一切有意义的印痕、多样化的活动、不同的目标和情境，在特定情形下通过一个关联的事件都可以构成认知与学习。后者的研究显然是学习理论研究中的一大空白。

第四，传统学习理论涉及的仅仅是个人的学习过程，无视学习

的社会历史文化脉络以及学习过程中的社会性协商与合作。[①]

20 世纪 80 年代末 90 年代初以来，有关情境认知的、社会取向的建构主义等研究路线已经对知识作为一种可以储藏和转移的东西的观点提出了质疑，逐渐提出了知识对工作实践的依赖、知识镶嵌在情境脉络中等观点，并逐步形成了学习的情境理论。学习的情境理论强调，学习不是独立于实践的，而学习的意义也不能与其产生的情境脉络相分离；学习就是对于实践共同体的合法的边缘参与：学习者不仅在从边缘到中心的参与过程中建构知识的意义，完成从生手到熟手的转变，还同时在共建实践共同体文化传统和价值取向的过程中，形成对共同体的归属感，完成作为共同体成员的身份建构。[②]

二、知识的社会建构性

知识是个人的还是社会的，构成了长期以来对知识进行研究的一个重要维度。前者将知识看做是居于个体内部的，而后者则认为知识是内含在团队或共同体中的。导源于维果茨基的社会取向的建构主义理论，从心理学和社会学两个视角出发，揭示了知识的社会本质，并相应地提出了“学习共同体”、“学习者共同体”的教学隐喻。

维果茨基在这一维度上的知识观主张，人的内部心理结构不可能从其外部的行为及其发生的社会情境中分离出来，人的社会结构和心理结构是相互贯穿和渗透的。所谓社会关系和社会角色这些概念（即“社会结构”）是同身体的和意识的过程协调地整合在一起

①② 赵健. 学习共同体——关于学习的社会文化分析［M］. 上海：华东师范大学出版社 2006.

的。知识内嵌于社会，学习通过社会中介的合作过程而发生。形成和评价某种方案或政策在概念上同个人作为某一团体成员的身份是分不开的。维果茨基关于人的心理发展的两条基本规律，即一是人所特有的被中介的心理机能不是从内部自发产生的，只能产生于人们的协同活动和人际交往之中；二是人所特有的新的心理过程结构最初必须在人的外部活动中形成，随后才可能被转移至内部，成为人的内部心理过程的结构。因此人的心理发展是个体性和社会性的统一，个体的知识建构过程是和社会共享的理解过程不可分离的。[①]

三、显性知识与隐性知识

根据知识能否清晰地表述和有效地转移，可以把知识分为显性知识和隐性知识。隐性知识是存在于个人头脑中的、存在于特定情景下的、难以明确表达的知识，它的获得一般很少通过他人的帮助或者环境的支持来习得，必须通过个人亲自去体验、实践和领悟来获得，所以也叫默会知识。[②]

赖尔早先提出 know that 与 know how 两种知识的区别。赖尔认为，这是两种既相互独立又相互依存的知识类型。后来，波兰尼的默会知识论把明确（或称显性）知识和默会知识作为一对对应的基本概念，识别和论证了默会知识的存在。他们认为，尽管在人类的社会生活中存在大量的可以表达的意义、可以书写的规则条文、可以交流的信息、已经编码的方程式或程序，但是我们拥有最多的，其实还是各种虽然 know how 但是无法 know that 的默会知识，包括

① 赵健. 学习共同体——关于学习的社会文化分析［M］. 上海：华东师范大学出版社 2006：36.
② 黄荣怀，郑兰琴. 隐性知识论［M］. 长沙：湖南师范大学出版社，2007：前言.

技术、技能、习俗、风格、传统等。[①]

波兰尼进一步指出了显性知识的默会根源，以及默会知识在人类知识中的决定性作用。他认为，默会知识本质上是一种理解力，是一种领会、把握经验，重组经验，以期达到对它的理智的控制的能力。心灵的默会能力在人类认识的各个层次上都起着主导性的、决定的作用，即默会知识相对于明确知识具有理论上的优先性。“默会知识是自足的，而明确知识则必须依赖于被默会地理解和运用。因此所有的知识不是默会知识就是根植于默会知识。”这意味着，任何明确表达的知识在个人那里都包含默会的维度，即个人的理解。显性知识是通过默会的知识而获得意义的，一种完全明确的知识是不可思议的，正如一棵没有根的大树是无法生存的一样。[②]

默会知识存在于一定的情景之中。默会知识与一定文化传统中人们所分享的概念、符号、知识体系是分不开的。明确的知识往往传达的是一些显性的社会规范，而支配人们的实际行为的往往是那些深深根植于社会文化传统的“潜规则”。“知识（和信仰一样）中许多都不存在于简单的规则体系中，而是以叙事和隐喻的方式存在”。隐喻和叙事都比它们的字面含义包含了更多的意义。只有共享了这种生活实践，才能理解这些隐喻和叙事，才能掌握这种以默会知识形式存在的知识的真正的意义。于是，默会知识又具有社会实践性。[③]

顺着这一逻辑，真正的学习一定涉及到知识的默会维度，而默会知识的学习是发生在特定的情景之中的，与学习者所处的社会生活实践密切关联。理解学习者，理解学习者的学习，理解学习者学

---

① 赵健. 学习共同体——关于学习的社会文化分析 [M]. 上海：华东师范大学出版社 2006：38.
② 赵健. 学习共同体——关于学习的社会文化分析 [M]. 上海：华东师范大学出版社 2006：39.
③ 赵健. 学习共同体——关于学习的社会文化分析 [M]. 上海：华东师范大学出版社 2006：41.

习的成败，必须从他的真实生活、他所在的家庭文化、课堂文化和社区文化乃至社会文化中寻找默会知识的来源。

在课堂上，教师常常感到困惑，似乎该呈现的都呈现了，该解释的都解释了，但是为什么还有那么多学生不理解似乎显而易见的内容？教师司空见惯的“常识”为何学生不能“看到”并理解？

认知的观点将这些问题解释为学生是否具有一定的认知结构，认知结构是将外部知识同化进来的心理条件（认知结构本身其实就是一种默会知识）。但是这种解释也还远远不足以解释学习困难以及一些边缘化学生的处境。其实，许多学习障碍与默会学习有关。教育社会学家和人类文化学家都注意并强调了隐藏在学生个体所处的种族、文化背景、社会阶层、家庭等政治社会结构中的大量默会知识，支配着教师对学生的假设、学生理解的方式，处在不同实践共同体中的教育者、学习者，如果缺乏文化和实践层面的交往以及由此达成的观念理解与共享，那么言语和各种符号的沟通实际上失去了理解的土壤。站在知识的默会维度来考察，有助于我们理解学习的问题不仅是认知的问题，更是情境的问题、社会实践的问题。如波兰尼所言，默会知识既是智力的，也是实践的。[①]

在显性知识和隐性知识之间，隐性知识具有优先性。在茫茫的知识海洋中，人类的显性知识只是浮出水面的冰山一角，而隐性知识才是我们未见的冰山主体。正如波兰尼所说的：“我们所认识的多于我们所能告诉的（We know more than we can tell）。”[②]

在语言学习中，显性知识和隐性知识的规律同样存在。一门语言就是一个庞大的知识体系，其中有显性知识，也有隐性知识。我

① 赵健. 学习共同体——关于学习的社会文化分析［M］. 上海：华东师范大学出版社 2006：42.
② Michael Polanyi. The Tacit Dimension. London：Routledge & Kegan Paul，C1966：4.

们如果只注重显性知识的学习，忽略隐性知识的存在，那么，我们注定无法完整地学会一门语言，甚至只能学到语言知识的冰山一角。

四、默会知识能否外显

许多管理学家和教育学家相信，默会知识只有通过一定的途径表述出来，“明确化”或“外显化”，方能供学习者交流和共享以及对其适当地积累。将默会知识的学习依赖于“外显化”，认为默会知识只有外显化为显性知识，才能被习得和分享。外显观的两点基本假设是：默会知识由于其不可言说和隐蔽性，因而是不可交流的；默会知识可以转化成为显性知识。

但是，许多研究已经逐步显示出这一观点及其假设的可疑性。波兰尼在论证知识的默会本质时就指出，试图摆脱知识的默会维度的努力是徒劳的，甚至是适得其反的。布朗形容这种努力是把知识从它的默会之根中拔出来。赵健博士认为：如果默会知识通过一定的努力得以外显化，那么，这部分原本不是外显知识、现在成为外显知识的知识，它的默会意义还存在吗？如果不存在，显然违背了外显知识的理解依赖于默会知识的原则。如果存在，那么转换的那部分知识又是什么呢？还有，转化为显性状态的那部分默会知识，和它处于默会状态时，还是同一种东西吗？①

所以，在语言学习中，我们不能奢望能通过显性知识的增加来忽略隐性知识的存在，因为试图摆脱知识的默会维度的努力是徒劳的。我们必须面对隐性知识的客观存在，而且是永远存在。

① 赵健. 学习共同体——关于学习的社会文化分析［M］. 上海：华东师范大学出版社 2006：44.

五、默会知识的习得机制：实践参与

默会知识无法被转化为显性知识，所以，默会知识的获得不可能依靠将它从实践中隔离出来的方式而实现。

关于默会知识的习得机制，波兰尼试图从哲学角度、莱芙和温格试图从文化人类学角度、布朗与杜盖德等试图从教育心理学角度来逼近默会认识的真相，提出了相应的默会认识的机制的隐喻，都指向实践参与这个维度。[①]

波兰尼的“辅助意识”（寓居的隐喻）认为，“所有的理解都是默会认识，所有的理解都是通过寓居实现的。”意即为了把握某一对象，我们需要将有关的各种线索、细节、部分整合为一个综合体加以认识，为此我们需要寓居于三个方面的内容：构成综合体的诸细节、身体和文化遗产，即将认识者置于与认识对象有关的具体境脉中，包括对象本身的具体细节以及对象所存在于的文化实践境脉中，同时要使认识者自己的存在与对象的境脉融为一体。简而言之，是以认识主体的身份参与到世界、参与到实践中，“居住”在文化的传统当中。

莱芙提出“合法的边缘参与”的隐喻：作为实践共同体研究的一种人类学方法，学徒制研究中十分重要的问题是，各个文化中传统的以及当代仍然广泛存在的学徒制当中，世代传承的从业知识多是与日常工作实践有关的默会知识，它们是如何被学徒或新手所掌握的呢？是人们通常认为的，学徒对师傅的模仿和复制吗？莱芙用

① 赵健. 学习共同体——关于学习的社会文化分析［M］. 上海：华东师范大学出版社 2006：45~48.

“实践共同体中的合法的边缘参与”的概念来解释这种学习的机制。“实践共同体是知识存在的一个复杂条件，相当重要的原因是，它提供了为其传承的东西赋予意义所必需的阐释性支持。因此，任何知识都存在于文化实践中，参与到这种文化实践中去，是学习的一个认识论原则。”

合法的边缘参与，关键是它把参与作为学习（包括吸收与被吸收进）“实践文化”的一种方式。长期的、合法的边缘性为学习者提供了把实践文化纳为己有的机会。学徒们从广泛的边缘角度逐渐对共同体实践的构成汇集出一个总的观念。这些角度包括：谁参与；他们做什么；日常生活是什么样；师傅们是如何讲话、走路、工作以及总体上如何管理他们的生活；那些不属于实践共同体的人如何与之打交道；其他学习者在做什么；要变成一个成熟的从业人员，学习者需要学什么；等等。在边缘的观察和参与中，学徒逐渐理解：前辈何时、如何以及在什么方面进行合作、共谋及发生冲突，理解他们的所爱、所恶、所敬以及所羡。而所有这些镶嵌在共同体的日常实践的情景中，构成了实践共同体的文化品性，它们都是在正式的学习中难以表达和传授的默会知识。而在合法的边缘参与下，它们都为新成员而“透明化”，使得他们可以合法地进入这种潜在的文化语境中。

布朗与杜盖德则提出“偷窃知识”的隐喻。布朗与杜盖德呼应莱芙和温格的观点，把“合法的边缘参与”观用于分析学校教学和学习。他们提出，学习不是一个知识传递的过程，学习者学到了什么“不能单单按照教了什么来衡量”。因为，除了便于测量的显性知识以外，还有难以表达的默会知识的学习。

布朗与杜盖德深受印度诗人、音乐家泰戈尔的一段话的启发。泰戈尔对教他音乐的教师的作用，曾经这样描述过：“一位伟大的音乐家来了，他就住在我家。他犯了一个大错……决定要教我音乐，而最终，学习并没有发生。不过，我倒是确实从他那里不经意地随手拈来了一些偷来的知识。”（Borwn 和 Duguld，1992）继而，布朗与杜盖德就用“偷来的知识”，来隐喻在叠加式正式教学的过程之外获得的知识，并提出了“合法地偷窃”知识的观点。为什么会发生“偷窃知识”？他们认为重要的一个原因是，在外显的、明确的教学中，很少能反映出真实世界中网络般的复杂关系，而大量的知识必然内隐于实践本身之中，只有那些进入其中的人方可在需要的时候“偷到”。因此，布朗与杜盖德主张用情境的观点来看待这些默会知识的获得。而且，和莱芙一样，他们特别强调，情境不仅仅包括物理性的，而且包括更重要的社会性的。如果要使情境负载重要的概念意义，它就必须让学习者用社会的和历史的观点去探究。从这个观点出发，支持学习者成功地偷到那些内隐于实践的知识，最好的办法不是从供给一方，而是从需求一方看待学习。这就是说，教学的设计者或教师不是事先替学生决定好需要学到什么，并把这些知识从所在的背景中孤立地“明确化”；而是要为他们提供真正丰富的实践——包括外显的实践和内隐的实践——网络，允许学习者隐藏在边缘，需要什么就能随机访问什么。

综上所述，知识的默会本质以及默会知识在实践中的嵌入性，对我们的知识观和学习观所产生的启发，并不仅仅是试图把默会的东西说出来，知道它是什么；而更在于提示我们用实践参与的路径来思考默会知识的获得，从而形成对知识意义的正确把握。共享实践是共享观念的前提。只有参与实践并共享实践，才是默会知识获得的根本条件。

语言知识体系中的显性知识的获得固然可以通过“教学”的过程来完成，但是，对于语言知识体系中的隐性知识的获得，我们无法通过“教学”过程来完成，更多地需要通过一种“参与”来实现默会。

六、规范的实践还是真实的实践

隐性知识只能在实践参与中才能真正习得。那么，是规范的实践还是真实的实践呢?

布朗和杜盖德在1991年的研究中，仔细区分了什么是真实的实践。他们认为，一个组织中的规章制度表示了大家所信奉的实践，这种实践主要是指那些由正式的规则文本所支持的规范性实践。但往往由于重视这种实践而遮蔽了真实的实践。真实的实践是由参与者的行动构成的，更多地存在于一种非规范性实践当中。人种学的研究证实，“规范的实践”与“非规范性实践”相比，后者比前者要厚实得多，其中许多情境化的机智被规范的“大智慧”所遮蔽或抽去了。因而规范的实践也不能取代非规范性实践从而不能代表真实的实践，在组织的语境下，组织实践不能涵盖或替代组织成员的真实工作中发生的真实实践。知识的理解、分享和创新，是规范性实践所居于的正式组织所难以承担的，而主要发生在这种非规范性实践所居于的实践共同体中，发生在真实的工作中，实践者所置身于的一种真实的工作的情境，关乎实践者从中获得理解、身份认同、专长，而不仅仅是劳动合同所规定的报酬。①

在语言学习中，我们要在实践中习得其中的隐性知识，同样需要真实的实践，而不能是规范的实践。我们不能指望在人为造就的、规范的语言环境中习得语言知识体系中的隐性知识。

---

① 赵健. 学习共同体——关于学习的社会文化分析［M］. 上海：华东师范大学出版社 2006：61.

第三节　语言习得规律下的外语学习

外语教育是一门语言教育，应该遵循语言教育的特殊规律。作为人类最重要的交际工具，语言和民族有密切的关系，是民族文化的重要组成部分，语言教育的特殊性也蕴藏其中。

社会语言学原理认为，语言是和社会、文化等密切相关的，学语言离不开语言环境、文化环境、学习兴趣、学习动机、语言学能等因素的支持；语言的社会交际功能是语言最本质的功能，外语教学的本质特征就是跨文化交际能力的培养。离开跨文化交际来学习外语，就好像在岸上学游泳，是很难真正掌握一门外语的，充其量是死记硬背了一些单词和僵硬的语法规则，结果往往是产生“中国式英语”。作为语言教育的外语教育，一定要在特定的语言环境、文化环境里面进行，一定要结合跨文化的语言交际实践。只有尊重外语科目的这一特殊性，才能使外语教育有质的飞跃。

现实中，很多学了半辈子外语的中国人，由于没有外语学习环境，外语运用能力怎么也提高不了，普遍是死记了大量死板的词汇和语法规则，对付了一个又一个考试，仅此而已。相反，很多只有一些外语基础的中国人一旦到了美国等合适的语言学习环境中，其外语水平很快就会提高乃至完全掌握这门外语。这就是语言学习环境的重要性。篮球运动员姚明，演员陈冲、王姬、章子怡等，都是在美国才真正学会英语。演员张铁林是在英国才真正学会英语。原中央电视台主持人杨澜，毕业于中国某外国语大学的英语专业，但当她初到美国时，还是难以和美国人灵活交流。杨澜能达到现在的外语水平主要依赖于在美国的语言学习环境。导演陈凯歌在 40 岁时，虽然过了学语言的最佳年纪，但到了美国以后，也很快就掌握了英语。演员宁静则主要从她的美国籍丈夫那里学会英语。演员巩俐学会英语主要依赖于身边一直有个私人英语老师相陪。英语基础为零的演员徐静蕾则请了两个英文老师：一个外国老师，一个“海归派”的中国老师。就是发起“疯狂英语”学习模式的李阳，为了学好英语，颇费了一番工夫，甚至因为英语学习而影响了自己原来的理工专业，他也确实记忆了大量的词汇，练就了流利的口语，但为了达到在文化层面上真正灵活运用的程度，他还是请了个外国人当自己的贴身助手。

有人认为，学语言的环境可以很容易地创造出来，比如在课堂上讲课全部用外语，在校园内开设“外语角”等。笔者认为，学语言的环境可以细分为语言环境和文化环境两个层面，语言环境可以创造出来，但文化环境却很难创造出来。学语言可以分为两个层次：第一层次是记忆词汇、语法规则等；第二层次是将记忆的词汇和语法规则在语言交流实践中做到符合语言文化的灵活运用。当我们创造学外语的语言环境时，对第一层次的记忆是有效果的，它可以通过重复刺激而巩固词汇、语法规则的记忆。但是，学习语言，比记忆词汇、掌握语法规则更重要的是要能将这些记忆的知识在语言交际环境中做到符合语言文化的灵活运用，因为语言的社会交际功能是语言最本质的功能。要做到符合语言文化的灵活运用这个层次，必须进行跨文化的语言交流实践，必须具有文化环境。一大群没有英语语言文化背景的中国人聚集在一起，废寝忘食地说英语，这只是创造了一种语言环境，对于记忆词汇、语法规则等有帮助，但这无法在文化层面上掌握英语，难以做到符合语言文化的灵活运用英语。实际上，“中国式英语”就是这么产生的：学习者记住了大量的英语词汇和语法规则，但由于没有领悟英语语言文化，所以说出来的英语总是漏洞百出，啼笑皆非。

总之，外语就是这么一门学科：说它容易也很容易，只要有外语学习环境，再笨的人也能在比较短的时间里掌握它；说它难也很难，如果没有外语学习环境，再聪明的人花费再多的时间也很难真正做到符合语言文化的灵活运用它。

目前，英语在全球包括印度、巴基斯坦、尼泊尔、锡金、缅甸、新加坡等国家在内的 20 多个国家普及，这是英国殖民主义和殖民扩张给它们提供了学习语言的社会文化环境。离开这种环境来强制性普及外语，目前还没有哪个国家取得成功。

中国的外语必修制度忽略环境、兴趣、动机等因素，要求不管有没有语言环境、文化环境、学习兴趣、学习动机，所有人一律学习外语，这是违反社会语言学规律的，结果往往是事倍功半甚至无功而返。

第五章　中国现行外语教育制度的经济学视角分析

学习外语，对学习者来说，本质上是一种教育投资行为，是一种对学习者“有用”的、有利润的投资行为。学习者在外语学习上投入时间、精力和金钱，目的是从中获得更高的回报。所以，从教育经济学的视角来考究外语教育制度设计的成功与否，是一个重要的路径。

第一节　教育经济学理论

教育自产生以来，就和社会经济发展有着不可分割的联系。那么，教育与经济之间是什么关系，这是教育经济学理论所关注的核心问题。

一、教育经济学理论的脉络

学者早就意识到了教育和经济之间的密切联系。英国古典政治经济学家亚当·斯密和德国历史学派先驱李斯特等都曾对教育和经济的相互关系作过论述。例如，斯密说，“学习的时候，固然要花一笔费用，但这种费用可以得到偿还，赚取利润”。

舒尔茨和加利·贝克尔等学者于20世纪60年代提出了人力资本理论（Human Capital Theory），这标志着教育经济学的创立。舒尔茨的核心论点是，单纯物质资本积累不足以说明美国的经济增长，还应该充分认识到以教育为中心的人的能力的改善所起的作用。贝克尔认为，个人通过教育等提高能力和人力资本积蓄，由此提高劳动生产率，从而得到较高收入。他们认为，人力资本是与物质资本相对而存在的一种资本形式，它体现在人的身上，可以被用来提供未来的收入；而教育则是人力资本形成的最重要的途径，教育通过人力资本的形成而对经济增长产生连续的作用。

另外，20世纪60年代初，美国经济学家E.Denison等在研究与分析经济增长中起决定作用的经济资源时，也揭示了知识与教育对经济增长的贡献。

就在上述教育经济学理论传播的同时，西方出现了严重的经济危机，一些国家于是把资金投入到教育中去，希望通过教育带动经济的复苏，但是并没有取得成功。面对种种人力资本理论不能揭示和解决的问题，人们逐渐认识到人力资本理论的局限性，于是一些学者采取新的方法分析教育与经济的关系，推动了人力资本理论的新发展和教育经济新学说的产生，影响较大的主要有筛选假设理论、劳动力市场划分理论和社会化理论，它们被称为第二代人力资本理论。

筛选假设理论（又称文凭理论）是20世纪70年代初美国经济学家迈克尔·斯宾塞和索罗等提出的，他们认为人力资本理论关于教育能提高人的认知能力，从而提高劳动生产率，促进经济增长的论断是不正确的，教育的作用主要不在于提高人的认知水平，而是对具有不同能力的人进行筛选。“教育作为一种筛选装置，它为雇主提供信号来帮助雇主识别不同能力的求职者，将他们安置到不同职业岗位。”

劳动力市场划分理论是20世纪70年代初期由戈登、多林格等人提出的。他们把劳动力市场划分为主要劳动力市场和次要劳动力市场，主要劳动力市场为劳动者提供大公司、大企业的工作，次要劳动力市场为劳动者提供小企业、小公司的工作。教育的作用不在于提高个人的知识技能，而在于它决定个人是在主要劳动力市场，还是在次要劳动力市场工作。

社会化理论是20世纪70年代中期由鲍里斯和金梯斯等人提出的。他们认为，教育的经济功能源于它的社会功能，而教育的社会功能，远比教育提高知识技能对经济的影响更重要。

二、教育与经济的关系

教育与经济的关系可以概括为：经济能促进教育发展，是教育发展的物质基础，经济决定着教育发展的规模；反过来，在一定条件下，教育也能促进经济的发展。

一方面，经济是教育发展的物质基础，经济为教育发展提供了物质技术条件。一般来说，经济发展到什么样的水平，教育才能发展到什么样的水平，教育程度才能达到什么样的状况。经济发展水平与教育发展水平具有一致性。如果不论经济实力、生产力发展水平，随意和盲目地发展教育，那就必然要违背经济与教育发展之间的客观规律。

另一方面，教育发展也能直接促进经济的发展。教育对经济发展的功能可以分为直接功能和间接功能。教育对经济发展的直接功能主要体现在以下几点：①教育是劳动力生产、再生产的重要内容与主要手段；②教育是缩短社会必要劳动时间、提高劳动生产率的重要途径；③教育是科学生产、再生产，以及使科学转化为直接生产技术的重要途径；④教育是提高经济管理水平的重要条件。教育对经济发展的间接功能主要体现在以下几点：①教育对人具有全面的影响作用，通过培养全面发展的人，对经济发展发生作用；②教育通过培养上层建筑、意识形态等非物质生产部门的人才，对社会生产力发生作用，因为社会是个有机体，物质生产领域与非物质生产领域是相互发生影响的；③教育通过陶冶劳动者的思想和道德，提高劳动者的精神文明程度，从而提高他们的劳动主动性、积极性和创造精神，对经济发展发生作用。

但是，教育发展与经济发展的相关性也并非简单的线性关系，并不总是对经济发展起促进作用。在一定的时期和特定条件下，教育对经济发展有时不仅没有起明显的促进作用，甚至会产生消极的阻碍效应。在一定的历史时期、一定地域的国家，其教育发展能否促进经济发展，首先受资源、人口数量、政策、周边环境等因素的制约。资源贫瘠、人口负担过重、周边环境恶劣等都不利于教育促进作用的发挥。但更重要的是取决于当时教育资源配置情况和教育发展水平状况。如果教育体系不健全，教育资源配置不合理，教育投资效率低下，教育和生产力之间的联系不大，教育就无法提供社会所需要的合格的劳动者。此外，过度教育对经济发展产生的负面效应也值得关注。因为，只有经济实力的发展速度和程度才能决定培养劳动力的数量和质量。教育部门培养多少劳动力，以及培养多少从事简单劳动的劳动力、多少从事复杂劳动的劳动力，都不是主观意志所能决定的，要受制于经济实力，受制于经济发展水平。在许多欧美发达国家，培养高技能人才，仍然是这些国家教育的一个支点。而他们良性的教育机制造就了良性的人才构成，形成了“白领”占 25%、“高级蓝领”占 45%、“低级蓝领”占 30%的“钟形结构”。在中国，同样数值则分别为 10%、15%、75%，这是由中国的经济产业结构决定的。而这样的产业结构决定了中国的教育发展的规模和结构。如果违背了这个规律，教育发展不但不会促进经济发展，反而会伤害教育本身的发展，也就不利于社会发展。

第二节　在中国外语学习成本太高

要从经济学的角度来分析外语教育，首先需要了解外语教育的成本。国外有人提出“语言经济学”，即要对因语言学习、翻译、培训等创造的收益或造成的损失进行成本核算。

由于中国绝大多数外语学习者没有相应的外语学习环境，结果往往是成本巨大，其中主要是时间成本、精力成本，也包括经济成本。

在时间成本方面，我们的许多大学毕业生，小学三年级就开始学外语，中学再学六年，大学再学三到四年，学了十几年，课时超过一千以上，还是掌握不了一门外语。

尽管各方面做了许多努力，学生也很用功，考试中反映出来的成绩并不差，可结果是：许多大学生学了十几年外语，到头来派不上用场。许多大学毕业生要真正在工作中使用外语，还得再花时间培训或苦练。大部分学外语的人半途而废。许多人对学外语谈“虎”色变。许多外语教师不讲究教学方法，也缺乏进行创造性教学的动力。中学与大学的外语教学严重脱节。又有多少中学生学了三年或者六年外语，几年后将此基本上忘得干干净净呢?没有人统计过。中国这么大，人口这么多，这个比例一定不小。可以想象，国家在这方面的投资是巨大的，但收效不大。与时间成本、费用成本、机会成本相比，外语教育得不偿失。大多数人在学习十几年外语之后，其实际外语能力仍很低，投入与产出严重不成比例。

第三节　绝大多数中国人用不上外语

要从经济学的角度来分析外语教育，还要分析外语到底有多少用途。其实，大多数中国人根本用不上外语，除了应付外语考试。

一、并不是所有人、所有专业或行业都需要外语

外语固然很重要，就像法律、医学等所有专业一样很重要，但我们谁也不敢说，所有人、所有专业、所有行业都离不开外语。有一些人、有一些专业、有一些行业确实用不上外语。例如，超过8亿的农民群体，有几个用外语的？对于成千上万的中小学非外语教

师，成千上万的工人，等等，外语有何重要意义？又如，对于研究中国古代文学、中国少数民族文学、中医学等专业领域的科研人员、教授，外语的用处并不是特别大。据对湖北大学100名94届非英语专业毕业生的跟踪调查显示，68%的毕业生在单位根本用不上英语，16%的毕业生也是因工作之需偶尔用一下。

在绝大多数领域，外语是基本用不上或完全不用的。正因为这些专业领域用不上外语，所以业内专业人员的英语水平基本不高，即使原来外语有相当水平者，也因为长期用不着而束之高阁，随着岁月流逝，便“还给了老师”。现行的职称外语考试显然存在方向上的错误。假如参加考试者工作领域需要外语，平时经常操练，那职称外语考试自然不在话下。反之，即便通过考试来强化外语方面的要求，那么也未必能够取得预想的效果。我们知道，马克思是懂英语、俄语的，但他不是被强迫学习的，他是因为要使用英语而在20多岁才开始学习英语的，是因为需要使用俄语而在60岁才学习俄语的。

人的生命都非常有限，从进入大学开始计算，能学习、工作的生命可能只有40年左右，谁都想在这段时间里扬长避短，充分发挥自己的特长，而不是被自己的短处纠缠，也不是被一些无用的事情纠缠。有的人都快40岁了，想考个中文、中国古代史等专业的博士研究生以继续深造，却被英语“卡住”了；一些50多岁的中文、中医等专业领域的人想申报高级职称，却被英语“卡住”了……这是很荒唐的制度。

所以，外语固然重要，但并不是对所有人都重要。强迫用不上外语的国民学外语，这违背了教育经济学规律，浪费了国民的人力资源。

二、真正使用外语的人的比例很低

现在很多人在论证外语重要时，都是举一些外企工作需要、涉外商务需要、涉外科研需要、留学需要等例子。可是我们不能老是把眼睛盯住外企工作、涉外商务、涉外科研、留学等方面，这些领域到底能容纳多少人？在我们这个大国度里，有多少人在从事外企工作、涉外商务、涉外科研、留学等，我们为什么忘记了占绝对多数的其他工作人员。1978~2003 年底，中国大陆出国留学人员总共才 70.02 万人，而且分布在 108 个国家，不仅仅是英语国家。其中 2003 年，中国出国留学的人数为 11.7 万人。

2005 年 1 月 26 日，广西举行大学毕业生双选会，笔者在双选会上进行了调查：笔者按展位前后顺序调查了 46 个用人单位共需 1829 人，其中提出大学英语四、六级要求的有 6 个用人单位共 160 人，比率为 8.7%。这 6 个单位、需求人数及其提出外语要求的原因见表 5-1。

表 5-1　广西某人才交流会上的外语需求情况

单位名称	人数	提出外语要求的原因
广西林业勘测设计院	52	为了评职称，英语不好，职称上不去，工作会受到影响
广西建筑综合设计院	33	工作需要
桂林矿产地质研究院	49	工作需要
南宁德磊砖业有限公司	4	公司的设备是从德国进口的，设备上有德文、英文说明书，招德文人才很困难，所以招懂英文的人才
民航技术保障部	2	通信、雷达、卫星及网络技术岗位需要
广西国家安全厅	20	广西边疆地区的国家安全工作需要，同时非英语的外语专业（特别是东盟语种）他们也需要

2005 年 1 月 27 日下午笔者还登录“中国高校毕业生就业服务信息网”进行调查，共 39 个用人单位招聘超过 174 人（不包括其

中 4 个单位招聘人数为“若干人”)，提出大学英语四、六级要求的仅 5 个单位 14 人，比率不到 8%。这 5 个单位及职务是沈阳盛嘉化工有限公司外销业务员、国家测绘局第二大地测量队研发工程师、桂林汉星电子通信有限公司翻译、河北康利达金属网有限公司出口部工作人员、北京国网中电自动化技术有限公司软件工程师。

2005 年 1 月 27 日笔者还在“广西招聘网”上进行了调查，发现 1017 个职位只有 228 个职位提出了大学英语四、六级的要求，比率为 22.4%。

实际上，在中国，目前真正使用外语的群体主要集中在外交翻译、商务翻译、科研翻译等领域。这个群体到底有多少，我们不得而知，但相对中国正在学习外语的这个群体来说，所占比例可以说微乎其微。外语教学、应用分布见图 5–1。

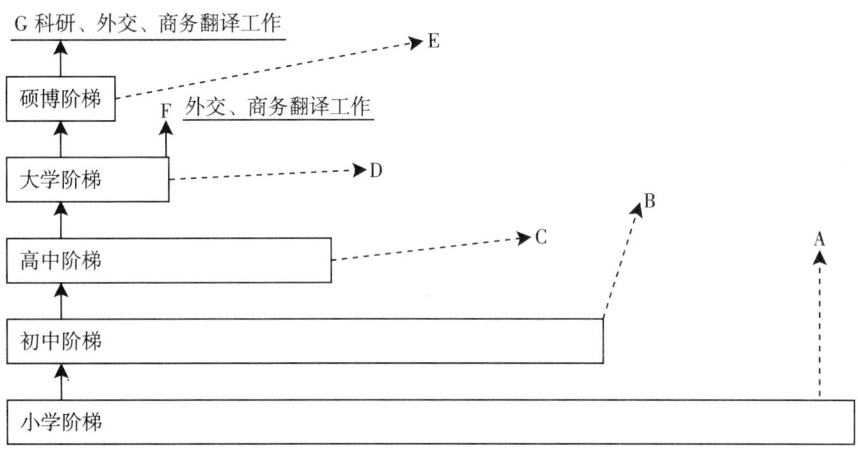

图 5–1　外语教学、应用分布图

从图 5–1 我们可以发现，从小学到中学、大学和硕士、博士研究生阶段，大量的人花了许多时间学外语，却毫无用途（图示中的 A、B、C、D、E 这五部分的人）。图中 A 表示一部分人读完小学后离开了学校，B 表示一部分人初中毕业后离开了学校，C 表示一部分人高中毕业后离开了学校，D 表示一部分人大学毕业后离开了学校且没有从事科研、外交、商务翻译工作，E 表示一部分人硕士博士毕业后没有从事科研、外交、商务翻译工作。这五部分人基本上用不上外语。只有 F 和 G 这两个很小部分的人最终用到了外语。

所以，外语固然重要，但并不是对所有人都重要。笔者不妨斗胆下个主观判断：真正用得上外语的中国人，不会超过 1/3！强迫用不上外语的大量国民学外语，违背经济学规律，浪费国民的人力资源。

也许有人说："英语肯定会越来越重要"。但这能说明什么呢？一种语言成为强势语言，那是因为语言背后的文化是强势文化，语言、文化背后的经济是强势经济。只要经济强大了，其文化、其语言必然会强势起来。英语之所以目前是强势语言，就是因为英美国家的经济、文化处于强势地位。20 世纪 80~90 年代，我们很多地方争相学习广东话，就是因为广东的经济在中国处于强势地位。谁能说中国的经济、文化就永远不能在全世界强势起来呢？如果说"英语肯定会越来越重要"是正确的，那么，"中文肯定会越来越重要"也是正确的。同样的道理，"越南语、朝鲜语、古巴语，等等，肯定会越来越重要"也是正确的。我们该如何选择？

实际上，我们许多外语专业人才并没有用武之地。引用《南国早报》2004 年 3 月 12 日的一个记载：一名美国人在购物时因为语言不通与商家发生了纠纷，于是独自一人到南宁市 12315 申诉举报指挥中心投诉，幸好遇到值班人员梁某懂英语，所以通过沟通很快解决了纠纷。事后，值班人员梁某发出感叹："我是英语专业毕业的，但一直用不上，没想到终于有了用武之地。"笔者也不禁发出感叹：花了几万元的学费，花了十几年的时间来学外语，难道就为了等这个美国人？为什么这名美国人来到我们汉语国度里却不承担找翻译的费用却要我们成千上万的人学好外语等他？

第四节　“翻译”的经济学分析

要从经济学的角度来分析外语教育，我们还无法回避一个问题：“翻译”的经济学分析。因为现实中确实有不少人需要用到外语，但这是否都需要本人去学外语？利用专业人士的“翻译”是否更加经济？

有一些专业确实需要利用外国资料，如在中国研究国际法、国际政治、国际经济等。但笔者认为，“需要外国资料”并不等于“需要学习外语”，因为我们可以利用别人的翻译成果来实现。也许有人马上会说，专业性的知识只有让本专业的人才来翻译才能比较准确。笔者并不否认这一点，但是，“让本专业的人才来翻译”并不等于“让自己来翻译”。假如全国有 1000 名专业人才研究国际法，为什么就不能允许这 1000 名人才在内部进行进一步的翻译分工呢？人各有长，我们需要扬长避短、专业分工和相互协作。

实际上，没有学者能做到完全不利用他人的翻译成果。一个学者再厉害，他还是需要利用别人的翻译成果，因为外语有上百种，没有人能全部掌握 100 多种外语。就算一个学者学外语很厉害，精通了英语、法语、日语、俄语，但还有越南语、韩语、阿拉伯语等语种没有掌握。当这个学者需要越南、韩国、阿拉伯国家的资料时，还是要利用他人的翻译成果。中国有许多著名的法学家、经济学家、教育学家、人类学家等，他们使用了大量外国资料，但这些资料并不一定都是他们翻译的，很多资料是同行的其他人翻译的。谁又能说这样就不可以呢？例如，5 名法学教授获取外国资料的途径各不相同，见表 5–2。

表 5–2　5 名法学教授获取外国资料的途径比较

教授 A	掌握了英语，但法语、俄语、阿拉伯语、日语、朝鲜语、越南语等资料依赖于他人翻译
教授 B	掌握了法语，但英语、俄语、阿拉伯语、日语、朝鲜语、越南语等资料依赖于他人翻译
教授 C	掌握了俄语，但法语、英语、阿拉伯语、日语、朝鲜语、越南语等资料依赖于他人翻译
教授 D	掌握了日语，但法语、俄语、阿拉伯语、英语、朝鲜语、越南语等资料依赖于他人翻译
教授 E	没掌握外语，英语、法语、阿拉伯语、日语、朝鲜语、越南语、俄语等资料依赖于他人翻译

以上 5 名法学教授到底谁掌握的外国资料更准确、更可靠？我们很难轻易下结论。所以，再高深的科研人员也得依赖于他人翻译外国资料，只是依赖的程度有所区别而已。既然所有的科研人员在获取国外资料时都得依赖他人翻译，我们就不能说他人翻译的资料就完全不可靠。所以，在获取国外资料的途径方面，我们就不能强迫教授 E 走教授 A、B、C、D 的道路。

“利用他人翻译”与“自己翻译”，这是两种不同的获取外国资料的途径。从经济学的角度讲，“利用他人翻译”付出的成本是支付翻译费用，而“自己翻译”付出的成本至少包括三大项：一是学习外国语的直接经济成本（学费），二是几年、十几年甚至几十年的外国语学习时间成本，三是机会成本，见表 5–3。一个人选择哪一种途径，应该根据自己的特长、条件等因素来作出选择，而不应该强迫大家选择“自己翻译”这种途径，更何况完全选择“自己翻译”这一途径的学者是不存在的。谁都离不开“利用他人翻译”这一途径，只是程度不同而已。

表5 3 “自己翻译”与“利用他人翻译”的比较

途径	效益	成本
自己翻译	获取自己所需资料	1. 学习外语的直接经济成本（学费） 2. 几年、十几年甚至几十年的外语学习时间成本 3. 机会成本
利用他人翻译	获取自己所需资料	支付翻译费用

有人认为，一名“高水平的学者”一定是一个能够“融贯中西”的学者，对此，笔者暂且认同它，但 “融贯中西”就必须自己学外语吗？就一定要通过自己的外语水平才能实现吗？如果说一名学者只有通过自己的外语水平才能做到“融贯中西”，那么笔者在此作一个判断：世界上没有一个称得上是所谓的“高水平的学者”。因为通常所说的“西方”包括英语国家、法语国家、日语国家、德语国家、西班牙语国家、葡萄牙语国家、韩语国家，等等，掌握如此多外语的中国学者几乎没有。实际上，就是西方许多知名学者也有很多不懂中文的，也做不到“融贯中西”，那是不是也称不上所谓的“高水平的学者”？

所以，“融贯中西”并不等于只能通过自己的外语水平来实现，一个只懂英语的学者可以通过他人的翻译资料实现“融贯中西”，一个只懂汉语的学者也可以通过他人的翻译资料实现“融贯中西”。一个企图完全不利用他人翻译而完全由自己来翻译而实现“融贯中西”的学者，在现实中是不存在的。

第五节　必须纠正的一种错误认识

我们现在有一种认识，认为中国正在走向世界，中国越来越强大，所以越来越多的人将会来中国投资、旅游等，所以我们中国人都必须学好外语。外国人来了，翻译工作当然就会增加，但笔者思考的是：外国人来了，需要翻译，这个翻译工作的成本应该由谁来承担？是由外国人来承担（来中国的外国人自己学汉语或花钱请翻译），还是由中国人来承担（全体中国人学好外语等待外国人的到来）？答案其实很明确：应该由外国人自己承担。中国人去美国、法国、越南等国家经商、旅游，美国、法国、越南等国的全体国民学好汉语在等我们吗？可在现实中，不少人认为中国人应该全部学好外语迎接外国人的到来，这不就把翻译成本转到中国人身上了吗？

《云南警官学院学报》2004 年第 2 期上的《对当前公安外语教育的思考》一文中有一个例子："一对英国夫妇在深圳旅游时，在旅游景点遭到抢劫，夫妇二人当即向附近的巡警求助，但由于双方语言不通，贻误了抓捕疑犯的最佳时机，导致警方付出大量的人力、物力后才使疑犯最终落入法网。"这是一个值得我们大家深思的事例。面对这个例子，笔者陷入沉思：一对英国夫妇向那个巡警求助，由于双方语言不通，贻误了抓捕疑犯的最佳时机，该作者的逻辑结论是把责任推给中国的警察不懂英语；那要是换作一对泰国夫妇来报案呢，是不是又要责怪那个巡警不懂泰语？再换作一对越南夫妇来报案呢，是不是又要责怪那个巡警不懂越语？再换作一对俄罗斯夫妇来报案呢，是不是又要责怪那个巡警不懂俄语……如果是这样，中国每个警察都必须懂全球几百种外语才行！外国人来中国，应该是他们先学好中国的语言或者是聘请翻译，怎么轮到我们为他们准备外语了？中国人也有许多出国的，而且分布在世界各国，那么又有哪个国家的警察为中国人准备中文呢？

笔者在这里也想举 2004 年 1 月 25 日人民网上的一个例子：2004 年 1 月 10 日凌晨 3 时，辽宁省阿吉镇发生一起蒙面歹徒洗劫长途客车案。在抢劫过程中，曾有两名中国乘客用手机向公安 110 报警，但因为电脑发出的语音前奏语中包含外语，拖延了时间，结果使中国的乘客们丧失了宝贵的报警时间，全车乘客共有 9 万元现金被抢劫。[①]

第六节　国际关系变化中的外语教育应变思考

国际关系的维系和发展首先需要突破国家间语言上的障碍，这需要有相应的外语人才来支持，而外语人才的培养离不开外语教育。所以，国际关系与外语教育有着密切的关系。一个国家的国际关系的方向在一定程度上决定着这个国家的外语教育的方向。当一个国家的国际关系发生变化时，这个国家的外语教育也必定要发生相应的调整。

① 争鸣："110" 干嘛要先说外语 [N]. 人民网，2004-1-25.

一、中国国际关系与外语教育的几次重要变迁

在中国近代历史上，国际关系发生了几次大的调整，外语教育也发生了相应的调整。

1. 鸦片战争以前中国国际关系与外语教育

在鸦片战争以前，中国的国际关系非常有限，主要集中在周边的少数几个国家。与此相对应，外语教育也非常有限，外语语种基本限于俄语等少数语种。有证可考的中国最早的外语学校教育可以追溯到元朝时期的 1289 年。之后，有明朝的“四夷馆”和清朝于 1727 年设立的“俄罗斯文馆”。在以上 500 多年的历史时期，外语教育仅在个别学校开展，外语科目也是随着当时国际关系的需要而设置，主要是俄语等，外语科目也不是必修科目。

2. 鸦片战争以后至 1949 年的中国国际关系与外语教育

鸦片战争以后，随着西方列强打开中国的大门，中国和西方列强的国际关系比较密切，于是，英语等西方列强国家的语言教育为中国所重视。1862 年创立的京师同文馆，就将英语教育摆在突出的位置。1902 年清政府颁布了《钦定学堂章程》，1913 年南京临时政府颁布了《中学校课程标准》，1922 年南京政府颁布了《中学英语课标准》，都是将英语规定为中小学的必修课程，中小学以外则无任何强制性规定，在大学则是加强了英语专业教育。

20 世纪 30 年代，随着中国东北沦为日本的殖民地，整个东北地区的中国人则被迫学习日语。

3. 1949~1978 年中国国际关系与外语教育

1949 年以后，随着中国政府和西方国家的国际关系恶化，中国的外交出现了“一边倒”的局面，和苏联关系很好。在这种国际

关系背景下，中国的外语教育也立即作了调整。1954 年，中国政府把英语、法语等外语科目基本废除，改设俄语科目，俄语被列为中学必修课程，在中学以外则依然没有外语方面的任何要求，只是根据需要在大学开设了俄语等外语专业。

1966 年以后的十多年间，一方面，国内处于动乱期间，另一方面，中苏关系恶化，和西方国家的关系也还没有很好地建立起来，所以，外语教育也遭到了破坏。

4. 1978 年以后中国国际关系与外语教育

20 世纪 60~70 年代以来，随着中国与苏联的关系恶化，同时中国恢复联合国席位，并与美、英等英语语种国家有了密切交往，原来培养的俄语人才显得过剩，而英语等外语翻译人才紧缺，以致于严重影响了中国的经济建设，甚至直接影响到国家的外交工作。所以，大量培养英语等外语人才被当做当时非常重要的政治任务。正如 1979 年 11 月 17 日在国务院批转民政部、国家计委、外交部、教育部《关于全国外语人员普查结果和做好调整、使用工作的报告》中所指出的："目前，中国外语人才在数量和质量上，还远远不能适应'四化'建设的要求。今年全国高等学校外语专业毕业生 3597 人，而社会各方面需要的则为 7921 人，相差近一倍。"当时所紧缺的外语人才，主要是指英语人才。

在这种背景下，中国政府调整并加强了外语教育，主要是突出了英语教育。

1978 年 6 月 6 日，教育部下发的《关于 1978 年高等学校和中专学校招生工作的意见》规定，高考全国统一命题，考外语（英语）科目。当时规定外语科目成绩虽然暂不记分、仅作参考，但从此外语成为高考必考科目之一。1979 年 5 月 3 日，教育部下发的《关于 1979 年高等学校招生工作的意见》规定，报考重点院校的，外语考试成绩按10%算分，报考一般院校则不算分。1980年4月24日，教育部下发的《关于1980年高等学校招生工作的意见》规定，逐年提高外语成绩在高考成绩中的记分比例：1980年为30%，1981年为50%，1982年为70%，1983年起按100%记入总分。随后，硕士、博士研究生入学考试也将外语列为必考科目。

从1979年开始，大学公共外语课程在高校逐步设立，大学外语专业的学生也被要求学习第二外语。

1987年、1989年国家教委先后推行大学英语四、六级标准考试，当时还只是部分高校自愿参加。20世纪90年代中期以来，开始有一些高校将大学英语四、六级考试与学士、硕士学位挂钩。

20世纪90年代，“外语热”进一步从学校蔓延到社会，其标志是人事部门规定将中级以上职称晋升也与职称外语考试挂钩。自1999年开始，职称外语考试实施全国统一大纲、统一命题、统一组织的制度。

至此，中国外语教育制度得以形成并延续至今。

二、国际关系新变化与外语教育新任务

20世纪末21世纪初以来，中国的国际关系有了一些新变化。主要表现在：更加重视睦邻友好战略；更加重视中国—东盟自由贸易区战略；更加重视中欧关系和发展中国家的关系等。

1. 睦邻友好战略

睦邻外交政策是中国总体外交战略的重要组成部分，在中国外交战略格局中占有重要地位，是中国开展大国外交和发展中国家外交的地缘基础和重要依托。

中国周边地区与中国的国家利益关系甚切。在政治上，中国和

平发展战略目标的实现，在很大程度上取决于中国与周边国家关系。加强与周边国家的睦邻与合作关系，对于维护国家主权和领土完整、实现国家统一、建立良好的地缘政治环境具有重要意义。在经济上，发展与周边国家贸易关系，加强区域经济合作是中国开展世界经济合作与竞争的基础。中国的周边地区具有资源丰富、市场广阔、技术先进、资本雄厚等地区优势。积极发展中国与周边国家的经贸关系是中国经济迅速发展所需要的良好外部环境。在安全上，中国的国防安全、海洋通道安全、能源安全和经济安全，直接受到中国与周边国家关系和地区形势的影响。

在睦邻友好的周边外交政策下，中国与周边国家的国际关系明显改善。“冷战”结束后，中国先后与新加坡、文莱、韩国、老挝、印尼、越南等国建立或恢复了外交关系。到目前为止，中国与周边各邻国已全部建立了外交关系。20 世纪 90 年代以来，中国先后与尼泊尔、蒙古、巴基斯坦、阿富汗、老挝、越南、俄罗斯、哈萨克斯坦、吉尔吉斯斯坦、塔吉克斯坦等邻国妥善地解决了国家边界问题。2004 年 10 月 14 日中俄两国签署了《中俄国界东段的补充协定》，彻底解决了 1991 年《中俄国界东段协定》没有划定的边界问题。1999 年 12 月 30 日中越签署了《中越陆地边界条约》，2000 年 12 月 25 日签署了《中越关于两国在北部湾领海、专属经济区和大陆架的划界协定》，计划在 2008 年全部完成陆地勘界立标工作。中国与俄罗斯、哈萨克斯坦、吉尔吉斯斯坦和蒙古等国签署了睦邻友好合作条约。中国与俄罗斯、印度和东盟等国建立了各种形式的战略协作伙伴关系和建设性合作伙伴关系。20 世纪 90 年代以来，中国与周边国家已经建立起平等信任和睦邻友好的国家关系。

为了适应中国与周边国家关系的发展，必然需要大量的周边国家语种的外语人才。中国周边国家多达 29 个，其中与 15 个国家直接接壤，在地理上包括了东北亚、东南亚、南亚和中亚地区。在这些周边国家当中，绝大多数不是英语国家，其中包括日语、韩语(朝鲜语)、俄语、蒙古语、缅甸语、越南语等。所以，中国的外语教育面临着调整的必要性。

2. 中国—东盟自由贸易区战略

按照2002年11月4日中国政府和东盟十国在金边签订的《中国与东盟全面经济合作框架协议》，2010年中国—东盟自由贸易区建立。在中国—东盟自由贸易区架构下，中国与东盟国家的各方面交往必将日益密切。这种密切的交往也必然需要有相应的外语人才来支持。

东盟各国语言包括汉藏语系、印地语系、南亚语系、南岛语系等，绝大多数也不是英语国家。所以，在中国—东盟自由贸易区战略下，中国的外语教育也迫切需要作相应的调整。

3. 欧洲战略和发展中国家战略

在中国的外交关系当中，中欧关系相当重要。另外，中国也始终注重加强与广大发展中国家团结与合作。

在欧洲和广大发展中国家当中，绝大多数也不是英语国家。这也需要我们在外语人才培养方面作出必要的调整。

第六章　中国现行外语教育制度的权利视角分析

马克思主义民族语言观强调各民族语言完全平等，不得强迫一个民族学习、使用其他民族的语言。中国在马克思主义民族语言观的指导下平等保护各民族的民族语言权。但是，中国现行外语教育制度将中华民族儿女的受教育权、职称晋升权等基本权利受制于美利坚等外国民族的语言，如果中华民族儿女不学习美利坚等外国民族的语言，将被剥夺在中国这片土地上的受教育权、职称晋升权等基本权利。我们从权利的视角对中国现行外语教育制度进行质疑。

第一节　马克思主义民族语言观

语言文字和民族是一种相互依存的密切关系，是民族文化的重要组成部分，也是民族的重要特征。由于语言文字具有民族性特征，各国都有相应的法制进行规范，以保障各民族的语言文字权利。马克思主义对民族语言文字部分有专门的论述。

对人类语言的基本观点，不同的学者可能有不同的看法。在中国，学者接受的是马克思主义民族语言观。我们制定有关语言方面的制度、政策，也应该接受马克思主义民族语言观的指导。

马克思主义坚持民族平等，其中的重要内容之一就是坚持各民族语言的平等，反对用外力迫使一个民族学习、使用另外一个民族的语言。列宁认为，各民族语言的平等，是民族平等的一个重要内容和标志，他经常把语言平等和民族平等相提并论，把语言平等摆在一个很重要的位置。他在《精致的民族主义对工人的腐蚀》中说："马克思主义者重视承认民族平等和语言平等"，"马克思主义者提出了如下的原则：各个民族和各种语言最充分的平等，直到否认国语的必要"。[①] 他在《关于民族问题的决议》中说："在资本主义社会里，要消灭民族压迫，除非建立最民主的共和制和国家管理制度，保证一切民族和语言完全平等"。他在《关于民族问题的批评意见》中指出：要"宣传民族和语言的完全平等"。他认为："谁不承认和不维护民族平等和语言平等，不同一切民族压迫或不平等现象作斗争，谁就不是马克思主义者，甚至也不是民主主义者。

马克思主义坚持各民族语言文字一律平等，反对对任何民族语言文字的任何歧视、限制和压迫，这主要是基于以下三方面原因：

一、马克思主义认为，民族语言文字是民族的重要特征之一，是民族问题的重要内容

各民族人民世代使用自己的语言文字，对自己的语言文字有深厚的感情，并一直把它视为民族的象征。因此，对一个民族的语言

① 列宁全集（第25卷）[M]. 北京：人民出版社 1988：153.

文字尊重与否，在一定程度上就是对该民族的尊重与否，民族语言文字是敏感的政治问题。

二、马克思主义认为，民族语言文字平等是民族平等的重要内容和标志

民族平等既是马克思主义处理民族问题的根本原则，又是民族团结的基础和前提。作为民族平等重要内容之一的民族语言文字，如果得不到重视和尊重，就不会有真正的民族平等，也就不会有真正的民族团结。由于语言文字平等是关系到一个民族的政治权利和民族团结的问题，所以列宁特别强调坚持语言平等的重要性。

三、民族语言文字存在的长期性和相对稳定性

民族语言和民族一样，是一个历史范畴，它有产生、发展和消亡的过程。随着世界上各民族走向大融合，语言也将走向融合，但这是一个漫长的历史过程。由于语言具有对强迫同化的极大的抵抗性，它的变化、消亡要比民族其他特征更加缓慢。社会主义时期不是民族语言消亡时期，而是民族语言发展繁荣时期。所以，在社会主义时期，必须坚持各民族语言文字一律平等，反对对民族语言文字的任何歧视、限制和压迫。

马克思主义认为，各民族都有使用和发展本民族语言文字的权利和自由，但并不是反对一个民族学习另外一个民族的语言，马克思主义只是反对使用行政力量推行族际共同语，反对用外力迫使一个民族学习、使用另外一个民族的语言。列宁在《需要强制性国语吗》一文中指出："我们当然赞成每个俄国居民都有机会学习伟大

的俄罗斯语言"，"我们不赞成的只有一点，那就是强制的成分。我们不赞成用棍棒把人赶进天堂……伟大而有力的俄罗斯语言不需要用棍棒强迫任何人学习"。①

按照马克思主义民族语言观，使用本民族语言以及用本民族语言接受教育，是公民的基本权利之一，政府或任何人都没有权利限制语言使用和限制学校必须使用某种语言进行教学。政府对一个民族的语言学习作出任何限制性的规定，不管是出于为了学生就业发展的目的，还是出于其他什么目的，都是对公民选择权的干涉。至于某种语言的社会效用如何，应由学生和家长本人来作出判断。学习某种语言或者不学某种语言，在学生毕业后可能会出现就业困难与发展机会受限制的问题，这方面的利弊应当由学生及其父母来权衡并作出决定，而不应该由政府来干涉。政府和学术界可以通过调查研究向民众说明这些客观情况，提供各种信息，但不能代替民众去做决定或限制他们进行选择的自由。

第二节　中国对民族语言权的保护

中国共产党历来坚持各民族语言文字一律平等，反对对任何民族语言文字的任何歧视；坚持并保护各民族使用和发展本民族语言文字的权利和自由；主张各民族人民在自愿的基础上互相学习语言文字，反对硬性规定和强制推行某一种语言文字。毛泽东早在

① 列宁全集（第24卷）［M］. 北京：人民出版社 1988：311.

1938 年就提出尊重各民族的文化、宗教、习惯，不但不应该强迫他们学习汉族语言等，而且应赞助他们发展用各民族自己语言文字的文化教育。目前，中国在尊重和帮助发展中国境内各民族语言文字方面采取了一系列措施，在一些民族地区建立了用民族语言文字进行教学的中小学校和大专院校，这使中国境内各民族能够凭借自己的语言文字不断发展壮大。例如，中国境内的藏族、维吾尔族等民族的人口在不学汉语而仅仅凭借藏语、维吾尔语就可以完成从小学到大学的学业并参加工作。这也是马克思主义民族语言观的体现。

在中国共产党的领导下，中国还制定了一系列的法律法规，以确保各民族语言文字权利的实现。中国现行语言文字法律法规包括《中华人民共和国宪法》、《中华人民共和国民族区域自治法》、《中华人民共和国国家通用语言文字法》、《中华人民共和国教育法》、《中华人民共和国义务教育法》、《中华人民共和国义务教育法实施细则》、《幼儿园管理条例》，内容基本可以分为“推广普通话”和“维护民族语言平等、自由”、保护少数民族语言权利两个方面。

一、对普通话的语言权利保护

《中华人民共和国宪法》第 19 条规定：“国家推广全国通用的普通话”，确定了普通话的宪法地位。其他法律法规也在多方面对普通话的语言权利进行法律保护。

1. 对学校及其他教育机构方面

《中华人民共和国教育法》第 12 条规定：“汉语言文字为学校及其他教育机构的基本教学语言文字……学校及其他教育机构进行教学，应当推广使用全国通用的普通话和规范字”。

《中华人民共和国义务教育法》第 6 条规定："学校应当推广全国通用的普通话"。

《中华人民共和国义务教育法实施细则》第 24 条规定："实施义务教育的学校在教育教学和各种活动中，应当推广使用全国通用的普通话。师范院校的教育教学和各种活动应当使用普通话"。

《幼儿园管理条例》第 15 条规定："幼儿园应当使用全国通用的普通话"。

《中华人民共和国国家通用语言文字法》第 10 条规定："学校及其他教育机构以普通话和规范汉字为基本的教育教学用语用字。法律另有规定的除外"。

2. 电视广播方面

《中华人民共和国国家通用语言文字法》第 12 条规定："广播电台、电视台以普通话为基本的播音用语。需要使用外国语言为播音用语的，须经国务院广播电视部门批准"。

《中华人民共和国广播电视管理条例》第 36 条规定："广播电台、电视台应当使用规范的语言文字。广播电台、电视台应当推广全国通用的普通话"。

3. 国家机关方面

《中华人民共和国国家通用语言文字法》第 9 条规定："国家机关以普通话和规范汉字为公务用语用字。法律另有规定的除外"。

4. 公共服务行业方面

《中华人民共和国国家通用语言文字法》第 13 条规定："公共服务行业以规范汉字为基本的服务用字。因公共服务需要，招牌、广告、告示、标志牌等使用外国文字并同时使用中文的，应当使用规范汉字。提倡公共服务行业以普通话为服务用语"。

二、对少数民族语言权利的保护

《中华人民共和国宪法》第 4 条规定："各民族都有使用和发展自己的语言文字的自由"。

《中华人民共和国国家通用语言文字法》规定："各民族都有使用和发展自己的语言文字的自由"，还规定："少数民族语言文字的使用依据宪法、民族区域自治法及其他法律的有关规定"。

《中华人民共和国民族区域自治法》第 10 条规定："民族自治地方的自治机关保障本地方各民族都有使用和发展自己的语言文字的自由，都有保持或改革自己的风俗习惯的自由。"第 21 条规定："民族自治地方的自治机关在执行职务的时候，依照本民族自治地方自治条例的规定，使用当地通用的一种或者几种语言文字；同时使用几种通用的语言文字执行职务的，可以以实行区域自治的民族的语言文字为主。"第 37 条规定："……招收少数民族学生为主的学校（班级）和其他教育机构有条件的应当采用少数民族文字的课本，并用少数民族语言讲课……各级人民政府要在财政方面扶持少数民族文字的教材和出版物的编译和出版工作。"第 38 条规定："民族自治地方的自治机关自主地发展具有民族形式和民族特点的文字、艺术、新闻、出版、广播、电影、电视等民族文化事业，加大对文化事业的投入，加强文化设施建设，加快各项文化事业的发展。"第 47 条规定："民族自治地方的人民法院和人民检察院应当用当地通用的语言审理和检查案件，并合理配备通晓当地通用的少数民族语言文字的人员……"第 49 条规定："民族自治地方的自治机关教育和鼓励各民族的干部互相学习语言文字，少数民族干部学习、使用本民族语言文字的同时也要学习全国通用的普通话和规范文字。民族自治地方的国家工作人员，能够熟练使用两种以上当地通用的语言文字的，应予以奖励。”

另外，一些民族自治地方还制定了一些地方性的法规，对少数民族的语言文字权利进行法律法规保护。

除了在法律上保护民族语言权以外，中国还采取了一些其他的具体措施，以确保民族语言权的实现。

（1）中央、各自治区和多民族的省都设立了民族语言文字工作委员会，自治州和县也成立了相应机构，专管民族语言文字的使用和推行工作。

（2）在对全国少数民族语言进行普查的基础上，根据各民族“自愿选择”和有利于民族发展繁荣的原则，帮助少数民族创制、改进或改革文字。

（3）中央和有关民族地区设立民族语言文字研究机构，民族高等院校开办民族语言文学专业，培养从事民族语言文字工作的专业人才。

（4）从中央到地方建立了民族语言文字的翻译、出版、新闻、广播、电影、电视机构，大力推广和使用少数民族语言文字。

（5）在一些少数民族地区建立了用民族语言文字进行教学的小学、中学、中专和大专院校。

第三节　对中国现行外语教育制度的商榷

中国现行外语教育制度有一个显著特点，就是将外语和中国国民的受教育权、职称晋升权挂钩。从这种制度规定可以看出，任何一个中国国民，如果不掌握美利坚民族语言或大和民族语言等外语，将被剥夺受教育和职称晋升的权利。该制度使中华民族（包括汉族、壮族、京族等）儿女的受教育权、职称晋升权甚至就业权受制于其他民族的语言（美利坚民族的英语，大和民族的日语，俄罗斯民族的俄语等），迫使中华民族的儿女在不自愿的情况下学习其他民族的语言；如果中华民族儿女不学习美利坚民族或大和民族或俄罗斯民族等的语言，那么，作为义务教育阶段的初中教育都无法完成，更谈不上高中、大学、研究生教育，也谈不上晋升中级以上职称，这也使学生实际上很难就业。

笔者认为，中国现行外语教育制度值得商榷。

马克思主义坚持各民族语言文字一律平等，反对强迫一个民族学习、使用另外一个民族的语言。《中华人民共和国宪法》第 4 条规定："各民族都有使用和发展自己的语言文字的自由"。这种法定的自由应该包括这样一种含义：中华民族每个公民都有权利仅仅通过中华民族的语言就可以获得受教育和职称晋升等权利，并不以掌握美利坚民族、大和民族等任何其他民族语言为条件。但是，在外语必修制度的要求下，中华民族儿女却会因为不懂美利坚等民族的语言而被剥夺读大学和研究生等受教育权，被剥夺职称晋升的权利，中国国民因为不懂英语或日语等而被剥夺在中国的受教育权和职称晋升权，笔者认为这显然违背宪法和法律精神。

马克思主义坚持各民族语言文字一律平等，反对对任何民族语言文字的任何歧视；坚持并保护各民族使用和发展本民族语言文字的权利和自由；主张各民族人民在自愿的基础上互相学习语言文字，反对硬性规定和强制推行某一种语言文字。

所以，不管美利坚民族的语言是一种什么样的强势语言，中华民族儿女都不应该在不自愿的情况下被迫学习。更何况中华民族是世界上人口最多的民族，拥有灿烂的历史文化。中华民族的儿女不可能到了离开美利坚民族语言就无法生存、无法发展的地步。中华民族当然应该向其他民族学习，但这并不等于要求全体中华民族儿女都学其他民族的语言，而应该让国民在自愿的基础上作出市场选择。

笔者当然也认为外语非常重要，笔者也非常鼓励国民学习外语，但笔者反对用一些强制性的措施来要求国民学习外语。

第七章　中国现行外语教育制度的法学视角分析

外语教育属于语言教育。任何语言都有民族属性，语言是民族文化的重要组成部分，是民族的重要特征之一。正是由于语言都具有民族性的特征，所以各国都有相应的法制或政策对语言进行规范，其中包括语言教育、语言使用等。

马克思主义对民族语言部分有专门的论述，其中的重要内容之一就是坚持各民族语言的平等，反对用外力迫使一个民族学习、使用另外一个民族的语言。

中国在马克思主义民族语言观指导下制定了一系列涉及语言教育、语言使用等方面的法律法规，这在《中华人民共和国宪法》、《中华人民共和国教育法》、《中华人民共和国义务教育法》、《中华人民共和国国家通用语言文字法》、《中华人民共和国义务教育法实施细则》、《幼儿园管理条例》等法律法规中都有所体现。

所以，不同于数学、物理、化学、医学等其他课目教育，语言教育有其特殊性。作为语言教育的中国外语教育，其制度设计必须考虑语言的民族性特征，必须在马克思主义民族语言观的指导下，遵守有关法律法规，不可以把外语教育和数学、物理、化学等课目教育相提并论。

第一节 依法行政理论

中国当前实行的外语必修制度，是用行政权力来推动外语教育，而“行政权力”本身就涉及依法行政的问题，“无法即无行政”。

一、权力的概念和属性

何谓权力？古今中外不同的人们有着不同的认识，提出过许多不同的定义。

“权力是一些人对另外一些人造成他们希望和预定影响的能力”；“权力是一种起控制和强制作用的支配力量”；“权力是把一个人的意志强加在其他人的行为之上的能力。”[①]

权力“是一种特殊的影响力，是一种促使人们为实现预定目标而行动的力量”，是在双方或多方发生利益或价值冲突的情况下“执行强制性的控制”。[②]

麦克斯·韦伯说：“权力是一个人或更多的人在一种共同活动中违反参与同样活动的其他人的意志而实现自己意志的一种能力。”

很显然，这些定义是就一般权力而言的，它包括人与人之间的个人权力，也包括社会群团组织内的公共权力。国家权力是上述权

① [美] 约翰·肯尼思·加尔布雷斯. 权力的分析 [M]. 陶远华，等译. 石家庄：河北人民出版社 1998：25.

② 严家其. 首脑论 [M]. 上海：上海人民出版社 1986：10，16.

力的一个重要方面，它是通过国家机器和法律的强制、通过对资源的集中和配置、通过国家控制的舆论工具等多方面，使全体国民服从领导集团的意志。

很多学者指出了权力的两面性：一方面它是社会的必需；另一方面它是社会的威胁。特别是国家权力如此强大，它可以取得社会上任何个人、任何团体无法做出的成绩，也可以制造任何个人、任何集团不可能犯下的巨大罪恶。无政府主义者主张取消国家，马克思说“国家是祸害”，等等，都是对国家可能犯下罪恶的恐惧。

实际上，“一切有权力的人都容易滥用权力，这是万古不易的一条经验。有权力的人们使用权力一直到遇到界限的地方才休止”。[①] 所以，任何权力都需要有明确的边界，没有边界的权力必然导致独裁或腐败。

熟悉霍布斯政治学理论的人知道，政府像“利维坦”（Leviathan）一样具有双面性格：它由人组成，也由人来运作，因此也就具有了人性的那种半神半兽的品质，它在保护人的同时，又在吃人。有人说：“人类千万年的历史，最为珍贵的不是令人炫目的科技，不是浩瀚的大师们的经典著作，而是实现了对统治者的驯服，实现了把他们关在笼子里的梦想。”

有关公权力与私权利，经典的理解莫过于：对于公权力来说，“法无授权即禁止”；而对于私权利来说，则是“法无禁止则自由”。双剑合璧，其目的就在于约束权力的同时确保社会繁荣。如果公权力能够循着“没有明令禁止都可以想、可以干”，那么就难免出现因为公权力无节制自我授权导致的公权力无限扩张。最后结果必然是公权力跑到公意前面，全社会在不知情、未授权的前提下为公权

---

① 孟德斯鸠. 论法的精神（上册）[M]. 北京：商务印书馆 1993：154.

力一次次支付没有合法性的“试错成本”。

如上所述，将统治者关进笼子是任何追求宪政民主国家的理想。权力越谦卑，社会越繁荣，思想越解放。熟悉中国政治历史的人知道，权力场上最不缺的是英雄主义与浪漫主义。所谓“权力不羁，则国家不幸”。真正推动一个国家进步的恰恰是能够免于权力伤害的社会，是那个“苟日新，日日新，又日新”的社会。

汉密尔顿说过，权力好比一条河，当河水保持在河界内时既美丽又有用，但当河水溢出河岸而成为奔腾的激流无法遏制时，它就会摧毁一切，无论流到哪里，都会造成破坏与荒凉。同样，虽暂时国家未有明令禁止不可为，但我们更应防止权力溢出河岸甚至奔腾到无法遏制的局面发生。

二、行政权力与教育行政

作为国家权力的重要组成部分，行政权力的产生是伴随国家的产生而出现的。

在原始社会，生产力水平极其低下，人们为了在恶劣的自然环境下求得生存，只能组织起来，共同生产，平均分配产品。在原始社会，没有剩余产品和私有财产，没有阶级剥削和阶级压迫。原始社会关系的调节，不是依靠某种公共权威的强制性力量，而是主要依赖习惯和传统的力量。有的学者将人类社会发展的这一阶段称为“有秩序的无政府状态”。到了原始社会末期，随着生产力的发展，出现了剩余产品，生产资料私有制随之出现，为阶级产生创造了条件，于是便产生了阶级分化和阶级对立。为了在阶级产生之后缓和与控制阶级争斗，使之保持在“秩序”之内，就需要一种表面上凌驾于个人之上的力量，即国家。

国家的产生，宣告了“有秩序的无政府状态”的终结，对社会事务的管理开始注入强制性力量。尽管其后人类历史发展的不同阶段其行政具有不同特点，但是通过国家和政府管理社会公共事务已经成为一种普遍趋势。总的来说，近代资产阶级革命以前，由于国家权力尚未分立，行政权还没有成为一项相对独立的权力，它包容在整个国家权力体系之中。资产阶级革命以后，三权分立成为西方国家政治结构的普遍形式，行政权第一次从整个国家权力体系中分离出来，成为一项相对独立的管理事务的权力。

现代意义上的行政，是指国家和其他履行行政职能的公共部门依法行使公共权力，对社会公共事务进行组织和管理的活动。其要点是：行政的主体是国家行政机关和具有行政管理职能的公共组织；行政的对象是社会公共事务；行政应当依法进行；行政的实质是国家行政机关和其他公共组织对社会公共事务的组织和管理活动。作为对社会事务的组织与管理活动，行政与其他组织的管理相比，具有公共性、权威性、规范性、民主性和效率性的特点。[①]

行政机关为履行其职责，必须具有相应的行政权力。行政权力是行政机关履行职责的保障，一切行政活动，无论是做出行政决策，还是做出行政决定，都是通过行政权力的运行来实现的。行政权力作为国家权力的一种，既有一般国家权力的共同特征，又有着不同于其他国家权力的结构与内容。

法国学者把行政职能的范围分为主权职能、经济职能、社会职能、教育和文化职能四个方面。国内有学者则将行政职能的范围分为政治职能、经济职能、社会职能、文化职能，其中文化职能包括发展教育的职能，认为教育的发展关系到一个国家、一个民族整体

---

① 沈亚平，吴春华. 公共行政学［M］. 天津：天津大学出版社 2005：2~5.

素质的提高，因此，发展教育就成为政府的一项职能。[①]

教育行政可以泛指一切教育管理，有公行政和私行政之分，国家行政属于公行政，非国家行政主要是私行政。本书中的教育行政是指属于国家行政的公行政，不包括学校内部的教育行政活动。

有学者认为，教育行政是国家行政的重要组成部分，是国家通过政府的教育行政部门对教育事业进行领导和管理。[②]

有学者认为，教育行政就是国家通过行政机关依法管理教育事务以及机关内部事务的活动，其中行政机关主要是教育行政机关。[③]

有学者认为，教育行政是国家对教育这项公共事务的决策、组织、调控和管理的活动，是国家和地方各级教育行政机关对各级各类教育事业的管理。中国的教育行政是在国务院的统一领导下，由教育部、教育厅、教育局、地方各级人民政府的教育管理部门和单位等具有教育管理职能的部门对教育这一公共事务进行的管理活动。[④]

笔者认为，教育行政就是国家通过行政机关依法管理教育事务的活动，其中行政机关包括教育行政机关，也包括各级政府，因为有些教育行政行为是以政府的名义开展的，如国务院制定教育行政法规，省级和较大的市级政府制定教育行政规章等，还有以各级政府名义实施的教育行政行为，这些都是教育行政的范畴。教育行政权力是行政机关依法管理国家教育事务活动中享有的权力，属于公权力。

国家教育行政权的产生与国家的产生相联系。在漫长的原始社

---

① 沈亚平，吴春华. 公共行政学［M］. 天津：天津大学出版社 2005：32~35.

② 萧宗六，贺乐凡. 中国教育行政学［M］. 北京：人民教育出版社 1996：3.

③ 蒲蕊. 教育行政学［M］. 北京：中国人民大学出版社 2008：5.

④ 高家伟主编. 教育行政法［M］. 北京：北京大学出版社 2007：37.

会，无所谓国家，因此也就不存在国家的教育行政权力。中国的夏商时期，已经设立“庠”、“序”、“瞽宗”等教育机构，出现了掌管教育的官职，如“长老”、“太师”、“少师”等。夏商官学的产生及其管理，标志着中国奴隶社会国家教育行政管理的产生。其主要特点是：政教不分、官师合一、学在官府。

古代国家的教育行政权力是与古代国家的发展水平以及古代国家的管理水平相联系的。在古代，由于教育规模较小，教育机构系统不健全，教育对国家和社会的意义不可能达到现代的水平，所以，国家的教育管理系统单一，管理职能有限，管理水平不高，管理权力也比较笼统。

现代意义的国家教育管理制度产生于 19 世纪西方资本主义国家。由于资本主义生产的迅速发展，经济生活的急剧变革，带来了许多资本主义国家管理体制和管理职能的相应变革。从教育方面来看，教育的世俗化和公共的国民教育制度的迅速发展，使教育开始成为对社会生活和社会发展具有重大意义的社会事业。国家为了规范和促进教育事业的发展，有效地发挥教育对政治生活、经济生活和文化生活的重要作用，逐步加强对教育事业的直接参与和控制，并通过立法手段，不断健全教育管理机构，完善教育管理制度，从而使国家教育管理权力不断得到丰富和充实，逐步形成了现代意义上的国家教育行政管理权力。

三、行政权力的来源与行政权力行使的原则

行政权力从何而来？大致来说，行政权力的来源可以分为以下

四个方面，即历史传统、武力、合法性和个人魅力。[①]

如果一种统治的合法性是建立在遗传下来的（历史就有的）制度和统治权力神圣的基础之上，并且也被相信是这样的，那么这种统治权力就属于传统型权力。传统型权力的统治无法适应复杂社会的需求，生产力水平的提高使传统的规则已无法维系，此时便产生了新型的行政权力的来源。

如果一种统治的合法性建立在绝对强势的武力基础上，并且被统治者明白如果不服从武力拥有者则必然会遭到损害，那么这种统治权力就属于武力型权力。

如果一种行政权力是根据章程所规定的制度，并按照法定程序获得的，便是合法性权力。这种权力建立在一个被公众所认同的法律制度的基础之上，只要是依法而得的权力便能为公众所认同。因此，公众对权力执行者的服从，并不是对权力执行者个人的服从，而是对权力执行者所代表的那些非个人法律制度的遵循。

如果因为个人魅力而使权力执行者能够得到众多人的拥护和发自内心的服从，进而拥有超越其他人的权力，这种权力就叫个人魅力型权力。这种权力往往不具有强制性。

现代社会，合法型行政权力占主导地位。

行政权力是人们实现公共利益的工具。行政权力如果得到正当、有效的行使，将能极大地促进经济、社会与科技的发展。但是，行政权力毕竟是一种能够控制他人意志的强制性力量，如果使用不当，将会给国家和公民带来灾难。因此，行政权力的行使应遵循一定的原则。

概括而言，行政权力应遵循行政合法性原则与行政合理性原则

① 周庆行. 公共行政导论［M］. 重庆：重庆大学出版社 2004：100~104.

这两大基本原则。

1. 行政合法性原则

合法性原则是法治主义的基本理念之一。行政合法性要求行政机关的行政职权的存在和行使要有法律依据并符合法定程序，包括行政主体合法、行政行为合法、行政程序合法。合法性原则包含以下几个方面的含义：

第一，职权法定。职权法定是指行政机关所行使的职权必须有法律规定，任何机关不得超越法律的授权。其特点包括：行政机关的创设须具有法律依据，行政机关的权力来源于法律授权，行政机关在权限范围内行使权力须符合法律的规定，即主体合法性、授权明确性和权力行使的合法性或主体法定、适用法定和程序法定。在教育行政中，各级政府及教育行政部门依照法律规定确定教育行政管辖权限和职责范围，在权力合法性的前提下，在职权范围内行使行政职权，在合理的范围内行使自由裁量权，这是依法行政的要求，是法治的要求。

第二，法律优先。法律优先是指在划分位阶的法律规范中，高位阶层次的法律规范优越于低位阶层次的法律规范，低位阶层次的法律规范受到高位阶层次法律规范的限制。“以法律形式出现的国家意志依法优先于所有其他形式表达的国家意志；法律只能以法律形式才能废止，而法律却能废止所有与之相冲突的意志表达，或使之根本不起作用。”[①] 法律优先原则具体内容包括：宪法具有最高位阶，任何法律、法规、规章及其他规范性文件不得违反宪法的规定、宪法原则和宪法精神；在已有法律的情况下，法律的效率高于其他法律规范，其他法律规范不得与法律相抵触；高位阶的法律规

① [德] 奥托·迈耶. 德国行政法 [M]. 刘飞，译. 北京：商务印书馆 2002：70.

范优越于低位阶的法律规范。

第三，法律保留。法律保留是指凡是只能由法律规定的事项只能由法律规定，或者在法律明确授权的情况下行政机关才有权在行政规范中予以规定。其目的在于禁止行政机关在没有法律授权的情况下，对公民的涉及基本人权的重要事项予以干涉和侵犯。法律保留原则是“基于宪法民主国家原则、主权在民的精神，有关国家行政事务之重要事项，概与人民基本权利之实现与行使有密切关系，自应保留予代表人民组成治国会（立法院）以法律规定之”。[①]

第四，程序正当。程序正当是指公共行政必须符合法律规定，依照法律规定的程序进行。程序正当要求是一个普遍的要求，尤其在英美法系国家，对程序更为重视，程序违法即可导致行为无效。在教育行政领域，程序的规范很重要，教育行政的过程同样是一个需要程序正义的过程。

2. 行政合理性原则

现代国家经济和社会关系日益复杂、瞬息变化，行政机关管理社会公共事务的领域不断扩展，很难想象法律能对包罗万象的公共事务做出疏而不漏的规范。在法律调整不到的地方或调整不明确的地方，就为行政机关及其工作人员的自由裁量权行为提供了空间。

“行政自由裁量权”指法律、法规赋予行政机关在行政管理中依据立法目的和公正合理的原则所享有的一种自行决定权，即对行政行为的方式、范围、种类和幅度等的选择权。[②] 它是法律授予的、在某种情况下依据行政者自己的判断力和道德心，而不是依据他人的判断力或道德心而做出的公务行为的权力。[③] 它是行政机关在法

① 翁岳生. 行政法（上）[M]. 北京：中国法制出版社 2002：183.
② 张正德，况由志. 依法行政的理念与实践冲突研究 [M]. 重庆：重庆出版社 2004：93.
③ 张明杰. 行政自由裁量权及其法律控制 [J]. 法学研究，1995（4）.

律明示授权或者消极默许的范围内，基于行政目的，自由斟酌，自主选择而做出一定的具体行政行为的权力。它是行政权力的一项重要内容，也是行政机关在行政执法中最广泛、最经常使用的一种权力。行政自由裁量权有利于行政机关和行政人员根据当时的具体情况进行处理，体现了具体问题具体分析的原则，有利于行政机关和行政人员从实际出发，在充分、全面掌握情况的前提下，完整、准确地执行法律。[①] 为了更有效地实行行政管理，行政自由裁量权的存在是必要的。

行政机关运用自由裁量权在法律的限度内可以对行为的范围、方式、程度做出选择。由于行政机关具有了选择的权力，这种权力就有可能被滥用，因而会造成对公民权利和自由的侵害。因此，行政行为除符合合法性要求，还要符合合理性要求。

合理性指行政自由裁量权的行使主观上要符合公平、正义、维护社会公益的要求，客观上要符合客观规律，合乎立法目的，平等适用法律规范，不偏不倚。合理性原则限制了行政机关在自由裁量名义下对权力的亵渎，成为现代行政法制的基本精神。现代公共管理的发展，要求政府机关更为灵活高效，行政行为更富有弹性，将会赋予行政机关更多的自由裁量权，这同时要求行政机关更好地贯彻行政合理性原则。

四、关于行政权力的传统契约理论

要追溯教育行政权力法制边界之理据，有必要先追溯行政权力的传统契约理论。

① 周庆行. 公共行政导论［M］. 重庆：重庆大学出版社 2004：277.

霍布斯是契约理论的奠基者；洛克是第一个用契约理论为民主制度辩护的理论家；卢梭是契约理论在大陆国家的代表，并对中国有很大影响；康德的哲学理念使古典契约理论更加体系化，达到契约理论发展的高峰。但自康德之后至20世纪80年代，契约理论受到了猛烈的批判。直到罗尔斯和诺齐克的现代契约理论的出现，才又使契约理论焕发出生机。

1. 霍布斯的契约理论

霍布斯认为，科学的方法应该是先有一个不证自明的前提，然后再从这个前提出发建立理论体系。[①] 霍布斯为人类找到的第一条自然律就是："寻求和平，信守和平。"[②] 但由于处于自然状态下的人们有着竞争、猜疑、追求荣誉的天性，他们会为着个人欲望、目的而相互侵犯，而这些相互侵犯的个人，就会将自然状态变成战争状态，从而违背自然律。为此，人们应该放弃自己的权力和力量以换取和平，并将这些放弃的权力和力量"托付给某一个人或一个能通过多数的意见把大家的意志化为一个意志的多数人组成的集体"，[③] 这个集体就是在契约基础上形成的国家。

2. 洛克的契约理论

洛克的核心观点是政府应该源于人们的契约。洛克认为，个体未进入社会之前的状态为自然状态。在这种状态下，人与人之间相互平等。"一切权力和管辖权都是相互的，没有一个人享有多于别人的权力"。[④] 即自然状态的第一个特征就是平等。其第二个特征就是：每个人都是自由的，都有处理他的人身或财产的权力。第三个

① [美] 乔治·霍兰·萨拜因著. 政治学说史 [M]. 刘山，等译. 北京：商务印书馆 1990：517.
② [英] 霍布斯著. 利维坦 [M]. 黎思复，黎廷弼译. 北京：商务印书馆 1995：98.
③ [英] 霍布斯著. 利维坦 [M]. 黎思复，黎廷弼译. 北京：商务印书馆 1995：131.
④ [英] 洛克. 政府论（下篇）[M]. 叶启芳，瞿菊农，译. 北京：商务印书馆 1993：5.

特征是：个体之间是独立的，“任何人都不得侵害他人的生命、健康、自由或财产”。[①]

既然在自然状态下每个人都是自由和独立的，财产又受到保护，人们为什么要组成社会呢？这是因为：①由于每个人对未来的事情都有自己的判断，如果没有统一的判断标准，就会发生冲突；②如果个人之间发生冲突时没有共同的裁判，冲突就不会得到调解；③如果每个人都追求私利且感情用事，就易于进入战争状态。在战争状态，自然法将遭到破坏。

为了避免以上情况的发生，必须在自然状态和战争状态之中找到一种平衡。洛克的观点是：一要制定一种“确定的规定了的、众所周知的法律，为共同的同意接受和承认为是非标准和裁决他们之间一切纠纷的共同尺度。”[②] 二要找到依法律办事，“裁决一切争执的知名的和公正的裁判者”。[③] 三要找到法律的执行者。这就要求每一成员都放弃某些自然权利，“把所有不排斥他可以向社会建立的法律请求保护的事项都交由社会处理，于是每一个别成员的一切私人判决都被排除，社会成了仲裁人员，用明确不变的法规来公正地和同等地对待一切当事人”。[④] 这样，个人放弃部分自由权，也就获得了社会的保护，消除了战争状态，而这些放弃的权利（包括上述立法、司法、行政权）将交给一个共同体，就组成了一个政治社会，即“组成一个民族，一个国家，置于一个有效最高统治权的政府下，不然就是任何人自己加入并参加一个已经成立的政府”。[⑤]

① ［英］洛克. 政府论（下篇）［M］. 叶启芳，瞿菊农，译. 北京：商务印书馆 1993：6.
② ［英］洛克. 政府论（下篇）［M］. 叶启芳，瞿菊农，译. 北京：商务印书馆 1993：77.
③ ［英］洛克. 政府论（下篇）［M］. 叶启芳，瞿菊农，译. 北京：商务印书馆 1993：78.
④ ［英］洛克. 政府论（下篇）［M］. 叶启芳，瞿菊农，译. 北京：商务印书馆 1993：53.
⑤ ［英］洛克. 政府论（下篇）［M］. 叶启芳，瞿菊农，译. 北京：商务印书馆 1993：54.

3. 卢梭的契约理论

卢梭也认为，政府的权力只能源于人们的契约。他设想，在未进入社会之前人类处于自然状态，当时人类的生存可能存在某种障碍，而且这种障碍“在阻力上超过了每个人在那种状态中为了自存所能运用的力量”。[①] 如果不改变这种方式，人类将无法继续生存。为了克服这个阻力，他们“要寻找出一种结合的形式，使它能以全部的力量来卫护和保障每个结合者的人身和财富，并且由于这个结合而使每一个与全体联合的个人又只不过是在服从自己本人，并且仍然像以往一样自由”。[②] 这就是社会契约所要解决的根本问题。

4. 康德的契约理论

康德把权利法则表述为：“外在地要这样去行动，你的意志的自由行使，根据一条普遍法则，能够和所有其他人的自由并存”，[③] 就是说，为了让个人享有真正的权利，个人行为必须符合道德法规即理性法规，否则就会导致理性的混乱从而导致权利的丧失。但由于个人是生活在一定社会环境中的，是一定历史和文化的产物，根本无法彻底摆脱经验因素。因此，康德认为除了内在的道德法规约束外，在人与人之间还必须依照外在的道德法则建立强制性的约束，而建立这种约束的操作方式就是契约。

5. 罗尔斯的契约理论

罗尔斯是新契约理论的奠基人，他的契约观念是公平的正义观。他主张社会基本权利和义务、利益和负担必须按照公平原则分配，除非在社会基本结构中有一种不平等可以使每个人的状况比最初的平等状况更好，而且这种不平等的产生应该建立在允许交换的

① [法] 卢梭. 社会契约论 [M]. 何兆武，译. 北京：商务印书馆 1994：32.
② [法] 卢梭. 社会契约论 [M]. 何兆武，译. 北京：商务印书馆 1994：23.
③ [德] 康德. 法的形而上学原理 [M]. 沈叔平，译. 北京：商务印书馆 1997：41.

基础上，因为基本的自由是不允许交换的。据此，罗尔斯提出了三个原则：平等的基本自由相等原则、机会平等原则、差别原则。[①]

6. 诺齐克的契约理论

诺齐克反对罗尔斯的公平优先于效率的观点，认为只要是正当所得就没有理由以什么差别原则去照顾不利者。在契约方式上，诺齐克主张只要求部分人先按照洛克的方法组成政府，其余的人则以出卖禁止权的方式加入，而购买方则是政府，费用通过税收方式取得。因为“被禁止的一方需要得到的只是充分的补偿”,[②] 所以，只要费用充分，所有人最终都会成为政府治理下的公民。

五、现代行政权限理论

在西方，政府职能问题引起人们的广泛关注，18 世纪后期，也就是西方工业化进程起步以后，人们展开了持久不断的争论。然而，对政府职能的论述却可以追溯到古希腊的亚里士多德。早在 2000 多年前，亚里士多德在论及古希腊城邦时就指出，人之所以需要城邦是由于城邦能使人过上优良的生活，只有能够维护公共利益，保证人们过优良生活的政府才是正义的、善的政府。亚里士多德同时列举了政府应履行的一些重要职能：负责市场管理、监护城区公共财产、维护并修理损害的建筑和街道、查察田畴、解决民间纠纷、征收并保存公共财产收益、办理民间契约和法庭判决的注册事务、执行判决、负责城防等，并指出只有具有这些功能，城邦生

① ［美］约翰·罗尔斯. 正义论［M］. 何怀宏，何包钢，廖申白，译. 北京：中国社会科学出版社 1999：66.

② ［美］罗伯·诺齐克. 无政府、国家与乌托邦［M］. 何怀宏，等译. 北京：中国社会科学出版社 1992：90.

活才能健康发展。中世纪的著名神学家托马斯·阿奎那认为，国王或者政府的职能在于“殚精竭虑地增进公共利益”。只有增进公共利益的政府才是正义的政府，否则是非正义的政府。政府要增进公共利益必须履行以下三个方面的职能：一是确立所统治的社会的安宁，即建立社会秩序的职能；二是必须保证不让任何事情来破坏这样所建立起来的安宁，即维持秩序的职能；三是必须费尽心机继续扩大社会福利，即发展公共利益职能。不过，古代社会的亚里士多德和阿奎那对政府职能的论述是基于一种传统社会的伦理职能观，以正义与非正义、善与恶为基础和标准，带有浓厚的伦理学烙印，这与以后关于政府在社会中功能定位的角色职能观是有区别的。

近代以后，工业化进程使得商品经济在社会中逐步居于主导地位，在新的经济秩序下，政府的职能及其作用成为突出问题。对于政府应当承担诸如维护社会秩序、保证国家和公民的安全等服务于公共利益的职能，一般没有多大分歧，对于政府职能的纷争主要集中于政府与经济生活的关系，诸种见解和争论以至于持续到今天。西方学者关于政府职能的界定和论述大体可分为“守夜人”的政府职能论、干预主义的政府职能论以及有选择地干预“市场失败”三种理论。

1.“守夜人”的政府职能论

“守夜人”的政府职能论是西方国家处于自由竞争时代普遍崇尚的主张，其理论渊源来自于洛克的自由主义政府观。300 年前，洛克在他的《政府论》中提出，政府的主要任务是保护个人的自由和财产，“政府除了保护财产之外，没有其他目的”。之后，亚当·斯密于 1776 年在他发表的《国富论》中，第一个从经济的角度界定了政府的职责。他在市场是完美的、没有缺陷，竞争是完全的，经济人是理性的前提下，构筑了一幅经济人由价格机制引导，经济自发有序运行的完美图景。斯密认为，在这样一种经济秩序中，政府没有必要操心和插手经济生活，如果政府这样做，不仅多余而且十分危险。政府的职能只限于在市场不起作用的地方，以不损害公民利益的方式行使极为有限的必要的管理权。斯密把政府的主要职能归为以下三项：①保护本国社会的安全，使之不受其他独立社会的暴行与侵略；[①] ②为保护人民，不使社会中任何人受其他人的欺负或压迫，即设立一个严正的司法行政机构；[②] ③建立并维持某些公共机关和公共工程。[③]

当然，为了维持政府的尊严，还需要有一些其他的花费。[④]

亚当·斯密认为，除了这些最低限度的职能外，政府的适当角色就是尽可能地远离经济生活之外。显然，在古典自由主义者那里，政府扮演着社会"守夜人"的角色，即"更夫政府"或"守夜人政府"，政府的职能是为经济发展提供"保护"而非"干预"，因为市场进程自身比政府干预能产生更好的整体效果。斯密的思想在当时得到普遍认可，美国第三任总统杰斐逊的名言"最少管事的政府是最好的政府"是这一思想的典型写照。

斯密"守夜人"的政府职能论的提出有其特定的背景，一是17、18世纪资产阶级革命后建立起的资产阶级专政的国家中，大多数仍然未彻底打破封建的国家机器，新生产力的代表者资产阶级在行使国家权力中受到封建力量的限制。当时的经济实业界为了摆

---

① [英] 亚当·斯密. 国民财富的性质和原因的研究 [M]. 郭大力，王亚南，译. 北京：商务印书馆 1972：254.

② [英] 亚当·斯密. 国民财富的性质和原因的研究 [M]. 郭大力，王亚南，译. 北京：商务印书馆 1972：272.

③ [英] 亚当·斯密. 国民财富的性质和原因的研究 [M]. 郭大力，王亚南，译. 北京：商务印书馆 1972：284.

④ [英] 亚当·斯密. 国民财富的性质和原因的研究 [M]. 郭大力，王亚南，译. 北京：商务印书馆 1972：373.

脱封建制度及其盛行的重商主义对市场经济发展的束缚，一般都举起了自由放任主义的旗帜，要求自主经营业务，起到限制政府的作用。而斯密的理论则顺应了资产阶级发展经济的要求，为其提供了理论上的支持。二是斯密所处的时代是西方市场经济发育的初期阶段，生产力不发达、市场容量小，市场缺陷还未暴露出来，所以“守夜人”的政府理论是当时市场经济不成熟的产物。“守夜人”政府理论的提出导致政府从经济领域中的全面撤退，为市场经济的发育扫清了道路。

“守夜人”政府理论的影响是深远的，“其观点时至今日仍持续产生重要的影响。当前新古典主义和自由主义经济学家都将他的理论作为对其思想产生重大影响的理论来源。”

2. 干预主义的政府职能论

政府的“不干涉”，没有约束的自由竞争，并不能总是带来尽如人意的结果。从 19 世纪中叶起，市场自身的缺陷逐步暴露出来，频频出现的危机最终酿成 20 世纪初爆发于西方世界的经济危机。经济危机打破了亚当·斯密关于市场万能的神话，人们不得不承认市场调节的严重缺陷和政府干预经济和社会事务的必要性。

干预主义的政府职能论登台亮相，其思想代表当首推凯恩斯。凯恩斯在他 1936 年出版的《就业、利息和货币通论》一书中提出，要全面增强国家的作用，政府不应该仅仅是社会秩序的消极保护者，而且还应该是社会秩序和经济生活的积极干预者，特别是要熟练地、有效地利用政府的财政职能影响经济的发展。干预主义的政府职能论的一个基本信念是：政府的经济职能是全面的，不仅市场失败的方面需要政府干预，而且市场成功的地方也要政府保护。凯恩斯的干预主义理论所开出的医治当时经济危机的“药方”，不仅成为政府大规模地介入经济生活的起点，也成为否定“守夜人”政府的标志。政府职能从此从消极保护转向积极干预，美国罗斯福总统实施的“新政”，欧洲世界20世纪30年代后普遍推行的福利计划都是凯恩斯干预主义理论在实践中操作的结果。第二次世界大战期间，几乎所有西方发达国家的政府都对经济实行了不同程度的干预，尤其是20世纪50年代以后，许多国家推行国有化，经济计划化以及政府管制等，政府干预经济和社会的措施此起彼伏，政府的职能始终保持着极度扩张的趋势。

对于第二次世界大战后西方政府公共管理职能极度扩张的趋势，我们可以用政府开支的不断增长来衡量，世界银行的一份权威报告认为，西方发达国家政府总支出占GDP的比重，1870年低于10%，1937年仅20%多一点，1980年则超过40%，1995年接近50%。在1960~1995年的35年时间中，中央政府支出占GDP的比重在原有的基础上扩大了一倍。正如1984年英国政治学家理查德·罗斯在其《理解大政府》中称，“在20世纪的发展进程中，政府的活动在规模、范围和形式上都有所扩大。政府已经远远超出了‘守夜人’国家的最小概念界定，成为混合经济的福利国家的核心机构”。他认为，现代政府已深深卷入到社会生活之中，它像一张巨大的保护网，包揽了人们从“摇篮到坟墓”的全部生活过程。

政府干预主义由于其在实践中的成功而在理论上长期占据主导地位，进入20世纪80年代后更趋完善。1985年，萨缪尔森在《经济学》（1985年第12版）中对政府干预主义作了完整阐述，指出政府在克服市场失效方面要承担的三个具体职能，即效率、公平和稳定。具体内容如下：

（1）政府要承担克服因市场失灵而导致生产或消费的无效率的职能。

（2）政府要承担使收入平等的职能。

（3）政府有增加经济稳定的宏观职能。干预主义政府职能理论是在市场经济的弊端暴露出来后对政府职能、角色的重新理解和界定，它是与“守夜人”的政府职能论相对的另一种政府职能理论。

3. 有选择地干预“市场失灵”的政府职能论

有选择地干预“市场失灵”的政府职能论以科斯的产权理论和布坎南的公共选择理论为主要代表。

科斯在他的产权理论中提出，只要产权明确界定，自愿的交易总能产生最优的结果。这就是著名的科斯定理。据此，科斯认为，在产权明确界定的领域，市场能够使资源得到最优配置，而无须政府去插手。政府的职能在于一方面去维护明晰的产权，另一方面则是去干预产权不易界定或市场自身界定不清的经济领域，以尽可能地减少交易费用。

公共选择理论认为，“市场失灵”并不是政府干预的根据，因为政府干预和市场经济一样也有局限性和缺陷，存在着“政府失灵”。政府失灵包括行政效率低下、费用高昂、机构自我膨胀、财政赤字有增无减、官僚主义和政府“寻租”，等等。因此，如果以政府的失败去干预市场的失败，只能是雪上加霜。但是，政府对市场的失灵又不能袖手旁观，它还是要干预市场。不过政府对市场的干预只能限制在市场长久失灵之处，信息制约、搭便车者以及欺诈性行为就属于需要政府来解决的市场失灵。对市场暂时的、偶然的失灵，市场会在市场运行中加以自行矫正，无须政府介入。

著名行政学家沃尔夫的结论是要利用政府去弥补市场缺陷，同时利用市场去克服政府失灵。

据此，有选择地干预“市场失灵”的政府职能论将政府干预经济限制在市场长久失灵的范围内，其主要观点如下：

（1）市场有失灵，政府也有失灵。政府的失灵既表现为对经济干预过度造成的市场进一步失灵，又表现为对经济干预不足而使市场不能有效运行。

（2）政府只能干预市场的长久性失灵，不能干预市场的暂时性失灵。

（3）政府要利用市场去干预经济。有选择地干预“市场失灵”的理论是在西方政府职能持续扩张，导致20世纪60年代后出现经济“滞胀”的情况下，对政府职能的最新认识，它构成当代西方行政改革的主导性理论之一。

上述西方学者关于政府职能的理论，是基于西方国家市场经济产生、发展和完善过程中遇到的问题，对政府职能认识和探索不断深化的过程。每一种新理论的提出，都是在经济发展经历危机和大起大落的情况下，为寻找解决问题的出路，重新认识和调整政府与市场关系的结果，其中包含着辩证地认识政府与市场关系。中国目前正致力于建立与社会主义市场经济相适应的行政改革，改革的起点与关键是转变职能，政府职能的定位、职能的结构和职能的方式是核心的问题。西方学者的政府职能理论，对我们有着重要的借鉴和启示意义。

六、“人民权利本位”与“无法即无行政”

公共权力是由宪法、法律所规定的，由公民和社会所认同的公共权威，它代表着国家意志，集中表现为国家权力，是处理国家事务和解决社会公共问题的政治上的强制力量。[①] 政府管理国家的公共权力来源于人民的委托和授予。从本源上看，人民的权力不是来

① 周庆行. 公共行政导论［M］. 重庆：重庆大学出版社 2004：15.

自于法律，也不是国家给予的。人民的自然权利的实现必须建立契约型的政府，人民联合成为国家和置身于政府之下的主要目的便是保护他们的安全、自由权利和财产权利。在市场经济社会，政府及其拥有的公共权力仅仅是为保护人民权利而存在的。因此，"人民权利本位"是公共权力行使的最根本的价值准则。"人民权利本位"的观念要求公共权力依法行使。对公民而言，"法不禁止即自由"，即法律只要未明文限制，公民就可以自由地进行任何行为；而政府行为，即公共行为或公共行政行为的基本规则是"凡法律未允许的，都是禁止的"，公共行政行为必须有法律依据，法律规定行政机关的组织、权限、手段、方式和违法的后果。而且，公共行政权力的实施必须以法律规定为准绳，法律的规定是公共权力的依据和界限，行政机关的行为越权无效。

七、中国依法行政的确立

依法行政是21世纪中国行政发展最突出的标志。早在1999年11月，国务院就发布了关于全面推进依法行政的决定。2004年3月22日，国务院正式发布《全面推进依法行政实施纲要》，标志着中国依法行政进入全面实施阶段。2008年5月12日，国务院又发布了《国务院关于加强市县政府依法行政的决定》。

1.中国实施依法行政的必然性

依法行政的提出不是偶然的，它有着一定的历史过程，更有着坚实的理论基础。依法行政渊源于宪法确立的法治原则并以其为基础，它是法治原则在行政管理领域的具体体现。在中国，依法行政原则的确立虽晚于发达资本主义国家，但却是中国宪法实施、民主法制制度完善和法治观念深化的必然结果。

（1）依法行政原则的确立有其宪法基础。中国宪法总纲中明文规定“国家维护社会主义法制的统一和尊严。一切国家机关和武装力量、各政党和各社会团体、各企事业组织都必须遵守宪法和法律。一切违反宪法和法律的行为，都必须予以追究。任何组织或者个人都不得有超越宪法和法律的特权”。这是中国法制精神的中心内容和高度概括，也是中国确立依法行政原则的宪法基础。此外，中国宪法确立的人民代表大会制度、国家行政机关地位及职权的规定，均为依法行政原则的提出奠定了制度性基础。这使得依法行政的确立不仅显得重要和可能，而且成为必然。

（2）依法行政原则的确立也是以中国民主制度为基础的。中国是人民当家作主的社会主义国家，政府机关执行法律就是代表人民并按人民意志进行国家行政管理。因此各级行政机关在行政管理中是否坚持依法行政，直接关系到人民当家作主原则的实现程度。

（3）依法行政的原则确立是社会主义法制的基本要求。社会主义法制要求一切国家机关、社会团体、企事业单位和个人必须做到有法可依、有法必依、执法必严、违法必究。行政管理作为国家管理中涉及面最广、任务最重的一个领域，其法制化程度将直接和主要反映中国社会主义法制的实现程度。坚持依法行政，是社会主义法制原则在行政管理领域的转化和体现。因此说，确立依法行政原则是健全和完善社会主义法制的直接要求。

（4）依法行政原则的确立也是依法治国思想和法治观念深化的必然结果。随着依法治国观念的深入人心，人们逐步认识到，在现代各种国家职能中，行政职能占主导地位，行政机关和其公务员掌握着相当大的决策权、执法权和管理权。坚持依法行政，实现由“人治”向“法治”的转变，对于有效实践依法治国方略，加速依法治国进程是至关重要的。依法行政是实施依法治国的主体工程，是建立法治国家的关键。由此可见，依法行政原则的确立，是我们党和国家依法治国方略的具体体现，是人民法治观念深化的必然结果。

2.中国实施依法行政的现实意义

中国实施依法行政是深化改革、发展社会主义市场经济的客观需要。当前，中国正处在由以往高度集中的产品经济、计划经济向市场经济转变的时期，经济运作方式正在发生重大变化。因而，过去那种协调经济系统进行的行政指令性规则、行政手段等也应当而且必须进行调整。具体来说，就是要向表现为法治形式的规则、手段方面变革，向适应市场经济中价值规律、供求规律要求的法治形式变革。

中国实施依法行政是从严治政、强化对政府机关及其工作人员权力监督的必然结果。要建设一个高度文明、高度民主的社会主义现代化国家，没有健全的法制，不走依法治国、依法行政的道路是不可想象的。原因如下：

（1）法治是一种简单而公平的制度。建设社会主义市场经济、科教兴国、实现可持续发展战略、西部大开发，等等，所有这些战略方针的实施都离不开法治的保障。法治的价值就是公平。法治就是一种简单而公平的制度，简单是它的形式，公平是它的本质。法治就是通过简单的形式来实现本质的公平。在现实生活中，行政工作许多违法现象以及腐败现象的产生根源之一，就是背离了依法行政的轨道，背离了这个简单的原则。

（2）法治的本质是通过法律规范、制约国家公权力。法治实际上是对权力制约的一种社会制度。依法行政就是依法治权。依法行政涉及对许多与权力有关或由权力衍生出来的利益的调整，因此，必然会引起部分既得利益者的抵制。目前，有法不依、执法不严、违法不究的现象仍大量存在，主要原因就在于此。

八、教育依法行政

任何国家的行政管理，都是依法运用国家权力管理国家公共事务、社会公共事务的活动，教育行政也不例外，也必须依法行政。

什么是教育依法行政？对此，不同的学者从不同的角度给予了界定。

雷江华认为："教育依法行政就是指教育行政机关必须依照国家法律、法规来从事教育行政活动。"①

蒲蕊认为，教育依法行政主要表现在："教育行政管理活动以及行政人员的行为必须是有法可依、有法必依，而不是教育行政领导者以及工作人员的随意行为；各级教育行政机关都是依法设置的，其权力都是法律授予的，并各自在法律赋予的权限范围内活动；教育行政机关中各个组织与工作人员的职责、权利和义务都是用法的形式明确规定下来的。"②

蔡红认为："教育行政执法是指国家有关行政机关及其所属工作人员，在现实生活中实施教育法规的活动，是有关行政机关及其工作人员按照法定职权和程序所采取的直接影响公民、社会组织和其他社会力量有关教育的权利和义务，或者对其教育权利与义务的行使和履行进行监督的具体行政行为。" 此外，李晓燕的观点与蔡红的观点大致相似，她只是补充强调："教育行政执法中的'法'是一个外延很广的概念，包括国家全部教育法规。"③

---

① 雷江华. 论依法教育行政［J］. 教学与管理，2000（2）.
② 蒲蕊. 教育行政学［M］. 北京：中国人民大学出版社，2008：7.
③ 李晓燕：教育行政执法［J］. 人民教育，1997（10）.

第二节　中国现行语言法律制度

在从法律的角度严肃审视中国外语教育制度之前，我们先来了解中国现行的和语言、外语有关的法律制度。实际上，中国目前有包括《中华人民共和国宪法》在内的多部法律对中国语言文字提供保障或对外国语言文字使用作出禁止、限制。

1.《中华人民共和国宪法》

第 4 条第 4 款　各民族都有使用和发展自己的语言文字的自由，都有保持或者改革自己的风俗习惯的自由。

第 19 条　国家推广全国通用的普通话。

第 121 条　民族自治地方的自治机关在执行职务的时候，依照本民族自治地方自治条例的规定，使用当地通用的一种或者几种语言文字。

第 134 条　各民族公民都有使用本民族语言文字进行诉讼的权利。人民法院和人民检察院对于不通晓当地通用的语言文字的诉讼参与人，应当为他们翻译。在少数民族聚居或者多民族共同居住的地区，应当用当地通用的语言进行审理；起诉书、判决书、布告和其他文书应当根据实际需要使用当地通用的一种或者几种文字。

2.《中华人民共和国民族区域自治法》（1984 年）

第 10 条　民族自治地方的自治机关保障本地方各民族都有使用和发展自己的语言文字的自由，都有保持或者改革自己的风俗习惯的自由。

第 21 条　民族自治地方的自治机关在执行职务的时候，依照本民族自治地方自治条例的规定，使用当地通用的一种或者几种语言文字；同时使用几种通用的语言文字执行职务的，可以以实行区域自治的民族的语言文字为主。

第 36 条　民族自治地方的自治机关根据国家的教育方针，依照法律规定，决定本地方的教育规划，各级各类学校的设置、学制、办学形式、教学内容、教学用语和招生办法。

第 37 条第 3 款　招收少数民族学生为主的学校，有条件的应当采用少数民族文字的课本，并用少数民族语言讲课；小学高年级或者中学设汉文课程，推广全国通用的普通话。

第 47 条　民族自治地方的人民法院和人民检察院应当用当地通用的语言审理和检察案件，并合理配备通晓当地通用的少数民族语言文字的人员。对于不通晓当地通用的语言文字的诉讼参与人，应当为他们提供翻译。法律文书应当根据实际需要，使用当地通用的一种或者几种文字。保障各民族公民都有使用本民族语言文字进行诉讼的权利。

第 49 条　民族自治地方的自治机关教育和鼓励各民族的干部互相学习语言文字。汉族干部要学习当地少数民族的语言文字，少数民族干部在学习、使用本民族语言文字的同时，也要学习全国通用的普通话和汉文。

民族自治地方的国家工作人员，能够熟练使用两种以上当地通用的语言文字的，应当予以奖励。

第 53 条　民族自治地方的自治机关提倡爱祖国、爱人民、爱劳动、爱科学、爱社会主义的公德，对本地方内各民族公民进行爱国主义、共产主义和民族政策的教育。教育各民族的干部和群众互相信任，互相学习，互相帮助，互相尊重语言文字、风俗习惯和宗教信仰，共同维护国家的统一和各民族的团结。

3.《中华人民共和国教育法》

第 12 条　汉语言文字为学校及其他教育机构的基本教学语言文字。少数民族学生为主的学校及其他教育机构，可以使用本民族或者当地民族通用的语言文字进行教学。学校及其他教育机构进行教学，应当推广使用全国通用的普通话和规范字。

4.《幼儿园管理条例》

第 15 条　幼儿园应当使用全国通用的普通话。招收少数民族为主的幼儿园，可以使用本民族通用的语言。

5.《扫除文盲工作条例》

扫除文盲教学应当使用全国通用的普通话。在少数民族地区可以使用本民族语言文字教学，也可以使用当地各民族通用的语言文字教学。

6.《企业名称登记管理规定》

第 8 条　企业名称应当使用汉字，民族自治地方的企业名称可以同时使用本民族自治地方通用的民族文字。企业使用外文名称的，其外文名称应当与中文名称相一致，并报登记主管机关登记注册。

第 9 条　企业名称不得含有下列内容和文字：①有损于国家、社会公共利益的；②可能对公众造成欺骗或者误解的；③外国国家（地区）名称、国际组织名称；④政党名称、党政军机关名称、群众组织名称、社会团体名称及部队番号；⑤汉语拼音字母（外文名称中使用的除外）、数字；⑥其他法律、行政法规规定禁止的。

7.《中华人民共和国居民身份证法》

第 4 条　居民身份证使用规范汉字和符合国家标准的数字符号填写。民族自治地方的自治机关根据本地区的实际情况，对居民身份证用汉字登记的内容，可以决定同时使用实行区域自治的民族的文字或者选用一种当地通用的文字。

8.《中华人民共和国全国人民代表大会和地方各级人民代表大会代表法》

少数民族代表执行代表职务时，有关部门应当在语言文字、生活习惯等方面给予必要的帮助和照顾。

9.《第一届全国人民代表大会第五次会议关于汉语拼音方案的决议》

第一届全国人民代表大会第五次会议讨论了国务院周恩来总理提出的关于汉语拼音方案草案的议案和中国文字改革委员会吴玉章主任关于当前文字改革和汉语拼音方案的报告，决定：①批准汉语拼音方案。②原则同意吴玉章主任关于当前文字改革和汉语拼音方案的报告，认为应该继续简化汉字，积极推广普通话；汉语拼音方案作为帮助学习汉字和推广普通话的工具，应该首先在师范、中、小学校进行教学，积累教学经验，同时在出版等方面逐步推行，并且在实践过程中继续求得方案的进一步完善。

10.《中华人民共和国广播电视管理条例》

第 36 条　广播电台、电视台应当使用规范的语言文字。广播电台、电视台应当推广全国通用的普通话。

11.《中华人民共和国民事诉讼法》

第 11 条　各民族公民都有用本民族语言、文字进行民事诉讼的权利。在少数民族聚居或者多民族共同居住的地区，人民法院应当用当地民族通用的语言、文字进行审理和发布法律文书。人民法院应当对不通晓当地民族通用的语言、文字的诉讼参与人提供翻译。

12.《中华人民共和国刑事诉讼法》

第9条 各民族公民都有用本民族语言文字进行诉讼的权利。人民法院、人民检察院和公安机关对于不通晓当地通用的语言文字的诉讼参与人，应当为他们翻译。

在少数民族聚居或者多民族杂居的地区，应当用当地通用的语言进行审讯，用当地通用的文字发布判决书、布告和其他文件。

13.《中华人民共和国行政诉讼法》

第8条 各民族公民都有用本民族语言、文字进行行政诉讼的权利。在少数民族聚居或者多民族共同居住的地区，人民法院应当用当地民族通用的语言、文字进行审理和发布法律文书。人民法院应当对不通晓当地民族通用的语言、文字的诉讼参与人提供翻译。

14.《中华人民共和国法院组织法》

第6条 各民族公民都有用本民族语言文字进行诉讼的权利。人民法院对于不通晓当地通用的语言文字的当事人，应当为他们翻译。在少数民族聚居或者多民族杂居的地区，人民法院应当用当地通用的语言进行审讯，用当地通用的文字发布判决书、布告和其他文件。

第三节 外语必修制度的法制视角商榷（一）

在依法行政理论的视角下，从中国现行法制框架下来审视中国现行外语教育制度，不同的学者有不同的解读。笔者在此仅选择几个方面进行解读。

笔者选择的第一个方面是：中国现行外语必修制度使中国国民因为不懂外语或外语水平低而被剥夺在中国土地上的受教育权、职称晋升权，值得商榷。

《中华人民共和国宪法》第 4 条规定："各民族都有使用和发展自己的语言文字的自由"。《中华人民共和国民族区域自治法》也保障少数民族"使用和发展自己的语言文字的自由"。

"使用和发展自己的语言文字的自由"，仅从文字上来理解，似乎可以有两种不同的理解：

第一种理解是，A 民族有使用和发展 A 民族的语言文字的自由，B 民族有使用和发展 B 民族的语言文字的自由，政府不干涉这种自由，但政府可以同时要求 A 民族必须学习、使用 B 民族的语言。

第二种理解是，A 民族有使用和发展 A 民族的语言文字的自由，B 民族有使用和发展 B 民族的语言文字的自由，政府不可以要求 A 民族必须学习、使用 B 民族的语言。

这两种理解的相同点是尊重 A 民族和 B 民族"有使用和发展自己的语言文字的自由"，而区别点在于：是否可以要求 A 民族必须学习、使用 B 民族的语言。

笔者认为，要消除这两种理解上的分歧，有必要结合马克思主义民族语言观，因为《中华人民共和国宪法》的序言部分强调中国要遵循马克思列宁主义的指引。

笔者认为，按照马克思主义民族语言观的要求，第二种理解才是正确的。

马克思主义认为各民族都有使用和发展本民族语言文字的权利和自由，反对使用行政力量推行族际共同语，反对用外力迫使一个民族学习、使用另外一个民族的语言。列宁在《需要强制性国语吗》

中指出："我们当然赞成每个俄国居民都有机会学习伟大的俄罗斯语言"，"我们不赞成的只有一点，那就是强制的成分。我们不赞成用棍棒把人赶进天堂……伟大而有力的俄罗斯语言不需要用棍棒强迫任何人学习"。

实际上，中国共产党历来主张各民族人民在自愿的基础上互相学习语言文字，反对硬性规定和强制推行某一种语言文字。毛泽东早在 1938 年就提出尊重各民族的文化、宗教、习惯，不但不应该强迫他们学习汉族语言等，而且应帮助他们发展用各民族自己语言文字的文化教育。现在，中国的民族政策和《中华人民共和国宪法》、《中华人民共和国民族区域自治法》、《中华人民共和国国家通用语言文字法》等法律都保障各民族有使用自己民族语言文字的自由，中国政府在各民族聚居区开办民族学校，用当地民族语言教学，甚至可以用当地的民族语言参加高考并读大学。由此可见，就是在中国国内，政府都不可以要求一个民族必须学习、使用另一个民族的语言，比如要求藏族必须学习汉族的语言，或者要求汉族必须学习藏族的语言等，更不用说要求藏族必须学习遥远的美利坚民族的语言，或者要求汉族必须学习遥远的美利坚民族的语言。

所以，笔者认为，"各民族都有使用和发展自己的语言文字的自由"，这种法定的自由应该包括这样一种含义：中华民族每个公民都有权利仅仅通过中华民族的语言就可以获得在中国这片土地上的受教育和职称晋升等权利，并不以掌握美利坚民族等任何其他民族语言为条件。

但是，在现行外语教育制度的要求下，整个中华民族儿女都必须学习美利坚民族（或大和民族等）的语言，否则就会被剥夺在中国读中学、大学和硕士博士研究生等受教育权，被剥夺职称晋升的权利。中华民族儿女因为不懂美利坚等民族的语言而被剥夺在中国这片土地上的受教育权和职称晋升权，笔者认为这涉嫌违背宪法和法律精神。

第四节 外语必修制度的法制视角商榷（二）

笔者选择的第二个方面是：目前，中国很多高校将学位与大学英语四、六级挂钩，这在法制视角也值得商榷。

2005 年 6 月，武汉理工大学包括单枝柏（化名）在内的 600 多人没有达到学校规定的大学英语四级考试分数线，因此学校拒绝授予他们学士学位。随后，单枝柏等学子就此向武汉市洪山区人民法院提起诉讼，状告母校。以下就是当时的行政起诉状。

行政起诉状

原告单枝柏（化名），男，19××年××月××日出生，蒙古族，辽宁省朝阳市人。

原告××，男，19××年××月××日出生，汉族，辽宁省营口市人。

原告××，男，19××年×月××日出生，汉族，广东省江门市人。

原告××，男，19××年×月××日出生，汉族，湖北省随州市人。

原告××，女，19××年×月××日出生，汉族，云南省曲靖市人。

以上原告暂时联系地址为：武汉市洪山区×××大厦×座×号。

被告：武汉理工大学，地址：武汉市洪山区珞狮路205号，法定代表人：×××校长。

诉讼请求：

一、撤销被告对单枝柏等5名原告不授予学士学位的口头决定；

二、责令被告在判决生效后30日内重新决定是否授予单枝柏等5名原告学士学位；

三、判令被告承担本案的诉讼费。

事实和理由：

2001年9月，单枝柏等5名原告进入被告学校学习。在校期间，单枝柏等5名原告正常地参与了学习、考试，并且最终都取得了合格的成绩，完成了规定的学分，通过了论文答辩等相关要求，顺利地拿到了毕业证书。其间，单枝柏等5名原告都是多次参加了国家大学英语四级考试，但因各种原因未能达到学校规定标准。就拿单枝柏来说，除“被告规定大一不允许所有学生参加该考试，大二允许部分英语成绩优秀学生参加该考试”以外，单枝柏从大二下学期开始共四次参加了该考试，但皆未能通过。2005年6月25、26、27日，各学院学生陆续拿到了毕业证书和学士学位证书，但包括单枝柏等5名原告在内的共600多人因为大学英语成绩四级与学位挂钩未能拿到学士学位证书。（说明：在以往每年，每个院系都只有个别学生因为大学英语成绩四级与学位挂钩未能拿到学士学位证书。）2005年6月30日下午，几十名毕业生要求教务处长、校长给说法。2005年7月1日上午，因为对答复不满意，23名毕业生顶着炎炎烈日在第一行政楼校长办公室门前从上午9：10一直静坐到11：10。最终，张副校长、教务处长接待了学生代表，并作出如下解释：“我们也是211工程大学，如果我们遇到其他大学的校长、教务处长，别人问‘你们学校学位授予率是多少？对大学英语四级如何要求？’我一说授予率100%，大学英语四级要求40多分、50几分，那不被别人笑话或瞧不起？”2005年7月2日，经学生代表苦苦要求，被告教务处为部分毕业生出具了“……因未达到学校规定的国家大学英语四级考试标准，未能取得学士学位……”的证明。为此，单枝柏等5名原告特向人民法院起诉，请求依法保护。

特别说明：请贵处注意保护当事人的隐私。

此致

洪山区人民法院

具状人：×××

2005.10.08

其实，因为外语科目问题而被取消学位授予资格，学子将母校告上法庭的情况，远远不止上述一例，而是发生了多起。

1998年9月，考入昆明理工大学建筑工程学院建筑学专业的学生李×，于2003年7月1日毕业时，学校以“大学英语四级成绩未达到学校要求”为由，只发给其结业证。2004年5月，李×将母校告上法庭，理由是学校不颁发给他毕业证和学位证这一行为违反了《中华人民共和国教育法》、《中华人民共和国学位条例》相关规定。

2003年10月，贵州省两名大学毕业生因英语成绩不及格和考试作弊被取消学位，先后起诉某高校并对簿公堂。

2009年6月，新疆伊宁一名大学生杨××由于在校未通过大学英语四级，没有拿到学位证，导致失业。2009年6月，杨××向伊宁市人民法院递交了诉状，要求母校授予学士学位证书。

2009 年 9 月，安徽财经大学毕业的研究生小田由于不满学校以他大学英语六级没通过而不授予他硕士学位，他将母校安徽财经大学告上法庭，要求法院确认：学校将大学英语六级考试与学位挂钩、拒不授予他经济法硕士学位的具体行政行为违法。小田说："我在学校读了 7 年，对学校很有感情，没想到毕业后要跟学校打官司。"

对高校的学位授予行为，中国有全国人民代表大会常务委员会于 1980 年 2 月制定、1981 年 1 月实施并于 2004 年 8 月修改的《中华人民共和国学位条例》（以下简称《条例》）进行规范。该《条例》对学位授予条件作了明确规定：

第四条　高等学校本科毕业生，成绩优良，达到下述学术水平者，授予学士学位：

（一）较好地掌握本门学科的基础理论、专门知识和基本技能；

（二）具有从事科学研究工作或担负专门技术工作的初步能力。

第五条　高等学校和科学研究机构的研究生，或具有研究生毕业同等学力的人员，通过硕士学位的课程考试和论文答辩，成绩合格，达到下述学术水平者，授予硕士学位：

（一）在本门学科上掌握坚实的基础理论和系统的专门知识；

（二）具有从事科学研究工作或独立担负专门技术工作的能力。

第六条　高等学校和科学研究机构的研究生，或具有研究生毕业同等学力的人员，通过博士学位的课程考试和论文答辩，成绩合格，达到下述学术水平者，授予博士学位：

（一）在本门学科上掌握坚实宽广的基础理论和系统深入的专门知识；

（二）具有独立从事科学研究工作的能力；

（三）在科学或专门技术上做出创造性的成果。

从《条例》的以上规定可以知道，学位授予条件分“课程考试成绩”、“论文答辩”（学士学位没有要求“论文答辩”）、“学术水平”三方面。只要符合以上三个条件，学位申请人就有获得学位的法定权利，因为这是《条例》明确规定的，任何高校都无权剥夺。以上三方面显然不包括大学英语四、六级。

有人认为，大学英语四、六级可以纳入“课程考试成绩”的内容进行要求。笔者认为这是对法律的误解。因为大学开设的外语课，各高校在课程结束时都有一个课程考试，其成绩就是“课程考试成绩”，该成绩还记录在学生的档案内，具有“课程考试成绩”的法律效力。

有人认为，高校是不是可以用办学自主权来设定学位与大学英语四、六级挂钩呢？笔者认为这是不可以的。因为法律已经对学位授予条件作出了明确的规定，任何人不可以违反。高校的办学自主权必须是在法律框架内的自主权，它可以体现在课程设置种类、课程考试的难易程度、论文答辩的难易程度、学术水平要求等方面。某高校认为外语重要，可以提高外语教学要求，增加外语课程考试的难度，但不能在《条例》规定的三大条件之外增加其他条件。

第五节　外语必修制度的法制视角商榷（三）

笔者选择的第三个方面是：一些学校开展双语教学甚至全外语教授中文专业课，这在法制视角也值得商榷。

对学校教学语言的使用行为，中国有多部法律法规进行了明确规范，不可以违反。

《中华人民共和国教育法》第12条规定："汉语言文字为学校及其他教育机构的基本教学语言文字……学校及其他教育机构进行教学，应当推广使用全国通用的普通话和规范字"；

《中华人民共和国义务教育法》第6条规定："学校应当推广全国通用的普通话"；

《中华人民共和国义务教育法实施细则》第24条规定："实施义务教育的学校在教育教学和各种活动中，应当推广使用全国通用的普通话。师范院校的教育教学和各种活动应当使用普通话"；

《幼儿园管理条例》第15条规定："幼儿园应当使用全国通用的普通话"；

《中华人民共和国国家通用语言文字法》第10条规定："学校及其他教育机构以普通话和规范汉字为基本的教育教学用语用字。法律另有规定的除外"。

从以上法律法规可以看出，学校及其他教育机构都负有"以普通话和规范汉字为基本的教育教学用语用字"、"应当推广全国通用的普通话"的法定义务，不可以违反。特别是"师范院校的教育教学和各种活动应当使用普通话"，"幼儿园应当使用全国通用的普通话"，排除了使用其他任何语言进行教学的可能性，当然也就不可以使用美利坚民族的语言进行教学。

但现实却是：越来越多的高校不是在"推广"普通话，而是在竞相"推广"双语教学（指外语和普通话），竞相"推广"用外语进行教学，甚至"推广"完全用外语教授中国的专业课，有些高校还用英语教授中国文学专业课程，认为只有这样才体现出学校的高品位。笔者了解到，不少高校还加大引进双语教学的力度，明确要求"推广"双语教学的进程，完全忽略了自己所肩负的"以普通话和规范汉字为基本的教育教学用语用字”、“推广普通话”等法定义务。同时，越来越多的师范院校和幼儿园也在实行双语教学甚至全英语教学模式。

教育部在2001年第4号文件《关于加强高等学校本科教学工作提高教学质量的若干意见》中还对双语教学提出了明确要求：“力争在三年内，外语教学课程要达到所开课程的5%~10%”。教育部本科教学评价方案中也规定：达到优秀标准的学校，双语教学的课程要占到8%以上。

第六节 外语必修制度的法制视角商榷（四）

除了以上几个方面以外，中国还有以下跟外语有关的几个方面值得在法制视角商榷。

第一，《中华人民共和国国家通用语言文字法》第12条规定：“广播电台、电视台以普通话为基本的播音用语。需要使用外国语言为播音用语的，须经国务院广播电视部门批准”；《中华人民共和国广播电视管理条例》第36条规定：“广播电台、电视台应当使用规范的语言文字。广播电台、电视台应当推广全国通用的普通话”。可现实中我们有多少英语节目经过了国务院广播电视部门批准？越来越多省级、市级、县级电台、电视台正在盲目追攀搞外语节目，似乎这样就上了品位。

第二，《中华人民共和国国家通用语言文字法》第9条规定：“国家机关以普通话和规范汉字为公务用语用字。法律另有规定的除外。”这说明，国家机关公务人员执行公务时只能使用普通话和规范汉字，当然就不能使用外国语言文字。可我们有些国家机关甚至是中央国家机关在招录国家公务员时竟然提出大学英语四、六级要求，一些国家机关还专门安排外语专业人才，甚至有110报警服务台出现了英语语音提示。在西部地区的某首府城市，交警、巡警竟然被要求必须掌握一定的英语。上海市竟然规定2004年新录用的公务员，必须在一年的试用期内通过职业英语能力测试三级水平方可办理国家公务员的正式录用登记手续，并要求在2007年底之前，所有40岁以下的公务员必须通过职业英语能力测试的培训考核。对在执行公务时不能使用外语的国家公务员却提出外语水平要求，这显然值得商榷。

第三，《中华人民共和国国家通用语言文字法》第13条规定："公共服务行业以规范汉字为基本的服务用字。因公共服务需要，招牌、广告、告示、标志牌等使用外国文字并同时使用中文的，应当使用规范汉字。提倡公共服务行业以普通话为服务用语"。可现实中违反该法条的情况比比皆是，包括机场、车站、广场、录音电话等。有些还不是公共服务行业本身违法，而是有关政府在一些公共服务行业强制推行外语。比如某省会城市曾经要求全市出租车司机必须掌握一定水平的外语。对此，有关政府部门的解释也是“更好地为外宾服务”。外宾来中国，首先应该是外宾自己解决与中国人沟通的语言问题，他们可以自己学中文，也可以请人做翻译，这和中国人去美国、越南等外国一样，也和美国人去越南、日本、韩国等外国一样。特别是当政府强制公共服务行业从业人员掌握外语的时候，政府的行为就涉嫌违反法律，因为这已经背离了法律“提倡公共服务行业以普通话为服务用语”的要求，实际上在告诉民众政府提倡甚至要求公共服务行业从业人员以外语为服务用语。

第四，有些高校将大学英语四、六级与入党挂钩，内部自行规定没有考过大学英语四、六级的学生则没有加入中国共产党的机会，这涉嫌违反《中国共产党党章》。《中国共产党党章》第一条对可以申请加入中国共产党的条件作了明确规定，谁也无权增加其他附加条件。这种将大学英语四、六级与加入中国共产党挂钩的做法，一方面迫使一些学生努力对付大学英语四、六级考试，另一方面也使一些优秀的专业人才失去了加入中国共产党的机会，使党组织失去了一些优秀的专业人才。

对于以上现象，有关部门给出了冠冕堂皇的理由：与世界接轨，更好地为外宾服务等。笔者在想，我们制定《中华人民共和国国家通用语言文字法》的目的就是维护普通话和规范汉字的严肃性，确保中国境内语言文字交流的方便性。“与世界接轨、为外宾服务”就可以违反法律吗？迎接外宾，有哪个国家会要求国家机关工作人员使用外语？日本、韩国、越南、美国等国家为迎接中国人会要求其政府机关工作人员掌握中文？

第八章　外语教育制度的国际比较

研究中国的外语教育制度，我们可以将其与国外的外语教育制度作比较，如美国是如何要求它们的公民学习汉语的？以便对中国外语制度的完善有所启发。

第一节　基础教育阶段的外语教育

在中小学阶段，有些国家的政府统一要求学生必修外语。例如，泰国教育部在2006年初宣布，要求到2008年全国中学都要开设中文必修课。西班牙比较重视外语学习，一项政府法案（LOGSE）把外语确立为核心课程，并对每周时数做出规定，小学外语教学时数达到所有课程总时数的9%~11%。芬兰政府规定了义务教育课程设置的公共科目，即母语（芬兰语、瑞典语或萨米语）、第二官方语言（瑞典语或芬兰语）、外语（英语、法语、德语、俄语等）。英国政府在2004年以前也规定所有中学生在毕业之前都必须选修一门外语（不过该规定在2004年取消）。

在中小学阶段，有些国家政府则仅要求选修外语。例如，印度尼西亚教育部决定让学习华文纳入国民教育体系，作为初高中的选修外语课程。在印度尼西亚的西加里曼丹、廖内、苏北、占卑、巨港和峇厘等地区，华文被列为中小学的主要选修课程。澳大利亚则规定：一至六或七年级是小学教育，科目有英文、数学和社会科学等，没有外语；七或八至十二年级是中学教育，必修科目有英文、数学、科学、体育，外语和计算机、历史、地理、艺术等科目一样，仅作为选修课。日本目前在小学阶段没有外语选修课，在中学阶段则有外语选修课。不过 2006 年初日本中央教育审议会外语专门委员会向政府提交报告，建议将英语作为全国所有小学的必修课程，日本文部科学省对此建议态度积极，估计将在近年内实施。不过，为了避免增加学生负担，必修的英语课将不会有严格的考试，也不会将学生的英语成绩按分数进行排名，实际上这还只是一种选修制度。

在中小学阶段，有一些国家则没有统一规定必修或选修外语，各个学校可以自行决定是否开设外语课。在这种情况下，有一些学校鼓励学生选修外语并创造选修外语的条件。有些学校则完全不开设外语课，学生要学外语只能去专门的学校或培训机构学习。比如美国大多数公立学校不开设外语科目，在加州，仅有 8%的学生进高中前学习过外语。目前，美国中、小学有近 5 万名学生正在学习中文，他们大多是在课后或周末到专门的培训机构去上中文课。当然，也有一些学校要求学生必修外语，如英国一间名为 Brighton College 的私立学校日前宣布，将安排中文为必修课程，而位于 Beckton 的金士弗小区学校早在 5 年多前就将中文列为必修课程。德国的施内普芬塔尔中学则是德国唯一一所将中文、日文或阿拉伯文作为必修课的中学。

第二节 高等教育阶段的外语教育

在中小学阶段以后，包括高校阶段以及高校毕业以后，学不学外语，在绝大多数国家都是由学生自己选择决定。有些高校只是开设外语选修课，为学生选修外语创造条件。有些学校甚至连外语选修课也不开设，学生要学外语必须自己去专门的学校或培训机构学习。据笔者调查了解，现在世界上还没有哪个国家像中国一样实行将外语和高校入学考试、学位授予、硕士博士研究生入学考试、职称晋升等绑在一起的外语必修制度。

实际上，在全球绝大多数国家，高校有完全的招生自主权和办学自主权，政府部门没有权力去要求高校招生必须考试什么课程，也没有权力要求高校必须开设什么课程。即使是在中小学阶段要求必修外语的国家，其政府也无权要求高校招生时必须参考中小学阶段的外语成绩。所以，这就在制度上杜绝了政府部门要求全体国民在高校必须学习外语科目的可能性。

职称评授在绝大多数国家也是用人单位内部的事情，与政府部门毫无关系。所以，也不存在政府部门统一要求将外语与职称晋升挂钩的做法。

第三节 鼓励外语学习的措施

随着全球交流越来越频繁，越来越多的国家重视外语教育，并采取措施促进外语教育。但是，它们促进外语教育的措施一般是鼓励性的，而非强制性的。比如越南政府为了加强汉语教育，其措施是派出更多的学生到外国尤其是到中国留学。又比如 2004 年，英国政府取消了要求所有中学生在毕业之前都必须选修一门外语的规定，但同时也推出了新的计划，鼓励小学生学习外语。

在美国，适应其全球战略的需要，外语越来越重要，阿拉伯语、汉语、俄语、印地语和波斯语等语种被列为“国家安全语言”。为此，美国总统布什于 2006 年 1 月 5 日宣布一项计划，准备在国内大规模推广外语教学，并称这是出于反恐和传播“自由”、“民主”的战略考虑。但是，美国政府并没有推行强迫所有美国人必修外语的外语必修制度，而是采取鼓励性的措施。比如美国两名参议员 2005 年 5 月提出一项议案，建议在未来 5 年拨款 13 亿美元，加强中文课程和中美文化交流。2005 年 9 月，美国国防部拨款 70 万美元，资助俄勒冈州波特兰市的公立学校开设外语课程，令中文课程学生人数翻一倍。美国政府将在 2007 财政年度拿出 1.14 亿美元，分别拨给教育部、国务院、国防部和情报部门。其中，2700 万美元用于在 27 所学校实施从幼儿园到大学的“关键语言”教学计划；出国学习“关键语言”的美国高中生将得到国务院的奖学金；2006~2007 年，美国政府将资助 300 名外国人到美国大学教外语；每年帮助 100 名学习“关键语言”的美国教师到海外进修；到 2009 年，国防部、国家情报局和美国高校将联合培养 2000 名特种外语高级人才。

新加坡内阁资政李光耀曾表示，新加坡政府将会推出特别的奖学金，在中学和大学每年培养 100~200 名精通华语和中华文化的人才。据新加坡亚洲新闻电视频道报道，李光耀当天在接受当地记者专访时表示，新加坡要跟中国继续发展很密切的关系，就需要一批精通中国语言和文化的人。新加坡政府将鼓励奖学金得主到中国的北京大学或清华大学深造。李光耀认为，要想以华语来发展与中国的关系，一般新加坡人就需要达到会听、会看、会讲的水平。他以自己几十年坚持学习华语为例，表示不能轻易地放弃华语这一宝贵的财富。

近 10~20 年，香港特区居民的英语水平的确退步不少。但香港特区政府近年已投放很多资源，提高香港特区的英语水平。据此间媒体报道，董建华曾在出席国际英语教育组织“荟英会”在港成立分会的仪式上致辞时表示，香港特区正大力发展旅游业，英语作为主要沟通语言十分重要。同时，随着国家经济发展，香港人需要具备两文（中、英文）及三语（普通话、英文、广东话）的能力。董建华也指出，在“9·11”事件后，香港特区更需要通过使用英语加强同国际上的沟通，与世界共同打击恐怖主义。为此，香港特区政府会投放更多资源改进学生的语文能力。同时，香港特区政府也会向学生提供更多讲英语的环境，并增拨资源聘请更多外籍英语教师，但没有强制。

第四节　国际比较视角的启发

通过比较，我们发现，其实像中国这样将外语和国民的高校入学考试、学位授予、硕士博士研究生入学考试、职称晋升等绑在一起的外语必修制度，在古今中外都是罕见的。就是中国现行的外语必修制度，也是在20世纪初特定的历史背景下产生的。那种历史背景在今天的中国已经完全不存在，所以，在那种特定背景下产生的外语必修制度的历史合理性也已经不存在，外语必修制度到了必须改革的时候。

据笔者了解，现在世界上还没有哪个国家像中国一样实行外语必修制度！实际上，不但现在没有，就是纵观人类历史，实行外语必修的现象也是很少的。在20世纪30年代，日本占领中国东北以后曾要求东北人民学习日语，德国人占领法国以后曾要求法国人学习德语……但那是耻辱！

有人说，世界上大量知识是用英语表述的，中国要了解世界，与世界接轨，必须要求大家必修英语。可是，难道日本、法国不与世界接轨吗？可日本的英语水平在亚洲是最差的，而法国正在全力抵制英语以保卫法语。难道俄罗斯、德国、韩国、意大利等国家不与世界接轨吗？难道中国香港、中国台湾不与世界接轨吗？可这些国家、地区都没有像中国这样实行外语必修制度。世界各国人民当然也有很多学习外语的，但一般只是鼓励、引导等，而不是像中国这样实行外语与受教育权挂钩的外语必修制度。

中国有些城市为了体现自己的“国际化”，要求公务员必须掌握外语。可是，巴黎、东京、柏林早就是国际化大都市，但它们的公务员从没有被要求一定要懂英语。

英国剑桥大学考试委员会 2003 年公布：亚洲 9 国家及地区儿童英语能力排名以印度为第一，第二为马来西亚，中国香港排名第三，接着是中国台湾、韩国、越南、中国、泰国及日本。日本的英语水平在亚洲排名倒数第一。

有观点认为，“对于已加入世界贸易组织、并全方位与国际接轨的我们来说，提高全民整体的外语水平是当务之急”。这样的观点初看起来无懈可击，非常正确。可是，“与国际接轨”难道就需要全民学习外语？实际上，“与国际接轨”应该是制度上的接轨，而不是语言上的接轨。

罗马尼亚议会最新通过的法律规定，任何公共场合不得出现英语！罗马尼亚参议员乔治·普鲁蒂诺一本正经地说，这是保护罗马尼亚语言免遭英语等外来语言威胁的唯一办法。根据这部新法，如果在公众场合——政治集会、流行音乐会、电视节目中出现英文和其他外文的话，那么一定得被翻译成罗马尼亚文，商标是唯一的例外。如果胆敢有人触犯此法，那么将被处以 1500 美元的罚款，这在罗马尼亚是一个天文数字。提出新法的参议员普鲁蒂诺说，罗马尼亚全国 2200 万人中有 80%的人现在被无孔不入的英语等外来语“搞蒙”了，以至于说不准地道的罗马尼亚语，这一新法的目的就是要确保母语能存在下去。

第九章　人类语言发展规律

人类语言从无到有，从多到少，到最后可能走向统一，都有其自身的发展规律，一般是代表经济强势、文化强势的语言战胜代表经济弱势、文化弱势的语言。在人类语言竞争性发展中，英语未必是最后的胜利者，汉语也未必不是最后的胜利者。对语言发展进行制度调适，必须符合语言发展的规律，必须保障各个民族的语言权利。马克思主义主张各个民族的语言完全平等，反对强迫一个民族学习、使用另外一个民族的语言。中国现行外语教育制度将美利坚民族的语言置于全体中华民族儿女的必修必考地位，使中华民族儿女在中国土地上的受教育权、职称晋升权等权利竟然受制于美利坚民族等其他民族的语言，这一制度值得反思，必须改革。

第一节　人类语言起源及现状

人类语言发展有其自身的规律。回顾人类语言的起源和发展历程，探索人类语言发展规律，预测人类语言发展未来，有利于帮助人类制定理性的语言调适制度，使人类在语言发展中少走弯路。

一、人类语言的起源

人类本来没有语言，只是在人类发展的过程中才产生了语言。语言的起源和人类的起源一样久远。可是，人类用书面记录的语言材料只有 4000 年左右，在这之前上万年的语言情况我们几乎一点儿也不知道。所以至今所有关于语言起源的解释，都不过是一种假设。有的人提出“感叹说”，认为语言起源于表达感情的感叹词；有人提出“劳动喊声说”，认为语言起源于繁重劳动中的喊叫；有人提出“摹声说”，认为语言起源于对自然界原有声音的模仿；也有人提出“达达说”，认为语言起源于“达达”发声的舌头动作和手势；还有人提出“唱歌说”，认为语言起源于原始仪式中不清晰的赞歌；等等。所有这些假设都无法通过事实来验证，因此科学家之间谁也不能说服谁。

中国多数专家接受的是马克思主义的语言起源说，认为“劳动创造语言”。我们的祖先在生产劳动中与自然灾害作斗争时需要齐心协力，互相配合，自然就需要用某种信号把大家的行动统一起来。各种信号如果以一定的声音为标志，就成了最初的语言。

二、人类语言的现状

人类语言起源时到底有多少种语言，现在无从考证。当今全世界有 60 亿人口，200 多个国家和地区，2500 多个民族，五六千种语言。德国出版的《语言学及语言交际工具问题手册》提供了比较具体的数字：人类目前有 5561 种语言。其实这里面有 1400 种左右的语言不是在归类上有分歧，就是即将要消亡的，所以语言学家公认的已知语言实际上只有 4200 种左右，其中 3/4 的语言还没有相应的文字。这只是现有的语言，在这之前，已经有很多种语言文字在世界上消失了。比如著名的哥特人和玛雅人的语言文字，以及赫梯语、卢维亚语、达尔马提亚语、苏默语等，中国的突厥文、西夏文、哥巴文等。

现存的 5561 种语言中，很多语言都面临消亡的危机。比如北欧的一些国家，虽然都有自己的母语，但英语已经很普及，长此以往，几代人之后母语难免消亡。美国萨默语言学研究所 1999 年 2 月发表的一项调查表明：全世界只有一个人会讲的语言共有 51 种（其中澳大利亚占了 28 种）；全世界有近 500 种语言的使用者不到 100 人；1500 种语言的使用者不到 1000 人；3000 多种语言的使用者不到 1 万人；5000 种语言的使用者不到 10 万人；事实上，全世界 96%的语言分布在 4%的人口之中。目前，按大致的使用人数，我们做了如下排列：汉语约 11 亿，英语约 4.7 亿，俄语约 2.4 亿，西班牙语约 2.1 亿，印地语约 1.9 亿、印尼语约 1.3 亿、阿拉伯语约 1.27 亿、孟加拉语约 1.25 亿、日语约 1.17 亿、葡萄牙语约 1.15 亿、德语约 1 亿、法语约 0.9 亿。①

中国各民族现有语言 60 多种，文字 40 种，大多数也处在消亡的边缘，因为使用这些语言的人越来越少，如据 20 世纪 80 年代统计，门巴语使用人数只有 6000 人，京语使用人数 5000 人，保安语使用人数 5000 人，鄂伦春语使用人数 4000 人，赫哲语使用人数 1000 人。

① 人口数据系在有关材料的基础上整理而成，为大致数据，仅供参考。

第二节 人类语言发展规律

一、人类语言发展的动力是语言的交流价值

语言具有双重属性，即文化象征和交流工具，前者注重民族以往的演变历史和文化价值，后者注重民族成员在目前生活中的实际应用价值和未来的发展机会。在人类语言发展演变的过程中，人们把语言在感情上看做“文化象征”和在理性上看做“交流工具”，但起决定作用的还是语言的“交流工具”属性。从社会语言学的角度看，人们对语言的使用选择是随着交往的改变而改变的。一个人之所以选择一种语言，主要还是考虑这种语言的“交流工具”价值。比如一个人出生在某个村庄里，出于交流的需要，他最初选择了这个村庄的通用语言；当这个人离开村庄来到某个城市时，出于交流的需要，他选择这个城市的通用语言；当这个人来到另一个国家时，出于交流的需要，他选择这个国家的通用语言。

二、人类语言发展的方向是向代表强势经济和强势文化的语言靠拢

在古代和中世纪时期的欧洲，各国通用的语言曾经是拉丁语，但在近代随着法国的强大，欧洲通用语言演变为法语。近 200 年

来，随着英国和美国的强大，欧洲通用语言演变为英语。在非洲、美洲、澳洲、印度等地，也都经历了类似的语言演变。

英语之所以能够从狭小的英伦三岛几百万人口的母语发展为当今世界上的强势语言，首先得利于强势经济、强盛国力支持下的殖民扩张。事实也表明，目前世界上以英语为通用语言的 20 多个国家，都是英国殖民势力所到之处。其次得利于英语所代表的强势文化。从瓦特发明的高效能汽轮机，到爱迪生 1093 项专利权的获得与使用，从好莱坞“梦幻工厂”的影像制作，到比尔·盖茨互联网软件的全球推广，再到目前诺贝尔物理学、化学、医学奖的获奖名单，我们都可以看到英语背后的强势文化。如果说，仅凭强盛国力的语言扩张，是要求非母语国家的人民被迫使用外来的语言，那么凭借强势文化的语言扩张，则是非母语国家的人民主动学习外来的语言。

历史告诉我们，任何一种语言在国际间的流行，并不是由语言本身决定的，而是由该种语言使用人数的多寡、所代表的文化和经济以及在世界的影响力来决定的。当某个国家或民族的语言的使用人数很多、所代表的文化和经济很强势的时候，该语言的交流价值就很大，就会吸引越来越多的人学习、使用这种语言，这种语言就会在人类语言发展中处于优势地位。

三、人类语言发展的进程

人类语言的发展演变是一个缓慢的进程，但一般都要经历“双语”这么一个重要的过程。掌握一门语言是需要付出较大成本的，谁也不会无缘无故地付出这一成本。一个人出生后为了交流需要，选择一门他认为对他最为有用的语言（母语）。如果没有和其他语族的人主动交流的需要，他不会去掌握另外一种语言；如果和其他语族的人只有偶尔交流，他一般也不会花大成本去掌握另外一种语言，而是选择请人翻译；只有需要频繁和其他语族的人进行经济、文化等交流时，他才会去掌握另外一种语言。这个时候，他就处于“双语”状态过程，语言的发展演变似乎还体现不出来。但是，等到他的下一代出生时，下一代不会轻易学习“双语”，而是考虑选择更为重要的那种语言作为母语，这时，语言的演变就会发生，弱势语言被淘汰。

在双语过程中，两种语言处于竞争状态，其中语言所代表的人口数量、经济文化水平起关键作用。人口多、经济文化相对发达的民族语言处于强势地位，对处于弱势的民族语言有辐射和渗透作用，弱势语言很难与强势语言抗衡。随着弱势语言民族的经济文化逐渐融入到强势语言民族的经济文化生活中，弱势语言的功能会逐渐遭到削弱，从而使操弱势语言的民族面临语言的选择，影响具体选择的有多种因素，但是，基本的出发点是一致的，总是以语言功能的大小作为首要的标准，所以转用的新语言总是比放弃的语言具有更强的交际功能。弱势语言的使用人数会逐渐减少，以至于最后使用弱势语言的人全部放弃使用本民族语言，这就必然出现语言消亡。

四、人类语言的归一

在 1 万年以前，世界人口约有 100 万，存在着大约 1.5 万种语言。[①] 今天全世界人口增长到 60 亿，语言种类却减少到 5000 多种，

① 参考消息，1997-9-27.

而且还在不断减少。据估计，这个世界大约每隔两周便消失一种语言。美国阿拉斯加大学的迈克尔·克劳斯教授则认为在 100 年内人类将只剩下 500 种语言。

人类语言的未来会如何发展？笔者认为，人类语言归一是人类文明发展的必然结果，是人类社会几千年来实现“语言大同”的一个美好梦想。语言归一是人类语言交际功能和交际范围的一次扩展，是人类从“部落语言”、“民族语言”向世界共同语言迈进的一座辉煌的里程碑。信息技术迅猛发展，人类实现“语言归一”，只是时间和认识问题，不是技术问题。“语言归一”是大势所趋，因为“语言障碍”制约了人类的交往，人类要扩展自己的交际范围和交际能力，就必须要实现“语言归一”。实现语言归一，人类可以把在“语言障碍”上耗费的人力、物力用在教育、科研方面。

至于人类语言会归一于哪一种语言上，现在判断为时尚早，因为语言发展演变取决于人口规模、经济和文化水平等，而这些要素都是瞬息变化的。

五、汉语成为世界强势语言并成为世界通用语言的优势

从人类语言发展简史及其规律可知，中国的汉语成为世界强势语言并成为世界通用语言是有可能的，因为汉语的国际传播具有自己的优势。首先，汉语具有人口优势，是世界上使用人口最多的语言，有 10 多亿人以汉语为母语，其中包括中国台湾 2000 万、马来西亚 500 万、泰国 500 万、中国香港 500 万、新加坡 200 万、印度尼西亚 100 万、越南 100 万等。另外，目前还有 3000 万外国人正在学习汉语。其次，汉语具有文化优势，汉字是世界上 3000 多年来唯一独立发展又连续不断使用至今的方块字，对周边民族和地区

的文化发展起了重要作用，它负载着中国悠久、深邃的文化，蕴藏着强大的生命力，散发着迷人的文化魅力。中华民族的儿女以前凭借自己的汉语创造过“四大发明”等优秀文化，现在和将来也能够凭借自己的汉语创造优秀文化。再次，汉语也具有经济优势。古代的中国创造过强大的经济优势，这在“丝绸之路”、“郑和下西洋”等事实中都能体现出来。短暂的经济落后在任何一个国家都是正常的。目前，中国经济增长非常快，将来中国经济在世界领先也是迟早的。最后，中国正在大力推行海外汉语教学计划，这展现了中国在世界范围推广汉语的决心，也必将成为汉语发展的一大优势。

实际上，汉语的发展速度是相当快的。汉语的起源和英语的起源差不多，都是从一小部分人开始的。经过长时期的发展以后，使用汉语的人口数量已经到了约 11 亿，但使用英语的人口数量只有约 5 亿（作为第一语言使用英语的人口在全世界大约有 3 亿，作为第二语言使用英语的人口约有 2 亿）。虽然目前汉语的经济、文化优势不如英语，但这仅仅是近代历史的原因造成的，并不代表未来。有学者估计，随着全球化历史进程的不断深入，人类的各种语言亦呈不断减少与兼并之势，或许在 1000 年之后，这个地球上只剩下四种语言，然而它们之中仍会有汉语的一席之地（其他三种可能是英语、西班牙语、阿拉伯语）。1000 年以后汉语的经济、文化优势如何？谁也判断不了。

在法国学汉语和参加汉语考试的人数逐年增多，2001 年法国 120 多所中学设汉语课，设有 100 多名专职汉语教师，5300 多名中学生选学汉语。2004 年，全法有 142 所中学及 7 所小学设中文课，7631 名学生选修中文，13 所大学设中文专业。巴黎东方语言学院目前有 2000 多名中文学生，中文系是该院第一大系。全法国约有 3 万人学汉语。1994~2002 年，巴黎选学中文的学生增加 170%，其中 2000~2002 年，学中文学生增加 30.28%。法国参加汉语考试人数仅次于韩国和日本。巴黎街头一个广告这样写道：“学汉语吧，那意味着你未来几十年内的机会和财富。”法国教育部汉语教学总督学白乐桑教授介绍，法国中小学第一外语是英语，其次是德语，但中文是目前法国中学教育中发展最快的外语，学汉语的学生往往是成绩较好的学生。他说，汉语已超出语言和文化本身的魅力，代表了华文世界的经济实力，成为寻找职业绝对实用的语言。

第三节　人类语言发展的制度调适

在人类语言产生以来，人类社会就面临如何制定政策以调适语言发展的问题。在古代乃至近代社会，当一个民族征服另一个民族的时候，往往是强迫被征服民族转用征服民族的语言。例如，20 世纪 30 年代法西斯德国占领法国以后强迫法国人民学习德语，法西斯日本占领中国东北以后强迫东北人民学习日语。但也有征服民族转用被征服民族语言的情况，比如满族入关以后没有在全国范围内强制推行满语，而是转用了汉语。

一、目前一些国家、组织的语言政策

1. 美国的语言政策

1968 年美国通过了《双语教育法》，承认美国存在一些母语不是英语的公民，承认双语是美国人生活中的一个现实，而且这种现

实对美国有好处，在语言方面的多元化和在其他方面一样是有必要的，在一些人们不讲英语的区域，其他语言应当得到某种官方的承认。现实生活中，美国有相当比例的人不懂英语。1980 年普查表明，美国有 2300 万（总人口的 1/10 以上）在家里不说英语，其中有 28%的成年人完全不会讲英语。

2. 苏联的语言政策

“十月革命”之后，有人曾经建议宣布俄语为“国语”并强制推广使用。对此，列宁明确指出，任何采用行政手段强制性推广俄语的做法会适得其反，并强调各民族的语言必须受到尊重。1958 年苏联教育法令规定父母有权力为自己的子女选择使用哪种语言来接受教育。

3. 瑞士的语言政策

瑞士是世界上唯一把国内各民族语言都定为“国语”的国家，国内所有语言都具有平等的法律地位。瑞士的官方语言有德语、法语和意大利语三种。

4. 欧盟的语言政策

按说欧盟国家的大部分人都会讲英语，如果用英语交流会省去很多麻烦和费用，但欧盟的事情并非那么简单。欧共体早在成立时就把法语确定为工作语言，对此法国人决不愿意放弃。而德国早就在各种场合表示，欧洲有 1 亿多人讲德语，德语应在欧盟中占有重要地位。而西班牙人、意大利人和葡萄牙人也绝不会舍弃自己的语言。使用本国语言，可使每个国家的代表用自己的母语更好地表达思想，更重要的是使用母语与民族自信心和自尊心有很大关系。因此，尽管每个成员国至少需要聘用 80 名高级翻译（几乎占全部工作人员的 1/3），而一名优秀同声翻译的月薪高达 14000 欧元，欧盟委员会还是明确规定：每一位欧盟代表都有用母语了解情况和表达思想的权利，每位欧盟代表在欧洲都不应该遇到语言上的障碍。

5. 联合国的语言政策

联合国的成员国将近 200 个，语言种类太多，难以面面照顾，所以规定中文、英语、法语、俄语、西班牙语、阿拉伯语（1974 年增加）为工作语言。

二、中国的语言制度

中国共产党历来主张各民族人民在自愿的基础上互相学习语言文字，反对硬性规定和强制推行某一种语言文字。毛泽东早在 1938 年就提出尊重各民族的文化、宗教、习惯，不但不应该强迫他们学习汉族语言等，而且应赞助他们发展用各民族自己语言文字的文化教育。

中国根据"中华人民共和国各民族一律平等"的原则，一贯坚持语言平等政策，积极维护语言的多样化与和谐统一。《中华人民共和国宪法》、《中华人民共和国民族区域自治法》、《中华人民共和国国家通用语言文字法》、《中华人民共和国教育法》、《中华人民共和国义务教育法》等法律法规共同确定了各民族语言文字平等共存、禁止任何形式的语言歧视、各民族都有使用和发展自己的语言文字的自由、国家鼓励各民族互相学习语言文字、国家坚持推广普通话、推行规范汉字等基本语言政策。

目前，中国在尊重和帮助发展中国境内各民族语言文字方面采取了一系列措施，在一些民族地区建立了用民族语言文字进行教学的中小学校和大专院校，这使中国境内各民族能够凭借自己的语言文字不断发展壮大。比如中国境内的藏族、维吾尔族等民族的人民在不学汉语而仅仅凭借藏语、维吾尔语就可以完成从小学到大学的学业并参加工作。

三、马克思主义民族语言观

马克思主义坚持民族平等，其中的重要内容之一就是坚持各民族语言的平等，反对强迫一个民族学习、使用另外一个民族的语言。列宁认为，各民族语言的平等，是民族平等的一个重要内容和标志，他经常把语言平等和民族平等相提并论，把语言平等摆在一个很重要的位置。他在《精致的民族主义对工人的腐蚀》中说："马克思主义者重视承认民族平等和语言平等"，"马克思主义者提出了如下的原则：各个民族和各种语言最充分的平等，直到否认国语的必要"。他在《关于民族问题的决议》中说："在资本主义社会里，要消灭民族压迫，除非建立最民主的共和制和国家管理制度，保证一切民族和语言完全平等"。他在《关于民族问题的批评意见》中指出：要"宣传民族和语言的完全平等"。他认为："谁不承认和不维护民族平等和语言平等，不同一切民族压迫或不平等现象作斗争，谁就不是马克思主义者，甚至也不是民主主义者。"

马克思主义认为，各民族都有使用和发展本民族语言文字的权利和自由，但并不是反对一个民族学习另外一个民族的语言，马克思主义只是反对使用行政力量推行族际共同语，反对用外力迫使一个民族学习、使用另外一个民族的语言。列宁在《需要强制性国语吗》一文中指出："我们当然赞成每个俄国居民都有机会学习伟大的俄罗斯语言"，"我们不赞成的只有一点，那就是强制的成分。我们不赞成用棍棒把人赶进天堂……伟大而有力的俄罗斯语言不需要用棍棒强迫任何人学习"。

四、人类语言制度调适的几个基本要求

人类语言制度调适可以有所差异，但应该满足以下几个方面的基本要求。

1. 坚持语言平等政策

不管某民族人口多少，也不管其经济、文化发展水平如何，我们都应该平等看待其语言。只有这样，才能给每一种语言以平等的发展机会。未来的事情谁也无法预测，未来的强势语言谁也不知道。就是在 200 多年前，强势语言是西班牙语、葡萄牙语、法语的时候，谁也没想到狭小的英伦三岛几百万人口使用的英语会发展为当今世界上的强势语言；谁也没想到汉语会普及全世界 1/5 的人口。

2. 兼顾通用语言与保障少数民族语言

在一个国家或地区指定一种或多种通用语言，这是有必要的，主要是为了节约社会成本。比如一个国家有几十种语言，但政府、学校、公共服务机构等不可能同时提供几十种语言服务。但在实行通用语言的同时，也要平等对待其他民族语言。

3. 防止两种极端语言政策

一种是极力抵制外族语言，另一种是强迫学习外族语言。

4. 支持濒危语言保护政策

一种语言往往蕴藏着丰富的文化和智慧，任何一种语言的消失对人类都是一种损失。但是，人类语言发展的历史告诉我们，绝大多数人类语言最终是要消失的，谁也无法挽留。但是，当一种语言成为濒危语言的时候，我们从保护其文化的角度来说，并非无可作为。我们可以及时加强对其研究，主要是从文化的角度进行研究，

并利用现代的手段进行储存保护。另外，我们还可以引入利益激励机制，鼓励有条件的人去学习、延续濒危语言。

第四节　对中国现行外语教育制度的冷思考

中国现行外语教育制度有一个显著特点，就是必修性：从小学、中学到大学、硕士博士研究生等20多年的学习中，外语是唯一始终必修、必考的课程，甚至是硕士研究生入学考试两门公共必考科目之一，是博士研究生入学考试的唯一公共必考科目；一些高校实行学士、硕士学位与大学英语四、六级挂钩；外语专业学生还必须学习、考试第二外语；中级以上职称晋升还与职称外语考试挂钩。由于具有以上的必修性特点，笔者在此将中国现行外语教育制度称为“外语必修制度”。

中国外语教育有700多年的历史，但在20世纪70年代末以前并没有必修性的特点。中国现行外语必修制度是在20世纪80年代初中国外语人才奇缺、以致于影响到中国当时外交工作正常开展的特定历史背景下产生的，肩负着特殊的历史任务，有其历史合理性。但在中国全面开放、外语专业人才大量过剩的今天，有必要对该制度进行反思。

一、中国现行外语必修制度挫伤汉语在人类语言发展中的优势

马克思主义主张各民族语言平等，反对强迫一个民族学习另外

一个民族的语言，其中包括反对强迫壮族、藏族、京族等民族学汉语，也必然包括反对强迫壮族、藏族、京族等民族学英语。中国现行外语教育制度将壮族、藏族、京族等中国各民族在中国这片土地上的受教育权、职称晋升权等与英语挂钩，如果不学英语，将失去在中国这片土地上的受教育权和职称晋升权，这个制度值得反思。

目前中国继续实行外语必修制度，已经带来了严重的后果，包括消耗了国民太多的时间、精力；外语学习收效不明显，得不偿失；严重阻碍、扭曲专业人才发展，破坏人才生态系统；使中国教育进一步陷入应试教育深渊；形成了深厚的外语考试利益链，甚至诱发了违法犯罪和道德丧失；阻碍了中国外语教育的区域多元化发展等。另外，该制度还影响汉语学习，有损中华文化传承，挫伤汉语在人类语言发展竞争中的优势。

从人类语言发展规律可知，中国的汉语成为世界强势语言并成为世界通用语言是有可能的，也是有很多方面优势的。但是，在现行外语必修制度的作用下，中国土地上的中国人却出现了重外语轻汉语的不正常现象。2005 年 2 月底，时任国家教育部副部长的袁贵仁不得不发出呼吁："不能重外语而轻母语；母语是民族的标志和民族文化的重要载体及组成部分，其应用水平体现和直接影响着民族的教育、文化和素质。"

二、中国现行外语必修制度有力地促进了英语的发展

英语的传播速度本身并不是很快，现有的英国本土以外的地方讲英语，都是有一些特殊原因的，主要是殖民活动。目前，英语人口约 5 亿（作为第一语言使用英语的人在全世界大约有 3 亿，作为第二语言使用英语的人约有 2 亿），主要分布在其曾经的殖民国家。

比如美国、加拿大等国家，又比如亚洲的印度、巴基斯坦、尼泊尔、缅甸、新加坡等国家，由于历史上曾受过英国的控制，英语才得以广为使用。以下便是新加坡成为英语国家的过程：

新加坡是如何成为英语国家的

新加坡使用英语和世界上绝大部分使用英语的国家和地区一样，是英国殖民主义和殖民扩张的产物。自从1819年托马斯·斯坦福特·来佛士（Sir Thomas Stamford Raffles）来到这个小岛，将它变成英国的一个贸易站后，英语就登上了这块东方的土地。

1965年，新加坡脱离了英殖民主义者的统治，1966年又脱离了马来西亚完全独立，成立了新加坡共和国。立国后的新加坡为了实现各民族间的团结和统一，培养新加坡人的国家意识，同时又让个人保持自己民族的文化、传统和个性，正式实行双语教育制。这一制度规定，每位在校学生必须选修两门语文课：英语和任何一种民族语言（华语、马来语和泰米尔语）。两门所选课程分为第一和第二语言。家长决定他们的孩子选英语还是民族语言为第一语言，以及选哪门民族语言。但不管怎样，英语是必修课程。双语教育制的实行巩固了英语在这个国家中的地位，确保了它的发展。

目前，新加坡中小学中仍实行双语制。而且所有学校，包括高校都已改用英语作为教学语言，教授自然、数学、物理、化学等课程。选英语为第一语言的学生人数也在逐年上升，英语普及率已远远超过新加坡的国语马来语和人口占绝大多数的华人的华语。英语在新加坡不仅被用作国际交流的工具，也被用作各民族间联系的纽带。它既是政府部门、法律机构、各种媒体的主要工作语言，也是各公司、企业等工作场所的工作语言。由此可见，英语已成了新加坡应用最广泛的官方语言。

中国香港的情况与新加坡类似。1841 年英国侵占香港之后，英语便成为香港的官方语言。直至 1974 年汉语被定为官方语言之前，英语一直是香港殖民统治者与香港人沟通的唯一用语。由于香港是国际贸易、金融和航运中心，英语还广泛用于各种商务活动和通信之中，堪称为当地商业界最重要的交际工具。在教育领域，英语亦占据重要地位。香港几乎所有的高校与大多数中学均以英语为授课语言。可以说，英语在香港已极为普及，年轻的香港人中不识英文的已寥寥无几。

但是，在当今的世界，殖民活动已经不可能发生了，所以，要通过殖民活动来传播语言已经很困难了。那么，现在通过什么途径能让英语以很快的速度发展呢？笔者环顾全球，能促进英语发展的途径很多，比如经贸往来、文化交流，等等。但是，能最快速地促进英语发展的方式还是要算中国的外语必修制度。中国的外语必修制度，在很短的时间里面让几亿人口拼命地学习英语。

三、中国应更多地支持汉语的发展

在一门语言热与冷的背后是地区之间经济实力与政治影响力的竞争。中国在全世界的经济实力与政治影响力已经今非昔比。实际上，作为一个大国，中国正在向世界强国迈进。在这种趋势下，我们为什么不能对汉语在世界语言中的地位更加充满信心？

语言是文化传承和文化发展的重要载体，在世界经济全球化的背景下，世界各国都非常重视自己的语言，一个国家的语言发展对民族的发展、文化的发展具有举足轻重、不可或缺的基础作用。中国也不例外。2004 年，时任教育部语言文字应用管理司司长的杨光强调：“强的语言是强国的标志。中国语言的发展，需要与中华民族在世界的地位和作用相称。”

为了推动汉语教学在国外的发展，中国专门成立了国家对外汉语教学办公室，该机构的主要负责人严美华女士指出，在世界经济日益全球化的今天，推广汉语教学将促进中国同世界的沟通。她说：“中国同世界的交往越来越多，世界对中国的关注和兴趣也越来越多。而语言是（国际间）沟通、交往的桥梁（我们希望通过努力），使世界上更多的人会说中文，让汉语在世界上得到推广。”

实际上，中国已经在着手实施“汉语战略”计划：在全世界范围内广泛建立“孔子学院”，在全球化的世界里，推动汉语成为强势语言。同时，适应着全球存在对汉语强劲需求并形成“汉语教师荒”的情况，中国的“国际汉语教师志愿者计划”也于 2004 年 4 月 15 日应运而生，目标是在几年内使全世界学习汉语的外国人达到 1 亿人。另外，中国还推出了一个全面涵盖对外汉语文化推广项目的“汉语桥”工程。

但是，在国内，我们的汉语形势却没有那么令人乐观。有调查显示，中国能用普通话进行交际的人口比例仅约 53%，就是 15~29 岁年龄段的比例也仅为 70%，“大专及以上”人群也仅为 87%。

更令人担忧的是，在外语必修制度的推动下，中国各级各类学校的学生加上社会成员，约有 3.5 亿中国人在学习英语，其中的社会代价之沉重，对汉语学习的冲击之大，可想而知。

为了让汉语取得与中华民族在世界的地位和作用相称的地位，并获得一个与英语等其他语言平等竞争的平台，中国需要对汉语更加自信，并加大对汉语普及的鼓励。当前，中国需要让国民从“外语必修”的束缚中解放出来。

第十章　理性重构中国外语教育制度

任何一种制度都不是永恒的，不是从一诞生就成熟的，不是一成不变的，而是有一个产生、发展、成熟、消失，最后被新的制度替代的过程，这个过程被称为制度的生命周期。制度的生命周期一般由四个阶段构成：形成阶段、成熟阶段或效能阶段、形式主义阶段、瓦解阶段。中国的外语必修制度是在特定的历史条件下设立的，在该制度的形成阶段和成熟阶段，有其积极的意义。但随着社会的发展和形势的变化，该制度已经进入形式主义阶段和瓦解阶段，制度的各个构成要素和它原来设定的社会作用已经逐渐脱节，一些要素越来越流于形式而不起实际作用，与其相依存的组织的工作效益日渐降低，人们的行为与关系固定化作用渐渐消失，制度的正功能逐渐失调，制度的负功能日益增长，急需用新的制度来取代。

目前，要求中国外国语教育制度改革的呼声越来越高。

2004 年“两会”期间，包括全国政协委员、中科院院士谢克昌在内的一些政协委员对中国的外语教育制度发出了质疑，使“外语该不该全民化”成为当时的“两会”焦点之一。谢克昌说：“我们应该明确，英语教育仅仅是整体国民教育中的一个部分，英语是一种语言工具，是全面素质教育中的一部分，不应当普遍性地成为继续接受教育和人才使用的必要条件。改革各类升学考试中带有强制性的英语考试制度和方法，给学生提供自由选择自己社会定位的空间和可能，应该是教育和人事主管部门改变中国英语教育体系目前状况的思路。”

2005 年 1 月，时任北京市政协委员的刘永泰提出了将学位证书的授予与大学英语四级考试脱钩的提案。他说，大学英语四、六级考试已成为大学的“指挥棒”，虽然没有行政命令，可大部分高校都把大学英语四级证书和学位证、毕业证挂钩。复旦大学和上海外国语学院两位教授也建议大学英语四、六级考试“不妨取消”。中国外语教育研究中心主任刘润清教授明确提出了“取消现行的大学英语四、六级考试制度”的观点。

河南省作协副主席、著名诗人王怀让认为，要从根本上杜绝此类现象的发生，应在职称晋升中，取消与专业无关的职称外语考试。只有取消了这种考试，才能使职称评定变得有价值、有意义。

教育考试研究专家谭宗泽表示，“这样的声音非常有积极意义，脱钩之后，学生将变被动学习为主动学习，有需要的学生会根据自己的需要安排好英语学习。对英语需要不大的学生也会更好地安排自己的时间。”

第一节　外语选修制度构建

为了比较系统地解决中国外语教育中存在的问题，推进外语教育回归市场，笔者主张：按照自愿化、专业化、基础化、区域化、激励化的改革思路，将“外语必修制度”改为“外语选修制度”。

一、自愿化

一个人学不学外语，完全由个人自由选择，让不愿进行外语投资、没有外语学能的人解放出来，也让有外语学能的人找到自己的天空。在制度设计上需要将高考和硕士、博士研究生入学考试的公共外语科目取消，或者由高校自己决定是否开考；将大学和硕士、博士研究生学习阶段的公共外语科目以及外语专业的第二外语科目取消，或仅作为任意选修课，或由高校自由决定；禁止大学英语四、六级考试与大学学位证挂钩的做法；取消职称外语考试。

有人担心，外语学习自愿化以后，谁还会学外语呢？这个问题不用担心。如果学外语有用，会给学习的人带来利益，那么，在利益的作用下，自然会有人学；如果学外语没有用，那么，谁也不应该要他们白白浪费生命。其实，我们目前强制学习外语，主要是指英语，日语、法语、德语、越南语、泰语等外语是没有强制的，那么，日语、法语、德语、越南语、泰语等外语人才中国缺乏吗？

在中国—东盟自由贸易区架构下，越南语、泰语等东盟国家的语言难道不重要吗？为什么法语、越南语、泰语等 100 多个国家的语言在中国并没有被强制学习也能够满足国家和社会的需要？这就是市场规律在起作用。当市场急需某种专业人才时，自然会有人转移到这一领域。比如当社会急需越南语专业人才时，越南语专业投资的利润就会升高，自然就会有适当的人投入越南语专业的学习；当社会上的越南语专业人才过剩时，越南语专业投资的利润就会下降，自然就会有适当的人从越南语专业的学习当中转移出来。所以尽管没有强制学习越南语，但并没有因此而给国家建设和经济社会发展带来危害。我们为什么不能按照法语、越南语等语种的教育模式来开展英语教学？

二、基础化

笔者认为，为了从小打下外语基础，可以在小学、初中开设一些外语基础课，但不要纳入升学考试当中去，而且不必一定开设英语，可以多学几门外语，泛泛而学即可，不要有任何压力，就好像音乐、体育、历史、地理、生理卫生等课程一样，让学生为以后的选择打开一扇窗而已。

根据一些专家研究儿童学习外语的规律，发现 8 岁左右是儿童学习外语的最佳时期，在这个阶段开始学习外语，不会与母语学习发生冲突，效率也比较高。

这种基础化的外语教育，一方面可以充分发挥幼年学语言的优势，为以后在必要时的进一步学习打下基础；另一方面学习压力不大，不会浪费大量时间，也不会扭曲专业人才发展。

教育部把小学开设外语课程作为 21 世纪初基础教育课程改革的重要内容，要求从 2001 年秋季开始在全国城市和县城小学逐步开设外语课程，从 2002 年秋季开始在乡镇所在地小学逐步开设外语课程，各地有条件的小学应在三年级开设外语课程，这是具有科学性的。

在中国，包括汉语、外语等语言课，我们习惯于从小学一直开设到大学，甚至硕士、博士研究生。可是在美国，只在小学低年级开设了语文课以学习基本的语言知识，到了中学就没有语言课了，因为他们认为没有必要继续开设语言课，就是开设了语言课，也不知道教什么。中国人也许会说，语言课不是“啃”词汇、学语法吗？问题就在这里：词汇能“啃”出来吗？语法能学出来吗？词汇是无穷无尽的，也是随时代、环境而不断变化的，不可能“啃”尽，“啃”多了用不上也会忘记，而且也是浪费。我们读中学时“啃”了不少生僻汉字，长期不用，现在也忘了。以前不“啃”这些生僻字，现在碰上就查一下字典，不就解决了吗？语法也是无穷无尽、瞬息万变、灵活无比的，我们不应该总是拘泥于严谨的语法逻辑，而应该在生活中、在和人的交流中，不停地学习、领会语法。

三、专业化

如果说中国目前在人才市场上出现外语人才缺乏的问题，那一定是外语专业人才缺乏，而不是全民外语水平的问题。有资料也显示，中国是翻译大国但不是翻译强国，因为翻译的总体水平不高，鱼龙混杂、粗制滥造之作很多。造成中国翻译“大而不强”的首要原因是外语专业人才少。中国是外语专业人才缺乏，而不是全民外语水平的问题。所以，中国有必要把更多的资源投放在外语专业人才的培养方面，而不是把资源分散在全民外语普及方面。

四、区域化

在基础阶段的外语学习，笔者认为不要让全国都学英语，而应根据各个地区的特点进行安排。比如在广西、云南等西南边疆地区宜选择越南语、泰国语、老挝语、缅甸语等东盟国家语种，在辽宁、吉林等东北边疆地区宜选择朝鲜语、日语等语种，在黑龙江、内蒙古等北方边疆地区宜选择俄语、蒙古语等语种，这样既发挥了语言学习环境的优势，也更加实用。

五、激励化

笔者反对在制度上要求全体国民必修外语，公民学不学外语由市场来调节即可，但基于“市场失灵”的原因，市场调节机制存在一定的局限性，这时候，笔者也主张政府可以采取一些激励性、倡导性的措施。比如采取一些经济激励措施，包括创造、改善一些外语学习环境等，完善培训机构，出资送中国学生出国学语言等，以吸引更多的人自愿来学习外语。

六、若干关系处理

上述自愿化、基础化、专业化、区域化和激励化之间，自愿化是前提。这要求：在基础阶段的外语学习必须是没有压力的，就像音乐、体育等课程一样，不要纳入到升学考试当中去；外语专业的选择必须是自愿的，是学习者自愿选择外语专业，就像选择法律、医学等其他专业一样，自主选择；区域化的外语学习也必须符合前面的要件，即在基础阶段的区域性外语学习不得纳入升学考试当中，区域性的外语专业学习也必须是学习者的自由专业选择；激励化的措施也必须是以自愿为前提的，不得附加非自愿的因素。

在笔者构思外语选修制度的时候，也有同仁建议用“外语分区必修制度”，也就是说维持现行的外语必修制度基本框架，但在不同的地区用不同的外语代替现行的英语，比如南方地区的高考、硕士博士入学考试、职称外语考试等可以考越南语、老挝语等，东北地区可以考韩语等，这样似乎稳妥一些，也可以发挥各地区在外语学习环境方面的优势，有利于各地实施外语教育品牌战略。但是，笔者认为，这样也会带来一个问题，那就是跨区域求学考试怎么办？比如广东、广西的学生要考北京大学、东北大学，而东北学生要考中山大学、暨南大学、广西大学、云南大学等，这时他们应该考什么语种？这个矛盾显然难以调解。所以，笔者还是主张实行外语选修制度。

总之，笔者认为外语确实很重要，就像法律、医学、中文等专业一样；笔者也鼓励大家多学外语，就像鼓励大家多学法律、医学、中文等专业知识一样；但笔者反对实行特殊的、高高在上的外语必修制度，将中国人在中国这片土地上的受教育权、职称晋升权与美国（或日本等）的语言挂钩在一起。

笔者对外语教育的基本观点是：外语很重要，我们应鼓励国民学习外语，但反对用外语必修制度的方式强制国民学习外语；中国应该实行外语选修制度，同时加强外语学习的鼓励措施，特别应设立“国家公派出国学外语基金”，鼓励国民赴国外学习外语。

第二节　外语选修制度与外语必修制度的比较

笔者之所以主张用外语选修制度取代目前的外语必修制度，是基于这两种制度在弊端、目标与途径、合理性与合法性等方面进行对比的结果。

一、制度弊端的比较

任何制度都有其利弊，但笔者认为外语必修制度的弊端比外语选修制度的弊端要严重得多。

如何大篇幅地列举这两种制度的利弊，笔者认为显得多余而且难以有说服力，因为主张实行外语必修制度的一方可以举出无数个例子来说明外语必修制度的必要性，而反对实行外语必修制度的一方可以举出无数个例子来说明外语必修制度的危害性。笔者认为，我们可以用一个很简单的办法来进行对比，那就是将全体中国人分为三部分：第一部分人，认为英语（或日语、俄语、法语）对自己很重要，应该学习英语（或日语、俄语、法语）；第二部分人，认为越南语（或泰语、韩语）对自己很重要，英语（或日语、俄语、法语）对自己并不重要；第三部分人，认为外语对自己不重要，自己不需要学外语（见表 10-1）。

表 10-1　外语重要性不同群体的比较

外语重要性	外语选修制度	外语必修制度
英语对自己很重要	学英语	学英语
越南语对自己很重要，英语不重要	学越南语，不学英语，成为越南语方面的人才	不得不学英语，浪费大量时间
外语对自己不重要	不学外语，发挥特长，成为其他人才	被迫学英语，占用大量时间，荒废专长，甚至错过读大学、研究生的机会，改变人生

从表 10-1 可以看出，中国现行的外语必修制度只能说对第一部分人不构成伤害，但对第二、第三部分人都带来伤害，因为在外语必修制度下，想学越南语而不想学英语的人也必须被迫学习英语，认为外语对自己不重要的人也必须被迫学习英语。

而外语选修制度既不伤害第一部分人（因为认为英语对自己重

要的人照样可以学习英语)，也不伤害第二、第三部分人，因为认为越南语重要的人可以选择越南语，认为外语对自己不重要的人可以完全不学外语。

我们在设计制度的时候，总是应该将制度的弊端减到最小。既然外语必修制度伤害到两部分人，而外语选修制度不伤害任何一部分人，我们为什么不选择外语选修制度呢？

也许有人说，英语毕竟是最重要的外语，对绝大多数人重要。其实，这种争论毫无意义。哪怕是只有极少部分人认为英语不重要，那么外语必修制度就对他们造成了伤害，而这种伤害如果换成外语选修制度就可以避免。

另外，外语学习是一种语言学习，它涉及语言学习环境和天赋等条件因素的影响。笔者可以根据外语学习条件的不同将全体中国人分为三种：外语学习条件很好，外语学习条件一般，外语学习条件缺乏。据此，我们可以进一步比较外语选修制度和外语必修制度之间的利弊，见表 10–2。

表 10–2 外语学习条件不同的人群的比较

外语学习条件类型	外语选修制度	外语必修制度
外语学习条件很好	发挥特长，成为外语人才，并在正常的人才生态系统中就业	发挥特长，成为外语人才，但因为被迫学外语的人太多而可能失去就业机会
外语学习条件一般	可学可不学，适时选择，发挥特长，成为合适的人才	勉强学习，勉强过关，影响自己成才
外语学习条件缺乏	不学外语，发挥特长，成为其他人才	被迫学，占用大量时间，荒废专长，甚至错过读大学、研究生的机会，改变人生

从表 10–2 我们可以看出，对外语学习条件不同的三个群体来说，外语必修制度只适应了“外语学习条件很好”的群体，而对“外语学习条件一般”、“外语学习条件缺乏”的这两个群体都造成了浪费和伤害。而且，外语必修制度使被迫学外语的人很多，最后

可能导致“外语学习条件很好”的这个群体却会因为外语必修制度而失业。这样，外语必修制度就使三个群体全部受到伤害。

二、制度目标与途径的比较

外语选修制度和外语必修制度的目标几乎相同：都是为中国培养适应市场需要的外语人才。但在实现这一目标的途径方面却有本质的差异。

外语必修制度在本质上是政府代替民众作出选择，其依据是英语重要，所有的人或者绝大多数人都必须学习英语。可是，市场有自己的发展规律。英语对绝大多数人重要这种说法本身难以考证。在中国这么一个人口大国，尤其难以立足。比如超过9亿的农民群体，成千上万的中小学非外语教师，成千上万的工人，等等，外语对他们并非重要。事实也告诉我们，英语并非在每一个岗位都需要，实际上，笔者不妨斗胆下个判断：在中国，绝大多数岗位并不需要英语。我们现实中的人才需求市场也在告诉我们，英语专业人才已经过剩，已经难以找到工作。

而外语选修制度承认人才市场需求的多样性，将选择权利交给民众自己，让民众自己按照人才市场的规律来选择是否学外语，或者是学英语还是学越南语。

我们将外语选修制度与外语必修制度的效果做一比较，见表10–3。

从表10–3可以看出，尽管两种制度都能达到“满足社会对外语人才的需要”之目标，但是代价却相差很大：外语必修制度需负担沉重的财政负担，并明显造成严重的人力资源浪费；而外语选修制度不会造成大量的人力资源浪费，财政负担也很小。

表 10–3 外语选修制度与外语必修制度的效果比较

	外语选修制度	外语必修制度
目标	满足社会对外语人才的需要	满足社会对外语人才的需要
代价	1. 政府没有或很少投入 2. 部分学生按照市场规律选择投入时间、精力、资金等成本，不影响其他专业人才 3. 其他社会成本极小	1. 需要相应的行政主管部门及大量工作人员 2. 需要大量外语教师 3. 需要大量教学投入和考试费用 （1～3）} 政府投入 4. 大量学生付出大量时间、精力、资金和机会成本，影响其他专业人才 5. 其他社会成本（考试作弊、培训欺诈等腐蚀社会文化）

外语选修制度和外语必修制度两者的途径不同，导致两者目标实现程度也不同。

笔者认为，外语必修制度并没有达到其目标。一是外语必修制度伤害了学越南语、老挝语等非英语语种的人，造成人才市场上越南语、老挝语等非通用语种人才的失调。二是对人才市场上英语人才的发展规律也造成了一定程度的破坏。比如外语必修制度培养了大量的英语人才，大家都懂一点英语，对英语专业人才的培养造成冲击。又比如外语必修制度将有限的英语教育资源强行分散开来，结果是无法使有限的英语教育资源集中发挥最佳效果，无法培养出优秀的英语专业人才。现在，中国的翻译人才市场可谓严重失调，一方面是翻译人员很多，另一方面是合格的翻译人员很少，翻译作品粗制滥造，这不能不说与外语必修制度有关联。

外语选修制度是否能达到培养适应人才市场需求的外语人才的目标？笔者认为毫无疑问是可以的，就如法律人才、会计人才、医学人才等，都会按照市场经济规律来调控。现在有人担忧，实行外语选修制度会导致许多人不再学习英语，笔者认为这种担忧是多余的。让民众自己选择自己所需要掌握的技能方向，这应该是没有问题的，应该是没有什么可以担忧的。人都会在人才市场规律的作用下选择对自己最有利的发展方向。当人才市场上英语人才紧缺时，在利益的驱使下，自然就会有更多的人选择学习英语；当人才市场上越南语人才紧缺时，在利益的驱使下，自然就会有更多的人选择学习越南语。如果实行外语选修制度以后学英语的人大幅度减少，那也是市场规律的结果，只能说明市场不需要那么多英语人才，不需要担忧；而且，这恰恰说明现行的外语必修制度在严重破坏人才市场规律，强迫许多人在不自愿的情况下学习英语。

所以，“必修”和“选修”这两种不同的途径，“选修”更有利于实现培养适应市场需要的外语人才这一目标。

三、制度合理性、合法性的比较

笔者认为，和外语选修制度比较，外语必修制度存在明显的不合理性，甚至存在不合法的成分。

1. 制度合理性的比较

（1）并非每个中国人都必需要外语，要求不需要外语的人学习外语，这明显不合理。

我们谁也不能否认的一个现实：有很多岗位、有很多中国人根本就不需要外语。强迫根本不需要外语的中国人也来学外语，这明显是不合理的。另外，有些中国人需要外语，但语种上不是英语，而是越南语或老挝语等。这时，外语必修制度依然要求他们学习英语，这也明显是不合理。而外语选修制度却可以避免这个问题，它鼓励需要外语的人学习外语，同时也不强迫不需要外语的人学习外语。

（2）并非每个中国人都有学好外语的环境，要求没有外语学习环境的人学习外语，这明显不合理。

外语教育是一门语言教育，应该遵循语言教育的特殊规律。作为人类最重要交际工具的语言，和民族有密切的关系，是民族文化的重要组成部分，语言教育的特殊性也蕴藏其中，这和数学、物理等科目完全不同。学语言离不开语言环境、文化环境和跨文化语言交流实践的支持，人们总是在一定的社会文化环境中习得语言。现实中，不少中国人外语学得非常好，也往往是因为有良好的外语学习环境。

但是，并非每个中国人都有以上学外语的环境。实际上，很多中国人不具备外语学习环境。对于这些不具备外语学习环境的中国人，如果被硬逼着学外语，不但外语学不好，还影响其专业特长的正常发展。很多在中国学了10多年甚至20多年英语的中国人，由于没有英语交流、使用的环境，结果是怎么也提高不了英语口语水平，普遍是费尽工夫死记了不少单词，研究了大量死板的语法规则，对付了一个又一个考试，仅此而已。

外语就是这么一门学科：说它容易也很容易，只要有外语学习环境，再笨的人也能在比较短的时间里掌握它；说它难也很难，如果没有外语学习环境，再聪明的人花费再多的时间也很难真正做到符合语言文化的灵活运用它。有很多中国人确实有很好的语言学习环境，对他们来说学外语很轻松；但也确实有很多中国人没有语言环境。外语必修制度要求没有语言环境的人也一律学习外语，这对他们的成才和事业发展是一种灾难，对国家、对社会也是一种人力资源损失。而外语选修制度则鼓励有外语学习环境的人学习外语，但不强迫没有外语学习环境的人学习外语，这样就能避免这个弊端。

2. 制度合法性的比较

笔者认为，外语必修制度是中国国民因为不懂英语或日语等外语而被剥夺受教育权、职称晋升权，在法制视角值得商榷。马克思主义坚持各民族语言文字一律平等，反对强迫一个民族学习、使用另外一个民族的语言。《中华人民共和国宪法》第 4 条：“各民族都有使用和发展自己的语言文字的自由。”这种法定的自由应该包括这样一种含义：中华民族每个公民都有权利仅仅通过中华民族的语言就可以获得受教育和职称晋升等权利，并不以掌握英语、日语等任何其他语言为条件。但是，在外语必修制度的要求下，中华民族儿女却会因为不懂英语或日语而被剥夺在中国这片土地上的读大学和硕士、博士研究生等受教育权，被剥夺职称晋升的权利。

而外语选修制度是鼓励大家自愿学习外语，这样，即使不学外语，其受教育权、职称晋升权等也不会因此受到侵害，所以也就不违反法律。

总之，笔者主张改目前的外语必修制度为外语选修制度，并不是认为外语不重要，实际上，笔者也认为外语很重要，而且也相信越来越重要，笔者也鼓励民众学习外语，笔者只是反对用强制的方式来要求所有国民必修外语。笔者认为，国家推行外语必修制度，一方面带来严重的弊端，阻碍了许多人才的发展；另一方面也并不能达到培养适合市场需要的外语人才的目标，而且既不合理也面临法律的挑战，成本实在太高。与其这样，不如实行外语选修制度，投入一些资金用来鼓励国民结合自身兴趣和优势，并在自愿的基础上选修外语。通过这种鼓励措施，既达到了培养适合市场需要的外语人才的目标，也不伤害其他人的发展。

第三节　外语选修制度的可能问题及对策

实行外语选修制度，笔者评估，可能在短期内会遇到一些问题，主要包括以下两方面。

一、外语学习人数和学习积极性可能下降的问题

实行外语选修制度，毫无疑问外语学习人数会较大幅度地下降，有人就非常担心这个问题。笔者认为不需要担心。

首先，让那些不需要外语的中国人摆脱外语的束缚，这本身就是我们改革现行外语教育制度的主要目的之一。中国目前根本就不需要所有的人都必须学习外语。

另外，外语选修制度并不是要求大家不学外语，而是让大家按照人才市场的自身规律来自愿选择是否学习外语。如果人才市场对外语人才需求扩大，当然学外语的人就增加；相反，当然就减少。这根本不需要担心。就如人才市场对法律人才需求扩大，当然学法律的人就增加；相反，当然就减少。一样的道理。

有人担心，外语学习自愿化以后，谁还会学外语呢？这个问题不用担心。如果学外语有用，会给学习者带来利益，那么，自然会有人学。其实，我们目前的外语必修制度，主要是指英语，而越南语、泰国语等其他语种是没有纳入必修的，但越南语、泰国语等其他语种人才在市场规律的作用下完全实现了自我动态平衡。

二、目前英语师资的闲置问题

实行外语选修制度，有人就担心现在中国各级学校存在的英语教师的闲置问题，这些教师如何安排?

笔者认为，英语教师的安排问题和外语教育制度改革问题是两个不同的问题。外语教育制度改革问题是一个很严重的问题，关系到国家专业人才的培养大计，不能因为担心英语教师的安排问题而拖延改革。在 20 世纪 50~70 年代，由于中国推行只重视俄语、轻视其他外语的政策，于是出现了大量的俄语老师。但这并没有阻碍 20 世纪 70 年代末 80 年代初外语学习向英语转移的计划。当时的做法是将大部分俄语老师进行培训，直接转为英语老师。

现在，我们面对这个问题，当然没必要像以前那样去将他们转为其他语种的外语老师，因为我们的政府不可能也不应该再像以前那样搞“大跃进”式的工作，一下子要大家都学俄语，一下子又要大家都学英语，给社会和人才培养带来极大的浪费和人力资源消耗。笔者主张，按照人才发展的规律，在一定期限内，采取一定的措施，鼓励现有的英语教师结合自身优势自我转型。

第十一章　中国外语教育品牌战略思考

在中国睦邻友好、全方位开放的大背景下，中国需要越来越多的高质量的外语人才，也需要越来越多语种的外语人才，包括英语、日语、法语、俄罗斯语等语种人才，也包括越南语、泰语、老挝语、缅甸语、柬埔寨语等东盟国家语种人才以及韩语、阿拉伯语等语种人才。这需要我们在尊重外语教育作为语言教育的特殊规律的基础上，优化整合外语教育资源，走品牌战略之路，培养适应市场需求的高质量的、多语种的外语人才。

第一节　中国外语教育品牌战略的资源优势

外语教育的成功依赖于良好的语言、文化环境。在中国这片广袤的土地上，虽然并不是到处都存在外语教育的语言、文化环境等资源，但还是潜藏着很丰富的外语教育所必需的语言、文化环境资源。

一、中国具有大量天然的外语教育资源

笔者认为，在中国的西南、西北、东北等边疆地区，蕴藏着丰富的、天然的外语教育所必须的语言、文化环境等独特资源优势。

1. 中国边疆地区居民与邻国居民交往频繁，有得天独厚的语言环境

中国广阔的边疆地区与10多个国家相邻，平时边境两边的居民来往频繁，这是学习外语的天然语言环境。比如中国西南边疆地区和越南、老挝、缅甸、柬埔寨等东盟国家陆路相邻，有很长的水陆边界。边境地区的各民族居民长期以来相互密切来往，或经商，或通婚，或旅游，或走亲访友；等等。边境两边这种各国居民之间的密切来往，为边境地区居民相互学习对方语言创造了得天独厚的语言环境。许多边境地区的居民在和邻国居民的频繁交往中自然而然地学会了对方国家的语言。

2. 中国边疆地区与邻国的民族文化源远流长，有深厚的文化环境

在中国广阔的边疆地区，有大约30个跨国民族，他们具有相同或相近的民族文化，这是学习外语的天然文化环境。例如，中国西南边疆地区和东盟各国的民族渊源非常深远，东盟各国的许多民族就是从中国西南边疆地区迁移过去的，和中国西南地区的有关民族属于跨国而居的同一民族，相互间的民族文化渊源深厚。特别是与中国西南陆路相邻的越南、老挝、缅甸、柬埔寨等国家，与中国西南地区山水相连，友好往来历史悠久，民族关系更是密切。其中，中越两国跨国民族包括壮、傣、布依、苗、瑶、京等14个民族；中老两国跨国民族包括傣、壮、苗、瑶、彝等11个民族；东

盟国家的泰国的主体民族泰族与中国壮族有着共同的起源，仅仅是后来发展出现了差别，泰族与壮族在语言、建筑、宗教风俗等多方面都存在相似性。

3. 中国边疆跨国民族地区存在大量“天然外语人才”

中国是一个历史悠久、幅员辽阔的多民族国家，陆地边境线有 2 万多公里，周边接壤的国家较多，相邻的一些国家民族群体也比较复杂。从东北鸭绿江起，北至黑龙江、内蒙古，再经甘肃、新疆，西南到西藏、云南、广西，在陆路边境地区，几乎到处都居住着跨国民族。中国约有 30 个跨国民族，它们是朝鲜族、鄂温克族、赫哲族、蒙古族、哈萨克族、柯尔克孜族、塔吉克族、俄罗斯族、塔塔尔族、维吾尔族、回族、藏族、门巴族、傣族、彝族、哈尼族、景颇族、傈僳族、拉祜族、佤族、德昂族、怒族、布朗族、独龙族、壮族、布依族、瑶族、京族等。这些跨国民族所操语言和邻国同一民族的语言相同或相近。特别是京族、壮族、傣族、布依族、维吾尔族、哈萨克族、乌孜别克族、塔塔尔族、柯尔克孜族、图瓦人族、蒙古族、俄罗斯族、朝鲜族等跨国民族的语言和越南、老挝、泰国、中亚国家、蒙古国、俄罗斯、朝鲜、韩国等相邻国家国语相同或非常相近，所以这些跨国民族人口几乎是“天然外语人才”。例如，中国西南边疆跨国民族地区的壮族、水族、毛南族、仫佬族、傣族、布依族、侗族等民族语言与老挝语、泰语同属于汉藏语系壮侗语族；白族、纳西族、怒族、彝族等民族语言与缅甸语同属汉藏语系藏缅语族；佤族、德昂族、布朗族等民族语言与柬埔寨语同属南亚语系孟高棉语族；京族语言则与越南语相同。

二、“引进来”、“走出去”创造了越来越多的外语教育资源

近年来，随着中外人员交往的日益频繁，也给中国人带来了丰富的外语教育资源优势。

1.“引进来”的外语教育资源优势

越来越多的外国人在中国广东、上海、北京、浙江、福建等地经商或者教书、旅游等，这就相当于把外语教育资源从国外引进来了，给当地一些和他们频繁接触的中国人创造了学外语的环境。比如在国际旅游城市桂林，有一个平时外国人经常聚集的“西街”，这就是一个“引进来”的外语教育资源。许多当地的中国人就利用这种环境娴熟地掌握了外语，其中有一个做生意的妇女在这个环境里比较熟练地掌握了 8 种外语。另外，还有几所外语培训学校就建在这个“西街”附近。

2.“走出去”的外语教育资源优势

例如，有些中国人有海外关系，或者是有些中国人有条件出国，直接在国外学习语言，这样也就具备了很好的外语学习环境。另外，现在越来越多的学校和国外大学联合办学，派遣学生相互交流，这样也就拓展了中国的外语教育资源。

当然，认识到上述丰富的外语教育资源只是我们实施外语教育品牌战略的前提。要实施外语教育品牌战略，还依赖于对外语学习所必需的语言、文化环境等外语教育资源的优化整合。要优化整和中国潜藏的外语教育资源，关键是做好品牌定位、品牌建设和品牌延伸。

第二节 中国外语教育的品牌定位

品牌定位指为自己的品牌在市场上树立一个明确的、有别于竞争对手品牌的、符合消费者需求的形象。品牌定位要通过市场细分实现与产品差异化的结合，即明确其潜在的竞争优势，准确选择竞争优势并选定目标市场。

中国外语教育的品牌定位关键是要实现外语人才市场需求与自身资源优势的结合。

在外语人才市场需求方面，我们必须发现其最新的变化。1949年以后到改革开放以前，中国的外语人才在语种上基本上是以俄语为主，其他语种人才需求很小。在改革开放初期至20世纪90年代，中国的外语人才在语种上以英语为主，俄语、日语、法语等语种也有一些，其他语种人才需求依然很少。但从20世纪90年代中后期至今，中国在外语人才市场需求方面有了很大的变化。

第一，在中国睦邻友好的外交政策下，中国和邻国的关系得到进一步改善，相互间的政治、经济、文化交往日益频繁，所以需要大量的邻国语种的外语人才，其中包括韩语、蒙古语、阿富汗语等，但都不是英语。

第二，在中国—东盟自由贸易区架构下，中国与东盟国家的交往必将日益密切，这种密切的交往必然需要有相应的外语人才来支持。特别是在作为中国—东盟自由贸易区桥头堡的中国西南、南方地区，尤其需要大量的包括越南语、泰语、老挝语、缅甸语和柬埔寨语等东盟国家语种的外语人才。

第三，随着中国的进一步对外开放，和中国在政治、经济、文化等方面交往越来越密切的国家也在迅速增加，实际上已经遍布全球绝大多数国家，远远不限于英语国家。所以，全球各种语种的外语人才在中国外语人才市场上都有越来越重要的位置。

按照外语人才市场需求特点的以上变化，结合自身的资源优势，笔者认为，中国外语教育品牌定位需要作一些调整：和英语国家交往频繁的中国东部沿海地区以及北京等大城市，应大体定位于英语人才的培养；在广阔的边疆地区，应大体定位于周边国家语种人才的培养；在中国—东盟架构下的中国西南、南方地区，应大体定位于东盟国家语种人才的培养；同时，全球其他各国语种外语人才的培养也应该有其适当的位置。当然，这只是一个从宏观角度的大体定位，具体定位应结合自身具体的资源优势。

第三节　中国外语教育的品牌建设

中国外语教育在品牌定位以后要进一步建设好品牌。目前最重要的是尊重语言学习的特殊规律，打破传统的教学模式。学习语言和学习数学、物理、化学等其他科目不一样，学习语言必须要有语言环境和文化环境，要有大量的跨文化交际的语言实践。离开跨文化交际的语言实践来学习语言，中国的教训非常深刻：全国人民花费大量青春黄金时间来学英语，但真正能在中国的土地上学会英语的人不多，大多仅是死记硬背了一大堆单词；真正能学会英语的人一般都是有国外经历或和外国人有频繁交往的人。

具体的教学模式当然要针对各地具体的情况来确定。例如，中国边疆地区在外语教育方面有非常独特的优势，所以在外语教育品牌建设方面可以充分利用这些优势，摆脱传统的课堂教学模式，创新教学模式，利用地处边疆、生活中很多人都懂外语的优势，走出课堂，进行反复的跨文化交流的语言实践，从而达到娴熟掌握外语的目标。另外，也可以选择“走出去”、“引进来”的办法，将学生送到国外或者和国外大学进行学生跨国交流，相互学习语言。比如广西民族大学、西南民族大学等高校选择“3+1”教学模式，即在国内学习 3 年，在所学语言的对象国学习 1 年。目前全球学中文的外国人越来越多，我们也可以和这些开办了中文专业的国外大学进行学生交流，甚至可以合作办学，达到相互学习对方语言的目的。

第四节　中国外语教育的品牌延伸

品牌延伸是指在已经确立品牌地位的基础上，将核心品牌运用到新的产品或服务，从而期望减少新产品或服务进入市场的风险，以更少的营销成本获得更大的市场回报。品牌延伸固然是一把“双刃剑”：理性的品牌延伸可以借助品牌的杠杆力，达到事半功倍的效果，而盲目的品牌延伸非但不能提升业绩，甚至还会伤害整个品牌的形象。但笔者认为，中国外语教育品牌是可以作适当延伸的。

一、品牌的专业延伸

例如，中国边疆地区外语教育品牌战略的核心品牌定位当然是外语教育方面，但利用边疆地区的独特资源，完全可以在相关专业方面进行适当品牌延伸，这种延伸在一定程度上也有利于核心品牌地位的巩固。特别是中国边疆跨国民族地区有些居民是“天然外语人才”，面向这些居民开设国际贸易、国际营销、国际旅游、国际物流等方面的专业，使他们成为综合型的国际人才，这一方面促进了核心品牌的发展，另一方面也实现了品牌延伸，发展了其他专业。

二、品牌的空间延伸

例如，中国边疆地区外语教育品牌最初可能只是定位于区域品牌，但大可不必限于区域品牌，完全可以利用自身的语言优势，实现跨国品牌甚至国际品牌的延伸，至少在吸引邻近国家的学生来学习中文或留学中国学习其他专业方面，完全有很大的作为空间。特别是中国的邻国越南、老挝、泰国、缅甸、柬埔寨等国的教育都不是很发达，中国的教育对他们的吸引力还是很大的，可以向打造留学生教育品牌、拓展国际化办学渠道方面走得更远。

第五节 外语教育品牌战略中的政府职能定位

实行外语选修制度，不在制度上要求学生必修外语，但政府并不是就可以无所作为。其实，如果政府认为某种外语重要，完全可以采取一系列的鼓励措施来鼓励学生学习外语，从而达到提高外语水平的目标，促进教育与社会的协调发展。一般来说，政府至少可以采取以下措施鼓励学生学习外语。

一、制度层面的鼓励措施

首先，应该让各种外语语种都能走进课堂，走进我们的正规教育体系，在我们的外语教育体系中占有适当的位置，而不是被英语所排挤在体系之外。例如，要让西南边疆地区的学生能发挥优势来学习东盟国家语种，我们必须在义务教育阶段即学生学习外语的黄金时期引进越南语等东盟国家语种，让学生们自己选择学习什么语种，而不应该单一地要求学生们只能学习英语。当学生们认为越南语比英语更加重要的时候，就应该有勇气和智慧把英语课程撤销。

其次，我们应该创设适当的人员交流机制，让想学习越南语、老挝语、泰语等东盟国家语种的中国人有足够的条件直接进入越南等东盟国家境内，寻找更加合适的语言学习环境。例如，在西南边境地区，在中国和越南、老挝、泰国等东盟邻国之间，我们应该尽快考虑实施免签证制度，让两国人民能更加自由、更加经济地出入边境，从而可以更加方便地学习外语。

另外，我们应该增强政府的公共服务职能，为国民赴国外学习外语提供可靠的信息服务，以免国民在这个过程当中被骗上当，或者付出成本过高。

二、经济投入模式的转变

政府应在外语教育投入模式方面作出调整，改现行的“国内学外语”模式为“出国学外语”模式。在现行的“国内学外语”模式下，政府投入了大量资金用于国民在国内学习外语，包括从小学、中学到大学都开设外语（英语）课程。笔者认为这种投资数额巨大，收效却甚微。从小学开始学外语一直到大学，外语水平其实很有限，一个大学生的英语水平往往是既不能听、说，也不能读、写。其主要原因是没有遵循语言学习的特殊规律，强迫学生在没有语言环境的情况下被动学习。

与其花费这么多钱却学不好外语，倒不如花少钱学高质量的外语。按照语言社会学的规律，要学高质量的外语，必须要有好的语言学习环境，除此以外，别无他途。而要拥有好的语言学习环境，我们通常采用两种办法：一种是“引进来”，就是引进外教，和进入中国的外国人长期相处；另一种是“走出去”，就是直接走到国外去学习外语。从经验来判断，笔者认为还是要以“走出去”这种方法为主，因为走出去以后，语言环境和文化环境都具备，学会一门语言很容易，一般一年时间就可以达到“学会”的标准。邓亚萍去英国三个月就会进行一般的英语对话，两年就拿到了英国的大学学位。我们设想，她如果不是去英国，而是在国内和其他大学生一样学外语，估计也就和其他大学毕业生一样的外语水平。

所以，笔者认为，遵循语言学习的特殊规律，政府需调整外语教育投资模式，基本废除现行的"马拉松"式的"国内学外语"模式，改为支持"出国学外语"模式，将资金主要用于鼓励学生到国外那种真实的语言环境中去学外语。笔者设想，国内的外语课堂教育基本限制在初中以下，目的是打好基础；高中、大学阶段不再开设公共外语课程，节省出来的钱，国家可以资助那些想学外语的学生到国外去学习外语，一般半年或一年就差不多能将外语学得很好。"国内学外语"模式和"出国学外语"模式的比较见表 11-1。

表 11-1　"国内学外语"模式和"出国学外语"模式的比较

	初中	高中、大学阶段				
		特点	国家投入	个人投入	时间投入	效果比较
国内学外语	打下外语基础	开设国内课堂外语	一个学生从高中到博士共计 13 年，国家给他投入的外语教育费用假如是 n_1 元	13 年学外语，个人投入资金假定为 m_1 元	每名学生要投入 13 年	基本没有学会外语
出国学外语		废除国内课堂外语	国家给每个想学外语的学生资助费用假定是 n_2 元	预计 1 年时间，个人投入资金假定为 m_2 元	一般只需投入约 1 年时间	约 1 年就能将外语学会

从表 11-1 的比较可见，在国家投入方面，实施"出国学外语"模式，当 $n_2 = n_1$ 的时候，国家的外语教育投入并没有增加。当然，政府也可以在财力增强的情况下，选择 $n_2 > n_1$，增加投入，鼓励国民学外语；政府还可以在认为英语或越南语等某种外语重要的时候，选择对学习英语或越南语的人作出 $n_2 > n_1$ 的投入，以示鼓励。

在个人投入方面，对 m_2 和 m_1 进行比较，会有三种结果：$m_2 > m_1$，$m_2 = m_1$，$m_2 < m_1$，学生自己可以权衡选择。就广西、云南等西南边疆地区的学生来说，如果他们选择学习越南语、老挝语、泰语等东盟国家语言，m_2 会比较小。

在时间投入方面，差别就非常明显了。在现行的"国内学外语”模式下，要投入13年的时间。在“出国学外语”模式下，按照通常的经验，在国内初中阶段打下了外语基础以后，到了国外，一般半年或一年就差不多能将外语学得很好。也就是说，国民学外语的时间缩短了10年左右。

在学习效果方面，差距也是很明显的。在现行的“国内学外语”模式下，学了几年甚至十几年或二十几年的外语，结果是既不能听、说，也不能读、写，没有达到通常的“学会”标准。在“出国学外语”模式下，一般半年或一年就差不多能将外语学得很好，至少可以达到“学会”的标准。

由此可见，中国现行外语教育模式投入很大，收效甚微，确实有很大的改善空间。如果实行表11–1中的“出国学外语”模式，废除高中以上的国内外语教学，实行国家补助学生出国学外语的方法，则国家投入和个人投入可能还能节约，而最大的收获则是：国民的外语水平大大提高，而国民学外语的时间缩短了10年左右。

第六节 “国家公派出国学外语基金”项目构想

为了实施外语教育品牌战略，政府应该采取措施鼓励有必要学外语的国民“出国学外语”。在具体操作办法上，笔者在此构想“国家公派出国学外语基金”。其实施办法大体应包括以下几个方面的内容：

一、项目类别

根据应用目的不同，可以将项目分为两种：

一种是“普通生”：即学外语的目的是一般的交流，只要达到“会看、会听、会说”的标准。普通生一般以中小学生和大学生为主。

一种是“专业生”：即学外语的目的是达到专业的标准。专业生主要以大学生、研究生为主，通常是外语专业学生。

二、资助期限

“普通生”的资助期限一般以一年为限，因为学会一门语言，一般一年时间是可行的。

“专业生”的资助期限一般可以达到三年左右。

三、申报对象及条件

申报对象可以包括全体适龄国民。当然，基于国家公共财政的公平考量，可以设定一个公民受国家公派出国学外语项目资助只能限一次。

至于申报条件方面，则应该比一般的留学条件要宽松一些，主要考量申请者的出国学外语的能力和监护、经济等条件。具体条件我们可以分为表 11-2 的各种情况。

表 11-2 “国家公派出国学外语基金”项目申报条件

	学外语的能力	监护条件	经济能力
小学生	1.具备语言能力 2.掌握基本的外语常识	国外有亲属监护人	经济能力较差，无力自己承担出国学外语的经济能力
中学生		国外有亲属监护人	
大学生		国外有亲人或友人	
研究生		—	

四、经费安排

“国家公派出国学外语基金”项目的经费首先应考虑从现有的外语教育经费中调剂，也就是取消目前国内开设的绝大多数外语科目，压缩其中的经费，转而支撑国家公派出国学外语项目。如果经费不够，国家财政增加投入。

至于资助金额，视国家不同而定，可以参照现有的“国家公派出国留学基金”项目标准。

五、项目实施层次

项目实施的主要承担者宜为中央政府。当然，地方政府也应尽力支撑地方层面的“政府公派出国学外语基金”项目。比如，广西、云南省级政府也可以根据当地所需外语人才的情况，积极推动地方性的“政府公派出国学外语基金”项目，资助当地学生去越南、老挝、泰国等国家学习广西、云南等地方所急需的外语语种。

六、“国家公派出国学外语基金”项目的优势

实施“国家公派出国学外语基金”项目，其优势是明显的。

第一，可以让需要学外语的国民能够在一种很好的语言环境下很快“学会”外语，大大节省人力、物力。

第二，可以实现国家对外语教育的有效调节。比如在外语人才规模方面，国家可以通过资助名额的调整来实现调节。如果某个时期国家需要大量的外语人才，则可以增加资助名额；如果某一时期国家的外语人才出现过剩，则可以减少名额。

在资助语种方面，国家也可以很便利地实现调节。如果某一时期国家需要更多的英语人才，那么就可以增加对学英语的资助名额；如果某一时期国家的英语人才过剩，而越南语人才紧缺，那么国家可以压缩对学英语的资助名额，增加对学越南语的资助名额。

参考文献

[1]［法］阿尔贝·雅卡尔，皮埃尔·玛南，阿兰·雷诺. 没有权威和惩罚的教育［M］. 张伦，译. 北京：中国人民大学出版社，2005.

[2] 安文铸. 现代教育管理学引论［M］. 北京：北京师范大学出版社，1995.

[3]［德］奥托·迈耶. 德国行政法［M］. 刘飞，译. 北京：商务印书馆，2002.

[4] 毕利民. 论教育行政管理行为的可诉性［J］. 法制与经济（中旬刊），2009（6）.

[5] 陈丹. 教育行政法治化问题研究［D］.重庆：西南政法大学，2003.

[6] 陈桂生. 教育原理［M］. 上海：华东师范大学出版社，2000.

[7] 陈孝彬. 教育管理学［M］. 北京：北京师范大学出版社，1999.

[8] 陈诩林. 最近三十年中国教育史［M］. 上海：上海太平洋书店，1930.

[9] 冯向东. 论教师在教学中的主体地位［J］. 高等教育研究，

1987（2）.

［10］高平叔. 蔡元培教育论著选［Z］. 北京：人民教育出版社，1991.

［11］龚怡祖. 当代教育行政原理［M］. 北京：北京大学出版社，2009.

［12］顾海兵. 教育行政部门管了不该管的事情［J］. 北京观察，2002（6）.

［13］古小松. 中国—东盟知识读本［M］. 桂林：广西师范大学出版社，2004.

［14］顾有识，罗树杰. 中国民族志［M］. 哈尔滨：黑龙江人民出版社，2003.

［15］郭秉文. 中国教育制度沿革史［M］. 上海：商务印书馆，1916.

［16］［德］赫尔巴特. 普通教育学——教育学讲授提纲［M］. 李其龙，译. 杭州：浙江教育出版社，2002.

［17］胡德海. 教育学原理［M］. 兰州：甘肃教育出版社，1998.

［18］［英］怀特海. 教育的目的［M］. 武汉：湖北教育出版社，1994.

［19］毛泽东选集（第三卷）［M］. 北京：人民出版社，1991.

［20］黄济. 教育哲学通论［M］. 太原：山西教育出版社，1998.

［21］黄荣怀，郑兰琴. 隐性知识论［M］. 长沙：湖南师范大学出版社，2007.

［22］黄仁贤. 中国教育管理史［M］. 福州：福建人民出版社，2003.

[23] [英] 霍布斯. 利维坦 [M]. 黎思复，黎延弼，译. 北京：商务印书馆，1995.

[24] 霍华德·加德纳. 智能的结构 [M]. 兰金，译. 北京：光明日报出版社，1990.

[25] [美] J.S.布鲁贝克.高等教育哲学 [M]. 杭州：浙江教育出版社，1987.

[26] 姜书阁. 中国近代教育制度 [M]. 北京：商务印书馆，1934.

[27] 靳希斌.教育经济学 [M]. 北京：人民教育出版社，1997.

[28] [德] 柯武刚，史漫飞. 制度经济学：社会秩序与公共政策 [M]. 韩朝华，译. 北京：商务印书馆，1996.

[29] [捷克] 夸美纽斯. 大教学论 [M]. 傅任敢，译. 北京：人民教育出版社，1984.

[30] 劳凯声. 变革社会中的教育权与受教育权：教育法学基本问题研究 [M]. 北京：教育科学出版社，2003.

[31] 李定仁，徐继存. 教学论研究二十年 [M]. 北京：人民教育出版社，2001.

[32] 李露. 论雷沛鸿育行理思想与实践 [J]. 华东师范大学学报（教育科学版），1998（1）.

[33] 联合国教科文组织. 教育——财富蕴藏其中 [M]. 北京：教育科学出版社，1996.

[34] 列宁论教育 [M]. 人民教育出版社，1979.

[35] 列宁文集（第 25 卷）.

[36] 列宁全集（第 24 卷）.

[37] 刘海峰，等. 中国考试发展史 [M]. 武汉：华中师范大学出版社，2002.

[38] 刘作田. 教育管理学导论 [M]. 北京：中国经济出版社，1989.

[39] 潘懋元. 教育的基本规律擦及其相互关系 [J]. 高等教育研究，1998（3）.

[40] 庞树奇，范明林. 普通社会学理论 [M]. 上海：上海大学出版社，2000.

[41] 全晓书，郭丽琨. 中国翻译事业迎接辉煌明天 [N]. 参考消息，2004-11-10.

[42] 四川外国语学院高等教育研究所. 中国外语教育要事录 [M]. 北京：外语教学与研究出版社，1993.

[43] 邵宗杰，等. 教育学 [M]. 上海：华东师范大学出版社，2006.

[44] 孙培青. 中国教育管理史 [M]. 北京：人民教育出版社，1996.

[45] 王凌皓. 中外教育史 [M]. 长春：东北师范大学出版社，2002.

[46] 王守仁. 关于英语教育的思考 [N]. 光明网—光明日报，2001-10-18.

[47] 游忠永. 教育行政学 [M]. 成都：电子科技大学出版社，1992.

[48] [英] 约翰·怀特. 再论教育目的 [M]. 李永宏等，译. 北京：教育科学出版社，1997.

[49] [美] 约翰. 布鲁贝克. 高等教育哲学 [M]. 王承绪等，译. 杭州：浙江教育出版社，1987.

[50] 曾德琪. 罗杰斯的人本主义教育思想探索 [J]. 四川师范大学学报，2003（1）.

［51］ 翟楠. 教育权力及其正当性研究 ［D］. 南京师范大学，2008.

［52］ 张国扬，朱亚夫. 外语教育语言学 ［M］. 南宁：广西教育出版社，1996.

［53］ 张季娟，袁锐锷. 外国教育史纲 ［M］. 广州：广东高等教育出版社，2002.

［54］ 张鸣. 论教育行政管理的有限职能观 ［J］. 黑龙江高教研究，2005（7）.

［55］ 张振改. 试论我国教育行政职能的转变 ［J］. 教学与管理，2000（3）.

［56］ 赵健. 学习共同体——关于学习的社会文化分析 ［M］. 上海：华东师范大学出版社，2006.

［57］ 赵婷婷. 大学何为——理想与现实间的冲突及协调 ［M］. 北京：高等教育出版社，2005.

［58］ 赵同森. 解读人本主义教育思想 ［M］. 广州：广东教育出版社，2006.

［59］ ［日］ 中村睦男，永井宪一. 生存权、教育权 ［M］. 日本：法律文化社，1989.

［60］ 周建新. 中越、中老跨国民族及其族群关系研究 ［M］. 北京：民族出版社，2002.

［61］ 周强. 教育管理学教程 ［M］. 哈尔滨：哈尔滨工程大学出版社，2003.

［62］ ［日］ 佐藤正夫. 教学论原理 ［M］. 钟启泉，译. 北京：人民教育出版社，1996.

［63］ D. W. Ryon. Academic Freedom，In T. Husen（ed.）：The International Encyopedia of Education Research and Studies，Vol.1，

Oxford: Pergamon Press, 1985.

[64] Herbert A. Simon, The New Science of Management Decision, New York: Harper & Row, 1960.

[65] J. Hannaway & M. Carnoy, Decentralization and School Improvement, Jossey–Bass Publishers, 1993.

[66] Jaspers, Karl. The Idea of University.London: Peter Owen Ltd. 1965.

[67] Michael Polanyi. The Tacit Dimension. London: Routledge & Kegan Paul, 1966.

[68] Newman, John Henry Cardinal.The Idea of a University: Defined and Illustrated.Chicago, Ill.: Loyola University Press, 1987.

[69] Randy E.Barnett, The Structure of Liberty: Justice and the Rule of Law Clarendon Press, Oxford, UK.1998.

[70] Robert A. Dahl, Democracy and Its Critics, Yale University Press, 1989.

[71] William Bentinck–Smith. The Harvard Book.Boston: Harvard University press, 1986.

后 记

笔者对中国外语教育制度的批判始于2003年。那时，笔者目睹很多人考硕士研究生苦读英语的场景，也看到了很多优秀专业人才因为英语差几分而失去进一步攻读硕士研究生的机会。从那时笔者就开始思考中国的外语教育问题，试图探索一些办法去解决这个问题，但一直似乎没有进展。2003年10月的一天，笔者坐在公共汽车上，再次开始思考硕士研究生入学考试中的外语教育问题，也不知是什么原因，笔者脑海突然蹦出一个想法：为什么一定要学外语？把硕士研究生入学考试中的外语科目废除不就解决这个问题了吗？

说实在的，刚开始“蹦出来”“废除公共外语”这个想法的时候，笔者一点自信都没有。后来，笔者开始沿着这个思路深入思考，并开始广泛地查阅相关资料，并深入人才市场、学生群体进行调研。正是在公共汽车上“蹦出来”的这个奇想，让笔者对中国的外语教育制度研究了很多年，也发表了一系列论文。

在经过长时间的、足够的资料准备和调查以后，笔者开始对自己的那个“奇想”越来越自信。

随着对这个问题的进一步研究，笔者的观点开始向前进了一步：不但硕士研究生入学考试中的外语公共科目不合理，而且从小学、中学到大学、博士研究生，再到职称外语，整个外语教育体系都存在相同的逻辑错误，都应该废除“必修”这个要核，实行“选修”制度。

作为一名普通的公民，为社会服务的方式有很多种。笔者这几年苦心思考中国的外语教育制度问题，并最终提出“外语选修制度”、“国家公派出国学外语基金”制度的改革构想，希望是为社会做出一份贡献。

最后，笔者特别要声明：本书中包含了龙耀博士的很多劳动成果。在笔者对中国外语教育制度的研究过程中，龙耀博士整理了大量的资料，撰写了大量的草稿，都无偿地提供给了笔者。从某种意义上说，本书也饱含着龙耀博士的劳动成果。

李雪岩

2012 年 3 月

南京大学公共事务与政策研究所
PAPP

本书系受南京大学"985工程"哲学社会
科学创新基地特别项目资助

社会转型与公共政策研究书

扼制市场之恶

——美国反垄断政策解读

吴玉岭 著

南京大学出版社

目　录

CONTENTS

目录

内容摘要

美国反垄断政策是美国政府干预市场经济运行的最为根本的手段，有着“自由企业的大宪章”和“经济宪法”的美誉。美国内战以后，伴随着新的科学技术的飞速发展和广泛运用，西部“大开发”热潮以及全国交通网的形成，生产规模迅猛扩大，导致传统的独资或合伙的商业组织形式因不能适应吸引大量资本的投资而日益萎缩，公司化的法人组织形式逐步占据统治地位，随之而来的是生产和资本的急剧集中。普尔作为最初的垄断形式粉墨登场，紧接着是垄断大鳄们利用普通法中的信托制度，滥用垄断地位和市场力量，对同业竞争者与消费者巧取豪夺，成为“操纵市场的黑手”，从而激起了民众的普遍不满。在农民运动的强大压力下，作为对垄断的一种政策反映，政府出台了反垄断政策。

反垄断政策由国会立法、行政规章与法院判决三部分组成。不同的历史时期，由于经济环境的不同、执政者理念的差异和受不同学派理论的指导，反垄断政策呈现出明显的不一致性和不确定性。而反垄断政策的目标更是一个众说纷纭的话题。110余年来，围绕着目标的争论直接影响着反垄断政策的执行——要不要执行、如何执行、执行的砝码究竟倾向何方以及执行力度究竟多大等。反垄断政策的目标可以从经济与政治两个方面来理解。从经济角度看，它至少肩负着三项经济使命：保护竞争，维护竞争机制正常地发挥作用；提高经济效率；促进消费者福利。从政治层面上看，中小企业是市场经济的重要载体，是资本主义民主的根基。如果对经济层面的垄断不加制止，任其发展，国家经济最终会被少数几家大公司所操纵。其造成的恶果，要么是垄断培育出强大的反民主的政治力量，政府沦为这些少数垄断巨头的代理人，民主制度走向破产；要么是政府不得不大规模地介入私人的经济活动，而这样做又必然严重违背政府的天职。由此，反垄断政策的政治目标集中在：通过控制经济的集中与集聚，阻却市场力量以保护中小经营者，维护经济活动的自由和平等，减少少数私人因拥有巨大的经济能量而握有对政治和社会的控制力与影响力，分散经济权力，维护民主制度的根基。反垄断政策使美国远离了穷奢极侈的少数寡头与饥寒交迫的广大民众之间的尖锐对立与大规模冲突，为美国的经济繁荣、社会稳定和政治民主奠定了政策基础。

企业的自由度与政府的干预度是美国反垄断政策的一对核心矛盾。在私权方面，人们担心某些私人力量过大，因而希望让政府权力介入；但在公权方面，又恐惧公共权力的膨胀，主张更多地容忍私权。这构成了自由民主制度下的一个困境。二者矛盾的基础是在自由市场经济条件下，如何最大限度地实现资源的最优配置。分歧的焦点在于当发生市场失灵（包括经济危机）时，要不要政府的介入以及政府介入的力度多大，即对企业自由的容忍度有多大，政府干预的边界在哪里？如果市场力量过强，大企业的自由过多，这种自由就会被滥用，从而侵害其他人的自由与权益，导致经济发展的停滞，影响社会的安定，危及资本主义民主制度，最终会殃及整个社会；但如果政府干预的强度过大，成为人人惧怕的“利维坦”，不仅会伤害企业的活力，制约经济的发展，更会侵蚀个体的自由，最终也会危及资本主义民主制度，使国家走向一条“通向奴役的道路”。在美国历史上，哈佛学派主张扩大政府的干预力度，抗击市场力量，限制合同自由，保护贸易自由，以获得优异的市场绩效；而作为其对立面的芝加哥学派的总体思路则是要最大限度地抑制政府权力，尽其可能地给予企业充分利用其自身资源的自由。哈佛学派成为上世纪80年代美国经济受到日本与欧洲挑战的替罪羔羊，而芝加哥学派指导反垄断政策的结果又使富人更富、穷人更穷，贫富之间的鸿沟变得大的惊人，美国贫困人口比率创下新高。今天的反垄断政策基本上走进了相对温和的“新时代”。

反垄断豁免是对反垄断政策精神和目标价值的修正。作为“市场经济的基石”，美国的反垄断政策不仅在全部经济政策中享有最高的法律地位，在使用范围上还具有普适性。作为一项原则，它应当对所有产业都享有管辖权，对所有经济活动都一概适用。但由于现实经济行为的复杂性、利益集团的压力以及美国的对外利益等原因，国会和最高法院在谢尔曼法通过以后便逐渐缩小了反垄断政策的管辖范围，对出现在某些特定领域或行业中的垄断状态或发生的垄断行为，不依据反垄断法进行追究，逐步形成了反垄断豁免制度。由此，反垄断政策的适用范围受到限制，普适性受到挑战，不再指向所有的商业活动。不仅管制产业基本上实行了反垄断豁免，工会组织、农业合作组织、职业体育运动、保险业、对外贸易领域以及“与州行为”等方面也适用反垄断豁免。但同时，反垄断政策对这些豁免也作了一些限制，二者在一些领域常发生或明或暗的冲突，有些问题现在仍处于争议之中。

反垄断政策还与宪法第一修正案发生直接冲突。根据美国宪法第一修正案，民众享有向政府请愿的权利，行使请愿权是一种政治行为，不受反垄断政策的调整。这样，请愿权就为竞争一方从事“寻租” 活动披上了合法的外衣。他们通过在政治竞选中为候选人提供资金与选票支持，向议员与议会游说使其通过有利于己的法律法令；向行政部门提出政治诉求，请求其制定与实施有利于己的政策或采取有利于己的行动；向法院诉请中止竞争对手的经济行为或限制潜在竞争者的进入。私人以及利益集团通过寻求政府介入，限制竞争，干预竞争对手的正当与正常的商业活动，“不战而屈人之兵”，达到其在正常的商业竞争中实现不了的目标。这些“竞争伎俩”逐渐被最高法院宣布为“虚假”借口，排除在政治过程之外。但有“正当理由”的检举、控告与起诉以及公益行为，仍然是公民行使宪法权利的方式。在两种宪法权利发生碰撞时，最高法院往往会优先保护弱者权益，对请求权实施一定的限制，有时甚至将群体请愿视为垄断行为。

反垄断政策是利益调节与利益分配的一个杠杆，它的出台与执行过程都被深深地打上利益集团的烙印。反垄断政策作为一项福利转移的工具，被各个行业的竞争者用以夺取竞争对手的经济利益或逃避激烈的市场竞争，它被视作另类竞争方式，运用于各种经济领域。国会议员为获取政治支持(包括投票、竞选资助等)，把反垄断政策作为照顾选区或所在州的企业或产业、“反哺选民”的工具，在反垄断政策的制定、修改、执行与监督方面积极性很高；公共执行机构的官员为在高官的任命与预算等方面得到议员的合作，往往迁就议员的自利要求，而执行机构的律师与经济学家为各自的前程，利用公共资源为自己积累人力资本，为诉而诉、为赢而赢；法官为减少工作量，常常通过对手中案件作出的畸轻畸重判决，警告正在等待审理或即将诉讼的案件当事人；为得到行政当局的提名、晋升到上一级法院任职，下级法院支持行政执法机构的判决所占比例明显偏大；“三倍赔偿”与合理的律师费的规定，给了私人反垄断律师足够的经济动力与理由去唆使当事人起诉，以共同分享这块“肥肉”,因此他们为无力支付诉讼费用的小企业与消费者精心打造了“风险代理”。垄断资本通过与学术研究联姻,如借助资助法官与律师的教育培训与研讨会、为经济学与法学教授提供研究基金、为学生提供奖学金等形式,开展了一场轰轰烈烈的“法经济学”运动,催生并将“法经济学”扶持为一门显学。芝加哥学派不仅在上世纪 80 年代如日中天,时至今日仍基本控制着反垄断理论的话语权。无论是法院判决还是行政机构的指南与执行行为,都明显偏向了为法经济学活动提供财力支持的基金来源企业或产业。利益集团对反垄断政策的利用与滥用,使这项最为基本的经济政策偏离了公共利益方向,某种程度上让这把惩治垄断的利器蜕变成为少数人谋取私利最大化的工具。

总 序

始于上个世纪70年代末80年代初的中国改革、开放，不仅将一个东方大国从10多年的浩劫中拯救出来，而且将其推上了告别传统、超越旧式现代化、和平崛起、实现民族复兴和创新之路。在这场已经奔腾了四分之一个世纪的变革、复兴、崛起的潮流中，以人为本、以民为先的政治价值观得到恢复和落实，勤劳勇敢的中华民族子孙们的才华找到了施展的空间。也正是以这些为前提，知识分子的劳动和他们的研究成果从来没有象今天这样得到社会的认同和尊重。这是一个真正的科学春天，是一个知识的春天。许多原本应当存在和发育、但却遭受非法、无理的排挤、摧残甚至禁锢的学科，终于在春光中复苏、生长和蓬勃发展起来。虽然科学的春天里也会偶尔出现沙尘暴，但是春光明媚总是时代的主流。在一大批劫后新生的学科中，也开出了公共政策这一学科的绚丽花朵。它起先依傍于政治学和公共行政学，之后也有了一块虽然不大但也算充实的、属于自己的领地。

在上一个世纪的80年代，"公共政策"这一标明专门的实践领域和专门的知识领域的术语虽已出现，但它还是和通常广泛使用的路线、方针、政策、策略掺和在一块。公共政策作为一种学科专业的想法也只存在于少部分学者头脑的构思中。但是经过90年代的酝酿、不断的力争和大胆的尝试，一些名牌大学终于尝试开设了公共政策的本科和硕士课程，设立了硕士甚至博士层次的专门培养方向。一大批以公共政策分析、公共政策原理、公共政策学为名称的教科书摆上了书店和大学图书馆的新书架。许多杂志也辟出了专栏刊登介绍和研究公共政策的论文。随着MPA专业学位的开设，当全国成千上万的政府公务员们听到了公共政策课程的讲授并动手进行公共政策案例分析的时候，公共政策就从大学的课堂和教授学者的书斋里走出来，作为社会治理的一项重要手段进入到各级政府的议事日程。现在各级政府在解决面临的社会公共问题时都会去邀请专家学者共同商量设计和制定有效的公共政策，不少政府都在想方设法改进公共政策规划制定的步骤和程序，力求公共政策的运行更为科学化和民主化。虽然独立的公共政策学科在中国还刚刚形成，公共政策的研究还刚刚起步，但它已经发挥出较强的社会影响力。在中国，现在谁都不会怀疑公共政策已经成为一门正在发展并且前景看好的学科。

但是，在欣喜的同时，我们也存在某种忧患。和经济学、社会学、政治学、行政学、管理学的恢复、再生、发展的历程不一样的是，公共政策学一开始就没有多少属于本民族的现成的知识积累。虽然中国古代、近代，都有丰富的属于公共政策范畴的实践经验和案例，但却没有能上升到理论的高度。在革命根据地的建设和建国以后的社会主义建设中也有大量的公共政策方面的实践和研究，但也没有形成有份量的专门理论，更没有将这些经验和理论综合提升为一门学科知识体系。因此，公共政策的许多知识最初只能依赖从国外和境外传入。开始是一、两本西方政策学者的书被翻译出版，接着又把台湾地区的学者在20世纪80年代写成的、稍微带有一点本土化气息的教科书引进来。一些较为敏感的学者就依据西方学者或台湾学者的著述编写出一些满足教学急需的教材。这些被选中翻译的国外著作和最早出版的本土教材就成为最初的一种既定“模式”。

全国迅速出现了一大批内容相仿、体例相近的各类教科书。这是第一轮教科书热。待到 MPA 专业学位正式招生，被评定有权授予这一专业学位的院校在编写出版的 MPA 教材中，又涌现了一大批满足硕士教学需要的公共政策教科书。这是第二轮教科书热。加上各级政府的培训计划中纷纷列上公共政策的课程，公共政策一时间成为“显学”。

然而，公共政策著作、教材一时量的增加，并没有带来公共政策研究的质的提高。其实这种表面的量变只是一种纵向提升不大的简单重复式劳动。而且，这种大同小异的重复制造也大多以西方特别是美国从拉斯威尔创立公共政策学科时倡导的阶段启发法理论框架为最初蓝本的。这种情况在台湾 20 世纪 80、90 年代出版的公共政策的教材和研究著作中也或多或少地存在着。只是台湾地区编写这些教科书和研究著作的教授学者都有在美国大学攻读学位的经历，他们引述的美国学者的框架、理论和模型更为地道和熟练。

在目前国内已经面世的大量教科书中，差异较多地存在于不同的学者接触到的美国这方面的著作不同，从而引用、移植的框架、理论、模式也有些不尽一样。但是由于阅读的滞后性和出版的周期性，国内的教科书的内容总是赶不上西方公共政策研究的最新进展。所以就出现这样的现象：当早几年从国外留学归来的学者们还在写文章介绍阶段启发法框架中政策执行的自上而下和自下而上的方法时，西方的学者们早已在寻找两者优势相结合的替代理论了。人们似乎总有永远也赶不上的感觉。

在已经出版的有关公共政策的教材和著作中，也有不少著述反映出作者们尽力想把西方公共政策的现成知识和中国火热的改革、开放的实践结合起来的意向。但是要做好这一点并不容易。多数教材最终只是简单地用本土的案例充当注脚来代替这种结合，或者只是注意在原先是标明西方社会因素和组织制度的地方替换上中国的成分来实现这种结合。有些则把没有经过理论提升的经验非常不合拍地拼凑上去，以表明这种结合。这样的结合当然不可能是有机的而必定是生硬的和牵强的。

对于一个新兴学科来说，这一成长阶段几乎是不可避免的或者说非经过不可的。因此，指出这一阶段的不足和稚嫩并不是为了责难，而更多的是想通过自我反思去发现学科初期阶段的发育中存在的一些缺陷，从而找寻到以后可以做得更好的路子。从某种意义上说，学科的建设与学科的自我反思是相辅相成的。一个有生命力的、有前途的学科必定是注重自我反思的学科。从社会科学中一些发展比较好的学科的成长史中可以知道，大凡一个学科能够意识到要对已有的知识积累来一番批判或自我反思时，这一学科就开始从自发式成长进入自觉式发展了。

经过最近 10 多年的成长，公共政策作为一个知识门类已经被人们接受。而且，公共政策这一专门术语也已经成为执政党和政府文件中广泛使用的概念。公共政策在中国已经成为政府实行对社会治理的重要工具。应当说，现在的中国并不缺乏公共政策的实践，也不缺乏公共政策的理论。但是现在的中国缺乏科学、民主的公共政策实践，也缺乏具有中国本土风格的、适合转型社会之用的公共政策理论。

中国公共政策学科的初期成长中存在着两处明显的不足。一是忽略了中国处于特殊的社会转型时期，二是忽略了中国具有特殊的政策文化和制度框架。这两个明显的不足总起来是忘记了一个学科发育中非常简单而又非常关键的规则：一个国家的社会科学学科总是扎根于本国最生动、最真实的实践经验，并以从这些真实经验中提升出来的理论为内容茁壮生长起来的。美国公共政策学科的诞生和发展是如此，中国的公共政策学科的成长、发展也只能如此。引入的现成的学科知识只能是次生态的，它不是原生态的。走向科学、民主，并且有中国气派和风格的、又能解决中国社会转型和体制转轨中现实问题的具有原生态性质的公共政策学科的理论知识必须是从中国公共政策特殊实践的土壤中逐步生根、发芽、成长到枝叶茂盛的。早期的知识引进与借鉴作为启蒙的一步是不可少的，但真正的理论建构就不能靠移植现成的框架和模型来支撑甚至取代了。这就要求实践给知识的生产和再生产提供基本的、经验的、实证的原素，要求研究者再从这些原素中提炼出原生态的框架、理论和模型。

西方尤其是美欧国家的公共政策活动，无论是其研究、分析、操作还是教学，都是与其社会发展的需要相适应的。近20多年来，美欧社会也处于变动之中，各国政府的治道变革为公共政策理论和实践的发展提供了契机和动力。但若从更为宽广的视角来观察，西方从二战结束以来，虽有20世纪70年代前后的动荡，但主要国家的体制保持平稳，社会亦处于平稳变迁之中，至少在主要的国家并没有出现重大的社会大变革。因此，有人把西方国家的这段发展称之为“常规”发展。相应的西方公共政策无论是其理论还是实践的发展，都带有明显的“常规性”。

相比之下，中国以社会转型、体制转轨为内容的发展，在许多方面则是“非常规”的，甚至是“超常规”的。这种社会变化孕育的公共政策实践和理论也必然带有某种程度的“非常规”和“超常规”性。以各级政府为主导的公共机构在运用公共政策手段解决公共社会问题时，沿袭旧的计划经济的思维模式和知识理论的做法固然行不通，但简单搬用西方现有公共政策的框架、理论和模型的做法也行不通。因此，我们需要的是从解决中国社会转型问题的公共政策实践中提升出来的、进而对进一步指导中国的社会转型问题能产生积极作用的公共政策理论研究。研究中国的公共政策，就需要特别紧扣这种转型性、转轨性、过渡性、非常规性和超常规性。

另外，在研究中国社会转型、体制转轨中的公共政策时，必须充分考虑公共政策过程赖以行进的政策文化传统和改革开放中所要维护和巩固的制度资源。中华民族在地球上休养生息，历经数千载。在漫长的岁月长河中，其子子孙孙们养成了面对和处理公共社会问题的传统，那就是人为本、民为先，讲公平、求和谐。转型社会的任何政策变迁和创新都不能违背这一延续至今的政策文化传统。谁违背了，就不合民情、就不顺民意。中华民族在今天通过转型实现的崛起和振兴，又都是为了坚持和巩固由无数革命先烈和志士仁人用生命换来的社会主义制度。转型社会的任何政策移植、变革和创新，都不能违背这一由执政的中国共产党所代表的全国人民的根本意志。谁违背了，人民就不会满意、也不会答应。

中国的社会转型特别是体制转轨是中国历史上从未有过的全新的尝试，从其初步的成功对世界政治经济文化的发展所产生的实际影响来说，在人类历史上也是罕见的。这是一次社会主义社会形态自身的自觉革新。它既要告别延续了几十年的已经定型的但被实践证明是低效率、不能让社会主义优越性充分发挥的计划经济模式，同时它还要超越西方发达国家已经走过的代价过高、不利于人类持续发展的传统市场经济模式。要完成这样一场高难度的社会转型，不仅需要坚定的信念，过人的胆略，更需要有极高的智慧去借鉴、超越、创新。在新旧体制碰撞和交替、活力与失落并存、效率与失衡同在的情况下，移植公共政策、变迁公共政策、创新公共政策已经成为维持社会均衡稳定，保证社会公平正义，促进社会变革求新，实现社会组织创新、体制创新、制度创新的重要工具和手段。

步步深化的改革开放已经积累起来的有关社会转型特别是体制转轨中的公共政策规划、变迁、创新等方面的丰富实践经验，以及对这些实践经验作出的部分理论概括，为我们提供了进行创造性的公共政策理论研究的丰富原素。可以说，我们已经具备条件来超越公共政策学科最初成长的稚嫩阶段，进入有中国气派、中国风格的公共政策理论的建构阶段了。我们的政策文化传统、社会转型的特性和既定制度规则的性质，规定和影响着公共政策研究舞台上的行动者，既提供了研究的机遇和条件，也提出了研究的责任和价值取向。

我们之所以选择“社会转型与公共政策研究”(STPP)作为这一套著作的名称，就是在这一条件下倡导下一步中国现代公共政策研究需要采取的方式和稳步构建适合中国社会持续发展需要的公共政策理论所需要特别关注的主题。

著名社会学家墨顿在谈到社会学理论建构时曾认为，社会学理论有三个层次：宏观理论、中观理论和微观理论。微观理论是一些单个命题，中观理论是将若干理论命题结合起来形成的真正意义上的理论。更多的理论可以形成宏大的理论体系。他本人则反对在命题和个别理论的积累还非常稀少的情况下就大胆地动手先去构造让人害怕的宏观理论。他主张先从微观和中观的研究开始。我比较赞同墨顿的想法。对公共政策的研究也切忌脱离本国实际而去凭空构造教科书式的体系，倒应该先从具体的实证研究开始，从建构个别的命题和理论要素开始。

社会转型是以新旧体制的摩擦、更换为内容的。在新旧组织、规则的交替中，会产生、演变和显现出一连串的新型社会问题，也由此提出了转型时期对过渡性的公共政策的特殊需求。增加新型公共政策的供给是转型时期正处在变革之中的以政府为主导的公共机构的迫切任务。这些过渡型的公共政策都是十分具体的，从户籍档案政策、股市政策、民办教育政策、城市居民房屋拆迁政策到科技园区政策、保税区政策、体育彩票政策、大众媒体政策，等等。

我们丝毫不要为我们至今还在研究像民办教育发展的政

策如何设计、评价，人事档案政策应该怎样变迁、政策论辩究竟有多少价值这类问题而感到落后，这些问题也许曾经是发达国家几十年前就已经遇到过的问题。但这些是中国现实的社会转型中出现的十分真切而又现实的问题。只要研究出解决这些问题的方法、途径，并从中总结出相应的理论，对13亿人的生活和发展就有意义。对13亿人有意义的事情难道还不是很有意义的事情吗？它还不具有普遍性吗？而且，在今天世界上，正在探索社会转型、体制转轨的国家还有许多，他们都需要从中国的富有成效的公共政策实践的创新中汲取营养。从这一点来说，对中国社会转型过程具体公共政策的实践研究就具有普遍的意义。

在中国这一幅员辽阔而又存在较大地区差别的国家中，公共政策学者们的研究最可靠的、也是最为切实易行的做法是从某个地区的某一项具体的公共政策研究开始，进行细致、认真的调查、描述、解释、说明。不同地区的学者则可以将某一项在全国都具有普遍性的公共政策的研究定期加以交流、比较。对于不同时期同一公共政策的运行则可以加以跟踪研究。只要大家同心协力，坚持不懈，就一定能获得对中国社会转型时期某些具体类别的公共政策的全国性的、又包含地区比较的，即时性的、又包含历史变迁的、实证的、经验的研究成果。由于这种实证研究中体现的普遍性、比较性和历史性，其中将有相当部分的成果成为中外学者长期研究所不可缺少的经典性的公共政策案例。

同时，各个时代、各个国家、各个背景下的表面相似的问题却是真正不同的问题。由于社会历史的不同，经济、文化的各异，产生同类问题的原因也就不一样。再加上社会的组织、规则不同，社会转型的性质、速度相异，资源配置的差异，政策文化的区别，从而解决问题的策略、途径和艺术也就各具特点。正是这些特点，从另外的角度显现出公共政策变迁、创新方面以往没有被人们注意或发现的新的规律因素。中国社会转型、体制转轨中面对和处理的社会公共问题带有特殊的复杂性，也正是在各级政府几乎每天都遇到的公共政策活动中，却蕴含着现成的公共政策理论所无法说明的、需要人们从新的高度、新的视角去研究的公共政策要素，诸如政策信息、政策话语、政策价值、政策博弈等。细心提炼这些要素，将其锻造成新的理论颗粒，就能为新公共政策框架、理论和模型的构建准备条件。将这些由新的颗粒所构成的理论与西方公共政策研究所总结出来的理论加以比较、对照、整合，从而就能形成更新、更有价值的公共政策理论体系。从这一意义来认识、研究中国社会转型、体制转轨中出现的现实政策问题，并给予充分科学的说明、解释，进而从中提炼出理论，这些研究成果既是民族的，更是世界的、全人类的。

美国是人类普遍公认的公共政策学科的发源地。20 世纪公共政策框架、理论和模型发展的主要领地仍在美国。纵观美国公共政策学科的发育、成长和发展，它仍是许多公共政策学者通过具体的、细致的研究来推进的结果。21 世纪的公共政策的研究重心将会发生一些转移，美国和欧洲不可能再享受独占这一学科的殊荣了。至少公共政策的发展将会出现多头并进、多元竞争的局面。中国的公共政策学科的发展要想在这一多头竞争的形势下争得一席之地，公共政策的学者们就必须脚踏实地的坚持做长期的细致的研究工作。

“书系”则意味着它是一个长期的、持续的研究和出版工作。社会转型是长期的，服务于并扎根于社会转型实践中的中国现代公共政策研究也是长期的。它必定是伴随着社会转型、体制转轨的步步深入而不断地去发现新的研究热点和重点。在持续的研究中，一些服务于破除旧体制、探索新体制因素需要的创新型的公共政策，一些服务于新的体制建设需要的新型公共政策就能得到全面的描述、解释和说明。一些扎根于社会转型的公共政策实践之中的新的公共政策研究框架、理论和模型就会涌现出来，并在平等的学术批评和实践的检验中逐步走向成熟和完善。这是一个需要许多人持续努力才能实现的目标。我们诚切的期待着更多有志于对中国社会转型中公共政策的实践和理论研究有兴趣、有责任感的学者能加入到这一学术队伍来，以他们具有创造性的著述为这一书系增添光彩。

中国的新民主主义革命前后经过了28年，从20世纪70年代末开始的以经济建设为中心的改革、开放也已经历了27年。前一场大变革改变了中国的命运，也改变了人类的命运。这场大变革给中国，也给世界留下了至今都还在享用的宝贵经验和巨大的思想财富。对这场大革命的研究至今仍在进行。由于当时条件的限制，没有能留下充足的第一手资料，也由于当时情况的艰险，没有能及时作出总结和跟踪。今天的研究，多数只能是事过境迁后的追忆式研究。在后一场大变革中，我们要力求避免这种缺憾。在这场大变革仍在进行时，要充分运用第一手资料，加以总结、概括，并进行持续的跟踪，用社会转型当事人的眼光研究社会转型当事人们公共政策的创造活动，留下辉煌历史过程中辉煌的足迹。

严　强

2005年末于逸夫管理科学楼

序

在我的博士研究生中，有法学专业背景的不少。吴玉岭是其中一个。法学硕士毕业后他到政府部门去工作，干得挺不错。但一直想继续深造，在学业上有成。2001年，他终于如愿以偿，再次来到南大攻读博士学位。这次求学改换门庭了，从研究法学，改为研究作为政治学和行政学分支的公共政策学。没有进门以前，南大法学院的几位教授都向我郑重地推荐过吴玉岭。说他法学基础扎实，为人谦和，悟性极好。法学院教授的推荐起了很大的作用。我和法学院一直保持着良好的教学和研究上的合作关系，那里有在大学本科阶段给我上过课的让我极为尊敬的老教授们，也有许多在教学和科研上合作的年轻学者。这种教学和学术上的交往和友谊是非常宝贵的。除此以外，我还一直认为政治科学与法律科学是密不可分的。在以往僵化的体制下，因为轻视甚至否定法治，政治生活中人治泛滥，导致政治与法治不相容，形成了没有法治的政治和以人治的政治取代法治的不正常局面。在大力倡导依法执政、依法治国、依法行政，进而构建现代宪政国家的新形势下，政治和法律应当紧密地联系起来。我总认为，没有法学作支撑的政治学是无法得到健康、科学的发展的，同样，没有政治科学作为支撑的法学也很难得到健康和科学的发展。

四年中，吴玉岭确如法学院的教师们所称赞的，认真苦读，谦虚好学，不断探索将公共政策学和法学结合的途径。攻读博士学位期间，他到美国进修了一年，这对他日后学位论文的写作和学术发展产生了极大的影响。进入博士阶段的学习后，他就对反垄断政策感兴趣。到美国进修，更让他亲身感受到今天这个世界上市场经济最为发达、反垄断政策研究也最为繁荣的国度中各种反垄断政策的理论和实务。

一个不是美国人的异国学者，要对在美国也是显学的、研究者可谓是多如牛毛的课题作研究，并不是一件轻松的事。但是这种研究又显得非常重要。因为经过渐进性的社会转型，中国已经踏上了现代市场经济的不归之路。正确处理政府与市场的关系，让正在成长中的市场真正成为有法律边界的平等、公正的交易体系，制定符合社会主义市场经济体制运行和发展要求的反垄断政策是当务之急。

但要对反垄断政策作出研究，仅仅凭热情的兴趣是不行的。因为对许多中国的研究者而言，这几乎是一片空白。对于绝大多数中国人来说，现代市场经济已是一件新事物，规范现代市场经济运行发展的反垄断政策更是一件新事物。要构建中国的反垄断政策体系，一个重要的途径就是政策学习。而首选的学习、借鉴和研究的对象当然是美国。

选择正确的研究视角是确保课题研究成功的重要环节。国内外对美国反垄断法的研究，大多集中在法学领域和经济学领域，从公共政策的视角展开研究的著述很少。吴玉岭在研究中，充分借鉴了美国本土和国内学者已有研究成果，在此基础上通过多学科的结合，初步建构了一个融法学、经济学和公共政策学于一体的反垄断政策研究的理论框架，从而开辟出一条新的反垄断政策研究的新路径，为今后更为深入的研究提供了前提。

作为一名异国研究者，与其本国的研究者相比，固然有语言、资料和实际感受等方面的欠缺，但作为旁观者的研究者也有其优势，这就是“正因不在此山中，易识此山真面目”。美国本土已有的对反垄断政策的研究大多集中在历史演变的考证和操作层面的评价上。吴玉岭在对这些众多的美国反垄断政策研究的成果进行慎重的考察和精心梳理的基础上，抓住了美国反垄断政策中的一些基本问题，从公共政策的角度深入揭示其内部的矛盾性，诸如企业的自由度和政府干预之间的矛盾、政策的普适性与豁免权之间的矛盾、政策的合规性与利益集团将其异化之间的矛盾，等等。从而把对美国反垄断政策的研究提升到一个新的理论高度。

吴玉岭所做的对美国反垄断政策基本问题的研究是成功的。作为一个案例，我们可以从中分析出成功的现代公共政策研究所需要的条件：

第一、公共政策活动本身涉及到多方面的领域，既包括众多社会生活领域，比如经济的、政治的、文化的、社会的等多元生活；也包括多方面的因素，诸如价值确定、工具选择、模式建构、技术运用等等。这就需要在研究公共政策时，有多个学科、多门知识和多种技术的配合、交叉和融通。

第二、成功的现代公共政策研究还需要对现代公共政策活动的任务有透彻的理解。

首先，现代公共政策活动的主要任务在于协调和均衡社会公共生活中存在的基本矛盾和冲突。

传统的公共政策教科书都把政策活动视为解决社会公共问题的过程。由于没有对社会公共问题产生和存在的根源即矛盾的类型和性质进行深入的分析，容易让人们以为一有公共政策的规划和实施，引发公共问题的矛盾消失了，公共问题也就解决了，再也不会出现了。如果先前解决了的公共问题又出现了，人们则自然而然地将其归结为政策活动本身出了问题。其实，社会公共问题之所以出现，是因为社会运行和发展中存在矛盾。有些矛盾是由某些社会运行的基本矛盾决定和派生的，是一些次要的、暂时的、偶然的矛盾。由这些矛盾运动产生出来的社会公共问题，通过政策活动的作用，这种类型的矛盾就可能消失了，由其决定的具体的社会公共问题也就化解了，不存在了。但是，有一些社会生活运行和发展中的矛盾是贯穿某种社会形态始终的，不到这种社会形态结束，矛盾不会消失。由这类社会形态中的基本矛盾决定的社会公共问题，它会一直存在。公共政策活动只能在一定的时期中对其起到缓解的功能。如市场经济中的垄断问题，它是由市场体制存在和运行所产生出来的社会公共问题。只要有市场体制存在，这一社会公共问题就一定会存在。因为，引发市场垄断的矛盾是存在市场经济的社会形态内部所包含的基本矛盾。从表层来考察，垄断是由企业的自由度与政府的干预度之间的矛盾决定的。如果再向深层发掘，就可以发现这一矛盾又是由市场与政府的矛盾、私权力与公权力的矛盾、个体意志和共同意志的矛盾、自由和民主的矛盾所决定的。

这些深层的矛盾在存在市场经济的社会形态范围内是不可能彻底解决的。人们能够做到的只能是通过政策设计来协调和均衡矛盾双方因力量、地位和程度的不对称、不平衡、不协调而引发的社会市场竞争无序、效率低下、消费者福利受损等公共问题。设计反垄断政策不是也不能彻底解决自由与民主、私权力和公权力、个体意志与共同意志、市场与政府之间存在的矛盾，它只能解决这些深层矛盾中矛盾双方暂时的不对称、不平衡、不协调而导致的企业自由度与政府的干预度两者之间的不对称、不平衡、不协调。从这一意义上可以说，一切重大的公共政策的目标都不是彻底解决具体社会形态规定的基本矛盾，而只是调节由社会基本矛盾所决定的具体矛盾双方面的活跃程度，让矛盾的双方在运行中处于均衡状态的一种努力。由社会形态基本矛盾所决定的那些社会公共问题不可能被人们设计出来的公共政策所消除或消灭，而只能平息和缓解。它们仍会周期性的出现，从而解决这些社会公共问题的政策活动也会周期性的进行。

其次，现代公共政策活动的主要任务在于引导人们在公共生活中的进行正确的行为选择。

社会生活说到底是由一个个个体的行为组合而成的活动体系。在现实社会中生活的每一个具体、现实的个体，都具有起码的理性思维能力，都有面对现实环境作出有利于自己利益实现的行为选择的能力。但是，人类在漫长的生活中，终于发现，仅仅凭个体、群体的自由行为选择的结果，可能导致的是以强凌弱，以大欺小，无休止的冲突、争斗。甚至在无序中两败俱伤，同归于尽。人们意识到需要在个人权利、个人选择之外存在公共权力、公共选择。这就是政府赖以存在和发展、完善的根据。只要存在社会，就存在个人与社会的矛盾，就一定会派生和引发出个人权利与公共权力、个人意志与共同意志、个人自由选择与公共民主选择之间的矛盾，即两者的对立统一。

人类自古至今所有的知识发展和思维进步的成果就是在不断的寻找如何让人们的行为选择能够使上述的矛盾双方得到协调和均衡的理论模型和操作途径。五花八门的治国之道和层出不穷的理政之策归根到底都是服务于这一简单的目的。从这一意义上说，公共政策正是社会公共部门运用公共权力，以公共意志的名义来引导人们作出行为选择的战略性活动。对其功能不能估计得太高。公共政策的活动的作用充其量只能是做到让人们选择那些如果不加提醒和强调，他们可能就不加考虑的行为，或者让人不去选择那些如果不加提醒和禁止，他们可能就去从事的行为。无论是引导性的、规制性的、协调性的，还是分配性的政策，其功能都是通过提醒和强调，让个体和群体去选择某些由公共意志所认可的行为。

问题就出在如何从个体意志中产生出公共意志或共同意志。这是政治科学中民主理论研究和民主实务探索所要解决的课题。人们先后发明了直接民主的、间接民主的理论和手段，实质民主、程序民主的理论和技术，多元民主、参与民主的理论和实务，等等。不管人们将来还会发明出多少新的民主的理论和技术，从公共政策的视角来思考，民主的真实效用还在于寻找从个体意志过渡到公共意志的途径。这里至少有两点是要考虑的：一是要让政策利益相关者学会并做到慎思，二是要让政策利益相关者做到协议。慎思是协议的前提，协议是慎思的表达和实现。这就是一种现在正在广泛流行的审议民主。特别是协议，需要在规定的程序中，让人们论辩，在论辩中协商，最终达到协议，从而让个体意志综合为公共意志。公共权力部门只有通过提醒和强调，让人们选择符合经过慎思和协议出来的公共意志所规定的行为，这样的公共政策活动才是科学和民主的。

再次，在理解公共政策活动的任务时，人们还需要辩证地看待政策与法律的关系。

不少教科书为了说明公共政策学科的独立性，总要找出一些理由，说出法律与公共政策的区别与联系。一些初学和刚刚研究公共政策的人总认为政策与法律是不一样的。如果谈起两者的联系，也只是承认政策的制定和实施必须以既有的法律为前提，一些行之有效的政策，可以经过某些特定程序上升为法律。这些说法并没有错，但只是浅层次的。从深层次上来分析，政策和法律是一致的。从行为的规范意义上比较，法律是对人们行为的一种规范，政策也是对人们行为的一种规范，只是规范的力度存在差异而已；从意志的类型上来比较，法律是社会共同意志的体现，政策也是人们共同意志的产物，只是在形成的途径上严格程度有所差异而已；从社会治理的工具手段意义上来比较，具体的法律无疑是治理国家的一种有效手段，政策也是治国理政的一种工具和手段，只是两者在治国理政得到的效果和花费的成本上有所差异而已。

正因为法律和公共政策具有相同性，所以西方那些政策科学发展较早，发展程度也较高的国家，研究公共政策所旨用和依据的案例多数是在立法机关的论辩中产生的法案。所谓政策议程就是某些提案进入国会辩论的过程，所谓政策决策就是议会最终确定和选择通过某个法案的过程。

当然在中国的特殊现实条件下，人们将公共政策研究与法律研究区别开来 是有理由的。因为在这个国度里，以往的治国理政依靠的都是人治，政治权威的个人谋划是治理国家的重要手段。只是近10多年中，法治才成为13亿人普遍接受的观念和制度。目前中国立法的过程也远远没有透明化和程序化。学者们现在还不可能轻易地接触到国家的各种立法案例。而相对说来，致力于解决社会一些公共问题的公共政策活动则容易见到，也容易研究，因而公共政策研究就出现了远离法律过程的状况。相信这种状态只是暂时的。

愿这一著作的出版问世能推动我国反垄断政策研究的深入，并吸引更多的有法学背景的人加入公共政策研究的行列。

严　强

2006年冬

引　言

一、选题的背景与意义

（一）对我国反垄断政策的回顾：我国迫切需要一部完整、统一的反垄断法

“建立保护竞争的制度是社会主义市场经济的首要条件。”①市场经济的发展表明，它本身并不具有维护公平竞争的内在机制。恰恰相反，就竞争而言，它自出生起就播下了毁灭自身的种子，处于竞争压力下的市场个体总想通过种种手段与途径摆脱竞争，获取垄断地位，进而以其占据的优势地位损害相对人的交易自由和利益，破坏市场的自由与公正，扭曲竞争机制，危害竞争秩序。在市场经济条件下，政府必须对经济运行实行干预，而反垄断政策正是政府干预经济的最基本手段。也就是“在企业变成一头垄断的野猪时，要防止它到处乱撞”。所以，反垄断政策要以维护自由企业制度和交易自由，增强竞争，阻却市场力量②，制约垄断，保障竞争机制为根本使命，迎头痛击垄断行为，弥补因市场力量的破坏“无形的手”无法修补的市场竞争机制，使其恢复到常态。“在接近上个世纪（译按：指 19 世纪）末时，出现了一种强有力的观念，即制定一部保护竞争过程使其不受限制和歪曲的一般法律，它逐渐成为欧洲大多数地区和美国的法律及经济秩序的核心内容。”③这项市场经济条件下极为重要的公共政策，在美国被称为“自由企业的大宪章”、在德国奉为“经济宪法”，在日本被视作“经济法的核心”。

追根溯源，我国包含反垄断内容的政策在改革开放之初就已出现。1980 年 10 月，国务院曾发布《关于开展和保护社会主义竞争的暂行规

① 王晓晔著：《中国竞争法》。转引自加藤雅信、王家福编：《现代中国法入门》第九章，日本劲草书房 1997 年版。

② 市场力量(market power)是指企业在相关市场所占份额过大而形成的支配力与影响力。一旦这种支配力与影响力被滥用，市场力量就会转变成为一种反市场的力量。本文在使用这一概念时，着眼于防止市场力量被市场主体所滥用。

③ ［美］格伯尔著：《二十世纪欧洲的法律与竞争：捍卫普罗米修斯》，冯克利、魏志梅译，中国社会科学出版社 2004 年版，第 1 页。

定》,首次提出了反对垄断特别是行政垄断的问题。《暂行规定》规定:“在经济生活中,除国家指定由有关部门和单位专门经营的产品外,其余的不得进行垄断,搞独家经营。”“开展竞争必须打破地区封锁和部门分割,任何地区和部门都不准封锁市场,不得禁止外地商品在本地区、本部门销售。”同时,规定要求工业、交通和财贸等有关部门修订现行的规章制度,剔除其中妨碍竞争的规定,并授权各地区、各部门根据暂行规定的精神,制定实施办法,保护竞争的顺利开展。1987 年国家体改委和国家经委联合发布的《关于组建和发展企业集团的几点意见》要求:“组建企业集团,必须遵循鼓励竞争、防止垄断的原则”①。1989 年国家体改委与国家计委等联合发布《关于企业兼并的暂行办法》,强调企业兼并固然要有利于实现规模经济,同时也不得损害企业间的正常竞争。1990 年 11 月国务院《关于打破地区间市场封锁,进一步搞活商品流通的通知》指出:生产企业在完成国家指令性计划产品调拨任务和购销合同之后,有权在全国范围内销售产品,工业、商业、物资等部门的企业,有权在全国范围内自行选购所需产品,任何地区与部门都不得设置障碍,加以干涉②。1993 年的《反不正当竞争法》是我国第一部关于市场竞争秩序的法律,掀起了反垄断政策法制化的高潮。同年 12 月国家工商行政管理局据此制定了《禁止公用企业限制竞争行为的若干规定》。1998 年的《价格法》对垄断价格与价格歧视作了禁止性规定。《价格法》第三条规定:“国家实行并逐步完善宏观经济调控下主要由市场形成价格的机制。价格的制定应当符合价格规律,大多数商品和价格实行市场调节,极少数商品和服务价格实行政府指导价或政府定价。”第十四条规定了经营者不得有下列不正当价格行为:相互串通,操纵市场价格,损害其他经营者或者消费者的合法权益;提供相同商品或者服务,对具有同行交易条件的其他经营者实行价格歧视,等等。1999 年的《招标投标法》③规定对大型基础设施、公用事业等关系社会公共利益、公众安全的项目、全部或者部分使用国有资金投资或者国家融资的项目、使用国际组织或者外国政府

---

① 《意见》规定:“在一个行业内一般不搞独家垄断企业集团,鼓励同行业集团间的竞争,促进技术进步,提高经济效益。”

② 有关地区封锁的详细论述,请参见冯兴元:“中国的市场整合与地方政府竞争——地方保护与地方市场分割问题及其对策研究”。网址为:http://www.dajun.com.cn/zfjingzheng.htm

③ 我国的招标投标法类似于美国的联邦政府合同政策(Federal Government Contract Policy)。有关美国联邦政府合同方面的研究请查看 the Contract Research & Analytic Institute 网址为:http://www.contractinstitute.com

贷款、援助资金的项目等必须招标[①]。

总体看来，我国现行的反垄断政策存在诸多问题：一是现行规则零散于《反不正当竞争法》、《价格法》、《招标投标法》三法与众多的条例、通知、暂行规定之中，尚未形成一个统一、完整的反垄断政策框架体系。二是大部分规则的表现形式为行政机关发布的行政命令与规章，其法律效力不高，权威性不够，许多还缺乏法律责任条款，没有可操作性。三是对政府滥用行政权力限制竞争的行为制裁力度欠缺[②]。四是反垄断政策是市场经济的基本政策，它不仅要制止大企业的不法行为，还要限制与制止政府滥用权力限制竞争的行为，现行规定缺少足够的权威性，工商等执法部门很难采取坚强有力的措施贯彻执行反垄断政策[③]。

1987 年 8 月，原国务院法制局成立了反垄断法起草小组，翌年即完成了《反对垄断和不正当竞争暂行条例草案》。由于立法者与学术界对当时国家是否有必要制定反垄断法立场迥异，1993 年 9 月只有《反不正当竞争法》得以通过。当时许多人认为我国的市场经济尚处于初始阶段，垄断行为并未有多少表现，尤其是企业平均规模较小，企业与行业间

---

① 该法第六条规定："依法必须进行招标的项目，其招标投标活动不受地区或者部门的限制。任何单位和个人不得违法限制或者排斥本地区、本系统以外的法人或者其他组织参加投标，不得以任何方式非法干涉招标投标活动。" 第二十条规定："招标文件不得要求或者标明特定的生产供应者以及含有倾向或者排斥潜在投标人的其他内容。"第三十二条规定："投标人不得相互串通投标报价，不得排挤其他投标人的公平竞争，损害招标人或者其他投标人的合法权益。投标人不得与招标人串通投标，损害国家利益、社会公共利益或者他人的合法权益。禁止投标人以向招标人或者评标委员会成员行贿的手段谋取中标。"并在第四十九条至第六十四条分别规定了招、投标中违法行为的法律责任。

② 《反不正当竞争法》第三十条对政府滥用权力限制竞争的法律救济手段仅为"由上级机关责令其改正"，连被侵权人提起行政诉讼的权利都没有提及，根本无法纠正这种行为。

③ 在制定反垄断法过程中，在确立反垄断主管部门的问题有四种不同的意见：一是由工商部门作为主管机关，主要理由是工商部门有了十年的反不正当竞争与反垄断的执法经验；二是由商务部承担领导反垄断的职责，依据是垄断是一种商业行为，原外经贸部也已积累了反倾销的经验；三是在发改委内部增设反垄断司，理由是发改委是一综合经济部门，又主管价格，而垄断行为主要且最终体现为商品与服务的价格；四是我国反垄断的一个重要任务就是要反行政垄断，加上反垄断政策的"经济宪法"地位，要求执行机构需要具备足够大的权力与权威，执行机构设立于任何一个部委内，级别只能司局级，而电信、电力、铁路、邮政这些行政垄断大户都是部级单位，不能保证执行机构有足够的权力制约被管理者，因此，最理想的模式是独立于部委之外，增设新的反垄断机构直接隶属于国务院，"起码应该和部平级，权力还应该更大一些，能够限制其他部委的限制性竞争行为"。反垄断法(送审稿)将商务部确定为主管机关，商务部日前已成立了负责反垄断立法及其相关工作的反垄断调查办公室。而反垄断法(修改稿)在第五条对主管机构所作的专门规定该送审稿为："国务院反垄断主管机构，依照本法规定行使职权，制止垄断行为，维护市场竞争秩序。"第六条还强调了对主管机构的监督："国务院反垄断主管机构应当定期向国务院报告本机构的工作情况和对市场竞争状况的评估，并将评估报告和对反垄断案件的调查处理情况向社会公布。"后者将设置的反垄断机构置于国务院直接领导之下，可以看作是国务院的一个工作部门，与前者明显不同。

的横向联合刚刚发展，国家在政策上支持扶植成立大的企业集团，以适应国际竞争的需要，如果出台反垄断法，势必会对当时的产业政策造成冲击。其实，靠政府自上而下地推动，甚至“拉郎配”式地组建垄断性的“国家队”，并不能促进技术进步，也无法推动经济发展，到头来只是徒有虚名，适得其反。毕竟将一个个竹筏捆绑起来无法组成“航空母舰”，企业的优化规模是在竞争中一步步自然地形成的，它并不单纯表现为数量的扩展与外延规模的扩大。而且，反垄断政策所要限制与禁止的只是那些能够产生与加强市场优势地位的大企业间的合并与联合，它与推动企业的规模并不矛盾。同时在我国，像家电产品①、重型车与中型车市场②等都已出现了高度集中的趋势，借助行政手段组建的企业集团，更进一步加剧了市场结构的垄断性，如 2005 年 7 月份开始日趋严重“油荒”事件，席卷华南、华东，引起全国石油市场震荡，使民众饱受“无油”煎熬。媒体指责该事件是国内的两大石油寡头——中石油与中石化人为制造，称“油荒”是垄断者的投机本质决定的，也是一个时期以来“养大巨头”的产业政策带来的恶果之一③。“我国当前反垄断立法的难点不是在于企

---

① 据 1994 年的统计数据，蚬华微波炉的市场占有率高达 60%，美菱、上菱、容声、海尔与双鹿 5 种电冰箱的市场占有率已经达到了 67.7%。而据 2005 年 8 月 8 日人民网的报道，我国空调行业“强者恒强，弱者恒弱”，大批中小品牌被淘汰或被并购，行业四强占半壁江山（即占据 51% 的市场）。“优势企业继续保持了良好的发展势头，海尔、美的、格力三大巨头继续稳居前三甲，市场份额超过了 44%。其中，国内最大的空调生产企业海尔继续保持了压倒性的优势，市场份额接近全国总量的 1/5，在中怡康公布的 30 个省份的销售数据中，海尔至少在 22 个省份中保持了市场领先地位。”今天的空调行业的集中度迅速提高，行业出现强者争霸的局面，呈现出明显的“马太效应”（Matthew Effect）。参见张浩：“2005 年度空调盘点：空调业“剩”者为王”，http://homea.people.com.cn/GB/41391/3600350.html

② 据 1995 年的统计，我国重型车市场上，三家企业拥有 83% 的市场份额；在我国中型车市场上，两家企业的市场占有率达高 86%。

③ 据海关统计部门对当时持续时间长、影响范围广、短缺产品多等方面均破历史纪录的“罕见”油荒事件发生时期，缺油最为严重的广州地区成品油进出口情况所作的统计发现，一边是广东在闹油荒，一边是大量的成品油被卖到境外。而油荒也致使广东企业的盈利巨降，仅 2005 年 1～5 月，全省工业企业实现利润总额为 500.9 亿元，增长 3.5%，增幅回落 36.2 个百分点。一些媒体和专家纷纷把矛头直接指向了中石油与中石化两家寡占企业，认为此次“油荒”是人为制造，这种紧张状况是因为国内石油寡头们要求再次升高油价未获批准，以制造供应紧张，要挟国家有关部门，而“珠三角”与“长三角”两大经济中心的中心城市广州和上海就是它们施展要挟手段的试点。上海《东方早报》等地方媒体更是认为油荒是石油寡头们以服务用户为“人质”，以油价制定者——国家发改委为博弈对象，实施的一项“有组织、有计划”的“阴谋”。“油荒”事件也从一个方面表明了我们组建产业巨头以闯进世界 500 强的产业战略构思到了该反省的时候。在巨头出世以后，才发现麻烦接踵而至，这些巨头们并非“温顺的家禽”，而是凶猛无比、无人可制的“老虎”，它们已经具备了反制政策制定者的巨大能力，油荒事件只是这些巨头要挟、俘虏政府的一个“缩影”、一次“彩排”。伴随企业实力的增强，其要价的能力也逐步提升，培养大型企业的产业政策养大了这批垄断巨头，到底为我们的社会带来什么样的利弊得失，应当引起公共政策制定者的反思。一些专家甚至称这一政策是“养虎为患”，形容“立法者掉进了产业巨头的陷阱”。

业的平均规模过小，而是在于国家的经济体制和政治体制。”[①]一方面是现实经济生活中迫切需要制止的各式各样的反竞争行为，另一方面随着外资的大量涌入，外国商品与服务进驻我国市场，其以自身实力形成垄断地位。被誉为“自由企业的大先章”与“经济宪法”的反垄断政策的缺失，使完善有效竞争的市场结构、制止限制竞争行为、抵制市场优势力量的滥用、塑造公平的市场机制、维持市场的生机与活力，乃至保护经营者与消费者利益、促进经济转轨等，都失去了根本支撑。“国际贸易的成功，并非全靠，甚至不是主要依靠劳动成本、利率与汇率、规模经济。相反，只有在国内市场上与对手开展激烈竞争的企业，才能在国际贸易中站稳脚跟。”[②]尽快确立我国的反垄断政策，尽早建立起我国的反垄断制度体系，既是增加市场透明度，培育企业市场竞争力的需要，也是为了维护我国的经济安全的需要，以防国外垄断巨头利用当今反垄断规则不健全的时机，钻我国政策法律的空子，滥用市场优势或独占地位，实施反竞争的合并，瓜分我国市场[③]。

八届、九届、十届全国人大都将反垄断法确定为任期内的立法项目，但由于种种原因由原国家经贸委[④]、国家工商总局负责起草的反垄断法（草案）一直未能上报审议。十一届全国人大将反垄断法列为本届人大要出台的重要经济立法项目，国务院也将该法列入 2004 年立法计划。而到 2004 年底，我国也走完了加入世贸组织 3 年的过渡期，垄断行业的改革面临着新的挑战。充分利用后发优势，吸收、移植国际通行的反垄

① 王晓晔著：《竞争法研究》，中国法制出版社 1999 年版，第 141 页。

② Robert Pitofsky, The Effect of Global Trade on United States Competition Law and Enforcement Policies, 26 th Annual Conference on International Antitrust Law and Policy, New York, October 15, 1999.

③ 在华跨国公司在市场竞争中占据着明显的市场优势地位，有的还居于绝对垄断地位。比如微软操作系统软件、利乐软包装产品的市场占有率都高达 95%；柯达公司控制着 50%以上的胶卷市场，富士的市场占有率超过 25%；手机行业中的诺基亚、摩托罗拉等国外品牌 2002 年在华的市场占有率高达 70%。跨国公司限制竞争行为在我国时有发生，其中最为突出的是滥用市场优势地位。它们利用在技术、品牌、资金和管理等方面的优势，实施各种限制竞争的行为，最为常见的是“搭售”和附加各种不合理条件。同时，为控制市场份额、排斥竞争对手，还经常使用低价倾销手段实行掠夺式定价，采用拒绝交易和独家交易手段，限制市场竞争。在知识产权领域，跨国公司利用在某一领域的独占权拒绝交易的情况比比皆是。

④ 根据十届全国人大批准的国务院机构改革方案，协调打破市场垄断、行业垄断的有关职能划归商务部，原国家经贸委承担的《反垄断法》的起草任务也转由商务部承担。

断规则，制定一部比较先进的反垄断法，成了我国经济生活与政治生活的一件大事。目前，反垄断法（送审稿）业已完成[①]，相信在不久的将来，全国人大将通过这部市场经济的基本法，最终确立起我国的反垄断政策，为建立统一、开放、竞争、有序的现代市场体系营造一个良好的政策法律环境。

（二）研究美国反垄断政策的意义

1. 学习、借鉴、移植：着眼于目前的反垄断立法与未来的执行

市场经济是竞争经济，竞争是配置资源和推动国民经济发展的根本手段，而竞争必须依据一定的规则进行。反垄断政策正是市场经济中的竞争规则，是市场自身规律的抽象与概括的反映。“全世界 200 个左右的国家，都存在着垄断问题，而垄断问题的存在，给每个国家都带来了巨额的经济损失。”“世界上已有 80 多个国家制定了反垄断法。”[②]我国自 1978 年实行对外开放政策，特别是十四大确立建立社会主义市场经济体制的目标以来，经济上取得了举世瞩目的巨大成就。一般认为，中国经济成功得益于经济体制由计划经济向市场经济的转变。在这一过程中，政府对企业的直接干预越来越少，产业组织和市场结构的竞争性不断得到强化[③]。但就在我国经济的市场化程度有了相当大的提高，愈来愈多的国家承认我国的市场经济地位的同时，现实经济生活中也存在着大量的经济失范行为，市场秩序仍然较为混乱。极其普遍的歧视现象、不公平的竞争方法、假冒、贿赂、损害对手信誉、侵犯商业秘密、虚假广告、协议价格、分割市场、“强强联合”、设置准入障碍，存在过多过滥的自然垄断部门与行政垄断、地区保护与封锁等，严重地限制了正常的市场竞争，既不适应我国建立社会主义市场经济体制的形势，也有悖于我国对外开放与加入世贸组织的要求，不仅给我国造成了巨大的经济损失和负面影响，还制约着我国经济未来健康、持续、快速的发展。竞争制度是一个国家的基本的经济制度，是市场经济中经济制度的基石，它不仅包含着比所有制更为广泛的内容，改变着生产要素的运行方式与运行结果，有力

---

① 参见“反垄断法保障自由公平的市场竞争”，载于《法制日报》2004 年 11 月 17 日第 8 版。

② 参见：http://www.metrolink.net/～cmueller/

③ 参见约瑟夫·斯蒂格利茨：“促进规制与竞争政策：以网络产业为例”，载于张昕竹主编：《中国规制与竞争：理论和政策》，社会科学文献出版社 2000 年版。

地推动经济发展[①]，还深深地影响着一个社会的政治与文化形态。弥补这一市场经济必备制度，加紧建立起法治、信用的公平竞争秩序以促进国民经济的发展并应对经济全球化的挑战，自然而然就成为当前我国法治建设的一项重大的经济与政治任务。单就经济方面而言，未来的反垄断法将成为中国经济的下一个“助推器”[②]。而学习、研究反垄断制度，借鉴与引进（移植）发达国家与地区的经验与做法，既是必须，又是一条捷径。

美国是世界反垄断政策的“母国”，1890 年的谢尔曼法（Sherman Act）被认为是世界上最早的反垄断政策[③]，其反垄断政策也最为发达与完善。作为一个资本主义的市场经济国家，美国的基本经济政策是保护与促进市场竞争，并以竞争为手段配置各种经济要素与社会资源，从而推动经济的向前发展。一百多年来，美国的反垄断政策对促进美国经济持续、快速发展，保护消费者福利，维护资本主义经济民主、政治民主与社会安定立下了汗马功劳[④]。美国也是反垄断政策的“输出国”，对许多国家与地区构建自身的反垄断制度有着重要的影响：无论是今天被称作“老欧洲”的德国、意大利，还是被称为“新欧洲”的波兰、捷克等前社会主

---

① 参见[美]A. 爱伦·斯密德：《财产、权力和公共选择——对法和经济学的进一步思考》，黄祖辉等译，三联书店、上海人民出版社 1999 年版，中文序言部分。

② 王怡：“我们需要什么样的反垄断法?”，《21 世纪经济报道》2003 年 3 月 31 日。

③ 1869 年，伊利诺斯州通过的反铁路垄断法令，要求铁路公司给予货主以“公平合理和一致的运费”。这是世界上第一个成文的反垄断法律。第一个全国性的反垄断政策是 1887 年 2 月 4 日国会在克利夫兰总统极力推动下通过的州际商业法。该法对自由放任的贸易政策作了一定的限制，禁止超额运费、铁路联营、给大客户回扣以及不等价运输等。因其仅涉及铁路行业，没有引起研究者的重视。

④ 小罗斯福总统把美国没有像德国、日本那样走向法西斯专制归功于美国严格执行反垄断政策的结果。与美国相比，德国的垄断问题开始并没有美国那么严重，因而也没有像在美国那样引起高度而迫切的关注。在德国市场经济发展的早期，卡特尔一度被认为是有益的。人们普遍相信市场有自我矫正的能力，看不到垄断的危害，反而把它视作促进产业发展的一种必要形式。直到 1923 年，才制定了第一部反垄断法——《卡特尔条例》，授权政府在特设的“卡特尔法庭”起诉滥用经济力量的不法卡特尔。由于一战后德国的特殊政治历史环境，这部条例实际上没有发挥多少作用。1933 年纳粹党上台以后，反垄断立法随即发生了逆转。纳粹政权制定了《强制性卡特尔法》，由原来的禁止垄断行为转向了利用国家权力鼓励、支持、扶植、促进乃至直接强制推进经济组织的卡特尔化，借以准备战争。纳粹利用德国浓厚的普鲁士军国主义和国家主义传统，将德国社会经济迅速纳入国家统制的轨道，德国工业由此也获得了飞速但畸形的发展。日本也有相似的经历。可以说，美国的反垄断政策、美国的传统文化以及税收政策等一起作用，最终避免了美国重蹈德、日的覆辙。

义国家，无不以美国反垄断政策为蓝本构建自己的反垄断指导原则和竞争政策；与前两个二战轴心国一样，日本的反垄断立法也是在美国军事占领期间，综合反垄断政策三个主要法律（谢尔曼法、克莱顿法和联邦贸易委员会法）而形成的，占领当局将日本走上军国主义道路归结于国内卡特尔的合法化与经济力量集中于大财阀之手，将移植美国反垄断政策作为维持日本经济民主千秋万代的法宝；在赶超阶段，韩国与我国台湾地区都模仿美国反垄断政策，建立起自己的反垄断制度，用以刺激内部的经济活力、使企业更好地参与外部竞争，且都取得了很好的经济与社会效果①。德国竞争法权威马尔克特曾说过："美国的反托拉斯法作为世界上历史最悠久、适用范围最广泛、法学研究和经济学研究最为发达的法律，对世界上所有国家都可以提供帮助。"②我国学者王晓晔研究员也持有这样的思想③。

在我国建立市场经济体制、加入世贸组织、全方位参与国内国际两个市场的竞争、全面融入经济全球化的背景下，研究美国反垄断政策，借鉴其成功经验和有益的做法，探寻其中的规律，前瞻性地预防与克服其政策中的失败与不足，使其服务于我国反垄断政策的制定与未来的执行，这无异是一件十分有益的工作。比如，本文中的一个重要观点是：美国反垄断政策执行的宽严，很大程度上取决于美国当时的经济状况与行政当局的执政理念。从谢尔曼法开始，美国的反垄断政策对一些基本概

① 1993 年我国出台的《反不正当竞争法》并不是一部纯粹的禁止不正当竞争行为的法律，其中包含了 5 种垄断行为（第六条的公用企业等限制竞争行为、第七条的行政行为、第十一条的低于成本价的销售行为、第十二条的搭售行为与第十五条的串通招投标行为）。这一法律从很大程度上是"克隆"台湾地区的《公平交易法》，在法案通过时将起草时的《公平交易法》改名为《反不正当竞争法》，但不久在主管机关内部就增设了"公平交易局"，负责该法的实施。

② ［德］库尔特·马尔克特："美国反托拉斯法的现状和发展趋势"，邵建东译，载于《美国和德国的经济与经济法》，法律出版社 1991 年版，第 151 页。他还指出："我们在作决策时，至少要知道世界上最重要国家的法律，尤其是美国的反托拉斯法，在实际经验和科学认识方面能够提供些什么。""当然，每一种法律制度都必须找到其特有的解决方法并对此负责，不可能简单地引进外国的方式。但这也需要人们对存在的问题具有充分的认识，要提出正确的问题，分析存在的各种决策可能性及其利弊，对各种可资借鉴的实际经验作出评价。"

③ 王晓晔在《反垄断法律与经济》影印本序言中也写道："鉴于美国反垄断立法的经验和司法实践，鉴于美国在国际经济中的重要地位，我国的法律工作者和法学研究人员要比较、研究反垄断法，首先应当研究美国的反垄断。"参见 Ernest Gellhorn & William E. Kovacic, *Antitrust Law and Economics*, West Group (1994). 中文 2001 年影印本序言第 3 页。

念就采取"模糊战略",不予界定①,以便执行机构根据经济形势作适当的调整。有鉴于此,我们的反垄断政策可以采用"严宽相济"的指导原则,对这部综合性基本法的立法尽可能多一些原则性,在违法行为构成要件上要严格,在制裁措施上要严厉,把是否执行、执行的严厉程度交由执行机构根据经济形势去自由裁量。再如,美国实行"出口豁免"的反垄断原则,允许本国出口厂商采取某些联合协同行为,同国外厂商竞争,而不认为是违法。在对跨国公司的管辖方面,它以"经济实体论"为依据,按照是否对母国市场产生或可能产生限制竞争的后果,撇开母公司和子公司各自独立的法人资格,将法律适用于其境外的母公司或子公司。我国也应确立这样的指导原则,以维护本国经济在国际市场的竞争力,促使外贸企业更好地参与国际竞争,在必要时可以追究对我国实施反竞争行为的公司的母公司或子公司的法律责任。

2. 直接运用:维护我国企业利益,推动本土企业向国际化企业的转型

美国反垄断政策的输出,还表现为它的域外效力。自谢尔曼法以来,美国在反垄断问题上一直奉行保护主义原则。无论行为发生在何地、行为人的国籍,只要行为对美国利益造成或可能造成损害,美国政府就会挥动反垄断大棒予以制裁。不仅是对一些弱小国家与地区,就是对自己的大的贸易伙伴,如欧盟、日本、澳大利亚等,包括自己的小弟兄英国政府也毫不手软。如果说以前我们可以对此采取"事不关已,高高挂起"的态度,隔岸观火,2003 年的"思科诉华为"一案,让我们领悟到研究美国反垄断政策的另一层意义,那就是直接运用这一政策,回击"恶讼"这一市场竞争中压制对手的手段,最大限度地保护自身利益②。

"思科诉华为"一案被称为中国入世以来中国企业在海外遭遇到的最大一宗知识产权侵权案件。诉辩双方都是两国有名的大企业。原告思科公司是全球路由器和交换机等互联网设备的霸主,是全球最大的互联网设备制造商和提供商。被告华为公司是中国电信设备供应商,被称

---

① 德国立法也避免使用"垄断"一词,而以近义词"市场支配地位"代替。

② 马尔克特还曾表达过这样的思想,即"从德国方面来看,研究美国反托拉斯法以及其法律基础的政治思想和科学思想,不但对在美国从事经营因此直接同美国法打交道的德国企业及其法律顾问来说,是一种法律技术上的需要,也是每一个从事德国卡特尔立法和适用工作的政治家、法律政策工作者和科学工作者的任务。" 参见库尔特·马尔克特:"美国反托拉斯法的现状和发展趋势",载于《美国和德国的经济与经济法》,法律出版社 1991 年版。

为"中国的思科",2002年的合同销售额达220亿元、名列中国当年度电子百强的第7位,产品已打入德国等40多个国家和地区,并正在积极开拓北美市场。早在1994年华为谋划海外市场之时,思科就将之视作其"全球性的噩梦"。在2002年秋巴西电信进行的路由器项目招标中,华为击败思科和朱尼珀网络,一举打入被思科视为"后院"的美洲市场。到2002年底,华为还在美国出售了18台以中低端产品为主的路由器。思科如坐针毡,将华为定为"麻烦的制造者",于2003年1月23日向美国得克萨斯州马绍尔联邦地区法院控告华为侵犯其知识产权①。虽然起诉状称诉讼"旨在寻求法律禁令以制止华为对其知识产权继续进行侵犯并弥补华为的非法侵权行为对思科所造成的损失",但从市场竞争和国家利益的考虑,这场形式上的知识产权侵权诉讼实质是思科排斥竞争对手、维护其市场优势地位的一种手段。思科的发难为正在从本土企业向国际化企业转型的中国企业带来了一个新的课题。只有跳出知识产权的误区,有效运用美国自身的反垄断政策才能有力回击这一试图垄断行为。2003年3月20日,华为与美国通信产业巨头3COM联手组建合资企业,共同抗衡思科,将中美企业的诉讼战火演变为美国企业内部的诉讼争斗。2003年7月28日,根据磋商达成秘密协议的原、被告与3COM公司共同向法院申请终止诉讼,全面解决了这场争议。

研究美国反垄断政策的第二层意义就在于从中找到对我国有利的因素,并充分利用这些因素维护自身利益。比如,如上所述,美国反垄断政策在国际贸易中奉行"保护主义原则",政府可以以外交手段为本国企业提供相应的保护措施。有实力、有潜力的企业也可以像华为那样采取合资或独资的形式,将美国作为东道国,乃至以美国为基地再反向投资国内或其他国家与地区。这样,在与美国企业发生反垄断纠纷时,"以子之矛,攻子之盾",取得其反垄断政策的平等保护;在与美国以外的企业发生冲突时,又可取得美国反垄断政策的庇护。"入世"三年的经历向我们的企业传递出这样的信息:在全球化背景下,"要赢,就要走出去;要赢,就得按照规则办事,保护与反击"。2004年12月8日,中国IT行业在

① 思科提交法院的起诉书长达77页,指控华为"盗用"其IOS(r)源代码、命令行接口、技术文档,以及5项与思科路由协议相关的专利技术,有8大类之多。范围涵盖了知识产权的全部类别,其中专利侵权5项、版权侵权2项、商业秘密侵权1项、普通法侵占1项、违反商标法的虚假陈述1项、不正当竞争、违反德州普通法和联邦商标法1项、侵占1项。

海外最大的一笔投资——联想集团以12.5亿美元的总价收购IBM的全球PC(个人电脑)业务。这一收购不仅会提升联想的品牌与技术优势,还使联想获得了更大的规模优势,市场份额由占全球市场份额2.6%提高到8.6%,从而在国际化的道路上走得更远。这一收购也是一次战略合作,使联想未雨绸缪,取得了未来美国及至国际反垄断诉讼的优势法律地位[①]。

二、研究范围的限定与前人的铺垫

(一)研究范围的限定:美国反垄断政策中的基本问题

110多年间,美国逐步形成了以国会立法为基干、以法院判决为标准、政府以行政规章为反垄断执行指南的庞大反垄断政策体系[②]。美国的反垄断政策由三个部分组成:

一是国会立法。主要包括谢尔曼法、1914年的克莱顿法(Clayton Act)与联邦贸易委员会法(Federal Trade Commission Act)、1936年的罗宾逊—帕德曼法(Robinson-Patman Act)、1950年的赛勒—孚维尔反合并法(Celler-Kefauver Anti-Merger Act)、1976年的哈特—史考特—罗笛诺反托拉斯促进法(Hart-Scott-Rodino Antitrust Improvement Act)。它们都从自由竞争的经济政策出发,反对垄断与试图垄断,谴责不合理的限制竞争与不公平竞争方法。但国会的立法有诸多的不确定性[③],到目前为止,就是对最为根本的"垄断"一词还没有一个较为明晰的界定。

二是判决。联邦法院是决定与实施反垄断政策最为重要的主体。在普通法国家,法院判决是法律的主要渊源。法院不仅可以通过审判活动克服反垄断政策的不确定性,还由于法官手握宪法解释权与司法审判权,可以通过造法确定与发展反垄断政策。但法院判决针对的是具体案

---

① 联想收购案在2006年年初节外生枝。美国外国投资委员会(CFIUS)因担心一旦联想成功收购IBM的个人电脑业务,中国就可以利用IBM在北卡罗来纳州三角研究园的设施,将取得的科技应用于军事用途,故此该委员会对收购展开正式调查。随着这一并购活动通过美国政府审查,联想并购风波尘埃落定。现任联想首席执行官沃德与现任董事局主席杨元庆都表示,联想和IBM将迅速行动,整合双方PC业务,双方将在2006年第二季度完成交易。

② 除联邦以外,各州都有自己的反垄断政策,内容上大同小异。其适用范围局限于本州以内。我国是单制国家,本文只研究联邦层次的反垄断政策,对各州各自的反垄断政策不予讨论。

③ 参见沈敏荣:《法律的不确定性》,法律出版社2001年版,"反垄断法政策的不确定性"部分。

情，十分的琐碎。

三是政府规章与总统的执政理念。美国的政府规章与我国不同，它没有法律效力，行政机构对拒不执行或违反规章的当事人，所能做的是将之诉到法院，由法院裁决行为是否当罚或规章是否有效。规章随不同行政当局的执政理念与经济形势的变化而迥异，对反垄断政策而言，总统的执政理念主要是这一届政府是否愿意执行反垄断政策，它通过任命支持、执行自己执政方针的司法部（反垄断局）和 FTC 高官及总统是否采取反垄断调查和诉讼表现出来①。由于规章是执行机构调查与起诉的行为指南，而执行机构的行为是以公共财政为依托，企业的诉讼成本却由自身承担，不仅面临着败诉的风险，且在诉讼中还往往涉及到企业的经营行为、名誉与商业秘密，大量消耗经营层的精力，像当年 IBM 与司法部一场官司打了 13 年，仅法律文件就堆了二个房间，法官都累死了两名的情况毕竟是特例。政府律师不仅追求胜诉，还追求过程，将诉讼作为练兵的手段，在胜诉无望时寻求和解，而企业付出的沉重代价只能自己扛。没有哪个企业敢对规章、总统的执政理念与执行机构的要求掉以轻心的，罕有企业敢与此硬碰。

在极其纷繁复杂的美国反垄断政策中，国会立法与政府规章只占极少数。美国的普通法背景使得最具权威、数量庞大的判决成为了反垄断政策的主体。众所周知，美国的判例不仅篇幅极长，法官的看法也常常有别。多数人的观点构成法院命令（order）与决定（decision），少数人所持的立场成为法官意见（opinion），而意见同样可以为后来的判决所引用。加上美国实行“法庭之友”（friend of the court）制度②，要对一起案

---

① 如美国现任总统小布什强烈反对严格执行反垄断政策。其属下的司法部与 FTC 高官都是由保守的律师与经济学家充任，他在讲话中也多次强调保持企业的经济活力。在连任后新部长的提名发布会上，一位部长称小布什“深知政府应当在很少的领域做得最好”。参见：http://www.whitehouse.gov/news/releases/2004/11/20041117－4.html

② “法庭之友”来源于拉丁语 amicus curiae，原指没有被邀请的和表面上中立的旁观者。这一词语后来被引用到普通法中，意指与诉讼争端没有直接利害关系或法律联系的私人与团体未经请求，自主地向法庭阐述自己的立场。由于美国判例法的实质上是法官造法，判决生效后对与原、被告双方有相同或相似情况的案外人有着直接的约束作用，“法庭之友”在美国发展成为一项法律制度，即在法院审理一件案件时，允许案外人主动向法庭提交报告，发表对案件的看法与建议，或陈述一些可能有关的法律事实，便于法官集思广义，处理案件。

子作彻底的理解实属不易，要以上述两个目的来研究美国反垄断政策，更是一个耗时、耗资巨大的工程，决非三两个人所能完成，更不是一本书所能涵盖得了的。有鉴于此，本书遵循美国学者研究反垄断政策的先例，以判决的历史发展为脉络，较多地从诉讼摘要(docket)中寻找政策发展的轨迹。

一百多年来，美国的经济环境发生了翻天覆地的变化，由先前的一个由农业向工业转型的新兴资本主义国家，发展成为世界上独一无二的超级强国。期间，反垄断政策功不可没。但一百多年来，议员们走了一茬又一茬，总统换了一届又一届，法官离职、辞世的一波又一波，反垄断政策虽然大体上保持了稳定，实际执行的状况却因时、因事、因人而异，大起大落的情况屡有发生，其中制约与阻碍经济发展和提高竞争力的因素和作法也屡见不鲜。如上所述，本书写作的目的就在于通过探寻美国反垄断政策的历史发展轨迹，挖掘美国反垄断政策的基本问题，尽可能详尽地分析其利弊得失，从而为目前制定与未来执行我国的反垄断法，为我国企业在实现"走出去"战略的过程中减少反垄断摩擦提供微薄的帮助。从这一目的出发，本书试图从较为宏观的角度剖析美国反垄断政策的一些基本问题。笔者将研究美国反垄断政策的基本问题界定为：美国反垄断政策所固有的、贯穿反垄断政策始终的、影响反垄断政策制定、修改与执行的、具有全局性和根本性的问题。

从这一标准出发，在确定哪些问题可以构成美国反垄断政策基本问题时，首先探寻这一政策产生与发展的历史背景，其普通法传统、理论的演变与争议，以及政策制定与执行的整个过程，在其从无到有、由小到大的成长过程中寻找、发现那些可以称之为基本问题的方面。毫无疑问，自由市场应当对资源配置起基础性作用，但面对市场失灵，要不要政府出手干预？这是反垄断政策存在的基础。如果要的话，这项政策的目标指向是什么？力度有多大？边界又何在？在政府干预市场的过程中，还会产生哪些对社会经济政治生活较有影响的方面？

根据前面对基本问题的界定，本文在撰写过程中将反垄断政策的目标之争、反垄断政策的普适性与反垄断豁免以及对豁免的限制、企业的自由度与政府的干预度的关系、反垄断政策与美国宪法第一修正案之间的冲突与协调、利益集团对反垄断政策的利用与滥用等五个方面挑选出来作为反垄断政策的基本问题加以探讨。其中，政策目标是反垄断最为基本的一个问题，是制定与执行反垄断政策所必须遵循的指针；反垄断政策的普适性与豁免制度所要确定的是这一政府干预市场经济最为根本手段的适用范围；政府干预与企业自由度的关系问题是反垄断政策的核心，它要探讨面对市场失灵政府应如何行为；反垄断政策与第一修正案的冲突与协调关注的是政府如何处置经济政策与公民宪法权利之间关系的问题；而利益集团对反垄断政策的滥用是导致这一公共政策异化为阻碍竞争、妨碍经济发展与提升公共利益的根源之一，也是我国反垄断立法与执行所要极力避免的。

应当指出的是，本文将这五个基本问题作为美国反垄断政策的基本问题加以论述，并不表明唯有它们才是美国反垄断政策的基本问题。囿于作者的力量所限，及对美国反垄断政策研究时间的短暂，可能还有其他可以称作基本问题的方面没有被囊括在内，这有待于未来更进一步的研究①。

（二）目前的研究现状

1. 国内对反垄断问题的研究

随着我国改革开放向纵深发展，垄断问题日益突出，成为经济生活中的一个“毒瘤”，严重地制约着我国经济的发展和人民生活水平的提高，规制市场力量的呼声此起彼伏，由此经济学界、法学界以及政治学界都开始将垄断及相关问题纳入各自的研究视野，尤其是大洋彼岸的美国政府起诉微软一案，引发了国内研究反垄断问题的一股热潮。研究成果表现为一大批比较有影响的反垄断论文和书籍。论文方面如王忠宏的《哈佛学派、芝加哥学派竞争理论比较及其对我国反垄断的启示》、金明

① 笔者在行文结束之际，看到了 Eleanor M. Fox 的“International Antitrust and Doha Dome”(43 *Va. J. Int'l L.* 9111 (2003))、“National Law, Global Markets and Hartford: Eyes Wide Shut”(68 *Antitrust L. J.* 73 (2000))、“Competition Law and the Millennium Round 2”(*J. Int'l Econ. L.* 665 (1999))、“Toward World Antitrust and Market Access” (91 *American Journal of International Law* 1 (1997))和 George Mason 大学公共政策学院开设的 International Competition Policy 课程大纲（参见：http://www.gmu.edu/departments/t-icp/course/syllabi/03fa/ITRN701-001.pdf）。美国反垄断政策与国际反垄断政策，尤其是与 WTO 规则的关系问题，近年来似乎也演变成为美国反垄断政策的一个基本问题。本文在第四章谈及豁免制度时对这一问题有所论述，但只是涉及到美国反垄断政策的涉外效力。另外，本文论及的是联邦层次的反垄断政策，它对州行为(State Action)的管辖权也可能是一个较为重要的问题。由于我国实行的是单一制，研究这一问题对我国的借鉴意义不大，故而没有涉及。

路与柴志贤的《美国反托拉斯政策变迁及对我国反垄断的启示》、杜传忠的《美国政府不再分解微软的原因及启示》、王先林的《论反垄断法与国际贸易》、崔明霞的《从"微软"案看美国反垄断法》、王育芬与范木荣的《从"全球1000"家公司排行榜看经济结构变化趋势》以及历史学教授吉珊珊的《美国经济大危机与反垄断法的演进》等。

专著方面有代表性的有王晓晔的《竞争法研究》、《反垄断法与市场经济》、《竞争法与经济发展》、《企业合并中的反垄断问题》与《欧共体竞争法》、戴奎生、邵建东、陈立虎的《竞争法研究》、邵建东的《德国反不正当竞争法研究》、王为农的《企业集中规制基本法理——美国、日本及欧盟的反垄断法比较研究》、曹士兵的《反垄断法研究》、陈秀山的《现代竞争理论与竞争政策》、阮方民的《欧盟竞争法》、蒋泽中的《企业兼并与反垄断问题》、包锡妹的《反垄断法的经济分析》、刘宁元、司平平、林燕萍的《国际反垄断法》、孔祥俊的《反垄断法原理》、傅军、张颖的《反垄断与竞争政策:经济理论、国际经验及对中国的启示》、王传辉的《反垄断的经济学分析》、张乃根的《法经济学——经济学视野里的法律现象》、《中国改革发展报告2003——中国反垄断案例研究》以及张昕竹主编的《中国规制与竞争:政府和政策》和季晓南主编的《中国反垄断法研究》等。近年来,一些有份量的研究垄断问题的博士论文也相继问世,如文学国的《滥用与规制——反垄断法对企业滥用市场优势地位行为之规制》、于雷的《市场规制法律问题研究》、张亚芸的《公司并购法律制度》、沈敏荣的《法律的不确定性:反垄断法规则分析》、袁祝杰的《竞争秩序的建构——行政性限制竞争研究》等。另外,一些涉及反垄断问题的译作也纷纷面世,象理查德· A. 波斯纳的《法律的经济分析》、《反托拉斯法》(第二版)、丹尼尔·F. 史普博著《管制与市场》、Jay Dratler, Jr的《知识产权许可》(上、下册),奥利弗·E. 威廉姆森的《反托拉斯经济学——兼并、协约和策略行为》、马歇尔·霍华德著《美国反托拉斯法与贸易规则》、约翰·亚格纽的《竞争法》、保罗·萨缪尔森与威廉·诺德豪斯的《微观经济学》、罗伯特·考特与托马斯·尤伦的《法和经济学》、吉帕·维斯库斯等人的《反垄断与管制经济学》等。这些都为本人研究美国反垄断政策提供了诸多方便。

尽管近年来,国内对反垄断问题的研究表面上轰轰烈烈并取得了一定的进展,但总体看来还处于起步阶段。相当多的一部分学者主要是在简单描绘国外的立法状况或概括地介绍一些研究成果,再加上对中国现状的描述,企图以此为中国的垄断顽症开具一幅"良药",系统地研究、有份量、有见地的著作并不多见。而且，反垄断研究的力量几乎都集中在大陆法系，特别是聚集在德国（欧盟）竞争法领域，基本上对美国反垄断政策没有过多或过深地触及。对美国反垄断政策的基本问题是什么、有哪些，我们在确定自己的反垄断政策、制定反垄断法与未来执行时最为根本地应当注意哪些方面等，甚至连参与反垄断法立法起草的专家也“无暇顾及”。造成这一局面的原因可以归结于：(1) 国内研究力量上看，主要集中于大陆法系国家的竞争政策。当今国内反垄断研究的领军人物王晓晔、邵建东、方晓敏都是留德博士，研究德国、欧盟的反垄断政策自然优势多多，他们很快确立了在竞争政策领域中的“霸主地位”；另外，阮方民原为刑法学教授，后赴欧洲从事竞争问题研究，王为农是日本神户大学的法学博士。他们组成了反垄断研究的中坚力量，并取得了这一领域的话语权。(2) 中国与德、日同属大陆法系，都实行法典化立法，二者之间有天然的相通之处，而且前者向后者学习、借鉴后者立法、甚至直接“移植”后者法条的情况很常见。而美国是普通法国家，在其反垄断领域，法院是制定与执行政策的主体和决定力量，判决是政策的最主要部分。但判决纷繁复杂，没有规律可循。任何一件案例不但篇幅极其冗长，所涉猎范围与内容也甚广，没有普通法的知识背景，很难理解判决的真正内涵与意义。这些构成了了解、学习与研究美国反垄断政策的障碍。周其仁教授对美国反垄断政策有过较多、较深的研究，但他又将其研究视野主要限定于电信产业。[①] 这样，本文写作时必然要主要地从美国学者与美国法院的判决中吸取营养。

2. 美国学者对反垄断政策的研究

美国学者对反垄断政策的研究起源于经济大萧条时期。当时，持自由放任理念的经济学家坚持自己的学术立场，反对以罗斯福新政为代表的政府对市场经济的干预，将自己的经济学理论与方法应用于公共政策的研究，形成了一个经济学与公共政策相交叉的理论学派——法经济学。这一学派的理论学家对法作广义的理解而对公共政策作狭义的界定，即公共政策是政治系统的产出，它以法令、条例、规章、行政决议、法官判决等形式表现出来。所有

① 这两个原因，是我在与美国加州大学戴维斯分校法学教授 Gary Goodpaster 探讨过程时共同得出的。在本文的写作过程中，多次向 Gary 教授讨教并得到了他的指教与资料帮助。在此谨向教授表示谢意。

的公共权力机构制定的所有的规则都可称为"法",所有的公共政策都体现为由公共权力机构制定并具有强制力的规则。法与公共政策是同义词,公共政策等同于法。反垄断法之所以与反垄断政策划等号,一个重要的原因在于它缺乏法律应有的公平与正义的成份,更多地表现为政府干预市场、提高美国商业利益的一种手段。或者说,这是法律实用主义的反映。但无论如何,都难以与普通法所蕴含的道德理念相提并论。一般而言,美国人对法律有一种敬仰精神,或者说是在某种程度上信仰法律。原因之一是他们坚信法律中包含有自然法的因素。从美国的国父们制定联邦宪法到纽伦堡审判,无不充斥着自然法思想,这一思想将法律视为是"与上帝并驾齐驱的正义"和"不受欲望影响的理性"。如果从实体法的角度称之为反垄断法,那也只能是指国会的立法与法院的判决。行政命令、执行机构的反垄断指南的法律效力是待定的,只能说是一种政策导向,为企业指明行为规范,使其能预测与把握政府的态度。但它们在实际生活中又是十分重要和有效的,代表着一届政府的产业政策与调控方向。立法、判例与行政上的规定共同指向、规制着某一行为,必须将三者结合起来进行研究,总称为反垄断政策。

法经济学肇始于芝加哥大学法学院,其显著特色是用经济学方法分析研究公共政策。1934 年受经济危机的影响,学校拨款减少,芝加哥大学经济系以著作太少为由决定辞退时任助教的西蒙(Henry C. Simons)。因西蒙是著名经济学家 Frank H. Knight 的学生,Knight 出面干预。而此时美国政府正为对付经济危机用法律手段干预经济的运行,实行罗斯福新政,这在客观上密切了法学与经济学的联系。时任芝加哥大学法学院院长的 Wilbur Katz 酝酿在法学院增设经济学、政治学与社会学课程,以培养出新型的适应社会需求的律师。于是西蒙得以转任法学院讲授价格理论,并因而成为芝加哥大学、也是美国大学法学院第一位经济学教授。作为一位资本主义自由市场制度的坚决捍卫者,他开设了"经济学分析与公共政策",着重分析政府干预对市场经济所产生的不利影响。1946 年,阿龙·德瑞克特(Aaron Director)继任芝加哥法学院的专职经济学教授。他带领一批坚定信仰自由市场、极力反对政府对经济干预的学者全身心地投入到法经济学的创立研究中去。在课程设计上,他除继续开设西蒙遗留下来的"经济学分析与公共政策"外,还与法学教授 Edward Levi[①] 合作开设了“反垄断政策的经济分析”课程。他们的合作形成了该院经济学教授与法学教授的“联姻”，二者的直接研究成果便是形成了与哈佛大学“结构分析学派”相对立的“芝加哥学派”。1964 年，德瑞克特指定科斯（Ronald Coase）为其事业的继承人，而此时科斯正因“坚持将其经济学理论与方法运用于对法律制度各个领域的研究，其范围涉及到财产法、民事侵权、合同、诉讼程序、刑法以及立法与执行等方面”而受到经济学界与法学界的联手打击[②]。经济学教授与法学教授“联袂”授课的传统后来由经济学教授 William Landes 与法学教授波斯纳（Richard A. Posner）继承下来。1972 年，波斯纳将经济学概念与理论运用于对美国法律制度的理解和改善的名著——《法律的经济分析》（Economic Analysis of Law）一经出版，立即吸引了人们的注意力，就像“欧洲人重新发现罗马法”，此书成为了法经济学运动的“圣经”。在芝加哥大学经济学系任教的 Garry S. Becker[③]、Milton Friedman[④]、George Stigler[⑤] 以及哈耶克等经济学大师都在不同程度上从经济学视野观察分析法律问题。尤其是 Becker，由于“他对犯罪、种族歧视与婚姻等问题的分析所作出的特殊贡献，拓宽了对法律制度进行经济学分析的范畴”[⑥]，也被视为法经济学的奠基人。此时的法经济学几乎成了对反垄断政策进行经济学分析的同义词。法经济学理论从其发源地芝加哥大学迅速向全美扩展。

---

① Edward Levi 后任美国司法部部长，因其前二任部长与“水门事件”有染而锒铛入狱，他全力带领司法部走出“历史上最为黑暗的日子”，重塑司法部的声誉与威信，因而受到民众的赞赏。

② 科斯在 1937 年发表的“企业的性质”和 1960 年发表的“社会成本问题”可以理解为“姊妹篇”。这两篇总计才几万字的文章最终将科斯推上了 1991 年诺贝尔经济学奖的领奖台。参见：Edmund W. Kitch，“The Fire of Truth：A Remembrance of Law and Economics at Chicago，1932～1970”，*the Journal of Law and Economics*，Vol. 26（April 1983），p163～233.

③ Garry S. Becker，芝加哥大学经济学系的经济学与社会学教授，1992 年获诺贝尔经济学奖。其生平及部分论著可参见其网页：http://home.uchicago.edu/～gbecker/

④ Milton Friedman（1912～）为世界著名的经济学家、政治评论家，他强烈反对凯恩斯的政府干预理论。1976 年诺贝尔经济学奖得主。

⑤ George Stigler（1911～1991）是美国著名的经验主义经济学家（empirical economist），1958～1991 年任教于芝加哥大学经济学系，1982 年获诺贝尔经济学奖。

⑥ Richard A. Posner，*Economic Analysis of Law*，4 th ed.，Boston：Little，Brown and Company（1992），p22.

当法经济学在芝加哥大学成长壮大之时，在哈佛大学经济系也悄悄诞生了以梅森(E. Mason)和贝恩(J. Bain)为主要代表“产业经济学派”(Industrial Economics)[①]。他们形成了著名的“市场结构(Structure)一市场行为(Conduct)一市场绩效(Performance)”范式(简称 SCP 范式)[②]。哈佛学派研究的基本脉络是运用案例研究和计量分析来建立和验证 SCP 范式即“结构一行为一绩效”之间的内在逻辑关系。这一理论被官方所接受，占据了二战后直至上世纪 80 年代以前美国反垄断政策的主导地位。

哈佛学派的 SCP 分析框架，在市场集中度与市场绩效关系问题上信奉“共谋假说”(或称“集中度—利润率假说”)。他们认为在寡占或垄断市场结构的产业中，少数具有高市场占有份额的大企业可以凭借其市场优势地位，降低生产与经营成本、提高利润率。大企业往往具有操纵市场的能力与企图，容易协调各自行为、实施共谋，从而削弱市场的竞争度，自己获取超额垄断利润而破坏资源的配置效率，损害公共利益。在哈佛学派看来，企业的市场结构决定企业的市场行为，继而决定企业的市场绩效。因此，反垄断政策应该集中在结构的救济方面，政府需要从产业政策的角度实行直接作用于市场结构的公共政策，在必要时必须采取激烈手段，如对大企业实施“外科手术”、限制或禁止企业的合并等。美国政府对 AT&T 的“一拆为八”、对大企业的穷追猛打等，就是哈佛学派指导下反垄断政策的杰作，期求通过对不合理的市场结构进行强力干预，改善市场竞争结构，从而形成良好的企业行为和市场绩效。联邦政府对微软两次大规模的起诉过程中，也活跃着“产业组织理论”的身影。

但哈佛学派的 SCP 范式主要来自于经验研究，缺乏理论的根基，更主要的是这一理论产生于美国经济一枝独秀的时期。到了上世纪 70 年代末，随着欧洲经济的复苏和日本的崛起，美国经济霸主的地位受到了严重冲击。放弃严格的反垄断政策以迎接外部挑战，成为美国的一项经

---

① 又称产业组织学或产业组织理论(Industrial Organization Theory)，是二战后迅速发展起来的应用经济学科。

② 1959 年贝恩在《产业组织论》一书中首先提出了“结构一绩效”的范式，标志着产业经济学理论体系的基本形成。后来谢勒(Schever)在又提出了完整的“结构一行为一绩效”范式。这一阶段产业经济学的主要研究成果集中在 1958 年由海弗里鲍尔(R. Heflebower)和斯托金(G. Stocking)主编的《产业组织与公共政策论文选》中。

济发展战略。为此，以经济自由主义和社会达尔文主义为基础的芝加哥学派逐渐取得了理论上的话语权，并因其符合上世纪80年代美国国家限制政府干预市场的“历史潮流”，在制定与执行反垄断政策方面占据了统治地位。施蒂格勒与德姆塞茨在与哈佛学派的论战中，提出了“有效结构假说”。即高的市场集中度与高的利润率之间并无因果联系，企业规模导致效率增加而形成集中并最终会导致利润的增加之间存在因果关系。但这是企业效率的体现，是竞争政策所允许的行为。市场竞争对企业而言，本质上就是一种“生存体验”，有效率的企业具有先进的管理手段、生产技术与营销策略，从而降低了企业成本，获取较高的利润，相应地也就扩大了市场份额，提高了市场集中度。到了上世纪90年代，一些芝加哥学派的理论学家从“结构—行为—绩效”的反馈机制并非直线而是极其复杂的这一理念出发，修正了SCP范式。即在市场结构之外，增加了诸如技术、商业价值、产品类型、需求、经济增长、消费者偏好乃至法律制度等条件，试图远离意识形态的争执，在更复杂的微观经济模型框架内、以更加技术化的方法去研究寡占条件下企业的策略行为。现代博弈论(game theory)方法由此成为策略性分析的标准工具，《法律的博弈分析》[①]成为这一趋势的经典之作。

与经济学家与公共选择学者以经济学方法和工具分析、研究反垄断政策相比，法学界则更专注于对案件的考察。他们几乎将研究的全部精力集中在探寻判决的推理过程，专注于细枝末节，精心查验案例之间在法律事实上存在的一丝丝共性与一点点微小差别。颇有些“只见树木不见森林”的味道。这当然应当归因于普通法的特性与他们的职业要求。当今的反垄断领军人物Herbert Hovenkamp教授等人不仅在微观方面对判例法造诣极深，在反垄断政策宏观方面的研究上也尽显一代大师的风采。这可能与他们的知识结构有关。Hovenkamp原是历史学博士，后转到法学院教授法制史。Lawrence Sullivan的著作被联邦法院引用数百次之多，他是由学经济转学法律的。多学科的知识背景造就了他们研究反垄断时的广阔视野，使之与只局限于判例分析的法学家拉开了距离。但从Hovenkamp教授12本专著、70篇论文与大约50篇随笔的题

① 参见Douglas G. Baird, Robert H. Gertner, and Randal C. Picker, *Game Theory and the Law*, Harvard University Press (1994).

目中，以及 Sullivan 与另一激进派反垄断权威 Eleanor M. Fox 的著作中没有发现一个是以反垄断政策基本问题为论题展开论述的。美国学者对反垄断基本问题的论述应当是十分丰富的，但很零乱，目前尚没有找到以此为专题开展的研究，还未发现他们对基本内容应当包含哪些内容方面的争论。本文在挑选这五个问题时，曾得到 Hovenkamp 教授和宪法学教授 Gary Goodpaster 的帮助和指教。这五个基本问题并非美国反垄断政策基本问题的全部，而只是其中的部分。对反垄断政策全部基本问题的探讨还有待于进一步的努力。

三、本书基本的研究方法

（一）案例分析的方法

案例分析是本文的基本研究方法。一方面，判决是美国反垄断政策的主要载体，要研究美国反垄断政策就必须分析其判例，只是介入的深度与广度上的差别而已。另一方面，由于“在总体的政治生活中存在着作为基础的微观层面”①，且美国的政治争斗总是以法律战的形式展开与终结，案例研究应当成为研究美国政策（政治）问题的一个基本方法②。从宪政角度看，美国人极容易“上纲上线”，在我们看来微不足道的小事在他们眼里就变成了了不得的宪法问题③。我们以美国的“平权政策”为例。我国的“人口之冠”河南省 2001 年人口达 9 555 万，经济条件恶劣，而全省高校畸少，且只有郑州大学刚刚跻身为重点大学（省属），每年高考前夕该省的考生就会向外省（市、区）迁移，形成了一支蔚为壮观的“高考候鸟大军”④。这似乎已经习以为常。但如果从“受教育权是一项基本

---

① 严强：“政治研究的微观层面”，《南通师范学院学报》（哲社版）2000 年第 2 期，转载于人大复印资料《政治学》2001 年第 1 期。

② 周其仁、王为农、孔祥俊、沈敏荣等学者在研究美国反垄断政策、魏姝在研究美国高等教育制度时，都不同程度地采用了案例分析的方法。

③ 近年来，我国一批有作为的青年学者也“拿着绣花针当棒槌”，将一些琐碎的小事提升至宪法层面。如 2004 年 9 月 28 日北大法学院贺卫方教授就有关部门封闭“一塌糊涂网”致书校长许智宏，称之为“是一起严重的事件”，侵犯了网民的核心宪法权利，与党的“依法治国”方略格格不入。要求作为学校法定代理人的校长对关站决定提出行政复议与诉讼。

④ 就我所接触到的人中，就有许多原籍是河南、但从外省（市、区）考上大学的。前不久，我河南老家的亲戚打电话告诉我，有两个直辖市教育主管部门与河南省有关部门联手，以每人四万元的价格为河南高中生办理两市户口。

人权”和“对弱者救济”角度出发，招生政策应当对河南考生适当倾斜，至少要平等(如统一高考全国录取线)。这类问题在我国不仅少有人提起，更未引起人们特别是教育施政者的注意与政策回应。这一问题在美国却能引起数起“宪法危机”。如1954年，黑人小女孩Linda Brown的父亲Olive Brown因女儿不能就近入学，挑战“隔离但平等”的种族歧视制度[①]，终结了美国立国以来公共教育制度中的黑白隔离分校[②]。Brown案判决在1957年9月2日秋季开学时遭到了阿肯色州首府小石城白人的抵制，Orval Faubus州长还动用1万名州国民警卫队封锁学校，禁止九名黑人学生入校。最高法院将“判决不能得到执行”宣布为“美国陷入了宪法危机”，要求艾森豪威尔总统负起三军总司令的职责。艾氏下令101空降师进占小石城，控制国民警卫队与白人暴民，护卫9名黑人学生入学。1958年，在Cooper案中，最高法院一致裁决Brown案判决必须得到无条件执行，决不能因为暴力和骚乱而“牺牲与放弃”黑人的宪法权利。“无论是州立法者，还是行政与司法官员，对抗宪法肯定违反了其天然的服从宪法的义务。”[③]两项判决为最终确立“平权政策”(Affirmative Action)[④]奠定了宪法基础。40年来，“平权政策”主要地表现为一起起诉讼。就教育平等权而言，无论是1978年白人男孩起诉加州大学戴维斯分校，还是1994年三名华人中学生起诉旧金山综合学区，直至去年导致美国朝野大辩论的密西根大学两起招生案，宏观层面的政策改变总是从一个个“小土豆”的微观行为所引发的法律争议切入。因此，从大处(宏观)着眼，从小处(微观)着手，注重案例的分析与研究，应当成为我们研究美国政治问题的一个重要方法。“只有重视和承认微观层次的社会政

① 参见：Civil Right Cases, 109 U. S. 3 (1883)与Plessy v. Ferguson, 163 U. S. 537 (1896).

② 参见：Brown v. Board of Education, 347 U. S. 483 (1954).

③ Cooper v. Aaron, 358 U. S. 1 (1958).

④ “平权政策”是黑人十年民权运动的最大成果。1964年经参众两院通过并由林登·约翰逊总统签署，《民权法》正式生效。《民权法》首先承认美国历史上对黑人的奴隶化、对印地安人的杀害和掠夺、对拉丁人和亚裔的不公正对待，承认当时存在的事实上的种族歧视以及黑人等少数种族和妇女在求学和就业等方面的不平等；强调社会和政治制度中平等的重要性，并把因种族、肤色、性别和残疾等因素导致的歧视规定为犯罪；要求采取办法修补因种族隔离、种族歧视和对非白人的区别对待而造成的损害；以期通过帮助那些过去受到歧视的群体，使之迅速赶上在美国占主导地位的白人群体。

治生活，并对约束和规范这种微观政治生活的现实政治规则和制度进行思考，人们才能去理解整体的、宏观的政治，也才能把握住整体政治生活跳动的脉搏。"[①]本文是以美国联邦法院有较大影响的判决为基本素材，对美国反垄断政策的发展历史与五个基本面进行深入、细致的考察和研究，以判明影响这些基本问题的制度安排与政策实施的基本因素，并对在这些问题上的实际运作作出评价。

（二）历史的方法

美国是一个极重视传统的国家。在政策制定与执行方面一直保持着政策的连贯性。再早的立法如果没有被明令废止或替换，再早的判决只要没有被推翻或宣告无效，它就始终保持着法律效力。从这个意义上讲，反垄断政策既是历史的，也是现代的。因为自始至终它对垄断都有着限制或禁止的拘束力。不从历史根源上研究这一政策，就不能了解这一政策的全貌，无法把握这一政策的脉络。离开了探本穷源，就不可能揭开美国反垄断政策的神秘面纱[②]。经济学家出身的著名反垄断专家 Robert H. Bork 法官，在撰写其成名之作"The Antitrust Paradox——A Policy at War with Itself"时，就专门对反垄断立法史进行研究。历史的研究方法也是本文写作的一个重要特征。在每一章节中，作者都采用从古至今、由远及近的方法论述各自议题。名篇章从纵向的角度出发，对美国反垄断政策的产生与发展过程中的重要立法、有影响的判例及行政当局的执行指南进行考察，对其在各自不同的历史发展时期的重要判决及理论演变进行比较分析，以求探明各基本问题及其所涉及的各项基本制度的产生与发展变化，探寻不同历史时期、不同经济背景下在政策层面所作出的相应修正，找寻其政治、经济与理论上的原因，探索反垄断政策变迁的规律。

（三）经济分析的方法

从政治学的宏观视角来看，反垄断政策指向的是政府与市场的关

---

① 严强："政治研究的微观层面"，《南通师范学院学报》(哲社版)2000 年第 2 期，人大复印资料《政治学》2001 年第 1 期。

② 由于法的继承性，如果割断历史，一个国家在法制建设上就难以有所作为。我国法学界对 1949 年 2 月《中共中央关于废除国民党"六法全书"和确定解放区司法原则的指示》的争论，从一个侧面向世人展示了这样一个问题。不仅美国法学界的大家中有许多出身于历史学教授，中国法学界近年来成长起来的一批"精英"，如公丕祥、张文显、贺卫方、郝铁川等也都"发家"于法律制度史与法律思想史研究。

系。因而这项公共政策的制定与实施所涉及的对象与范围也就覆盖了政治生活和法律层面的诸多领域，对这一政策的研究相应地需要以政治学为基础进行多学科的分析。但从本质上讲，反垄断政策又主要是国家干预经济活动的一项最为基本的政策。即使是反对芝加哥学派的大将Hovenkamp教授也明白无误地说："没有任何一个反托拉斯政策可以不需要一套完整的经济理论为基础。"[①]直至今日，美国反垄断政策对垄断、合并、优势地位、企业集中、相关市场等一些最为关键的问题仍然没有一个明确的界定，全凭行政与司法机构根据形势的变化作相应的调整，经济形势的改变制约乃至决定着其政策执行的方向和力度。若果单纯从法律本身规则上进行研究，仅仅从权利、义务的角度进行规范分析，最终的结果将是不明确的（当然法学的规范分析方法也是本文的一个研究方法）。研究反垄断政策必然要采用经济分析的方法。本文运用经济学的基本原理、特别是微观经济学理论对反垄断政策的目标、对反垄断政策引起的自由民主的困境、对反垄断与管制的关系等问题以及一些具体制度的设置、标准的确立及至相关的产业政策进行分析与讨论，以期在理论上找到较为科学、合理的解释。另外，还采用"寻租"理论与"利益集团"理论分析竞争对手及相关人对反垄断政策的利用，解释与描述反垄断福利转移市场、行为人置身其中的动机及表现。

（四）文献的方法

由于本文所要研究的是美国反垄断政策，分析的对象是1890年谢尔曼法以来的重要立法、判决与行为指南，本文基本采用了文献研究的方法，即通过查阅、分析相关文献资料，追溯政策的出台背景，寻找事实依据与理论指导，发掘政策发展变化与环境变迁、指导理论的关系，并试图获取一些结论。

四、本书的构成与创新

（一）本书的构成

本书由引言和六篇章构成。其中，在第一章"从自由市场到政府干预：美国反垄断政策的形成与发展"中，对美国反垄断政策出台前的经济理论演变与实践、美国经历的垄断资本飓风、反垄断政策基本框架的形

① 转引自赖源河编审：《公平交易法新论》，元照出版公司2000年版，第36页。

成与发展进行了全方位的考察。在第二至六章中分别论述了反垄断政策的五个基本问题。

反垄断政策目标是制定反垄断政策所要达到的预期与执行反垄断政策时的行动指南。它既是确立这项政策的基本指导思想,也是司法的具体指导原则。目标之争决不仅是一个学术问题,更是一个现实问题和利益问题,是反垄断政策的一个最为基本的问题,它直接影响着反垄断政策的执行——要不要执行、如何执行、执行的砝码究竟倾向何方?政策目标作为反垄断的行动指南,使执行机构与法院能够根据经济形势与具体经济部门的“情势变更”,适时调整政策执行的力度,宽严相济,更好地履行调节市场运行等目的。从美国反垄断政策的整个发展历史来看,由于这一基本公共政策所要面对的是一个最为庞大、最为复杂的社会问题,其涉及面最广、影响力最甚,它必然要具有多种政策目标而以一个系统工程的面貌出现。

一般而言,作为政府干预经济的最基本手段,反垄断政策至少肩负着三项经济使命:一是保护竞争,维护竞争机制正常地发挥作用。反垄断政策首先是以维护自由企业制度和交易自由,制约垄断,增强竞争,保障竞争机制为根本使命。竞争机制同时还具有重要的工具意义,是确保实现反垄断政策第二种经济目标即经济效率的必要方式。作为一项经济政策,反垄断政策将提高经济效率作为其政策的一个出发点和归宿本是其应有之义。三是在美国,“消费者福利”被视为“社会公益”的重要组成部分,或者说是“社会公益”在反垄断活动中的载体,一切反垄断措施最终都要归结到维护与提高消费者福利这一点上。

同时,中小企业是市场经济的重要载体,是资本主义民主的根基。保护中小企业“平等地”进行市场交易,免受“冷酷无情”的大公司的欺凌是反垄断政策最初的明显政治特征。出于对经济力量过分集中的担忧,政策制定者相信如果对经济方面的垄断不加制止,任其发展,国家经济最终会被少数几家大公司所操纵,这样的恶果要么是垄断巨头培育起强大的反民主的政治力量,政府成为这些少数垄断巨头的代理人,民主制度走向破产;要么是政府不得不大规模地介入私人的经济活动,而这样做又必然严重违背政府的天职。因此,他们期望减少少数私人因拥有巨大的经济能量而握有对政治和社会的控制力与影响力,从而提高公民的个体自由,同时也降低了国家干预的风险。这样,反垄断政策就被赋予了政治与社会目标，即通过控制经济集中、限制经济力量来保护中小经营者、维护经济活动的自由和平等，最终实现分散经济权力、维护民主制度的根基。反垄断政策使美国远离了穷奢极侈的少数寡头与饥寒交迫的广大民众之间的对立与冲突，是美国没有走向法西斯专制的重要因素，它为美国的经济繁荣、社会稳定和政治民主奠定了政策基础。

自始至终，美国反垄断政策都被企业的自由度与政府干预度这一对矛盾所困扰，许许多多对反垄断政策的争议都由这对矛盾引起并围绕这对矛盾展开。这是反垄断政策的核心问题。二者矛盾的基础是在自由市场经济条件下，如何最大限度地实现资源的最优配置。分歧在于当发生市场失灵（包括经济危机）时，要不要政府的介入以及政府介入的力度多大，即对企业自由的容忍度有多大，对政府干预力度的容忍度有多大？是给予经济力量更多的自由，还是让政府调控市场的程度强一些？如果市场力量过强，企业的自由过多，这种自由就会被滥用，从而侵害其他人的自由与权益，导致经济发展的停滞，影响社会的安定，危及资本主义民主制度，最终会殃及整个社会。但反过来，如果政府干预的强度过大，成为人人惧怕的“利维坦”，不仅会伤害企业的活力，制约经济的发展，更会侵蚀个体的自由，最终也会危及资本主义民主制度，使国家走向一条“通向奴役的道路”。企业的自由度与政府对它的干预度的矛盾构成了自由民主制度下的一个困境。

在美国反垄断政策的发展过程中，联邦最高法院将其视作“市场经济的基石”，并运用宪法解释权宣布它为“企业自由的大宪章”，从而赋予其“经济宪法”的地位。如此一来，反垄断政策不仅在全部经济政策中的法律地位最高，还具有最为广泛的适用性。普适性作为美国反垄断政策的一项原则，使它应当对所有产业的所有经济行为都享有管辖权，毫无例外地适用于所有经济行为。但现实经济活动是极其复杂的，利益集团常常用政治、经济与教育等手段利用或企图利用反垄断政策“造福于己”，加之美国的对外利益等原因，国会和最高法院在谢尔曼法通过以后逐渐缩小了反垄断政策的管辖范围，对出现在某些特定领域或行业中的垄断状态或发生的垄断行为，不依据反垄断法律法规与政策精神进行追究，逐步形成了反垄断豁免制度。在管制产业反垄断政策的适用受到了很大程度上排斥，对工会组织、农业合作组织、职业体育运动、保险业、对外贸易领域以及“与州行为”等方面也基本上适用豁免制度。反垄断政策的适用范围因此受到限制，普适性受到挑战，不再指向所有的商业活动，有些问题直到现在还处于争议之中。

虽然反垄断政策有着“经济宪法”的美誉，但它毕竟不是严格意义上的宪法。根据美国宪法“主权在民”的原则，政府应是“民有、民治、民享”的政府。美国宪法第一修正案赋予民众享有向政府请愿的权利，而行使这一宪法权利是一种政治行为。这样，有商业竞争关系的一方凭借“请求权”从事的“寻租”活动就有了合法依托，即使行为有悖于反垄断政策，也因第一修正案的法律效力高于反垄断政策显得正当且合法。由此，竞争对手通过寻求政府介入①的“伎俩”，限制竞争，干预竞争对手的正当与正常的商业活动，“不战而屈人之兵”，达到其在正常的商业竞争中实现不了的目标。但由于这些行为是公民行使宪法权利的体现，向政府施加压力是一个政治过程，具有政治属性，所以这些行为可以不受反垄断政策的调整。权利不得被滥用，是法治社会对公民的一项基本要求。任何权利与权利的行使都是相对的，都应受到一定的约束与限制，贵为宪法权利的请求权也不能例外。竞争一方滥用请求权、阻止竞争、限制贸易的诸多行为，逐渐被最高法院概括为是滥用宪法权利、使用“虚假”借口，被排除出反垄断政治豁免。但有“正当理由”的检举、控告与起诉以及公益行为，不构成“虚假”借口。而当两种宪法权利发生碰撞时，最高法院为强调“弱者优先”，也会对请求权实施一定的限制，甚至将群体请愿视为垄断行为。

公共政策是利益调节与分配的杠杆，它的出台与执行过程往往被深深地打上利益集团的烙印。利益集团对反垄断政策的利用与滥用，使这项最为基本的经济政策偏离了公共利益方向，由惩治垄断的利器转变成他们用来谋取私利最大化的工具，从而形成了反垄断福利转移市场。

一些企业成为反垄断政策的坚定需求者，它们视公共权力的介入为其克敌致胜的“法宝”，将推动出台合乎自身利益的反垄断政策、按照自己意图执行反垄断政策当作一种“商业投资”，事实上反垄断政策也真正成为一条捷径帮助其实现在市场竞争中无法达到的胜出目标。国会议

① 如通过为政治竞选候选人提供资金资助，向议员与议会游说使其通过有利于己的法律法令，向行政部门提出政治诉求，请求其制定与实施有利于己的政策或采取有利于己的行动，向法院诉请中止竞争对手的经济行为或限制潜在竞争者的进入，等等。

员为获取投票、竞选资助等政治支持，以反垄断为手段为选区谋利、反哺选民，在反垄断政策的制定、修改与执行方面，照顾选区或所在州的企业或产业，对监督、执行这项政策的积极性极高。执行机构的官员以"多诉"为谋取个人利益的手段，对任命的高官而言，起诉案件的数量往往是国会对其考核的一个主要指标；而司法部及 FTC 的律师们则"身在曹营心在汉"，将在公共服务机构工作作为取得与增加办案经验、提高办案技能的"演习地"，渴求借助"多诉"为将来离职后去私人律师事务所积累"人力资本"[①]。执行机构里的经济学家为求得到续聘，迎合律师的起诉冲动，与律师团队"合作"，歪曲事实真像，而不是根据自己的学识，对公司与市场行为作独立的判断，向主管律师作实事求是的说明；法官为减少工作量，常常通过对手中案件作出畸轻或畸重判决，警告正在等待审理或即将诉讼的案件当事人；而且下级法院支持行政执法机构的判决所占比例明显偏大，使人们有理由怀疑这是法官们希望得到行政当局的提名或晋升到上一级法院任职使然。私人反垄断律师是从执行反垄断政策中获益最大的一个群体。反垄断诉讼越多，他们受理案件的余地越大，收费也会水涨船高；而"三倍赔偿"与合理的律师费的规定，使他们有足够的理由与动力去唆使当事人起诉，以共同分享这块"肥肉"。为此，他们还专为无力支付诉讼费用的小企业与消费者精心打造了"风险代理"。

垄断企业、财团及其基金借 Sylvania 判决的东风[②]，通过资助法官与律师的教育培训与研讨会、为经济学与法学教授提供研究基金、为学生提供奖学金等手段，不仅催生了"法经济学"，还开展了一场轰轰烈烈的

---

① 劳务与信用不能作为公司出资形式是世界各国的通例。但律师事务所与传统企业的"资合"特征不同，它是一种典型的"智合"型公司。是否具有一定的特长不仅是能否进入一家名牌事务所的必备条件，还是取得事务所经营红利多寡的依据。近二三十年来，有限责任公司与新经济发展模式的互动，使得智力资本与物质资本低成本、高效率地结合，并使商事组织内部形成有效的治理结构。近十几年来这一动向在我国也相继出现，并为一些部门规章（如 1990 年农业部《农民股份合作企业暂行规定》）、地方条例（如 1994 年贵州省的《股份合作企业条例》）、及地方部门的规范性文件（如 1997 年江苏省科委与体改委联合发布的《关于推进技术股份化的若干意见》、2000 年上海市工商行政管理局《关于上海张江高科技园区内企业工商注册登记的有关规定》、2000 年上海市黄浦区政府制定的《黄浦区关于进一步促进科技发展的若干意见》以及 2003 年南京市工商局《关于进一步放宽市场准入条件》等）所认可。

② 该判决是最高法院根据经济学家的建议而作出的。参见：Continental T. V. Inc. v. GTE Sylvania，433 U. S. 36 (1977).

"法经济学"运动，将其扶持为一门显学。芝加哥学派在上世纪 80 年代的如日中天，直至今日仍基本控制着反垄断经济理论的话语权，这就是学界与商业成功结合、互相提携的"楷模"。无论是法院判决还是行政机构的指南与执行行为，都明显偏向了为上述活动提供财力支持的基金来源企业与产业。

（二）本文的创新

本文的创新之处主要体现在以下三个方面：

首先，本文以目前中国理论界仍是一片空白的反垄断基本问题作为研究对象，首次将反垄断政策基本问题作为一个问题提出来，在阅读大量文献与论著的基础上，梳理出美国反垄断政策目标等五个重要方面作为基本问题，运用政治学、法学与经济学理论对之进行较为详尽、细致地分析、探讨与论述。提出反垄断政策基本问题在我国尚属首次，界定美国反垄断政策的基本问题并对之展开系统的研究，在美国反垄断政策领域也还是第一次。

其次，本文选择"以小见大"的角度，从微观切入，分析美国反垄断政策的基本问题，探求进行政策分析的路径，探讨宏观层面的政治问题，以此探索通过微观行为研究宏观政治问题的途径。

再次，本文通过对美国反垄断政策在五个基本面上的详细考察，并尽可能对这一政策进行规范分析，试图以此作为搭建反垄断政策分析框架与创建宏观研究反垄断政策路线图的一次尝试。

第一章　从自由市场到政府干预：美国反垄断政策的形成与发展

一、经济自由理论与市场失灵：美国反垄断政策出台前的经济理论演变与实践

（一）亚当·斯密“看不见的手”：自由主义思潮下的经济观

14～16世纪在欧洲历史舞台上演的文艺复兴运动，为自然经济向市场经济的变革进行了思想上的准备。根据马克斯·韦伯的说法，这一时期的人文主义思潮为人们冲破宗教的思想束缚，追求个人自由奠定了群众基础。而16世纪的宗教改革则为人们追求个人的幸福与自由提供了新的价值取向："伦理所宣扬的至善"成了"尽可能地多挣钱"、"从牛身上刮油，从人身上刮钱"、"要穿过地狱去寻宝，哪怕地狱之火烤焦了船帆也在所不惜"；"人竟被赚钱动机所左右，把获利作为人生的最终目的"；通过"为上帝赚钱"以履行"天职"，博得上帝的"恩宠"……这种观念极大地释放出人们谋利的能量①。至此，"一种独特的资产阶级经济伦理已经形成……资产阶级实业家就可以随心所欲地追求金钱利益，同时感到这是必须完成的一项义务。"②

思想的解放和价值观念的更新导致了经济观念的变革。在春寒料峭的1691年，英国的达德利·诺思写了一本名为《贸易论：主要是关于利息、铸币、修剪和货币增加的情况》的小册子，吹响了经济自由主义的进军号角。他在书中鼓吹一切自由贸易都是有益的，反对政府对贸易的任何限制，主张不妥协的贸易自由③。其后的重农学派接受了经过文艺复兴与宗教改革洗礼的自然学派的哲学观点，他们确信："世界上存在着一种内在的自然秩序，这种自然秩序要比人类人为地创造的秩序优越得

---

① 参见[德]马克斯·韦伯著：《新教伦理与资本主义精神》，于晓、陈维纲等译，四川人民出版社1986年版，第二章"资本主义精神"部分。

② 参见[德]马克斯·韦伯著：《新教伦理与资本主义精神》，于晓、陈维纲等译，四川人民出版社1986年版，第166～167页。

③ 参见[英]埃里克·罗尔：《经济思想史》，商务印书馆1981年版，第112页。

多”，“自然规律优越于人造的规律”。[①]

1775年，以瓦特发明蒸汽机为标志的工业革命，急剧地加速了工场手工业向机器化大生产的转变，也使人们追求财富增长的欲望较以往任何时候都更为强烈。在早已完成政治革命的英国，情况更是如此[②]。翌年即1776年，亚当·斯密（Adam Smith）发表了他著名的《国富论》一书，“提出了将贸易和工业从封建贵族统治的桎梏中解放出来”[③]，标志着经济学中的古典学派开始形成，经济自由主义开始在经济思想领域占据统治地位。

亚当·斯密作为古典经济学派的创始人和代表人物[④]，接受了自然学派的哲学观点，他遵从自然秩序的经济自由主义观念，强调自然秩序所独具的无比优越性。在他看来，社会经济生活中的每一个人天然地也就是他自己利益的最好判断者，在不受干预的情况下，他不仅会达到他自己的最大利益，还能有助于实现公共利益。在《国富论》中，亚当·斯密提出了“经济人”的假设，通过对“人们为什么如此辛苦劳碌？贪婪、野心和对财富、权力及名望的追求的最终目的是什么？”的发问与回答，他窥见了经济人世界的真谛。他写道：“我们的晚餐并非来自屠宰商、酿酒师和面包师的恩惠，而是来自他们对自身利益的关切。”[⑤]通过对市场机制优点与缺点的探讨，他指出了市场的效率特征，并认为经济效率来源于个人的自利行为。“每个人都试图利用好他的资本，使其产出能实现最大的价值。一般说来，他并不企图增进公共福利，也不知道他实际上所增进的公共福利是多少。他所追求的仅仅是他个人的利益和所得。但在他这样做的时候，有一只看不见的手在引导着他去帮助实现另

---

① 参见[英]埃里克·罗尔：《经济思想史》，商务印书馆1981年版，第142、143页。

② 张乃根：《法经济学——经济学视野里的法律现象》，中国政法大学出版社2003年版，第50页。

③ [美]保罗·萨缪尔森、威廉·诺德豪斯著：《微观经济学》第16版，萧琛等译，华夏出版社1999年版，第1页。

④ 经济自由思想在17世纪末、18世纪初便已经提出，除诺思外，英国的洛克、法国的布阿吉尔贝尔和魁奈等人都曾提出过政府不应干预社会经济自由发展的观点。一般认为，鲜明地提出经济自由主义思想的“自由放任”原则的是法国的古尔纳，英国的亚当·斯密则是这一理论的完成者。参见许涤新主编：《政治经济学辞典》（中），人民出版社1980年版，第429页。

⑤ [美]保罗·萨缪尔森、威廉·诺德豪斯著：《微观经济学》第16版，萧琛等译，华夏出版社1999年版，第1页。

一种目标,这种目标并非是他本意所要追求的东西。通过追逐个人利益,他经常增进社会利益,其效果比他真的想促成社会利益能够得到的那一种要更好。”“看不见的手”原理表明:当个体自私地追求个人利益时,他或她像为一只看不见的手所引导而去实现公众的最佳福利。斯密认为,在所有可能出现的结果中这是最好的,政府对自由竞争的任何干预都几乎必然有害。[①] 这一著名的论断,即每个人在追求自身利益的同时,都“被一只无形的手引导着去促进并非属于他原来意图的目的”,解释了自利的动机如何以一种奇迹的方式润滑了经济机器,从而形成了自我调整的自然秩序。至此,经济学终于揭开了“市场体系的有序性”的神秘面纱。亚当·斯密主张自由竞争,认为竞争能协调经济,依靠价格中介,使劳动要素和资本要素合理配置,实现国民财富的增长,从而有利于社会。基于这一基本的认识,他强烈反对政府以各种形式对工商业进行干预,主张自由放任的政策。为此,他划定了“夜警式国家”职能范围,认为在这一范围之外,“无形的手”更为有效,而国家的干预只会产生负效益。[②] 而“夜警式国家”的“正当职责”只有三项,即对外御敌、对内执法和维持公共事业[③]。

在自然主义哲学的驱动和“看不见的手”理论的引导下,亚当·斯密推崇自由贸易。在他看来,只有实行自由贸易,才能使资本投到最有利的场所,才能充分发挥自然资源与生产要素的优势。在《国富论》里,他用几百页的篇幅猛烈抨击了政府数不胜数的干预蠢举。在反对行业垄断方面,他同情17世纪那些试图改进其产业的纺织行会主席们的遭遇。当时的城镇行会规定:“如果纺织者想按照自己发明的方法织布,则应该首先取得行会中四位最年长的商人和四位最年长的纺织者的同意,其次还要经过城镇法官的准许,才可以使用一定数量和长度的纱线。”亚当·斯密辩驳说,这类约束——无论是由政府规定还是由垄断者提出,也无论是关于生产还是关于外贸——都会限制市场体系的正常运行,并最终

---

① [美]保罗·萨缪尔森、威廉·诺德豪斯著:《微观经济学》第16版,萧琛等译,华夏出版社1999年版,第23页。

② 参见[英]埃里克·罗尔:《经济思想史》,商务印书馆1981年版,第144～152页。

③ 参见[英]埃里克·罗尔:《经济思想史》,商务印书馆1981年版,第145～146页。法国经济学家萨伊在此后提出了“萨伊定律”,从理论上论证了经济自由主义的合理性,认为“看不见的手”能够自动调节市场经济的供给与需求,使二者达到均衡。

损害工人和消费者的利益。在《法理学讲义》中，他反对政府采取特许制度限制进口。他以英国的赫德森海湾公司拥有进口毛皮的独占特许权为例进行分析，得出了由于该公司在进口方面具有垄断权，它进口的毛皮数量比进行自由贸易时要少的结论。而物以稀为贵，该公司在英国销售进口毛皮的价格就高，致使少有人能买得起，以毛皮为原料的厂商也只得无可奈何地接受这种垄断高价。据此，他认为这种垄断价格必然会减少一个国家的财富①。亚当·斯密对于任何固有权力都持不信任态度，无论是私人垄断，还是公众独裁。他所关心的是普通大众的福利。他关于具有自律性的“看不见的手”的学说，是他对于现代经济学的不朽的贡献②。

亚当·斯密之后，经济自由主义成为市场经济国家中占统治地位的价值观。这种思想在资本主义与封建主义的斗争中起过重要作用，为资本主义经济的发展作出了巨大的贡献，对经济理论和人们的思想产生了重大的影响。

（二）市场失灵：原因与表现

在亚当·斯密等人的鼓吹下，经济自由主义的风暴在两个世纪前席卷了当时在贵族与城镇行会控制下的欧洲经济活动，政府对价格和生产方法的控制力日渐减少。封建主义的枷锁被逐步打碎，代之而起的是市场机制或称为竞争资本主义的制度。

“所谓市场经济，其实就是指发达的即上升为社会经济主导地位的商品经济，亦即商品经济社会的商品经济。”③市场作为买者与卖者相互作用并共同决定商品或服务价格和交易数量的机制，通过价格和供求体系对个人和企业的各种活动进行协调。“几百年的资本主义经济实践表明，经济人的本性是追求利己和自由。由于市场经济有自由和民主，有激励和竞争，从而比较有效率。”④“整个体系运行过程中，没有任何人进行统一指导或强制运作。成千上万的企业和消费者自发地进行交易，他

① 参见张乃根：《法经济学——经济学视野里的法律现象》，中国政法大学出版社 2003 年版，第 55 页。

② 参见[美]保罗·萨缪尔森、威廉·诺德豪斯著：《微观经济学》第 16 版，萧琛等译，华夏出版社 1999 年版，第 24～25 页。

③ 漆多俊著：《经济法基础理论》，武汉大学出版社 2000 年版，第 15 页。

④ 陈东琪著：《新政府干预论》，首都经济贸易大学出版社，2000 年版，第 8 页。

们的活动和目的通过看不见的价格和市场机制得以协调。""事实上，除了极个别的例外(如军队、政府和学校)，我们的大部分经济生活都是在没有政府干预的情况下进行的，这才是人类社会真正的奇迹所在。"①

纯粹的自由放任(laissez-faire)是市场经济的极端情况，即政府不对经济决策施加任何影响。对于欧洲和北美洲的大多数国家来说，19世纪就是这样一个自由放任的时代。"许多政府都笃信这一被翻译成'别管我们'的学说，即政府应当尽可能少地干预经济，尽可能多地将经济决策留给市场供求机制去完成。"②此时的人们对自由市场有着乌托邦式的崇拜。《国富论》几乎成了指导人们经济生活的"圣经"③。

"但是，市场并不是完美无缺的，就像天上的月亮并不是每天都是圆的一样。"④在亚当·斯密看来，理想的市场经济是所有物品和劳务都按照市场价格自愿地以货币形式进行交换，无需政府烦神，就能够从社会上可供利用的资源中获取最大的利益。然而，要达到这一理想状态，要使市场机制的优点充分体现出来，市场结构就必须是完全竞争(perfect competition)状态。"看不见的手"的原理只适用于所有市场都是完全竞争的经济。要达到古典经济学基本理论前提的完全竞争状态，必须具备七个条件，即：(1)买卖双方人数众多，(2)产品的同一性，(3)厂商自由进入或退出一个行业，(4)所有厂商唯有获取最大利润的目标，(5)没有政府的管制，(6)要素具有完全的流动性，(7)供求双方拥有完全的信息。⑤但是，世界永远是多极的而不是一元化的。"在现实世界中，还没有一种经济能够完全依照'看不见的手'的原则来顺利运行。相反，每个市场经济都会遭受其不完备性之苦，它导致了过度的污染、失业、贫富两

① [美]保罗·萨缪尔森、威廉·诺德豪斯著：《微观经济学》第16版，萧琛等译，华夏出版社1999年版，第21页。

② [美]保罗·萨缪尔森、威廉·诺德豪斯著：《微观经济学》第16版，萧琛等译，华夏出版社1999年版，第20页。

③ 参见张乃根著：《法经济学——经济学视野里的法律现象》，中国政法大学出版社2003年版，第61页。

④ 陈东琪著：《新政府干预论》，首都经济贸易大学出版社，2000年版，第8页。

⑤ 参见晏智杰主编：《西方市场经济下的政府干预》，中国计划出版社1997年版，第302～320页。

极分化等病症。”①

正如萨缪尔森所言，虽然当今没有什么东西可以取代市场来组织一个复杂的大型经济，但问题是市场既无心脏也无头脑、没有良心也不会思考、没有什么顾忌，市场不是万能的，存在着自身难以克服的缺陷，这就是市场失灵(market failure)。市场失灵又称市场失败，是指由于许多因素使市场在资源配置方面呈现出低效率运行的一种非理想的状态。

市场失灵的根源在于市场机制的内在矛盾，具体表现在：

1. 微观上的理性与宏观上的盲目性。市场个体在利益原动力的内在驱使和竞争机制的外在压迫下，以自身利益最大化及竞争致胜为目标实施相应的市场行为。但市场主体的经济理性在融入社会时常常表现出盲目性与非秩序化的倾向。积极与消极共生并存，统一于市场机制这一矛盾体。从全社会整体视角来看，每一个市场主体的市场行为，概莫能外地被囊括于整个社会化大市场的总体框架之内，必须服从并尊奉市场机制赖以维系与运行的总体要求与秩序，服从并服务于社会的进步的需要。微观理性与宏观盲目的冲突在市场经济的初始阶段尚不明显，但在产业革命以后，随着生产社会化进程的加快，企业规模迅速扩大，新兴产业部门不断涌现，社会分工与协作日益扩大，各经济部门相互依赖与联系日趋加强，市场更加融为一体，这一缺陷开始显露出来。正如马克思所言的“生产资料私人所有与社会化大生产的矛盾”，每一个企业内部生产的有序与整个社会经济秩序的失范，最终导致经济危机的暴发。斯蒂格利茨一针见血地指出：“亚当·斯密的看不见的手，就像皇帝的新装。之所以看不见，是因为本来就不存在。”“市场之所以出现失灵现象，是因为没有人对市场负责。资源配置的决定是由成千上万不同的企业作出的，从而造成了重复生产和无效率。”所以，“一般而言，如果没有政府干预，就不能实现有效的市场配置。”

2. 虽然市场机制是配置资源的最主要的机制，但它不能独臂支天，无法自给自足。“自由市场的存在当然并不排除对政府的需要。相反地，政府的必要性在于：它是‘竞赛规则’的规定者，又是解释和强制执行

① [美]保罗·萨缪尔森、威廉·诺德豪斯著：《微观经济学》第16版，萧琛等译，华夏出版社1999年版，第27页。

这些已有规则的裁判者。”①“在整个历史上，当人们需要在国家——但可能具有剥削性——与无政府之间作出选择时，人们均选择了前者。几乎任何一套规则都好于无规则。”②“没有任何一个国家是100%纯粹的自由经济国家。除了香港在20世纪50、60、70年代时几乎接近完全自由化。但还是没有100%。”③市场经济的运作需要政府提供必要的博弈规则和制度安排，需要提供规则和执行规则的裁判者。

3. 市场机制在配置资源方面还会因买卖之间的信息不对称而产生低效率。“完全竞争的均衡达到帕累托效率”的观点，是建立在所有买者都面对相同的一组价格，供求双方拥有完全对称的信息的假设上。而现实生活中，信息并非是完全的、对称的，而且获取信息的代价也常常是昂贵的，同样的产品可能存在着不同的价格。信息的不完善和市场的不完全即不完全竞争的存在使微观经济可能处于持久的非均衡状态中，从而减弱供求双方对对方的认知，出现市场机制无效率的潜势④。

4. 市场调节的被动性、滞后性，无法自动达到均衡。由于从投资、生产运营到价格形成和信息反馈需要经过一段时间，市场主体获得的信息不足与滞后，不能适时对投资经营进行调整，往往要等到市场供求严重失调、产品大量过剩滞销时才作出反映。早在自由放任思潮的鼎盛时期，西斯蒙第就要求重新检讨亚当·斯密与李嘉图的理论。他说：“我们千万不要信念平衡会自动恢复，这是危险的学说……一定的平衡可能自动恢复，但必须逐渐恢复，而且还要经过一场可怕的灾难。”⑤

“经济体系会自我改进的说法，现在也许已经没有人相信。不平衡发展，不均等、无意义和无规律的技术革新，环境的侵蚀，对个性的置之不顾，政府拥有的权力，通货膨胀，行业间的缺乏协调——这些都是体系中的一部分，也是现实中的一部分。这些都不是小毛病，不是像机器中一个畸形的齿轮那样，一经发现就可以纠正。它们在体系中已经根深

---

① [美]弗里德曼：《资本主义与自由》，张瑞玉译，商务印书馆1986年版，第16页。

② [美]道格拉斯·诺思：《经济史中的结构与变迁》，陈郁等译，上海三联书店1994年版，第24页。

③ 参见经济学消息报社编：《诺贝尔经济奖得主专访录——评说中国经济与经济学发展》，采访弗里德曼部分，中国计划出版社1995年版，第38页。

④ 晏智杰主编：《西方市场经济下的政府干预》，中国计划出版社1997年版，第305页。

⑤ [瑞士]西斯蒙第：《政治经济学新原理》，何钦译，商务印书馆1983年版，第396页。

蒂固。”①

市场失灵从广义上讲，主要表现在微观经济无效率、宏观经济不稳定和社会不公平三个方面②，具体而言它体现为五种危机：

1. 垄断性危机。本质上讲，市场经济是一种竞争性的经济，垄断(monopoly)的产生来自于产品差异的存在。在现实生活中，每个生产者生产的产品都有一定的特征，完全无差异的两种产品几乎不存在。但每个生产者的产品又总会面对一些可替代品的竞争。在竞争的市场中，各种自发力量的发展很不平衡，迅猛发展起来的一些利益主体，无时不在想办法利用自己的势力击败对手，控制市场，获取垄断利润。这样，竞争的发展使市场竞争各方的实力越来越悬殊又导致资本和生产的集聚，不可避免地走向垄断。而垄断制约着获取与经济有关的信息，使要素得不到合理流动，价格和利益发生扭曲，反过来严重地束缚着自由竞争，阻碍着市场的发展。物品的产出低于最有效的水平，价格高于成本与品质低劣，成为市场供应非效率的标志。自由竞争的市场制度本身无力消除垄断，要保护竞争、制止垄断行为、消除由此产生的危害，靠当事人之间的协调与妥协是根本不可能的，只能借助市场以外的力量，即政府干预。“市场不完全的规模和普遍性(在某些时候甚至明显地缺少市场的作用)经常成为政府命令或控制经济的理由。”“公共政策的意义在于减少(如果不能去掉的话)这些不完全性：促进获取信息的可能性，降低进入或流动的障碍等等。”③

2. 外部性危机。外部性(externalities)或称溢出效应，是企业或个人向市场之外的其他人所强加的成本或效益。它是在有关各方不发生交换的情况下，价格体系受到的外来影响，是没有经济报偿的经济交易。

---

① [美]约翰·加尔布雷思：《经济学与公共目标》，商务印书馆 1980 年版，第 209 页。

② 萨缪尔森后来对这三种表现作了进一步的论述。他在《萨缪尔森致中国读者——〈经济学〉第 16 版中文版序》中就市场失灵问题批评新自由主义经济学家：“一些经济学家，如哈耶克和弗里德曼，从‘自由放任’出发，强调‘纯粹资本主义’的完美，而不那么注意各种‘市场不灵’：垄断、寡头，商业周期波动，股市崩溃、投机泡沫、金融危机，收入财富分配不公，等等。”其中，垄断、寡头意味着微观经济无效率，商业周期波动以及股市崩溃、投机泡沫、金融危机意味着宏观经济不稳定，收入财富不公意味着社会不公平。参见：[美]保罗·萨缪尔森、威廉·诺德豪斯著：《微观经济学》第十六版，萧琛等译，华夏出版社 1999 年版。

③ [美]查尔斯·沃尔夫：《市场或政府：权衡两种不完善的选择》，谢旭译，中国发展出版社 1994 年版，第 34 页。

市场的外部效应[1]有正、负之分。外部正效应是个别企业带给社会的生产成本小于企业耗费的成本(例如技术进步),或者说,某种外部效应给他人或社会带来一种“搭便车”(free rider)利益,获利者不需要支付成本也不经过市场的作用。反之,外部负效应是指个别企业带给社会的生产成本大于企业耗费的成本(如环境污染)。根据“科斯定理”,在交易成本为零且产权明晰的前提下,外部性不会引起不恰当的资源配置。采取一定的市场交易,似乎可以使处境好转,明显提高经济效率。但交易成本并非为零,负的外部性如污染等通过市场供求关系的变动是无法解决的。要解决外部性问题,只有靠政府干预。

3. 公共性危机,即市场机制在公共物品(public goods)的生产供给方面无所作为,导致公共物品稀缺(或灾难)。正外部性的极端情况就是公共物品,包括国防、公路、环保等类物品,一个人对这类物品或劳务的消费并未减少其他人同样消费或享受利益。由此出现“搭便车”的情况,加之诸多公共物品的提供需要大量的资金、高新尖技术,导致私人企业难以承担,公共物品的供给普遍不足[2]。而公共物品又恰恰是社会生活不可或缺的。

4. 周期性经济危机。这也是市场经济自身无法克服的弊端。在市

---

① 外部性有如下特征:(1) 独立于市场机制之外,其影响不是通过市场发挥作用;(2) 产生于决策范围之外,但又具有伴随性和共生性,企业的决策者首先是在生产的私人成本基础上而不是在社会成本的基础上寻求私人利润的最大化;(3) 所产生的影响不一定能明确表示出来,但必定具有某种(正或负的)福利意义;(4) 加在承受者身上时具有一定的强制性,而这种强制性是市场机制无能为力的;(5) 广泛存在于生产和消费领域,不可能完全消除。

② 市场机制之所以在提供公共物品方面明显失灵,主要在于公共物品有别于其他私人产品的特殊性。这种特殊性体现在三方面:一是一般说来公共物品的生产要求具有相当规模,要有大的投入。只有当生产公共物品的公共部门的经营达到一定规模时,公共部门才能提供平均单位成本较低的公共物品。规模经营要求巨额投资,单靠私人资本很难筹集到数额惊人的创业资本,也很难收到良好的经济效益;二是在市场经济中,利益独占的前提条件是产品归生产者所有,私人所有权之间的交换才能获取收益。而公共物品具有很强的“非排他性”,“非排他性”又决定了公共物品的“非占有性”,公共产品是普惠的,它与严格界定财产所有权的市场机制相矛盾。三是公共物品难以进行成本—收益核算。公共物品的生产周期一般较长,在运用较高的专业技术并在多方的协作下才能得以完成。私人产品在市场中的价格直接起着收益与成本信号手段的作用,但在公共物品方面,试图严格在价格的基础上解决消费问题是行不通的。一些公共物品是不能按成本价格组织运转和提供服务的,另一些公共产品体现在消费中的外部经济利益是很难计量的(如教育)。作为社会公共利益的代表,政府理所当然地要承担起提供公共物品的责任,通过优惠或倾斜政策,甚至通过安排公共部门的生产,将市场的缺陷填平补齐,从而推进市场的发展。

场经济中，市场机制通过价格信号保证供给与需求、生产与消费以及各生产部门的均衡发展。但是现实生活中，市场机制本身无法消除一些非市场因素和力量的干扰，致使经济均衡发展受阻。一些因历史、社会、心理方面的原因造成的消费需求不足暂且不论，单从生产者角度来讲，由于生产者做出的决策是以其获得的市场信息为基础，而市场信息的分布密度和传递速度对于每个生产者而言是不同的。同样的市场信息，每个生产者获得的质量和速度并不相同。况且信息也是一种有价格的资源，也具有垄断性，获取信息同样要付出代价，市场信息利用并不充分。此外，由于生产者之间的竞争，每个生产者的生产计划都要保密。所有这些因素都会造成生产者的决策失误，从而导致生产的盲目性。这种盲目性表现为结构不合理或某些领域的供求不平衡。虽然通过价格信号可以使资源朝着合理的方向重新配置，但是干扰仍不断产生。市场机制就是不断地排除干扰和产生干扰，从而使经济周期性地处于波动之中，严重时甚至会产生经济危机。

5. 公平性危机，即失去公平的效率。收入的分配不均是市场天生的缺陷。市场调节无法实现社会公平，市场机制不能促进社会福利。“市场是没有心脏和大脑的，不能指望市场自身能够自觉地意识到它所带来的严重的社会不公平，更不能指望市场自身来纠正这种不平等。”[①]市场经济的游戏规则是“丛林法则”。让千差万别的市场主体在同一起跑线上去自由竞争，必然导致社会的不公平，导致优胜劣汰与两极分化。尽管这只“看不见的手”在追求自己利益的同时，“往往使他比在真正出于本意的情况下更有效地促进社会的利益”，但这只手毕竟不是“上帝之手”，“它通常既不会打算促进公共的利益，也不知道他自己在什么程度上促进那种利益。”[②]这只手不会惠及社会，“普渡众生”。“每个人不顾别人的利益而追求个人的利益，同样，他自己力量的发展并不包括在与他力量相等的其他人的力量之内，于是最强有力的人就会得到自己所要得到的利益，而弱者的利益将失去保障，因为人们的政治目的就在于少损失多得利……个人利益乃是一种强取的利益，甚至归根结底可以说是违

① 参见经济学消息报社编:《诺贝尔经济奖得主专访录——评说中国经济与经济学发展》,采访萨缪尔森部分,中国计划出版社 1995 年版。

② [英]亚当·斯密:《国民财富的性质和原因的研究》下卷,郭大力、王亚南译,商务印书馆 1979 年版,第 27 页。

反全人类的利益。"[①]这是一种极端自私的、"把政治经济学建立在无限制的竞争的原则上，就是为了同时实现一切个人欲望而牺牲人类的利益"。[②]而"国家的利益决不是工厂主的利益"[③]，单靠自由放任根本无法促进社会利益。

二、美国的经历：垄断资本的飓风

1776年，在经济学之父亚当·斯密发表《国富论》，从学理上向封建贵族统治索要经济自由的同时，正在从事武装斗争以争取独立自由、反对英王暴政的美国革命家们发表了《美国独立宣言》。面世时间巧合的两篇战斗檄文对美国后来的发展影响极为巨大。

如果说欧洲移民远赴重洋的动机来自于经济、政治与宗教三个方面，那么，美国的独立战争基本起源于经济因素，起源于对垄断的憎恨和反抗。为反对1767年以英国财政大臣查尔斯·汤森名字命名的针对北美居民的额外赋税，北美居民与英国政府作了诸多斗争，引发了诸如"波士顿惨案"等事件。为抗议英国给予东印度公司向北美出口茶叶的垄断权，1773年12月16日晚，失去了商业机会的茶叶商联合"爱国志士"们，登上三条停泊在波士顿港口的英国船，把船上的茶叶倒入海港，点燃了独立战争的导火线。独立后的美利坚合众国，立即着手促进国内经济的发展。1812年的第二次独立战争后，美国完成了统一大业，在列国之中真正取得了平等地位。在高关税壁垒的保护下，制造业蒸蒸日上；新技术的采用，使农业产量获得史无前例的增长；公路和运河网的兴建，铁路网的形成，改善了交通，经济得以迅猛发展，商业把全国上下紧紧地联成一个整体。"和平、繁荣和社会的进步，交织成一幅美好的国家前景。"[④]

1861～1865年的南北内战，加速了美国近代工业的改变与成长。战争的需求引发了一次大规模的"产业战争"，更使美国经济发生了质变。内战对企业资本的形成与投资，影响极大。战争的需求大大地刺激了制造业，加速了钢铁、蒸气机和电力的开发，也促进了科学研究和发明创

---

① [瑞士]西斯蒙第：《政治经济学新原理》，何钦译，商务印书馆1983年版，第396页。
② [瑞士]西斯蒙第：《政治经济学新原理》，何钦译，商务印书馆1983年版，第478页。
③ [瑞士]西斯蒙第：《政治经济学新原理》，何钦译，商务印书馆1983年版，第226页。
④ 参见：美国驻华大使馆网站关于美国历史的介绍第一章与第三章。

造。战争期间，许许多多的小企业因生产资金的不足，又不能获得银行的长期信贷，无法满足战争的需要而倒闭。另一方面，规模较大的新兴企业则能大量吸取社会游资，加大其投资。1864 年出台的《国家银行法》(National Bank Act)又加剧了商业投资与银行活动向大型企业的倾斜。

内战后的美国"已到达了成熟的年龄"。伴随着新的科学技术的发展和广泛运用，一个城市化的共和国取代了先前的农业国。生产规模的不断扩大，随之而来的是生产和资本的急剧集中。传统的独资或合伙的商业组织形式，因不能吸引大量投资，萎缩程度日益加剧。"产业结构发生地壳变动"[①]，小型生产企业渐被淘汰，公司化的法人组织形式逐步占据统治地位。"生产集中发展到一定阶段，可以说，就自然而然地走向垄断。"[②]

19 世纪 60 年代，垄断的最初形式"普尔"(pool)粉墨登场。普尔是一种企业联营组织。当时的新兴企业主憧憬把互相竞争的公司组成一个机构，从大规模生产中实现规模经济的目标(降低每件产品的生产成本和价格)，在全国市场上推销他们的货品，甚至控制生产、销售和服务。普尔也就成为了新兴大企业扩大市场进而垄断市场的手段。它的基本做法是有竞争关系的企业之间签订协定，规定共同的价格，并在成员之间分配营业额或划分销售市场。普尔的优势在于，它以获得预期的利润吸引投资者，从而可以收集大量可用的储备资金，使企业获得长久的生命力和持续的管理，即使企业失败，成员各自要承担的职责也是有限的[③]。在 1873 年的经济危机以后，这一形式在工矿业都有飞速的发展，尤其是表现在铁路业。当时迅猛发展的铁路业已为摩根、哈里曼等少数资本家所控制。他们为防止铁路运费的恶性竞争，达成协议，以普尔方式彼此合作。虽然在形式上普尔是由多家铁路公司共同营运，但实质上却是一种划分市场的方式，且在运费上进行歧视待遇，又通过所谓的短程与长程间的不同收费标准，打击同业竞争者，引起了社会大众的极度不满。他们还通过控制铁路运输，在农产品运输上敲诈勒索农民，激起广大农民

① 赖源河编审：《公平交易法新论》，元照出版公司 2000 年版，第 51 页。

② 列宁：《帝国主义是资本主义的最高阶段》，人民出版社 1971 年版，第 13 页。

③ 关于普尔问题的详细论述，请参阅：Eleanor Fox & Lawrence Sullivan，"Antitrust-Retrospective and Prospective：Where are we coming from? Where are we going to?"，in 62 *NYUL. Rev.* (1987)，pp. 936～39。

的强烈不满与反抗。19 世纪 60 年代末至 70 年代初，一场场反对铁路垄断的“农会运动”风起云涌。为平息农民的激烈抗争，1869 年伊利诺斯州第一个通过了反铁路垄断的法令，规定铁路要有“公平合理和一致的运费”，要求政府“通过各项法律去矫正铁路的弊端，防止在客、货运费方面不公正的对待与敲诈行为”。随后，明尼苏达州、爱荷华州、威斯康星州相继颁了类似法令①。州法律在执行中受到持自由放任观点人士的质疑和铁路公司的挑战，联邦最高法院最后裁定，由于“铁路涉及公共利益”，各州立法进行规制并不违背宪法精神②。

除了法令的强制规定以外，普尔本身也存在着严重的内在缺陷。由于它仰赖于成员的志愿参加，并无绝对的拘束力以强制成员履行合约，一旦市场条件改变，企业力量发生变化或出现“商业危机”，联营也就不攻自破。联营的这一“内伤”——暂时性与不稳定性，导致即使没有上述法令的出台，企业也会寻找更加行之有效的新商业组织形式来替代普尔。“一种崭新的力量——信用事业（指托拉斯），随着资本主义的产生而形成起来。其实，它作为积累的小小力量不声不响地挤了进来，通过一根根无形的线把那些分散在社会表面上的大大小小的货币资金吸引到单个的或联合的资本家手中，但是它很快就成了竞争斗争中的一个新的可怕的武器，最后，它变成了一个资本集中的庞大的社会机构。”③

Trust 原本是“信托”之意④，它源于英国（即英格兰与威尔士）法，是普通法中的一种产权分拆运作制度。财产所有人（信托创立人）将财产所有权转移给受托人，并声明受托人为某人（受益人）的利益或某些特定

---

① 参见[美]福克讷：《美国经济史》（下），何新等译，商务印书馆 1978 年版，第 165 页。

② 参见：Munn v. Illinois, 94 U. S. 113 (1876).

③ 《马克思恩格斯全集》第 23 卷，第 688 页。

④ 在英语中，trust 有多种含意。首先它是指信托。即信托人（trustee）基于委托人（trustor; settler; grantor）的信任，以名义所有人（nominal owner）的身分，就委托人授予的财产为受益人（beneficiary）的利益进行管理和处分的行为。信托的有效设立的必要条件是：(1) 委托人有设立信托的意图并出于合法目的；(2) 受托人系基于委托人的信任持有信托财产并负有衡平法上的义务为受益人利益管理好信托财产；(3) 有特定的信托财产，包括动产和不动产，可以实际交付给受托人。其次，它是指托拉斯，即由多家企业旨在加强竞争力，垄断销售市场，谋取高额利润而联合组成的垄断组织。本文即采用此义。再次，它也指同行业企业的联合，也就是从较广意义上讲，同一行业的企业为了达到共同的目的，制约有损于共同利益的个别行为而组成的企业联合体。另外，它还具有信托受益权（即受益人就信托财产享有的衡平法上的权利）与信托物（信托财产）这意。

目的管理、处分该财产。信托财产必须与受托人自己的财产分开，受托人对受益人负严格的法律责任，包括“善管”（care and prudence ）和“信义”（fiduciary ）责任。就是说它承认一项财产可以有双重的所有权：受托人获得普通法或名义上的所有权（由此衍生出受托人的管理权）；受益人则享有衡平法（Equity）或实质上的所有权（由此生出受托人的收益权），并可据此主张法律保护，包括向受托人及（非善意）第三人追索特权的救济。[①] 1879 年洛克菲勒（John O. Rockefeller）发明了美国第一个垄断性托拉斯——美孚石油公司（Standard Oil Trust）。它是将公司股东所持的股票托付给委托委员会（Board of Trustees），并赋予委托委员会处理信托组织的所有权力。凭借理事会的权力，托拉斯便可以把分散于全美各地的许多公司“一网打尽”，全部掌握。这极大地扩展了公司的活动空间。由于托拉斯是在更大规模上的企业联合，其管理和行政更加集中，且能将专利汇合在一起；雄厚的资金又可用于企业的再发展、推行生产合理化、进行大规模生产，以实现规模经济的目标；建立销售、服务和购销网络，从原料供货商和铁路运输方面取得优惠条件；并可以与此时已有效地组织起来开展活动的劳工组织进行讨价还价，且经常对政界施加影响。以美孚石油公司为例，洛克菲勒控制下的这一特大型公司在1882～1889 年间，利用信托方式，并通过与铁路公司签订廉价运费合同，将公司石油低价出售，致使其他炼油厂经营困难，濒临倒闭。洛克菲勒趁机大肆并购，从而控制了全美 90％以上的精炼油，成为当时美国最大的托拉斯之一，及至后来，它将同业竞争者全部吃掉，完全独占整个石油市场[②]。美孚石油公司经营策略的成功，激起“商业领袖”们的群起效尤。为取得垄断地位，棉籽油业、铅业、糖业、烟草业、橡胶业等行业也迅速地组织起来。“有干劲的工商业者，不久也径自划定他们的工业领域。以亚摩和斯威夫特为主的四家肉类罐头公司，联合成立了一个牛肉托拉斯。麦柯密克一家，则在收割机事业上占优势。1904 年的一次调查表明，原来的约 5000 家独立企业，这时已归并为 300 家左右的工业托拉斯

① 参见何锦璇：“信托立法不宜操之过急”，《北京大学法律评论》，第一卷第 2 辑。

② 参见赖源河编审：《公平交易法新论》，元照出版公司 2000 年版，第 52 页。洛克菲勒最初开办石油公司时，只有 100 万美元。他采取掠夺式价格，首先在偏远地区以每加仑煤油一或二美分的低价，致使竞争者倒闭关门或变卖给他，再以远远高于市场的价格获取暴利。然后用此利润，支持下一个地区的掠夺价格。在这一原始积累过程中，充斥着暴力和胁迫。

了，占整个制造业的40％。”[①]在其他领域里，特别是运轮业和电讯业，垄断的趋向也很突出。西联公司是最早最大的电讯联合公司，随之而起的是贝尔电话公司，接着又有美国电话电报公司。科尼利厄斯·范德比尔特“把十三条独立铁路线，合并为一条路线，把380公里外的布法罗与纽约市连接在一起”。他又修建了通往芝加哥与底特律的铁路，成立了纽约中央铁路公司。这样，美国各主要铁路线，就合并成系统化干线了。至此，美国不仅出现了诸如美国钢铁托拉斯、杜邦火药公司、通用电气公司、美国烟草公司、美国电报电话公司等闻名世界的大型托拉斯组织，几乎各行各业都出现了托拉斯组织。[②] 在这一不受法律制约的“进取时代”，“1％的公司控制了45％的制造业”，美国因此也就获得“托拉斯帝国”的“美名”[③]。这些托拉斯牢牢地垄断和控制住了市场，维持和操纵着价格，有时甚至一个托拉斯就能包揽从产业原料供给直至商品最终出售给消费者的全过程。中小企业濒临绝境，民众苦不堪言。美国“旧日的竞争制度已经到了末日，不得不宣告屈辱的破产”。[④]

托拉斯滥用其市场力量和垄断地位，对同业竞争者与消费者的巧取豪夺，激起民众的普遍不满。“托拉斯”一词的意义遂从“信托”摇身变成“操纵市场的黑手”，成为人人憎恨与厌恶的代名词。各州与联邦层面后来都相继立法加以禁止。于是控制公司（holding corporation; parent corporation）逐渐发展并取代了托拉斯，成为一种新的控制整个产业的工具。对于这种垄断组织的合法与违法之争，直至1911年美国联邦最高法院提出“合理原则”（Rule of Reason），才告一段落。

三、美国反垄断政策基本框架的形成

（一）传统与无奈：普通法对垄断的规制与不足

垄断组织的出现对正常的经济与社会生活造成的严重破坏，突出表

---

① Thomas K. McCraw, *Rethinking the Trust Question*, in *Regulation in Perspective*: *Historical Essays*, ed. By Thomas K. McCraw: Harvard University Press, 1981, p32.

② 参见樊亢、宁则行等编：《主要资本主义国家经济简史》，人民出版社1997年版，第179～180页。

③ 有关美国这一时期托拉斯的发展状况，可参阅［苏］列·伊·祖波克著：《美国史纲》（下），庚声译，三联书店1962年版，第341～382页。

④ 马克思：《资本论》第三卷，第659页。

明了自由市场理论的内在缺陷，也反映了政府在政策层面上的缺失。美国是一个“法律至上”的国家，普通法对垄断规制的不足，及由此造成的社会的动荡，迫使政治领袖以“国家干预”的形式，出手制止托拉斯这一经济上的庞然大物。“看得见的手”出现了，它与“看不见的手”的争论也开始了。

1. 普通法对垄断的规制

英美同属普通法系，作为英帝国的先前殖民地，美国的普通法与英国的普通法有着共同的历史渊源。美国独立之前，英国普通法在殖民地使用；美国联邦成立后，虽一度与英国交恶，希望在法律上摆脱英国普通法的影响而独树一帜，并制定了成文宪法，但终究“血缘难断”，最后又不得不“认主归宗”。直至今日，美国法院在司法判决中仍时常引用英国普通法，两国普通法在精神上还是相同或相似的。就反垄断政策而言，在谢尔曼法中使用的也是普通法的概念，制定该法时议员们的辩论引用的也是普通法。许多议员认为只不过是将普通法中禁止限制贸易的精神在联邦层次上法律化[①]。法案的提议者谢尔曼参议员在辩论时反复强调：法案设置的是“在英国和我国普遍适用的普通法的原则”，法案的通过“并不是宣布一个新的法律原则，而是使用旧的、为人熟知的普通法的原则”。[②]

英国普通法在控制垄断方面，主要有五个概念[③]：

(1) 中间商恶行(middleman offenses)。1266 年英国在有关垄断的第一起诉讼案中，中间商受到了法官的制裁。当时的一个中间商采用大量买进小量销售与在粮食收获或进入市场前购买期粮的办法，囤积大批粮食。法院认为，该中间商试图囤积居奇、垄断市场、逃避市场监管、规

---

① 参见：Ernest Gellhorn & William E. Kovacic, *Antitrust Law and Economics in A Nutshell*, Fourth Edition，中国人民大学出版社 2001 年影印注释本，王晓晔注，第 1 页。

② 参见：William Letwin, “Law and Economic Policy in America: the evolution of the Sherman Antitrust Act”, *University of Chicago Press* (1965)。当参议员豪(Hoar)被问及既然普通法中有限制垄断的原则与内容，为何还要制定新法时，他回答说：“因为美国普通法中没有这样的规定。”

③ 在《谢尔曼法》出台后，普通法对反垄断政策的影响仍然是显而易见的。如合理原则早在 1711 年就被确定下来；维持转售价格(resale price maintenance)曾是财产法中的一个原则。参见：Ernest Gellhorn & William E. Kovacic, *Antitrust Law and Economics in A Nutshell*, Fourth Edition，中国人民大学出版社 2001 年影印注释本，王晓晔注，第 3 页。

避向城镇市场交纳的费用，应受到惩罚。但以后的几个世纪，伴随着全国市场的形成，这一判决并未得到有效的遵守，1772 年，该判决被废止。但禁止中间商的囤积居奇在美国普通法中并未涉及。[①]

(2) 垄断(monopoly)。英国城镇常常为了保护当地的商业利益而制定一些限制商业活动的法令。法院则时常宣布城镇的立法是"超越职权"。"超越职权"的概念后来被借用来处置过分的商业垄断行为。在一个著名的垄断案中，伊利莎白女王一世恩赐她的仆人(案件原告)进口扑克牌的专营权。当一位缝纫用品商也进口和出售扑克牌时，原告以侵犯了其特许经营权为由提起诉讼。法官们一致认为这一专营权无效。因为专营权侵害了现存的和潜在的竞争者，剥夺了他们从事贸易的机会，也必然会导致商品高价低质，从而损害公共利益，这实质上就是垄断。法院宣布"垄断违反普通法，是完全无效"[②]。法院的裁定得到了议会的支持，1624 年 1 月，为对抗国王的特许经营权，议会废除了专利与城镇习惯上拥有的垄断权以外的所有特许。19 世纪的英国立法更是迈进了一步，宣布几乎所有的垄断无效。当然，这里的垄断指向的是"准国家垄断"，而不是在经济生活中由竞争导致的垄断。实际上，英国与美国的普通法都没有宣布私人垄断(private monopoly)是非法的[③]。

(3) 限制贸易(restraints of trade)。从前英国的面包行会有一个行规，一个学徒在出师之后的 5 年内，不得在师傅经营的面包房的"附近"地区开设新的面包房。而究竟多远的距离才叫"附近"，由师傅们组织和掌管的行会来解释。一位面包师因违反了这一行规被告上法庭。虽然当时并没有保护竞争和自由市场的概念，但法院却支持"公平"的商业活动并为此要求破除行会习惯。判决强调："所有干扰个人贸易自由的行为，所有限制贸易的行为……都是违反公共政策的。"并认定这是"赤裸裸的"限制。1711 年，又有一名面包师将自己的店铺租给另一名面包师。二人签定协议，规定前者 5 年内不得在店铺所在辖区从事这一行业。由

---

① 参见：William Letwin, "The English Common Law Concerning Monopolies", 21 *U. Chi. L. Rev.* 355(1954).

② 法院同时也照顾到女王的面子，为她开脱说是她受了原告的骗。参见：Darcy v. Allein, 11 Coke 84, 77 Eng. Rep. 260 (K. B. 1630).

③ 参见：Ernest Gellhorn & William E. Kovacic, *Antitrust Law and Economics in A Nutshell*, Fourth Edition，中国人民大学出版社 2001 年影印注释本，王晓晔注，pp. 11～12。

于前者没有遵守承诺，被后者告上法院。法院遵从1623年的判决，认为私人无权阻止他人从事正当职业，判定被告限制竞争的承诺无效[①]。但美国的法院则对私人限制贸易的行为反应不那么强烈，诸如此类案件的判决也因州而异，只是在固定价格(price-fixing)与其他反竞争行为影响到居民的基本需求时才予以制止[②]。

(4) 共谋(conspiracy)。普通法在两种情况下，对共谋进行处罚：一是数人以合法行为作为达到非法目的的手段，二是数人用非法方式实现正当的目的。英国法院对"非法"的解释极其含糊，认为只要有可能"有悖于公共政策"即可构成"非法"，一般按民事侵权来处理[③]，但却将工会视作工人共谋侵害资方权益，按犯罪处罚。直到修订劳工法的1870～1875年间，才废除这一规定。而同业之间针对第三人的共谋一直保留到1891年，由上议院废止。在美国，共谋条款主要是指向类似工会的组织，通过集体协商向资方要求提高待遇的行为，很少用于惩戒商事行为。

(5) 限制公司权力(limiting corporate powers)。在"1＋1＞2"观念的指导下，美国的一些州法院宣布以消除竞争为主要目的的公司合并无效，以限制公司的规模膨胀，削减大型甚至巨型公司对市场的影响。

2. 制定成文法的原因：传统普通法规制的失败与新法学思想的出现

(1) 传统普通法缺乏抑制大规模垄断的功能

应当说，在资本主义前期，仅有零星点滴的垄断，不足以对社会经济生活造成大的冲击，此时通过个案处理，普通法对垄断的规制还是卓有成效的。但在从自由资本主义向垄断资本主义的转轨时期，在复杂多变的经济环境与千差万别的垄断形态面前，要求普通法不仅要处理民事经济问题，还要处置行政乃至刑事问题，甚至有时还不得不涉及国际性问题，是不现实的。传统普通法中关于意思自治、合同自由、所有权绝对化的民事基本原则，在生产社会化、个人与社会融为一体的状况下，其弊端

---

① 参见：Mitchel v. Reynolds, 1 P. Wms. 181, 24 Eng. Rep. 347 (1711)。法官在判决中不仅要求保护当事人双方的权利，还强调了公共利益，并区分了正当限制与不正当限制，提出恶魔协议(Mephistophelean Pact)的概念，即合同只保护一方的权利，并强迫另一方接受。这一概念与我国当前诸多垄断行业提供的"霸王合同"(或"霸王条款")基本相同。

② 参见：Mitchel v. Reynolds, 1 P. Wms. 181, 24 Eng. Rep. 347 (K. B. 1711).

③ 参见：Ernest Gellhorn & William E. Kovacic, *Antitrust Law and Economics in A Nutshell*, Fourth Edition，中国人民大学出版社2001年影印注释本，王晓晔注，p12。

已暴露殆尽。垄断组织正是利用这三个基本原则来制定垄断价格，划分市场范围，限制他人竞争，强买强卖，侵害消费者、同业者与社会公共利益的。个人不仅是自然人，更是社会人。行使自身权利不仅仅关乎个人的事，也往往涉及到他人与社会。意思自治并非随心所欲，可以为所欲为；合同自由并非意味着可以以合法形式实现非法目的或实施非法行为；所有权绝对也并非是对其被滥用置之不理。民事基本原则的地位动摇了。“普通法没有限制诸如托拉斯、控股公司以及通过合并或削价获得市场力量的非合同限制。虽然它支持自由市场，希望鼓励竞争，但它最多是朝控制垄断方向迈了一小步。”[①]“作为公共政策的一个工具，普通法（的功能）被严重地限制了。”到 1890 年，法院对因“卡特尔”（cartel）[②]而导致的纠纷一筹莫展。[③]

垄断资本主义阶段的到来，要求一套与之相应的政策法律体系，因此在反垄断问题上，成文法必然具有十分重要的地位[④]。但作为普通法国家，判例一直在美国法律体系中处于基础的地位。这种状况到了垄断资本主义时期，仅靠法院一案一例的被动审理、因循旧例的推理方式，已无力阻止来势凶猛的垄断与市场力量的滥用。面对纷繁复杂的普通法判例、冗长的程序与高昂的诉讼成本，民众径直将法院推向一边，经济上用各式各样的中小业主联合会、政治上以民粹党甚至武装抗争等方式保护自身的利益，寻求心中的正义。此时在反垄断领域，以成文法取代判例成为政策的主角，将判例变为成文法的有效解释，为反垄断设定一个总章程，以遏制垄断迅猛扩张的势头，维持正常竞争的经济秩序和安定的社会秩序，成为一件极为迫切的政治任务。国家必须出手，用公共权力干预的方式来制止和解除经济力量对竞争的禁锢，并尽可能地让“救

---

① 参见：Ernest Gellhorn & William E. Kovacic, *Antitrust Law and Economics in A Nutshell*, Fourth Edition，中国人民大学出版社 2001 年影印注释本，王晓晔注，p13。

② 卡特尔是指生产或销售同类商品的企业相互商定价格的行为，它可分为三种，即价格卡特尔、限产卡特尔和分割市场卡特尔。谢尔曼法对卡特尔实行本身违法原则。

③ 参见：Ernest Gellhorn & William E. Kovacic, *Antitrust Law and Economics in A Nutshell*, Fourth Edition，中国人民大学出版社 2001 年影印注释本，王晓晔注，p7。

④ 亚格纽认为，反托拉斯法是绝大多数民主国家的经济政策的一个基本特征，几乎所有国家都是以成文法的形式出现的，只是名称不同而已。如有的叫“竞争法”，有的则称“反垄断法”，有的称“公平交易法”等。参见［英］约翰·亚格纽著：《竞争法》，徐海等译，南京大学出版社 1992 年版，第 18～19 页。

济走在权利之前(remedies procede right)”[①]。“为实现企业自由的最大化就要对合同自由作适当的限制。”[②]在个人本位之外必须强加上社会本位,用保护和促进社会利益的“社会化的法”去矫正“个体本位主义”。[③]为这种新型政策的出台鼓与呼的新的法学学说出笼了。这就是霍姆斯(Oliver Wendell Holmes)[④]的实用主义法学与庞德(Roscoe Pound)[⑤]的法社会学。

(2) 实用主义法学与法社会学

美国独立伊始的法哲学,是以杰斐逊(Thomas Jefferson)和潘恩(Thomas Paine)等为代表的自然法哲学,它体现于1776年的《独立宣言》与1887年的《联邦宪法》和1791年的《前十条修正案》。在普通法理论方面,则对英国亦步亦趋:1765年英国法学家布莱克斯通(Blackstone)编写的《英国法评注》是美国各级法院审理普通法案件时的基本理论指南,美国法官在普通法问题上惟英国法学家马首是瞻。内战以后,美国工业迅猛发展[⑥],经济的繁荣提高了美国在整个世界的地位,垄断的急剧发展,也迫使人们开始再一次探索政府与市场的关系,体现美国精神的实用主义法哲学开始形成。1881年霍姆斯发表了其代表作《普通法》(The Common Law),主张“经验是法的生命”,要求人们在尊重普通法历史的基础上,及时适应时代的需要,修改或补充旧的法律制度,强调法的预测性和对社会生活全方位的干预作用,拉开了英、美普通法之间的差距。从19世纪80年代到20世纪40年代,霍姆斯成了美国

---

① 这是当今英美普通法系在立法与司法上的一个指导原则。参见沈达明编著:《英美合同法引论》,对外贸易教育出版社,1993年版,第66页。

② Hans Thorelli, *The Federal Antitrust Policy: Origination of an American Tradition*, Johns Hopkins Press (1955), p227.

③ 曹士兵先生将此称为“后民法理论”。参见曹士兵著:《反垄断法研究》,法律出版社1996年版,第39~40页。

④ 霍姆斯(1841~1935)是美国历史上最有名的大法官之一,被称为“美国文明的极有代表性的人物”。曾任哈佛大学法学院教授、马萨诸塞州最高法院大法官与首席大法官,任联邦最高法院大法官长达30年之久。

⑤ 庞德(1870~1964)是美国社会法学派的创始人。1889年至1990年在哈佛大学法学院研究法学。曾任内布拉斯加州上诉法院、州立大学法学院院长,并先后任教于西北大学与芝加哥大学,1916年至1936年任哈佛大学法学院院长,1947年退休。二战后赠受聘为国民政府司法行政部和教育部顾问。

⑥ 1870年美国的工业产值超过法国,1880年又超过英国,一跃成为世界第一工业大国。

法学界最令人关注和尊敬的人物之一，甚至被神化为“民族英雄”①。

在霍姆斯实用法哲学的熏陶下，就读于哈佛大学法学院的庞德开始涉足于法哲学的研究，并创立了“法社会学”。此时的法学家都面临着一个共同的问题：如何认识垄断资本主义社会中的法及其在新的历史条件下的功能。这促使法学理论与社会学方法结合起来。这一结合反映了17、18世纪那种以保障个人自然权利为本位的古典自然法哲学，向重视社会利益的社会本位主义法哲学的转变。庞德认为，人有两重本性，一是自我主张的侵略本性，一是相互合作的社会本性，“社会生活乃是人们原有的各种矛盾的本能的斗争，也就是‘侵略’本性和‘社会’本性的斗争”。由于人类具有的侵略本性，导致了他们之间利益上的冲突。而世界上的东西是有限的，人（这里“人”是泛指，除包括自然人，还包括法律拟制的人）的欲望是无穷的。为了防止人们的这种漫无边际的“本能斗争”的发展，必须对侵略本性进行社会控制。而侵略本性的方向总是表现为强者对弱者。法律的作用就在于纠正各方面不协调的人群关系，司法的目的是为了调整人与人、人与社会或国家之间的相互关系。只有以法律约束个人（尤其是强者），才能保障他人（特别是弱者）的自由。一旦人（尤其是强者）的本性自由无约束地发展，就必然会导致社会的瓦解。只有通过法律对人施加压力，制止各种反社会行为，才能保护社会，实现人人各尽所能。庞德通过对财产法与合同法这两个普通法最重要领域的研究，得出结论：在分工日趋细化、人们的生存互相依赖加大的时代，必须确保私人不受外界运用经济优势进行干预的自由，保证财产安全与交易安全。从这一观点出发，庞德极力主张“在行动中研究法律”，重视“生活中的法律”，吹捧“无法司法”与“司法立法（Judicial Law-Making）”。他说：“法律是知识和经验的集合体”，司法主要是依据经验，立法顶多起到“一种附属作用”，甚至不要法律的司法也是完全可能的。“为了使司法适应新的道德观念和变化了的社会和政治条件，有时或多或少采取无法的司法是必要的。”法官不必拘泥于早期的立法，他可以为社会利益“自由地发现法律”②。

庞德强调法律是一种“社会工程”（social engineering），法律的作用

① 参见张乃根著：《西方法哲学史纲》，中国政法大学出版社1993年版，第245～261页。

② 参见张宏生主编：《西方法律思想史》，北京大学出版社1983年版，第448～460页。

是要承认、确定、实现和保障各种利益，尤其是社会利益。社会利益是庞德法哲学的核心，它分别包含于六个方面，即一般安全（general security，社会存在的基本条件）、社会体制（social institution，社会存在的制度性保障）、一般道德（general morals，社会存在的精神条件）、保护社会资源（social resources，物质条件之一）、一般进步（general progresss，社会经济、政治与文化的发展）和个人生活（individual life，各种基本生活条件）。法律是“社会控制”（social control）的首要工具，必须全力用于保护社会利益，否则，整个社会就会瘫痪。在庞德看来，法律的概念和逻辑是不重要的，关键在于法律的行动，在于它作为政府介入市场。充当协调社会各种利益的“工程师”，在于它加强政府对包括经济在内的整个社会生活进行调节与控制所起的作用。

信奉个人利益与个人自由至上的自然法学派与主张社会利益高于一切的庞德的法社会学之间不可避免地产生了根本的冲突。实用主义法学与法社会学实际上是人们对国家权力的重新认识，这两种一脉相承的法学学说，用法律的语言否定了自由市场理论，表达了要求政府对经济和社会实行有效控制的思想。舆论是行动的先导。思想上的转变、理论上的创新，是一个社会变化的反映，也预示着这个社会需要新的理论来指导它的实践。在这样一个时代要求和新法学思想的熏陶下产生的反垄断政策，必然要从社会本位出发，以公共利益为着眼点，以运用国家权力遏制强势个体对弱势者自由意思的侵蚀为目标，来协调社会各方面利益，维护社会整体的和谐与融合①。

（二）谢尔曼法出台：美国反垄断政策的开端

1. 谢尔曼法出台的背景、过程及基本内容

垄断不仅是个经济问题，而且还带来了社会危机。托拉斯对农民造成了极大的痛苦。他们的产品在竞争甚烈的世界市场上出售，而所需的生产资料与设备则要从谋取暴利的托拉斯公司购买。② 从 1870 年到

---

① 反垄断政策与传统法律制度的根本区别在于保护的法益不同。反垄断政策关注的是社会整体利益（公共利益），而传统法律制度，无论是民事法律还是刑事法律，都以维护个体利益（私益）为己任，或者说是通过维护私益，进而确立一种社会秩序。有关法益的论述，请参见张明楷：《法益初论》，中国政法大学出版社 2000 年版，第二编“法益本论”部分。

② 参见 Phillip Areeda & Louis Kaplow, *Antitrust Analysis: Problems, Texts, and Cases*, Aspen Publishers Inc. (Fifth Edition, 1997), p41.

1890年，大多数农产品的价格，都有不同程度的下降，在大量增产的背后，其价值只增加了5亿美元。[①] 而同一时期制造品的价值却增加了60亿元之多[②]。经济上的极度不平衡，促使农民们组织起来，共同应付苦衷，提出解救办法。几乎每一个州都建立了保护农业组织，后发展成农民联合会，到1890年已有会员200万人，并组成美国政坛上的一个新党——被誉为最狂热的民粹党[③]。在产业合并过程中，有钱有势的"强盗资本家"(robber barons)用胁迫和暴力厚颜无耻地强占竞争者的资产和厂矿，强求中小竞争者"要么卖掉要么被捣毁"。反复出现的金融丑闻使公众震惊不已，冷酷无情的托拉斯对待破产倒闭的工人就像用旧的工具一样随手丢弃，贿赂横行使自由处于风雨飘摇之中，一种新型的暴政正在引起社会的动荡。[④]

社会的动荡呼唤政府采取措施，有所作为。1884年，打着改革大旗的民主党人克利夫兰(Grover Cleveland，1885～1889，1893～1897)在总统大选中获胜。他提出"改革矫正经济弊端"，并从因垄断而充斥弊端的铁路开始。在他的推动下，国会采取行动于1887年2月4日通过了州际商业法(Interstate Commerce Act)[⑤]。该法对自由放任的贸易政策作了一定的限制，禁止超额运费、铁路联营、给大客户回扣以及不等价运输等。为监督联邦与各州间的商业活动，防止违法行为，该法要求组建州际商业委员会(the Interstate Commerce Commission，简称ICC)作为联邦的统一主管机关，负责上述法律的执行。

但州际商业法并不足以彻底解决州际垄断问题，而原先各州的反垄断政策仅在本州内有效，在联邦层次迫切需要一个统一、明确的反垄断

---

① 参见 Hans B. Thorelli, *The Federal Antitrust Policy: Origination of an American Tradition*. Baltimore, Johns Hopkins Press (1955), p149.

② 参见：美国驻华大使馆网站关于美国历史的介绍。

③ 该党在1890年的选举中，在十多个南方和西部各州中获得了权力，且选出了20个参议员和众议员参加国会。在1892年的大选中，民粹党在西部和南方显示了惊人的力量。其总统候选人得到了100多万张选票。

④ 参见 Phillip Areeda & Louis Kaplow, *Antitrust Analysis, Problems, Texts and Cases*, Aspen Publishers Inc. (Fifth Edition, 1997), p42.

⑤ 这是美国第一个全国性的反垄断政策。因其仅涉及铁路行业，没有引起人们的重视。但这一政策迅速解决了铁路的垄断问题，使人们看到政府干预对经济的积极影响，勾起人们用公共权力解决垄断弊病的幻想，也为三年后制定谢尔曼法提供了信心。

政策。在以亨利·乔治和爱德华·贝拉米为代表的改革派猛烈抨击与公众大声疾呼要求“捣毁托拉斯力量”的压力下，垄断问题演变成了国会激烈争论的政治议题。1888年两党的大选政纲都直指垄断。在竞选纲领中明确提出要求制定联邦反垄断法的共和党人本杰明·哈里森(Benjamin Harrison，1889～1893)最终在大选中胜出，其领导的共和党也成功地控制了国会两院。为兑现竞选承诺，来自俄亥俄州、最具威望的共和党人参议员约翰·谢尔曼(John Sherman)于1889年1月向参议院提交了反垄断法案，但引起了议员们关于“政府介入私人事务是否违宪”的争论。1890年7月24日，修改后的法案又一次被谢尔曼提了出来，经参议院司法委员会的修订后，此法得以顺利出台。

谢尔曼法(Sherman Anti-Trust Act)的通过，是美国也是世界现代意义上反垄断政策的开端。短短8个条款，成为了日后美国反垄断政策的核心。但它的草草出台并不是经济、法律政策与相应理论成熟与议员们深思熟虑的结果，而是美国当时特定国内政治形式的需要。由于未经国会的仔细讨论与各界的争辩，不仅内容过于简单，规定也多属抽象，合法与非法行为的界限十分模糊，“以至于窒碍难行”。美国立法史专家莱特文认为：“谢尔曼法既没有确切地告诉公众什么可以做，也没有明确地告诉法官必须做什么。”联邦最高法院也认为，其核心条款“第1条的措辞最大的问题是词不达意”。无怪乎亨德森认为国会在立法时，是从政治意义上来使用法律术语的。①

谢尔曼法的8个条款中，前2条是关键所在。第1条规定：“任何限制州际间或与外国之间的贸易或商业的契约，以托拉斯形式或其他形式的联合或共谋，都是非法的。任何人签订上述契约或从事上述联合或共谋，将构成重罪。”第2条规定：“任何人垄断或企图垄断，或与他人联合、共谋垄断州际间或与外国间的商业和贸易，将构成重罪。”前者是属于集体行为，后者是禁止个人行为。虽然谢尔曼法没有授权政府对经济行动进行积极的干预，但与普通法相比，又有着根本的不同和质的飞跃：第一、在惩治方面，刑事上它给予垄断极端的否定评价，将限制贸易与独占视作犯罪，不惜以重刑惩处；民事上它建立起了全新的救济制度，受害人有权获得3倍的赔偿金外加合理的律师费。第二、“不法限制与垄断行

① 转引自孔祥俊著：《反垄断法原理》，中国法制出版社2001年版，第64～65页。

为的法律风险明显增大，特别是与普通法相比，这些行为的胜诉机会极其微小。”[①]第三、引入行政力量，即授权联邦政府以公共利益代表的身份起诉垄断行为人，授权州政府在受害人无法起诉时以公民监护人的身份取得原告地位。

2. 谢尔曼法最初的执行：问题及原因

应当说，谢尔曼法既是“市场成为社会主导力量”和“竞争成为一种信条”的结果，也是19世纪下半叶美国从自由资本主义过渡到垄断资本主义的必然。它承认私人经济力量不受约束的自由具有高度潜在的危险，并尊重竞争的价值，是法律对工业化和民主化做出的恰当回应。但“竞争法是一种新型的法律，它所处理的是传统法律机制不适于处理的问题，所以它也相应地需要非传统的方法和程序。”[②]在谢尔曼法出台时，反垄断还是一个“全新的概念”，立法者对之尚没有一个清晰的认识，所以他们使用了模糊不清的用语，将如何执行法律留给了法院。[③] 这样，法官们执行谢尔曼法时大权在握，完全可以“自由裁量”反竞争行为。这既为处置垄断行为提供了极大的动力，也为不执行谢尔曼法甚至对谢尔曼法作与立法宗旨相悖的解释提供了可乘之机，也就无怪乎最初的执行效果很不理想了。司法部门“早期对谢尔曼法的司法反应是极端的”、摇摆不定的，“要么是对反竞争行为的反应过于强烈，要么是对经济活动行使过分的自由裁量权。”[④]主要表现在以下几个方面：(1)“直到1895年，最高法院才对它受理的第一起案子作出裁决。”[⑤]而且在这一裁决中，法院对谢尔曼法作了限制性解释。法院认为商业包括买、卖和交通三部分，制造领域不属于商业范畴，它是通过转换原材料的形式而使其产生新的

① 参见：Ernest Gellhorn & William E. Kovacic, *Antitrust Law and Economics in A Nutshell*, Fourth Edition, 中国人民大学出版社2001年影印注释本，王晓晔注，第24～25页。

② [美]格伯尔著：《二十世纪欧洲的法律与竞争：捍卫普罗米修斯》，冯克利、魏志梅译，中国社会科学出版社2004年版，第15页。

③ 参见 E. Thomas Sullivan & Herbert Hovenkamp, *Antitrust Law, Policy and Procedure: Cases, Materials, Problems*, LexisNexis (Fourth Edition, 1999), p6.

④ 参见：Ernest Gellhorn & William E. Kovacic, Antitrust Law and Economics in A Nutshell, Fourth Edition, 中国人民大学出版社2001年影印注释本，王晓晔注，第24页。

⑤ 这起案子是 United States v. E. C. Knight Co.，参见 E. Thomas Sullivan & Herbert Hovenkamp, *Antitrust Law, Policy and Procedure: Cases, Materials, Problems*, LexisNexis (Fourth Edition, 1999), p31。

用途,“制造之后才是商业,商业不是生产的一部分”,“制造业的垄断对商业没有直接影响”。因此,对占全国糖提炼能力98%的E. C. Knight公司不能适用谢尔曼法[①]。而且,由于该公司的生产基地全部设在宾夕法尼亚州,也就不会直接影响州际贸易。[②] 对商业概念的限制性解释严重地影响了法律的有效执行。(2)“另一个捣毁法律(指谢尔曼法)的方法是窒息它调整实际需要的能力。”[③]在Trans-Missouri Fright Ass'N案中,司法部指控18家铁路公司组建卡特尔,在密西西比河以西地区的运输服务中共同设定运费与日程表。法院在禁止“固定价格”与“地区分割”的同时,解释谢尔曼第1条是将“所有的贸易限制毫无例外地都看作是违法的”[④]。(3)虽然从谢尔曼法的立法过程和立法宗旨来看,没有丝毫的针对工会活动的意向,但事实上,在谢尔曼法执行的前20多年中,其矛头却主要指向工会。工会与资方就工人劳动条件与工资待遇的谈判与斗争被当作卡特尔固定价格而加以禁止[⑤],法院在执法时“出轨”了。总体而言,“虽然直到20世纪30年代晚期,E. C. Knight案一直是国家经济政策的一个主要障碍,但它并没有能够完全阻止反垄断政策的执行”。在之后的Addyston Pipe & Steel Co.案与Northern Securities Co.案[⑥]中,谢尔曼法依然没有被法院“封刀”。

不同行政当局对谢尔曼法的态度迥然不同。第二次上台的克利夫

① 法院还同时排除了谢尔曼法对农业、园艺、畜牧、国内渔业与采矿业的适用。参见Kathleen M. Sullivan & Gerald Gunther, *Constitutional Law*, Fundation Press (Fourteenth Edition, 2001), p122~24.

② 参见:United States v. E. C. Knight Co., 156 U.S. 1 (1895)。此判决到1948年Mandeville Island Farms v. American Crystal Sugar Co.一案时被推翻。

③ 参见:Ernest Gellhorn & William E. Kovacic, *Antitrust Law and Economics in A Nutshell*, Fourth Edition,中国人民大学出版社2001年影印注释本,王晓晔注,p25。

④ 参见:United States v. Trans-Missouri Freight Ass'N, 166 U.S. 290 (1897).在此后第2年(1898年)的案子中,法官对谢尔曼法第1条的态度有所软化。在Hopkins v. United States(1898)案中,只有“直接”与“立即的”限制才属禁止之列。在United States v. Joint Traffic Ass'n (1898)案中,普通法不禁止的奴隶制贸易,谢尔曼法也不应禁止。

⑤ 参见Phillip Areeda & Louis Kaplow, *Antitrust Analysis, Problems, Texts, and Cases*, *Aspen Publishers*, Ins (Fifth Edition, 1997), p109.

⑥ 参见Addyston Pipe & Steel Co. v. United States, 175 U.S. 211 (1899)与Northern Securities Co. v. United States, 193 U. S. 197(1904).对这两起案件意义的论述,请参阅:Kathleen M. Sullivan & Gerald Gunther, *Constitutional Law*, Foundation Press (Fourteenth Edition, 2001), p123~124。

兰(1893～1897)一改其支持通过州际商业法严厉打击垄断势力的一贯立场,对政府在E. C. Knight一案中的败诉竟"欢欣鼓舞",其司法部长(Attorney General,亦即首席检察官)Richard Olney在写给朋友的信中说:"你已经看到政府就垄断问题的起诉被最高法院驳回。我一直在想,政府有责任不依据恶法(指谢尔曼法)去追诉……"[①]

而对垄断深恶痛绝的西奥多·罗斯福(Theodore Roosevelt,1901～1909)在任内则严厉执行谢尔曼法,用他的话说就是:他要用这根"棒子"去对付"有钱的恶棍"。1901年他在司法部内专设了由一个助理部长领导的反垄断局,负责反垄断政策的实施,公众也在总统的"煽动"下对垄断问题与谢尔曼法进行了激烈的讨论,政府在经济生活中的责任问题被响亮地提了出来,法律实用主义哲学为许多人所认可,法律的社会工程师的身份得到了广泛的认同。

在政府的强烈要求下,最高法院于1904年将控股公司(holding company)纳入谢尔曼法的调整范围[②]。在位8年,老罗斯福政府起诉了包括美孚(Stand Oil Co.)与美国烟草公司(American Tobacco Co.)在内的46起反托拉斯大案,也因此荣获了"托拉斯打击者"的尊号。继任的塔夫托(William Howard Taft,1909～1913)总统更是对反垄断情有独衷。塔夫托是律师出身,"早年曾被大资本家誉为精通公司业务的名律师",本身就是个反垄断政策的权威。1898年他任第六巡回法院法官时,率先用普通法为指导,系统解释了谢尔曼法第1条,对合同限制贸易作出了"辅助性限制"与"非限制"的区分,并作出了"固定价格、联合抵制、市场分割以及相似的限制性协议,不论是否为辅助性的,皆属非法"的判决[③]。他任总统时,"其内阁主要是由反托拉斯的律师组成的"。他不同于老罗斯福善于巧妙地与摩根之流的垄断大亨们周旋,他认为用不着隐蔽自己的观点。他"效法老罗斯福去'诉究'托拉斯",仅1912年一年,"政府提出了45起控告大托拉斯的案子",包括"曾无人敢触犯过"的美

---

① Alan Nevins, Grover Cleveland: A Study in Courage 671 (1932),转引自 Ernest Gellhorn & William E. Kovacic, *Antitrust Law and Economics in A Nutshell* (Fourth Edition),中国人民大学出版社2001年影印注释本,王晓晔注,p26。

② 参见:Northern Securities Co. v. United States, 193 U.S. 197 (1904).

③ 参见:United States v. Addyston Pipe & Steel Co. 85F. 271 (6 thCir. 1898), affd, 175 U.S. 211 (1899).

国钢铁公司。这直接导致了垄断金融财团对他的"刻骨仇恨",致使他在竞选连任时败北。[①] 但在他的强力推动下,许许多多的托拉斯被肢解。

在政府积极行动,准备轰轰烈烈大干一场的同时,法院却开始变得相当保守。一方面就大公司而言,它们拥有的巨大经济力量对政治选举与候选人都有极大的影响力,它们有能力、有办法去游说国会与政府,也有足够的财力去聘请最优秀的律师为其效劳。另一方面,从人们的理念上看,长期以来,自由主义思想在美国大有市场,新的思想——政府对经济与社会进行干预的理论很大程度上仍然停留在理论界内,更多的人是对政府抱有天生的不信任的态度。在他们看来,国家本身就是一个"利维坦",是一种不得已的"恶"。政府权力有自我膨胀的内趋力,必须对此进行限制,以避免政府权力走向反动、成为迫害人民的工具。律师们(美国的检察官是公诉律师,法官则是从优秀的律师中挑选出来的)普遍信仰自然法则,普遍认为虽然美国制定了成文的刚性宪法,与英国拉开了差距,但宪法(尤其是第一修正案)只不过是对自然法传统的记录而已[②]。早在前马歇尔(Per-Marshall)时期几位大法官就持这样的理念。在Calder 案中,大法官 Chase 在判决中强调:"美国人民之所以制定宪法、组成政府、建立法院,就是为了提高他们的整体福利与寻求自由,并使他们的人身与财产远离暴力……他们是根据社会契约(Social Compact)来到这个社会的……国会通过与这一伟大社会契约的根本原则相反的法案(Act)不能被认为是正确行使立法授权,我不能将它称为法律(Law)。"[③]内战后,随着工业飞速发展与公司权力(corporate power)的日益增大,国会通过了一系列的经济管制法规,而公司的律师们却通过对宪法修正案第 14 条关于正当程序条款(Due Process Clause)的不同解读,发现了一种新的"合同自由"(liberty of contract)。他们认为国会的经济管制立法不仅有违反亚当·斯密的自由放任理论,也有悖于社会达尔文主义(Social Darwinism),经济不平等不应是政府管制的原因。因

---

① 参见[苏]列·伊·祖波克著:《美国史纲:1877—1918》(下),庚声译,三联书店 1962 年版,第 485~506 页。卸下总统任的塔夫托后来被任命为联邦最高法院的首席大法官,成为联邦最高法院中反垄断政策的坚定捍卫者。

② 参见 Kanthleen M. Sullivan & Gerald Gunther, *Constitutional Law*, *Fondation Press* (Fourteenth Eddition, 2001), p452~453.

③ Calder v. Bull, 3 U.S. 386 (1798).

而，要求限制政府经济权力、挑战国会这类立法的案件雪花般飞向法院。在 1897 年的 Allgeyer 案中，大法官们做出的一致判决认为："（修正案第 14 条）的自由，不仅仅是一个人免于他们人身限制的公民权，也包含他自由使用自身各项能力的权力……自由地追求美好生活，并为此目的订立各种契约的自由……"[①]"在最高法院的默许下，1879 年至 1904 间，美国发生了 319 次公司兼并，资本总额为 63 亿美元。仅洛克菲勒的新泽西美孚石油公司就吞并了 20 家分散的石油公司，到 1904 年已控制了美国国内石油贸易的 80%，石油出口的 90%。"[②]虽然 1911 年 Standard Oil Co. 一案，将这个大托拉斯分解为 33 个公司，但法院在推理过程中一改先前的"本身违法原则"，而是确定了"合理原则"[③]。老罗斯福对自己提名任命的大法官作出这样的判决深为不满，他愤怒地说："他让我连一个香蕉都掰不开。"尽管随后最高法院又根据"合理原则"解散了美国烟草公司，但"合理原则"与老罗斯福当政时挑战并成功阻止金融大亨 James J. Hill 与 J. P. Morgan Co. 的合并形成强烈反差，增加了人们对最高法院日趋保守的担忧，甚至有人怀疑法院今后还会不会执行谢尔曼法。"商界精英们"则认为，既然法院承认谢尔曼法只禁止"不合理的"限制贸易行为，那么，政府就有责任事先将何为"合理"、何为"不合理"明白无误地告知他们。

（三）反垄断政策基本框架的形成：克莱顿法与联邦贸易委员会法的通过

在 1912 年的总统大选中，公众的焦点聚集到了政府在经济活动中的作用问题，对垄断的规制成为两党候选人争执的一个重点。以"新自由主义"获胜入主白宫的伍德罗·威尔逊（Woodrow Wilson，1913～1921）反对老罗斯福用管制的方法制止垄断，特别是为垄断企业生产的产品规定最高价格。他担心由于管制会使政府与被管制企业接触过度，从而造成"管制者为被管制者所俘虏"的结局。他要求国会创制一个联邦行政机构，调查与公布（但不是起诉）企业滥用贸易权的行为，以提高公平竞争。同时他也认为由于"合理原则"没有给商界提供一个指南，告诉他们

① Allgeyer v. Louisiana, 165 U. S. 578 (1897).

② 张乃根著：《西方法哲学史纲》，中国政法大学出版社，1993 年版，第 244 页。

③ 此时的合理原则是指谢尔曼法只制止对贸易不合理的限制。何为不合理，要由法院根据案件的具体情况来认定。参见：Standard Oil Co. v. United States, 221 U. S. 1 (1911).

竞争行为合法与非法的界限，无法满足“法之确定性”的要求[①]，并且这样给了法院过大的自由裁量权，因此需要修订谢尔曼法，逐条列举违法行为的表现（这是克莱顿法的草案），并辅以刑事制裁以保证法律的实施。该提议在送交国会审议时，总统的反托拉斯顾问路易斯·布兰德斯（Louis Brandeis，后来出任最高法院大法官）成功地说服总统“将具体禁止规定与刑事制裁结合在一起是难以行得通的”，因为过于具体的禁止规定的直接执行效果或许会不错，但刑事制裁的效果却不好评估，而且法院可能会对法律作限制性解释，并在一些案件中不运用刑罚（除非是一些常见的垄断行为，但这样的行为已为谢尔曼法所涵盖）。另外过于具体的禁止性规定也会使企业轻易巧妙而成功地规避过去，而“对所有不正当的竞争行为作出规定是不可能的”。因此，应当对不受欢迎的竞争行为作一般性禁止。威尔逊采纳了布兰德斯的建议。国会在通过法案时，担心法院会抵制总统提议的反垄断立法，最后同意了总统增设一个行政机构并授权其执行反垄断立法的建议。1914 年，克莱顿法（Clayton Act）与联邦贸易委员会法（Federal Trade Commission Act）被国会通过[②]。加之先前通过的谢尔曼法，美国大体上完成了竞争规范的立法，形成了反垄断政策的基本框架，并通过法院判决而趋于完整。[③]

克莱顿法将四种行为规定为违法（但不是犯罪）加以禁止：(1) 第 2 条规定的价格歧视（price discrimination）[④]，即禁止对相似条件的买方实行不同的销售价格；(2) 第 3 条规定的排他性合同（exclusive contracts），即禁止要求买方必须与卖方的竞争对手停止交易；(3) 第 7 条的取得其

---

① 参见赖源河编审：《公平交易法新论》，元照出版公司，2000 年版，第 57 页。

② 参见：Woodrow Wilson, The New Freedom 172, 201, 202 (1913). H. p. Rep. No. 1142, 63rd Cong., 2d Sess. 18 (1914). 转引自：Ernest Gellhorn & William E. Kovacic, *Antitrust Law and Economics in A Nutshell*, Fourth Edition, 中国人民大学出版社 2001 年影印注释本，王晓晔注，p27～28。

③ 参见 W. Kip Viscusi, John M. Vernon, Joseph E. Harrington, Jr., Economics of Regulation and Antitrust (3 rd edition)，陈甬军等译，机械工业出版社 2004 年版，第 38 页。Richard A. Posner & Frank H. Easterbrook, *Antitrust Cases*, *Economic Notes*, *and Other Materials*, West Pub. Co. (1981), p31.

④ 由于此条用词含糊不清，1936 年国会又制定了 Robinson-Patman Act 对其加以修正。其主要内容是：(1)禁止以低价倾销的方式削减同业竞争，(2)禁止以固定价格的方式造成独占或减少竞争。

他公司股份 (acqusition of stock of another corporation)[①],这一条的目的在于通过限制对其他公司股份的取得,避免公司通过并购而一枝独大,独占市场;(4) 第 8 条的连锁董事(interlocking directors),即禁止有竞争关系的公司之间的董事相互兼任的行为。四个禁止性规定都以其所造成的影响在实质上足以导致竞争减少或确有造成独占的"可能"为成立前提。换言之,执行机构与法院不需企业垄断的事实,不需造成实际的损害或有害影响,只要认为某一企业可能会形成垄断,即可对尚无结果的早期行为预以制止。这被称为"早期原则",该原则改变了谢尔曼法必须有损害竞争事实的要求,好比刑法中的假想防卫,只要某人持有一把手枪,警察就可以以他具有杀人或伤害的可能为借口,予以没收和处罚。这一原则的解释权被最高法院牢牢把持,直至后来造成该法的执行效果大打折扣[②]。

与克莱顿法同年通过的联邦贸易委员会法主要有两方面内容:一是弥补谢尔曼法的漏洞。鉴于谢尔曼法只对托拉斯所造成的独占或以合同、垄断或其他方式结合或共谋限制交易的行为加以规范,而没有顾及其他不公平的限制竞争行为,有必要对将"商业上或影响商业的不公平竞争方法及不公平或欺骗性行为,视为非法"[③](但不是犯罪,见该法第 5 条第一款)。同时,由于谢尔曼法的用语极其含糊不清,也需进行立法解释,作为执行时的依据。二是,虽然议员们当时对政府干预经济运作仍抱敌意,但更多地还是在大法官"合理原则"的刺激下,对法院的"肆意妄为"心有余悸。国会希望通过建立一个对自己忠诚、便于自己控制的行政执行机构,授于其裁判权,确保实现自己的竞争政策目标[④]。这样,联邦贸易委员会(Federal Trade Commission,简称 FTC)得以建立,并与司

① 1950 年通过的 Celler-Kefauver Anti-Merger Act 弥补了此条的漏洞,将禁止的范围扩大至企业资产(assets)。1976 年,国会又出台了 Hart-Scott-Rodino Antitrust Improvement Act,就大企业的并购规定了事前申报制度。

② 参见 A. D. Neale & DG Goyder, *The Antitrust Laws of the U. S. A: The Origins and Historical Development of Antitrust*, Cambridge Univ. Press (1980), p474.

③ 国会作之概括性规定的目的在于,使联邦贸易委员会拥有较大、有弹性的执行权限,有足够大的活动空间,以适应经济环境不断发展变化的需要,发挥法律的功能,而国会无须频繁地修订法律。

④ 参见:Ernest Gellhorn & William E. Kovacic, *Antitrust Law and Economics in A Nutshell*, Fourth Edition,中国人民大学出版社 2001 年影印注释本,王晓晔注,p29～30。

法部分享执行反垄断政策的权力[①]。

四、美国反垄断政策的发展

(一) 1914～1935 年:"被忽略的时代"

克莱顿法与联邦贸易法的出台,标志着美国反垄断政策框架已经形成。但由于制定时的政治意义远远大于经济意义,政策的执行效果并不理想。由于在观念上经济自由主义仍然占据主导地位,人们对政府介入经济运行忧心忡忡,在执行时也常常裹足不前。当时支持三大反垄断法的社会精英虽然很多,但在他们当中几乎找不到一位经济学家的影子。更有一些经济学家呼吁政府别用反垄断政策对付企业,提出"政府与企业应建立合作关系"。当时一位著名的研究反垄断政策的经济学家就恳请政府鼓励本国竞争者相互合作进行生产和研发,共同驰骋于国际市场[②]。同时,竞争中失败的企业将反垄断政策作为乞求政府出手相助,借以压制对手、破坏竞争的手段。反垄断政策更是经常被诸多的行为主体作为"寻租"(rent-seeking)的工具[③]。在谢尔曼法通过后,法院在执行上的忽左忽右,从某种程度上可以说是这些思想在法官身上的体现。

如果说,从 1890 年谢尔曼法出台以后,最高法院经历了一段普通法上的摸索与造法时期,形成了"本身违法原则"与"合理原则",还算是有所作为的话,那么,1914～1937 年,反垄断政策基本上被束之高阁,弃之不用。这有两方面原因:

一方面是行政当局推行"合作与计划政策",对反垄断政策采取不作为的态度,软磨硬顶,严重制约了反垄断政策功能的发挥。由于第一次世界大战不仅没有给美国带来损失,反而送给它一个空前的发展机遇,成为其加速发展的推动力,再加上它的战胜国地位,使它并没有陷入人

---

① 根据联邦贸易委员会法,联邦贸易委员会不能进行刑事追诉,不能作出可预期的裁决,司法部反垄断局(以联邦政府的名义)作为检察机关,不仅拥有民事起诉权,还享有刑事追诉权,但它没有执行联邦贸易委员会法的权力。1948 年在 FTC v. Cement Institute 一案中,最高法院裁定联邦贸易委员会可以执行谢尔曼法。关于司法部反托拉斯局与联邦贸易委员会的分工情况,可参见 E. Thomas Sullivan & Herbert Hovenkamp, *Antitrust Law, Policy and Procedure: Cases, Materials, Problems*, LexisNexis (Fourth Edition, 1999), p42～43.

② 参见 Charles R. Van Hise, *Concentration and Control: A Solution of the Trust Problem in the United States*, Macmillan Publisher (1912), p276～78.

③ 关于反垄断政策被利益集团运用于寻租的论述,请参见本书第六章。

们所预料的西欧主要资本主义国家那样的经济危机，随之而来的是一个持续十年的繁荣时期。这一时期成为20世纪美国经济发展的第一个黄金时期，也是自由放任的鼎盛阶段。战争给美国带来的经济繁荣给威尔逊的“新自由主义(New Liberalism)”和进步主义者的改革迎头一棒，同时更加坚定了保守主义者对自由放任式传统发展道路的迷信。随后的三位总统哈丁(Warren G. Harding，1921～1923)、柯立芝(Calvin Coolidge，1923～1929)与胡佛(Herbert Hoover，1929～1933)都奉行“自由经济”的执政理念，犹以后来被称为“美国历史上最糟糕的总统”的胡佛为甚。胡佛身兼商务部长，以“贸易团体之间的相互合作与信息交流可以避免浪费性的竞争”[①]为由，在反垄断政策的执行方面极端地不作为。整个20世纪20年代，司法部与FTC主要致力于提升“公平”竞争，特别是规范贸易协会等商业组织的行为，基本不涉及垄断问题。20世纪30年代，由于处于“经济大萧条”之中，政府不仅完全丢弃了反垄断政策，还反过来支持组建国有产业组织与价格联盟。只是到了“新政”(New Deal)失败、国家产业复兴法(National Industrial Recovery Act)被最高法院宣布违宪后，小罗斯福(Franklin D. Roosevelt，1933～1945)任命瑟曼·阿诺德(Thurman Arnold)为司法部反托拉斯局局长，反垄断政策才走出了“被行政当局忽略的时代”[②]。

另一方面是最高法院的问题。面对着公司的迅猛扩张与日益严重的企业兼并，国会与各州议会都采取了相应的调控措施。“1889～1937年是美国联邦最高法院历史上的司法能动期，但从政治倾向上看，这一时期的最高法院恰恰却是美国历史上最为保守的。”[③]作为自由市场理念的集大成者和坚实捍卫者，最高法院“通过频频使用‘(实质性)正当程序’条款”[④]，将有关反垄断的各州立法置于死地，客观上起到了鼓励垄断

① 金明路、柴志贤：“美国反托拉斯政策变迁及对我国反垄断的启示”，《浙江学刊》2001年第3期，第137页。

② 参见 Richard Hofstadter, “What happened to the Antitrust Movement? Notes on the Evolution of an American Creed”, In Earl F. Cheit, ed., *The Business Establishment*, Wiley & Sons Press (1965), p193.

③ Lee Epstein & Thomas G. Walker, “Constitutional Law for a Changing America: Institutional Power & Constraints” *Congressional Quarterly Press* (1998, 3 rd Edition), p613. 转引自胡晓进、任东来：“保守理念与美国联邦最高法院”，《美国研究》2003年第2期。

④ 参见胡晓进、任杂来：“保守理念与美国联邦最高法院”，《美国研究》2003年第2期。

行为的作用。

所谓“正当程序”表现为两个条款，一个是为限制联邦政府权力的宪法第五修正案，它规定：“任何人……不经正当法律程序，不得被剥夺生命、自由或财产。”另一个是限制州级政府权力的第十四修正案，它规定：“任何一州……不经正当法律程序，不得剥夺任何人的生命、自由或财产……”简言之，正当程序指的是不经过一定的合法程序，联邦和各州不得剥夺公民的生命、自由和财产①。面对立法调控，大公司往往以契约自由属实质性正当程序为由，请求法院的干预。最高法院基本上都会接受这样的诉讼理由。

1929 年陡然而来的经济危机，使原本高票当选的胡佛总统因为顽固坚持其自由理念，对这场最严重的市场失灵不作任何政策反映而名誉扫地，只得灰溜溜地逃离白宫。接任的小罗斯福总统为尽快地将美国经济拖出大萧条的泥潭，力主在政府与产业界之间建立起紧密的协调关系，帮助企业实施经济发展战略，实行以“3R”即复兴（Recover）、救济（Relief）、改革（Reform）为核心的“新政”，为实行计划化做多方面的努力，其中最为重要的就是实施《国家产业复兴法》。1933 年，在罗斯福总统的推动下，国会通过了支持垄断与强化经济管理的《国家产业复兴法》。6 月 16 日，这一法律在罗斯福签署后生效。1934 年 4 月 13 日，罗斯福根据《国家产业复兴法》第 3 条对总统的授权制定了“活家禽法令”（The Living Poultry Act）。同年，为执行总统的这一法令，司法部在纽约东区联邦地区法院起诉拒不执行这一“办法”的 Schechter Poultry Corp.，指控它密谋从事 18 种违法行为。被告以“总统命令是以国会违反正当程序的立法为制定依据，因而本身无效”的辩解在初审中没有被采纳。第二年案子被上诉到联邦最高法院。此时的最高法院，由于 9 名大法官历来信奉保守的自由放任政策，敌视“新政”，且多半都年逾古稀，

---

① 一般认为“正当程序”有两层含义：一是联邦和州级政府的行为必须符合一定的法律程序，这被称为“程序性正当程序”（procedural due process）；二是“实质性正当程序”（substantive due process），即：即使程序合法，联邦和州的行为也不能损害公民的生命、自由和财产。人们对第一层含义分歧不大，程序合不合法，比较容易发现。但由于生命、自由、财产均较为抽象且难以作出完整、令人信服的定义，在第二层含义上就表现得见仁见智了，三者当中，最有争议的要算何为自由了。就“经济自由”而言，具体到反垄断政策，是指“契约自由”还是指“贸易自由”，争议颇大。关于实质性正当程序与经济规制的关系问题，请参见：Kathleen M. Sullivan & Gerald Gunther, *Constitutional Law*, Foundation Press (Fourteenth Edition, 2001), p452～78。

被称作"九老院"。他们一致认为"如此授权的规章制定权是一个违宪的授权"。1935年5月27日，最高法院作出的"一项最具影响力的判决"判定《国家产业复兴法》第3条的规定没有先例，应予推翻①。加上早些时候最高法院在巴拿马炼油公司案中，宣布《国家产业复兴法》第9条违宪②，第一个百日新政从法律上宣告失败。这一时期，法院一直奉行保守的经济政策，而历任总统对垄断持默许、容忍乃至鼓励与支持的立场，国会在经济政策上又采取与总统基本合作的态度，反垄断政策从公共政策层面上讲，基本上处于休眠状态，几乎销声匿迹，消失在人们的视野之外。

（二）1936～1976年：奏响反垄断政策的最强音

在经过支持产业垄断与加强行业管制的产业复兴法的挫折之后，罗斯福在第二次百日新政中仍然坚持凯恩斯的"政府干预"理论，所不同的是他在策略上作了调整，把干预的矛头转向了垄断资本，他发动了一场大规模的反垄断运动，以争取政治上的主动权。当又一项法律（即国家复兴行政法）被最高法院宣布无效后，罗斯福最终坚信，如要实施其经济复兴计划，就必须限制最高法院的权力或者变更大法官的人选。1936年罗斯福在大选中赢得了前所未有的绝对多数，这给了他巩固总统地位并放手与最高法院进行一搏的资本，于是他敦促国会通过"整顿最高法院法案"(Court Packing Bill)，行政机构与最高法院间的斗争达到了顶点。与此同时，大选的结果似乎也使最高法院认识到了罗斯福的纲领得到了选民的普遍赞同。最高法院随之也在策略上作了调整，从极右翼的立场后退，不仅在一些核心问题上转变了态度，更在司法过程中不再以"正当程序"条款限制立法的效力。相应地，罗斯福也失去了采取最强硬行动所应具有的理由。1936年，罗斯福所在的民主党由于在国会占据势力，以压倒性多数投票顺利通过了罗宾逊—帕德曼法（Robinson-Patman

① 参见：Schechter Poultry Corp. v. United States，295 U.S. 495 (1935).

② 联邦最高法院认为：对有关石油产品的运输问题，国会既没有宣布政策，也没确立标准，更没有制定规则，对允许石油运输或禁止石油运输的情况和条件，没作任何要求和规定。"国会不是在履行立法职能，而是随心所欲地把它选择的事项的决定权交给总统、其他官员或一个行政机构。问题不在于我们面临的这部法律的重要性有多大，而是关系到我们政府体制中核心部分的立法权问题，关系到我们国家的宪法秩序。"参见：Panama Ref. Co. v. Ryan，293 U.S. 388(1935).

Act)。该法扩大了克莱顿法列举的不正当竞争的范围，在禁止以低价倾销的方式削减同业竞争的同时，也禁止以固定价格的方式造成独占或减少竞争。自此，美国迈入了积极执行反托拉斯政策的新阶段。

同第一次世界大战一样，第二次世界大战再一次迅猛地推动了美国经济的快速发展。在其他国家与地区因战争创伤而满目疮痍的时候，美国战后的经济却一枝独秀。一方面，在没有外力与美国经济进行竞争的情况下，美国商品“打遍天下无敌手”，可以自由驰骋于世界市场。另一方面，反思几乎带来毁灭性后果的大萧条的原因，使人们将经济危机的主要根源归咎于垄断的形成与加剧所导致的分配悬殊过甚。诚然，垄断组织的出现是经济发展到一定程度的必然产物，是生产力的要求使然，要发展经济必然要有一定的企业规模。但垄断毕竟是一柄双刃剑，它在适应与有利于生产力发展的同时，又严重地破坏了市场的经济结构，进一步加剧了财富分配中的金字塔结构。高居金字塔顶部的少数垄断资本家愈来愈富，而匍匐于金字塔底部的普通大众收入相对减少。大量贫困阶层的存在制约了社会购买力，使经济过分依附于高端消费与投资。私人经济的盲目发展与社会购买力相对不足日趋尖锐，经济危机就不可避免。在市场调节不再像自由资本主义时期那样充分而有效的情况下，公共权力必须以弥补市场缺陷、排除市场障碍为己任，通过更加严格与严厉地执行反垄断政策，扼杀掉经济危机的苗头。由此，在二战行将结束之际，轰轰烈烈的反垄断政策“执行运动”就拉开了帷幕。1950 年国会通过了赛勒—孚维尔反合并法（Celler-Kefauver Act），弥补了克莱顿法第 7 条的漏洞，将禁止的范围扩大至企业资产，“规定，一家公司握有另一家公司的资产时，只要产生减弱竞争的影响，即被视为非法。”1968 年，司法部根据哈佛学派梅森与贝恩的经济学理论颁布了企业兼并指南（Merger Guidelines），规定：在一个高度集中的市场上，如果兼并企业与被兼并企业的市场份额分别达到 4%以上，或分别达到 10%以上与 2%以上，或 15%以上与 1%以上，反垄断局就要出手干预。法院对拥有市场力量的企业的行为也变得严厉起来。从二战结束后到上世纪 70 年代，除了在涉外经济方面的卡特尔不受限制外，几乎美国国内市场的所有反竞争行为都得了严格的控制。如，联合抵制交易被当作反竞争行为而受指控；公司之间的合并被认为是会减少竞争对手和降低竞争程度而被司法部、FTC 和法院撤销；合谋、串通与操纵投标招标，被指责为滥用市场优势而受到制裁；刑事手段也多次被用来惩治垄断行为人；美国通用电气和另外几个重要电器商因秘密协商定价而被处以巨额罚金，公司决策人被判入狱；1969 年全美几大洁具公司因固定价格也受到刑事制裁。1976 年，国会又出台了哈特—史考特—罗笛诺反托拉斯促进法(Hart-Scott-Rodino Antitrust Improvement Act)，就大企业的并购设置了事前申报制度。这一时期的反垄断政策的执行力度显著加强，强烈地影响着经济的运行与产业组织的规模。历任总统[①]也都表现出与法院密切配合的愿望[②]。

“美国反垄断政策的演进并不是一帆风顺的。它曾因社会经济发展的迫切需要而被制定出来，也曾因国家政策的阶段性而被搁置。”[③]至此，美国的反垄断政策走过了一条从创立反垄断法——不积极执行——积极执行的历史曲线。

(三) 1977～2000 年：从再次被打入“冷宫”到走向复兴

1. 1977～1988 年：由严厉执行到打入“冷宫”

在 1977 年 Continental T. V. 一案[④]中，最高法院对非价格的垂直交易限制不再使用“本身违法原则”，代之以“合理原则”进行审理。于是卡特政府对反垄断政策的执行逐渐趋于宽松。1981 年，持新自由主义理念的里根(Ronald Reagan，1981～1989)入主白宫后，反垄断政策成了美国某些产业(如汽车、电器等)不敌外国(主要是日本与欧洲)竞争的替罪羔羊[⑤]。里根于是起用了芝加哥学派的重要成员、斯坦福大学的威廉·伯

① 杜鲁门(Harry S. Truman，1945～1953)、艾森豪威尔((Dwight D. Eisenhower，1953～1961)、肯尼迪(John F. Kennedy，1961～1963)、约翰逊(Lyndon B. Johnson，1963～1969)、尼克松(Richard M. Nixon，1969～1974)、福特(Gerald Ford，1974～1977)与卡特(Jimmy Carter，1977～1981)。

② 这一时期总统对最高法院的尊重对塑造今日的美国宪法及人们的宪政意识起到了重要作用。比如艾森豪威尔对自己提名的首席大法官沃伦所做出的黑白合校的判决非常不满，但为了不使国家发生宪法危机(即法院无力执行自己做出的判决，但如果判决得不到执行，就会使三权分立的宪政体制终结)，还是派军队护送 9 名黑人儿童到白人学校上学。尼克松也是在面临法院传票的威胁下，拒绝黑格将军命令 101 空降师进驻华盛顿、保护总统(三军总司令)的建议，而主动辞去总统职务的。

③ 吉珊珊：“美国经济大危机与反垄断法的演进”，山西大学学报(哲学社会科学版)2002 年第 3 期，第 48 页。

④ 参见：Continental T. V. Inc. v. GTE Sylvania Inc.，433 U. S. 36 (1977).

⑤ 参见 Eleanor Fox & Lawrence Sullivan，“Antitrust-Retrospective and Prospective：Where are we coming from? Where are we going?”，62 N. U. L. Rev. 936 (1987).

斯特[①]，任命他为司法部反垄断局局长。持“合并有益论”观点的伯斯特一改往届政府对合并的过分限制，在 1982 年和 1984 年两次修改“企业合并指南”，放宽了对企业合并的控制标准。奉行极端保守路线的里根总统所执政的 8 年里，反垄断政策受到了政府的极力打压，诸多方面出现了急遽变化，反垄断政策的实施跌到了其颁布以来的最低谷，主要表现在以下几方面：(1) 政府反垄断案件的起诉数量明显减少。里根执政的 8 年间，联邦执行机构的预算经费减少了 50%，迫使两个机构大量裁减专业人员，而将财力集聚在调查与指控合并与水平限制方面。对限制性合同与试图垄断的起诉数量分别由卡特时期的每年 15～20 件与每年 10 件以上锐减至上世纪 80 年代的平均每年 1 件与每年 3 件。(2) 企业合并达到了历史上的最高点。对合并的控制指数 HHI 在 1983 年上升到 2 532，1985 年增至 3 001，甚至对市场份额占据 40%的企业的收购行为也听之任之。在里根放松反垄断政策的诱导下，合并浪潮席卷了全美。美国历史上最大规模的水平合并与许许多多的大型垂直合并都发生在这一时期，包括发生在 Texaco 与 Getty 等主要石油公司之间的兼并，仅在 1985 年，合并次数就有 3 165 次，涉及金额高达 1 391 亿美元之巨。1986 年司法部和 FTC 联合制定的反垄断政策指南，完全抛弃了 20 世纪 60 年代最高法院对合并与非价格垂直限制所作出的技术分析，其着眼点几乎全部聚焦于水平合并与水平限制产量。(3) 在里根的努力下，国会还放松了对合资企业的约束和限制，放宽了对竞争企业之间的合作经营的限制[②]。(4) 司法部协商结案。在 1981～1985 年间司法部调查的 28 起案件几乎都以协商方式结案，甚至于里根政府还转过来推动这些合并行为。1981 年，作为全美第二大石油公司的 Mobil 明确要求其经销商只能销售 Mobil 品牌的石油，当一个独立的经销商 Marathon 没有遵守这一“禁令”时，被 Mobil 禁止经营其产品。司法部不但没有什

---

① 伯斯特认为合并能够增加经济效益，只有相对集中的产业才有竞争力，才能在国际竞争中占据有利地位。作为反垄断局局长，伯斯特强调他有责任将反垄断政策从“社团联合的概念发展成为从经济学观点出发的合理化组织的竞争政策”。他提出：“全部反垄断政策都是为保护竞争而设计的，但不是保护竞争者。”“(反垄断)政策的好坏在于它能否提高经济效率。”

② 当时的商业部长迈克·鲍迪在游说国会准许 Republic Steel Co. 与 LTV 合并时说：“如果美国还想保持它的钢铁工业健康发展的话，这样的合并就是必要的。”

么作为，还公开发表非正式意见，暗示政府可以接受 Mobil 的行为[1]。(5) 与此同时，里根政府还尽其所能地限制、削弱私人的反垄断起诉资格与能力。政府多次参与调节私人反垄断诉讼案件，并明显地偏袒被告。私人反垄断诉讼大为减少。甚至还有人提出要废除谢尔曼法中“三倍赔偿”的规定[2]。虽然这一建议没有被采纳，但法院在这一时期仅判决为数极少的原告胜诉，且十分吝惜使用“三倍赔偿”。这又大大打击了原告诉讼的动力。整个 20 世纪 80 年代，反垄断政策都被打入“冷宫”。

总统为了贯彻其反垄断意图，最持久有效的办法就是充分运用自己在终身大法官任命上的提名权。正是这些法官把守着反垄断政策执行与否以及如何执行的大门[3]。截止到 1992 年，里根与老布什(George H. Bush，1989～1993)共任命了包括五名大法官在内的三分之二的联邦法官。通过挑选与自己具有相同意识形态即持“政府介入经济运行是徒劳无益”立场的法学家进入联邦法院，里根与老布什卓有成效地影响了法院的判决，成功将自己对待反垄断政策的立场转变成法官的自觉行动。

但反垄断政策并没有“死亡”。里根政府的立场受到了国会的强力抵制。议员们质疑：司法部作为最高法院审理私人诉讼中的“法官的顾问”，其指导思想与行为都有悖于公正原则。1984 年的 Spray-Rite 案[4]中，司法部建议最高法院推翻对垂直固定价格本身违法的先例。由于原、被告双方并没有对这一问题提出质疑，下级法院也没有对这一问题提出申请，最高法院的判决对这一问题没有涉及。但国会迅速作出了反映。它通过了一项预算修正案，禁止司法部将其资源运用于为改变固定价格本身违法目标的一切行为，由此也就拉开了政府游说议会修改反垄断立法的序幕。里根总统提出的修正草案不仅涉及面广，更重要的是其修改指导思想的激进。比如，他提议应当允许不同企业间的“交叉管理”，而这正是托拉斯的原始手段。又如，他建议为推动民族工业的出

① 参见 Giuliano Amato: *Antitrust and the Bounds of Power——The Dilemma of Liberal Democracy in the History of the Market*, Northwestern University Press (1997), p33～35.

② 三倍赔偿的规定是反垄断政策的力量所在。

③ 参见：Ernest Gellhorn & William E. Kovacic, *Antitrust Law and Economics in A Nutshell*, Fourth Edition, 中国人民大学出版社 2001 年影印注释本，王晓晔注，p501～502。

④ 参见：Monsanto v. Spray-Rite Service Corp , 465 U. S. 752 (1984).

口，政府应当强化其出口生产能力与竞争力，因而要放宽合并的限制，尽可能地批准企业间的合并，为此必须大胆、大幅度地修订克莱顿法第七条中与合并有关的规定，摒弃其不合时宜的部分。里根还将谢尔曼法中的“三倍赔偿”视为刺激私人诉讼的根源，在命令司法部与 FTC 不得贸然运用这一条文时，还全力寻求国会废止这一规定。但是里根的这些政策主张全部被国会所抛弃，修法的努力完全失败。

2. 1989～2000 年：反垄断政策的复兴

这个阶段，反垄断政策又开始复兴。一方面，虽然老布什（George H. Bush，1989～1993）与里根同属共和党人，执政理念基本相同，但两人还是有很大的不同。里根属于极端的右派，而老布什则偏中。另一方面，经过里根的放松干预政策，美国经济走出了低谷，重新迎来了“艳阳天”，日本与欧洲再一次被美国抛在后面，已无法对美国经济构成威胁，而且，大规模合并的直接后果是新的巨型企业的不思进取，反过来又阻碍了经济的进一步发展，并带来了其他一系列的问题。为此，老布什上台以后，重新拾起被丢弃的反垄断政策，将它作为政府干预经济的一项强有力措施。1990 年又恰逢谢尔曼法出台 110 周年。在此前后，美国经济学界与法学界掀起了一场“纪念反垄断政策诞生 110 周年”的热潮。老布什总统为此专门举行了一次部长级的庆祝典礼。接踵而至的便是政府起诉案件的明显增加，法院的审理热情也大为增高。

克林顿（William Clinton，1993～2001）上台后，其最为显著的政治理念恐怕就是自由了，他在这方面走得很远，以至于戈尔（Albert Gore）在 2000 年的大选时不得不与其适当拉开了一些距离。2004 年的总统选举中，共和党攻击民主党候选人克里（John Kerry）的一个口号就是“他比克林顿还自由”。克林顿骨子里是要推行反垄断政策，但由于共和党控制了国会，他在政治上处于弱势，同时又由于他渴望得到“企业界”的支持，就奉行了机会主义、表里不一的执行路线。上任之初，司法部迅速发布了一些有利于垄断的规定，但反垄断局并没有实际执行。相反，由于美国经济的高度繁荣，与日本和欧洲的距离进一步拉大，使克林顿政府放心大胆地“只做不说”，哪怕对自己的铁杆支持者也毫不手软。司法部对微软的反复起诉就是一个名证。比尔·盖茨（Bill Gates）曾亲赴白宫拜会总统，希望司法部能高抬贵手。但克林顿笑而不答，顾左右而言他。以至于 1999 年 6 月，240 位经济学家联名上书克林顿，要求放宽对这一

"新经济火车头"的制裁。他们认为，企业比政府更知道怎么发展经济与如何创新，美国需要的是工程师而不是律师，工程师将"蛋糕"做大，而律师只想着如何切"蛋糕"。在克林顿执政的8年里，反垄断政策的风光再现，让人们再一次感到了它的威力。

第二章 反垄断政策的目标之争

反垄断政策是美国政府调控自由市场经济最为基本的手段，其政策目标是制定这一政策时所要达到的预期和执行这一政策时的行动指南。这是反垄断政策的一个核心问题。论及美国的反垄断政策不能不提及它的政策目标。虽然这项政策实施至今已有110余年的历史，但政策目标仍然是一个众说纷纭的话题。从政府层面看，国会在立法时并没有体现政策目的或立法宗旨之类的条款，也没有相关的立法解释。不同的行政当局因经济环境、执政理念的不同而有着各自不同的执行标准。在反垄断政策目标问题上最具发言权的联邦最高法院，由于大法官的观点并不一致，甚至彼此对立，致使法院历来对政策目标的解释前后不一、相互矛盾，这更加剧了对目标问题的争议。同时，反垄断政策本质上又是经济政策的一个重要组成部分。美国国内经济状况的好坏、国际贸易与国际竞争对美国经济的冲击与影响，尤其是在经济全球化浪潮下，界定市场范围的标准从美国国内扩展到世界，对垄断构成的标准与如何对待本国国内的垄断等问题产生了关键性的影响，从而制约着反垄断政策的走向。加之反垄断政策出台的政治与经济背景的复杂，人们所持的哲学与经济理念的差异，利益集团的游说与压力，导致了在执行过程中，对政策目标的理解往往是对立的，并常常表现为多元化的情形。

目标之争决不仅是一个学术问题，更是一个在意识形态支撑下的现实问题和利益问题，它直接影响着反垄断政策的执行——要不要执行、如何执行以及执行的砝码究竟倾向何方。曾任司法部长和最高法院大法官的 James C. McReynolds 曾经说过："没有人能确切地告诉我们是什么因素引导法官如何适用谢尔曼法，但很大程度上取决于他们接受的经济观点。"[①]著名的经济学家与反垄断专家 R. Bork 法官认为："反垄断政策的目标是什么，或者说它有哪些目标？只有在我们十分肯定地回答

---

① Alexander M. Bichel & Benno C. Schmidt, Jr., 9 *History of the Supreme Court of the United States* 166 (1984).

这个问题后，我们才能做出理性的推理，才能问及下一个（是否执行或如何执行反垄断政策）问题。执法人员是受多元价值观念还是一元价值观念的指导？如果是多元的，在这些价值观念发生冲突时他们如何取舍？只有解决了目标问题之后，反垄断政策才可能形成一个具有实质规则的连续整体。”“执法者的行为严重地依赖他们的政策倾向、所接受的培训和各处独特的经历。”[①]在执行反垄断政策时，无论是司法部、FTC还是联邦各级法院，他们首先要明确的一个问题就是为什么目的而反垄断。由于国会拥有立法权，法院掌有司法审查与解释权，行政当局握有起诉权与部分准司法性质的裁量权，对反垄断政策目标的讨论不可避免地要围绕着这些政府部门来展开。

一、保护竞争，维护竞争机制正常地发挥作用

（一）保护竞争的法律表达及保护原因

如前所述，市场并非十全十美，其自动调节功能常常无法达到资源配置的最佳状态而出现市场失灵。就竞争而言，它在产生时起也“播下了毁灭自身的种子”。因为竞争中获胜的企业可能会在某一产业中占据优势地位，而其在与其他企业的交易过程中，就会因供求关系的不平衡、信息占有量的多寡而据于主导地位。拥有优势地位的企业可能发展成为具有市场势力的企业，即拥有“一个人或一群人不适当地影响市场价格的能力”，拥有任意控制价格及其他决定交易的因素的能力[②]。它们是市场竞争机制的潜在破坏者。这样，在交易中占据优势地位的企业如果滥用优势，必将损害相对人的交易自由和利益，最终破坏市场的自由与公正，破坏竞争机制，扭曲竞争秩序。为保护竞争机制正常地发挥其功能，政府应运用反垄断政策阻却市场力量，迎头痛击垄断行为。正如一些经济学家指出的那样：“在企业变成一头垄断的野猪时，要防止它到处乱撞。”[③]

作为市场经济条件下政府干预经济的一项最基本的公共政策，反垄

---

① Robert H. Bork, *Antitrust Paradox——A Policy at War with Itself*, The Free Press (second edition, 1993), p50.

② 参见［美］曼昆：《经济学原理》，梁小民译，机械工业出版社2003年版，第10～11页。

③ ［美］保罗·萨缪尔森，威廉·诺德豪斯著：《微观经济学》第十二版（上册），萧琛等译，中国发展出版社中译本1992年版，第83页。

断政策以维护自由企业制度和交易自由，制约垄断，增强竞争，保障竞争机制为根本使命。“政府的经济政策要以保护和促进竞争为目的。”①“培育竞争是美国反垄断政策的一个主要目标。”②“全部反垄断法规的目标就是保护与促进公平竞争。”③“反垄断政策的基本目的是维护和鼓励竞争，通过政府对市场的适度干预，弥补因市场力量的破坏，‘无形的手’无法修补的市场竞争机制，使其恢复到常态。”④“很明显，至少在一些方面，美国反垄断法为美国的经济发展作出了突出贡献……同样明显的是，限制反竞争商业行为将继续构成反垄断法这一公共经济政策的关键环节……提升国际竞争力与改善经济状况的压力迫使我们必须禁止诸如合并、合资等合同，而随着直接的价格管制与对像运输业等产业的准入条件的放开，又增强了运用反垄断法检查自由市场上反竞争行为的重要性。”⑤这是促进资源的有效配置，实现经济效率，维护多种市场主体的经济自由和保护消费者福利以及其他社会与政治目标的基础。“竞争法为竞争活动提供了框架，它保护竞争机制。因此，它是至关重要的。”⑥

反垄断政策维护正常竞争秩序的这一根本目的在美国国会制定谢尔曼法时，就得到了体现。“国会相信竞争，相信竞争是经济生活的常态。尽管受到托拉斯与合并运动的挑战，竞争仍然是‘贸易的生命’。总

---

① [美]马歇尔·霍华德著:《美国反托拉斯法与贸易规则》，孙南申译，中国社会科学出版社1991年版，第3页。

② E. Thomas Sullivan & Herbert Hovenkamp, *Antitrust Policy*, Fifth Edition, LEXIS Law Publishing (2004), p988.

③ Eugene R. Quinn, *Antitrust Basics*. 请参见：http://nys-stlc. syr. edu/lawlibrary/antitrust/antitrustbasics. aspx

④ 对反垄断政策所具有的促进与鼓励竞争的目标，学界与执法者均不持异意。但在其他目标上却争论不休。参见 Robert H. Lande, “Wealth Transfers as the Original and Primary Concern of Antitrust: the Efficiency Interpretation Challenged,” 34 *Hastings Law Journal* (1982), p67～69.

⑤ Donald F. Turner, “Anticipating Antitrust's Centennial: The Durability, Relevance, and Future of American Antitrust Policy”, *California Law Review*, May, 1987, p797～798. 作者 Turner 是哈佛大学的经济学博士和耶鲁大学的法律博士，他在哈佛大学法学院执教多年，于1965年至1968年间出任司法部主管反垄断局事务的副部长。上世纪50年代中期至70年代后期，他是美国最重要的反垄断学者。在本文中他接着论述道：至少反垄断法仍将视以下两种情况具有反竞争性，并宣布其为非法：一是有实质市场力量的销售者(sellers)(至少拥有50%的市场份额)搭售物品；二是被搭售品(tied product)占市场销量的15～20%。

⑥ Mark Furse, *Competition Law of the UK and EC*, Blackstone Press Ltd. (1999), p1.

的来说，只要市场上存在竞争，其结果就是最理想的。”[①]国会当时关注的焦点是垄断行为对州际贸易的不正当限制以及由此产生的独占与少数企业对经济的联手控制[②]。谢尔曼参议员在国会辩论时说：“法案是针对非法合并的，至于何为非法合并，虽然在法律上很难界定，应当留给法院去决定，但非法合并的目标是明确的，那就是形成垄断，破坏竞争，最终使竞争不能正常进行。因此，为保护竞争就必须阻却垄断。”[③]在北方太平洋铁路公司诉合众国一案中，法官布兰代斯在判决中强调：“谢尔曼法的制定基于这样的前提，即无限制的竞争力的相互作用将产生最好的经济资源配置、最低的价格、最好的质量和最大的物质进步。由此所提供的环境将有助于保持我们民主的政治与社会制度。”而不受规制的市场优势力量将妨碍竞争机制正常的发挥作用，从而降低社会资源配置的有效性，政府必须消除阻碍商品贸易自由流通的障碍[④]。1914 年的克莱顿法第 2、第 3、第 7 条都规定：“……实质上减少竞争，或者妨碍、破坏、阻止竞争的行为是非法的。”

竞争之所以成为反垄断政策要保护的首要对象，主要在于它集多种价值于一体。首先，竞争是“自由企业的核心，进而也是经济民主的表征。”[⑤]企业的自由与经济上的民主往往是紧密联系在一起的。要实现企业自由，就必须保护竞争。竞争是企业自由存在的前提和基础。离开了企业自由，经济民主就不复存在。限制竞争、不公平交易、歧视行为特别是独占，从根本上阻止乃至窒息了竞争，最终也将根除经济民主。其次，竞争是公认的理想的资源分配方式，是效益的同义词。竞争不仅能产生低价优质的商品与服务，还为消费者选择商品与服务的质量与类型提供了余地。其三，竞争体现了正义原则，促进与保障着“分配的正义”。“正义”的首要含义是社会基本结构的“正义”，它包括两个方面：社会各种资

---

① Hans B. Thorelli, *The Federal Antitrust Policy*: *Origination of an American Tradition*, The Johns Hopkins Press (1954), p226～27.

② 参见 Robert H. Lande, “Wealth Transfers as the Original and Primary Concern of Antitrust: the Efficiency Interpretation Challenged”, 34 *Hastings Law Journal* (1982), p89.

③ Senator Sherman, 12 Cong. Rec. 2455ff (1890).

④ 参见：Northern Pac. Ry. Co. v. United Stated, 365 U. S. 1,78 S. Ct. 514. 2L. Ed. 2d 545 (1958).

⑤ [美]马歇尔·霍华德著：《美国反托拉斯法与贸易规则》，孙南申译，中国社会科学出版社 1991 年版，第 4 页。

源、社会合作利益和负担分配的正义问题,社会争端、冲突解决的正义问题。在反垄断政策保护下的竞争,排除了垄断的干扰,其对资源、社会合作的利益与负担进行的分配不仅是正义的,而且还被制度化并具体转化为法律上的权利与义务关系。这种正义因有了国家强制力的支撑,而具有权威性与稳定性①。

作为反垄断政策所要保护的竞争机制,还具有重要的工具意义。竞争机制是公司企业与国家经济活动的一个重要组成部分。为了有效地利用社会与经济资源,推动技术发明与创新,为了降低生产成本,提高产品质量,满足人们的各种需求,企业间进行残酷的竞争是必然、必要和必须的。这一竞争实际上起到了提高人们的物质福利和改善非物质生活质量的作用。竞争作为促进技术革新和提高劳动生产率的一个关键的推动力,刺激着人们对未来的幻想。"政府的角色几乎没有比确保激烈的国内竞争对促进经济更为重要的……国内市场的竞争塑造和强化了企业在国际市场上竞争所需的……素质。没有国内竞争压力的企业在国际市场上罕有成功的。"②离开了竞争的手段,反垄断政策的其他目标就无从谈起。损害竞争机制主要有两种方式:(1) 竞争者相互同意不进行竞争从而损害竞争机制;(2) 竞争者通过对对手造成损害而损害竞争机制。正是由于竞争手段所具有的基础性作用,法院在找不到惩处损害竞争行为的法律渊源时,常常就以行为违反了"公共政策"或侵害了"公共利益"为由,径行判决。

竞争在一些学者的眼里还与宗教信仰与民精神联系起来。"哲学与道德因素在反垄断行动中也起到了推波助澜的作用。人们坚信竞争必须在一定的规范价值下进行。竞争被认为是美国的一大特色,是美国繁荣昌盛的力量源泉。一个充斥着竞争精神的社会时刻提醒人们去捕捉时机、抢抓机遇,从而塑造了美国人的进取精神。而这一点对商业活动是极其重要的。从这个意义上讲,营造一个充分竞争的环境,为每一个人保留公平、平等的竞争机会,让每一个新手自由进场与先前的企业家在一个平台上开展竞争是极为重要的。从清教徒的传统来看,他们往往

---

① 参见张文显:《法学基本范畴研究》,中国政法大学出版社 1993 年版第 270 页。

② Michael E. Porter, *The Competitive Advantage of Nations*, Free Press (1990), p662.

把追求经济上的成功与宗教道德联系起来，认为经济上的成功是对上帝的奉献，是在人间为上帝当好管家。经济秩序不仅是生产商品与提供服务的工具，也是为铸造良好行为设定的规则。保护竞争与竞争动机就是捍卫民族道德。"①

（二）法院保护竞争的标准：本身违法原则、合理原则及其修正

1. 基本原则的变迁

"如果不计民粹主义者的目标，法院确立的反垄断规则的功能就在于促进竞争这一经济目标。运用这些规则再结合经济推理使人能明确地推断出哪些行为将对经济无益。具有反竞争后果。经济分析一直在强有力地支持着一些简单明确的规则，比如，对水平固定价格或分割市场合同——除了一些像合资一类的合约，不必考虑立法是如何规定的，就可直接认定为本身违法。"②但要明确阐明这些规则及其经济推理常常是很困难的，困难至少来自于以下三方面的障碍：一是经济理论上的差异，如对一些新出现的经济行为缺少经济分析或由于采用的经济理论的不同而导致不同的分析结果；二是经济学家对一些特别经济行为的竞争效果，尤其是像垂直非价格与转售价格维持等行为，在认识上存在着明显的不一致性。也有人质疑对转售价格维持采取较垂直非价格更为严厉态度的正当性，在他们看来，转售价格维持在分割市场方面很少体现出像垂直非价格那样的反竞争性③；三是要对一经济行为作系统全面的经济分析与评估，就必须考虑到与这一行为相关的几个重要的因素，包括短期与长期的经济效果，而这需要借助多学科知识进行复杂的计算，其中决定性的一项就是要获取与这一个案件有关的各项市场因素的详实资料，以确定这一行为是压抑竞争还是促进竞争，这要花费巨大的财

---

① Richard Hofstadter, *What Happened to the Antitrust Movement? In The Paranoid Style in American Politics and Other Essays*, Alfred A. Knopf (1965), p210～211.

② Lawrence Anthony Sullivan, *Handbook of the Law of Antitrust*, West Publishing Co. (1977), p2.

③ 参见 Robert L. Steiner, "The Nature of Vertical Restraints", 30 *Antitrust Bull.* 143 (1985). 作者从自己担任公司总裁与 FTC 经济顾问的经历，重新审视了芝加哥学派新古典反垄断经济学(neoclassical antitrust economics)对美国反垄断政策的影响，认为这一理论指导下的反垄断政策几乎不再关注垂直安排下母公司内部的反竞争行为，对一些竞争后果的评价标准也不太客观，引发了经济学、法学学者与企业界对企业内水平与垂直安排反竞争行为的争议和对芝加哥学派指导下的美国反垄断政策的检讨与反思。

力与人力，单单完成这一点就是极其困难的。

囿于以上障碍，法院在选择适用什么样的反垄断基本原则上反反复复、前后不一。有时最高法院由于获得相关事实与经济分析的困难，建议对一些经济行为直接采用本身违法原则。如在 Topco Assocs. 案中，它宣称："法院对经济行为进行效用分析的力量有限。"[①]在 Standard Oil Co. 案中，它认为："法官没有评估的数据，也缺少这方面的经验与技能及技能帮助。""让法院对（Standard Oil Co. 的）行为是否减少了竞争作出决定是不合时宜的，因为法院不可能对每个案件的最终后果是否符合'公共利益'做出客观、准确的判断。"[②]在 Philadelphia Nat'l Bank 案中，它判决说："合并并非都是坏事。从最终的社会后果与存、贷双方的经济后果来看，它可以被认可为是有益的。但如此巨大的数额却是法官们在以前审判过程中从未遇到过的，法官们很难作出究竟是好还是坏的价值判断。"[③]后来，由于意识到本身违法原则有可能抑制经济活力，产生反竞争的后果，最高法院在近些年的断案过程中明显地趋向于搜集与行为相关的数据，对行为结果与市场竞争的影响作价值评估。Broadcast Music Inc. 案[④]与 NCAA 案[⑤]中，最高法院认识到针对水平固定价格或相似的减少竞争的合同而适用的本身违法原则，并不适用于有合作关系和相互协助的经济行为。而搭售合同非法的前提也被局限于搭售产品（tying product）须有市场力量[⑥]，而且，拒绝交易也不再被一律视为非法[⑦]。

合理原则是对本身违法原则的极端修正。这一原则要求对行为产生的所有事实后果——无论是促进竞争还是妨碍竞争——都要进行全面、细致的审查。但这一原则也面临着模糊性、不可预测性、诉讼的高成本以及获取事实的难度大等诸多难点。这又导致了法院对合理原则再作修正：首先假定行为具有违法性，如果被告提出行为合法性的事实依

---

① United States v. Topco Assocs., 405 U. S. 596, 610 (1972).

② Standard Oil Co. v. United States, 337 U. S. 293, 311, 314 (1949).

③ United States v. Philadelphia Nat'l Bank, 374 U. S. 321, 371 (1963).

④ 参见：Broadcast Music Inc. v. Columbia Broadcasting System, 441 U. S. 1 (1979).

⑤ 参见：NCAA v. Board of Regents, 468 U. S. 85 (1984).

⑥ 参见：Jefferson Parish Hosp. Dist. No. 2 v. Hyde, 466 U. S. 2, 25 (1984).

⑦ 参见：Northwest Wholesale Stationers, Inc. v. Pacific Stationery & Printing Co., 105 S. Ct. 2613 (1985).

据，再对行为作严格的审查。正如最高法院在NCAA案中所指出的："在本身违法与合理原则之间常常并不存在一个明确的楚河汉界。"[①]

2. Easterbrook的建议："过滤"有益竞争的市场行为

正如Areeda教授所指出的："在运用本身违法原则与合理原则方面，常常让人迷惑不解。"[②]由此，问题的矛盾便集中到法院应当努力阐明反垄断政策的原则，并在一定时期明白无误地告知民众它的价值取向。Easterbrook法官强烈建议最高法院澄清反垄断原则，他认为这种尝试会："(1) 使反竞争行为逃避制裁的可能性降到最低，(2) 竞争性行为不再受到阻碍或责难，(3) 降低整个反垄断制度的成本。"[③]Easterbrook指明的努力方向无疑是正确的，但如何达到这一目标才是问题的关键。考虑到法院在评估限制性行为经济后果时技术与能力方面的局限，Easterbrook设想的规则是："先过滤出可能有益的经济行为，只将那些明显有害竞争的行为根据合理原则进行审查。"[④]Easterbrook提议的是过滤全部相关事实而不是对全部事实进行审查。他过滤的第一步(对所有案件都适用)，是要求原告证明被告拥有市场力量。Easterbrook的理由是，如果被告缺少市场力量，其行为就不会产生实质性的反竞争效果。正如他指出的，许多下级法院将市场力量的有无作为是否适用合理原则的前提，最高法院也将原告提供的被告拥有市场力量的证据作为推断搭售合同本身违法的第一步。有时市场力量的有无比较容易发现，但对相关市场的界定却是一件极其复杂的工作，所以法院常常不需检验市场力

---

① NCAA v. Board of Regents, 468 U.S. 85, 104 (1984).

② Phillip Areeda & Herbert Hovenkamp, *Antitrust law: An analysis of antitrust principles and their application*, Little, Brown and Company. (2d ed. 2000), p1511.

③ Frank H. Easterbrook, "The Limits of Antitrust", 63 *TEX. L. REV.* 1, p16 (1984). 顺便一提的是，毕业于芝加哥大学法学院的Easterbrook，曾任美国司法部代理副司法部长，是一位有名的右翼反垄断专家与刑事犯罪学家，1985年被任命为第七巡回上诉法院法官。根据美国之音(VOA)的报道，美国建国以来，只有二十几名联邦法官受到了犯罪指控。2001年7月9日，第七巡回上诉法院职员Alpern通过截获的Easterbrook往来信件(包括电子邮件)，检举Easterbrook在审理案件时触犯了叛国、渎职、腐败、欺骗政府等八项罪名(根据美国法律规定，雇员妨碍法官通讯自由是非法行径)。Easterbrook对此一直保持沉默。

④ Frank H. Easterbrook, "The Limits of Antitrust", 63 *TEX. L. REV.* 1, p17 (1984).

量即断定行为本身违法（如水平固定价格或其他形式的减少竞争的合同）[①]或行为本身合法（per se lawful）（如许多专利所有人拒绝将其产品或生产过程的专利特权授予其竞争对手）。Easterbrook 的过滤建议还包括，考虑被告市场上其他公司的行为，即其他企业是否使用与被告公司同样的行为或这种行为是否导致了被告产量或市场份额的萎缩。如，一个在市场上占据主导地位的公司，强迫买方接受其长期排他性必要合同，单单这一行为就足以表明该公司必须受到严惩，而不管竞争者是否跟进这一行为，也无需过滤该公司的产量与市场份额的变化。即使必要合同具有经济合理性，主导公司借助这种合同保持或提高其市场份额都是对他人正当经营权的践踏，应当一概视为具有反竞争结果。

Easterbrook 建议的核心是在阐明与解释反垄断原则时，采用“有罪推定”原则，首先假定被告的行为违法，然后依据被告提供的其行为合法的证明，去“过滤”其行为的正当性。由于非管制市场存在着大量的反竞争行为需要处理，Easterbrook 的建议缩小了法官在处置这类行为时的范围，节省了有限的司法资源。最高法院在多起案件[②]中运用 Easterbrook 建议，起到了较好的社会效果。

应当指出的是，反垄断政策“保护的是竞争，而不是竞争者”。1955 年 Brown Shoes 公司与 G. R. Kinney 公司拟定通过 Kinney 交换 Brown 的股票，将 Kinney 并购入 Brown。司法部认为二者的并购违反了克莱顿法第 7 条修正案[③]。虽然二者合并后，仅占美国鞋子零售业 5%的市场份额，法院还是支持了司法部的起诉，判定 Brown 不得购买 Kinney。首席

---

① 最高法院对水平固定价格与减少竞争合同所持的立场是本身违法，可参见：FTC v. Indiana Fed'n of Dentists, 1016 S. Ct. 2009, 2018 (1986).

② 最高法院根据 Easterbrook 的建议，审判的案件主要有：United States v. General Dynamics Corp., 415 U. S. 486 (1974); Continental T. V. Inc. v. GTE Sylvania, Inc., 433 U. S. 36 (1977); Broadcast Music, Inc. v. Columbia Broadcasting Sys., 441 U. S. 1 (1979); Copperweld Corp. v. Independence Tube Corp., 467 U. S. 752 (1984).

③ 该条修正案的内容是：“从事商业的企业不得直接或间接收购同一行业同一地区内的另一家企业全部或部分的股票或其他股份资产，前提是此项收购可能实质性地限制竞争或形成垄断。”该条是在克莱顿法生效不久后，FTC 意识到克莱顿法的不足而向国会提出修改的，经第 80 和 81 届国会举行听证会，于 1950 年通过。法院在审理此案时回顾了立法的过程，认为国会的立法目的是担忧并购之后可能会形成行业巨头，加剧行业内集中的趋势，抑制竞争，从而对国民经济产生不利的影响。

大法官 Earl Warren 指出："总体而言，从立法史上可以看出，国会所关注的是保护竞争，而不是保护竞争者。只要合并可能导致减少竞争，就应当被禁止。""全部反垄断法规都是为了保护竞争而不是竞争者。"[①]可见，反垄断政策珍视的是竞争，所要维护的是市场的竞争机制（并通过它实现其他目标），而不刻意去维护某一在竞争中受到损害乃至失败的竞争者的利益。它不以特定的竞争者受到损害作为断定是否构成垄断的标准，而是从竞争机制的大局、从整体上进行判断。因为在竞争过程中不可避免地存在着输家与赢家，只要竞争机制本身没有受到破坏，政府就没有出手的必要。美国国内强劲有力的竞争为美国社会创造了巨大的财富，是推动美国快速经济增长的力量源泉。前司法部副助理部长 M. Mannes 认为："美国的经济福利从州际间不存在着竞争障碍、（政府）力促国内厂商开展激烈竞争和减少竞争限制的公共政策中受益巨大……防止限制竞争和设立反竞争障碍，对于维持和继续这些收益，是必不可少的。"[②]

然而，竞争者是市场竞争的参与者，是市场活动的主体。如果一个有市场力量的企业将一个个的中小企业逐出市场，或阻却了潜在的竞争对手的进入，此时不保护较小的竞争对手，则拥有市场力量的那家大企业势必会最终垄断整个产品或服务市场。对手不存在了，哪里还能找到竞争？又何谈保护竞争机制？虽然大法官们可以笼统地说，反垄断政策为公共利益只保护竞争而与竞争者无涉，但就是 Brown Shoes 案中，最高法院实现了司法观念的大变革。判决的结果还是保护了竞争者，否决了这一有效率的合并。这一里程碑式的判决引起了企业界与理论界的空前争议[③]。

二、经济效率

政府通过对市场的适度干预，"医治"市场失灵导致的生产与消费的

---

① Brown Show Co. v. United States, 370 U. S. 294 (1962).

② "Antitrust at the Turn of the Century" by John M. Mannes (Deputy Assistant Attorney General Antitrust Division U. S. Department of Justice), at the Fourth International Symposium on Competition Policy Seoul, Korea, December 7, 1999.

③ 参见 Robert H. Bork, *The Antitrust Paradox——A Policy at War with Itself*, The Free Press (second ed. 1993), p198～217 ("The Crash of Merger Policy: The Brown Show Decision").

无效率，毫无疑问应成为反垄断政策的重要目标。无论哈佛学派还是芝加哥学派都将经济效率作为反垄断的目标。这里所指的经济效率包括三个方面：(1) 生产效率(Productive Efficiency)[①]，(2) 配置效率(Allocative Efficiency)[②]，(3) 动态效率(Dynamic Efficiency)[③]。在这两个学派看来，经济效率(避免因垄断力量导致分配的无效率。提高资源配置效率和促进技术进步，在公平基础上保持价格接近成本)将使获取私人福利的代价降至最低。在哈佛学派那里，经济效率只是反垄断政策的主要目标，到了芝加哥学派那里，经济效率被绝对化，发展成了反垄断政策的唯一目标和评估反垄断政策的唯一考项。虽然这一观念受到了传统法学界的有力抵抗，但在目前，芝加哥学派的这一理念还是在反垄断政策的执行方面占据了优势，成为当前实施反垄断政策时首要考虑的一个核心问题，并将对未来反垄断政策的走向产生巨大影响 。

(一) 从配置效率看反垄断政策的经济目标

毫无疑问，配置效率是反垄断政策的重要经济目标之一。在这个问题上，经济学家与反垄断专家争论不休，争论的一个焦点便集中在配置效率是反垄断政策的唯一目标还是主要目标。哈佛学派与芝加哥学派的回答截然不同，分别代表着左右两个端点。双方都依据微观经济学建构自己的分析模型，以验证市场结构与行为类型有利于达到各自认为的政策目标。简言之，根据新古典经济学理论，假定所有的卖方都追求利

① 生产效率被定义为既定产出以最少的生产成本生产出来的状况。它是指这样一种状态，即：如果一个生产过程以最少的投入总成本生产出既定水平的产出，就应当认为这个生产过程在生产上是有效率的。当各个企业以最低的成本为消费者生产商品或提供服务时，就实现了这种效率。如通过改善管理绩效、工作习惯与原材料的利用。竞争可以提高生产效率。参见[美]罗伯特·考特，托马斯·尤伦著，《法和经济学》，张军等译，上海三联书店、上海人民出版社1994年版，第24、92页。

② 也称分配效率，是指对用于生产商品或提供服务的资源做出最高价值的配置。它表示物品和劳务在众多消费者中的均衡分配。当任何可能的生产资源重组都不能在不使其他人的情况变坏的条件下，使得任何一个人的情况变好，就被认为这一分配是有配置效率的。竞争可以提高分配效率，因为资源会从利用效率低、不能获取同等程度收益的企业流向较优的企业。参见[美]罗伯特·考特，托马斯·尤伦著，《法和经济学》，张军等译，上海三联书店、上海人民出版社1994年版，第24、92页。

③ 动态效率即企业根据消费者的需求和生产机会的变化而及时调整其技术和产品的行业要求，商品和服务的市场竞争。对产品功能的改善、创造新的产品和生产工艺，构成了动态效率的激励因素。

润最大化，如果其产量增加时，其成本也会相应提高，因为他必须以更优惠的价格，支付更多的费用，吸引原料供应商从其平均利润中摆脱出来，集中力量为卖方供应所需原材料。由于卖方对产品的要价影响着购买者的决定，即价格越低，买者购买量越大，价格越高，买者购买量越小，如果产品的价格过高，购买者就会转而寻找替代物品。在这一经济理论的支配下，人们就会得出这样的结论：卖方将一直扩张生产到销售另外一件产品的成本高于其投入这一点上。产量再增加，追加的成本将超过其获得的收益，由于利润降低，迫使他此时自动减产；而当成本降低至低于其收益时，其利润也会减少，他又会主动增产。由此，经济学家推断出在一个竞争市场里，从长期看，在其他条件都相对稳定的情况下，竞争将迫使价格下降到成本加合理回报这一点上；而在一个垄断市场里，在垄断状态下，产量将会降至最低而价格却会升至最高，假定没有达到规模经济且费用转移到消费者头上，价格将会固定在高于竞争市场的水平，这就形成了垄断利润①。

根据以上的假设，经济学家从配置效率出发，在价值取向上偏向于竞争市场而谴责垄断。许多人都以 1 美元一个的小饰品为例，论证在竞争市场上成本 1 美元的小饰品卖价为 1 美元，但在垄断市场上销售者却能卖到 1.25 美元 。在竞争市场，每个买者都可以依据饰品的成本购买到自己想要的物品，但在垄断市场，只有心甘情愿支付 1.25 美元即高于生产成本的价格的人，才能得到这件商品。那些想以成本价或高于成本价但低于 1.25 美元垄断价购买的消费者，只能要么寻找其他替代商品，要么就只好抑制自己的消费欲望。假如现在市场上出现了一个小发明可以作为小饰品的代替品，其成本为 1.2 美元，且仍然假设该商品市场为竞争市场，这一代替品就会以 1.2 美元的价格面市。许多人会转向购买这一售价为 1.2 美元的代替品。这一代替品就填补了小饰品的空缺，但分配效率却因此而扭曲，即本来可以以 1 美元的价格满足人们的需求、以 1 美元的成本价格组织生产，但却以 1.2 美元的价格与成本实现了，多出来的 0.2 美元本来可以满足民众的其他需求，但却被无端地浪费了。新古典经

① 对这一问题的详细论述，请参见：Lawrence Anthony Sullivan，*Handbook of the Law of Antitrust*，West Publishing Co.（1977），Appendix A，p797～806。

济学家将之称为垄断的社会成本(the social cost of monopoly)。①

这一事例对研究反垄断政策的学者有着很大的吸引力,它使人们相信通过改善市场结构、改变经营者的经营方式就能够优化市场配置,实现配置效率。但这种想法未免过于理想化,甚至在某种程度上可称作"海市蜃楼"(mirage),因为事实上,这一证明竞争市场的配置效率高于垄断市场的标准范例只存在于严格的理论假设之中,在现实生活中从未出现过。它除了进行总体平衡分析外,并未含有任何福利成份。② 从经济理论上可以推断出的结论是:只有在不损害规模经济、其他产品都处于竞争市场之内且不触及税收的前提下,如果将一个垄断市场转变为竞争市场,消费者作为一个整体能够更大程度地实现其持有的货币价值。排除这些假设,在现实经济生活中,经济学不能从消费者视角为判断配置效率究竟是提高还是降低抑或根本未发生任何变化,提供任何理论支撑。

这样就衍生出福利经济学家所说的次优分析(second best analysis)。简言之,如果一种理论显示当几个特定的、相互独立的条件都出现时,能够合乎情理地推导出一个好的结果,但当其中的一个或几个条件不能满足时,这一理论所描绘的那种好的结果就不能得到。美国福利经济学家常举的一个例子是:一个人搁浅在一个荒岛上,他知道在他的西面 20 海里有一个可供他安身、能大大改善他生存状况的地方,但他必须成功地朝着罗盘航向 270°的方位游 20 海里。如果他朝着那个方向只游 18 海里,或即使游了 20 海里但出现 10°的偏差,他就不能改善其目前的生存状况,相比之下,目前的生存环境就处在次优的水平。

一些经济学家声称,在制定政策时应当考虑到"次优问题",具体到反垄断政策,就是要以更具竞争性市场为导向,即"最优目标",必然得出提高分配效率的"次优结果",也即是"取法乎上,仅得其中"。但也有一

① 关于这一问题的论述,可参见:E. Thomas Sullivan & Herbert Hovenkamp, *Antitrust Law, Policy and Procedure: Cases, Materials, Problems*, (4th Edition, 1999) LexisNexis, Chapter 2, Section 1, "The Economic Problem", p47～62; Lawrence Anthony Sullivan, *Handbook of the Law of Antitrust*, West Publishing Co. (1977), Chapter 1, Introduction 1, "Antitrust and Economics", p1～10。

② 参见 F. Scherer & David Ross, Industrial Market Structure and Economic Performance, Houghton Mifflin Co. (third ed. 1990), p26.

些经济学家认为这一问题根本就不值一提，因为它原本就没有什么经济学意义，纯粹是一些闲人编织的一个小故事而已。其实，“次优分析”即使不像前者所说的那样“意义重大”，但简单地置之不理似乎又有些轻率。从福利经济学的视角看，配置效率并不单单是反垄断政策的一个功能性目标，在芝加哥学派眼里，配置效率是保护消费者福利必须凭借的手段，离开了配置效率，消费者福利就一定会受到侵蚀，保护消费者福利就是一句空话。经济学家在分析反垄断政策目标时如果忽视了次优理论，将是犯了一个错误；而以为在反垄断政策制定与执行过程中采用了次优分析就会提高配置效率，也不啻是痴人说梦。[①] 次优分析的任务在于，借助它，学者们想寻觅到一些方法，以此来做出理性的决定，即能否在一定条件下提高配置效率或在什么样的环境下可以提高配置效率，在总体条件没有改变的前提下通过改善某些变量能否实现更优。“次优分析”在理论上还没有发展到能具体指导政策制定与实施的阶段。人们只是从直觉上觉得它似乎从逻辑上可以引导人们达到较优的配置效率，但经济是一个极为纷繁复杂的系统，特别是在反垄断政策领域，由于该政策涉及到全部产业与所有商事行为，一个没有系统化的成熟理论作依托的学说，难以起到指导作用。对这一问题研究较多的 Markovits 教授[②]认为，在微观经济政策的制定过程中，有效的资源配置应是政府追求的一个基本目标。但他在运用传统的新古典经济理论分析反垄断政策时，既没有作总体平衡分析，更缺乏具体的经济数据的支撑，他所依仗的基本上都是些经验分析，用他自己的话说就是从“直觉和印象出发”，他得出的“关键结论”是“反垄断政策在经济方面必须以提高配置效率为正确方向。”

没有人怀疑经济理论对反垄断分析的重要性。虽然它不能为反垄断政策提供一个单一、“辉煌”的目标，但它显然具有自己的用途。尽管经济学家常常从广义上使用“配置效率”一词，但仍可以从狭义上对它进

---

① 参见 Lawrence Anthony Sullivan, “Book Review”, 75 *Colum. L. Rev.* 1214 (1975).

② Markovits 是德克萨斯(Texas)大学的法经济学教授，他是对“次优理论”研究较多的学者，目前又在从事“第三优分析”(the Third-Best Analyses)。有关他对“次优理论”的观点，请参见：Richard S. Markovits, “Oligopolistic Pricing Suits, the Sherman Act and Economic Welfare” (Part IV), 28 *Stan. L. Rev.* 45 (1975); “Second-Best Theory and the Obligations of Academics: A Reply to Professor Donohue,” *Chicago-Kent Law Review*, Vol. 73 (1998)。

行理解。它能被用来描述任何特定的生产活动,也就是所有投入的成本(如土地、劳动力及各种生产资料等)与产量的市场价格的紧密关系。在某些条件下,配置效率还有其社会因素方面的考量。从经济正当性角度出发,利润应当带来合理的成本与风险关系,它不应当引起超过社会必需的、更大的资本投资。高利润导致的通货膨胀也会引起人们对配置效率的社会关注。从这些狭义角度看,配置效率也可能是反垄断政策的一个重要目标。事实上,推动谢尔曼法通过的动力是出于对"垄断提升商品价格"的恐惧,而不是对"资源配置不经济"的担忧。[①] 如果将反垄断政策的目标界定在抑制垄断价格与垄断利润上,新古典经济学的分析还是有道理的,新古典经济学理论的结论很有说服力:在垄断行业,边际成本与价格之间有一个很大的利润空间,而在竞争行业则不存在这样的空间[②]。

但对用反垄断政策配置效率的经济后果也不应有过高的期望,因为许多事情、很多关系并不明朗,缺乏证据与研究。比如:尽管新古典经济理论确信,如果将竞争引入垄断市场,在不增加交易成本、损害规模效率前提下,会产生一些社会收益,但这一理论没有告诉我们,如果垄断市场转变为竞争市场后(如市场中进入了二个、三个或四个竞争者),配置效率是否得以提高;也没有揭示,通过重构市场,价格与成本关系是否得以改善;也没有回答诸如在一个分散市场,如果两家市场份额各自为5%、6%的企业合并是否会损害配置效率;在一个更具竞争的市场和一个更有效率的市场二者必选其一的情况下,它也没有给人们指明究竟选择何者,甚至没有提供一个选择的标准。并非经济学家对寡头垄断产业(oligopolistic industries)缺乏研究,相反,经济学家对这些行业的研究实在是太多,但"基本上是胡言乱语,真正缺少的反而是有份量的成果"。[③] 对法律规定而言,这些看似合理但却似是而非且经常相互冲突的理论,既没有经验证据,也没有为人们指出一条获取经验证据的方法。比如,

---

① 参见:Standard Oil Co. of New Jersey v. United States, 221 U.S. 1, 31 S. Ct. 502, 55 L. Ed. 619 (1911)。

② 详细解释,请参见E. Thomas Sullivan & Herbert Hovenkamp, *Antitrust Law, Policy and Procedure: Cases, Materials, Problems*, LexisNexis (4th Edition, 1999), p49~55。

③ Lawrence Anthony Sullivan, *Handbook of the Law of Antitrust*, West Publishing Co. (1977), p6.

这些理论无法揭示垂直限制是否损害竞争，广告投入对新进入企业是否构成准入障碍，对寡占市场削减集中度后从竞争中获得的收益能否抵偿得了效率降低导致的损失。简言之，面对纷繁复杂的经济现象与经济行为，经济理论尚不能或者说很难给出一个明确的答案。指出一条较为适宜的解决方案，难以担负起指导政府介入、破除垄断结构，粉碎严密的市场准入障碍以获取更高的配置效率的作用。

（二）芝加哥学派的"经济效率"理念对反垄断政策的重大影响

长期以来，对市场机制、政府干预与反垄断政策存在着两种截然对立的立场。一派认为，市场是脆弱的，极易为庞大的私人力量所扭曲，必须借助政府的力量进行矫正。另一派（主要是持自由放任思想的芝加哥学派）则持相反的理念，即商业竞争普遍是健康的，市场本身具有抑制私人力量、限制竞争与自我调节的功能，政府克服市场失灵的成效值得怀疑，如果非要引入公共权力制止垄断，其目标只能定在阻止私人力量对效率的损害上。芝加哥学派认为，生产效率的提高，来自厂商的研发投资，配置效率又能使受惠者众且无人受损；而企业联合与独占在现实经济生活中难以阻断所有的竞争途径；产品差异对竞争的阻碍，远远不如想象中的那样严重；独占者所获取的高额垄断利润，恰恰正是吸引竞争者入场、动摇其独占地位的诱因，政府的介入充其量是加速这一矫正过程而已。"水往低处走，资向利处流"，利益最大化①是企业的投资导向与终极目标。厂商的投资会按价值规律自动流向有利可图的领域，自然的准入壁垒并不重要，政府设定的准入障碍才是关键。政府放手让市场进与出完全自由的情形，对社会最为有利。竞争者因联合行为而获利，它就没有起诉的动因；竞争者又因对手的效率而受损，其诉讼也应当被驳回。个人提起反垄断诉讼的资格要限定在以消费者的身份。就垂直限制而言，处于上下游市场都充分竞争的企业可以获利最大化，它也就没有独占相关垂直市场的内在动力。经济生活中所有的垂直限制，包括转售价格控制与非价格限制都是有效率的。垄断者阻止他人进入相关垂直市场，并不能使其长时间获利超额垄断利润。虽然市场并非完美，时

① 利益最大化被法经济学派视为每个经济行为体的目标：厂商的目标被假定为使利润达到最大；消费者则使效用达到最大；政治家要使得票数达到最大；政府官员要使税收达到最大；慈善机构要使社会福利达到最大；等等。

常有反竞争行为，但政府的介入也是有成本的，必须以提高经济效率为限，不得有其他政治目的，必须防止利益集团“寻租”，借公共权力谋取私利。①

芝加哥学派的这一立场，从上世纪70年代末开始在反垄断政策的执行过程中占据主导地位。越来越多的法官接受了芝加哥学派的思想。与沃伦法庭相比，这时的法院在执行反垄断政策时已经发生了重大变化，即司法判决更多地体现了以经济效率为指南。② 1977年，即在Brown案判决15年后的Brunswick案中，原告声称如果被告Pueblo Bowl-O-Mat不购买一个即将破产的竞争对手的公司，它的利润将会持续增长。大法官Thurgood Marshall代表法院所作的判决一致③认为，被告的并购有利于提高产出，且原告没有证据证明它因为被告的并购行为而受到损害，因而拒绝了原告的请求④。

自Brunswick案以后，特别是共和党人里根入主白宫后，反托拉斯政策在很大程度上废除了自己的信条：“制止资本的大量集聚，因为在资本的大量集聚面前，人们无能为力的。”久而久之，所有的手段都指向了提高经济效率这一目标。⑤ 只要能提高经济效率，企业规模的大小、所占市场份额的多少、采用的手段如何几乎都可以在所不问。经济因素在反垄断政策的执行中占据了主宰地位，政治与社会目标几乎被逐步排挤出去⑥。

政府对反垄断政策态度的急剧转变，既有理论上的原因，也有现实的竞争压力。从经济理论上看，芝加哥学派的经济学家在研究中发现，经济绩效并不像哈佛学府认为的那样与企业结构密切相关。一些大企

---

① 参见Richard Posner, “The Chicago School of Antitrust Analysis”, 127 U. *Pa. L. Rev.* 925 (1979)。

② 参见Ernest Gellhorn & William E. Kovacic, *Antitrust Law and Economics in A Nutshell*, West Publishing Co. (1994), p35～41。

③ 9名大法官对一件案件持同一观点、没有不同意见在美国最高法院的审判史上是极其少见的。

④ 参见Brunswick Corp. v. Pueblo Bowl-O-Mat Inc., et al., 429 U.S. 477(1977).

⑤ 参见[美]保罗·萨缪尔森，威廉·诺德豪斯著：《微观经济学》第十六版，萧琛等译，华夏出版社1999年版，第256页。

⑥ 这一转变集中体现在联邦最高法院、司法部与FTC，在巡回法院和地区法院则受到了抵制。各州对这一转变基本上持反对的态度，当联邦对反垄断政策的执行不感兴趣之时，各州主动出击，填补政策执行上的缺失。

业如IBM、微软、波音、沃尔玛等以及某些高度集中的市场，如微处理机、电信、飞机制造等，在生产增长方面，其业绩极其良好，打破了“大的即是恶的”的观念，破除了所谓的“结构决定绩效”的铁律。一些资料也表明：高度集中的产业产品经常比集中程度较低的产业产品价格下降的速度更快。因此经济学家对“垄断是否会维持高价”产生了疑问。熊彼特“技术变革的力量源于大企业”、“杀掉这只产金蛋的鹅是愚蠢的”的观点得到了经济学界与大企业的普遍赞同。正如麻省理工学院斯隆管理学院院长莱·斯特(瑟洛所言：“如果把在IMB反托拉斯案件中所花费的数以百万计的美元用在保持计算机领先地位的研究与开发上，那才是更好的花费方式。”从经济效率上讲，虽然集中化产业中的企业确实得到了垄断利润，但市场规模也意味着大企业能将大量的利润用于研究与开发的投资上，从而产生迅速的技术变革。在芝加哥学派的鼓吹下，许多经济学家开始相信，只要能严格禁止勾结，即使在高度集中的行业，也会存在激烈的竞争。反垄断政策唯一限制的应是不合理的限制竞争的协议，“企业唯一借以得到或保持垄断力量的真正单方面的行为，是欺骗专利局或者骗取竞争者的厂房……根据反垄断政策以外的法规，欺骗与暴力也是应当受到惩罚的。”[①]这样，重视经济效率的观点被经济学家和律师[②]广为接受，早期反垄断的狂热已经没有了存在的土壤，经济效率甚至被一些人认为是反垄断政策的唯一目的。同时，激烈的国外竞争，尤其是面对日本与欧洲的挑战，人们开始关注“民族工业”的问题。以汽车工业为例，由于日本汽车的大举入侵，美国三大汽车公司的安逸局面被打破。随着更多的国外企业跨入美国的经济门槛，它们为争夺市场份额在美国国土上展开了强有力的竞争，打乱了美国本土原有的生产销售格局与定价方式。人们普遍认为，外国竞争的威胁成了比反垄断政策更有力得多的加强市场秩序的工具。恰逢此时，信奉自由放任经济思想的里根上台。这位一向坚持保守立场的总统坚决主张“回到亚当·斯密”，声称垄

---

① Richard Posner, “The Chicago School of Antitrust Analysis”, 127 U. *Pa. L. Rev.* 925 (1979).

② 对美国律师可以有三种范围不等的理解：一是仅指私人律师，包括律师事务所的专职人员与企业内处理法律事务的人员；二是把公职律师也包括在内，象美国的检察官其实就是政府从事刑事法律事务的公职律师；三是所有拥有律师资格的人，除前两种人士以外，还包括法官。

断权力主要是由于政府干预引起的,减少政府干预会强化竞争。他启用了诸多芝加哥学派的理论学家,提名了许多芝加哥理论的鼓吹者与追随者担任联邦法院法官,自由放任思想的倡导者詹姆斯·米勒还被任命为FTC的主席。至此,"芝加哥学派的观念在反垄断领域占据上风"。

应当说,作为一项经济政策,反垄断政策将提高经济效率作为其政策的一个出发点和归宿本是其应有之义。但作为政府干预经济的最基本的手段,它所要面对的是一个最为庞大、最为复杂的社会问题,其涉及面最广、影响力最甚,为此它必然要以一个系统工程的面貌出现,不可能"单打一",就事论事。当今美国反垄断政策权威、Iowa大学法学院的Hovenkamp教授认为,虽然经济效率可以看作反垄断政策的目的之一,但决非是唯一的。从谢尔曼法的出台看,可以勉强说是具有经济效率的目的,但后来的联邦贸易委员会法与克莱顿法却是要保护小企业主免受大企业不公平、歧视性或排他性行为的侵害。克林顿时代的司法部副部长Shelton将反垄断政策分主要目标与次要目标:"主要目标是帮助确保市场经济提高产出和提高服务质量。特别是,努力促使企业通过让消费者以尽可能低的价格获取最大利益的方式,富有效率地保护和扩大其市场份额。""次要目标是,促进市场统一,维护市场自由。"①

三、消费者福利

(一)消费者福利:是主要目标还是唯一目标

消费者以自己手中的"货币选票",通过选择质高价低的商品和服务,对企业实施影响。如果企业间不存在竞争,消费者"货币选票"就不能达到利益最大化,就无法获得最佳的商品与服务。为确保消费者福利,反垄断政策就必须清除经济活动中的反竞争行为,防止限制竞争行为产生或垄断市场力量提高,遏制不良市场力量的滥用,让竞争机制充分发挥作用,使消费者的福利与企业的利益有效地挂起钩来。

反垄断法是促进竞争的政策。这一政策的经济目标是通过对资源进行有效率的分配与利用,引进新的技术和管理方式,开发新产品,增加

---

① Joanna R. Shelton, "Competition Policy: What Chance for International Rules?" Wilton Park Conference 545: The Global Trade Agenda(Nov. 25, 1998).

产品数量，提高产品质量，以增进消费者福利。[①] 在美国，很多学者坚信“消费者福利”是反垄断的政策目标之一[②]。他们把“消费者福利”作为“社会公益”的重要组成部分或者说是“社会公益”在反垄断领域的载体。有人在考察谢尔曼法的出台历史时发现，承受高额物价的消费者是推动该法通过的一支重要力量。全美的物价水平在谢尔曼法制定前后得到了明显的抑制，基本保持了稳定并时有缓慢回落，1890 年的物价指数几乎是内战以后最低的[③]。以法经济学运动的急先锋、芝加哥学派的著名反垄断专家 Robert H. Bork 为代表的一部分人士则将其推向极端。Bork 在其名著《反垄断悖论——一项自相矛盾的政策》中把“消费者福利”当作反垄断政策的唯一目标。他排除了反垄断政策具有社会与政治目标的可能，强调“只有经济因素才是禁止垄断的根本原因”。为证明自己的观点，Bork 研究了整个反垄断立法的历史，特别是最早、最重要的《谢尔曼法》。他说：国会的立法记录——从法案到辩论都清楚地表明“唯一的政策目的是提高消费者的福利”；谢尔曼提议的法案与修改后通过的法律，都把“阻止充分与自由的竞争”和“提高消费者的费用”这两类“安排、合同、协议、托拉斯以及合并”宣布为非法；竞争是保护消费者福利必须的手段；谢尔曼本人在参议院的发言也显示了他仅仅关注消费者的福利；后来的克莱顿法与联邦贸易委员会法克服了谢尔曼法过于笼统与含糊的缺限，明确了限制妨碍竞争的行为，其“根本目的是保护被垄断者肆意剥夺的消费者。”“后来的立法虽然没有谢尔曼法这样清楚表明保护消费者的利益，但也没有任何迹象显示国会为了其他社会价值而牺牲消费者福利，消费者福利仍旧是最重要的。” Bork 引用帕特曼（Patman）众议员在辩论时的话：保护竞争是“为了消费者的利益和工薪阶层、生产

---

① 参见 Lawrence Anthony Sullivan, *Handbook of the Law of Antitrust*, West Publishing Co. (1977), p198.

② 谢尔曼在辩论中也有保护消费者的论述。他说：“法案的目的是授权法院为合并的受害者提供补偿。”“有时人们会说，合并后企业的生产状况得到改善，能为消费者提供价格低廉的产品。但全部经验表明，节约下的成本掉到了生产者的腰包。消费者能够享受到的价格取决于商品供应的数量，而合并后的企业则希望减少商品的供应。”

③ 但也有人将价格的回落归功于 19 世纪下半叶的产业革命以及由此产生的技术革新、效率的提高以及规模经济等原因。参见：Robert H. Lande, “Wealth Transfers as the Original and Primary Concern of Antitrust: the Efficiency Interpretation Challenged”, 34 *Hastings Law Journal* (1982), p103.

者以及全体人民的福利。”[①]

同时Bork认为，国会的反垄断政策目标隐含于它所通过的反垄断法律条款之中，法条最能说明反垄断政策是指向何方。纵观整个反垄断法律条文，可以发现它有五个主要的结构特征，它们的政策目标全部着眼于消费者福利：

（1）本身违法原则。谢尔曼法拒绝了对卡特尔作“合理价格检验”，规定了本身违法原则以针对固定价格合同，法院的判决也基本上自始至终地执行了这一规定（仅有几个例外）。“合理价格检验”意味着要求法院在竞争价格（代表消费者利益）与垄断价格（代表厂商利益）中作出选择，而“本身违法原则”的采用就使后者失去合法存在的可能性。“本身违法原则”是指：对同业者不进行相互竞争，同谋操纵价格的行为，只要原告能证明协议的存在，不需自身受到损害的证据，即可要求法院立即判决被告败诉。它不仅反对大的价格卡特尔，也禁止小企业的价格同盟。其唯一的价值就是消费者福利。因为在国会看来，一个企业是生是死、规模是大是小，应当取决于它们能否适应消费者的需求，决不像Brown案中认为的那样“考虑零星的或当地的企业的准入问题”与“保护中小企业的利益。”

（2）区分卡特尔与合并。与卡特尔相比，合并更能有效且永久地消灭竞争。但包括谢尔曼法与修改后的克莱顿法第7条都没有像对待卡特尔那样将合并当作本身违法。“优待”合并的原因只有一个，即反垄断的政策目标着眼于消费者的福利。因为合并可能提高效率，而卡特尔则没有提升效率的潜能。“从这个意义上讲，反垄断法就是消费者保护政策。”

（3）合并与内部增长的区别。国会在制定谢尔曼法与克莱顿法以及修订克莱顿法时，都明确将通过合并获得垄断地位宣布为非法，但对依靠企业自身的内生式增长而达到垄断状态并不否定。这一区别并不能从社会目标或政治目的的角度进行解释，也不是为了矫正社会个体在巨

① 参见Robert H. Bork, *The Antitrust Paradox——A Policy at War with Itself*, The Free Press (second edition, 1993), p50～90. 此书在1978年出版后，在美国影响甚大，许多判决直接引用书中的观点，但少有法官将“消费者福利”作为唯一标准，也少有法官像Bork那样将“消费者福利”与“经济效率”等量齐观，认可“消费者福利”观点的人士多是将其作为反垄断的目标之一，与其他目标共存。

型资本聚集面前的无能为力。因为通过合并实现垄断去操纵市场是受垄断利润的驱使，而依靠企业挖掘内部潜力获取超额利润，进而达到垄断状态则是“超级效率”使然。国会的暗含之意只能用消费者福利去解释。(4) 竞争与掠夺性定价(predation)的差别对待。国会通过的法律对通过竞争获得市场份额与通过掠夺性定价扩大市场占有率有着本质的不同。原因在于前者是依靠正常的方式，是一个企业高效率的体现；后者则是无效率的胜出。国会保护效率正是反垄断政策维护消费者利益的需要①。(5) 正当成本抗辩(Cost-Justification Defense)。罗宾逊—柏德曼法因可能会导致减少竞争而惩治价格歧视，尤其是严禁掠夺性价格，但对类似功能性折扣(functional discounts)②或处理过时、积压、保鲜商品，或虽大幅低于竞争对手的售价但不低于自身成本的，即使损害了竞争对手且威胁到了竞争，也是允许的。国会做出这样的规定，用意是极其明显的，那就是要让消费者享受到真正的实惠。

Bork 认为，国会的真实意图是保护消费者利益，法院有责任在审判活动中去解释和执行这一目的③。大法官 White 在 Standard Oil 案中创制“合理原则”时，主张谢尔曼法的唯一目的是阻止“产量限制”(restriction of output)，“是用另一种方式宣布消费者福利目标”。Taft 法官在 Addyston Pipe & Steel 案中明确了执行反垄断政策的司法标准——消费者利益至上。大法官 Stone 在分析了谢尔曼法的立法历史后得出的结论是：“终极目标是制止商业活动中对自由竞争的限制——因为那样会导致限制产出、提高售价、控制市场、从而损害商品的购买者

---

① 在国会对谢尔曼法最后一稿的辩论中，参议员 Kenna 问到：“如果一个人……凭靠自己的技术和能力，以及正确的行为而最终垄断一个行业，其行为是否应按照犯罪来处理？”时，参议员 Hoar 代表司法委员会回答说：“垄断应当界定在……一个人使用不正当方法阻止他人与其竞争……因此，仅仅依靠高超技术和才智……，而他人无力与他抗衡，进而控制整个行业，不能说是垄断。”参见：21 Cong. Rec. 3152 [1890]。

② 功能性折扣主要是指允许供应商让批发商享有比零售商与直接的消费者更低的价格，以体现批发商作为供应商的代表的功能。参见：Texaco v. Housebrouck 或 Timothy Dunne, “Functional Discounts under Housebrouck and Secondary Line Competitive Injury”, 59 *Antitrust Law Journal*(1990), p793。

③ 参见 Robert H. Bork, *The Antitrust Paradox——A Policy at War with Itself*, “The Goals of Antitrust: the Responsibility of the Courts”, The Free Press (second edition, 1993), p72~89.

与服务的接受者，而所有这些都被认为是侵害公益的特殊形式。”[①]所以，Brown案中法院关于“国会在保护消费者福利与当地小的企业之间，更倾向后者的”判决是毫无根据的。无怪乎法史专家Letwin怒斥沃伦法庭置国会的立法于不顾，另行其事，是根据自己的喜好实现自己的社会目标[②]。

但Bork的观点引起了激烈的争辩[③]。许多学者对其“在历史中直接寻找对自己有用的观点”提出了批评[④]，认为这样对待历史资料的态度——择其有利者而用之——是不正确的。也不能以现代人的视角，用当代的政策分析方法去解读100多年前的政策[⑤]。谢尔曼法是在当时特定的历史条件下的产物，各种矛盾和斗争交织在一起，国会并非单纯追求一个目标，而是“从一个自然的、以权利为基础的、(保持)强劲有力的政治经济秩序的宏大视角”出发，进而达到多种经济的、政治的和社会的目标，以确保社会的“机会(均等)、效率、繁荣、正义、和谐与自由”[⑥]。时代在变化，社会在发展，对政策的执行不应当过多地去考虑最初的政策设想与政策预期，重要的是考虑以往的政策是否符合现实的需要，能否成为现代政策合理的组成部分。这也是普通法的活力与优势所在。虽然Bork的观点有偏颇之处，但是，反垄断政策对竞争机制的保护，对效率的追求，最终还是要落实到保护消费者福利这一点上，所以，保护消费

---

① Apex Hosiery Co. v. Leader, 310 US 469 (1940).

② 参见William Letwin, *Law and Economic Policy in America: The Evolution of the Sherman Antitrust Act*, Random House (1965), p265～70.

③ 虽然有学者把保护消费者福利当作反垄断政策的不二目标，但他们与Bork所持的大公司利益倾向相左。他们认为反垄断政策是要防止社会福利“不公平”地从消费者流向握有市场力量的大公司。政策的着眼点是阻止具有市场力量的大公司损害消费者利益。比如：他们认为大公司的超高定价是一种公然的“抢劫行为”，使穷人愈穷，富人更富。所以保护消费者福利不是反垄断政策的经济目的，而是它的社会责任。参见Robert H. Lande, “Wealth Transfers as the Original and Primary Concern of Antitrust: the Efficiency Interpretation Challenged”, 34 *Hastings Law Journal* (1982), p67～106.

④ Page将Bork的这些观点蔑称为“声名狼籍(notoriously)”。参见William H. Page, “Ideological Conflict and the Origins of Antitrust Policy”, 66 *Tul. L. Rev.* 1 (1991), p4.

⑤ Kaplow嘲笑Bork是用现代经济理论武装19世纪议员的头脑。参见Louis Kaplow, “Antitrust, Law & Economics, and the Courts”, 50 *Law & Contemp. Probs.*, Autumn 1987, p208.

⑥ James May, Antitrust in the Formative Era: “Political and Economic Theory in Constitutional and Antitrust Analysis, 1880—1918”, 50 *Ohio State LJ* 257 (1989), p390～91.

者福利无疑应当是反垄断政策的合理命题之一，而且消费者福利导向简单易行，具有极强的可操作性，能节约执行成本，提高执行效率。由此看来，Bork 关于消费者福利的观点在反垄断目标学说中占有一席之地，也是合乎情理的。1992 年，在竞选纲要中反对共和党政府懈怠执行反垄断政策的克林顿上台执政后，司法部与 FTC 开始主要以消费者福利是否受到侵害作为执行标准，许许多多的垂直价格限制（如 RPM）①、单一公司的排他行为、垂直合并与水平合并受到了联邦执行机构的指控。

从理论逻辑上讲，消费者不应是反垄断政策的唯一受益者，单从经济层面来看，反垄断政策也有益于经营者。禁止限制竞争的行为，消除对企业经济活动的不合理限制，是对合法经营者的最大保护。反垄断政策所反对的企业行为，实际上是对所有经营者都不利的行为，像寡头企业所向往的各种形式的卡特尔，虽然在短时期能为这些企业带来丰厚的利润，但其经济活动最终因缺乏竞争而失去活力，在提高生产技术和管理水平上停滞不前。一旦出现新的技术进步或者可替代产品或者外地（包括国外）企业进入，往往只能举手交械。从经营活动上看，反垄断政策对经营者至少有三方面的好处：一、经营者作为买方同时也处在消费者的地位，所以它同样也享受到反垄断政策给消费者带来的低价格、高质量、优服务的益处，即在买方垄断、销售商被迫减少销售数量的情况下，反垄断政策也能起到增加销售商利润和降低下游厂商价款的作用；二、反垄断政策预防和阻止经营者人为地设置进入与退出障碍，消除市场壁垒，保障市场准入与退出的自由，为企业之间的竞争提供一个充分开放的市场环境，保护的是所有合法经营者与投资人的利益；三、通过制裁经济活动中的反竞争行为，为经营者提供一个公平的竞争环境，确保经营者能够享有公平的竞争机会，激发企业提高其组织管理与经营水平，刺激其提升产品的技术含量与技术革新的能力，并完善流通、销售、服务等环节，从而增强企业的综合竞争力。一个能够经受住国内激烈竞争的经营者，不仅不会畏惧国外企业的进入，往往还有能力打入国外市

---

① 垂直价格限制又译作纵向价格限制，是指生产商与经销商、批发商与零售商及在生产和销售链中有上、下游连续关系即处于不同阶段经营的市场主体之间，以协议的方式限制商品价格竞争的行为，是企业间纵向一体化的契约形式。它既有推动企业进入市场、减少搭便车、遏制价格飞涨、改善售后服务等推动市场竞争的积极功能，也有着封锁市场、推动价格卡特尔、进行价格协调等消极作用。

场，参与全球化竞争。

（二）从“垂直安排”案件看法院对消费者福利的保护

1. 谢尔曼法下的“垂直安排”

谢尔曼法第1条规定：“任何限制州际间或与外国之间的贸易或商业的契约，以托拉斯形式或其他形式的联合或共谋，都是非法的。任何人签订上述契约或从事上述联合或共谋，将构成重罪。”法院最初对这一条款的司法解释是：“法院认识每一个合同都在某种程度上具有限制贸易的特性，但国会并没有有意将所有合同都视为非法。国会特意使用宽泛的语言，就是要法院运用普通法中的“限制”概念，为普通法创制出一些法律规范。”在 American Tobacco Co. 案中，最高法院这样表述“限制贸易”(restraint of trade)一词：“所谓‘限制贸易’，在普通法与我国创立反垄断法律(the Anti-trust Act)时，只包含损害、约束或抑制贸易的行为、合同(contracts)、协定(agreements)或联合(combination)，以及有类似明显后果的行为。”[①]在这一定义的指导下，法院明确无误地向世人传达了“合理原则是分析涉及谢尔曼法案件的惯用方法。”[②]

（1）垂直价格固定安排

当然，法院也认识到在某些情况下，由于一些安排经常会产生反竞争后果，应当允许对其使用“本身违法原则”[③]。1911 年的 Dr. Miles Medical Co. 案是最高法院审理“垂直固定价格”的第一案，此案中最高法院归纳出“本身违法原则”并首次运用于垂直固定价格行为。此案涉及的是最低固定价格协议，但由于法院担心“对日用品的这类控制会使竞争为公众带来的好处收归于厂商的垂直链(vertical chain)中”，遂宣布所有的垂直固定价格协议一概为本身违法[④]。40 年后，最高法院又对最高固定价格作出裁决。根据 Socony-Vacuum Oil Co. 案对固定价格行为的推理，最高法院拒绝了被告“固定最高零售价格事实可以提高贸易”的辩护理由，判决中写道：“这样的协议对商人自由的拘束、对他们依据自身

---

① United States v. American Tobacco Co., 221 U.S. 106, p179 (1911).

② United States v. American Tobacco Co., 221 U.S. 106, p179 (1911).

③ 参见 James A. Rahl, “Price Competition and the Price Fixing Rule－Preface and Perspective”, 57 *Nw. U. L. Rev.* 137 (1962), p139～140.

④ 参见 Dr. Miles Medical Co. v. John D. Park & Sons Co., 220 U.S. 373 (1911).

(状况)判断销售其商品的能力的约束不亚于最低固定价格协议。"①

在 Tenton Potteries Co. 案中,最高法院特别强调了即使价格固定的价格具有合理性,但固定价格却从来不是一种合理的行为。"每一个固定价格协议的目的,如果它有效的话,其结果都是为了根除这一领域的竞争。固定价格的力量,无论是否合理运用,都被用来控制市场并武断且不合理地制定价格。今天看似合理的被固定的价格,随着商业行情的变化,明天可能就变得极不合理。而一旦所谓的合理的固定价格得以确立,它就会因有着固定价格协议这一'护身符'而一直持续下去。创制这一潜在市场力量的协议就会被不合理或不合法地保持下去。"②

法院在 Socony-Vacuum Oil Co. 案中扩大了对垂直固定价格实行"本身违法原则"的范围。由于非法采油与加工,导致石油生产的过度竞争,直接影响到石油产业的生存与秩序的稳定,许多家石油开采商与炼油厂为使这一产业走出低迷的困境,签署一项协议,让炼油厂以月为单位购买开采商的原油,以稳定石油市场。法院认为:虽然这一协议没有直接规定石油价格,且协议有益于恢复石油市场的正常秩序,但由于谢尔曼法禁止以企业联合的形式影响价格,不管价格是如何被影响或联合是如何操作的,因而协议的的确确违反了谢尔曼法。为显示对这一协议所持的坚定的否定立场,最高法院对固定价格一词作了大篇幅的立法与司法史方面的考察,并得出这样的结论:"在谢尔曼法看来,固定价格协议本身违法,协议是针对消除竞争或减轻竞争程序而为的。被告关于协议没有滥用竞争优势不能成为其辩解理由。"③

1968 年的 Albrecht 案中,被告(一家报纸出版商)因其发行商以高于其规定的最高零售价格出售其出版的报纸而在该发行商特许销售区域以低价与该发行商进行竞争,并向此发行商的客户补偿因向其他发行商订报而受到的经济损失。最高法院发现此行为构成本身违法:"在许多情景下,最高与最低固定价格可能有一些不同的后果。但最高固定价格的计划是将竞争市场上卖方错误的市场判断强加于买方,严重地损害

① Kiefer-Stewart Co. v. Joseph E. Seagram & Sons, Inc., 340 U.S. 211, 213 (1951).

② United States v. Trenton Potteries Co., 273 U.S. 392, 397 (1927).

③ United States v. Socony-Vacuum Oil Co., 310 U.S. 150 (1940).

了买方自主判决、自我决策的权利和独立经营、竞争致胜的能力。”[①]最高法院还发现：尽管这类垂直协议是单方的，但它也具有合意的特征，处于上下游的买卖双方在行动上相互配合，如果发行商不执行出版商的价格方案，其特许地位就会被他人取代。

30 年后的 Khan 案宣告了 Albrecht 案判决的无效。案件的发展经历是这样的：Barkat Khan 经营一家加油站，加油站从 State Oil Co. 进油。双方的供货合同规定：Khan 的零售价格不得高于 State Oil Co. 规定的 3.25 美分的最高价。Khan 多次请求后者改变其这一条款，但后者坚持：如果 Khan 的售价高于这一价格，就必须将超额利润交归 State Oil Co. 所有。虽然从技术上看，不能将这一合同归于固定价格行为，但合同消除了 Khan 提高其零售价格的经济动机，实际上具有“垂直最高价格固定安排”(vertical maximum price fixing agreement) 的功能[②]。当 Khan 声称自己不能向 State Oil Co. 交纳超额利润时，后者以解除供货合同相威胁。Khan 因而起诉 State Oil Co.，诉称从本质上看，被告从事了被谢尔曼法视为本身违法而遭到禁止的垂直最高价格固定行为。地区法院以被告行为不构成本身违法，应当依据合理原则进行审理，且原告的举证没有达到适用合理原则的标准为由，作出了有利于被告的裁决。[③] 第七巡回上诉法院否决了地区法院的裁决，将垂直最高价格固定合同视为本身违法，但否定了原告的请求。主审法官 Posner 认为，虽然最高法院在 Albrecht 案中认定垂直最高价格固定价格行为构成本身违法，但这一

---

① Albrecht v. Herald Co., 390 U.S. 145 (1968). 这一判决被 State Oil Co. v. Khan, 118 S. Ct. 275 (1997)所推翻。

② 垂直最高价格固定价格安排，从卖方角度看，至少有着六个方面的益处：(1) 高的价格固然能带来较高的利润，但也鼓励着更多的企业进入这一市场。因而，固定最高价格可起到阻止潜在企业准入的作用；(2) 固定最高价格是达到最低价格的一种间接方式，价格由此而提升到固定的水平而不会降低；(3) 由于价格被固定，不会上涨，对这一产品的需求会增加；(4) 固定最高价格确立了上游企业在价格上的主导权；(5) 最高固定价格保护了产品在市场上的销量，抑制了新产品的开发。因为开发新的产品需要较大的投入，产品的价格也水涨船高；同时，新产品的出现也会加剧市场的竞争程度，很可能导致目前市场上正在销售产品的边缘化；(6) 由于市场信息的不对称性，商家通过确立最高限价，变相作了一次高水平的营销广告，吸引并锁定了竞争方的客户群。

③ 合理原则要求对商业的特定环境进行司法调查，并对其中的行为作出是否不合理地限制了竞争的判断。有关适用合理原则的前提要求，可参见：Standard Oil Co. v. United States, 221 U.S. 1, 60 (1911)(首次对合理原则进行定义)，Arizona v. Maricopa County Med. Soc'y, 457 U.S. 332, 343 (1982)(详细描述合理原则在反垄断分析中的功能)。

判决是在错误的经济学理论指导下形成的[①]。他建议最高法院推翻这一过时、谬误的判决。最高法院根据 Posner 的提议在 1997 年推翻了 Albrecht 案，重申对垂直最高价格固定合同采用合理原则。自此，即使是在被告被确认违反谢尔曼法的情况下，反垄断诉讼中的私人受害者要想获得垂直最高价格固定诉讼的胜诉，也变得极其困难。

(2) 垂直非价格协议

Albrecht 案与 Khan 案是最高法院专门处理垂直最高价格固定行为的仅有的两起案件。其不同的结局起源于最高法院在垂直非价格限制理论特别是在市场分割理论与供应商对经销商给予地区独占许可理论等方面发展的结果。在确立 Albrecht 案的时代，法院在 Schwinn 等一系列案件中判定使用地区独占方法销售商品构成本身违法，即，只要供应商对其产品有部分的支配力，为产品转售设置限制条款，干涉品牌内的竞争就构成本身违法[②]。Albrecht 案也是依据这样的法律标准处理地区独占许可的[③]。GTE Sylvania Inc. 案的判决认为审理 Schwinn 案时法官受错误的经济理论的指导，而现代经济学理论支持“地区独占许可能产生提升竞争的结果”的结论，因而推翻了 Schwinn 案。GTE Sylvania Inc. 案的多数法官的论断是：Schwinn 案是对先前案例法的突然背离。在 Schwinn 案四年前，最高法院对 White Motor Co. 案的判决中并没有认可地区独占许可构成本身违法。判决书明确指出：“虽然不论水平地区独占许可是否具有抑制竞争的目的，它都明显具有限制贸易的特性……这些限制不仅明显且破坏力极强，只要存在这样的行为，就足以认定构成违法……但垂直地区限制或许有、也可能没有这样的目的或后果。”此时法院拒绝在不知某一垂直地区限制是否有着潜在的反竞争后果前，就为之帖上本身违法的标签。审理 GTE Sylvania Inc. 案的多数法官认为对垂直非价格限制采用“合理原则”进行审理较为恰当，但他们也

---

① 参见：Khan v. State Oil Co.，93 F. 3d 1358，1360 (7th Cir，1996)，vacated，118 S. Ct. 275 (1997).

② 参见：United Stats v. Arnold，Schwinn & Co.，388 U. S. 365 ，p379 (1967). 这一案件被 Continental T. V. v. GTE Sylvania Inc.，433 U. S. 36 (1977) 所推翻。

③ 在 Albrecht 案中，原、被告双方对地区独占许可产生严惩分歧。一方认为地区独占许可是保护消费者免受经销商高价、低质的需要，一方认为地区独占许可为经销商在该地区创设了垄断特权。当时，法院将地区独占许可视为非法行为。

表达了其曾经在偏离谢尔曼法立法传统问题上的犹豫不决，当时只是考虑到“本身违法原则只能用来针对明确无误的反竞争行为”。随后法院又列举了地区独占许可几个可能的增强竞争的方面，指出即使是它可能产生减弱品牌内竞争的不利后果，但它却能提高效率并最终会提升品牌间的竞争程度。在 GTE Sylvania Inc. 案及以后的两起案件[①]中，法院一直坚持：价格协议的本身违法，不影响对垂直非价格安排适用“合理原则”。

同一时期，法院对“本身违法原则”日益厌恶[②]，并对能为消费者带来低价的商业行为表示同情[③]。法院的态度在 ARCO 案达到了“顶点”。它在赞同 Albrecht 案正确地将垂直最高固定价格归于本身违法之列后，又指出这些营销策略能够刺激竞争：“如果独占经销权是最有效率的经销方式，公众也没有对这一方式表示厌倦，就不应当要求生产商放弃（这一方式）……垂直最高固定价格也许带来提升品牌间竞争的效果。”[④]法院从其以前否定任何形式的固定价格协议的强硬立场急遽后退，它声明：“只要低价格有益于消费者，不管这些价格是如何设定的。如果它们在掠夺性价格水平以上，就永远不会威胁到竞争。”[⑤]

（3）反垄断损害赔偿

从 Brunswick Corp. 案开始，最高法院开始使用“反垄断损害赔偿”一词。法院认为在私人反垄断诉讼中，仅有损害事实并不足以让原告获得三倍赔偿，“原告必须证明其受到的反垄断损害，这一损害类型既是反

---

① 参见：Arixona v. Maricopa County Med. Soc'y, 457 U. S. 332, 348 (1982)（此案肯定了对最高固定价格实施本身违法的必要性），Liquor Corp. v. Duffy, 479 U. S. 335, 343 (1987)（此案推断出维持垂直转售价格本身违法）。

② 参见：Arixona v. Maricopa County Med. Soc'y, 457 U. S. 332, 348 (1982)中 Powell 大法官的反对意见及 Business Elecs. Corp., 485 U. S. 717, 723 (1986)与 FTC v. Indiana Fed'n of Dentists, 476 U. S. 447, 458～59 (1986)。

③ 参见：Matsushita Elec. Indus. Co. v. Zenith Radio Corp., 475 U. S. 574 (1986). 在此案的先期审理中，Matsushita 法院也认可低价行为，将为竞争目的而采取的低价行为描述为“正是反垄断法律制度所要保护的行为”。

④ Atlantic Richfield Co. v. USA Petroleum Co. (ARCO), 495 U. S. 328, AT 343 n. 13 (1990). 法院也同时指出，Albrecht 案发生在地区独占许可被视为本身违法的时代，而判决此案时对该行为不仅不再视为违法，还将最高价格列为明显具有竞争益处的制度安排。

⑤ Atlantic Richfield Co. v. USA Petroleum Co. (ARCO), 495 U. S. 328, 340 (1990).

垄断法意图保护的，而且被告的行为也构成违法。”[①]这一要求与以往只要存在着违法行为就能得到三倍反垄断赔偿大相径庭，也与先前只要原告能证明被告采用了本身违法的垂直最高价格固定行为就能胜诉相距甚远，至少对私人诉讼的原告，由于法院认为在没有证据证明被告存在着掠夺性定价的前提下，这类行为很难产生反竞争的后果，获得三倍赔偿的门槛大大提高了。在 Matsushita Elec. Indus. Co. 案[②]中，法院坚持：即使被告日本生产商的提价行为违反了谢尔曼法，但由于“这些限制虽有害竞争，却通过执行更具吸引力的超竞争价格（supracompetitive pricing）而事实上有益于竞争者”，原告不能因此得到赔偿。ARCO 案中，法院也有类似的判决，这样，即使是被告违反谢尔曼法的行为得到证实，私人反垄断诉讼的原告要想从垂直最高价格固定行为中获得赔偿，也变得异常困难[③]。

2. 垂直固定价格与经济理论的演化

Khan 案宣告了 Albrecht 案在处置“垂直固定价格”方面的无效，也意味着后者依据的经济理论在法院的破产，预示着新经济理论的出笼并占据主导地位。法院解释其更改遵循先例的传统的缘由在于经济环境的改变导致经济理论的进化，判决应“与时俱进”，随着时代的前进与理论的发展作相应的调整，没有必要萧规曹随。Khan 案判决回顾了 Albrecht 案以前反垄断理论的发展轨迹。早在法院宣布合理原则之时，法院就预言包括固定价格在内的一些行为等将会产生有害的结果，势必会对竞争造成某种程度的伤害，应当一律视作违法，此时法院还特别提及最高价格固定行为，并将本身违法的范围扩展至垂直非价格限制行为。Albrecht 案后，法院很快就认识到了垂直限制具有提升竞争的一面，在随后的 GTE Sylvania, Inc. 案判决中作了一个注释，讲明在作出 Albrecht 案判决时这些限制还被作为本身违法。接着，法院着重表明了

---

① Brunswick Corp. v. Pueblo Bowl—O—Mat, Inc., 429 U. S. 477, 489 (1977).

② 参见：Matsushita Elec. Indus. Co. v. Zenith Radio Corp., 475 U. S. 574 , 339 (1986).

③ 对私人原告的苛刻要求不影响公共反垄断执行机构对同样行为请求赔偿。尽管如此，司法部不愿承担可能的败诉“风险”，也将这一领域视为畏途，从未就垂直最高价格固定行为提起过诉讼。参见：Oral Argument by Joel I. Klein, Assistant U. S. Attorney General, 1997 WL 640582 (Oct. 7, 1997).

它对待有益于消费者行为的态度：根据案例法与最新的经济理论，垂直最高价格安排靠自我监督，厂商们清楚如果他们的定价过低，经销商就会离他们而去，这一安排正是通过授予经销商独占许可来保护消费者利益，“很难找到垂直最高价格损害消费者利益或有害竞争的证据，因而不能再坚持对这类协议适用本身违法原则”①。法院宣布 Albrecht 案是建立在一个不正确的假设下而使用本身违法原则的判例。Albrecht 案中，法院曾担心垂直最高固定价格安排会妨碍经销商的定价自由，担忧这一安排会导致供应商运用反垄断力量整合垂直营销系统，从而完全消除经销商的经营自由，而且，如果一旦厂商设立最高价格的行为得到认可，他们就会把价格设定在排除经销商为顾客提供服务的水平。但 Khan 案的多数法官却认为由于厂商有着自身利益，他们不会采用这种极端方式②。虽然法院也忧虑“最高固定价格会成为最低价格的一个‘面具’”，但它最后还是建议：最高固定价格对消费者是有益的③，这一类似卡特尔的安排相当容易被查觉，应当对其适用合理原则。法院再次强调了 Harlan 大法官在 Albrecht 案中的反对意见，法院同意 Harlan 的观点“没有垂直最高固定价格协议，拥有地区独占许可的经销商会有日益增长的滥用垄断力量的潜在内驱力”④。苦于经济学界对垂直最高价格固定尚缺乏明确的评估标准，保留 Albrecht 案的本身违法原则没有充分的经济学依据，在目前情况下，对垂直最高固定价格采用合理原则是适宜的⑤。

---

① 参见：State Oil Co. v. Khan，118 S. Ct. 275，279－80. 法院认为对 Albrecht 案影响最大的是 Socony－Vacuum Oil Co. 案。

② Blair 与 Lang 在论著中也认为，“这是难以想象的。”他们以发行商为例，论述了发行商不可能设定禁止性低价。参见 Roger D. Blair & Gordon L. Lang，“Albrecht After ARCO：Maximum Resale Price Fixing Moves Toward the Rule of Reason”，44 *Vand. L. Rev.* 1007，1034（1991）.

③ 早在 Albrecht 判决以前，就有学者断言“最低固定价格计划总体上具有增进分销商利润的效果，但不能实现配置效率”。参见 Philip Elman，“Petrified Opinions and Competitive Realities”，66 *Colum. L. Rev.* 625，628（1966）.

④ 最高法院还引用 Easterbrook 法官的观点：“固定最高转售价格的竞争利益在水平最高价格固定行为中不会得到反映：最高转售价格防止了分销商运用特许权在其势力范围剥夺消费者的可能……由于厂商授予地区独占许可是合法的，也应当认可依据独占许可有益于消费者的行为具有合法性。”参见 Frank H. Easterbrook，“Maximum Price Fixing”，48 *U. Chi. L. Rev.* 886（1981），p890，n. 20.

⑤ 参见：State Oil Co. v. Khan，118 S. Ct. 275，284.

法院还认为，循规蹈矩（stare decisis）似的保留 Albrecht 判决是没有价值之举。由于谢尔曼法的普通法性质，国会通过的成文法在效力阶梯上应低于法院判决，而且人们普遍都持“国会期望法院根据普通法来发展反垄断法”的观念[①]，在反垄断案件中，当经济理论对某一原则的观点发生变化后，法院随即会重新考虑它对这一问题先前所持的立场（如最高法院在 1984 年根据垂直限制理论，重新界定反垄断中的“共谋”概念，将专利行为及其附属权利排除在外）[②]。另外，许多学者建议法院："Albrecht 案部分表明了审判法院对经济理论有着严重的误解”[③]。法院查觉到 Albrecht 案的“理论根基已经动摇，判决显得无可求药”，遵循先例的普通法审判传统不能阻止废止这一过时、“极端偏离反垄断司法正义”的判决，“垂直最高固定价格在现代市场条件下，有着正面的经济意义而不是以前认为的会为竞争带来大灾难”[④]。这样，法院在对待反垄断政策目标的立场从哲学层面上发生了巨大的转变（这一转变的端倪实际上从 Continental T. V. 案就已出现），即“从保护商人的自由转向为更加偏重消费者福利”[⑤]。通过将关注的重点转移到商业效率而不再是以前的企业家不受约束的绝对自由决策权，法院确定了反垄断政策的最终目标：为消费者节省开支。这样，从哲学意义上，法院的这一判决将执行反垄断政策的指导原则由朝着提升竞争的方向转向了增进消费者福利

---

① 参见：National Soc'y of Prof'l Eng'rs v. United States, 435 U. S. 679, 688 (1978). 在该案判决中，法院认为合理原则起源于普通法，合理原则的使用使得谢尔曼法能够“与时俱进”，更具灵活性。

② 参见：Copperweld Corp. v. Independence Tube Corp., 467 U. S. 752, 776～77 (1984).

③ 如 Posner 法官就认为：Albrecht 案“从一开始的审判推理，就忽视了厂商在分配效应（distributional effects）上的利益”。参见 Richard A. Posner, "Antitrust Policy and the Supreme Court: An Analysis of the Restricted Distribution, Horizontal Merger and Potential Competition Decisions", 75 *Colum. L. Rev.* 282 (1975).

④ 参见：State Oil Co. v. Khan, 118 S. Ct. 275, 281.

⑤ 在此问题上，还存在一些分歧。Bork 观点是：法院不顾商业效率作出这样的抉择，使反垄断政策变得理性务实，反垄断政策因而更像“提升消费者利益的政策”。参见 Robert H Bork, *Antitrust Paradox——A Policy at War with Itself*, The Free Press (second edition, 1993), p287. 也有学者反对将商人自由与消费者福利相对立。参见：Frank H. Easterbrook, "Maximum Price Fixing", 48 U. *Chi. L. Rev.* 886 (1981), p888.

方面[①]。

四、政治与社会目标：分散经济权力、保护中小经营者与维护民主制度

反垄断政策不仅肩负着上述三项经济使命，它还负有通过控制经济集中、限制经济力量来维护经济活动的自由和平等这一社会目标和维护民主制度这一政治目标。企业和消费者根据自己的意愿自由从事经济活动，是自由经济的基本原则。每个企业通过生产与销售活动与他人开展竞争，吸引消费者购买其商品；同时，消费者也总是试图以最低的价格购买质量最好的商品。竞争是企业为了争取消费者的购买而在价格、质量和服务上的相互争夺，生产与消费通过竞争而相互连接。理想的整体社会效果由此达到——市场上物品丰富、价格合理且质量优良，经济活动生机勃勃地开展。经济民主以经济机会均等和经济平等为主要内容，并与政治民主相对应[②]。为实现经济民主，就必须尽可能地保障企业自由，为企业提供公平的竞争机会，保障其不论大小、强弱都具有平等的参与市场机会。垄断与机会均等、平等竞争本质上是相互排斥、无法共容的。垄断是经济民主的天敌。经济民主与经济自由相辅相成，是一个事物的两个方面。维护了自由、公平竞争的市场，保护中小企业的利益，也就保护了经济自由与经济民主的基础，从而维护美国的民主政治制度。

从国会最初的立法意图来看，其侧重点是要阻却垄断力量。大型托拉斯使用垄断力量去限制产量和提高价格，而随着垄断力量的进一步聚集，很可能发展到由少数寡头控制国家经济命脉，进而控制国家政权，从而颠覆资产阶级的民主制度。所以，议员们担忧的并不仅仅局限于垄断力量导致的经济后果，他们更恐惧它潜在的社会破坏力。当后内战时期(Post-Civil War Period)的农业国极速转变成一个城市与工业社会，生产方式改变了，内战时期的个体自耕农消失殆尽，取而代之的是新兴的农业资本家。从社会关系的角度看，传统的“个体独立”逐渐演变成为相互依赖。随着垄断的兴起，这种相互依赖又变得虚无缥缈。决定权由传统

---

① 参见 Katherine J. Alprin, “Recent Developments: Moving Towards an Antitrust Policy Based on Consumer Welfare: State Oil Co. v. Khan”, 73 *Tul. L. Rev.* 353, p364.

② 参见[日]我妻荣:《经济复兴与统制立法》,有斐阁,第 227 页。

的权力中心转移到了大型公司手中。农民、商人和地方领导人开始受制于极少数富人，被视为贪婪、邪恶的新兴阶级席卷了先前由众多小的权力中心对地方社会事务拥有的决定权。这一权力转移促使对垄断抱敌视态度的大众形成一股社会政治压力，要求国会通过反垄断立法。反垄断政策的价值不仅在于使人们享受到竞争性价格，也通过减少了垄断力量不公平的积聚，重建了经济秩序，确保经济、社会和政治决策的“公平”程序①。

谢尔曼本人及他的同事都表达了这样的思想，即立法不仅是经济政策的一个重要手段，还是维持人们在政治生活中保持独立思考自由这样一个民主政治宝贵基石的重要方式②。“领导人对政治的经济基础常常保持清醒的头脑，即必须把反垄断理解为国家的政治评价。谢尔曼法从一个侧面反映了美国民众对权力集中抱着永远的怀疑态度。从大革命前期的宣传手册到独立宣言，再到联邦党人鼓吹国家权力的文论，直至反垄断的起草人和民粹党人，人们一直在探寻分散与审查权力、阻止权力以一个或几个利益集团作为单一权力中心行使的道路。在制定谢尔曼法时，其受到的政治压力是显而易见的，远远超出经济因素对其的影响，人们在努力避免民主政体会被集中的私人力量所捣毁，权力必须由政府而不是私人机构来行使。但到了 1888 年，作为经济组织的大公司对社会的影响力已开始超过诸多州一级的政府。比如：波士顿铁路公司（Boston Railroad Company）拥有 18 000 名雇员，年收入总额高达 40 000 000美元，而马萨诸塞州（Massachusetts）的雇员只有 6 000 人，财政收入仅为 7 000 000 美元。就个体而言，一些公司大到足够控制许多州级政府，如果它们联合起来，就可能控制联邦政府。人们普遍担心不受限制的垄断会最终瓦解民主政府。”③不仅 1890 年的谢尔曼法，1914 年、1936 年和 1950 年的立法也都是在民众强烈要求惩治垄断的压力下

① 参见 Robert H. Lande，“Wealth Transfers as the Original and Primary Concern of Antitrust：the Efficiency Interpretation Challenged”，34 *Hastings Law Journal* (1982)，p100～102.

② 参见 Hans B. Thorelli，*The Federal Antitrust Policy*：*Origination of an American Tradition*，Johns Hopkins Press (1954)，p227.

③ Richard Hofstadter，*What Happened to the Antitrust Movement? In The Paranoid Style in American Politics and Other Essays*，Alfred A. Knopf (1965)，p205～207.

完成的。

中小企业是市场经济的重要载体，是资本主义民主的根基。国会对保护中小企业的商业机会给予了极大的关注。保护中小企业"平等地"进行市场交易、免受"冷酷无情"的大公司的欺凌是反垄断政策最初的一个明显政治特征。国会强调反垄断政策的"政治价值"在于：(1) 担心经济力量的过分集中会产生反民主的政治压力，(2) 期望通过降低少数企业在经济事务上的操纵力来提升个体的商业自由，(3) 通过执行反垄断规则，限制少数巨型公司主宰经济事务，从而使政府尽可能少地干预经济运行[①]。但中小企业由于其自身的弱点，极易受掠夺行为的冲击，竞争机会对它们而言是极其重要的。参议院司法委员会（the Senate Judiciary Committee）认为克莱顿法第 2 条最重要的是保护因价格歧视而受到伤害的竞争者。其目的是"保障所有竞争者有公平的机会，使他们能够运用自己的能力和设备最有效地去为公众生产和服务，保护公众的选择自由，使他们根据自身的需要购选商品，远离垄断的威胁与压迫。"[②]1936 年的罗宾逊一帕特曼法和 1950 年对克莱顿法第 7 条的修正案主要目标就是与保护消费者相反的社会目的。支持这两项法律的议员们"意图保护独立的贸易商人，以对抗大公司的连锁经营和一些新的销售方式"[③]。议员们同情因受垄断之害而身处困境的中小企业，期望为它们创造一个有效竞争的环境。客观地讲，国会通过一系列反垄断立法的目的之一就是支持中小企业。国会保护中小企业的立法意图还可以从它努力促进分散经济力量而不是注重提高经济效率上得到体现。在许多情况下，中小企业主的利益与消费者福利是紧密相联的。虽然消费者利益可以说是反垄断政策永久保护的目标，但消费者福利与中小企业利益经常是冲突的，国会希望的是在中小企业得到帮助的同时，消费

---

① 参见 Robert Pitofsky, "The Political Content of Antitrust", 127 *University of Pennsylvania Law Review* 1051 (1979).

② Robert H. Bork, *The Antitrust Paradox——A Policy at War with Itself*, the Free Press (1993), p64.

③ Robert H. Bork, *The Antitrust Paradox——A Policy at War with Itself*, the Free Press (1993), p63.

者利益不会受到明显的损害①。与把保护竞争作为一项工具目标一样，国会是把帮助中小企业作为提高经济总体效率的一种方式。但与保护竞争所不同的是，保护小企业还具有"终极价值"，那就是保持美国的经济民主与经济自由，最终维护美国的民主制度。1938 年罗斯福总统在提交议会的总统反垄断国情咨文中提出："对经济力量过度集中置之不理，就是对美国传统民主制度的破坏，最终会走向法西斯专制。为确保经济与政治两个方面的民主，必须排除经济力量的过度集中，活跃经济竞争"②。

司法判决常常把支持中小企业当作国会的意图。法院有时甚至于认为在保护中小企业方面具有"国会利益"，这种利益超过了其他消费者导向目标(Consumer-Oriented Goals)。1897 年，最高法院首次对反垄断政策目标进行解释，认为政策的目标之一在于保护中小企业免受大公司的降价影响。Peckham 大法官的推理是："厂商可能会通过联合或加入托拉斯达成限制生产与贸易的协议。一旦这样的协议付诸实施，将会影响公共利益……托拉斯的结果、企业联合的特点在不同行业可能表现不同，但它们本质相似，即每个参与的企业都有反公共利益的内在冲动。不论是短期的限制还是长期的联合，都会为同一目的而在一定时期或特定区域内采取降价行动。这对依靠某一产品维持生计的小企业、夫妻店不啻晴天霹雳。他们因降价行动而破产，而他们又没有适应环境的能力。万能的资本联合单单用一个降价就能控制一类商品，捣毁一个阶层。"③1918 年，Peckham 大法官在 Chicago Board of Trade 案的判决中，重申了政府的反垄断政策应"保护中小企业主和个体经营者"，虽然他们的价格对消费者而言有时显得有些昂贵④。

Peckham 的解释在最高法院的判决与大法官的意见中经常得到共鸣。许多法官抱有与之相同的价值偏好。在 Aloca 案中，第二巡回上诉法院的法官 Learned Hand 认为："国会制定反垄断法的目的是希望终止

---

① 参见 Robert H. Lande, "Wealth Transfers as the Original and Primary Concern of Antitrust: the Efficiency Interpretation Challenged", 34 *Hastings Law Journal* (1982), p102～104.

② 转引自[日]今村成和:《独占禁止法》，有斐阁，1967 年版，第 8 页。

③ United States v. Trans－Missouri FreightAss'n, 166 U. S. 290, 322(323 (1897).

④ 参见 Chicago Board of Trade v. United States, 246 U. S. 231 (1918).

资本的大规模的聚集。因为在大量的资本面前，个人是微不足道、无能为力的。”同时，Hand 法官认为反垄断政策还有另一个非经济价值，即，通过分散经济力量，为所有厂商提供平等的参与机会，这是开展市场竞争的基本前提和内在要求。“可以推定，尽管可能导致较高的价格，但反垄断法规的目标之一仍是要永久保存小型企业，让其相互有效地开展竞争。”①“目标是让所有企业都能够自由地进入市场。阻碍这一目标实现的经济力量是邪恶的。个体选择的自由、分配正义和多元化是反垄断政策的核心价值。中小企业应受到偏爱并保证其免受大企业经济杠杆的蚕食，即使增加消费者的负担也在所不惜。”②

20 世纪 50 与 60 年代，最高法院接受了哈佛“结构学派”的思想，对高集中度的市场结构持否定态度，反复强调只要能阻止类似卡特尔之类的集中趋势，即使是牺牲经济效率也在所不惜。在沃伦法庭时期非经济目标反复得到验证。1958 年最高法院对反垄断政策的目标作了一个简要的概括，即：“谢尔曼法被设计为经济自由的大宪章。其目标是将自由与充分的竞争作为商业规则加以保护。其基本前提是不受限制的竞争将对经济资源进行最优的配置，产生最低的价格、最好的质量和最大的物质进步，同时有益于我们民主的政治与社会制度。”③虽然在 Brown 案中，首席大法官沃伦写下了“保护竞争而不是竞争者”的名言，但他后面的论述却反映出其偏爱“平等”优于“效率”。他说：“我们不能忘记国会通过保护当地的小企业以提高竞争的愿望。排除集中有益于竞争的开展。国会认为由于分散的产业与市场引起的偶尔较高的代价与较高的价格是值得的。”沃伦等大法官认为这本质上是为政治目标所必须支付的经济成本。反垄断政策被赋予的非经济的目标——保存小规模的经济组织，鼓励平等竞争的机会，最终保全民主制度，在后来的许多案例中被引用④。沃伦等大法官之所以不余遗力地推行反垄断政策的社会与政治目标，用他们的话说就是在于：(1) 他们担心经济力量的过分集中，会培育反民主的政治力量，期望通过减少少数私人因拥有巨大的经济能量

---

① United States v. Aluminum Co. of Am., 148 F. 2d 416 (2d Cir. 1945).

② E. Thomas Sullivan & Herbert Hovenkamp, *Antitrust Law, Policy and Procedure*, Lexis Law Publishing (1999), p1～2.

③ Northern Pac. Ry. v. United States, 356 U. S. 1, 4 (1958).

④ 可参见：Brown Shoe Co. v. United States 与 United States v. Von's Grocery Co. 等。

而握有对政治和社会的控制力与影响力，从而提高公民的个体自由。(2) 同时，法院还担忧，如果任垄断发展下去，国家经济最终会被少数几个大公司所操纵，政府不得不大规模地介入私人的经济活动，而这样做的结果是必然严重违背政府的天职[①]。因此，“消除与限制垄断以及消除不必要的准入障碍和不合理的商业行为不仅能够提高经济效率，同时也避免了不适当的经济力量的集中，减少了私人在商业领域的决定力，降低了国家干预的风险”[②]。(3) 这么做最终还能避免出现另一种更坏的结果，即政府成为这些少数企业的代理人，民主制度走向破产[③]。

虽然经济效率可能是执行反垄断政策永远需要考虑的一个重要因素，但忽视反垄断立法的根本原因与普通民众支持反垄断政策的政治因素是不可取的[④]。从总体上讲，反垄断政策的政治与社会目标在于分散经济力量，为生产者与消费者免受垄断者的经济独裁，自由地选择与进行交易提供一个平等与公平的机会[⑤]。反垄断政策的全部历史可以概括为一句话，即“政府控制产业集中与经济力量”，“抑制托拉斯与其他垄断力量对社会与政治的控制力”[⑥]。排除反垄断政策的社会与政治目标而将其仅仅界定在经济效率上，“是一段坏的历史，坏的政策”[⑦]。

谢尔曼法与其他反垄断法的立法史显示其具有限制企业规模、保存大量小企业与商业机会的社会与政治原因，这也表明了民粹主义者(Populist)目标的正确性。应当说，保护中小企业经营者的利益曾是反

---

① 即使在今天，对政府在经济活动的职能与角色问题上，人们仍然抱着政府不能干预经济，只能为经济活动提供一个好的环境的观念。小布什在每周的总统讲话(Radio Address)中，经常提及这一理念。详见 www. whitehouse. gov 上的相关内容。

② Robert Pitofsky, “The Political Content of Antitrust”, 127 *University of Pennsylvania Law Review* 1051 (1979).

③ 参见 Robert Pitofsky, “The Political Content of Antitrust”, 127 *University of Pennsylvania Law Review* 1051 (1979).

④ 参见 Robert Pitofsky, “The Political Content of Antitrust,” 127 *University of Pennsylvania Law Review* 1051 (1979).

⑤ 参见 Phillip Areeda & Louis Kaplow, *Antitrust Analysis——Problems, Text, and Cases*, Fifth Edition, Aspen Publishers, Inc. , p49.

⑥ Thomas Sullivan, “The Economic Jurisprudence of the Burger Court's Antitrust Policy: The First Thirteen Years,” 58 *Notre Dame L. Rev.* 1 (1982).

⑦ Robert H. Lande, “Wealth Transfers as the Original and Primary Concern of Antitrust: the Efficiency Interpretation Challenged”, 34 *Hastings Law Journal* (1982), p99～106.

垄断政策关注的一个重要问题，优待中小企业的立法与司法判例至今仍然有效，但它们的使用频率已经大不如前。毫无疑问，反垄断政策也曾为美国的经济繁荣、社会稳定和政治民主立下了汗马功劳[①]，但作为一项经济政策，反垄断法实现这些目标的方式却是通过阻止倾向于消除或减少竞争而不产生经济效率的合约、合并和独占行为。除了 Robinson－Patman 法的第二级损害(secondary line injury)[②]外，法院并没有借助于干涉竞争性价格、效率或发明，来展现它在适用法律时优先考虑民粹主义者的目标或重视其目标要求。而且，反垄断政策出台的历史背景，即美国经济在高关税壁垒的保护之下，远离世界市场，闭关锁国地发展的情况早已不复存在。从世界范围看，随着经济的发展、技术的进步、通讯与交通的改善，贸易早已超出一国的国界。物资、资金、人员与信息四大因素全球范围内自由地流动，经济全球化、一体化已经实实在在地影响着我们的现实生活，成为我们生活的一部分。在“地球村”的时代，即使是相隔万水千山的潜在对手的进入，也可能会对看来毫不相干的原有市场格局造成预想不到的冲击。而且，替代品也冲出国门，得以在世界市场上寻找与补充。相关市场的界定必然要随之扩大，甚至于在某些领域将竞争市场扩展至全球。加之，美国两百多年资本主义民主制度基本成功的运行，使其深入人心，“变天”的担忧也消失殆尽。反垄断政策以保护中小企业为契机、维护资本主义民主自由制度不受垄断力量侵蚀的最初设想，在其民主制度稳健运行的今天，往往被视为多此一举。反垄断政策保护中小企业经营者的利益以及维护经济民主与政治民主的社会政治目标也就自然而然地被遗忘，成为过眼云烟，留下的仅是昔日的辉煌。提高经济效率、增强国际竞争力就提到反垄断政策的日程，成为今日反垄断政策执行与反垄断司法的核心。

---

① 许许多多的学者认为，美国今天所拥有的自由、民主与繁荣得益于政府反垄断政策与税收政策的调节，它使美国远离了穷奢极侈的少数寡头与饥寒交迫的广大民众之间的对立与冲突。

② 1936 年的 Robinson－Patman 法对 Clayton 法第二条作了修改，矛头直指价格歧视(price discrimination)。这一规定并不是国会关注消费者利益的产物，而是为了保护因价格歧视行为受损害的竞争对手，包括卖方与买方。由此，对竞争中因价格歧视而受到影响的卖方被称为第一级损害，买方被称为第二级损害。对两级损害的论述及其关系问题，详见：Phillip Areeda & Louis Kaplow, *Antitrust Analysis*: *Problems*, *Texts*, *and Cases*, Aspen Publishers Inc. (5th Edition, 1997), p901～38。

五、经济理论对反垄断政策作用的局限性：对政策目标的再次审视

“作为一项明智的政策，反垄断政策必须以提升竞争为核心，为此它就要综合考虑各种经济理论及其异同，采用一些技术手段收集与评估庞大的经济数据。”[①]制定与执行规则，司法审查，包括对一些问题作出判决与决定等等，在很大程度上应当划归于政治过程。法官不应当也不想承担规制经济的政治与行政责任，他们无力也不能耗费大量的时间与精力为他们认识不清、知之不多又迅速变化的经济行为设定标准。司法角色不具管制经济的功能。对法官而言，一项最为迫切的任务是如何处置从反垄断经济理论到法律的转化过程。要吸收什么样的理论、在多大程度上吸收某一理论常常困扰着法官的审判活动。普通法的传统是不能轻易采用某一经济理论作为其推理与判决的指导。从法律过程的特性来看，应当限制经济理论对法律的影响，或者说要阻止经济理论转变为法律规定或左右判决。如经济学理论尤其是产业组织经济学在反垄断政策中扮演着重要角色，但也只能是起部分作用，而且经济学理论也一直处于不断的演变之中，并不存在着一种稳定不变的理论。一名称职的反垄断律师必须精通经济学理论，并且他在强调经济理论的重要性及其潜在作用的同时，也应当看到理论的局限及在运用时要恰当地进行选择。

反垄断政策应当从经济学理论中汲取营养，但不可将经济理论奉为反垄断政策制定、执行、评估与修订的“金科玉律”。经济学理论不仅在对一些反垄断政策重要问题上争论不休，历史上对如何解决一些垄断问题也相持不下。一百多年来，经济理论好像又实现了“回归”——“回归”到亚当·斯密。对政府的干预、对垄断的看法，特别是认为只要政府不借助关税与税收手段支持垄断就可保持市场竞争自由、政府本身就是一个最大的垄断者等等观念发生了180度的大转折。在上世纪40至70年代，经济学家对市场结构进行了细致入微的分析，对市场力量作了深入的研究。这一套分析路径至今仍然占据着统治地位，被法院广泛采纳。但这些经济学家随后又发生了“分裂”：一部分人全力倾注于“执行分析”(performance analysis)，很大程度上偏离了先前的方向与立场；一小部

---

① Lawrence Anthony Sullivan, *Handbook of the Law of Antitrust*, West Publishing Co. (1977), p4.

分新结构学家(neo－structuralist)则完全“背叛”了他们的导师，坚持认为市场上一般不会产生垄断，而从经济中产生的垄断基本上可视为是效率的体现，高的垄断利润会吸引外来资本的进入，市场具有自我更正的能力，最令人担忧的是直接的政府介入所引起的垄断，那才真正是无法治愈的“恶性经济肿瘤”。

一直处于演化之中的各种经济理论，像潮水时涨时落。作为反垄断政策制定的一个源泉与指南，它将这一政策变得十分的技术化，一些法律规则就是某些经济原理的法律表达。离开了对经济理论的理解，想了解某些反垄断法规成为几乎不可能的事情。经济方面的目标占据了反垄断政策的中心位置，政治机构也好像抱有“舍经济目标外不可能兼顾其他目标”的观念。至于何种经济目标或哪种经济价值优先，则是一个次要问题。

不过，从谢尔曼法开始，政府、国会、法院三部门也时不时地在有意限制经济理论对反垄断政策的影响力。其实，在经济理论与法律两个方面，反垄断政策都有其明显的不足：对经济理论，决策者与执行者都没有真正地理解弄清；从法律角度看，由于没有对法律结构作彻底的改革，法律规则也没有充分吸取已经得到正确理解的经济理论的营养。事实上，作为政府对经济的干预，反垄断政策更应该具有宏观经济政策的特性。如果反垄断政策保持其法律体系，即执行经济政策的法律，它就不能仅仅强调配置效率，法律还具有公平正义的本质，其价值就远非经济目标所能涵盖得了的。同时，法律一旦制定出来，就应当对经济运行包括政府干预的程度与方式进行约束，产生影响。法院必须遵循国会的立法目的，而绝不能将反垄断政策的目标局限于经济领域。将反垄断政策目标限定于经济方面，甚至只强调配置效率与立法史不符，则会让人感到困惑，也误导了执行者。

全部非经济目标都显示出反垄断政策有着一个明显的偏好：分散经济力量，减少私人力量、个人的判断力对他人福利所能产生的实质影响力，推动更多的人们从事商业活动，给予他们更大的独立创业机会，并且保障中小企业生存、竞争的权利(中小企业在同等条件下，应较大企业优先)，甚至有时是向往回归到大工业社会以前的那种单纯或理想主义状态下的社会、政府与经济组织之间的关系状态。事实上，反垄断政策的最初形成是民粹主义传统的结果，即使是在它后来的发展与补充过程中，也可以偶尔看到民粹主义者的身影，他们动员民众对立法施加影响，喊出自己的立法主张，并结合一些经济理论，持之以恒地推动自身要求的法制化。一些有影响的立法，如罗宾逊——柏德曼法，就是在这样的压力下，民主党左翼利用本党控制国会而顺利通过的。经济学家在这样"武断"的立法当中很难起到什么作用。原告律师在法庭辩护时也常会从立法背景上寻找非经济目标，提请法官的注意。

经济理论对反垄断政策的影响是长久的、持续的，它对反垄断政策有特别的作用。另外，从法律层面上讲，反垄断政策又深深根植于普通法之中。从普通法传统上看，它是要通过反垄断法规的实施来制止经济活动的混乱无序。经济学可能是社会科学中最具凝聚力的学科，它对经济行为的分析是"冷酷的"，假定为市场上的每一行为主体都企图为获取经济利益的最大化而可能不择手段，经济人是不讲道德的，只要条件许可，只要有空子可钻，他就会"越界"。而传统普通法对人的分析是，人生活在社会中，是"社会动物"，他(她)必须遵循社会的道德与人类的伦理，任何人对理想的追求，只有在目标与手段都能为现实生活的道德所允许与接受的前提下，才能得到实现①。很明显，从传统普通法的视角来看，法律具有人文主义的属性，一切公正、道德的行为都应当受到推崇，一切与人文主义相悖的行为又都是不可原谅的。法律是道德的底线，是道德的守护神。

为更好地达到反垄断政策复杂的社会目标，也可以适当借鉴经济分析模型。历史观察法是极其有用的。反垄断政策——在任何时间，政府对产业结构的态度及行为——都应当从其所处的历史大背景下去思考，都应当看作是政府权力"塑造"产业结构的一种"特殊产品"。一经济行为往往并非只有经济属性，它还有着其它非经济的(如政治的或社会学意义上的)影响力。因而，"竞争利益"必然是综合的而非单一的，既要考虑到经济利益方面也要兼顾到社会的与政治的目标，带有折衷性。政府的反垄断措施也不是天马行空，它总要与国家经济、政治、社会乃至意识形态的发展变化相联系。对组织行为的社会学与心理学研究成果也常常运用于对反垄断的分析。但不幸的是在韦伯(Weber)以后，大多数社

---

① 传统上，普通法特别关注法律与道德的关系。如果一行为不为当时的社会道德许可，该行为就没有(或失去)道德支撑，也就不具合法性。

会学家对法律的研究主要集中于犯罪与家庭两个方面，社会学的调查手段等对与经济力量及相关因素的发展与表现等并没有给予足够的重视。经济学家对反垄断政策的研究几乎可以说是已经达到“炉火纯青”的地步，而社会学家对反垄断政策的研究却是一盘糟，几乎没有任何进展，没有什么拿得出手的成果①。这恐怕也是造成人们一提起反垄断政策就将其“划归于”经济领域，对它的政治与社会功能与历史功绩知之不多的一个重要原因。

六、目标之争背后的意识形态冲突

“在西方文明中，竞争一直既是上帝又是魔鬼。它许诺并提供了财富与经济进步；它也改变财富的分配，动摇共同体的根基，向道德规范发起挑战。”②因而，表面上是围绕着反垄断政策目标上的激烈纷争，其背后隐藏的却是各自意识形态的严重冲突，是埋藏在争论者内心深处的、对市场与政府关系矛盾在反垄断政策问题上的一次总爆发。可以说，对反垄断政策目标的争论是学派间意识形态相互冲突的最集中反映③。“一般而言，意识形态是个贬义词，泛指（与己方）相对立的观点是虚幻、荒诞、教条或错误的意识。”④它暗示着自己对一项事件或行为的理解没有主观偏见、不受主观因素的干扰，是客观公正地对待社会现象。严格地讲，对事物的看法永远不可能达到完全客观。无论是对自然现象还是对社会现象，人们总是从自身的知识背景出发，对事物作出独特的推理与判断，自身所特有的对某项事物的抽象概念在这一过程中起着基础作用。人的想象、直觉左右着人们的行动，指导着人们对未来的探索，也引

---

① 参见 Lawrence Anthony Sullivan, *Handbook of the Law of Antitrust*, West Publishing Co. (1977), p12.

② ［美］格伯尔著：《二十世纪欧洲的法律与竞争：捍卫普罗米修斯》，冯克利、魏志梅译，中国社会科学出版社 2004 年版，第 1 页。

③ 假设竞争（或特定的竞争观和竞争形式）是有价值的，那么下一步的问题就是，能否和应当用法律来保护这一过程不受限制。芝加哥学派（法经济学派）认为，竞争过程能够比政府干预更好地保护自身，一般而言，保护竞争的最佳方式就是“别管它”。在这种观念占优势的地方，反垄断政策就显得无足轻重。相反，如果决策者认为竞争本身包涵着内在的缺陷，其成功所依赖的自由有可能对其构成反制，就会选择严格的反垄断政策。

④ William H. Page, “Ideological Conflict and the Origins of Antitrust Policy”, 66 *Tul. L. Rev.* 1 (1991), p8.

导着人们从事科学研究。在我们建立起任何系统的理论之前，我们所认识或体会到的那种意识在缺乏证据情况下，支撑着我们去验证一个个假设。这些假设在当时应当说看上去都是主观的、不符合逻辑的、不能证明是正确的①。意识形态不仅是一个与主观印象相关联的概念，在政治组织中也具有实用主义的用途。政治活动、经济政策乃至法律能否得到有效的认可与执行，常常有赖于相对人对决策者的观念与目标的认同。“一个社会只有在公众对处置公共事务的适当方式形成共识，才可能有序运行……而共识是以意识形态的形式表现出来的。”②意识形态的冲突往往导致民众的分裂，相同的观念有助于人们之间的相互沟通与交流。从 18 世纪以来，在反垄断研究领域进化派与干预派为占据西方文化的话语权展开了针锋相对的论战。每一次次论战都对反垄断政策目标产生了强烈的影响。

反垄断学者互相贬损对手带着“意识形态”的墨镜去看待反垄断政策的目标。进化派（右翼芝加哥学派，是其代表）与干预派（左翼民粹党是其代表）都互称对方的立场根植于自身的政治偏见。芝加哥学派将民粹党人所持的非经济目标，特别是对小企业的同情与关注看作是对谢尔曼法提升经济效率立法初衷的破坏。而民粹党人则反唇相讥：芝加哥学派所谓的经济效率，打着经济科学的幌子，实际却是其垄断集团代言人意识形态的充分流露③。另有一批以 Emory 大学法学院院长 Thomas Arthur 为代表的反垄断学者将二者的立场都归结于受意识形态的驱使，双方的观点都有失偏颇，缺少客观性。Arthur 提出谢尔曼法是中性的，它只关注当时的经济问题，从普通法角度看，其标准是要制止对贸易的限制且具有明显的限制司法裁决的意图。但现在它却被进化派与干预派玩弄的“新概念”所迷惑，因为双方都是为了极力“扩大各自意识形态

---

① 参见 Ian Adams, *The logic of political belief: a philosophical analysis of ideology*, Harvester Wheatsheaf Press (1989), p140～44.

② Ian Adams, *The logic of political belief: a philosophical analysis of ideology*, Harvester Wheatsheaf Press (1989), p11.

③ 如 Fox 与 Sullivan 表示：“芝加哥学派即法经济学，在意识形态领域发动了一场针对反垄断政策的战争。”见：Eleanor Fox & Lawrence Sullivan, “Antitrust, Retrospective and Prospective: Where are we coming from? Where are we going to?”, 62 *NYU L. Rev.* 936 (1987), p960.

的影响力”①。

从18世纪开始，对垄断问题的论战就在政治、经济与对待国家权力等方面展开。芝加哥学派的核心是通过建立经济模型，来论证如转售价格维持、搭售、垂直合并等人们熟知的垄断行为与经济效率和社会财富的正相关关系。这类模型暗示买者与竞争对手的自利反映充分地制约了企业运用这些行为获得垄断利润的能力，动摇了人们对像垂直限制、掠夺性价格等行为必然会产生垄断后果的传统观念。借助这类模型，芝加哥学派成功地粉碎或者说是彻底剥夺了沃伦法庭（Warren Court）时期反垄断政策的能动规则。芝加哥学派主张：沃伦法庭的民粹主义倾向，其所坚持的保护贸易自由的强硬立场，在旨在提高经济效率的反垄断政策中，不应占有一席之地。民粹主义者的回应是：“芝加哥学派的经济效率标准掩饰了其在反垄断（政策）上的意识形态倾向，也忽视了法规本身固有的社会与政治考量。”②特别是他们忽视了一点，反垄断政策要限制私人经济力量（private economic power）并控制其对他人及社会形成的强制力③。他们称芝加哥学派所采用的大量经济模型是“静态的”，对经济行为的看法过于简单化与理想化，尤其表现在芝加哥学派对“理性人行为”（rational human behavior）的假设上。他们认为1890年国会通过谢尔曼法时的“立法意图很明显是为了控制私人力量”，谢尔曼法正是为了“保持经济力量的平衡而设计的”。虽然双方都从谢尔顿法立法时的议员辩论中寻找了支持己方立场的发言，但在“国会授权法院根据普通法去发展反垄断政策”这一点上取得共识。芝加哥学派称，其所认为的反垄断政策目标是建立在人们公认的市场与“政府过程”相互关系

① 参见 Thomas Arthur，“Workable Antitrust Law：The Statutory Approach to Antitrust”，62 *Tul. L. Rev.* 1163 (1988)，p1209～13. 在Emory大学法学院介绍Arthur的网页上，将这篇文章与他发表在California law review的文章称作创建了一个新的反垄断分析（antitrust analysis）的“法令”学派（“statutory” school）。参见：http://www.law.emory.edu/faculty/facbio.php? userid=lawtca

② Herbert Hovenkamp，“Antitrust Policy after Chicago”，84 *Mich. L. Rev.* 213，p283～84 (1985).

③ 与Hovenkamp教授的观点相呼应，Lawrence Sullivan、Eleanor Fox与Frederick Rowe等人也指责芝因哥学派“忽视私人力量对其他主体的强制力”，他们认为：“反垄断政策并非为着经济效率，而是为了对抗私人力量”，“美国反垄断（政策）应当以实用主义（pragmatism）、多元化（pluralism）和对权力的不信任（distrust of power）为指导。”

的基础之上，政府在市场经济的运行中有促进经济发展的义务，必须制定提高经济效率的制度安排；同时，垄断利润也会吸引其他企业的进入，竞争最终会驱散垄断行为。民粹主义者则认可政府干预对经济运行的正当性与有效性，认为反垄断执法与司法会真正阻止垄断行为，对商业惯例（business practice）实施更多严格的司法审查（judicial scrutiny）是可行的保护竞争之举[①]。

两派在反垄断问题上的争议反映了各自在市场关系与国家正当职能方面不同的意识形态。芝加哥学派坚持其顽固的自由放任市场经济理念，把经济运行中出现的一切都视为无数自利个体相互作用的“自然的无意识结果”，全部归因于市场进化（evolutionary），意识形态上具有明显的保守主义色彩。他们将自然结果假定为最优的社会选择，而国家依据一些所谓的“理性计划”对这一结果的干预弊大于利。市场交易本质上是“非强制性”的，真正的垄断需要得到某种程度上的政府支持，合同自由应受宪法保护[②]。

而在民粹主义者看来，保守派所谓的“自然的无意识结果”正是握有市场力量的大企业或个人有意所为。在民主制度下，理性的国家干预是确保市场经济行为合法、公平的需要。在智力、财富等方面，不同的市场主体本来就不在一个“起跑线”上，这方面的差别致使他们之间的市场交易与生俱来就具有“强制性”，不受规制的市场必然会走向垄断。一向持温和立场的 Hovenkamp 教授认为：不仅经济会影响政策的制定（立法），立法同样也会反作用于经济，二者的关系是相互的。但问题是在双方的争辩中，意识形态依然扮演了更为根本的角色。双方都带有先入为主，以其固有的意识形态看待垄断：一方坚信垄断主要是政府权力对经济不适当介入的结果；另一方则信奉垄断从根本上说产生于私人行为。芝加哥学派的经济理论研究显示集中市场并不呈现反竞争特性，这一经济研究成果影响着他们对法律的分析。他们用经济学家的数据与解释占领

---

① 参见 Louis Kaplow, “Antitrust, Law & Economics, and the Courts”, 50 *Law & Contemporary Problems*, vol. 50, p192(1987).

② 有关宪法对个人经济自由的平等保护，请参见：Kathleen M. Sullivan & Gerald Gunther, *Constitutional Law*, Fundation Press (14th Edition, 2001), p605～28, p838～62。

了反垄断研究的阵地，主导了行政当局与法院的公共行为[①]。相互对立的意识形态在反垄断政策的各个方面都体现出了强烈的差异，特别是在解释个人与国家、垄断与市场强制方面，提供了截然相反的两个版本[②]。

（一）对个人与国家行为的不同立场

进化派的观点是：个体参与者的智力有限，加之在很大程度上受制于其所身处的环境，视野狭窄。其行为源自于自利动机或家庭利益而非社会公益。个体的自愿市场行为以获取最大利益为指针，为此他们建立起各式各样的合同关系（婚姻关系也被视为一种合同）。每个合同主体都是社会的一个细胞。反映各方利益的合同得以保持，而损害一方或双方利益的合同将会被抛弃。在这一过程中，无意识的、自发的结合方式正是社会选择的结果。种种结合方式不是依靠人们的计划设计出来的，而是数以万计的个体的决定组合而成的副产品。绝大多数个体的有限智力体现了社会的文化特质。历史的发展也表明个体具有适应竞争的能力。与之相左，干预派强调：人并非天生的有限理性动物，也不是自利的。他们有极强的智力能力，并非天生具有利他倾向。在人的现实智力与智力潜能之间存在着一个巨大的差距。由于智力开发或受社会、制度的不良影响，人们之间的智力差距同样也是巨大的。信息量的不足以及由此作出的系统性决策失误致使市场无法反映民众的真实偏好。对待既有环境，人们有能动作用，公共权力能够通过市场与其他制度实现确定的目标，这一对人的能力与公共权力积极肯定的观点必然引申出政府在市场经济中能够也应当有所作为的观点，干预派对政治过程的后果持乐观态度。他们认为矫正市场失败、社会不公，政府必须限制某些成员

---

① 芝加哥学派理论获得司法与行政机构的认可，也可视为美国社会意识形态由上世纪50、60、70年代的自由主义（liberalism）转向注重个人秩序与确立制度的保守主义在反垄断政策的一个表现。在同一时期，最高法院抛弃了沃伦法庭的自由主义立场和对弱者保护的倾向。保守主义成为美国社会的主流价值。今天，人人都称自己是保守派，而承认自己持自由主义理念，无异于是政治自杀。

② 应当指出的是，意识形态并非是决定反垄断政策的唯一因素，像普通法等方面的制度结构对塑造反垄断政策也起着重要作用。近20多年来，芝加哥学派极大地改写了传统意义上的反垄断政策，但政府也没有全盘接受它所鼓吹的对诸多行为采用本身合理原则（rules of per se legality）。相反，法院运用芝加哥经济学家的模型在很大程度上只具有辅助意义（如法院采用其模型是为了根据新的经济行为，确定对伤害的补偿原则。参见 William H. Page, "Ideological Conflict and the Origins of Antitrust Policy", 66 Tul. *L. Rev.* 1 (1991), p8. 这也反映了法院遵循其反垄断传统，限制推翻立法与先前判决的司法功能。

的政治自由。

但进化派绝对不敢苟同干预派放手让政府干预经济的政策理念，他们更相信市场具有自我修复的功能。而且，政府内部的个体也总有着自身利益，公务人员也确确实实在追求这些私利。即使是正直无私、知识渊博的官员，他们在其管辖领域既不可能事事精通，也没有那么多精力对市场发布大批的规制与指导，而且，如果将市场运营的决定权交由一个人或一个机构不仅是不现实的，更是危险的。在进化派看来，政府以家长式作风调节、纠正市场的自发后果徒劳无益。而政治过程又为组织良好的利益集团从民众手中捞取利益提供了平台。政府的作用应当是消极的：通过防止强制交易与欺诈，确保契约得以履行，确保交易过程能够持续下去。"自由"被理解为是分散于各个个体的、独立作出判断并参与市场交易的自由。只要追求财富的过程对全体公民开放，那么占有财富多寡的现实就是可以被接受的，甚至是值得的。通过公共权力不正当获取财富的状况应当被改变，并物归原主。即使是市场交易中财富被错误配置，也不应当成为政府限制财产转移自由、限制合同自由及关照第三方的借口。建立一套良好的制度结构、执行有利于公平交易的社会政策及能够对交易费用做出敏捷反应的政府才是最好的政府。由此，进化派在选择增加普通法过程与增加多数人立法二者之间，更倾向于选择前者①。

在干预派眼里，进化派是"冒牌的自由主义"。他们不要政府干预的劝告是虚伪的，其目的是为了保护现存的财富与权力分配方式。自由地进行参与市场交换仅仅是一种形式上的自由，法律上的权利平等也只具形式意义，因为对个体而言，除非拥有足以行使它们的必要资源，否则，这些都是毫无意义的"噱头"。必须变革一些特权人士基于非法过程捞取财富与权力的社会现实，民主干涉以兴利除弊是现实所需。政府可以超脱于压力集团的利益之外，依靠对社会有深刻了解、对民众抱有极大同情的专家和社会精英，从公共利益出发来规制社会运行。社会政策的目标是为了寻找解决社会问题的办法，不应当局限于增加交易机会、提高经济效率。为解决社会问题、实现社会正义花费一些代价是必须的，

① 这一派的代表人物 Hayek 有句名言：立法的强制性、垄断性、排他性捣毁了自由社会自我矫正其缺陷与不足的能力。

也是值得的。国家有能力通过制定与执行理性计划，矫正社会缺陷，重塑社会正义。

（二）对待垄断的迥异态度

进化派认为，在没有外力干预的情况下，企业要垄断市场，即由一个卖者决定价格与产量，是极其困难的。由于市场能够借助自身的矫正机制打破私人垄断，真正的垄断只能是政府干预的结果。由此，进化派将垄断界定在“并非市场上只有一个卖者”，而是一种“对准入的威胁”，“特别是国家授予独占特权的产物”[①]。由于市场是消费者与生产者需求的集中反映，最有效的生产与经销才能最终获得成功。垄断利润将吸引其他潜在竞争者进入相关市场，因而，在竞争中致胜的企业不可能居于垄断地位。在成员相互欺诈的内在压力下，一个个卡特尔将会土崩瓦解。对手间利益上的纷争保证了集中市场上的有效竞争。任何垄断都是市场对高效率企业生产最优产品、提供最优服务的正当回报[②]。在自由贸易的背景下，如果一个垄断既没有效率但又能持久维持，那它背后一定有政府的支持[③]。政府对这些行业或企业的干预基本上可以断定为是无效的或有害的[④]。因此，从根本上讲，政府为避免垄断所作的种种努力恰恰适得其反，不仅浪费了公共资源，也妨碍了市场自身矫正机制发挥正常功能。政府应当做的是解除诸如关税、独占许可证、特许权等对市场准入的限制性措施。除此之外，政府所能做的只能是通过界定财产权和保证契约的有效执行，来保护个体的自愿交易。

而干预派特别强调垄断是私人行为的结果。市场并不意味着效率，而且市场还往往导致财富与经济力量的两极分化。拥有巨额财富的个体会运用自身强大的经济实力卓有成效地操纵市场、排斥竞争、驱散异己，并左右消费者的选择自由。竞争对手认识到“团结就是力量”，就会

---

① William Blackstone 将垄断定义为“国家准许的排他性特权”。

② Easterbrook 曾表达过这样的思想：一家私人企业，在没有任何法律优惠的情况下，只能通过生产、销售比其同行价格更便宜、效能更优良、数量更多的产品，才能成为市场的强者。

③ 这是芝加哥学派的一个著名论点。这一论点如果拿来评价我国的某些垄断产业，是非常恰如其分的。

④ 参见 Frank H. Easterbrook, “Comparative Advantage and Antitrust Law,” 75 *Cal. L. Rev.* 983 (1987), p984.

组建起稳固的联合并依托这种联合,限制竞争[①]。经济生活中的大量事实都证明了市场走向垄断的趋势。市场体系由两部分构成——小规模的个体企业与有"计划系统"的大型垄断组织,这样使垄断与竞争共存。垄断组织能够策略地运用其经济实力,逐渐消蚀小企业的市场地位,从而阻止竞争的开展,而小企业则是一盘散沙,只得受制于大垄断企业的侵蚀与剥削。因而,政府所扮演的角色就是凭借公共权力,直接干预经济运行,矫正经济力量不均衡及其带来的不良社会后果。

(三) 对待市场强制的不同理念

双方对市场强制有着截然不同的概念。A 要求 B 按其意愿为一定行为,B 这样行为没有自身原因,只是不得已而接受 A 的提议,否则,A 就会使 B 的经营状况恶化到低于基线状态(baseline station)[②]。这表明了 A 无权对 B 作这样的要求,B 有权利反对这一强制,B 有权去争取达到并保持在基线状态。但由于基线状态的确定依赖于独立的政治与道德判断,而这些又因各人的政治与经济理念的不同而异,究竟什么状况才是一个企业的基线状态,或者如何为不同企业设定一个适合的基线状态,就变得非常困难。进化派定义基线状态的依据是:(1) 保护财产与合同的法律体制;(2) 法律框架下,个体间为实现财产分配的相互作用。从这一视角看,只有当 A 的提议致使 B 的处境比 B 接受提议前更糟,A 的提议才算得上是强制。由于缺乏强制力的胁迫,每个人都可以拒绝一项提议而与他人交易,任何合同都不具强制性。庞大的市场是无意识的,非哪几个人或几家公司所能驾驭得了的,市场交换的结果不具强制性。在企业内部,如雇主与雇员之间,不存在着强制,二者的雇佣合同反映了他们调整双方关系、保护各自利益的愿望。在企业之间,即使是大的生产商,其销售行为也不具有强制性,其力量要受到消费者选择与其他供应商(以及潜在入场者)的双重制约。唯有法律通过关税或特别授权等方式,禁止平等准入,才会导致垄断权力,才会产生市场强制。真正的强

① 对牢固、持久的卡特尔机制的探讨,请参阅 Ian Ayres,"How Cartels Punish: A Structural Theory of Self—Enforcing Collusion", 87 *Colum. L. Rev.* 295 (1987).

② 有关市场强制条件下基线状态的详细分析,请参见 Peter Westen,"'Freedom' and 'Coercion': Virtue Words and Vice Words", 1985 *Duke L. J.* 541, p572~89. 一般而言,对基线的定义包含了政治与道德的因素,但也有人在价值判断上将市场强制视为中性词,并将政府在必要时调节、干预市场运作当作市场强制一种形式。

制力来源于政府。所谓的“私人经济力量”不过是为了掩饰政府干预市场而寻找的一个借口。

干预派将市场交易描绘成一个相互强制的过程。雇用关系就是一种特殊的市场强制①。在市场机制下，财富与信息分配上的不平等使弱者受制于强者。强者有力量、有权威、有办法操纵市场规则，控制其他市场参与人。同样就上述例子即使A的一个小小的提议，如果促使B按照其要求行事，就可认为A对B行使了强制力。强制的不当与否取决于财富的流向与强制的后果，对基线状态的界定必须以平等或社会正义为标准。私人力量对合同一方的强制是没有道理，也没有必要的。政府制止强力一方对弱者的强制，是抑制私人强权，是政府的职责所在。市场本身也是法律的创制物，公共权力必然要介入私人契约②。不受规制的市场经济不会为自由企业带来平等与经济自由。两极分化折射出了个体自主的恶劣后果。政府的行为不仅能矫正强势个体自主行为的错误，救济弱者，也使人们认识到自己权利的边界与行为标准。市场后果与进化派理想的冲突至少表明了进化派道德基础的缺失，从一个方面反映了市场对政府介入的需求。在民主政体下，公民选举代理人组成政府，政府行使经济权力依此享有合法性。而私人经济力量则不然，因为大企业行使经济权力体现的只是少数个体的意图，不具有选民基础。私人力量对政府行为的容忍与克制，是为保护最大公共利益而不得不付出的最小代价，有着宪法依据。

进化派与干预派的争论是几个世纪以来人们在意识形态方面对立冲突的现代版本。从谢尔曼法开始，双方对反垄断政策的理解就各取所需。在反垄断政策形成之初，进化派基本上掌握着政策解释的话语权，但多数大法官却认为有必要借助干预派的观点，通过限制合同自由、阻止私人卡特尔、减少企业联合、禁止阻碍市场准入、惩治托拉斯等，来抑制放任自由的主流意识，同时又不能妨碍市场的自我矫正机制。法院判决将本身违法视为处置反垄断案件的原则，但更多的时候是强调运用合理原则。20世纪二三十年代大萧条时期，干预派的理论成为政府执行反垄断政策的指南。干预派把市场看作“法律拟制物”，市场经济的普通法框架也没有丝毫的神圣意味，他们把企业对买方或供应商的强制都看作

---

① 在雇用关系上，干预派嘲笑进化派缺乏实证考察，是典型的“经院平等派”。

② 笔者认为：两派在这些问题上都有些偏激，各自走向了极端。

是对竞争的损害，主张必须建章规制制止主导企业滥用竞争优势，危害竞争过程。到沃伦法庭时期，干预派的思想主宰了整个司法。上世纪70年代底开始，以芝加哥学派为代表的进化派取代了干预派，美国迎来了合同自由的春天，博弈论(game theory)可视为进化派理论的最新发展。通过提高对手成本以求竞争致胜成了大企业的拿手好戏，随之而起的是对进化派的激烈抨击。二派的论战可能将长久地持续下去，继续呈现此消彼长的态势，并将继续影响反垄断政策的走向。

显而易见，反垄断政策目标具有多重性。从总体上看，反垄断政策的宗旨是促进自由与公平的竞争，维护自由经济的秩序，鼓励企业的经济活动，刺激企业的创造性，从而提高经济效率，提高消费者福利。所有的卖方都有权与对手进行直接竞争，以竞争性价格销售产品或提供服务。所有的买方，无论是消费者还是商家，都有权要求按照竞争性价格购买商品或接受服务。为此，就必须防止并制裁大公司获取或拥有足够大的市场力量而人为地提高价格和限制产出，阻止大企业市场力量对自由市场不正当的限制。反垄断政策的矛头自然而然就对准了垄断势力，阻却市场力量也就成为反垄断政策的首选目标。由于人为地抬高价格与限制产出，不仅会导致配置效率低下，还会"不公平"地将消费者福利转化为垄断利润，反垄断政策因此鼓励公司的绩效行为，希望通过竞争提升效率并将这种效率转变为消费者福利，并惩治将提高生产效率的所得放进垄断者个人腰包的所谓"有效率的垄断"。这样，反垄断政策的落脚点就停在了保护消费者能够以竞争性价格购买物品或接受服务上面。反垄断政策还将矛头指向了大公司对社会和政治事务的影响力，在努力分散托拉斯在经济、社会和政治方面的决策权，为小企业开展公平竞争提供机会，努力建立一个理想、有序的竞争性经济秩序的同时，确保私人利益不会践踏社会公共利益。同时，反垄断政策也间接起到了鼓励美国公司对外拓展，将企业"剩余"力量分流海外的作用[①]。正如 Eugene R.

① 这样，既减少了大公司在国内进行垄断的可能，从根本上预防了垄断的产生及其弊端，减轻了政府反垄断的压力，还为企业"指明了一条阳光大道"，保存了美国经济的实力。虽然在反垄断政策的对内目标上莫衷一是，但在对外目标上却枪口一致对外，毫不含糊。美国反垄断政策不但不制止涉外垄断贸易，反而采取鼓励的措施，并以国家的经济、政治实力干预外国的反垄断司法。有关这方面的详细论述，请参见吴玉岭："美国反垄断法的涉外特征"，载于《河北法学》2004年第11期。

Quinn 所言："在反垄断的立法史上，这一政策是通过提高市场上的竞争来保护经济自由和商业机会均等的。自由市场上的竞争对美国的消费者是有利的，它能提供给消费者更低的价格、更好的质量和更大的选择空间。竞争为企业提供了在价格与质量上争胜的机会，在一个开放的市场和同一个竞技场地里，摆脱了反竞争行为的限制。竞争也具有检验和强化美国本土企业的功能，使之能更好地开拓海外市场。"①值得一提的是，利益集团的介入，它们对反垄断政策的利用与滥用——从国会立法到执行机构制定规章与指南及其执行活动乃至联邦法院的经济司法，使政策目标问题更趋复杂。有关这方面的问题，我们放在第六章《目标与现实的差距——反垄断政策被利益集团所异化》部分进行论述。

① 参见：http://www.ipwatchdog.com/antitrust.html

第三章　美国反垄断政策的核心矛盾：企业的自由度与政府的干预度

一、反垄断政策争议的焦点：自由民主的困境

Robert B. Reich 教授在其展望 21 世纪的名著 The Work of Nations 一书中，提及美国的反垄断政策时说，经过多年的演化，反垄断政策强烈的政治意图已被目前看来只有律师搞得清楚的技术规范所代替[①]。这至少反映了两点：第一，反垄断政策具有极强的灵活性与可通融性；第二，导致反垄断政策产生的根本问题被淹没在法律争辩与经济理论的争执之中。其实，从反垄断政策产生那一天起，反垄断政策就一直被一个问题所困扰，并始终围绕它展开，无论是立法、判决还是政府的起诉与行为指南，都绕不开这个问题：企业的自由度与政府干预度的对立。争论的前提是都主张自由市场经济，都认为市场经济是实现资源最优配置的方式。争论的关键是：在发生市场失灵（包括经济危机）的情况下，要不要政府的介入以及政府介入的力度多大，换言之，即是对企业自由的容忍度有多大，对政府干预力度的容忍度有多大。是给予经济力量更多的自由，还是让政府调控市场的程度更强一些？如果市场力量过强，企业的自由过多，它就会被滥用，侵害到其他人的自由与权益，从而导致经济发展的停滞，影响社会的安定，危及资本主义民主制度，最终会殃及整个社会。但反过来，如果政府干预的强度过大，成为人人惧怕的"利维坦"，不仅会伤害企业的活力，制约经济的发展，更会侵蚀个体的自由，最终也会危及资本主义民主制度，国家将走向一条"通向奴役的道路"。企业的自由度与政府对它的干预度之间的矛盾构成了自由民主制度下的一个困境。

基于自由民主原则，自由民主的双重困境就出现了：第一，人人都有

---

① 参见 Robert Bernard Reich, *The Work of Nations*: *Preparing Ourselves for 21st Century Capitalism*, Knopf, New York: 1991, p39. Reich 是一名社会和经济政策教授，曾在卡特时期的 FTC 任政策计划部门的主任，在福特时期任司法部助理部长，在克林顿时期任联邦劳工部长。此书是他最具影响的著作，至少有 22 种译文。

自由并依法有权行使这些自由，但由于别人也是自由的，一个人就不能强迫另一个人。自由社会的权力，在公共领域，只有合乎法律规定才能被享有；在私人领域，它不能超出所有权的范畴。否则，这些自由就会被滥用。自由民主制度必须保证一个人的决定在没有得到另外一个人的允许下，对后者没有约束力。第二，自由民主制度下的政府则应当拥有某些特权，以抗制一个个体滥用自由侵犯另一个个体，保障每个个体自由的完整性。同时，政府的权力也是有限的和受监督与制约的，规制者也必须受到规制。那么，如何阻止一个个体对另一个个体的威胁，又如何防止公共机构自身权力的扩张，防止并纠正它破坏本应保护的个体自由呢？“政府与自由是对立的，任何扩大政府职能的举动都可能意味着自由的削弱，所以推崇自由的人就不得不对政府进行限制。”①

在民主社会，有两个限度永远不应当被超过：一个是私权的行使不得超越的限度，另一个是合法的公共权力不得越过的限度，否则自由就由合法转化为非法。困境的症结是这两个限度的临界点何在？“为了正确地了解政治权力，并追溯它的起源，我们必须考究人类原来自然地处在什么状态。那是一种完备无缺的自由状态，他们在自然法（the law of nature）的范围内，按照他们认为合适的办法，决定他们的行动和处理他们的财产和人身，而毋需得到任何人的许可或听命于任何人的意志。这也是一种不道德的状态。在这种状态中，一切权力和管辖权都是相互的，没有一个人享有多于别人的权力。极为明显，同种和同等的人们既毫无差别地生来就享有自然的、一切同等的有利条件，能够运用相同的身心能力，就应该人人平等，不存在从属或受制关系，除非他们全体的主宰以某种方式昭示他的意志，将一人置于一人之上，并以明确的委任赋予他以不容怀疑的统辖权和主权。”②“自卫是自然法的一部分，不能不让社会实行自卫，甚至不能不让社会对君主实行自卫。”③自从洛克首次提出自由民主的边界以及有限权力问题（我们抛弃洛克的有神论观点），权力的临界点身处何处就引起理论界的激烈争论。争议的结果往往又朝向了技术层面。事实上，自由社会的人们在私权与公权之间一直存在着

---

① ［美］莱斯利·里普林著：《政治学的重大问题——政治学导论》（第10版），刘晓等译，华夏出版社2001年版，第150页。

② ［英］洛克：《政府论》（下篇），商务印书馆1997年版，第5页。

③ ［英］洛克：《政府论》（下篇），商务印书馆1997年版，第142页。

一个政治认同，即，在私权一边，担心其力量过大，因而需要让政府权力介入；在公权一边，担心政府权力的膨胀，因而更多地容忍私权[①]。在美国历史上，联邦党人（Federalist）与共和党人（Republican）对这一问题展开过激烈的辩论，今天的民主党与共和党也争执不下[②]。对私权与公共权力的限度的不同认识，直接影响着对作为基本经济政策的反垄断政策的看法与执行。对反垄断政策的不同理解和执行力度也反映着一届政府的执政理念。

（一）扩大政府干预力度：限制合同自由、抗击市场力量、获得优异的市场绩效

1. 谢尔曼法：扩张政府权力

虽然经济学家为反垄断政策提供了坚固的商业文化背景，但反垄断政策并非经济学家倡导的产物，同时，尽管反垄断政策的许多用语都来源于商法（commercial law），但它的渊源也不表现于商法。对反垄断政策最大的争议不是律师们对如何适用法律条文与先前判决上的分歧，而是出于不同的政治与哲学观念的人们对需要不需要以及在哪些领域、多大程度上需要这一政策的争论。因而，对反垄断政策常常需要作政治学上的解读，反垄断政策也就被看作是捍卫自由民主制度的政治家的“杰作”[③]。反垄断政策的形成之初，政治家们将这一政策视作维持人们在政治生活中保持独立思考自由这一民主政治基石的重要方式和解决自由民主制度问题的一剂灵丹妙药。经济巨头运用私权（private power），不仅在经济上要求控制国家经济命脉，还侵蚀民众自由与民主权利，侵害中小企业的自由，染指公共事务。被视为贪婪、邪恶的新兴阶级席卷了先前由众多小的权力中心对地方社会事务拥有的决定权，这不可避免地要与公共权力发生冲突。就个体而言，一些公司大到足够控制许多州级

---

① 参见 Giuliano Amato, *Antitrust and the Bounds of Power——The Dilemma of Liberal Democracy in the History of the Market*, Northwestern University Press (1997), p4. 作者 Amato 是意大利著名的反垄断律师、宪法学和政治学教授，1994 年至 1997 年任意大利国家反垄断局局长，1987 年至 1988 年任意大利代总理，1992 年至 1993 年、2000 年至 2001 年任意大利总理，现为国会上议院议员，European University Institute in Florence 的法学教授和美国哥伦比亚大学、纽约大学的兼职教授。

② 在欧洲，表现为左、右翼政府不同的执政理念。

③ 欧洲的反垄断政策（他们称之为竞争政策）是在学者们大力鼓吹学习、“模仿”美国政策的结果。

政府。例如，1888 年的 Boston Railroad Company 拥有的雇员人数是其所在的马萨诸塞州全部政府雇员的 3 倍，公司年收入总额是该州年财政收入的近 6 倍。如果这些垄断巨头联合起来，就有可能控制联邦政府。从国会最初制定反垄断法的意图来看，议员们最大的忧虑在于担心巨头们所拥有的潜在的社会破坏力，对聚集的垄断力量控制国家政权、摧毁颠覆民主政体充满恐惧。反垄断政策作为对垄断力量实施反击的政治方式，必然表现为政府对企业大鳄的出手猛击，扼制其向政治领域进展。

2. 限制合同自由以保护竞争自由

我们不妨再作一下简单的回顾。随着美国经济的腾飞，经过极其激烈的市场竞争，获胜的企业开始寻找确保自己能过安逸日子的方法。这样，第一个最为流行的手段——“普尔”登上了历史舞台。如前所述，普尔是一些公司或财团利用普通法的信托(entrust)机制，以合同方式将资产或企业托付给一个“懂行”的经理人，为其规定未来的市场份额和边际利润。但普尔坐享其成的美梦在两方面力量的夹击下很快就“寿终正寝”。一方面，它受到联邦政府首部对经济实施管制的法律——《州际商业法》和部分州立法的双重打击；另一方面，普尔自身存在着严重的缺陷。普尔的成员看重的只是现实经济效果，“只愿共甘，不愿共苦”，表现出严重的机会主义倾向，他们只希望普尔能尽快为其带来利润，却不愿面对经营过程中可能出现的风险，同时，普尔完全依靠成员的自觉自愿，内部缺乏一个制约机制，搭便车者大行其道。在这一形式迅速消失后，洛克菲勒 (John D. Rockefeller) 寻找到了一种新的信托方式——“托拉斯”(trust)。它依托普通法所允许的托管人(trustee)制度，将一个人在公司董事会的投票权及其他权力委托给另外一个人，通过层层代表，最终通过这种代理人(proxy)使得一个行业内相互竞争的几家企业的经理人投票决定产品价格与市场政策，每个参与的企业都必须遵守这些规定。这样，表面上是信托制(trusteeship)，实际上是真正的卡特尔(cartel)①。这样，信托也就被提升到一个全新的阶段，“托拉斯”成为企业反对竞争的主要手段。

为保护消费者权益和防止中小企业被侵蚀经营权甚至被迫退出竞争市场，国会随后又制定了谢尔曼法。该法第 1 条惩处几家企业由合约

---

① 卡特尔是指生产或销售同类商品的企业相互商定价格。它可分为三种，即价格卡特尔、限产卡特尔和分割市场卡特尔。美国对卡特尔实行“本身违法”原则。

与共同行为所导致的限制贸易行为，第 2 条禁止独家企业的试图垄断行为。同时，法律将“任何”(any)限制贸易的合同都宣布为非法，并不惜动用刑罚来惩治一些垄断行为。由于立法中首次使用“antitrust”一词并将“trust”(托拉斯)视为打击目标，理论家普遍认为这是由于当时的托拉斯们广泛运用自身雄厚的经济实力设定价格、划分市场所致。

谢尔曼法惩治限制贸易并非首创，它在很大程度上是对普通法(包括英国普通法)的继承、修正与改良。二者的不同表现在，谢尔曼法是国会将分散的普通法概括制定成的成文法，最高法院运用宪法解释权将其宣布为“自由企业的大宪章”，赋予其经济宪法的法律地位，其政策精神与基本原则适用于所有经济领域。(正是由于谢尔曼法在反垄断政策中至高的法律地位与适用上的普适性，才使它更广泛地面临着企业究竟有多大自由与政府究竟有多大权限的困境。)同时，在普通法中，最终受到保护的并不是我们今天所讲到的竞争，而是限制贸易的“合同自由”(freedom of contract)。比如，大企业以其经济实力要求小企业为或不为某种商业行为，这对后者的合同自由构成不合理的限制。又如，双方可以依据“合同自由”实施合谋，对付另外一个市场主体(不一定是竞争者)，相互约定都不与某个第三方交易，迫使第三方接受其苛刻的条件或逼迫它退出市场[①]。而根据谢尔曼法，限制合同一方的“合同自由”或共谋限制第三方的“合同自由”都是非法的。

但由于“合同自由”都意味着某种程度上的对自由的限制，到底限制到何种程度才是非法，倒是个值得认真思考、推敲的问题。谢尔曼法一通过，对这一程度的争论就立即从文法与立法历史两个角度展开。这方面的典型应推 1897 年的 Trans Missouri Freight Association 案[②]。被告在几年激烈的市场竞争后，坐下来平心静气地商讨铁路运费费率问题，并就统一运费收费达成协议。被告称其“目标是为追求托运人的利益。这样能够给他们一个合理、肯定与稳定的费率，使他们不再像过去各铁路运输公司相互竞争那样，无法预测其运费成本而造成经济损失”。从普通法传统上看，这一契约合理合法。但最高法院却从谢尔曼法的用语中找到了否

① 参见 Herbert Hovenkamp, “The Sherman Act and the Classical Theory of Competition”, 74 *Iowa Law Review* 1019 (1989). 对相关案件的介绍，请参见：Milton Handler, *Trade Regulation*: *Cases and other Materials*, Foundation Press (1960)。

② 参见：U. S. v. Trans Missouri Freight Ass'n, 166, U. S., 290(1987).

决这一合同的依据。法院的判决强调，国会在立法时清楚地知道普通法传统，但它仍然在法律中使用了“任何”一词，任何限制贸易的合同都是非法的。法院进一步推理说，被告声称的有利于托运人的所谓“合理费率”窒息了被告之间的竞争。统一后的费率是不是真正的降低并不阻碍这一限制贸易行为构成垄断。决定州际间运费的定价权，如果存在的话，那它就是一种公共权力，应当掌握在联邦政府手中，而不是这种企业间的联合(combination)手中。拥有了这一定价权，就等于拥有了决定独立的小企业命运的权力。它今天可以规定较低的费率，明天也就可能调高这一定价。这种企业联合是永远不能得到公共政策的认可的。但大法官 White 持完全相反的观点，他认为这一判决完全推倒了合理原则，完全抹杀了合理限制与不合理限制的区别。如果每一个限制都被视为非法的，那么，每一个合同都应当认定为不合法，因为任何一个合同都包含着某种程度的限制因素。

最高法院的这一判决及其最初的其它几个判决将所有形式上的限制贸易行为都视为本身违法。但从 Chicago Board of Trade 案[①]后，它就逐渐改变了这一初衷。由于交通的发展，当时的芝加哥成为了美国中西部的贸易中心，被告 Chicago Board of Trade 也就发展成为世界上最大的粮食交易中心。被告收购粮食的标准形式有三种：现货(Spot sales)、期货(Future sales)与即将运到的货物。1906 年被告采用了“叫停规则”(call rule)，要求其成员在前一个交易日结束后与下一个交易日开始之前，不得购买或提议购买粮食。1913 年，联邦政府以被告违反谢尔曼法为由向伊利诺斯北区地区法院起诉被告。地区法院支持联邦政府的请求，但最高法院认为，这一限制具有合理性，“叫停规则”没有限制竞争，反而阻止了大的买主与拥有大粮仓的商人在交易所停止交易期间对小农户长途跋涉运输而来的粮食实施压级压价的行为。最高法院对 Chicago Board of Trade 的无罪宣判，与其将固定价格行为视为不合理限制（不合理限制后来发展成为“本身违法”原则）并不冲突。此案中，被告执行的固定价格不是指竞争者之间下午合同(afternoon contracts)价格，而是次日上午市场交易人确立的价格。到了上世纪 30 年代，鉴于经济危机，最高法院对发生在生产行业中的固定价格持容忍态度[②]。7 年

---

① 参见：Chicago Board of Trade v. U.S.，246，U.S. 238 (1918).

② 参见：Appalachian Coals Inc. v. United States，288 U.S. 344 (1933).

以后，它又直截了当地将固定价格宣布为本身违法[①]。

从 Trans Missouri Freight Association 案到 Chicago Board of Trade 案，最高法院在保护消费者的同时，也强调保护中小生产者与商家。而且，法院对“合理”与“不合理”的词义上的理解也开始与普通法截然不同，即“不合理的限制”不仅可以表现为现实的，还可以指向未来，“限制”不仅因损害某一方的自由而有害竞争，当它导致商品的价格高于充分竞争时，也应当被视为“不合理的限制”。从一定意义上讲，这两起案子为市场力量的范围划定了一个新的边界。

3. 阻却市场力量以保护市场多数与社会利益

反垄断政策一直与政治与经济事件交织纠缠在一起。大萧条时期及随后的 30 年代，从反垄断政策身上生出诸多公共福利政策。政府为克服危机、医治所谓的“过分”竞争的不良后果，努力促进私人企业间的合作与整合。尽管反垄断政策执行频率的降低对寡头的形成有益，但反垄断政策保护市场多数、阻却垄断与试图垄断行为的初衷未变，仍在继续试图区分哪些行为应当被禁止、哪些行为应当得到扶持。

1914 年的联邦贸易委员会法为制止共谋，第 5 条将不公平竞争宣布为非法，并对不公平竞争的具体情况与程序问题作详细的规定。同年，为保护小企业对抗一些“可能”会导致实质性地限制竞争的强迫性与排他性商业行为，国会还出台了“克莱顿法”，禁止价格歧视、排他性合同、搭售(tie-in)合同[②]与市场集中。1936 年的罗宾逊—帕特曼反价格歧视法，对在高度集中市场从事商业的人在其商业过程中，直接或间接地对同一等级和质量的买方实行的价格歧视，规定为非法，因为这种行为损害了小企业主的利益。1950 年的塞勒—克净佛法修正并扩展了克莱顿法第 7 条，将合并的禁止事项由股份延伸至资产。同时，出于对大企业权力的扩大而危及社会平等的担心，该法还将可能减轻竞争程度的合并放在禁止之列[③]。

在这一系列强化反对垄断的立法中，水平合同(horizontal agreement)

---

① 参见：United States v. Socony Vacuum Oil Co.，310 U.S. 150 (1940).

② 搭售合同一般都要求购买其商品的客户不得从其竞争对手处购买商品的附属配件、耗材，也不得接受竞争对手的服务(如买打印机后，必须同时使用其墨水等)。

③ 参见 Richard Hofstadter，*The Age of Reform：from Bryan to F. D. R.*，Vintage Books，New York (1955).

即卡特尔，一如既往地被作为本身违法而遭到禁止；对于垂直合同(vertical agreement)，立法与司法的态度都着重放在它是否影响生产厂商或零售商自由确定商品价格方面。担心大企业滥用市场力量，国会与法院将歧视行为、强迫行为、搭售等与企业的市场占有率联系起来。中小企业看似正常的行为，如果发生在拥有市场力量的大企业身上，则可能被当作违法来惩处。但究竟在一个市场或相关市场占有多大市场份额才算是"拥有市场力量"，仍然没有一个确切的界定。当然，这也与市场经济的复杂性存在着必然的联系。

当今的美国，法律是政策的主要表现形式，但法律与政策之间并不能直接划等号，而反垄断法是个例外。反垄断法就是反垄断政策，反垄断政策与反垄断法是同意语，人们对此不加区别①。这其中一个根本的原因在于反垄断法与其他法律制度有一个很明显的区别，即它具有太多、过强的政府政策性质，不像其他法律一样，追求自身固有的价值，在立法没有更改之前，即使法律已经落后于时代，也必须使用，不能"随波逐流"。从法的价值角度看，立法与判决都要与政府的政策保持一定的距离，与政府政策发生直接与完全的重叠只能是偶然。但反垄断各项立法或判决则相反。它的运用与执行与其所要处理的案件所处的政治、经济社会环境息息相关，不能脱离现实生活，完全不像其他法律那样，为了实现所谓的公平与正义，可以置其他一切于不顾。拥有起诉权的司法部与同时享有准立法权、起诉权与准司法裁判权的FTC都受总统制约，总统的立场与执政理念对这两家执行机构的活动有决定性影响。老罗斯福与塔夫托都对垄断持强烈的反对态度，他们都对垄断采取了严厉的打击措施。其区别在于前者更有政治手腕，往往从政治角度处置反垄断问题，而后者只从法律层面考虑。而正是由于塔夫托的毫不妥协、直截了当的处置方法，使他开罪于垄断企业，在垄断势力的极力反对下，丢掉了连任的机会。极端保守的里根面对人们对其拒不执行反垄断政策的指责，丝毫不为所动。而卡特、老布什与克林顿就显得机会主义，为寻求政

---

① 从法律方面看，法院的判决将反垄断法等同与反垄断政策。从理论研究方面看，美国学者在论著中是将两者视为一物，交替使用。如果作详细区别的话，就是反垄断政策是总称，各项立法与判决是政策的组成部分，有时反垄断政策还特指反垄断法的精神。笔者曾就这一问题求教于美国反垄断权威 Hovenkamp 教授，他明确地说："反垄断法是一项公共政策。反垄断政策就是反垄断法。"

治支持或经济支持，他们执行反垄断政策的立场一直在变。在一定程度上可以说，反垄断政策成了他们手中的面团。

从反垄断政策发展的历史长河上讲，政策的一切皆可以变，大概不变的就是它要为美国国家利益服务的根本宗旨不能（公开）改变。Appalachian Coal 案[①]就是一个极好的说明。当时的美国正处于经济大萧条时期，而生煤(bituminous coal)生产行业又因开发的过渡、消费者转向使用石油而处境艰难，这时大的客户又形成"购买联盟"对付分散的生产商，有竞争关系的生产商之间为了生存使出了种种有害市场竞争的行为。1933 年，137 家生产商为共渡难关，摆脱不公正的市场竞争，扩大销量，组成了企业销售联盟，根据联盟的统一定价进行销售。最高法院认为，虽然这一销售联盟的市场份额占到了 73%，但由于处在经济危机的特殊环境，且生煤已属于夕阳产业，加之当时的生产与运输条件使之生存愈加艰难，最后决定推翻下级法院的判决，对这一"危机时期的价格卡特尔"不予制裁。首席大法官 Hughes 在运用"合理原则"时，认为"司法判决必须主要依据现实。的确，这个协议排除了成员间的竞争，但还不足以被判有罪"。同为使用合理原则，Chicago Board of Trade 案考察的是协议在实质上是否具有减弱竞争的目的，而此案中法院调查的范围大为扩展，强调要看社会后果，因为没有比社会利益更为重要、更值得保护的利益了。从这个角度看，即使在反垄断政策"被遗忘的时代"，社会利益仍然居于反垄断政策的首位，个人利益只能隐退居后。

4. 哈佛学派：政府强力介入以获优异的市场绩效

哈佛学派[②]的出现，使反垄断政策进入了一个崭新的发展阶段。哈佛学派在扬弃古典经济学理论的基础上，嫁接了古典经济学的一些概念并使之现代化，如它延用了需求曲线、价格与成本关系、产业组织等概

---

① 参见：Appalachian Coal, Inc., et al. v. U. S., 288 U. S. 344 (1933).

② "哈佛学派是指 20 世纪 30～60 年代，由一批哈佛大学的学者形成的比较完整的产业组织理论。其观点最早起源于 1938 年梅森在哈佛大学对市场竞争过程中的市场结构、市场行为及其市场结果进行的经验研究。50 年代，贝恩等人继续从事该领域的研究，并于 1959 年出版了第一部系统论述产业组织理论的教科书——《产业组织》，而成为产业组织学的集大成者。哈佛学派的产业组织理论，以新古典学派的价格理论为基础，以实证研究为主要手段，把产业分解为特定的市场，按结构、行业、绩效三个方面对其进行分析，构造了"市场结构—市场行为—市场绩效"的分析框架，简称 SCP 框架。"转引自王忠宏："哈佛学派、芝加哥学派竞争理论比较及其对我国反垄断的启示"，《经济评论》2003 年第 1 期。

念。哈佛学派的最大特点是它将反垄断行为与市场结构联系起来，强调市场结构对市场绩效的决定性作用，因此又称“市场结构学派”。它认为市场结构是一个市场的组织结构特征，可以主要通过市场集中度、产品差别化与新企业的进入壁垒[①]三个方面来衡量。“市场行为指企业在根据市场供求条件并考虑与其他企业关系的基础上，为取得竞争优势而采取的各种决策行为，它包括价格策略、产品策略、排挤对手等。市场绩效是指企业在市场竞争中所获得的最终结果的总和，反映了市场运行的效率，包括利润率水平、技术进步与充分就业等。”哈佛学派主要观点为：(1) 在一个产业内过高的市场集中度会导致很坏的市场结果；(2) 由于消费者常常只是在两个非常相近的商品之间进行选择，可供消费者选择的产品数量并不会随着产品差异程度而相应扩大，过高的产品差异程度通常并不会带来很好的市场结构，有效竞争要求的并不是特别高的产品差异程度，而是适度的产品差异；(3) 高度的市场进入限制比中度与低度的市场进入限制，对市场结果具有更多的负面后果。因此，要获得有效的市场结果就必须消除市场进入的限制，其中主要是人为的市场进入限制。一旦企业在第一产品(first product)上有了市场力量，它就会以这一力量为杠杆(lever)，将这一力量延伸至第二种产品，锁定消费群，其他企业不仅难以在第一产品上与其展开竞争，更窒息了在第二种产品上的竞争，从而阻止其他企业进入这两种商品市场。这就构成了准入障碍(entry barrier)。同时，这种准入障碍还表现为建厂的高投入、品牌的知名度以及企业间存在的技术差距[②]。为了保护有效竞争，获得令人满意的市场结果，就必须运用反垄断政策对市场结构与市场行为进行干预、调节，在必要时可以提前介入，将垄断行为消灭在萌芽状态。哈佛学派的理论是美国政府首次引入用以指导反垄断政策的系统经济理论。这些主张在二战以后至上世纪70年代相当长的时间内成为美国制定反垄断政策的理论依据和执行反垄断政策的行动指南。

---

① 市场集中度可以通过市场上买者与卖者的数量和大企业所占的比例表现出来，产品差别化是指同一市场不同企业生产同类商品在质量、款式、性能等方面的差异性，新企业的进入壁垒是指阻止新的竞争者进入市场的因素与障碍。转引自王忠宏：“哈佛学派、芝加哥学派竞争理论比较及其对我国反垄断的启示”，《经济评论》2003年第1期。

② 关于对哈佛学派理论观点的论述，请参阅 Carl Kaysen & Donald F. Turner, *Antitrust Policy*, Harvard University Press (1959).

二战以后,伴随着美国经济的重新起飞,再环顾四周被战争毁坏与蹂躏的各国,一枝独秀的美国经济可以对本国实行强有力的反垄断措施。此时对产业集中导致三十年代大萧条的担忧,在许许多多的案例法中都得到了体现,尤其是最高法院的判决,干脆直接引用哈佛学派的概念、理论以及该学派学者的著作。司法部与 FTC 也直接以这一学派学者的理论观点制定反垄断指南,调查与起诉垄断行为。司法部与 FTC 迅猛出击,法院在判决时毫不手软,奏响了美国反垄断政策执行的最强音。这方面影响最大的判决可能是 Alcoa 案①。虽然美国这一唯一的生铝生产厂商并没有像 Trans Missouri 那样设定产品价格,它也与进口商进行竞争,但第二巡回上诉法院还是判定其状态(position)与行为违法。主审法官 Learned Hand 虽然接受了进口铝商能够为 Alcoa 的生铝价格设定一个最高价,但他随后作了一个形象的比喻:最高限价就像一间高八英尺的房子,Alcoa 身高六英尺,而进口铝商是侏儒,六英尺当然比侏儒离天花板更近。由于没有市场力量,进口铝商的定价没有什么实际效果。法院的主要着眼点是保护相互独立的小企业能够存活下来,免受大企业市场力量的侵蚀。Alcoa 是因其垄断状态而被定为违法,并非是因为其行为具有排斥竞争对手的目的。另外有代表性的案子当数有关 Brown Shoe Co. 的两起案子②。第一起案子发生在 1955 年,Brown Shoe Co. 想兼并其竞争对手 G. R. Kinney,二者合并后的市场份额仅占鞋类市场总额的 5%左右。虽然最高法院承认二者的合并对消费者有益但使小企业受损而推定合并违法,但它仍然明确拒绝把"效率"作为辩护理由。判决强调:"克莱顿法保护的是竞争,而不是竞争者。但法院不能忽视国会希望通过保护小企业来促进竞争的意图。国会也承认维持一个分散行业及市场有时候可能造成成本高、价格贵,但是只要能保持行业内有效竞争的格局,这样的代价也是值得的。法院必须考虑国会的意图。"判决 4 年后,FTC 阻止 Brown Shoe Co. 为建立全国性经销网络而对 650 家零售商的第二次特许授权。从消费者角度,这一授权能够使消费者从更多的市场上挑选该公司的产品,且降低了产品的成本与价格。但 FTC

---

① 参见:United States v. Aluminum Co. of America, 148. F. 2d 416 (1944).

② 参见:Brown Shoe Co. v. United States, 370 U. S. 294 (1962), FTC v. Brown Shoe Co., 384 U. S. 316 (1966).

与上次法院的判决保持一致，认为这一全国性授权会有损小企业的利益，至于反垄断政策为何要保护小企业的利益，它认为与自己的执行无关，要问国会与法院。还值得一提的是 Philadelphia National Bank 案[①]与 Procter & Gamble 案[②]。前者，最高法院毫不怀疑被告的合并在不提高贷款利率的前提下将为费城(Philadelphia)地区的民众与企业提供更大的借款数额，但它仍然判决："国会禁止反竞争性的合并，不管这一合并的意图是好是坏。我们也知道，确保国会的意图必须付出一定的代价。"4 年以后，这一幕在 Procter & Gamble 身上重演。这样，法院对反垄断政策目的的解释完全回归到了上世纪初克莱顿法立法时保护中小企业的轨道上。这可视为法院采纳哈佛学派理论观点的一大硕果。对反垄断政策严格执行的浪潮到 1982 年 Kellogg 案[③]基本终结。这一案中，FTC 原准备制止谷物市场上高的企业集中度，并惩治最大的谷物商抬高价格的行为，但遭受到了法院的当头一棒，FTC 的执行被法院制止。哈佛学派正式让位于芝加哥学派。

(二) 对企业自由的宽容和对政府权力的抑制

1. 芝加哥学派：抑制政府干预度与扩展企业自由度

(1) 对哈佛学派的反思

早在上世纪 50 年代，杰出的经济学家 John Kenneth Galbraith 对当时的竞争与商业政策的一个研究结论就是："原本指望用来创造更多竞争方式的工具(指反垄断政策)，却已反过来剥夺了商业的效率。"[④]对哈佛学派理论的运用反映了政府权力的极度扩张。国家的监控领域与调控力度不断扩大，对垄断力量的发展起到了一定程度的遏制作用，成功地阻止了生产行业的高度集中，使制造业近一半部门的寡头垄断的市场结构在上世纪 70 年代前没能得到进一步的强化，同时，也限制与削弱了石油、生铝、卷烟、屠宰等工业部门的垄断势力，司法部高达 38%～100%

① 参见：U.S. v. Philadelphia National Bank, 374 U.S. 321 (1963).

② 参见：FTC v. Procter & Gamble, 386 U.S. 568 (1967).

③ 参见：99 FTC 8, 267 (1982). 关于这一问题的详细论述，可参见：Herbert Hovenkamp, "Antitrust Policy after Chicago", 84 *Mich. L. Rev.* 213 (1985). 也可查阅：http://www.sp.uconn.edu/～langlois/E382/Hovenkamp.htm。

④ John Kenneth Galbraith, *American Capitalism: The Concept of Countervailing Power*, Houghton Mifflin Co., (Boston, 1956), Ch. 3.

的反垄断胜诉率不仅直接制约了垄断行为，也对大企业起到了一定的震慑作用。但公共权力的不断膨胀与活动范围的大幅扩展，实质上是“大政府的显露”。

首先，它加深了与被监控大企业的矛盾，引起了手握经济实权的垄断资本家的强烈反对。

其次，面对欧洲与日本的经济崛起及其竞争，美国公司在许多领域力不从心，难以接招，常常陷于被动。一些经济学家对美国公司能否参与全球市场竞争忧心忡忡。民众对外国公司打入美国市场的担忧取代了几十年来对国内垄断力量的恐惧。反垄断政策的实施过程被当作是导致美国经济衰退的重要因素。一些大企业纷纷提出，由于公司受反垄断政策的制约，在规模、实力上难以与国际上一些知名企业相抗衡，致使在国际竞争中优势尽丧，处处被动挨打，因此，必须实行宽松的反垄断政策，特别是放宽对合并的控制，让企业“长大”，形成规模优势，击退外国公司对美国本土的“进攻”，从而在国际竞争中占据有利地位。

再次，庞大的执行机构也使政府的工作绩效下降，再加上政府机构寻求自身利益以及利益集团对反垄断政策的运用与滥用，促使了反思与检讨反垄断政策及作为其理论指南的哈佛学派的思潮在企业界、经济界与政治家中流行开来。许多人认为，过多的政府干预，严厉的反垄断执行措施，抑制了市场机制正常作用的发挥，也限制了经济民主。这不仅侵犯了企业的自由，更扼杀了企业的活力，让企业无所适从，从而制约了美国经济的发展。“罗纳德·科斯说，他对反垄断深感厌恶。当价格上涨时，法院说这是因为垄断。当价格下降时，法官说这是掠夺性价格。再当价格居中不动时，他们又把这当作企业共谋的结果。”①“高通货膨胀与国内失业人数剧增、石油危机和日本与德国产品大举进入美国市场，使提高美国民族工业的竞争力问题变得严峻起来，很多情况都类似于大萧条时期。”②在这样一个大的经济背景下，人们又重新提起 Edmunds 参议员在辩论谢尔曼法时说的一句话：“(谢尔曼)法案应当保护商业的自由流动，而不是为社会制定一个好的秩序。国会应当对(谢尔曼)法案的

① William Lades, “The Fire of Truth: A Remembrance of Law and Econ at Chicago”, JlE(1981) p. 193. 转引自：http://www.antitrust.org/

② Giuliano Amato, *Antitrust and the Bounds of Power——The Dilemma of Liberal Democracy in the History of the Market*, Northwestern University Press (1997), p24.

实施作严格的限制，避免其成为干涉商业活动的借口。”[①]伴随凯恩斯国家干预主义的衰落，哈佛学派淡出反垄断领域就成为自然而然的事了。

（2）芝加哥学派的主张

作为对哈佛学派的反动，芝加哥学派的总体思路就是要最大限度地抑制政府权力，尽其可能地给予企业充分利用自身资源的自由。早在二战后，主张政府干预以提高经济增长的观点就遭到一些经济学家的质疑。他们就政府在提升产业发展中的角色进行了激烈的辩论，断言反垄断政策的无效力甚至于更多地表现为负作用，要求政府为竞争对手的合作提供帮助和支持[②]。其基本观点是：“总的来说，如果市场上存在竞争，其结果是最理想的。在自由的私人企业制度下，政府的自然角色就像商业高速公路上的警察。其职责是保护公路的畅通和防止抢劫、超速、闯红灯以及其他违法行为。政府的介入是为了清理商业自由流动的障碍，而不是将自身变为不必要的障碍。”[③]其核心是要求放宽对企业各种市场行为的限制，放松国家的干预力度。这实际上又回到了斯密、斯宾塞和密尔，是150年前风行的观点的回潮。“到1982年，美国经济学家中有84%认为反垄断政策应当被严格用来减少目前的垄断水平。”[④]

真正的芝加哥学派应当从Aaron Director教授算起。Director从上世纪50年代开始对反垄断的一些经典案例作深入的研究，认为效率应当是反垄断政策追求的一条主线。他最初是怀疑法院的一些判例。比如：为什么搭售被视为将垄断力量从一种产品延伸至另一种产品？通常情况下搭售并不应被视为一种垄断策略。Director认为，将搭售商品(tying products)与被搭售商品(tied products)捆绑销售有利于降低生产商、销售商与消费者的成本，增进生产效率与分配效率[⑤]，能够保证产品

---

① Robert H. Bork, *The Antitrust Paradox——A Policy at War with Itself*, the Free Press (2d. ed. 1993), p62～63.

② 参见 Lester C. Thurow, *Head to Head: The Coming Economic Battle Among Japan*, Europe and America, Warner Date Press(1993), p29～35, p286.

③ Hans Thorelli, *The Federal Antitrust Policy: Origination of an American Tradition*, Johns Hopkin Press (1954), p226～27.

④ 施蒂格勒把经济学家对反垄断政策态度的转变归因于经济学家接受了完全竞争的竞争概念，而非美国市场变得比以前更具有垄断性。参见 George Stigler, “The Economists and the Problem of Monopoly”, *American Economic Review* (May 1982), p11.

⑤ 这方面的例子如将鞋子与鞋带一起出售、将汽车配件组装起来以整车形式销售等。

的质量与性能，能够促进新产品较快地进入市场而为消费者接受[①]。为什么禁止低于成本的掠夺性价格？Director认为，“袭击者”(raider)在从事这一行为时自身也遭受损失，而当他重新提高价格时，又等于向潜在竞争者发出了入场的请柬。这种无异于自杀的做法根本不需要动用公共资源。Director的观点被后来的芝加哥学者普遍接受，他们将古典经济学理论运用于反垄断政策的研究，在20世纪70年代晚期，他们的理论终于赶走了哈佛学派，取得了在反垄断政策领域的支配地位[②]。

应当说，芝加哥学派是以经济自由主义与社会达尔文主义为基础的。它认为：市场过程是一个没有国家干预条件下市场力量自由发挥作用的过程，在这一过程中，“适者生存，不适者死亡”(施蒂格勒称之为“生存检验”)；从长期看，在没有人为的市场进入限制的条件下，市场竞争过程是有效的，它会在很大程度上带来能够保证消费者福利最大化的生产效率和资源配置效率；国家应当尽量减少对市场竞争过程的干预，将其仅仅限制在为竞争过程确立制度框架条件上。[③] 他们还认为准入障碍，如建厂费用以及分期偿付利率(amortization rate)对已经进入的和潜在进入的都是一样的，原本就是不存在的问题。所谓市场障碍主要的就是根据自己的意愿，单个或联合他人限制产品与服务，致使价格提高，消费者只能接受唯一的产品与服务，从而侵犯了消费者福利；作为理性的企业家，为追求利益最大化，依靠反竞争行为，为竞争对手设置市场障碍，排斥了其他竞争者，侵犯了对手的经营权与消费者福利[④]。芝加哥学派的结论是反垄断政策的唯一目标是效率，效率的结果是将降低的生产与经营成本转化为消费者福利。后来，Easterbrook还提出了有名的“有效

---

① 反对搭售的声音认为，搭售会将垄断力量从搭卖商品延伸至被搭卖商品，且规避了价格管制并对消费者实行价格歧视。

② 关于芝加哥学派的介绍，请参阅Richard Posner, “The Chicago School of Antitrust”, 127 *Univ. of Penn. L. R.* 925 (1972). 对这一理论贡献最大的当数Stigler，请参阅：George Stigler, *The Organisation of Industry*, Univ. of Chicago Press (1968). 这一学派最激进的最右翼是Bork，请参阅：Robert H. Bork, *The Antitrust Paradox: a Policy at War with Itself*, The Free Press (second edition, 1993).

③ 参见王忠宏：“哈佛学派、芝加哥学派竞争理论比较及其对我国反垄断的启示”，《经济评论》2003年第1期。

④ 参见Herbert Hovenkamp, “Antitrust Policy after Chicago”, 84 *Mich. L. Rev.* 213 (1985).

的反托拉斯政策”:(1) 经济管制的历史表明政府对经济的干预不会成功,不能指望法官或政府打造出一个良好的市场结构,它们有自己的利益与追求,反垄断政策常常是为利益集团“寻租”提供的一个平台;(2) 每一个市场都有其独特之处,反托拉斯政策不应该先入为主的就认定激烈的小厂商的竞争肯定优越于合作与竞争共处,合作可能有益于社会,如规模经济、科研开发等;(3) 追求利润是企业的天性,垄断参与者具有瓦解垄断的内在动机(如“搭便车”、“偷跑者”等);(4) 我们对复杂的经济活动并不清楚,对政府的干预成本也不确定,政府失败导致的社会损失比市场失灵更严重。匆忙行动百害无益,现在政府能做的就是惩处已知的垄断行为,更多的行为则须耐心等待。①

由此出发,芝加哥学派认为许多反垄断规则是不正确的、甚至是有害的,公共力量在反垄断领域的行动不仅是浪费资源,无端耗费纳税人钱财,更会阻碍市场经济的正常运行、企业经济的发展,最终会妨碍效率的提高,殃及消费者福利。如几乎所有的垂直合同,有时包括被视为“本身违法”的垂直合同都有益于提高效率。它们能够提高卖方对消费者的产品质量与服务水平,并阻止“搭便车者”的破坏。市场地位与法律规定相反,因为即使是高度集中产业,有时哪怕是只有一个市场主体,只要准入障碍不存在,它仍然面临着许许多多的潜在进入者。只有行使其市场力量以限制效率的部分“水平合同”才是真正违法的。但芝加哥学派仍然怀疑这种卡特尔的真实效力,认为卡特尔本身不过是一些企业暂性的联合行为,每个参与者都心怀鬼胎,秘密降价不可避免,联盟坚持不多久就会自行土崩瓦解。这一对待反垄断规则的立场很快被系统化。

2. 芝加哥学派对反垄断司法的深刻影响

20 世纪 70 年代后期,在政治与经济风向开始转向反对哈佛学派的反垄断理论的时候,作为美国政府的一个政治机构,最高法院对反垄断政策的态度也急转直下,最为明显地是将芝加哥学派的理论引入到案例法中。这方面最为典型的要数最高法院对待“垂直整合”(vertical integration)的态度。1967 年,一家名为 Schwinn 的自行车公司(其有着强大经济实力,但不具市场支配力),因强迫其特许零售商只能从自己处

① 参见 Gregg Easterbrook, “Workable Antitrust Policy”, 84 *Mich. L. Rev.* 1696 (1986).

进货并直接销售到消费者手中，受到司法部的起诉。被告辩解这样做是为了方便消费者并能通过品牌内（intra-brand）内的整合，来提高品牌间（inter-brand）的竞争。但最高法院还是支持政府的立场，以这一整合限制了被授权企业的经营自由，使被特许人屈服于特许人，使二者的关系就像雇工与厂家的关系为由，径直判决被告的行为构成本身违法。[①] 但10年后，最高法院在垂直整合案上的态度发生了180°的大转弯。在Sylvania案中，被告Sylvania是一家失去市场力量的电视生产商，它当时的市场份额仅为1%。它运用与Schwinn公司完全相同的经营策略，要求其特许经营商只能从它那里进货且只能销售自己的商品，从而成功地将市场份额提升至5%[②]。此时的最高法院感到有必要公开、完全地推翻先前判决[③]，芝加哥派学者们的鼓吹对这一历史性改判起着至关重要的作用。

芝加哥学派更是呼吁进一步放宽所有的垂直安排。值得一提的是，垂直限制的影响是复杂的。它在减弱品牌内的竞争的同时，提升了品牌间竞争的强度。经济学家的研究成果表明，这种限制既能够在售前促使商家更有效地建立起自己的经营网络，也能推动商家售后服务的提高，同时还能确保特许授权人免受“搭便车者”的干扰。由此，它不应当以“本身违法”来处理。但这种限制在刺激品牌间竞争的同时，也存在着将生产商的控制不适当地扩展至其产品已经销售、所有权转移以后的阶段，侵犯了下游企业自由、自主的经营权。正是这个原因，White大法官在Sylvania案的反对意见中质疑被告的行为动机。他认为二案有着明显的不同，完全可以在不推翻前者的情况下对后者作出裁决。White大法官的观点是：垂直固定价格行为是极其危险的，应当按照“本身违法”进行制裁。他说：“推翻Schwinn案，意味着根除了这样一种观念，即‘独

---

① 参见：United States v. Arnold Schwinn & Co.，388 U.S. 365 (1967).

② 参见：Continental TV Inc. v. GTE Sylvanin Inc.，433 U.S. 36 (1977).

③ 尊重历史传统是普通法的一个主要特点。作为普通法的母国，英国奉行严格意义上的“遵循先例”原则，而美国的法官则坚持“法的生命在于经验”，而经验是随着历史的发展而变化的，法官应充分根据变化了的社会生活，给予先例以新的生命。因此，美国联邦最高法院与各州最高法院不受自己判决的约束，可以更改判例。这使得最高法院在解释宪法时得以适应现代世界的各种思潮与经济需要，使美国得以在一部极难修改的宪法支配之下，通过宪法解释，保证了其政治制度的稳定。但像这样事隔十年就作如此全盘推翻的改判，在美国历史上还是极其罕见的。

立的经济行为人享有根据自己意愿处置所有权已归属于他的物品的自由'。"因而，他反对芝加哥经济学家无限扩展企业自由的设想，反对他们提出的对垂直整合案件逐个审理(case by case)的主张[①]。在这些学者的努力与影响下，最高法院在1988年的Sharp案[②]中宣布，"本身违法"原则不再适用于"垂直合同"与"垂直限制"[③]。

案中的被告Sharp是一个著名的电子设备公司，它为经销商销售其产品提供了一个没有强制约束力的建议价。而它的一个经销商Business Electronics Corp.(简称BEC)一直执行着非常有攻击性的低价格政策，在Houston地区打折销售Sharp生产的电子计算器。Sharp在这一地区的另一家经销商Hartwell是Sharp的经销大户。Sharp根据Hartwell的要求终止了其与BEC的特许授权关系。审理过程中，一个巨无霸型的生产商因为一个小的经销商打折销售自己的产品就中止与其的合同关系，究竟是不是构成"不合理的限制"是大法官们的争议焦点。大多数大法官关注的是品牌间的竞争，认为Sharp在追求确保经销商利润的合法目标，且能为消费者提供更有效的服务，效率成为被告获胜的主要因素。另一方面，由于法院没有发现Sharp与其经销商之间有关设定转售价格或将价格保持在一定水平上的协议，法院也就没有对垂直价格合同依据"本身违法"原则作严格的审查，对这一有利于形成和支持水平卡特尔的经营方式没有过问。这样，对Sharp的垂直限制实施"本身违法"原则的障碍被清除了。

传统判决对水平协议以及在某一领域的试图垄断行为一直奉行打压政策。但几起案件的转变反映出芝加哥学派对现代反垄断政策的影响。以市场分析为例，他们要考究市场份额、一定程度上的供需弹性、新的供应商进入的可能性、企业的大小、像准入障碍一样的瓶颈制约、可能的技术突破与标准更新等，简言之，所有的能够有助于提升效率的因素

① 参见：Continental TV Inc. v. GTE Sylvanin Inc.，433 U. S. 36 (1977). 此案中，代表多数大法官意见撰写法院判决的Scalia，被认为是因其保守主义立场才获里根总统的提命。支持这一判决的大法官共6名，他们是Scalia、Rehnquist、、Brennan、Marshall、Blackmun与O'Connor。反对判决的是大法官Stevens和White。Kennedy对本案没有发表意见。

② 参见：Business Electronics Corp. v. Sharp Electronics Corp.，485 U. S. 717 (1988).

③ 10年后，最高法院对Sharp案的判决结论作了概括。参见：Nynex Corp. v. Discon, Inc.，525 U. S. 128 (1998).

都成为芝加哥学派的抗辩理由。根据他们的理论，许许多多原本被认为本身违法的行为与状态都应当是现实经济生活中必须接受的事实。

在举证责任方面，自1977年开始，法院对原告的要求就变得极为严厉。两位新自由派的代表人物、大法官 Marshall 和 Brennan 一再限制私人反垄断诉讼，前者在 Brunswick 案中创设了要求原告提供受到反垄断伤害(Antitrust Injury)的证据，后者在 Cargill 等案中又承袭和发展了前者的思想。[①] 除之以外，法院还强调用"合理测试"方法来审察被告的行为是否具有经济效率[②]，而一旦被认为是有效率的，就被当作合理的，因此也就是合法的。即使是1985年支持原告的 Aspen Skiing 一案，也是采纳芝加哥学派的建议，完全视经济效果而定。在1986年的 Matushita 案中，最高法院又质疑掠夺性定价的非法性，认为超低价格不能持久，因而未对经济造成危害，并要求下级法院对缺乏经济合理性(即被认为没有经济效率)的案件一律予以否决。

3. 芝加哥学派的缺陷

芝加哥学派也有着一些无法解决的矛盾：

首先，经营者都追求自身利益的最大化，都希望做大做强，但做大做强后它就会利用其市场力量，如用经济实力、企业品牌与声望等排挤对手，甚至为达目的不计成本、不择手段，哪还会顾及效率与消费者福利？而且，消费者都喜欢购买价廉物美、服务上乘的商品与服务，至于经营者怎么打得死去活来，他们既不了解，也不会有什么作为。消费者福利取决于市场上有多个供应者供他们选择，如果经营者拼打的结果是只剩下一个垄断者，消费者福利岂不就成了一句空话？根据 Kattan 的观点，竞争推动体制创新与技术革新[③]，没有了竞争，"独此一家，别无分店"的垄断经营者还有创新的动力吗？还有，芝加哥学派的理论家所预言的企业形成规模经济从而提高创新力、创造更多经济利润，能够形成一种社会

---

① Marshall 支持的判决还有 Monsanto, Matsushita, Cargill, Sharp 和 Arco，Brennan 支持的案例包括 Monsanto 和 Sharp。

② 不仅对私人来说，要证明被告的行为有害竞争几乎是不可能的。就是对司法部与FTC，面对高昂的诉讼成本与诸多的不确定因素，要找出证明有害竞争的证据也是极其困难的，用他们的话来说就是"难以承受的压力"。

③ 参见 Joseph Kattan, "Antitrust of Technology Joint Ventures: Allocative Efficiency and the Rewards of Innovation", 61 *Antitrust L.R.* 936 (1993).

福利，但靠什么企业会将这种福利转化为消费者福利？

其次，在执行过程中尚有诸多无法解决的问题。比如，芝加哥学派在准入障碍方面一直把新建与已建工厂认定为成本相等，既使是从表面上新进企业与已有企业的成本真的一样，但已有的企业可以从当前的经济活动中获利，而新进企业只能靠从金融市场（financial market）上融资。又如，芝加哥学者认为，“袭击者”的掠夺性定价乃自杀之举，被逐出局的企业会在“袭击者”提价时再一次进入。但由于反垄断政策只保护竞争而不保护竞争者，当一个又一个竞争者被“袭击”（raid）出局后，谁还敢“阔步向前”，与“袭击者”一争高低呢？在这些矛盾的推动下，芝加哥学派理论在上世纪 80 年代达到其光辉顶点后，不可避免地要走下坡路。

再次，静态地看待新古典主义效率模型。Hovenkamp 教授在回顾一百年来美国反垄断政策时曾说：“如果说一百年来，联邦反垄断政策给我们什么启示的话，那就是反垄断既具有政治性，又具有循环的特征……比如，哈佛经济学家 Joe S. Bain，凭借着他的‘提前干预理论’，在 20 世纪 60～70 年代的联邦反垄断政策中发挥了重大的影响力……帕累托效率或者说是福利最大化，引导芝加哥学派的反垄断分析，将判断一项政策是否有效的标准放在看这一政策给全社会所带来的总收益是否高于政策所带来的总的损失……这方面的最强音是 Bork 教授（现为法官）发出的‘国会通过反垄断法时所关注的是效率，它在制定谢尔曼法时主要的关注点是效率’……正统的芝加哥学派理论的失败与它错误地以静止的观点看待市场的新古典主义效率模型（neoclassical efficiency model）的缺陷以及被垄断者策略性地运用反垄断政策期望提高对手的成本有关。”[①]尽管在当时（1985 年），芝加哥学派的分析方法在反垄断政策的制定与执行方面都处于统治地位，在理论界享有话语权的 Hovenkamp 教授仍然预言，芝加哥模型基本假设的缺陷将会最终导致这一理论的衰落。从模型的外部性上来看，芝加哥学派认为，政策制定者能够获悉足够多的现实世界的信息以做出真正有效率的决定，使反垄断法可以追求唯一的目标并与其他合法政策保持一致，以及反垄断法的立法历史折射出它仅仅关注于效率，Hovenkamp 对此观点表示怀疑；从

① Herbert Hovenkamp, “Antitrust Policy after Chicago”, 84 *Mich. L. Rev.* 213 (1985).

模型的内部来看，Hovenkamp 认为，即使反垄断政策的目标完全是追求效率，芝加哥学派的效率模型在解释现实生活中的经济行为方面还远没有成熟，芝加哥学者静态地看待市场导致他们低估了"策略行为"(strategic behavior)的重要性与严重性。[①]

（三）后芝加哥学派时期

1. 芝加哥学派指导下的反垄断政策带来的负面后果

世界永远是多极的而不是一元化的，任何一种学说都只是对生活中某一方面、某一部分的描述，并带有时代特征。哈佛学派因有助于当时经济发展的原因被推上历史舞台，也因无法满足经济发展的要求离开。同样，芝加哥学派的出笼也是基于美国经济发展的需要，当它对反垄断政策的指导不能适应时代的需求时，也必须让路。在芝加哥学派的指导下，美国反垄断政策的力度减弱，适用范围萎缩，与之相对应的是私人垄断进一步发展，社会公共福利增长缓慢，中小企业在竞争处于更加不利的地位。里根时期，席卷全美的合并浪潮，直接导致了竞争减少、垄断加强的恶果。合并也没有为多少企业带来效率，如 LTV 与其他钢铁公司的合并，并没有使之摆脱困境，相反，在合并不久，LTV 就向法院破产申请[②]。也有合并后出现的巨型公司因本身处于市场优势地位，不思进取，在产品质量、销售价格上严重损害了消费者的利益。"放任自由的中心概念是造就了一种国家无所作为的美德，形成了一种保护伞，使经济组织在其庇护下能够繁荣发展。强大者凭借优势控制弱小者。在经济学的众多分支中，这个学说最荒谬的后果就是使得个人自治获得荣耀，同时让国家扮演使大量的个人屈从于商业企业的角色。它一旦被实施，就难以被驱除，并不断地加剧贫富分化和背离平等原则。"[③]"生产上取得的建设性成就与其在分配上的记录并不相称。经济制度的主要注意力集中在组织生产和提高资本积累，而不关心分配平等，结果使美国出现了很高的贫困人口比率，贫富间的鸿沟变得大得惊人。"富人更富，穷人更穷。

---

① 参见 Herbert Hovenkamp, "Antitrust Policy after Chicago", 84 *Mich. L. Rev.* 213 (1985).

② 哈佛大学商学院的费瑞德瑞克·斯盖瑞教授在评价这一合并时说："合并不仅没有带来效率，还导致了严重的消化不良。"

③ [美]莱斯利·里普林著：《政治学的重大问题——政治学导论》(第 10 版)，刘晓等译，华夏出版社 2001 年版，第 161～162 页。

整个20世纪80年代，富人的财产在绝对数量与相对数量上都在增长。1976年，占美国人口1%的最富的人拥有国家财富的18%，到1989年，其拥有的国家财富上升为36%，而在1992年，最贫穷家庭的数量上升到11%①。"加强政府干预"的呼声重新响起。老布什上台以后，重新拾起被丢弃的反垄断政策，将它作为政府干预经济的一项强有力措施。

2. 后芝加哥学派时期：反垄断政策在最高法院的发展

应当说，无论是以哈佛学派为指导还是以芝加哥学派为行动指南，都是反垄断执行上的极端表现。前者过分强调公共权力，后者过于坚持个体自由。二者都有所偏差。从老布什上台以后，反垄断政策在行政与司法方面又出现了新的转变。从法院判决的角度看，最高法院并未停留在芝加哥理论上止步不前，大法官们根据现实经济环境的变化对反垄断政策不断地进行调整。随着美国经济形势的好转，最高法院的立场开始从芝加哥理论上后退。

(1) Kodak案：对确定私人力量与公共力量界限的重新定位

所前所述，1988年的Sharp案扫除了对垂直限制实施本身违法原则的法律障碍。但4年后的Kodak案②中最高法院对垂直限制又退回到了传统的立场上。Kodak公司是影印机(photocopier)的生产巨头。在Image Technical Services Inc. 等独立服务组织(independent service organizations，简称ISOs)开始涉足于其生产的复印微型图片设备的维修服务后，Kodak以保持其产品质量为由，要求ISOs在维修时必须使用其配件，但又在配件市场上作一些手脚，致使ISOs根本买不到它的配件，对ISOs维修其设备构成严重的制约，使之在与自己的维修经营的竞争中处于极端不利的地位，几乎被淘汰出局。Image等公司因而起诉Kodak非法地在主产品影印机上捆绑配件与维修服务，违法了谢尔曼法第1条，从事非法垄断行为且试图垄断配件市场与服务市场。Kodak辩称：一、由于它也刚刚从事影印机的生产，它在这一市场并没有市场力

① 参见[美]莱斯利·里普林著：《政治学的重大问题——政治学导论》(第10版)，刘晓等译，华夏出版社2001年版，第169～170页。

② 参见：Eastman Kodak Co. v. Image Technical Services Inc., et al, 504 U.S. 451 (1992). 此案的判决由Blackmun大法官所撰写，首席大法官Rehnquist及大法官Stevens、Kennedy与Souter支持这一判决。Scalia大法官撰写的反对意见，其立场受到O'Connor与Thomas的附和。Kodak案被打回地区法院后，地区法院作出了对Kodak公司不利的新裁决。

量，不应当被适用本身违法原则；二、它的影印机售价一直保持着竞争性价格，如果它过分地提高影印机的价格，消费者就会转而求购其他品牌。

最高法院并没有接受被告的辩解，在没有探究法律事实的情况下，就否决了下级法院的审判意见，径直将案件退回给地区法院。最高法院的观点是：提高下游产品与服务的价格并不一定会影响到上游产品的销售，在竞争性上游价格与一个企业试图将另一些影印机维修企业逐出市场之间还有许多中间地带，后者还可能采用其他许多办法去弥补销售影印机方面的损失或对影印机的销售进行补偿。还应当指出的是，并非每个消费者都是理性的，他们也不可能搜集到所有关于影印机的信息，在购买某一品牌时，消费者对其后续服务的成本并不知情，也往往难以作认真的比较。许多消费者在购买后一直就被某一品牌所“锁定”，一旦购买影印机后，再高的维修价格也得忍受。应当确立一个原则：即使是在竞争十分激烈的机器市场，如果消费者在购买后只能使用这一机器生产商生产或指定的生产商生产的配件、接受生产商或其指定的维修服务商的服务，该生产商就可以被认定为在这一产品市场上拥有垄断地位。配件的替代品与其他服务商的进入维修市场对界定相关市场至关重要。

大法官 Scalia 等对判决提出质疑：“它（指 Kodak 公司）在销售复印机时，是不是以契约的方式锁定了顾客？”“毫无疑问，在缺乏市场力量的情况下，法院了解这一锁定是合法的。”“（最高法院）推翻原判决仅仅是因为 Kodak 售后的行为吗？但它此时并没有市场力量。”“或许乍一看 Kodak 像其他机器与设备的供应商一样，通过上游产品控制下游产品或服务，但这一间接力量存在于从复印机市场到冰箱等所有的竞争性市场之中。由于谢尔曼法是政府对经济力量非常态积聚的回应，它不应当用于救济专门的商业侵权。”

事实上，Kodak 案引起许多人的研究不足为怪。多数人的意见是 Kodak 公司必须证明自己的效率观点，而少数人的立场是 Kodak 公司的效率应被作为法院审理的前提。判决中对立的大法官双方实质上都在努力探寻一个最为重要的问题：对私人力量带来的危险与行使公共力量导致的更大的危险之间的容忍度到底身在何处？换言之，如何确定私人力量与公共力量的界限。当然，从严格的技术角度我们永远无法得知法院如何处置此案，因为法院没有涉及案件事实，它只强调 Kodak 的行为阻止了修理市场上强有力的竞争，Kodak 所主张的自己能够提供更好的服务以及能够更好地面对主要产品市场上品牌之间的竞争不足为信。但否定 Kodak 行为的判决结果却显示了最高法院重新将扼制市场力量作为其审判过程中突出考虑的问题，向世人表明了其未来执行反垄断政策的总体思路和努力方向。

（2）严厉惩治水平合同

在水平协议方面，1994 年 Airline Tariff 案以后，一些航空公司相同的机票定价行为，即使没有书面合同，只要它们持续地在其计算机系统进行信息交换，就会被司法部以固定价格合同和协同定价起诉，遭到法院的封杀①。法院也不再像以前那样接受"效率抗辩"，无论是通过个体自身的行为还是通过协议促进经济增长、提高经济效率都不能逃脱反垄断政策的追究。市场力量也延伸至包括增加竞争对手的成本、排除竞争对手的行为，或通过（一时）断货（如一个或多个强大的企业通过控制原材料的供应，捣毁其他企业）驱逐对手。1995 年司法部也通过长期的调查发现微软（Microsoft Corporation）"关闭软件系统市场"的问题：强迫企业根据其售出的计算机数量向微软支付使用费，哪怕企业没有使用微软的软件系统；强制对企业购买微软软件系统作最低数量的限制；在一些合同中强行要求企业必须全部使用微软产品。对于该案，法院也以"效率不是可以接受的借口"为由，支持司法部的诉求②。

（3）从严解释研发合同

该时期，研发领域（the area of research and development，简称 R&D）正在进行着痛苦的转变。国会为保护民族工业，使之在技术革新方面不落后于人，着力瞄准将相关的垂直与水平合同合法化这一目标。但在 1984 年国会通过几项扫除合作研究事项法律障碍的立法后，法院在技术研究和合资开发与开拓市场以外的水平合同方面与国会发生冲突，暂停或中止了这些法律，甚至推翻了已有的部分条款③。到今天为

---

① 参见：United States v. Airline Tariff Publishing Co., et al, 1994—2 Trade Cas. (CCH) 70,687 (DDC 1994) (Competitive Impact Statement)。此案中，法院只根据司法部的请求下达了禁令，没有作出判决。来源：http://www.usdoj.gov/atr/cases/f4700/4797.pdf

② 参见：United States v. Microsoft Corporation, 56 F. 3d 1448 (1995).

③ Th. Jorde & D. Tece, "Innovation and Co-operation: Implications for Competition and Antitrust", in Eleanor Fox & James Halverson (eds.), *Collaborations among Competitors: Antitrust Policy and Economics* (ABA 1992), p887.

止，法院还没有为这方面的水平合同开绿灯。

尽管一百多年来，美国反垄断政策的制定与执行环境发生了深刻的变化，多年来芝加哥学派也一直要求对反垄断政策与日俱进，作全面反思，"扔掉那堆废物(scrapheap)"，尽管"里根和布什行政当局是从骨子里敌视反垄断(政策)，克林顿当局由于政治上处于弱势，渴望得到'企业界'的支持。他上任后迅速发布了有利于垄断的规定(但没有执行)，这一点可以与 McKinley 政府(1897～1901)相媲美。"经济被政治所绑架，却为公众带来了巨大的损失"①，但最高法院与其它法院还是坚持了自己的政策底线，捍卫了反垄断政策。国会更是在保护民族工业的呼声特别是面对日本与德国企业的大举进攻下坚守了自己的阵地。毫无疑问，美国今日的反垄断政策与当初的政策有着很大的不同，芝加哥学派对塑造今日的反垄断"功不可没"，但反垄断政策的主体部分仍然没有消失而是存活了下来，它对垄断与试图垄断行为依然保持着高度的警惕，仍然是美国人民经济和社会生活中不可或缺的一部分，扮演着重要的角色。正如耶鲁大学法学院教授 Amy Chua 所认为的那样，美国之所以没有像世界其他地区那样出现极少数控制国家经济命脉、寡头与几乎赤贫的大众之间严重对立并因此而引发经济问题与社会动荡，首先得益于其严密的反垄断政策与税收政策②。

二、反垄断政策演进的方向：给予市场力量更大的自由

"政治过程的本质是人们对不变的问题寻求变化的解决方式。"③自始至终，美国的反垄断政策一直在寻求一条能平衡市场自由竞争与政府干预市场主体经营自由之间关系的合适的边界。反垄断政策的根本任务是抗击经济力量、阻却市场力量对竞争机制的损害，因而首先直指托拉斯。正如，谢尔曼参议员在立法辩论时曾清晰地表达过这样的

---

① 来源：http://www.metrolink.net/～cmueller/

② Amy Chua 认为的两极对立中的寡头主要有东南亚的华裔、拉丁美洲与非洲的白人、后共产主义时期俄罗斯的"犹太七寡头"等。Amy Chua 将这些地区社会不稳定的根源归咎于严重的贫富差距。她认为美国的反垄断与税收等政策比较成功地解决了这个问题，因而美国社会呈现出比较稳定的状态。参见 Amy Chua, *World on Fire: How Exporting Free Market Democracy Breeds Ethnic Hatred and Global Instability*, Doubleday Press (2003).

③ [美]莱斯利·里普林著：《政治学的重大问题——政治学导论》(第 10 版)，刘晓等译，华夏出版社 2001 年版，第 168～169 页。

思想:“如果这种联合(指托拉斯)集聚的力量被委托给一个人,那他就有国王般的特权,这与我们政府的构成格格不入。”[①]哥伦比亚大学的历史学教授 Hofstadter 认为,从谢尔曼法到克莱顿法反映了威尔逊时期改革家对杰斐逊式理想的修正。杰斐逊主义者试图将所有的经营者都变得尽可能独立与平等,以避免财富上的不均和力量上的差异,进而消减强者在民事上与政治上滥用自身力量,并依据工人大众的呼声重新分配权力与权利。这是在现实生活中根本行不通的一条死路。但在杰斐逊眼里,“小农民”也是公民,享有宪法赋予的一切权利,不应当被伍德罗·威尔逊(Woodrow Wilson) 谑视为一文不名又蒙昧无知的“小家伙”(little man)[②]。其实,最高法院在 Trans Missouri Freight Association 案[③]中,就谴责铁路公司运用自身的强大力量,“排挤大量小的竞争对手”,“蚕食独立的小经营商”,“而这些对手与经营商又是赖此获利以维持自己与家庭的生计”。Learned Hand 法官后来在 Alcoa 案[④]中所作的判决也强调:“由于间接的社会原因与道德因素,为了保护一个小生产者的制度,每个成功者都应是凭借其技能与特有的优势。”这被宣布为反垄断政策的目的。但这只是反垄断政策最初的意向,随着时光的流失,反垄断政策在文法解释与政策内容上都发生了重大变化,朝着容忍市场主体更大经济自由的方向演进,越来越多地放松了对强势主体“侵犯”弱势主体自由的阻止与抗制力度。初期的惩治市场力量的有力武器,优先保护独立的中小经营者的贸易自由,以免其被大公司挤出市场的政策精神,在“效率原则”的名义下,为当今的保护大的有效率的生产商与经销商,反制“搭便车”与中小企业的“侵蚀”所取代。“垂直合并”基本上得到认可,“本身违法”原则的适用受到限制。在 1972 年,哪怕是为组成合资企业而订立的辅助性的非竞争合同,也因“侵犯了订立方的自由”被宣布为违法[⑤],但到了 1986 年,这类合同只要是订立者没有市场力量就能被解释

---

① 参见:21 Cong. Rec. 3152 [1890].

② 参见 Richard Hofstadter, “The Age of Reform: From Bryan to FDR”, *The Journal of Southern History*, Vol. 26, No. 4. (Nov., 1960), p478~500.

③ 参见:U. S. v. Trans Missouri Freight Association, 166 U. S. 290 (1897).

④ 参见:U. S. v. Aluminum Co. of America (ALCOA), 148 F. 2d 416 (2d Cir. 1945).

⑤ 参见:United States v. Topco Assocs. Inc., 405 US 596 (1972).

是为了防止"搭便车"而受到法院的支持[①]。反垄断政策在很大程度上成为一种对付竞争对手的精致的秘密武器。从反垄断政策形成以来的总体走势看,它在沿着给予市场力量更大自由的方向曲折地前进。今日的美国反垄断政策同时肩负着经济效率与民主效率的双重功能,前者意味着要驱除公共力量对市场的过度干预,后者则要消除市场活动中的霸权。二者相互联系,因为经济力量不仅会使经济效率的基础消失殆尽,还会危及到民主制度的根基。但在全球化美国经济衰退的背景下,小布什上台以来,及为追求经济效率而让经济主体拥有更大的自由空间成为司法部与FTC执行反垄断政策的总的指导原则。社会公平、中小商人的利益等只是被执行机构偶尔兼顾。

(一)市场变化引发的反垄断政策难题:如何平衡经济目标与政治目标

1. 竞争市场加剧与市场集中引发的问题

随着市场经济的发展,面对着日趋剧烈的竞争与日益严重的市场集中度,经济学家对限制竞争与市场力量之间关系的研究进一步深入。

我们可以以"垂直整合"(vertical integration)为例探讨一下市场演化的大致轨迹。垂直整合对经销商与零售商构成了限制,他们被生产商所制约,必须在特定的区域内销售或只能销售给特定的人。从普通法角度看,这一做法明显是违法的,因为它限制甚至根除了同一品牌内的竞争,减少了消费者对价格与服务的比较与选择的机会,并侵犯了经营者的经营自主权。但后来的经济学家在对这一问题分析时,发现生产商不一定拥有市场力量,而且垂直整合在减少品牌内竞争的同时增加了相似产品、不同品牌产品的竞争强度并提高了效率,这样反过来又大大降低了生产商驾驭经营者与消费者的能力。身处在一个在广阔的、日益扩展的市场上,每个竞争者都面对着众多的对手(包括潜在对手),即使是一个算得上成功的企业也要面临着诸多虎视眈眈的"敌人"而不敢有丝毫松懈。合并也并非意味着将其他对手逐出市场,相反,在一些情况下却会降低交易成本,产生规模经济,使竞争更有力,使国民经济得到

---

① 参见:Rothery Storage & Van Co. v. Atlas Van Lines, 792 F 2d 210 (1986).

更快、更好地发展，使消费者得到更多的实惠。[①] 这样，对市场力量也就应当有更大的宽容。为经济发展保留一份空间就成了容忍企业做大做强、控制其他企业的抗辩理由，杰斐逊主义者眼中的中小商人的“独立”、“平等”与“经营权”就成了可以忽略不计的牺牲品。但这又带来了新的问题，如果中小企业被逐出市场，谁又能保证剩下来的几个寡头的经济效率就能得到保持呢？失去了竞争的压力，它们哪来的积极性去创新与提高呢？有经济实力的大企业更有动力同时也有能力形成压力集团，去游说政府制定与执行有利于己的政策，政治过程会不会发生有悖于资本主义民主制度的转变呢？

2. 市场的变化：政策演变的主要原因

反垄断政策从产生至今，经历了太多的变化，这主要归因于市场本身的演化，尤其是寡头市场的形成。正是这些经济寡头对经济生活与政治生活的强烈影响才使反垄断政策由无到有，又是这些经济寡头使反垄断政策的方向发生了转变。

上世纪50年代初，被称为美国最后一位制度学者的Galbraith就深感反垄断政策对经济寡头的态度过于强硬，主张要平衡政府对经济干预的力度与企业经济力量的扩张之间的关系[②]。

直到今日，竞争标准依然还很明确：在竞争市场条件下，交换信息是合法的，但在寡头竞争下，交换信息被当作非法，更不用说在价格方面出现的明显的水平合同或市场分割。

在产业集中度高的行业（寡头市场），通过组建营销网络，排斥新企业的进入，是一种违法行为，是否有提价的意图在所不问。

事实上，在寡头市场与竞争性行业，相同或相似行为所引发的法律意义与后果是极不相同的。市场环境的差异是反垄断政策对此实行差别对待的根本原因。在竞争性市场，由于企业数量众多，相互之间没有什么关联，企业各自作出自己的经营决策，互不影响。而寡头市场上，只有几家企业，每家企业在市场上均有相当的份额，任何一家的决策对其他企业和整

---

① 这一观点并非是芝加哥学派的独创，早在上世纪60与70年代，产业经济学的代表人物、加州大学伯克利分校的经济学与法学教授Oliver Williamson就提出这样的理论。其研究方法与结论被其学生科斯与其他芝加哥学者所接受。应当说，他对“垂直整合”的理论是难以辩驳的。

② 参见John Kenneth Galbraith，*American Capitalism*：*The concept of countervailing power*，Hamish Hamilton Press (1952)，p130.

个市场都有重要影响，一家企业很可能通过对其他企业行为的分析与预测决定自己的行动，也就是说寡头企业的决策行为由于企业数量的锐减而常常变得“透明”。寡头企业之间存在着严重的相互依赖。这种关联性也就使博弈论有了用武之地。政府对竞争性行业内企业的某类行为可以不管不问，甚至于支持与扶植，却要对寡头市场上的同类行为奉行抵制乃至严惩政策。很明显，Galbraith 也看到了这一点。不加制约的市场力量最终将会远离竞争，终结市场。所以，他说反垄断政策要以阻却市场力量为已任，寡头市场的存在使反垄断政策不得不将主要的力量投入到这一领域。几十年来，合并浪潮席卷全美，有时政府不仅不予干预，反而纵容支持。其中的一个原因应当是全球化。全球化大大扩展了地理市场的边界，为美国垄断企业找到了一条释放能量的阳光大道。政府的反垄断职责相应减弱。其反垄断的大棒更多地挥向新兴产业，客观上促使这些企业加快海外扩张的步伐，在美国占绝对优势又在世界市场上具有垄断地位的企业常常撞到政府的枪口。像 IBM、微软这样的企业，既是美国的，又是世界的，既便是将其一分为二、一分为三，仍然操纵在美国人的手中。相反，如果不对其实施打击，反而可能会削弱美国经济未来的竞争力。反垄断政策转向的根本原因在于经济过程，也就是经济形势的变化。政府对强势经济力量打击的限度在于它使经济力量不能超越一定的范围而为所欲为，同时又要保持经济的活力与种子，不能破坏美国经济的根基，阻碍美国经济的发展。经济上升时期，反垄断政策的执行力度就明显加大；经济不景气时，反垄断政策的执行力度就趋弱；经济萧条时，就不执行甚至支持与鼓励垄断。小布什上台后，司法部与微软的和解就是当今最为明显的一个例子。

3. 平衡经济目标与政治目标的难题

今天的人们对反垄断政策所必须解决的难题比这一政策的创始人有着更清醒的认识，这一点突出表现在最高法院的判决上。反垄断政策不得不经常在保护市场经济的大多数主体以求平等与机会均等，与保护少数主体以求所谓的效率方面进行取舍，也不得不在是保护合同自由还是保护贸易自由之间权衡并做出裁决。在反垄断政策形成之初的 20 世纪早期，政策的创始人在当时特定的氛围下所考虑与构思的是，反垄断政策应当尽其最大可能去维护社会的自由和个体的平等，驱散市场力量的集聚对民主制度所造成或可能造成的损害。这一指导思想导致当时的政策较多地保护中小企业主的交易自由而不大注重消费者的选择权。

法院对一些商业行为的态度常常是简单地以“本身违法”原则来表示谴责与反对，很少说明理由或仅仅判决说是公共利益使然。这一时期它更多地是以经济政策的形式从事着政治行为，维护着政治过程不发生不利于资本主义民主制度的转变。同时，它从普通法汲取营养，按照它所理解的竞争概念去保护竞争，将破坏竞争等同于破坏贸易自由，对限制消费者价格选择权的“固定价格”严加惩处[①]。这时的市场边界局限于本国边界，反垄断政策的视野也就限于国内竞争。但国内“血腥的竞争战争”对经济效率、最终也对竞争本身产生了“破坏性的后果”，反垄断政策究竟是该倾向于效率与经济增长的经济目标还是民主与自由平等的政治目标一时成为争议的一个焦点。在经济学界，经济集中被认为有利于发挥规模优势，统一生产与服务的标准，为消费者提供更加优质的产品、服务，且同时能让消费者享受到低廉的价格，尤其表现在自然垄断市场(natural monopoly markets)（确切地说，这一领域应当适用特殊的经济管制政策，以防止这些庞然大物对消费者福利的侵犯），政府力量很可能使用不当，甚至会出现“政府”失败。但反垄断政策并没有完全接受这样的观点，因为“强大的商业力量需要一个强大的政府来进行平衡，如果政府服务公众的权力被削减，个人也不会变成自由的人，他们会更加屈从于政府不进行管理时的那些有强大力量的商业”。“当削减政府职能被作为关于自由的一种争论出现时，其不道德的含义也就被忽视了……当自由市场原则在没有国家充分管理的情况下付诸实施时，富人被赋予了更多的利益而穷人相应地遭受了损失。不平等增长的结果是进一步地导致社会不公正。”[②]自由放任的后果与利维坦的后果都必须抵制。“反垄断政策试图将经济效率与民主目标统一起来。”[③]110 多年过去了，反垄断政策虽然一直在试图努力统一经济目标与政治目标，但平衡二者的最佳结合点可能永远无法找到。

（二）效率困境中的自由民主难题

今天，以 Bork 为代表的一批芝加哥学者将消费者福利作为实施反

---

① 参见 Giuliano Amato, *Antitrust and the Bounds of Power——The Dilemma of Liberal Democracy in the History of the Market*, Northwestern University Press (1997), p101.

② [美]莱斯利·里普林著:《政治学的重大问题——政治学导论》(第 10 版)，刘晓等译，华夏出版社 2001 年版，第 170 页。

③ Giuliano Amato, *Antitrust and the Bounds of Power——The Dilemma of Liberal Democracy in the History of the Market*, Northwestern University Press (1997), p102～103.

垄断政策的唯一原因，强调只有企业的效率影响到消费者福利时，政府才应对它作出反应。他们提出在经济力量构成市场准入障碍以前，政府不应当有所作为。但另一批学者则认为，如果一个企业已经在一个地区进行了垄断，或几个企业形成了寡头市场，此时再行使反垄断措施，岂不是亡羊补牢？反垄断政策的根本任务是阻却市场力量，但政府的权力应当在什么时候行使，也就是说它所指向的企业的市场力量究竟多大，企业对市场与其他主体的侵害与潜在侵害的情况如何，对有经济活力和经济效率但又会侵蚀其他主体权益与市场机制的企业的容忍度是多大，政府行使权力的边界在何处，如何保证它不会被误用与滥用而反过来损害企业的活力与效率、危害市场经济体系，是一个永远值得探讨、也难以精确回答的问题。

反垄断政策的这一困境，深深植根于自由民主制度的各项基本原则，影响着政府各部门历次对反垄断政策的解释与执行[①]。仅顾及政策的经济目标甚至是将效率作为唯一的目标，将这一政策说成是自由民主的负担是不正确的。效率诚然重要，它是经济活动的中心任务，但政策是一个系统工程，其目标也呈多元化，在维护经济效率的同时，它还必须兼顾其他方面。在一定时期、一定环境下突出政策的某一方面是可行的，但将某一方面固定化与绝对化也是对公共政策的误解。

主张消费者福利、支持经济效率的人士认为，只限制产出没有导致价格提升的行为不在禁止之列，因为市场是极有活力的，它可自发调节，产品与服务是多样的，存在着诸多的替代品与相关市场，潜在的进入者与潜在的发明为市场竞争带来了无限的动力，新的创意、新的产品层出不穷。但谁能敢小视市场力量的威力呢？面对市场力量的膨胀与扩张，面对着垄断者对自由市场经济体制根基的侵蚀和对政治过程的压力，政府放任不管、任其驰骋，其后果会导致多么可怕的结局[②]！任何导致限制产出后果的协议或产业集中都毫无例外地应当被反垄断政策所禁止，因为无论从哪个角度看，它都是一种非效率行为。虽然这一限制往往带来

---

① 参见 Giuliano Amato, *Antitrust and the Bounds of Power——The Dilemma of Liberal Democracy in the History of the Market*, Northwestern University Press (1997), p109.

② 参见 Eleanor M. Fox, Antitrust and Regulatory Federalism: "Races Up, Down and Sideways", 75 *NYU. L. Rev.* 178 (2000). E. Fox 是纽约大学法学院教授，她被认为是当今所有主张扩张美国反垄断政策适用范围与惩治力度的"最狂热"的学者。

提升价格的恶果，但即使是没有高价格相伴随，也必须制止这种行为。

事实上，单单是对“经济效率”而言，不同的人士就存在着不同的理解，仅仅在反垄断政策的执行方面至少存在两种主要的经济效率观念。把经济效率当作唯一任务与排他性目的的人士认为，包括“固定价格”在内的几乎所有的“本身违法”行为，都应当根据行为的具体情况逐一审查，看它是否具有非效率性，是不是对竞争构成限制。而希望尽可能扩大市场的人士则主张，“本身违法”原则将某类行为从根本上驱逐出去，净化了市场，为所有企业进入市场扫清了障碍，有着巨大的价值考量。具体地讲，二种观念的区别在于：(1) 前者主张保护竞争，但不应当同情竞争者与弱者，消费者也不需多虑，它应当是经济效率的副产品。而后者则强调，保护竞争不能忽略现存的竞争者，他们是市场竞争的载体，一旦他们被大企业所捣毁，“皮之不存，毛将焉附”？政府有责任去保护经营者正当的经营权，使其能自由、自主地经营，不受外来私人力量的干涉。(2) 前者视不完备的金融市场才是根本的准入障碍，因为由于金融市场的缺失，新的厂商无法筹措到足够的资金投资办厂、建立自己的经销网络并为自己的品牌成功地进行广告策划。后者却认为每个环节，从高的投入成本，到通过广告吸引到的消费者对品牌的忠诚度，再到营销网络，都能构成准入障碍。现存企业在市场上抢占了先机，还能运用正在进行的商业行为的回报资助下一步与新进企业的“战争”。(3) 对前者而言，掠夺性价格极少应当以违法论处，因为它除去了现存的对手并不能保证它也能逃避未来的竞争。而对后者来说，掠夺性价格不仅将现在企业消除殆尽，而且更由于“多米诺效应”，使潜在竞争者将这一领域视作畏途。对之不仅要从严惩治，还必须提前介入，以防止上述结果的发生或尽量减少由此造成的负面影响。

两种不同的反垄断观念源自于两种不同的政策理念，它根植于两种不同的意识形态。对政府与市场关系方面存在的两种截然不同的意识形态，从经验主义与理性主义两个角度已经争执了几个世纪。这种意识形态上的冲突从反垄断政策形成之初，即从最高法院首次适用谢尔曼法就已开始。这一冲突对反垄断政策产生了至关重要的影响，它根植于这一政策并与将伴随这一政策走完其历史进程[①]。一种是政策应当尽可能地少干预经济行为，让市场经济体系自身去修复其缺陷，只有在紧急情况下、在没有其他可供选择的办法的前提下，政府才去干预市场[②]。另一种是政策应当尽可能地去矫正市场的失败，具体到反垄断政策就是要阻止垄断的危险，并可以在垄断来临以前采取预防措施，介入经济的运行当中，影响市场的结构。换句话说，在前者看来，公共力量的边界尽可能地要远离市场，对私人力量要有最大限度的容忍；而在后者眼中，私人力量的强大及权力的行使必须被局限在一定的范围之内，对私人力量的容忍度要小，公共权力应当用来防范与矫正私人权力的滥用，且应当允许采取某些超前预防措施。

透过技术层面与经济、法律方面的争议，我们可以清楚地看到当今反垄断政策折射出的效率困境下自由民主的难题，而这一难题还将继续伴随反垄断政策的未来。我们在前面曾提及到 Scalia 大法官在 Kodak 案中的反对意见。判决对市场力量采用了极为严格的限制标准，认定 Kodak 由于其作为第一产品复印机的生产商，对第一产品复印机的维修市场与第二产品复印机的配件有垄断地位。Scalia 坚持反垄断政策不应当处置这类问题，因为这将使反垄断政策转变为“一个对经济力量集聚的特殊反应机制”，从而“使竞争中处于不利地位的中小企业将民事侵权转化为寻求反垄断的司法救济”。这里，争论双方动机都是极其清晰的。对反垄断政策的不同观点实际上不是由于两派的经济理论的分歧，而是由于双方价值观念和政治理念的差异。

---

① 参见 Thomas Sowell，*A Conflict of Visions：Ideological Origins of Political Struggles*，William Morrow & Co.，Inc.（1987），p39. Sowell 曾获芝加哥大学的经济学博士学位，是位芝加哥学派的经济学家，现为 Stanford 大学 Hoover 研究中心教授。他在意识形态方面持保守主义立场。在反垄断问题反对政府对经济的干预。这与他在对自由放任的市场经济大唱赞歌、反对司法能动主义、谴责同性恋与主张废除妇女在堕胎上的部分自由权等思想相吻合。

② 共和党政府较多地赞同这一政策理念。小布什总统反复强调以“减税”刺激纳税人的投资与购买动机、以“削减政府开支”使政府无力干预市场、“以进行司法改革”削除对中小企业的滥诉(junk lawsuits)、约束政府的行为让企业从应付官僚机构的活动中摆脱出来、更好地迎合消费者的需求。在 2004 年 10 月 9 日的广播讲话中，小布什说：“我的对手(指民主党总统候选人克里)想加强政府力量，而我想运用政府去加强人民的力量。”(来源：http://www.whitehouse.gov/news/releases/2004/10/20041009.html) 在连任后的首次国情咨文中，布什也强调了其建立“大商业、小政府”的决心。

三、经济全球化：反垄断政策双重标准的根源

100多年前的美国，市场经济居于统治地位，在高关税壁垒的保护下，民族产业迅速发展，产业集中与经济集聚急遽加剧，最初的反垄断政策也就自然而然地成为对抗经济力量扩张的“壁垒”。但总体而言，美国反垄断政策是朝着容忍市场力量的方向曲折前进。加之现如今的诸多联邦法官都因笃信芝加哥学派理论才获里根与老布什提名任命，经济效率不可避免地仍然会成为其最重要的政策追求。右倾法官的实力不可小视，他们将继续阻止执行机构和私人的反垄断诉讼。但另一方面，由于反垄断政策功能的多重性，不可能“单打一”，再加上主要的生产与生活用品的地理市场还是基本上以一国、数州乃至更小的一地、一市为界，反垄断政策内部经济力量与政治力量的冲突依然严重。经济分析与审判经验的积累，也使反垄断政策在限制合同自由与限制竞争方面已基本上做到泾渭分明。反垄断政策在作为对经济集中的政策反映的同时，又要制约政府的权力，防止它过分地干预私人自由。这样的一个大格局在短期内不会发生多少变化。

尽管反垄断政策依然存在，一些产业仍然不可避免地由初期原子式的分散组织走向或趋向于寡头经济，由几家大企业垄断经营。在经济全球化背景下，越来越多的商品具有全球属性。而一旦将相关市场定位于全球市场，巨型公司的经济力量就会登上国家的政治舞台，与国家公共权力联姻，反垄断政策抑制市场力量、矫正本国市场失败的方向就会发生转变，保护消费者福利与弱者权益以及维护民主的努力就会由保护唯一的经济效率目标所取代。这种全球市场的定位不仅使反垄断政策鞭长莫及，反过来，大公司又游说政府，以效率抗辩和应付全球市场竞争的理由，进一步削弱了反垄断政策的执行①。如果说在一国境内，反垄断政策基本还是“效率优先，兼顾公平”的话，那么，在涉外领域，反垄断政策则完全以效率为唯一选择。对内惩治垄断与对外容忍市场力量构成了反垄断政策上的双重标准。在经济全球化进程中保护与提升国家战略

---

① 以微软为例，1998年，为寻求司法部撤销对其的起诉，它花在政治斡旋上的费用约3 000万港元，较之于1997年多了一倍。2000年的大选中，微软的政治献金亦高达60万美元（约470万港元），在民主党与共和党间平均分配。来源：http://application2. tyfo. com/cms/search/tyfo_news_view. jsp? id=13

利益正是美国政府在反垄断问题上推行双重标准的根源所在。

(一) 从微软和解看美国反垄断政策执行的两面性

司法部诉微软是一起著名的美国反垄断大案。微软的这个小小的视窗系统(Windows)为世人观察美国反垄断政策开启了一扇大大的窗口。微软公司成立于1975年,1986年上市,1989年挤身于全球1 000家大公司排行榜,名列539位,1999年跃居第一。在1989～1999年的10年间,微软的市场价值增加了123倍,达到了6 000亿美元(超过当时中国股市全部价值的总和),利润增加了35倍①。全球计算机操作系统90%的市场由美国企业所控制,而微软销售的操作系统又占到美国产量总额的90%。可以说,微软作为美国IT产业的领头羊,它对美国能在这一轮信息革命浪潮中执世界牛耳,为克林顿总统倡议的"新经济"的发展做出了突出贡献,立下了汗马功劳。

但微软在经营过程中,也采取了一些反竞争行为:(1) 微软在个人电脑操作系统方面占据垄断地位(这种垄断状态是通过自己的打拚换来的),且企图借助反竞争行为维持这一地位;(2) 微软将其开发的操作系统、文字处理与IE浏览器等应用软件捆绑销售;(3) 利用软件市场的垄断地位,强制硬件生产商,如购买最小数量的软件产品、支付最低使用费用等。微软的这些行为,在进一步加强与扩展其在视窗操作系统垄断地位的同时,侵犯了其他竞争者、下游企业的正当经营权,限制了美国国内的信息高科技企业间的竞争,妨碍了美国其他信息企业的发展,也剥夺了用户的选择权,实属滥用市场力量。司法部对这位高新技术的功臣态度坚决,毫不含糊,于1998年5月联合哥伦比亚特区和18个州司法部共同向它提起了反垄断诉讼,指控它控制了操作系统软件市场,并利用这种垄断地位排挤竞争对手,非法阻止其他软件厂商与其进行正当竞争以保护其软件的垄断地位,要求法院对其采取"外科手术"。这些法律指控的背后,深深隐藏着民主党的执政理念。1999年微软的经济总量如果以一个国家来看待,它能排到世界第九名。这对克林顿政府而言自然是一个值得警惕的信号。权力极易滥用,对这样一个庞大的经济实力,如果听之任之,不加约束,将来可能会对美国的经济与社会造成不可估量的

① 参见王育芬、范木荣:"从'全球1000'家公司排行榜看经济结构变化趋势",《世界经济》2000年第4期。

损失，甚至损害到美国的政治制度。运用公共力量抑制经济强权，成为司法部起诉微软的内在原因。

1998 年 10 月 19 日，哥伦比亚特区联邦地区法院正式立案，并开始进行法庭调查。2000 年 1 月 13 日，比尔·盖茨为使微软摆脱被拆分的命运，辞去公司总裁兼首席执行官的职务。4 月 3 日，托马斯·杰克逊法官宣布微软违反谢尔曼法，用阻碍竞争的手段维持该公司的垄断地位，并企图垄断浏览器软件市场。2001 年 1 月，杰克逊违规接受新闻采访，将比尔·盖茨比做拿破仑，并透露其决意肢解微软的审判倾向。同年 6 月，杰克逊法官判定：微软借价格差异和被称为市场开发合议的、非常复杂的合约条款，来迫使个人电脑生产商接受自己的要求。IBM 与 Gateway 公司因为拒绝其要求，不得不承受比康柏（Compaq）与戴尔电脑（Dell）等更高的价格。微软还企图阻挠竞争对手开发通称为“中间软件”的竞争软件[①]，违反了谢尔曼法，应将其一分为二：一家公司主营个人电脑的操作系统，另一家经营 IE 浏览器、办公应用软件等。司法部的起诉与地区法院的判决，让人们再一次感觉到了反垄断利剑的威力。

不服判决的微软，立即向特区上诉法院提起上诉。上诉法院以杰克逊法官对微软存在“不公正的偏见”为由于当月 28 日推翻了地区法院肢解微软的判决，并任命芝加哥学派的旗手、反垄断权威、联邦第七巡回上诉法院首席法官波斯纳为案件调停人。2002 年 11 月，联邦地区法官科特利批准司法部和 9 个州共同与微软达成的和解协议的大部分条款[②]。

从表面上看，微软赢了。胜诉的原因在于主审法官杰克逊的违规与偏见，波斯纳的参与，以及以里根为执政榜样的小布什入主白宫。但实际情况远非如此简单。从经济大环境上看，司法部起诉微软时，美国经济正处于 1991 年 3 月开始的新一轮经济增长周期，到 2000 年 6 月杰克逊法官要求分解微软时，这一增长势头已持续了 110 个月。但新的千年带给美国的是 IT 产业泡沫的破灭，以及由此产生的经济衰退。与此同

① 中间软件这个陌生的术语是杰克逊判决的关键之一。它是指微软的竞争对手想在视窗系统之上创立一个可与视窗系统兼容的平台，如 Netscape Navigator、RealPlayer、QuickTime、Lotus Notes 等，也包括其他更新换代产品，如语音识别软件等。这些中间软件可能威胁到微软独霸一方的地位，这也正是微软捆绑 IE、视窗与文字处理系统的根本原因。

② 但哥伦比亚特区及其他 9 个州仍不同意这一和解协议，要求对微软进行更严厉的处罚。其请求被法院驳回。它们誓言要将诉讼进行到底。

时，欧盟正跃跃欲试，准备在IT产业上与美国一争高低，日本、印度等国也都制定了雄心勃勃的高科技发展规划。经济环境的变化，使得美国政府不得不重新审视微软这一软件巨擘。要想在世界市场上继续维持美国的霸主地位，保持原有的市场份额，有效阻止外国公司的进攻，就必须放微软一马。在保护与提升产业国际竞争力面前，国内的垄断问题自然就退居其次。国家战略利益迫使政府与法院改变初衷。同时，也应看到，不再分割微软，不等于认同微软行为合法。而且，通过司法部对微软的起诉，微软的垄断行为与垄断状态都得到了一定程度的扼制，起诉的目的已经达到：首先是诉讼使微软的市场价值下跌到3 000多亿美元，跌幅高达40%～50%，其法律支出不低于60亿美元①；第二，更为严重的是，微软无法在诉讼的3年里进一步采取收购网络业与通讯业的行动，从而失去了迅速扩张的机会；第三，诉讼警告了包括微软在内的行业巨头：要避免官司缠身，就必须在经营活动中适时地约束其市场力量。再加上因特网的迅猛崛起，IT产业中个人电脑的中心地位发生了动摇，也削弱了软件在IT产业中的垄断力量。司法部长阿什克罗夫特说："司法部对法院批准我们与微软达成的解决方案的判决感到高兴。这一判决完全而有效地解决了微软的非法行为，恢复了在计算机软件产业中的竞争格局，有利于公共利益。"地区法院批准和解协议的消息传出后，微软股票随即飙升至56.10美元，上升幅度达到了6%。

还需说明的是，微软案对原先的市场准入障碍问题也提出了新的挑战。工业经济时代的准入障碍主要体现为物质资本建构的高壁垒，而新经济时代尤其是高科技信息产业中，竞争至胜的关键则主要依靠以知识、技术与信息等为核心的人力资本。与物质资本的固定化不同的是，人力资本具有极强的流动性，因而其准入障碍要低得多。换言之，在这一领域，竞争是绝对的，垄断是相对的。微软花费几亿美元开发的视窗系统，被仅有人力资本的芬兰大学的学生开发的Linux操作系统，在几年时间里抢走了上千万的客户。由此看来，高科技产业中的垄断很大可能是一种不同于工业经济时期高集中度的市场垄断，而更像是一种暂时性的垄断。在潜在竞争的压力下，即使是产业的龙头老大也不得不兢兢

① 参见杜传忠："美国政府不再分解微软的原因及启示"，《经济理论与经济管理》第2002年第2期，第33页。

业业，小心谨慎。因而，微软虽然捆绑了性能优良的IE浏览器，但价格依然十分便宜，甚至于对消费者完全是免费午餐。也正是这个原因，它在消费者心目中的名声远没有它在IT产业那么差。2004年4月进行的一项民意调查显示，67%的消费者对微软评价良好，不好的评价人数仅为8%。[①] 法院批准和解协议获得较高的社会认可度也就不难理解了。

（二）波音合并案：纵容垄断者对外扩张

同为克林顿政府，如果说它对微软是重拳猛击的话，它对波音(Boeing)与麦道(MDC)的合并则是笑脸相迎，恩爱有加，极力相助。究其原因是前者当时更多地具有国内属性，后者则冲出美国一国的范围，具有国际属性。国内的垄断会危害自身的利益，需要用反垄断政策平衡经济与政治的关系，国外的垄断问题则对美国有百利而无一害，政府可以放心大胆地去推动、去促进，以此提升美国的国际竞争力，巩固美国的经济霸主地位。

国际间在民用航空业方面竞争极为激烈。截止到1996年12月31日，世界飞机制造行业的三大寡头——波音、空中客车(Airbus)和麦道公司，占据了世界大型运输机市场的全部份额，其市场占有率依次为64%、30%与6%[②]。三公司中波音与麦道属于美国，空中客车属于欧共体。但这不是稳定的平衡[③]。因为竞争不仅取决于市场占有率，更取决于企业的创新能力。为此，美国政府于1982年就采用了放宽合并限制的政策，1984年国会通过了《国家合作研究法》，允许曾受禁止的企业在研究与开发(R&D)方面开展合作。但就是依照司法部《1992年合并指南》的新规定，HHI指数（即拟合并的公司所占市场份额的平方之和）仍不得超过1800。由于合并行为发生在1996年，按照1995年波音58%和麦道12%的市场份额计算，仅波音一家的HHI指数就高达3364(58×58)，接近司法部与FTC立案调查的两倍，而合并后HHI指数将提升至

① 参见崔明霞："从'微软'案看美国反垄断法"，《经济管理文献》2000年第8期。

② 欧盟委员会认为：英国飞机制造公司的RJ飞机与Fooker飞机系列，属于窄体机型的客机，其所在的市场份额不予考虑。俄罗斯生产的Iljuschin等新型飞机，虽然在安全、服务与外观方面都具有技术优势，但根本不会成为大型客机的替代产品。

③ 1994年，空中客车公司(Airbus)占据民用飞机世界市场份额的48%，而波音只占46%。国际民用飞机市场成为典型的高度竞争的领域。预计此后20年，全球对大型飞机的需求量将超过3,000架。波音与麦道合并的真实目的在于希望合并能控制这一有巨大潜力的市场。

3508(58×58+12×12)[①]。但国防部以合并可以提高效率,有利于国家安全为由,全力支持这一合并。为着力提高航空业在国际市场上的竞争力,司法部与FTC以两公司的业务范围涵盖了军事与航天技术,军事武器市场关系国防利益为由,批准了这一高达133亿美元的合并,使HHI合并控制指数形同虚设。

虽然合并顺利通过了美国方面的审查,但却遭到了其竞争对手空中客车及其所属国际组织欧共体的极力反对。欧共体委员会于1997年2月18日应空中客车的请求,对波音—麦道合并案进行书面审查。欧共体委员会认为:"(波音与麦道的)合并对共同体极其重要。因为合并的实施将会对世界飞机市场造成巨大影响,而欧洲市场是世界飞机市场的重要组成部分。"考虑到世界大型飞机市场的结构、波音公司的市场份额、波音公司客户的市场份额、波音公司与大客户之间的长期专供合同以及将来不会出现新的竞争对手,欧共体委员会得出的结论是:波音公司在整个飞机市场以及窄体与宽体客机市场已经拥有市场支配地位,而合并将更进一步强化这一支配地位,并将导致:(1)波音公司的大型客机市场份额由目前的64%上升至70%,(2)合并后,波音公司只剩下空中客车一个竞争对手,(3)波音公司的顾客将从目前的60%提高到84%,(4)波音公司可以凭借新增的科研力量扩大现有的飞机载人能力;(5)波音公司更容易与客户签订专供合同,进一步分割市场。据此,欧盟断定这一合并属于《共同体企业合并控制条例》的调整范围,并对合并不符合共同体的市场利益表示了极大的担忧。1997年3月19日,欧共体委员会依据《共同体企业合并控制条例》第6条第1款第3项,决定实施调查程序,要求在委员会作出新的决定之前,波音—麦道的合并不得实施。

欧共体的行为妨碍了美国政府提升本国企业国际竞争力的努力。司法部、FTC、国防部纷纷出面,公然保护这一既有悖于美国自身反垄断政策,又侵害欧共体及其辖区内空中客车公司利益的合并。但美国政府认为,鉴于美国工业面临日益强大的外国同行的竞争挑战,如果厂商要想在国际市场上保持活力,它们就必须自由地进行重组,并以此为契机革新技术,提高效率,以适应不断变化的国际市场环境。1997年3月17

① 有关HHI的演变及计算方法,请参见:Herbert Hovenkamp, *Antitrust Policy*, Lexis Law Publishing (2003), p841~47.

日，美国国防部与司法部以美国政府的名义通知欧盟：(1) 如果欧共体否决合并计划将给美国的国防利益造成极大的损害；(2) 合并能提高配置效率并能增加美国的就业机会；(3) 合并将降低飞机配件的价格，并提升产品的质量。要求欧共体充分考虑美国的利益。1997 年 6 月 26 日欧共体将其决议与其对合并的有关意见通告 FTC，请求美国方面重新审查合并方案，并希望美方能考虑到欧共体的重大利益，即欧共体要维护其共同体市场内的有效竞争。同一天，FTC 主席 Pitofsky 在书面信函中表示，美国方面将对欧共体的重大利益予以适当的考虑。但 7 月 1 日，FTC 却作出了将波音—麦道合并方案付诸实施的决议。同时，参议院还通过了一项议案，谴责欧共体阻止合并方案实施的企图，称合并是美国的经济自主行为。克林顿总统为此发表讲话，对合并方案大唱赞歌。在美国的强大压力下，欧共体在最后关头屈服了，在要求波音公司采取若干补救措施后，作出了合并合乎欧共体法律的决定。

"对于在全球喷气式运输飞机市场上竞争的大企业而言，竞争对手采取的任何对竞争有影响的行动都是无国界的，都必然发生全球性的震荡。"[①]波音—麦道的合并毫无疑问将对其竞争对手空中客车造成直接的损害，也影响着欧共体的整体利益。在缺乏合作与协调机制的情况下，双方通过外交上的你来我往，甚至于不惜以单方制裁相威胁。为避免双边关系的恶化，处于弱势的欧共体不得不寻求妥协。美国为自身经济利益，将行政决定的效力置于其"经济宪法"上，还迫使欧共体退避三舍，最终确保了美国的经济利益。

(三) 经济效率：全球化背景下涉外反垄断行动的重心

伴随着经济全球化的飞速发展，国与国之间的竞争壁垒逐渐消除，诸多领域的竞争冲出了一国的界限而上演于国际经济的大舞台，越来越多的产品具有全球属性，还有更多的产业呈现出国际化的趋势。反垄断问题在一些领域已经具有国际性，这方面的国际合作与国际斗争端倪渐显：欠发达国家的政府开始设置政策法律壁垒，阻止发达国家大公司的垄断化企图[②]；发达国家，特别是美国，为促进本国企业抢占海外市场，在

① 黄勇、董灵著：《反垄断法经典判例解析》，人民法院出版社 2002 版，第 473 页。

② 我国商务部新近组建了反垄断调查办公室（为非常设机构，具体工作由法条司承担），并已经完成了对微软、柯达与富士、可口可乐与百氏可乐在我国市场所占份额的调查，为反垄断立法、相关政策的出台以及有关反垄断的国际交流进行铺垫。

鼓励本国公司通过与东道国公司合资或合作的形式进入东道国市场的同时，还以经济与政治压力要求或迫使东道国政府减弱乃至废除其政策法律壁垒；有时，几国政府（也包括欧盟）为保护本国消费者的利益，对国际垄断企业在本国、本地区市场上的垄断与准垄断联合制止[①]。

全球范围内的反垄断合作与冲突是国内市场向国际市场扩展的一个标志与新时期反垄断政策的一个趋向。保持市场的开放与防止经济巨头（尤其是国外资本）的侵蚀必然成为这一时期各国政府制定与执行反垄断政策的首要考量。为本国经济或企业界考虑，反垄断政策常常成为防卫外来经济“入侵”的极好借口与手段。发展中国家在执行所谓的开放市场或“招商引资”政策的同时，也不得不竖起商业壁垒，防范与对付跨国公司的进攻。美国在国际贸易中寻求的也不是他们口口声声的保护竞争，而是保护其公司利益，运用各种手段反对与制裁有损其公司利益的行为。美国301条款[②]与反垄断政策[③]相互响应，就是一个名证。但在美国国内，政府也执行与其他国家相同与相似的反垄断政策，在减少本国市场上的竞争障碍的同时，特别限制外国公司对本国市场的影响[④]。一百多年前，美国反垄断政策面临的困境还只是来自于国内市场，今天它却要面对国内国外两个市场。政府在惩处垄断时必然要采取三种手段：(1) 单边行为（unilateral action），仅凭借一国的公共权力去惩

---

① 有关国际范围内反垄断政策的冲突与合作的详细论述，请参见 Frederic M. Scherer, *Competition Policies for an Integrated World Economy*, The Brookings Institution (1994)。作者现为哈佛大学肯尼迪学院(John F. Kennedy School of Government Harvard University)的荣誉退休教授。

② 301条款是一种非贸易壁垒性报复措施或者说是一种威胁措施，起源于1974年美国国会对贸易法的修改，后历经修正，最终发展成为一种保护美国贸易利益的一种制度。当别国有“不公正”或“不公平”的贸易做法时，美国贸易代表可以决定实施撤回贸易减让或优惠条件等制裁措施，迫使该国改变其“不公正”或“不公平”的做法。它是美国贸易代表利用贸易政策推行其价值观念的一种手段，其威力不在于条款本身，而在于它所带来的报复性后果和制裁的可能。其核心是以美国市场为武器，以美国经济实力为后盾，强迫其他国家接受美国的国际贸易准则，以此维护美国的利益。实际上，美国的贸易政策是攻击性的单边主义，借助潜在威吓打开外国市场。是一种典型的为了美国的利益恶意运用权力，达到其贸易保护主义目的的行为。

③ 参见本论文中有关对涉外垄断实施反垄断豁免的论述，也可参见吴玉岭、翟洁君：“美国反垄断法的涉外特征”，《河北法学》2004年第11期。

④ 参见 Giuliano Amato, *Antitrust and the Bounds of Power——The Dilemma of Liberal Democracy in the History of the Market*, Northwestern University Press (1997), p127.

治各式各样的垄断与垄断企业;(2) 双边合作(bilateral collaboration)。即两国政府间订立双边司法协议,如 1995 年美国分别与欧盟和加拿大鉴署了这种双边协定①。通过双边司法协议,共同开展反垄断调查、实现信息共享、提供司法协助等。E. Fox 提议美国国会与司法部应当尽可能地通过双边合作,只有在万不得已的情况下才采取单边行动②;(3) 进行多边合作,创立一个多国参与的国际反垄断法典(International Antitrust Code)。1946 年联合国通过的哈瓦那宪章(Havana Chapter)就包含有支持建立世界范围的反垄断法典的内容。1995 年欧洲委员会任命了一个专家小组,负责起草欧洲反垄断法典。但由于欧洲委员会是由多国组成且经济实力与美国有不少的差距,欧洲的原则只想局限于本地区,且较为温和,而美国由于自身超强的经济与科技实力,其方案与欧洲方案相比,有着更多的以大欺小、以强凌弱的特性③。

当然,美国最希望的结果是第三种手段,特别是能够以其国内反垄断政策为蓝本。这有利于将其国内法延伸出其国界而具有世界意义,同时,美国政府坚信其经济、技术实力,坚信其企业及雇员在当今世界最具创造与创新力,只要政府层面上能突破外国政府的"防线",美国的经济就会更好,民众就会得到更多的实惠④。但由于各国经济上千差万别、文化背景迥异,加之国家主权的存在,美国的政策理念要推向全球远非一日两日之功,其路途依然漫长。在这一过程中还充满了种种变数与不稳定性。建立双边合作网络,为多国提供一些共同遵循的国际反垄断基本原则,恐怕是美国政府当今的主要选择。但无论如何,美国政府为保持其国家经济利益,必然会采取各种措施,强化其外贸领域的垄断力量。为此。它必将对经济效率给予特别的关注。

---

① 这也被称作积极礼让,1994 年国会通过了 the International Enforcement Assistance Act。详细论述,请参见吴玉岭、翟洁君:"美国反垄断法的涉外特征",《河北法学》2004 年第 11 期。

② 参见 Eleanor M. Fox, "Toward World Antitrust and Market Access", 91 *American Journal of International Law 1* (1997).

③ 欧盟 1999 年建议在 WTO 框架内就竞争规则达成世界性的协议,中国香港的版本强调了将"竞争政策"的定义涵盖所有政府与私人的限制与扭曲竞争的行为,美国则是想以其反垄断政策为统一多边协定的蓝本。关于美国的立场,请参阅:Eleanor M. Fox, "Toward World Antitrust and Market Access", 91 *American Journal of International Law 1* (1997).

④ 参见小布什总统 2004 年 7 月 19 日、7 月 31 日、9 月 4 日、10 月 2 日等的广播讲话。

第四章　反垄断政策的普适性与反垄断豁免

美国的反垄断政策之所以被联邦最高法院解释为“经济宪法”，不仅是因为它在全部经济政策中的法律地位最高，还因为它的适用性最为广泛。也就是说，美国的反垄断政策具有普适性。作为一项原则，它应当对所有产业都享有管辖权，对所有经济活动都一概适用。但由于现实经济行为的复杂性、利益集团的压力以及美国的对外利益等原因，国会和最高法院在谢尔曼法通过以后便逐渐缩小了反垄断政策的管辖范围，对出现在某些特定领域或行业中的垄断状态或发生的垄断行为，不依据反垄断法律法规与政策精神进行追究，逐步形成了反垄断豁免制度。反垄断豁免是对反垄断基本政策和目标价值的修正，它是反垄断政策的一个重要组成部分①。反垄断政策的适用范围因此受到限制，普适性受到挑战，不再指向所有的商业活动。不仅管制产业基本上实行了反垄断豁免，工会组织、农业合作组织、职业体育运动、保险业、对外贸易领域以及州行为(State Action)②等方面也适用反垄断豁免。但同时，反垄断政策对这些豁免也作了一些限制，有些问题现在还处于争议之中。

---

① 反垄断政策本质上是抑制垄断、促进竞争的，而豁免适用却对垄断持容忍、支持和促进的态度。有关美国政府在这一问题上的立场转变，请参见 Ernest Gellhorn & William E. Kovacic, *Antitrust Law and Economics*, West Publishing Co. (1994)，王晓晔注，中国人民大学出版社 2001 年影印注释本，p473～96。

② 美国实行的是联邦与州双主权制，联邦与 48 个州都有自己的一套反垄断政策。本论文所论及的只是联邦层次的反垄断政策，它仅适用于州际(Interstate)商业，一州之内的垄断适用本州的反垄断政策。由于联邦宪法将州作为一个主权体来看待，联邦政策对州级政府的行为就没有约束力，美国反垄断学者也就将州行为视为反垄断豁免的一项内容。我国是单一制国家，这一豁免对我国没有借鉴意义，故而本文对州行为的豁免适用不予探讨。

一、对管制产业的反垄断豁免及其存在的问题

对“管制”[①]至少存在着三种不同的界定：

一是以著名的反垄断研究专家、明尼苏达州大学前法学院院长Sullivan教授等人的观点为代表：他们对管制作了广义上的理解，将“管制产业”定义为“行为有一部分被立法与行政决定控制的产业”。这样，所有产业、所有经济领域都概莫能外地被囊括于管制产业之内，因为事实上任何产业都存在着某种程度的政府介入，只是强度与范围的差异而已。从这个意义上看，反垄断政策也是一种管制，普通法规则以及诉讼过程本身就是管制的具体措施，FTC、司法部反垄断局理所当然地也就成为了管制机构[②]。史普博也认为：“反托拉斯是一种复杂的行政性管制机制……反托拉斯法及其实施是一种主要的管制力量。”[③]

二是哈佛大学法学院公共政策专家Viscusi教授等人将管制与反垄断视为一体的立场：管制等同于反垄断（常常并列使用），泛指公共权力在经济领域对企业与个人行为的干预和对市场施加的影响[④]。“经济政策中最为激动人心的领域之一就是政府管制和反垄断。这些政策实实在在地影响着我们生活的各个方面。”“在这一领域中，传统的主题仍然是制定适当的货运费率与常规的反垄断政策。”“管制与反垄断政策还活跃于1998、1999年的一些经济事件。在那两年，人们目睹了全球范围的大规模合并运动……美国司法部对微软的起诉便是反垄断政策仍就坚强有力的一个例证，这一诉讼还导致了一批对微软不利的制度的出台。

---

① 管制可分为经济管制（economic regulation）和社会管制（social regulation）。社会管制是指政府为保护环境、劳工以及消费者的健康与安全而采取控制措施，以矫正经济活动所引起的种种派生后果和外部性。明显的例子有：净化空气、净化水源、实现核安全、保证药物和交通安全等活动。这些管制多出现于20世纪70年代以后，其管制机构有美国消费者产品安全委员会、职业安全与健康管理局、公路交通安全管理局、环境保护署以及核管理委员会等。在没有特别注明的情况下，本文所称管制是指经济管制。

② 参见E. Thomas Sullivan，“The Antitrust Division as a Regulatory Agency: An Enforcement Policy in Transition”，64 *Wash. U. L. Q.* 996 (1986). James C. Miller Ⅲ在其为Shughart写的序言中也持这一观点。参见William F Shughar Ⅱ，*Antitrust Policy and Interest—Group Politics*，Greenwood Publishing Group，Inc. (1990)，Foreword，p13.

③ 丹尼尔·F.史普博著：《管制与市场》，余晖等译，上海三联书店、上海人民出版社1999年版，第595页。

④ 其实，这里的管制特指经济管制，并不涉及政府对环境、安全、健康等方面的管制。

社会管制力量更多地关注于法律制度的实施。如几个州对烟草行业的起诉，迫使烟草大亨们以赔偿 2 000 多亿美元的代价与原告达成庭外和解[①]。在诸如电视光缆、天然气、州内货物运输以及电信业等领域，经济管制继续保持着放松的态势。”[②]

三是诺贝尔经济奖 1970 年得主萨缪尔森与当今美国反垄断权威 Hovenkamp 教授等人的主张：Hovenkamp 将经济管制视为“政府为保护公众利益免受垄断行为的侵害，通过制定和执行一系列的政策法规，对垄断企业的行为所作的一定程度的限制”。在 Hovenkamp 教授那里，“管制产业”是特指“那些在价格、营销以及市场准入与退出等方面被管制机构完全控制的行业，或者说‘市场’让位于‘政府’的行业”。[③]

本文采用第三种观点。在萨缪尔森与 Hovenkamp 等人看来，管制与反垄断政策一样，都是在对垄断行为忍无可忍，对亚当·斯密“看不见的手”理论产生怀疑并抛弃其“夜警式政府”观念的基础上，出手援助“不完美的市场”(imperfectible market)的产物。二者紧密联系，共同指向垄断行为，同为政府规制垄断的两项强劲有力的政策武器，是制约市场力量的两大法宝[④]。同时，二者也存在着明显的区别：反垄断政策指向所有产业、所有企业的垄断与试图垄断行为，而经济管制仅指向管制产业内垄断企业的行为。反垄断政策对垄断持严格禁止与严厉处罚的态度，在反垄断政策的高压下，垄断行为是“偷偷摸摸”、见不得人，而管制对垄断持容忍与支持的态度，或者说正是管制才造就了这一领域的垄断，管制领域内的垄断是被允许的，享有反垄断豁免，合法有效，“光明正大”。

反垄断政策与管制政策在对管制产业尤其是自然垄断领域中的管辖上，经常发生或明或暗的冲突。国会的立法有时并不明确。联邦层次

---

① 这起案件的具体赔偿数额为 2 430 亿美元，这是美国历史上最大的一笔民事赔偿。W. Kip Viscusi 正是这一案件的原告律师。

② W. Kip Viscusi, John M. Vernon & Joseph E. Harrington, Jr, *Economics of Regulation and Antitrust*, MIT Press (3rd ed. 2000), Foreword, p1.

③ H. Hovenkamp, *Federal Antitrust Policy*, Lexis Law Publishing (2d ed. 1999), ch. 19.

④ 参见[美]保罗·萨缪尔森，威廉·诺德豪斯著，《微观经济学》(第十六版)，华夏出版社 1999 年版，萧琛等译，第 245～256 页。

上，管制机构庞杂繁多，如我们经常耳闻目睹的管制机构就有联邦通讯委员会（Federal Communications Commission）、证券交易委员会（Securities and Exchange Commission）、联邦能源管制委员会（Federal Energy Regulatory Commission）、联邦储备委员会（Federal Reserve System）、联邦海事委员会（Federal Maritime Commission）、日用品期货贸易委员会（Commodity Futures Trading Commission）等[①]，它们做出的行政规章与决定不可避免地支离破碎[②]。另外，州与地方行政机构也都有自己的管制机构，从垃圾费的征收到出租车的运营，管制的触角几乎无所不及[③]。这样，由于联邦、州与地方政府都可以制定管制规则，管制机构的庞大，管制表现形式的多种多样，反垄断政策在联邦、州、地方三个层次都与管制存在着潜在的冲突，反垄断与管制的关系就变得极其复杂。为协调这些冲突，作为最终裁判者的联邦最高法院作出了一系列的司法裁决，但对其所确定的一些规则，目前在适用上仍然存在着很大的争议，还有许多问题有待解决。

（一）“特别法优于一般法”、“明示豁免”与“重法优于轻法”

反垄断政策是政府干预市场经济的基本手段，是美国的“经济宪法”。从原则上讲，反垄断政策应适用于一切经济领域和一切经济活动。经济管制政策是一项部门政策，其效力局限于管制领域，只对管制产业及产业内部行为有效。二者关系如下图：

---

① 主要的联邦管制机构还有：劳工统计局（BLS）、国内航空委员会（CAB）、经济咨询委员会（CEA）、消费者产品安全委员会（CPSC）、国防部（DOD）、司法部（DOJ）、运输部（DOT）、平等就业机会委员会（EEOC）、环境保护署（EPA）、联邦航空管理局（FAA）、食品与农业组织（FAO）、联邦储蓄保险公司（FDIC）、联邦选举委员会（FEC）、联邦住房管理局（FHA）、联邦储蓄与贷款保险公司（FSLIC）、联邦贸易委员会（FTC）、州际商会（ICC）、国际贸易委员会（ITC）、矿区安全与健康管理局（MSHA）、国家公路交通安全管理局（NHTSA）、国家健康协会（NIH）、国家职业健康与安全协会（NIOSH）、国家劳工关系委员会（NLRB）、核管制委员会（NRC）、信息与管制事务办公室（OIRA）、管理与预算办公室（OMB）、职业安全与健康管理局（OSHA）、美国农业部（USDA）等。

② 国会与行政机构在利益集团的游说与压力下，还经常对一些不具备自然垄断属性的行业实施管制，进而求得对其行为实行豁免，逃避反垄断政策的适用。由于这些政策的影响面小且经常处于变化之中，本文也不予讨论。

③ 参见 Stephen G. Breyer, *Regulation and Its Reform*, Harvard University Press (1984); Cass R. Sunstein, *After the Rights Revolution: Reconceiving the Regulatory State*, Harvard Univ. Press (1993).

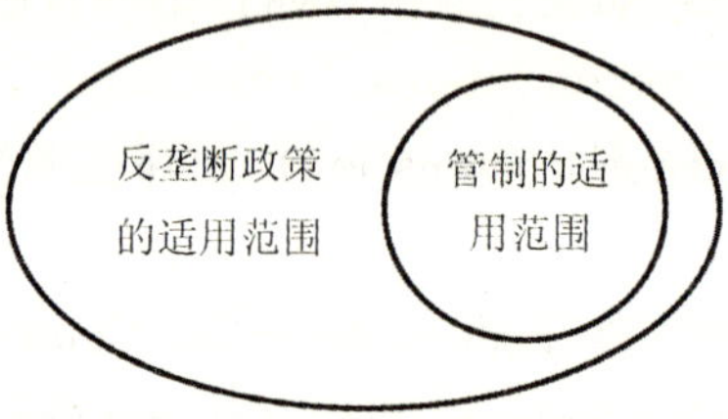

反垄断政策与经济管制政策的适用范围比较图

反垄断政策对管制产业的豁免，根源于“优先管辖权”(primary jurisdiction)原则。从图中可以看到，经济管制政策的效力范围被包涵于反垄断的管辖权之内，二者呈现出局部与整体的关系。根据“优先管辖权”原则，一旦对某一部分有了特别规定，普通规范在这一领域就失去效力，亦即特别法优于一般法。因而，当二者发生冲突即二者对某一领域都有管辖权或二者都能适用于某一行为时，反垄断政策应当让位于管制政策，即进入管制领域，就享受反垄断豁免，超出管制领域，就受制于反垄断政策。这构成了反垄断政策对管制产业最大程度的豁免。但情况远非这么简单，要在反垄断政策与管制之间划定一个明确的楚河汉界，并非易事。

1963年，联邦最高法院在经济司法过程中对“特别法优于一般法”规则在反垄断政策与管制问题上的应用，从法律层面上作出了一定的限制：在“费城国家银行”案中，它一方面以“银行管制涉及面窄，其未涉及领域应一律适用反垄断政策”为由，撤销了通货监理官(comptroller of currency)批准的银行合并，肯定了这一规则；但同时又制定了“明示豁免”规则，要求“当反垄断政策与管制法规发生冲突时，除非二者有明确规定，否则不能放弃反垄断政策的适用”，从而将“特别法优于一般法”规则在解决反垄断政策与经济管制冲突时的合法性与有效性置于尴尬的处境之中。[①] 根据“明示豁免”规则，二者的冲突必须是直接的和公开的，即从法条上能够明确肯定冲突的存在。这样审查下来，只有自然垄断企业，如电力、天然气、自来水、电话线路、管道设施、银行业、证券交易、电视与广播以及空运、水运、卡车和铁路运输等，才不受反垄断政策的调整[②]。

---

① 参见：United States v. Philadelphia Nat'l Bank, 374 U.S. 321, 351 (1963).

② 这其中的空运、水运、卡车和铁路运输，其实并不是自然垄断行业，只是在利益集团的“大声疾呼”下，联邦、州或地方行政部门对其准入、收费与服务等实行管制，而被视为具有自然垄断属性。

另外，管制产业的一些行为，如合并、合资、形形色色的水平与垂直协议等也往往不受制于反垄断政策。

但事情至此并未结束，即使在“明示豁免”的情况下，反垄断政策也不一定就必然“让路”。法院后来同样从“优先管辖权”原则中推导出“重法优于轻法”的使用规则。由于反垄断政策超强的处罚力度——“三倍赔偿”、适当的律师费乃至并罚的刑事责任，法院也时常依据“重法优于轻法”规则，选择反垄断政策来惩处管制行业的垄断行为。如在 Strobl 案中，无论是谢尔曼法还是商品交易法（Commodity Exchange Act）都禁止价格操纵，都对此案有管辖权。但法院考虑到谢尔曼法处罚的力度更大，最终选择了谢尔曼法。[①]

（二）“暗示豁免”

1. “暗示豁免”的起源与发展

反垄断政策与管制的关系还表现在，许多联邦管制法律在通过之时，很少或根本就没有考虑到其所创设的管制机构可能采取与反垄断政策背道而驰的管制措施。当反垄断政策与管制措施发生冲突时，法院的推理是：如果联邦管制机构在做出准许对某一管制行业实施反竞争行为前，事先已对这一行为做过充分的评估，并认为行为是这一特定行业所必需，反垄断政策失去管辖权；但如果管制机构在作出批准某一反竞争行为时，并没有充分评估行为的反竞争后果，则存在着适用反垄断政策的极大可能。[②] 在二者没有明确冲突的情况下，如何处置则是一个令人头痛的选择，联邦最高法院不得不“推理”出“暗示豁免”（implied immunity）。

暗示豁免的法条基础是 1934 年的证券交易法（Securities Exchange Act of 1934）第 9 节（a）（6），它授权证券交易委员会对涉及有价证券、股票的交易事项实行经济管制。1963 年联邦最高法院肯定了这一条款的合宪性，并将其立法精神称为“暗示豁免”，即国会在立法时暗含有“对所有政府实施管制的产业，不再执行反垄断政策”之意[③]。在 1975 年的两

---

① 参见：Strobl v. New York Mercantile Exch.，768 F. 2d 22，（2d Cir. 1985）.

② 参见 Phillip Areeda & Herbert Hovenkamp，*Antitrust Law：An Analysis of Antitrust Principles and Their Application*，West Group（2d ed. 2001），p246

③ 参见：Silver v. New York Stock Exch.，373 U. S. 341（1963）.

个案子中，最高法院又重申了这一规则[①]。但由于反垄断政策是政府干预自由市场的基本手段，法院的基本态度是不能因为“暗示豁免”就让反垄断政策从管制行业全部撤退。“暗示豁免”“只能在反垄断政策（类似于一般法）与管制规定（类似于特别法）隐含重大冲突时”才可能适用。在“菲内根”案中，法院在对与反垄断政策相冲突的管制种类与管制措施的范围作了事实认定后，发现案中反垄断政策与威廉斯法[②]之间存在着重大冲突，因而适用了“暗示豁免”。从社会常识上看，在投标中串标，是运用契约自由权欺骗招标人，因而应当为反垄断政策所禁止。但威廉斯法却规定为了实现“有效地筹集资本”这一更大的目标，在竞标人接受证券交易委员会的公开管制的前提下，可以准许竞标人联合竞标，容许其实施一些价格操纵措施。

在反垄断政策与证券法的目标有根本性冲突时，为保证“证券法律的特殊功能”，对其管制领域实施反垄断豁免是必要的[③]。但这并不意味着当反垄断政策与管制措施同时调整某行业时，就让前者“走开”。根据投资公司法（Investment Company Act of 1940），证券交易委员会有权批准限制二级市场（secondary market）上共有基金（mutual fund）股份转让的方案，而从反垄断政策的角度看，限制股份转让具有反竞争性质，是一种“本身违法”行为。在DASD案中，最高法院认为投资公司法的规定是出于维护“价格稳定机制（price stabilization mechanism）”的需要，不能因其限制竞争，就予以撤销。在Gordon案中，最高法院裁定纽约股票交易公司有权依据证券交易法第9节（b）建立“固定的佣金比率体系”。法院认为反垄断政策与证券法的目的不同：前者的关注点是保护竞争，而后者却放在保证交易安全、保护投资者经济利益和促进证券业健康发展上。法院只强调在这一管制行业，贯彻国会在证券交易法的立法意图比执行反垄断政策更为必要，至于这一机制是否“明智”或“有效”，则无关紧要。

由此看来，“暗示豁免”使原本应由反垄断政策管辖的反竞争行为，可能因国会在立法时暗含有“特事特办”的意图而失去反垄断管辖权，交

---

① 参见：United States v. National Ass'n of Sec. Dealers, Inc., 422 U.S. 694 (1975)（又称“DASD”案）和Gordon v. New York Stock Exch., Inc., 422 U.S. 659 (1975).

② 参见：Williams Act, 15 U.S.C. §§ 78m(d)-(e) & 78n(d)-(f)

③ 参见：Finnegan v. Campeau Corp., 915 F.2d 828 (2d Cir. 1990).

付证券交易委员会管制。换言之，“暗示豁免”的存在使被告面临着反垄断与管制并行处理的冲突，冲突的解决方案是适用本行业的管制政策。但国会在立法时是否有“暗示豁免”的意识，则取决于法院的审查。这本身类似于对案件依据“合理原则”进行审理，是“一事一审”。因而，“暗示豁免”规则是一种极其耗费司法资源的处理方式。

2. 从“弗里德曼案”看“暗示豁免”的适用

(1) 案情与争议焦点

“弗里德曼案”[①]是展示美国管制产业中反垄断政策管辖权的典型案例。案中的原告是一批从事股票买卖的散户，他们从公开销售中购买股票。被告是股票债券商和经纪人公司，他们在公开销售股票活动中分配股票份额。根据原告的说法，被告为他们规定了一个“转售限制期间”，即在原告首次认购股票后的一定时期内(依据股票的不同，期限从30天～90天不等)，不得出售其认购的股票。在股票证券业内，认购某一股票后不久就抛售这一股票是一种受人唾弃的行为，其原因在于认购后遂即转手倒卖，会引起股票价格的波动，通常这样会导致股价下跌。要求购买人在认购后持有一定时期，是保持股价稳定的一个常用措施。但原告认为，在购买后立即转售是一种投资行为，不应与认购受同样的约束。原告还声称被告并没有在认购登记时或内容说明书中披露这一限制条款。原告宣称从大约1990年开始，被告们共谋将限制条款强压于他们。被告以前不鼓励但也并没有严格限制购买股票后立即转售的行为，现在被告运用分配股票份额的权力，惩罚在“转售限制期间”内出售股票的投资人(包括原告)[②]。原告的观点是，被告强制原告接受“转售限制期间”，限制了股票的供应量，人为地抬高了股票价格。这一行为也迫使他们在首次认购时，支付虚高的股票价格。

在庭审中，双方争论的唯一焦点是：被告的行为是不是应当根据证券交易法由证券交易委员会进行管制，而享受反垄断豁免。双方都认为证券交易委员会并没有为保持股票售后的价格稳定而实行管制，但他们对这一问题的推论则完全相反。原告认为：鉴于证券交易委员会一直没

---

① 参见：Friedman v. Salomon/Smith Barney , Inc. , 313 F. 3d 796 (2d Cir. 2002).

② 被告也对没有遵守“转售限制期间”规定、将认购股票销售给顾客的经纪人进行处罚。其方法是降低其佣金(commissions)，减少其股票分配量，或拒绝接受其作为自己的代理商。

有对股票售后的如何处理(即能否立即转手倒卖以及如何转售等)实行管制,也就不存在着管制措施与反垄断政策的冲突问题;证券交易委员会从来也没有暗示许可、更没有肯定被告的行为,因而,"暗示豁免"不能成为被告限制原告交易、侵犯原告权利的"挡箭牌"。原告主张,既然被告的行为是反竞争的,对之执行反垄断政策有利于强化证券交易法的立法目的。被告辩称:证券交易委员会是通过故意不对这一领域实施管制措施,来表示其许可被告行为。因而,依据反垄断原则处罚这一行为,将会造成反垄断政策与证券交易法的冲突。

地区法院对"暗示豁免"所持的立场是:(1) 依照证券交易法第 9 节(a)(6),证券交易委员会对稳定证券与股票价格有专属管辖权,其稳定价格的做法并没有被证券交易法所明令禁止;(2) 国会在 1934 年通过证券交易法并设立证券交易委员会时,了解稳定价格的行为;(3) 60 年来,证券交易委员会根据其对股票证券市场一贯的"研究评估是在资本市场价格稳定比实施反垄断政策更为重要",积极采取管制措施,稳定价格;(4) 原告认识到反垄断政策与证券交易委员会依据证券交易法第 9 节(a)(6)所作的管制有明显的冲突。而要解决这一冲突,需要正确理解证券交易法第 9 节(a)(6),并分析长期以来证券交易委员会对证券公司保持价格稳定做法所实施的管制。

(2) 适用法律的争论与判决

被告律师回顾了证券交易委员会为稳定股票价格而实施管制的整个过程,认为:(1) 1934 年国会立法时完全拒绝禁止固定股票价格,并因此授权证券交易委员会对价格实行管制。(2) 1940 年证券交易委员会在其首次制定的管制政策中,没有禁止分销过程中的价格稳定行为,并采用了试图平衡个体投资者利益与"保护国家信用、银行结构和资本市场健康运营"关系的管制措施。在这一管制文件中,证券交易委员会将价格稳定界定为"广义上讲是为预防或减缓有价证券在市场上的贬值,促进有价证券的公开发行而对购买有价证券所作的限制"。它是针对长期以来有价证券市场存在着一些"不道德的和非正常的问题",证券公司不得不根据管制政策而采取的一种"额外监督",是"抗击认购后立即转手倒卖的有力武器"。(3) 1994 年证券交易委员会对价格管制作了全面审查,其结论是如果不对股票采取价格控制(包括证券公司规定"转售限制期间"),将对股票市场产生极大的不利影响;(4) 1996 年 4 月 11 日,证证券交易委员会公布的新的管制政策规定:“转售限制期间”是为了“收集信息、监控市场”以及“稳定股票价格的需要”。被告辩称:有价证券业的管制历史清楚表明了实行“转售限制期间”是管制机构基于防止发生不道德行为和保持股票价格稳定的考虑所作出的“行政决断”(administrative judgement)。但原告对有价证券行业的管制历史持不同意见,认为:(1) 股票售后市场的价格稳定是从 20 世纪 90 年代才出现的一个现象,1934 年的国会无论如何不会想到这一问题,就是证券交易委员会也只能在 20 世纪 90 年代以后才能触及这一问题。被告论及的那段所谓的价格管制历史毫无意义。(2) 原告认为虽然有价证券业属管制产业,但由于反垄断政策较证券法更为严厉,应当适用反垄断政策,而且证券委员会也并没有考虑到反垄断政策对稳定价格的立场。

然而,上诉法院却支持被告的辩解理由,普乐(Pooler)法官在判决书中强调:(1) 即使在证券交易法通过和证券交易委员会成立以前,证券商与经纪人为阻止认购股票后随即抛售行为,保持股票价格的稳定,就曾采取多种措施。随着一些投资者不道德行为的花样翻新,保持价格稳定不仅要阻止认购后随即抛售,还要制止购买后在较短时间内转手。(2) 法院推测证券委员会一定考虑到了管制行业的竞争问题,因而它在 1994 年明确肯定了证券商的这些作法。此案不同于 Strobl 案。证券交易法第 9 节(a)(6)要求证券委员会既要考虑市场竞争,还要保护投资人并兼顾公共利益等,暗含有授权证券委员会可以制定与执行与反垄断政策不同的规章。为维护证券交易秩序等更大的利益,证券交易委员会有权许可本行业从业者实施在反垄断政策看来是反竞争的行为。证券交易委员会深知这种行为从反垄断政策的角度因“固定价格”而构成本身违法,但由于有价证券业的特殊情况,它又不得已而为之。由此,法院认定此案应适用“暗示豁免”规则,被告有权要求证券投资者在购买股票后不得随心所欲地转手倒卖、必须接受其“转售限制期间”的限制,并据此驳回了原告的上诉。

(三) 反垄断政策介入管制产业:以“公共利益”为切入点

经济生活的现实是,管制与反垄断共同作用于许许多多的产业。正如在美国少有产业能够完全摆脱政府管制政策的约束一样,也难以找到在哪一个管制产业中竞争力量不扮演重要角色。企业好像天生就具有超强的竞争力,如果一个管制机构决定管制某一产品的零售价格,销售商就会在非价格方面展开竞争。1985 年美国民用航空价格被解除管制之前，航空公司之间在飞行期间的服务、提供电影、立体音乐、提供更多的航班、给予"免费"地面交通和其他服务方面进行了强有力的角逐，其他行业也是如此。对立法机构或管制机构来说，要制定和执行一个详尽的管制方案，消除供应商在管制产业的同一市场中形形色色的竞争方式几乎是不可能的。其结果是，反垄断政策在众多的管制产业也就找到了自己的用武之地，所不同的是"管制规制在前，反垄断惩处于后"。普通法的特征之一就是允许法院对管制方案无法完全预见得到的复杂的经济现实，实行"秋后算帐"，即在管制产业内部管制政策没有涉及的"区间"，企业所从事的反竞争行为，将受到反垄断政策的调整。另一方面，由于国会的立法不甚明确，行政当局的政策支离破碎且相互矛盾，而判决又往往是针对某一问题，没有广泛适用性[①]，要准确界定管制产业享受反垄断豁免的范围是十分困难的。因而，即使是在高度管制化的产业（如银行业），仍然能够发现反垄断政策的身影。"公共利益"成为反垄断政策介入管制产业的最好借口。受害人[②]有权向法院诉讼，司法部与 FTC 也可以主动介入。今天，在通讯、州际运输、公用事业等管制领域，许许多多的反垄断诉讼仍在进行。

"康考德案"[③]就是一个很好的说明。在"康考德案"中，原告康考德镇新建了一个小型电力公司。被告是一家发电厂，它拥有多家电力公司。被告被控卖给地方电力公司的批发价格远高于其售给自己公司的零售价，致使一些小的电力公司难以与被告的电力公司开展正常竞争。法院拒绝了被告以电力业属管制行业应享受反垄断豁免的辩护理由，而坚持"过于广泛的管制损害了原告的利益"的观点。"内外有别"的价格管制，不仅提高了消费者的支付价格，还可能将现有的与被告的电力公司进行竞争的独立电力公司逐出市场，并人为制造"进入障碍"——新手们对进入这一市场犹豫观望，担心进入后受制于人，不能开展公平竞争，

---

① 参见 Lawrence Anthony Sullivan, *Handbook of the Law of Antitrust*, West Publishing Co. (1977), p743～44.

② 反垄断政策所指的受害人是一个广义概念，既包括因反竞争行为遭受经济损失的竞争对手，也可以是购买厂家及最终消费者，还可以是政府自身，同时政府也可以作为受害人的监护人提起公益诉讼。

③ 参见：Town of Concord v. Boston Edison Co., 915 F. 2d 17 (1st Cir. 1990).

最终殃及“公共福利”。因而,政府的管制制策令人怀疑。

经济理论(尤其是新的自然垄断理论)与产业技术的发展更带来了民众观念的更新,促使政府以竞争的眼光看待昨天还被认为只有实施管制才能符合公益的自然垄断行业。随着管制的放松、程度的降低,竞争强度也会随之增加,政府介入这些领域的方式也由传统的管制手段转变反垄断措施。而解除管制的产业,则全面接受反垄断政策的管辖。其结果是反垄断政策的活动空间进一步得到拓展。①

(四)“基奥原则”:一个悬而未决的问题

1922 年,最高法院在“基奥案”中,因查明自由职业者为退休而存款的“固定比率”是经州际商务委员会(Interstate Commerce Commission)提出与批准的,判决制定这一比率属于行政机构的经济管制措施,不能视为固定价格而承担反垄断“三倍赔偿”责任。这被称为“基奥原则”(Keogh Doctrine)。主审大法官 Brandeis 在解释最高法院的判决时说,在 19 世纪晚期和 20 世纪早期,以标准石油公司为代表的大型公司以“大鱼吃小鱼”的方式,兼并了众多中小企业,完成了自身的扩张历程。国会制定管制法律的主要目的(principal purpose)就是要挫败大公司通过实行歧视性定价和超低价格将中小企业挤垮的企图。判决正是为了保证“国会最高目的——制止不公平的歧视行为”②。

但时至今日,管制领域发生了翻天覆地的变化:第一,“基奥原则”所强调的“比率管制”已不再禁止价格歧视,且一定程度上的价格歧视还常常受到政府的鼓励;第二,共同诉讼(class action)、间接攻击性行为的禁止(offensive collateral estoppel)以及代位追偿等程序性规则的应用,使反垄断损害赔偿(damages awards)能够指向管制产业的固定比率,每一个支付卡特尔比率的“人”都能平等地获得损害赔偿;第三,最为重要的是,解除管制运动(the deregulation movement)使反垄断政策在管制领域拥有更大的发言权。特别是针对最易甄别的卡特尔联盟的诉讼明显增多,反垄断政策在管制领域的“势力范围”日趋扩张。

然而,即使在 1980 年国会通过了机动车运输法(Motor Carrier Act

① 参见 H. Hovenkamp, *Federal Antitrust Policy*, Lexis Law Publishing (2d ed. 1999), ch. 19.

② 参见:Keogh v. Chicago & Nw. R. R., 260 U. S. 156 (1922).

of 1980)，大大地放松了货车运输行业的管制情况下，最高法院仍然不愿放弃“基奥原则”。1986 年法院在一项判决中重申了“基奥原则”，认为它“表达了国会长期以来在法律建设中的一贯主张”，而要“修改基奥原则必须由国会通过新的立法”。[①] 但在“基奥”案中，法院只是主张实施固定比率的被告不承担“三倍赔偿”责任，并未给予被告反垄断豁免的权利。他们仍然要承担民事或刑事责任[②]。管制行业的“固定比率”仍然充满变数，成为一个悬而未决的遗留问题。

二、工会组织：从反垄断政策的天敌到“普遍适用豁免”再到“资方工会豁免”

在实行完全自由的市场经济的美国，劳动力曾被天经地义地当作一件商品。因此，从普通法的角度，法院一直认为工会（Labor Union）就是劳动力销售联盟，是一种地地道道的卡特尔。“在 19 世纪，反托拉斯政策的主要问题是是否应将工会看作是限制贸易发展的非法组织而加以取缔。……许多经济学家长期认为，工会的目的在于限制劳动力供给而使雇主无法以劳动者之间的竞争来控制劳动力价格。”[③]由此，工会成了反垄断政策的天敌。从谢尔曼法通过后的司法判决来看，法院的矛头主要是指向工会组织[④]。在国会看来，法院不将反垄断的锋芒对准人人喊打的经济垄断而将主要力量用来惩罚工会，是对谢尔曼法的地地道道的曲解，议员们对此忧心忡忡。为了使劳工拥有与雇主讨价还价的权力，议员们开始酝酿新的法律限制法院在反垄断方面的权力，禁止法院运用谢尔曼法惩处工会组织。议员们的目的在 1914 年最终得到实现。当年通过的克莱顿法开创了对工会组织进行反垄断豁免的先河。

克莱顿法第 6 条规定：“人的劳动不是商品或商业物品。反垄断法不限制为了互助、没有资本、不盈利的劳动组织、农业组织、园艺组织的

---

① 参见：Square D Co. v. Niagara Frontier Tariff Bur., 476 U. S. 409 (1986).

② 参见 E. Thomas Sullivan & Hertbert Hovenkamp, *Antitrust Law, Policy and Procedure: Cases, Materials, Problems*, Lexis Law Publishing (5d ed. 2003), p980.

③ [美]理查德·A. 波斯纳著：《法律的经济分析》，中国大百科全书出版社 1997 版，蒋兆康译，第十章“反托拉斯法”。

④ 参见 E. Thomas Sullivan & Herbert Hovenkamp, *Antitrust Law, Policy and Procedure: Cases, Materials, Problems*, Lexis Law Publishing (5d ed. 2003), p984.

存在与活动，也不限制或禁止其成员合法地实现该组织的合法目的。依据反垄断法，这些组织或成员不是限制贸易的联合或共谋。”因此，反垄断政策不能被解释为“禁止工会组织的存在与运作”或者“禁止或限制工会组织的个体成员实现其合法目标”。同时，工会组织不再被当作“限制贸易的非法联盟”。克莱顿第20条规定罢工与工会的其他活动“与合众国的任何法律都不抵触”。但这一立法受到了法院的抵制①。联邦法院对第6条的免责规定作了限制解释，认为许许多多的集体协议是对资方(劳动力买方)的联合抵制行为，“只有合法从事工会所确定的合法目标的活动才能免责”。

1929年，美国进入大萧条时期。史无前例的经济大危机促使罗斯福政府大刀阔斧地实施新政，政府对经济的干预达到前所未有的程度，公共政策出现了一个急拐弯。新的工会政策鼓励集体协商(Collective Bargaining)，支持劳资双方签订集体协议，将卡特尔化的工会组织视为合法。1932年在罗斯福总统的全力推动下，国会通过了诺里斯—拉瓜伊拉法(Norris-LaGuardia Act)，剥夺了法院对绝大多数涉及工会案件发布禁令的权力，废除了法院的工人罢工禁令，赋予工会代表其成员签订集体协议的权力，宣布工会不受反垄断政策的管辖。该法明确规定，工会组织为促进其成员的合法利益所从事的活动，即使损害商业竞争也免受反垄断法的追究。而“1935年的瓦格纳法坚定地捍卫工人组织工会的权利，使一些产业的工会活动和工资水平得到了惹人注目的上升”。②1941年，法院对工会组织及其行为进行了重新解释：“工会的自利行为只要不与其他非工会团体构成‘共谋’，无论合法与否，也不管有无道理，都应当看作是工会的正当活动……所有克莱顿法第20条列举的行为都不构成犯罪。”

---

① 在克莱顿法将劳动力排斥在反垄断政策之外后，一些州法院还继续禁止罢工。参见[美]理查德·A. 波斯纳著：《法律的经济分析》，中国大百科全书出版社1997版，蒋兆康译，第十一章“雇佣关系的管制”。

② “瓦格纳法”中支持工会的政策后为1947年的《塔夫脱-哈特利修正案》所调整。之后的全国劳资关系法仍继续包含着鼓励工会的政策内容。但垄断者和卡特尔也为其自身播下了毁灭的种子。工会的薪金要求提高了工会组织化企业的边际成本，使它们的业务被非工会组织化企业抢走，其最终结果正如近几十年来在美国和其他发达经济体中发生的那样，是工会组织化的劳动力比例的下降。参见[美]理查德·A. 波斯纳著：《法律的经济分析》，中国大百科全书出版社1997版，蒋兆康译，第十一章“雇佣关系的管制”。

时至今日，劳动力从法律层面上已不再被视为商品，“因为他们是人”。由于社会的主流意识认为诸如医生、律师、教师、会计之类的自由从业者、专业人士所从事的工作具有崇高的社会性质，不能片面地追求经济效益，他们之间的竞争（时常被称作“盲目的价格竞争”）不利于提高服务质量，不符合职业道德的要求，只会导致社会道德的沦丧和对社会公共利益的损害。所以对工会组织的反垄断豁免也越来越多地适用于这些自由执业者。工会也已经变成一个政治性组织，它可以代表工人（劳动力卖方），“自由地”就工资、福利、劳动时间与劳动强度及其他工作条件与不同的资方进行讨价还价，但不能与一个资方共谋，以该资方接受工会的某一条件为幌子，欺骗或强制其他资方也接受这样的条件①，也不能与其他非工会组织达成协议，共同要挟某一资方。② 同时，工会在追求其成员及自身利益时，不能损害他人的利益，劳资双方的协议也不能阻止其他竞争者进入，如一个劳资协议不能规定资方在招聘工人时，只招聘某一工会的成员，因为那样损害了其他工会成员的工作机会，排除了潜在的竞争者，限制了资方与其他工会组织之间的贸易。一个工厂也不能与一个司机工会签订长达20年的运输合同，把工厂全部的货物运输交由这家工会，因为太长的合同期限，剥夺了厂商未来的选择权，因而也是一种垄断。③

1996年，最高法院对资方的水平合同（Horizontal Agreement）——一部分资方作为劳动力商品的购买方组成卡特尔后所达成的限制工资待遇的合同，实施反垄断豁免。当时几支职业足球队为减少支出，组成联盟，根据球员在赛场上的表现对其作了分类，并对每类球员规定

---

① 参见：United Mine Workers v. Pennington，381 U.S. 657（1965）。

② 参见：United States v. Hutcheson，312 U.S. 219（1941）。

③ 与资方相比，劳动者一方一般都处于绝对劣势。因此，适当抑制势力过强的资方，提升势单力薄的劳方地位，乃是法律改变劳方弱势地位的需要，是法律公平的一种体现。2004年5月1日我国开始实施新的《集体合同规定》（劳动与社会保障部颁布）。该规定对集体协商的内容、程序以及协商代表的产生、职责和权利以及集体合同的订立、变更、解除和终止都作了详细规定。并将女职工和未成年职工的特殊保护、职业技能培训、奖惩、裁员等纳入了集体合同之中。同时要求签订集体合同的协商双方的代表人数应当对等，用人单位协商代表与职工协商代表不得相互兼任。这一规定对保护工人权益无疑是至关重要的。但此规定仅仅是一个部门规章，法律的效力层次太低。未来的反垄断法应当明示集体协议不受其调节，以保障劳动者的权益。

了工资上限。该联盟要求参与协商的足球队，按照对球员的分类实施工资封顶。不论球员转到哪一支球队，所付工资都不得超过封顶工资，否则就要进行处罚。这一限制性规定不久也强加于教练的头上。最高法院认为，单一的球队如同一个工会会员，球队组成联盟，就像工人组成工会，其职能是在集体协商过程中保护自身利益，应当适用反垄断豁免。这一判决被人们戏称为“资方工会豁免”①。之后，由资方组成的卡特尔所签订的集体合同在职业体育、零售、服装制造、建筑、运输等领域迅速扩展，数额急剧上升，目前已占美国全部集体合同的40%。

三、对农业合作组织的反垄断豁免与限制：农民政治抗争的硕果

由于农业(包括林业、渔业)及其主要产品不仅对自然条件有很强的依赖性，生产者很难迅速适应市场供求和价格的变化立即转产，而且这一行业在国民经济中处于基础地位，往往影响到人民的基本生活需求，因此，对农产品的购销不适宜采用无限制的自由竞争。国家应当从国民经济发展的全局出发，允许农业生产经营者订立限制竞争的协议，对农业组织实施反垄断豁免(并在必要时有责任规定最低保护价格，或由国家给予补贴，或由国家直接参与购销活动)，以保护农民利益，保护农业，维护这一国民经济的基础。②

但在实行代议制的美国，这一目标的实现，却是农民多年艰难抗争的结果。谢尔曼法在很大程度上反映了饱受垄断之苦的农民的要求，实际上是农民们政治斗争的硕果。当时，为保护自身利益，农民们组织起来成立了农民联合会，并最终组建起了美国政坛上的一个新党——被誉

① 本来工会是一个只拥有劳动力、靠向资方提供劳动而与资方相对应的组织，对其实施反垄断豁免有诸多立法的支持。职业足球队是劳动力(球员与教练)的购买与使用方，毫无疑问应当归属于资方之列。资方卡特尔本属反垄断禁止之列，即使要对其实行反垄断豁免，也要由国会通过相关立法。最高法院的这一判决被视为其右倾的一个范例。对案件的判决请参见：Brown v. Pro Football, Inc., 518 U.S. 231 (1996)。

② 从我国的情况来看，农、林、渔业基础薄弱，生产方式落后，很大程度上“靠天吃饭”，特别是入世以后受国外农副产品的冲击(如目前我国大豆油市场上90%以上的大豆原料是从美国进口)，国家更要采取多种措施 给予保护，在制定反垄断法时应当明确给予农业反垄断豁免，以鼓励、支持和推动农民在生产、销售、储存、加工等各方面的联合和互助活动，增强农业在市场经济中的竞争力。

为最狂热的民粹党(该党在后来的国会与总统选举中显示了巨大的力量)。更有激进的农会分子以暴力方式抗击垄断集团的蚕食与掠夺。在强烈的政治压力下,为了保护社会弱势群体的利益,改变农户势单力薄的不利状况,保持社会的稳定,克莱顿法第2条赋予了农户组织起来成立农业合作组织以拥有与市场需求讨价还价的能力,部分免除了反垄断法对农业生产者(如农场主、牧场主、种植园主、乳牛场主、果农等)组织合作联盟的适用,给予"以互助目的创立的农业和园艺组织"以合法地位。接下来1922年通过的凯波—沃尔斯特法(Capper-Volstead Act)又对股本(Capital Stock)农业合作实行反垄断豁免。克莱顿法和凯波沃斯特法两次除外适用使从事农产品生产者有权在生产、收集、储存、经销农产品方面进行合作,共同行动,并视其为一个企业主体,有权设定联盟政策和固定其产品价格。1926年的合作推销法(Co-operative Marketing Act)又将农业合作组织的垄断状态与一些垄断行为排除在反垄断法的管辖之外。相似的规定也出现在1934年的渔农合作销售法(Fisheries Cooperative Marketing Act),该法规定不得对"渔业生产者从事的集体捕捞、储存、加工、运输以及销售行为"提起反垄断诉讼。但豁免只限于农业合作组织的创立与其内部协作,这些组织的对外行为如在销售其产品时自愿结成固定价格联盟,则仍然受反垄断法的调控①。同时,农业生产者之间的合作也受制于传统反垄断法的禁止规定。如合作组织不得利用其合法的垄断力量压制独立生产者之间的正常竞争。一家牛奶生产联盟为减少竞争而企图收购独立的奶牛场,被法院判定收购无效②。农业生产合作组织强制其他独立的生产者加盟,或强迫其他组织执行其要求,或对上游企业(农资机械的生产商与经销商)、下游企业(农产品的经销商或消费者)联合抵制也都继续被认为违反了反垄断法。③

凯波—沃尔斯特法与渔农合作销售法还分别授权农业部长和内务部长对农业组织和渔业组织的活动实施监督的权利。法律规定,当两位部长发现这些组织有垄断行为或其限制贸易行为导致农产品与渔业

① 马里兰奶业生产合作社因在销售牛奶时采用固定价格,受到司法部的起诉,法院以反垄断法对其进行了处罚。参见:United States v. Maryland Coop. Milk Producers, Inc., (D. D.C. 1956).

② Maryland & Va. Milk Producers Ass'n v. United States, 362 U.S. 458 (1960).

③ North Texas Producers Ass'n v. Metzger Dairies, 348 F. 2d 189 (5th Cir. 1965).

产品的价格过度提高时，有权发布命令暂停或中止这些组织的反垄断豁免。根据联邦最高法院 1979 年、1980 年对这些规定的解释，两位部长的权力仅限于处置导致价格上涨的行为，而且其权力在必要时必须接受司法审查，对强制交易及其他强迫行为以及并购行为，两位部长无管辖权①。

四、对职业体育运动的反垄断豁免：立法与司法的冲突

职业体育运动是美国的一大产业。“他们认识到一切体育运动都具二重性，即兼具竞争与合作两方面的特性。在体育运动这一产业中，每一个实体(如一支运动队)都会因在联盟中赢得比赛而受益。每支运动队的获胜都至少部分地与其他队的输赢有关。运动队与联盟一荣俱荣、一损俱损，可以说是休戚相关。与绝大多数产业不同，运动产业需要一定程度上的合作以确保联盟的实力与持续发展。”②也就是说，职业体育运动产业具有自身的特点。一方面它是体育活动，因而它要求参与此项活动的人们必须有“团队精神”，每个职业体育团队的成员——从教练、队员到经纪人与管理层，必须精诚团结，“协同作战”，才能赢得胜利。从这一点来看，不能将职业体育联盟简单地类比为一个独立企业间的联盟，如钢铁工业联盟。因为“团队精神”若在其他行业可能被看作严重的限制贸易行为，但它对任何一项职业体育运动来说却必不可少。几乎可以肯定地说，如果没有广泛与深入的合作，完全依靠成员的单打独斗不要说取得成功，连团队的生存都成问题。团队成员只有相互配合才能生产出其独特的产品——竞技运动比赛。而且，每一团队在相互竞争的同时，为吸引筹款、提高竞技水平及便于对队员与教练的管理又需加入自己行业的联盟或俱乐部，因而又必须遵守联盟或俱乐部的规定，团队间会达成默契，减少竞争(包括如上所述共同限制队员和教练的工资福利待遇)。另一方面，虽然从商业角度上看职业体育运动团队彼此之间在竞技场上必须互相竞争，但每一职业体育运动又为人们提供它们特有的娱乐形式，丰富了人们的业余生活。职业体育运动这种“半体育半商业”

---

① 参见 1979 年的 Sunkist Growers v. FTC 案与 1980 年的 Fairdale Farms v. Yankee Milk 案。

② Eugene R. Quinn，“Antitrust Basics”. 请参见：http://nys-stlc. syr. edu/lawlibrary/antitrust/antitrustbasics. aspx

的特点，也使得国会与法院在处理这一问题时颇费心思，既要促进职业体育运动团队在商业方面的相互竞争，又不能损及职业体育运动团队内部与团队间的合作。

职业棒球是美国人所钟爱的一项体育活动。1922 年最高法院在“联邦棒球案”中对职业体育中的棒球运动首开豁免之风。法院认为虽然在经济活动中竞争至关重要，但有时竞争的效果并不理想，对像职业棒球运动之类的行为应当“网开一面”。但是，谢尔曼法实施的前提是这一项经济行为涉及到“州际商业”(Interstate Commerce)，在当时，棒球运动往往存在于一州之内，而与“州际商业”无关，根本不具适用联邦法律的前提条件，联邦机构(包括联邦最高法院)原本就无权染指这项活动，更谈不上对此项活动给予豁免。为达到豁免职业棒球运动的目的，最高法院将这项运动当作是一项全国性的娱乐活动来处理，最后得出谢尔曼法应该为此“让路”的判决结果①。虽然后来最高法院已经认识到“联邦棒球案”判决所存在的严重推理错误，但在 1972 年的判决中仍然拒绝撤销这一判决，而是继续对职业棒球运动给予反垄断豁免②。法院在“联邦棒球案”中还对“新运动员的训练”做了从宽处理。法院认定体育联盟基于保持“竞争平衡”的需要，有权制定规则，禁止它们的运动队为争夺从大学或高中毕业的新运动员而相互竞争，运动员应当服从联盟的决定分配到各个运动队服务。

由于广播电视的迅速普及，体育运动无论是作为一项比赛活动，还是由此延伸到充满商业竞争气味的体育转播，都已超出一州的界限而具有“州际”的意义。1961 年，国会经过激烈辩论，最终通过了对“足球、棒球、篮球和曲棍球”免除适用谢尔曼法的法案。但最高法院“固执已见”，拒绝执行国会的立法，仍然将反垄断的司法豁免局限于棒球运动③。这样，除棒球以外的其他体育运动仍然都受制于反垄断的管辖。全美足球联盟(National Football League)曾试图收购、兼并一些职业球队，并准备涉足其他球类领域。1979 年，最高法院命令纽约南区地方法院阻止全美

---

① 参见：Federal Baseball Club of Baltimore，Inc. v. National League of Prof. Baseball Clubs，259 U.S. 200 (1922).

② 参见：Flood v. Kuhn，407 U.S. 258 (1972).

③ 参见：Haywood v. National Basketball Ass'n，401 U.S. 1204 (1971).

足球联盟的行为。[1] 根据这一司法精神，许许多多的职业体育联盟因为兼并行为或进入其他运动领域而受到了指控，并被依照谢尔曼法进行了处罚。

根据美国的司法传统，联邦最高法院是最终的司法裁决者并拥有宪法解释权，包括国会立法在内的所有规范性文件在执行过程中如果遇到被执行人的挑战，就由法院来决定这一规定是否应对被执行人适用。即使被法院判决对被执行人不适用的规定，只要联邦最高法院没有宣布它违宪，该规定就没有被推翻，今后法院在审理其他案件时仍然可以采用。时至今日，在体育大亨们的极力游说下，不少法官对全美足球联盟案判决的态度开始转变[2]。由此看来，"全美足球联盟案"判决寿终正寝的日子已经为期不远。

五、保险业的反垄断豁免：利益集团寻租与法院对适用豁免的限制

从法理上讲，对保险业适用反垄断豁免是没有多少道理可言的。但代表保险行业的利益集团认为，保险业与其他行业不同，是一个高风险行业，如果对这一行业的竞争不作一定的限制，该行业就可能因为竞争而产生动荡甚至导致保险公司的破产倒闭，严重影响投保人与被保险人的利益，也为社会经济安全和秩序带来诸多不安定因素。因此，保险利益集团"强烈建议国会(能够)理解保险行业所具有的风险特性与其承担的分散社会风险的职责"，对这一行业的一些限制竞争行为适度从宽，对它们采取共同行动、进行横向联合以避免过度竞争的行为给予豁免。[3] 在他们的极力游说下，国会通过了麦卡然—费格森法(McCarran-Ferguson Act)，该法规定对在正常情况下被视为垄断的行为(如固定价格)，只要是发生在保险行业并得到州政府的授权与规制，就可免于启动

---

① 参见：North Am. Soccer League v. National Football League, 465 F. Supp. 665 (S. D. N. Y. 1979).

② 体育大亨们除了采用传统上的游说方法以外，现在还经常邀请法官们到旅游度假地开展有关的"学术交流"，邀请支持国会这项立法的法学与经济学教授为法官举办免费讲座。

③ 参见 Herbert Hovenkamp, *Antitrust Policy*, LexisNexis Press (2004), p989～90.

反垄断调查与起诉程序①。由于开办保险业都必须事先经所在的州保险委员会(State Insurance Commission)批准,麦卡然——费格森法实际上是宣布了对整个保险业实施反垄断豁免。②

1979 年最高法院在"皇家药业公司案"中对保险业适用反垄断豁免作了限制性解释。法院宣布:保险公司之间为了保证其"成本最小化和利润最大化",就"设定支付赔偿医药费的最高数额"所达成的协议,不属于保险业的范畴,因而不受麦卡然—费格森法的管辖,不能享受反垄断豁免。法院对麦卡然—费格森法的立法目的所作的解释是"国会所要保护的是保险业而不是保险公司",只有那些为社会分担风险的保险人才有资格享受麦卡然—费格森法所规定的反垄断豁免③。1982 年,最高法院对其在"皇家药业公司案"所持的立场进行归纳,设定了一个判断某一行为是否归属保险业范畴的标准:一、行为是否会转移或分散保险客户的风险,二、行为是否为保险人与被保险人之间保险关系的一个不可分割的部分,三、行为是否对被保险一方有不正当的限制。只有在一行为完全满足以上 3 个条件时,才能对其适用反垄断豁免。

一家名为 Pireno 的保险公司,在理赔时邀请数名医师组成复查小组,来审查医生在为其被保险人进行治疗时所采取的医疗措施和所花费的医疗费用是否合理,以决定理赔数额,被投保人最终起诉到最高法院。④ 法院在审理时发现,被保险公司聘请来复查医疗费的医师小组,只是为降低保险公司的成本服务,没有在分散、转移保险客户的风险方面发挥作用,被保险人获得的保险费一直呈下降趋势,因此这家公司不能

---

① 著名的反垄断专家 William F. Shughart 认为,该法的通过是利益集团"俘虏"(Capture)政府的结果。公共政策的制定者并不完全是追求社会福利最大化,他们往往在追逐自身的利益,因而被利益集团所俘虏,成为利益集团"寻租"(Rent—Seeking)的工具。参见 William F. Shughart, *Antitrust Policy and Interest—Group Politics*, Quorum Books (1990), p36~50.

② 麦卡然—费格森法对保险业实施反垄断豁免的规定存在一大漏洞,因为各州间关于保险业的规定差异极大,如 A 州规定禁止保险公司之间达成"限制贸易的协议",或有"减少竞争的行为",但这一规定不能适用在 A 州以外成立的保险公司。当在外州获得批准的保险公司到 A 州"收购"另一家保险公司时,因为 A 州没有关于"收购行为"的规定,这一"收购"就不能适用麦卡然—费格森法,也就无法得到反垄断豁免。这一问题直到 United States v. Chicago Title & Trust Co. (1965)一案才得以解决。

③ 参见:Group Life & Health Ins. Co. v. Royal Drug Co., 440 U.S. (1979).

④ 参见:Union Labor Life Ins. Co. v. Pireno, 458 U.S. 119 (1982).

免于反垄断制裁。1983 年，亚利桑那州一家名为 Title 的保险公司因参与“固定有条件转让契约”的保险费受到司法部的起诉，第九巡回上诉法院认为，这一有条件转让契约并非保险业所独自专营，银行与有条件转让契约公司也都提供这一服务，可见这一服务与分散风险无关，因而不能享有反垄断豁免，Title 保险公司必须按照反垄断法承担“三倍赔偿”责任[①]。

同时，麦卡然—费格森法也不适用于“联合抵制、强迫与胁迫”行为。1978 年，最高法院把几家保险公司达成协议，共同不承保医生在医疗事故中的玩忽职守行为视为“联合抵制”[②]。但这一判决引起了法学家们的争议。有人提出，如果几个保险公司共同对“酒后开车”拒保，是否也构成“联合抵制”呢[③]？在这以后，最高法院开始对“联合抵制”作限制性解释。几个州的司法部长一起对美国几家主要的保险公司就缩减保险范围达成协议一事提起诉讼，部长们声称，这几家大保险公司“为减少支出，取消对突发事件的保险以及环境污染事件的保险，因而是非法的”。1993 年最高法院在判决时把联合抵制与附条件的拒绝保险作了区分，认为联合抵制是“通过一致行动获得或使用市场力量，使其能够像“独占”一样恣意妄为。”[④]近些年来，同为高风险的银行与证券业向麦卡然—费格森法提出挑战。一些国会议员也一直在为废除这一法律而努力。至少在法学界与经济学界，缩减这一纯粹为利益集团“利益寻租”产物的麦卡然—费格森法的适用范围，似乎已达成共识[⑤]。

---

① 参见：United States v. Title Ins. Rating Bur. of Ariz.，700 F. 2d 1247（9th Cir. 1983）.

② 参见：St. Paul Fire & Marine Ins. Co. v. Barry，438 U. S. 531（1978）.

③ 在美国，酒后开车是犯罪行为。

④ 这几大保险公司因而被适用反垄断豁免。但根据法院判决保险企业之间的兼并行为仍然受克莱顿法的管辖，如果进行联合抵制，则应受到谢尔曼法的追究。参见：Hartford Fire Ins. Co. v. California，509 U. S. 764（1993）.

⑤ 我国 1995 年颁布的《保险法》第 7 条规定：“保险公司开展业务，应当遵守公平竞争的原则，不得从事不正当竞争。”表明我国容许保险业保持相对的垄断地位，但又对其作了补充限制，即：“保险公司不得滥用其垄断地位损害社会公共利益和消费者合法权益”。在 WTO 多边贸易体制的推动下，世贸组织成员国纷纷履行打破本国内的保险垄断、允许外资进入本国参与竞争的入世承诺。我国已加入 WTO，并于 2001 年 12 月 11 日对外资开放金融保险市场，但对必要的竞争限制仍然作了法律保留。

六、外贸领域的反垄断豁免：对外贸垄断的支持、国际礼让与积极礼让

应当说，培育和保护竞争是美国反垄断政策的基本目标。虽然国会和最高法院对上列所述行为实施了反垄断豁免，但总体而言，美国反垄断政策的覆盖范围之广、执行程度之严厉都是任何其他国家无法比拟的。美国又是一个典型的实用主义国家，在涉外领域，法律代表的并不是他们所宣称的自由、公平与正义，而是实现其国家利益的一种工具。虽然从谢尔曼法中，找不到对对外贸易领域（包括进出口）有任何"优惠"的条款，但却隐含了域外效力。从1906年开始，美国政府就在反垄断政策的执行方面采用双重标准：一方面，其反垄断的利剑只是指向美国国内产业和对国内经济产生或可能产生不利影响的外国公司的行为①，政府对有损美国经济的垄断与试图垄断行为严惩不怠，毫不手软；另一方面，却又赋予本国对外贸易联盟以合法地位，容忍与支持他们到国外从事垄断经营。只有在对外国公司挥动反垄断大棒，可能会引起外交冲突并进而可能对美国经济造成更大损失时，才不得已对外方的垄断行为实施"国际礼让"（Doctrine of International Comity），限制或豁免反垄断法的适用。美国政府正是通过不遗余力地鼓励、纵容本国公司对外拓展，大大降低了美国大公司在其国内进行垄断的潜能，从根本上预防了垄断及其弊端的产生，减轻了政府反垄断的压力，同时也扶持了美国产业保持足够的竞争力应付国外竞争，发展了美国经济的实力。在这一过程中，美国的国家利益表现得淋漓尽致。

（一）为促进出口，鼓励、支持外贸领域的垄断

"由于美国公司面对全球范围的竞争，对手常常是外国的卡特尔，而这些国家并没有限制这些垄断组织的法律。""在国际贸易中卡特尔普遍化的情况下，为对外国购买联盟形成压力，或为抵制外国卡特尔的竞争

---

① 联邦最高法院应司法部的请求，将下列三种行为列入反垄断政策的调整范围：（1）外国公司在美国国内，对美国经济有不利影响的行为；（2）外国公司在美国国外，对美国经济有不利影响的行为；（3）美国公司在国外，对美国经济有不利影响的行为。但反垄断政策不得适用于美国公司或国外公司在美国国外，没有影响美国市场、消费者利益和出口机会的行为。参见E. Thomas Sullivan & Herbert Hovenkamp, *Antitrust Law, Policy and Procedure: Cases, Materials, Problems*, LexisNexis Press (1999), p88～89.

威胁，或为实现规模经济，有必要对出口联盟实施反垄断豁免。”①在这一思想指导下，美国国会先后制定了三部法律，对对外贸易活动中的垄断行为进行反垄断豁免。一部是 1918 年的韦伯—波莫雷内出口法（Webb-Pomerene Export Act）。该法对从事出口的企业组成出口联盟（实际上是出口卡特尔）持积极的支持态度，要求政府“资助和鼓励”美国生产商去拓展国际贸易，允许联盟的成员公司在出口方面设置限额，成员间也可划分市场或就出口销售的过程和其他条件达成协议，只要是为对外贸易目的订立垄断协议，政府就一概不问且在必要时还会给予帮助。该法第 2 条规定，只要联盟的唯一目的是提高出口，且联盟的行为不限制美国国内的贸易或不限制国内竞争者的外贸出口；不在美国国内“人为地或故意提高或压低价格”，或“实质地减少竞争或限制贸易”，就对联盟免于反垄断措施。但同时规定，如果占有、拥有出口企业的股票及其他资本的行为限制了对外贸易或实质性地减少国内竞争，该行为则不能享受反垄断豁免。出口联盟还受到 FTC 的严密监控，在成立时它必须向 FTC 提交联盟的资料，在联盟存续期间还要提交年度报告，FTC 有权对联盟的活动展开调查，如果发现联盟有违规行为，FTC 可以要求联盟改正，如果联盟拒绝合作，FTC 可以提请司法部长起诉联盟。1945 年，碱出口联盟因不服从 FTC 的“建议”，被剥夺了反垄断豁免，并被处以三倍赔偿。②

由于联邦最高法院对外贸公司与出口联盟实施反垄断豁免的解释不明确，为推动外贸联盟的形成，促进大公司与出口联盟向海外扩展并带动服务贸易，1982 年国会又通过了第二部对外贸垄断免于反垄断制裁的法律——出口贸易公司法（Export Trading Company Act），授权商务部联合司法部为大公司与出口联盟颁发反垄断豁免的证明。大公司与出口联盟向商务部与司法部申请反垄断豁免证明必须达到 4 个条件：（1）行为的后果既不能实质性地减少国内竞争或限制国内贸易，也不能实质性地限制竞争对手的外贸出口；（2）不能不合理地提高、固定或压制国内的价格；（3）不能对竞争对手出口商品与所提供的出口服务采用不公平的竞争手段；（4）不得使出口的商品或服务在国内销售或转售，或影

---

① Herbert Hovenkamp, *Antitrust Policy*, Lexis Law Publishing (2004), p988.

② 参见：United States Alkali Export Ass'n v. United States, 325 U.S. 196 (1945).

响国内的消费。一旦这些大公司或出口联盟获得了豁免证明，它们的垄断行为就不受联邦与州执行机构的调查与起诉。该法还对私人起诉反垄断豁免证明持有人的诉讼时效限制为两年，并规定如果被告胜诉，可以获得合理的补偿与律师费。[①] 同年，第三部对外贸垄断实行豁免的法律——对外贸易反垄断改进法(Foreign Trade Antitrust Improvements Act，简称 FTAIA)也获国会通过，并正式确立了"外贸免责"的原则，即美国公司(包括美国的合资企业)在从事对外贸易活动中，如果因垄断造成他人损害，当受害人全部为外国公司或外国消费者时，政府对这一垄断没有管辖权。该法规定：只要不对美国国内或美国的进出口贸易造成直接、实质的影响或产生可预期的影响，政府就不得启用反垄断机制处置美国公司与国外公司联手进行垄断或试图垄断的行为。同时授权商务部长可针对特殊情况颁发免责证明，免于对外贸垄断企业适用谢尔曼法中"三倍赔偿"的条款。作为反垄断法的起源国，美国这种内外有别的做法，在国际贸易中引起了其他国家的效法，纷纷豁免反垄断法对本国"纯粹"的出口卡特尔的适用。[②]

（二）为避免损害美国的外交关系，不得已实行国际礼让

国际礼让是对美国反垄断法域外效力的豁免。根据国际法的"主权豁免理论"(The Theory of Sovereign Immunity)，如果被告是外国政府或由外国政府全资出办或部分拥有的企业，就不受本国的司法管辖。但美国政府为保护自身利益，长期以来一直以其军事及经济实力为后盾，强调反垄断法的域外效力，强制执行"保护原则"，将国内法置于国际法之上，严格限制"主权豁免理论"的使用，1970 年国会通过的外国主权豁免法(Foreign Sovereign Immunities Act)，还拒绝对商事行为进行免责。但另一方面，各国都有自身的利益，都希望在保护本国产业抵制外国经济"入侵"的同时，在出口上形成自身优势，而且国与国之间在垄断的构成问题上观点并不一致，在一属是合法的行为，在另一国则可能构成垄断。如在瑞士，由于能够增加其出口收入，政府对控制产量、价格与销售的手表业卡特尔特别关照；欧洲的铝业卡特尔自成立以来就一直受到欧洲联盟与其组成国政府的庇护。因此，反垄断法的域外效力常常会引起

① 普通的反垄断诉讼时效为四年，原告败诉也不会承担补偿或律师费。

② 参见王先林："论反垄断法与国际贸易"，载于《学术界》1995 年第 1 期。

国家间利益的冲突。对国外的垄断行为完全依据美国反垄断政策进行制裁，势必引起美国与其贸易伙伴（特别是欧盟、加拿大、澳大利亚）之间太多的冲突，从而影响双边关系。出于这一担心，法院在处置这类诉讼时特别小心谨慎。为避免反垄断法在处置涉外行为时过于"强硬"，减少它对国家外交关系所产生的负面影响，最大限度地保护美国的自身利益，美国反垄断法在不得已时也会"打折"、"走调"，或发生实质性改变。从 20 世纪 70 年代中期开始，法院在是否对外国公司的垄断行为做出处罚时优先考虑该公司的所属国与美国的双边关系，掂量、平衡双方的利益，并进而发展成为"礼让原则"①。当垄断行为发生在国外且为外国政府的主权行为时，法院会根据主权豁免理论限制反垄断法的适用，时常会驳回行政机构与其他主体的起诉请求②。1979 年，法院在石油输出国组织（简称 OPEC，欧佩克）石油卡特尔问题上，不愿触及"这些国家的敏感的神经"，认为"这（石油卡特尔）不是商业行为"。判决说："很清楚，欧佩克成员国达成这样的'国家同盟'，在其领土范围内处置其自然资源是再自然不过的事了。"③自此以后，政府开始对欧佩克石油卡特尔免于反垄断处罚。1995 年在"瑞士钟表匠"一案④中，反垄断法的执法力度明显减弱。法院最后的判决只涉及到瑞士与美国之间的销售合同：(1) 限制美国公司的进口数额，(2) 限制美国公司在瑞士以外生产瑞士表的总额与类型⑤，(3) 限制瑞士产地表的配件在美国的销售。

（三）国际礼让的底线与积极礼让

过多的运用国际礼让肯定不符合美国的国家利益，为此法院在一开始采用国际礼让时，就对其适用范围作了一些限制。时至今日，法院每每都在涉及反垄断法的域外效力问题上，反复推敲国际礼让的适用范

---

① 参见：Timberlane Lumber Co. v. Bank of America (1976) 与 Mannington Mills, Inc. v. Congoleum Corp. (1979)。

② 参见：Alfred Dunhill of London v. Republic of Cuba (1976).

③ International Assn. Of Machinists & Aerospace Workers v. OPEC, 477 F. Supp. 553 (C. D. Cal. 1979).

④ 参见：United States v. Watchmakers of Switzerland Info. Ctr. (1995).

⑤ 主审法官 Hand 的推理是：除了美国的出口，一些发生在外国的经济行为也会对美国国内产生影响："几乎不论是什么商品，只要是欧洲或南美与美国有外贸来往，那么这两地的任何限产行为，都可能在美国有所反映。"因此对美国公司在瑞士以外生产瑞士表的总额与类型也要进行限制。

围，尽其所能地限制国际礼让的使用。如 1993 年在“哈特福德案”中，最高法院最终确立了实施国际礼让的底线：只要不恶化与外国政府的邦交关系，就没有采用国际礼让的必要。

“哈特福德案”惩罚的是与美国有特殊关系的英国公司。美国与英国的几家保险公司在美国本土以外“图谋”垄断一项险种，以迫使美国的其他保险公司也改变这一险种的覆盖范围和保险政策。美国 19 州的司法部长联合起诉英国保险公司。被告英国公司以“国际礼让原则排除反垄断法的域外效力”为由请求地区法院驳回部长们的诉讼请求。地区法院依据先前的司法判决支持被告的辩解理由。上诉法院认为：(1) 英国的保险公司并非是由美国的州级政府批准设立的，不符合麦卡然—费格森法对保险公司适用反垄断豁免的条件；(2) 反垄断法是国家的“经济宪法”，国际礼让是法院审理案件时的一个变通措施，国际礼让不能成为阻止反垄断法实施的依据；(3) 是否采用国际礼让原则，是法院的专有权力，应由法院根据案件的具体情况而定。最高法院维持了上诉法院的判决，重申反垄断法有域外效力。只要境外反竞争行为对美国市场有负面影响，不论行为发生在何地、由谁实施，都可以适用反垄断法，并援引美国外交关系法中的规定：“在一国发生的被认为合法的行为，如果美国反垄断法认为违法，则应依照美国法处理”。根据这一判断标准，即使是一国政策完全允许的、鼓励的甚至于全力扶持的行为，美国法院都有权依照其反垄断法进行审查。尽管本案中，英国政府出庭作证，证明英国保险公司的行为事先获得了英国政府的准许，并一直处于政府的规制之下，最终还是逃脱不了美国反垄断法的惩处[①]。

随着 20 世纪 90 年代经济全球化的加速发展，在世界市场范围内扩展和使用美国反垄断法的“域外效力”成为保护美国国家经济利益的一个重要保证。但如果过分适用保护主义的“归责原则”，又会引起其贸易伙伴国的不满，甚至会导致它们的“强烈反抗”。同时，过多的国际礼让不仅有悖美国的利益，而且这种礼让是在行为发生之后所采取的补救措施，带有极大的局限性。在这种情况下，主动出击，让各国比照美国反垄断法，自行解决其国内可能影响美国商业利益的垄断与试图垄断行为，成为美国政府对外政策的一个最佳选择。由此，“积极礼让”(Positive

① 参见：Hartford Fire Ins. Co. v. California，509 U.S. 764 (1993)。

Comity)开始走向国际经济舞台并扮演重要角色。1991年,美国与欧洲共同体(European Communities)签署双边协议,就反垄断问题在双方间的重要性达成共识。双方约定在采取反垄断行动方面交流信息、进行磋商,在调查与取证方面提供帮助。双方承诺应尽量运用各自的反垄断法律惩处辖区内的反竞争行为,制止"对美国商业构成伤害的行为"。一垄断行为只承受一次处罚(即凡是欧洲共同体国家处理过的垄断,美国就不再使用本国反垄断法进行审查,免除了反垄断法对这一行为的域外效力)。[①] 这样,假对方之手,将影响本国市场的国外垄断消灭在其本国国内,既消除了外国公司及其政府对美国将其反垄断法强加于人的敌视,大大降低了美国与其他国家在国际贸易产生争端的概率,也节省了美国的司法资源。此后,美国又分别与澳大利亚、加拿大以及日本等国签署了相似的司法协定。尤其是在日本,积极礼让措施成效显著。在美国政府的鼓励与督促下,日本法院成功地阻止了几起日本企业对美国市场的试图垄断行为。许多本应由美国政府立案、调查、起诉,美国法院进行审判,然后通过外交途径交付日方执行的案件,通通由日本"包办"。借助一纸协定,美国兵不血刃达到了"不战而屈人之兵"的目的。

毫不夸张地说,美国在对外贸易领域是否执行反垄断政策、如何执行反垄断政策完全取决于美国国家利益和当时的外交处境,其原则很难找到法理的支撑,表现出来的全都是自私自利和霸道。在这里,法院不仅是一个司法裁判机关,更是一个政治机构。司法判决时常作为一种外交手段,来兼顾被告所属国的国家利益和该国民众的感情,以平衡国与国之间的关系。从根本上说,法院在特殊情况下适用的国际礼让,关注的焦点还是放在美国的商业利益以及外交关系方面,是保护美国国家更大利益的一种手段。近十几年来,美国政府以经济全球化为依托所实施的"积极礼让"以国际条约的形式,从立法源头上较好地减少了与其贸易伙伴国产生的潜在冲突,基本上实现了不战而胜,最大限度地保护了美国的国家利益。

① 参见 E. Thomas Sullivan & Herbert Hovenkamp, *Antitrust Law, Policy and Procedure: Cases, Materials, Problems*, LexisNexis Press (1999), p95~96.

第五章　经济宪法与第一修正案的冲突与协调

虽然反垄断政策是美国政府干预经济的基本方式，有着“经济宪法”之誉，但它毕竟不是“宪法”。以谢尔曼法为例，尽管110多年来国会一直保持着它的完整性，但并不意味着国会不能将之“推倒重来”。而国会对宪法却没有这种权力，宪法的制定与修改不仅要有超过三分之二的国会议员的支持，还要经过四分之三以上的州的批准①。反垄断政策在规范经济行为方面有极高的权威，但在法律效力上，仍然不能触及宪法这一高压线。根据美国宪法“主权在民”的原则，政府应是“民有、民治、民享”的政府，民众根据宪法第一修正案享有向政府请愿的权利（to petition the Government for a redress of grievances），行使这一宪法权利是一种政治行为。竞争一方可以通过政治竞选为候选人提供资金支持，向议员与议会游说使其通过有利于己的法律法令；向行政部门提出政治诉求，请求其制定与实施有利于己的政策，或采取有利于己的行动；向法院诉请中止竞争对手的经济行为或限制潜在竞争者的进入②。私人及利益集团凭借“请求权”从事的“寻租” 活动也就因有了合法依托应而具有正当性，他们通过寻求政府介入，限制竞争，干预对手的正当的商业活动，“不战而屈人之兵”，达到其在正常的商业竞争中实现不了的目标，这已成为竞争一方常用的“伎俩”。但这些行为是公民行使宪法权利的体现，向政府施加压力是一种政治过程（political process），具有政治属性，所以不受反垄断政策的调整。即使竞争对手因此蒙受巨额经济损失，但

---

① The Constitution of the United States of America, Article V.

② 由于美国是普通法国家，在司法领域奉行“遵循先例”的原则，法官是“活着的法律宣示者”，审判过程实质上也就是一种准立法过程。前案的判决是后来相同案件的审判标准，对相似案件也有借鉴作用。竞争一方只要在一个案件中取胜，在作出判决的法院辖区内，任何竞争者包括今后进入该领域从事经营的人（企业和个人），都受制于这一判决，直至同一法院或上级法院推翻这一判决或作出新的判决为止。因此，对竞争一方来说，打赢一场官司，就获得一片天地。这也就是竞争者选择司法程序的重要原因所在。

是因果关系链是因政府的介入而中断，所以只能归因于政府行为，而与请求政府采取行动的竞争方无关。

任何权利与权利的行使都是相对的，都应受到一定的限制，贵为宪法权利的请求权也概莫能外。权利不得被滥用，是法治[①]社会对公民的一项基本要求。但竞争一方往往滥用“请求权”，阻止竞争、限制贸易：在“寻租”活动中，向官员行贿，以求出台损人利己的政策，与执法人员合谋，排斥竞争对手[②]；向行政执法机关故意提供不实信息，要求对竞争对手的产品与服务质量、安全性、经营的合法性等实施检查与监督，干扰、妨碍竞争对手的经营活动，损害其经营环境，使其疲于应付执法机关的“执法检查”，并以此误导消费者；毫无事实根据使用“道听途说”的材料，起诉竞争对手，将其拖入诉讼的“泥潭”[③]，甚至反反复复地向执法机关检举、向法院控告，检举与控告的目的不是为了寻求政府的法律救济，更不是为了“弥补自己的经济损失”，而仅仅是希望浪费竞争对手的钱财，为其增添财政压力，或期望在法院开庭过程中，获取竞争对手的商业秘密，或公开其专利与专有技术，甚至希望借助专利与专有技术的公开，增加对手的银行利息负担[④]。这些行为被最高法院概括为“虚假”(sham)借口，他们不是在行使“请愿权”，而是滥用宪法权利，因此不得享有反垄断

---

① 笔者这里用“法治”是取“rule of law”之意。关于“rule of law”与“rule by law”二者的差别，详见 Gary Goodpaster 的著作 “Rule of Law and Indonesia”和“Law Reform in Developing Countries”。

② 这种情况在我们的现实生活中比比皆是。如许多地方政府(包括其厅、委、部、局、办)下发文件，要求只能购买使用某一品牌的产品，或接受某一公司提供的服务。作者在撰写本章节时，正好看到《现代快报》(2004 年 5 月 13 日 C2 版)的一篇报道““康宁”照相馆仗着“只此一家”态度蛮横，有关部门称——办护照照相有望百花齐放”。南京市的公民出国办理护照需要到市公安局出入境管理处指定的“康宁”照相馆照相。报道说：“照相馆工作人员态度极其蛮横……主要原因是该馆是南京市唯一的一家被指定的照相馆。要出国就得到它这来照相办理护照，否则就出不了国门。垄断影响了服务质量。市民们希望相关部门能增加一些相馆，方便申请人。”本人在向南京公安局申办护照时，也曾享受过这一“优惠”，故权且将此作为注脚。但笔者认为报道将矛头只指向照相馆有欠公允，毕竟照相馆是获政府授权为公民办理护照提供照相服务的。

③ 这类诉讼当然也毫无获胜的可能，法院将之称为“无丝毫价值的诉讼”。但这类诉讼作为竞争者打击对手的手段，对竞争者而言往往是极其有价值的，表现为长时间的诉讼耗费竞争对手大量的时间、精力与财力，使其遭受经济损失(有时也蒙受名誉损失)，既达到了“修理”对手的目的，令其望而生畏，也警告了潜在的竞争者，让其望而却步。

④ 参见：Grip－Pak, Inc. v. Illinois Tool Works, Inc., 692 F. 2d 466, 472 (1982). 这是著名的反垄断右翼权威、芝加哥学派的旗手 Richard A. Posner 法官所作的经典判决。

豁免。但对有正当理由的检举、控告与起诉以及公益行为,不构成"虚假"借口。而当两种宪法权利发生碰撞时,最高法院为强调"弱者优先",也会对请求权实施一定的限制,甚至将群体请愿视为垄断行为。

一、行使"请愿权",不受反垄断政策调整

从上世纪60年代开始,最高法院开始对反垄断政策中涉及到的"请愿权"问题进行分析。在1961年的"尼诺案"中,最高法院作出了"请求政府(此案中涉及的仅为立法机关)采取行动抑制竞争的行为,受到第一修正案的保护","不受谢尔曼法管辖"的判决。

"尼诺案"[①]发生在上世纪50年代。当时,24家从事长途货物运输的铁路公司组成铁路联盟,在联盟官员的组织与协调下,他们通过游说政府官员以及在国会议员选举中的助选(包括贿选)活动,最终成功地促使国会通过了一项旨在限制其竞争对手卡车运输公司经营的法律。因受到法律限制而在竞争中处于不利地位的卡车运输公司,以铁路联盟图谋限制长途货物运输领域的正常竞争、从事非法垄断行为为由,将铁路联盟告上法院,要求法院依据谢尔曼法判决铁路联盟支付其损失三倍的经济赔偿。1961年最高法院接受了铁路公司的辩解理由,认为:"游说是第一修正案中请愿权的一种表现……人民有权利将他们的希望与要求告知他们的代表,有权利要求立法与行政机构根据他们的愿望去制定法律与执行政策。""这既是公民的自由表达,也是政府获取民众信息的渠道。民众请求政府制定政策、采取行动,也是公民参与公共政策的制定过程。""虽然我们认为以谢尔曼法为代表的反垄断政策是'自由企业的大宪章',但它只涉及经济方面。民众希望借助立法过程来达到'损人利己'的目的,既不是不正常的,也不是不合法的。经济宪法对人们因此而采取的公共行动没有适用性。因为那样既会堵塞政府获取民间有价值信息的渠道,更是剥夺了公民的一项最最重要的宪法权利。""虽然铁路联盟有反竞争的意图,但它是通过竞选活动去影响政府的决策,因而应当被认为是行使其宪法修正案赋予其的'表达自由'。""反垄断政策所禁止的是发生在经济领域的反竞争行为,铁路联盟的行为发生在政治领

---

① 参见:Eastern R. R. Presidents Conf. v. Noerr Motor Freight, Inc., 365 U. S. 127 (1961).

域，不受反垄断政策的管辖。”“是国会立法对卡车运输公司的竞争设置了限制，应由国会对这一限制负责。”如果处罚铁路公司的游说活动，“将致使谢尔曼法超出了其规制经济行为的范畴，而具有规范政治活动的功能。但国会并没有赋予谢尔曼法这种权力”。最高法院的结论是：不论竞争者之间联合起来去影响政府行为是否具有反竞争意图，铁路联盟对议员选举的游说与助选行为都应当看作是属于宪法第一修正案中的“表达自由”。反垄断政策必须对铁路联盟依托游说与助选促使国会制定不利于其竞争对手的立法活动实施豁免①。至于规范“院外游说”、防止权钱交易、制止贿赂等腐败行径，以“保证官员行为代表公共利益”，则是刑法与其他法律法规的事②。

“尼诺案”涉及的对请愿权的豁免发生于立法过程。1965年，最高法院将对请愿行为的豁免从立法机关延伸至行政程序（administrative processes）③。1987年，第九巡回法院在Tank Linkers案中，引用“尼诺案”的判决，认为如果一方的经济损失是因立法机构采纳其竞争对手提出的立法建议制定法律而为，则适用反垄断豁免。因为这时的经济损失来自于政府官员的职务行为，而非竞争对手的商业行为。竞争对手“并没有立法权，也无执行权。损失后果是在立法机关制定法律、政府官员执行法律所造成的。”④但这并不意味着第一修正案就可以被利用成为获得反垄断豁免的借口。

二、“虚假”借口不能逃避反垄断制裁

“虚假”借口是指竞争一方为阻止或限制对手的正常经营活动，以向立法机关提出立法建议，向行政执法机关检举、控告，或向司法机关起诉的方式，惩罚对手或耗费对手的财力与精力，使对手遭受经济损失，甚至

---

① 不对因行使“请求权”引起的限制竞争后果承担责任，成为当今反垄断诉讼案件中被告的一项重要抗辩理由，因此案的被告名称为尼诺，这一抗辩理由被称为“尼诺原则”（Noerr Doctrine）。法院常常在审理反垄断案件过程中对这一原则持肯定态度。

② 参见：Ernest Gellhorn & William E. Kovacic, *Antitrust Law and Economics in a Nutshell* (Fourth Edition), West Publishing Co. (1994). 王晓晔注，中国人民大学出版社2001年影印注释本，p493。

③ 参见：United Mine Workers of America v. Pennington, 381 U. S. 657, 85 S. C. t. 1585, 14 L. Ed. 2d 626 (1965).

④ Tank Liners v. Joor Mfg., 827 F. 2d 458 (9th Cir. 1987).

迫使其自动退出某一市场或令潜在竞争者不敢进入这一市场。在“尼诺案”中，法院虽然对请愿行为实行豁免，但对权利的滥用也没有放松警惕，在判决中法院首次使用了“虚假”一词，最高法院小心翼翼地推测：“或许有这样一种情况，表面上是直接影响政府行动的政治行为，但实质上是竞争对手以公开的政治活动作为掩饰，将行使请求权作为试图干预其他竞争对手经营活动的借口。虚假的政治请求不能享受反垄断豁免。”如果请愿活动“公然直接指向政府行为，以求直接干涉竞争对手的经济运行”，则请愿活动是为了限制竞争的一个“虚假”借口。

（一）“政治表达”不能成为滥用行政与司法程序的保护伞

1972 年的加州电机运输公司案[①]是美国第一个被判为“虚假”借口的案件。在加州电机输送公司案中，原被告是一对长期从事卡车运输[②]的老对手。原告是加州 19 家最大的卡车运输公司，为将被告的部分经营项目排挤出加州货运市场，维持自身的垄断地位，它们一概反对小的卡车运输公司(包括被告)申请从事长途货物运输。为此，它们反复向行政管理部门控告被告有违法经营行为，也多次在州法院与联邦法院恶意起诉被告。它们不仅在法庭下进行不道德行为，还在庭审过程中作虚假陈述，企图搅乱司法程序。

联邦最高法院认为：“原告的这些行为并非真正地去‘影响政府官员’，而是在寻找一条借助行政执法机关和法院阻止对手正当商业活动的途径。这是对公民宪法权利的滥用。不道德的为行政与司法程序设置障碍应当受到惩罚。伪证(perjury)就是一个很好的例子。我们的立场很明确，与发证机关共谋除掉竞争对手是对谢尔曼法的违反[③]，用欺诈的手段获取专利，以此将竞争对手排挤出市场，也是一种违反谢尔曼法的行为[④]。与此相似，贿赂政府的采购官员，使其只购买自己的商品或只接受自己的服务侵犯了克莱顿法……另外还有许多腐蚀行政或司法程序的行为，它们即使不是非法的，也是应受谴责的。这些行为都应当受到反垄断法的制裁。使用道听途说的材料起诉竞争对手，以及某些因发

① 参见：California Motor Transp. Co. v. Trucking Unlimited，404 U.S. 508 (1972).

② 当时的卡车货物运输属管制行业。

③ 参见：Continental Ore Co. v. Union Carbide & Carbon Corp.，370 U.S. 690 (1962).

④ 参见：Walker Process Equipment v. Food Machinery & Chemical Corp.，382 U.S. 172 (1965).

生在政治舞台而不予追究的行为，不能在司法领域逃避反垄断法律的处罚。起诉者的如意算盘是，即使行政执法机构与法院最终认定他们的控告与诉讼是毫无根据的，也只是驳回控诉或判决他们败诉。但通过滥用控告与诉讼，起诉者耗费了竞争对手的大量精力、财力，使对手认识到他们会因竞争者的恶意阻拦，难以开展正常的经营活动，进入这一市场无利可图而不得不选择退出市场。竞争者从而达到垄断某一行业的目的。'政治表达'(political expression)不能成为滥用行政与司法程序的保护伞。" 最高法院的结论是"这类案件没有宪法价值，也不受正当程序(Due Process)的保护"，判定加州电机运输公司违反谢尔曼法。

在 1973 年的一项判决中，最高法院因未能划清"使用避重就轻的陈述向立法机关请愿与'虚假'借口"之间的边界"，只好说"(那)是很难辨别和难以绘制的一条界线"[①]。从此以后，法院开始探索与推敲请求行为的合适目标以及如何描述"虚假"借口的大致"轮廓"。

(二) 利用行业协会制定行业标准，限制竞争，属"虚假"借口：以联合管道公司案为例

在 1988 年的"联合管道公司案"[②]中，联合管道公司(Allied Tube & Conduit Corp.)出于担心原告生产的质优价廉的聚氯乙烯电管会被全国消防协会(the National Fire Protection Association，以下简称协会)认可，进而被地方政府机构认定为合格的消防产品，从而对自己的产品造成强大的冲击，便联合钢铁公司与钢管经销商，以投票反对聚氯乙烯电管为唯一目的，招募人员加入协会，在 1981 年的全国消防协会大会上通过采取一致行动将原告的产品排除在电类用品范围之外。原告遂以被告在电管市场从事"不合理的限制贸易行为"，违反了谢尔曼法第一条为由，向联邦地区法院起诉联合管道公司以及与其同谋的公司。最终，最高法院拒绝对这一私人协会制定行业标准的行为予以反垄断豁免。

1. 案情

此案涉及的全国消防协会(以下简称"协会")是一个自愿加入的私人行业组织，拥有 31 500 名个体和单位会员，覆盖了产业、工会、消防理论界、保险业、消防医疗单位、消防人员与政府部门。协会的一项职责就

① Otter Tail Power Co. v. United States, 410 U.S. 366 (1973).

② 参见：Allied Tube & Conduit Corp. v. Indian Head, Inc. 486 U.S. 492 (1988).

是根据“多数人的意见”制定相关的消防标准并定期刊印发行。设定电线管道产品设计、安装和操作标准的“全国电类用品规则”(以下简称“规则”)就是协会制定的,每三年修改一次。凡符合“规则”标准的产品,“规则”上都一一注明。这一规则影响极大,许多州与地方的立法均直接采用“规则”设定的标准或仅作稍微的修改。许多生产厂家不愿生产没有列在电类用品规则上的电类用品,销售商与分销商也不愿经销这类商品,保险商也对这类商品拒保。电管是“规则”覆盖范围内的一个产品,它是一种空的导管,当电线需要穿过墙壁或置于地板之下时,就将电线放入其中以保护电线的使用安全,延长电线的使用寿命。长期以来,“规则”推荐的电管一直是钢管。从上世纪 80 年代初,印地安公司(Indian Head, Inc.)发明了由聚氯乙烯制成的塑料管。塑料管与钢管相比有明显的优势,包括柔韧性好、安装成本低以及对短路的低易感性。但当时,人们总认为如果建筑物发生火灾,聚氯乙烯电管会燃烧并散发有毒气体。

1980 年印地安公司提议在 1981 年修订全国电类用品规则标准时将聚氯乙烯电管纳入电类用品范围。全国消防协会的专业委员会同意了这一请求。但全美最大的钢管生产商联合管道公司由于担心一旦聚氯乙烯电管被协会通过,会对钢管市场造成强大的冲击,于是就联合其他钢铁公司、钢管生产商与钢管经销商决定在 1981 年的全国消防协会大会上采取一致行动,将聚氯乙烯电管排除在电类用品范围之外。

全国消防协会大会召开时,与钢铁类商品有关的公司组织了 230 名会员投票反对印地安公司的提议,其中联合管道公司召集了包括雇员、经理、销售代表、代理雇员等共 155 人。联合管道公司与其他钢铁类商品公司为参加大会投票反对提议的人员支付了 10 万美元的费用。会议期间,这些反对提议的成员根据联合管道公司的指令参与讨论,提出抗议。联合管道公司通过对讲机、手势等与其支持者进行联络。将聚氯乙烯电管纳入电类用品范围的提议最后 以 394 票反对 390 票同意未能通过。印地安公司向协会理事委员会提出申诉请求,理事委员会以协会章程采用少数服从多数的原则,理事会无权违背为由拒绝了其请求①。

① 1984 年协会同意在四楼及以下的建筑物可使用聚氯乙烯电管,到了 1987 年协会准许所有的建筑物都采用聚氯乙烯电管。

1981年10月,印地安公司以在电管市场“不合理的限制贸易”,违反了谢尔曼法第一条为由,向联邦地区法院起诉联合管道公司与其同谋的公司。

2. 推理

根据“尼诺原则”,企业通过向政府请愿或向政府官员施压的方式,进而达到限制贸易或从事垄断经营的目的,受宪法第一修正案的保护,不受反垄断政策的调整。如果限制贸易行为或垄断行为是政府通过合乎法定程序所采取的行动,那么,促使政府采取行动的公司与个人则应受到反垄断政策的绝对豁免。因为这是政府依据自身判断所做出的独立行为,理应由政府负责。在审理过程中,主审大法官布伦南(Brennan)却认为:“免责的范围应随反竞争限制的发起人、具体的环境以及行为的种类不同而有所区别。”“直接面向公众的公开政治活动,即使这些活动使用了不道德的或欺骗的手段,仍然不受反垄断政策的管辖。但在非政治领域,不道德行为、欺骗性行径则可能构成对行政权或司法权的滥用,因而不能排除反垄断政策的使用。”全国消防协会将聚氯乙烯电管排除在电类用品范围之外的决议预示着限制贸易的行为即将发生,印地安公司所受到的经济损失并不是协会或联合管道公司与其他公司采取政治行动,利用政府之手所为的结果。从具体的情况来看,设定电管标准的行为完全出自于一个私人协会,特别是参与协会大会投票的会员之间都有水平或垂直的商业关系,而“同一行业的商业经营者聚集在一起的目的,要么是对付政府,要么是对付消费者”,因而,一般而言,协会大会设定电管标准的行为应当作为“同行间的共谋”来处理。毫无疑问,协会成员有经济动力去限制竞争,协会设定产品标准也会有严重的反竞争倾向,并常常希望借此消除潜在的竞争。协会同意某一产品标准,也就意味着不同意生产、经销或购买其他与之对应(或特定型号)的产品。因此,私人协会设定产品标准的过程必须受到反垄断政策的严格审查。只有当私人协会为为了阻止一些企业或协会成员受经济利益驱使设定一套标准窒息产品的竞争,根据专家的客观判决,为公共利益目的,其发布的产品安全标准,才具有明显的提升竞争的功效。

布伦南大法官认为,尽管立法机构常常例行公事式地采用协会制定的规则,但协会拥有的职权既不是政府的授权,也从未得到过政府部门任何官员的首肯,且协会规则的制定者(至少部分成员)还有限制贸易的动机。“我们可以假定政府行为代表公共利益，私人行为主要代表其自身利益。因此，不能将协会视为准立法机构（quasi-legislative body）。”联合管道公司与那些促使政府限制贸易者不同，不能像他们那样享有反垄断豁免。虽然政府对贸易的限制行为与私人对贸易的限制行为之间的界限有时往往难以区分得开，但本案中对贸易的限制却是由对公共利益无责任且无政府授权的、可从限制竞争中获得财政利益的许多个人实施的，因而很容易断定这一竞争限制来自于私人行为。

3. 对联合管道公司引用“克雷鲍恩”案作为豁免依据的反驳

联合管道公司辩称：其将聚氯乙烯电管排除在电类用品范围之外的行为，是其为影响政府决策所作的一种努力，是一种合法行为。由于州与地方政府在人才与技术方面的欠缺以及经济上的困难，通常它们对协会的规则不再作进一步的检查与测验，直接引用协会规则确定的标准作为法定标准，因而，影响协会规则的制定就成为而游说政府以获得有利于己政策的最佳选择。反竞争的后果从根本上说，来自于许多州与地方政府将协会制定的规则直接认可为法律的“政治行为”。由于 1981 年的协会规则的确被许多州与地方认可而转变为地方制定法，其影响政府的努力就不能视为“虚假”借口。而且在“克雷鲍恩案”①中，黑人也是通过不购买白人商人的商品这种非直接（no direct）方式向政府施压，与其采用的以间接（indirect）方式改变政府决策，在类型上完全一样。

但“尼诺原则”并不意味着对所有意图通过影响政府决策以限制贸易的行为一概给予豁免。根据“尼诺原则”，对反竞争行为给予反垄断豁免并不仅仅因为行为试图影响政府决策，还在于行为有其特殊情况且行为的性质也存在差异。既然联合管道公司的行为发生在私人协会设定

---

① “克雷鲍恩案”发生在 1966 年的密西西比州克雷鲍恩县。当时该县的几百名黑人参加了由全国有色人种促进会（the National Association for the Advancement of Colored People，简称 NAACP）当地分会组织的旨在联合抵制购买白人商人的商品的活动。白人商人请求法院根据州的法律，颁布禁令中止黑人这一长达 7 年（从 1966 年到 1972 年）的联合抵制行为，并补偿他们因此所遭受到的经济损失。最高法院认为：“州在规制经济行为方面所赋予给经济主体的权利，不能与联邦宪法所保护的公民根本权利相冲突。而（黑人）旨在迫使政府改善其待遇、实行经济变革的非暴力联合抵制行为具有政治动机，是行使其宪法权利的一种方式。”因而，判定“（黑人）这一包含非暴力因素的请愿活动理应受到宪法第一修正案的保护”。“虽然自己的受宪法保护的行为对白人商人造成了经济损失，但全国有色人种促进会并不因此而负有赔偿责任。”参见：NAACP v. Claiborne Hardware Co.，458 U.S. 886（1982）.

标准的过程之中，而协会并非一个“准立法机构”，所以关于“任何影响协会的努力都必须被视为试图影响‘准立法机构’并给予如同游说立法机构一样的待遇”的说法就不能被接受。在政治活动中，募集支持者以影响竞选或向政府施加压力是公民行使其宪法权利的一种方式，但这不意味着有经济利益的个人或集团联合起来设定私人标准也必须受宪法保护。

其实，“联合管道公司案”与“克雷鲍恩案”有着显著的不同：(1)“克雷鲍恩案”是以公开的方式向政府施压，而“联合管道公司案”并未上演于“公开的政治舞台”(open political arena)。(2)“克雷鲍恩”案中政府官员因对黑人运动所持理念的不同而呈现明显的派别性，而“联合管道公司案”则是州与地方政府对协会标准几乎全盘予以接收，政府官员在立法与制定政策过程中并没有因所属政治派别不同或政治理念的差异而发生政治争斗。协会标准的制定者实际上是有着水平或垂直经济关系的公司，而私人因有其自身利益，其所制定的标准首先一律应推定为违反反垄断政策。只有在严格审查制定过程与标准内容之后，发现确实具有提升竞争的功能，才能考虑给予反垄断豁免。(3)“克雷鲍恩”案中黑人的行为从历史上看有其“极端的理由”，其联合行为通常被视为极少含有反竞争成份；而在“联合管道公司案”中，没有证据表明联合管道公司有从事游说独立的政策制定者的行为。一些协会成员在联合管道公司的策划与指挥下，联合起来，步调一致，在协会大会上，以聚氯乙烯电管没有达到协会标准为由，将其排除在电类用品范围之外。在这一过程中，联合管道公司充分运用了其市场力量来左右协会的决定。这里，协会的成员中确有一部分生产厂家、经销商与消费者，对聚氯乙烯电管怀有敌意。将其排除在电类用品范围以外，实质上就是要限制聚氯乙烯电管的交易。虽然立法与执行机构随后将协会标准转化为法令与条例的行为完全是“政治行为”，但联合管道公司等制定协会标准的行为则只能界定为“产生了政治影响的商业行为”。正如反垄断政策不能规制“具有商业影响的政治行为”一样，反垄断政策也没有必要仅仅因为一个本质上的商业行为具有一些政治影响而放弃管辖。

最高法院在判词中说：“虽然我们在这里并不准备为私人设定行业标准一事有无反垄断责任下结论，但至少我们认为，有经济利益的一方在一个由市场参与者组成的私人协会制定产品标准方面行使决定权，此行为不得引用‘尼诺’案作为要求反垄断豁免的依据。”“这一结论并不妨碍州与地方政府从经济利益相关的个人与组织那里获取信息，也不阻止政府在政策制定时采纳这些经济利益体的建议和要求。人们有权向政府表达自己的愿望，请求政府采取有利于己的措施。如果"联合管道公司与其他公司担忧聚氯乙烯电管的安全性能，或者担心聚氯乙烯电管会对钢管构成竞争威胁，通过直接游说、公开竞选活动或其他传统的政治表达途径，采取一致行动去影响政府决策，则应当获得完全的反垄断豁免。"联合管道公司也可以自由地利用诸多平台反对竞争对手，如它可以向媒体提供有关聚氯乙烯电管不安全或对人体有害的科学、准确的证据，借助舆论的力量与公众的压力促使政府采纳其观点，从而达到排除竞争对手、限制竞争的目的。但这些都必须独立于私人协会设定"电管标准"过程之外。竞争对手通过私人组织制定行业标准，限制商业竞争，损害竞争对手的行为，无论如何不能逃脱反垄断政策的制裁。印地安公司并非因州与地方政府的立法禁止使用聚氯乙烯电管而寻求经济补偿，而是就竞争对手为保持钢管的垄断地位限制将聚氯乙烯电管列入全国电子法典(National Electric Code)①要求经济赔偿，法院应当支持其诉讼请求。但法院同时也附加了"如果竞争一方针对对手的行为，主要发生在政治领域，而不是商业领域，则应给予反垄断豁免"这一说明。

三、最高法院关于"虚假"借口理论的发展

1972年，最高法院的立场是"滥用请求权以达到阻止竞争对手、限制贸易或实行垄断的目的，属'虚假'借口，不能逃避反垄断法的制裁。竞争者会因其主观上渴望获得成功，可能会提起'虚假'借口诉讼，但有客观原因的控告(不论其主观动机如何)则不构成'虚假'借口诉讼"②。在后来的案件中，最高法院就"虚假"借口问题作了进一步的解释。1973年，最高法院指出"虚假"借口的起诉存在着一个显著的特点，即：诉讼反反复复，而证据与诉讼要求脱节③。为此，最高法院将"虚假"借口诉讼分为二部分：(1) 诉讼毫无客观依据，起诉没有获胜的现实可能性。如果

---

① 这类所谓的法典实质上为行业协会所定，并没有强制执行力。如我们常说的美国模范刑法典，实际上是全美律师协会编定。但各州与地方政府常常以此作为立法的参照，或直接将某些规定认可为法规。

② California Motor Transport Co. v. Trucking Unlimited, 404 U. S. 508 (1972).

③ Otter Tail Power Co. v. United States, 410 U. S. 366, 380 (1973).

诉讼有客观的依据，可能会达到胜诉的结果，则不能认定为“虚假”借口；(2) 起诉的主观目的只是“试图直接干预竞争对手的商业关系”[①]。另外，如果竞争一方在主观与客观上都存在着“虚假”借口，其反垄断豁免应予剥夺。竞争的另一方如果要想获得三倍赔偿，则需提供自己遭受经济损失的证明。1988 年最高法院又将“虚假”借口归结为：“是一种并非真正为了推动政府采取有利于己的决策或行动的私人行为，它与合法地影响政府行动的努力背道而驰。”[②]判断是否为“虚假”借口，必须依据客观标准。仅仅证明竞争者有延迟竞争对手进入市场、甚至拒绝对手进入市场的目的，并不能表明竞争者有“虚假”借口。即使竞争者将对手完全排除于市场之外，但只要他采取的是通过正当的途径(包括“寻租”活动)，借助政府之手去完成的，也不能被视为“虚假”借口[③]。

向法院起诉是向主权者“请愿”的一种表达方式，但“起诉威胁”[④]则不是请愿，不受第一修正案的保护。“起诉威胁”既可能是竞争者保护自身权益的简便方法，也可能是“恶意要价”，干涉对手、限制竞争的一个手段。“合法的威胁”受“尼诺原则”的保护，“不正当的威胁”则归属于“虚假”借口[⑤]。无根据之诉以及无根据的检举与控告也构成“虚假”借口。“无根据之诉”与“无根据的检举与控告”构成“虚假”借口的两个必要条件：(1) 诉讼、检举或控告无任何客观依据，亦无获胜的任何可能；(2) 行为人关注的只是政府对竞争对手进行审查的过程，而不是审查结果。提起检举、控告或诉讼的竞争者也明知政府不可能对竞争对手作任何形式的处罚。它只是隐藏着“试图以政府过程(governmental process)作为直

---

① 但大法官 Stevens 与大法官 O'Connor 则不同意将“毫无根据”的诉讼与“虚假”借口划等号。由于美国的诉讼成本太昂贵，民众寻求正义的成本太高，有许多看似“毫无根据”或“无诉讼价值”的案件，其实只是诉讼一方没有足够的经济能力支付诉讼开支，无力承受高昂的律师费用与取证花费。而一个垄断者要想对付一个势单力薄的竞争对手，简直是易如反掌。是否为“虚假”借口必须审查竞争者检举、起诉的背后动机，即是否具有主观恶意(malicious)。没有恶意的检举与起诉不能运用反垄断政策予以制裁。真正值得反垄断政策关注的应是竞争一方在“不正当目的”的支配下，将检举与诉讼作为压制竞争的工具。

② Allied Tube & Conduit Corp. v. Indian Head, Inc. 486 U. S. 492, 500 (1988).

③ 参见：Columbia v. Omni Outdoor Advertising, Inc., 499 U. S. 365 (1991).

④ “起诉威胁”是指竞争者以起诉对手的方式，要挟对手作为或不作为以及如何作为与不作为。如一家公司要求其竞争对手停止生产某项产品，如果对方不照办，就起诉对方。

⑤ 参见：CVD v. Raytheon Co., 769 F. 2d 842, 851 (1st Cir. 1985), cert. denied, 475 U. S. 1016 (1986).

接干预竞争对手商业活动”的目的①。

“虚假”借口不仅发生在行政执法过程与审判过程，也可能出现在立法过程。1991年，最高法院将“虚假”借口从“引起不正当的诉讼与行政行为”，扩展至“某些特定的在不正当动机支配下要求立法机关出台法律的行为”②。在Omni案中，哥伦比亚城市户外广告公司（简称哥伦比亚公司）为垄断本地市场的户外广告业务，说服市议会以采取强化城市规划措施的名义，通过了一项阻止外地户外广告公司进入本地市场的法令。被限制不得进入该市市场的Omni户外广告公司（简称Omni公司）认为哥伦比亚公司排除竞争对手的意图极其明显，所以以其试图垄断、违背公认的商业道德、滥用请求权、违反谢尔曼法为由，起诉哥伦比亚公司。法院认为，游说行为当然不是“虚假”借口，但哥伦比亚公司寻求的不是通过游说或请求议会去考虑城市规划，而是游说与请愿的“最终产品”——规划法令。它不仅以向议会游说为掩饰，向议会提出户外广告的诸多限制条款（这些条款都是Omni公司所达不到的），对Omni公司指手画脚、说三道四，直接干涉了Omni公司正常的商业运营，拖延了法规通过的过程，延长了Omni公司进入当地市场的时间，也增加了Omni公司的费用；期间还宴请市长与部分议员，并与他们有不正当的帐目往来。通过这些贿赂行径，哥伦比亚公司参与了本应由政府独自从事的公共政策制定过程，或者说是“政府官员参与了私人公司阻止竞争的计划”。法院的立场是：典型的“虚假”借口不仅包括“引发轻浮的诉讼，向行政执法机关作根本达不到目的的不实控告③，也包括诱使立法机构出台限制竞争、与社会福利相悖的法规。一言概之，就是将“政府过程”作

---

① 参见：Professional Real Estate Investors，Inc. v. Columbia Pictures Industries，Inc. 508 U. S. 49 (1993).

② City of Columbia & Columbia Outdoor Advertising，Inc. v. Omni Outdoor Advertising，Inc.，499 U. S. 365 (1991). 此案是联邦最高法院对州行为实施反垄断豁免的开始。法院的推理是：美国是联邦制国家，根据联邦宪法规定，实行的是联邦与州的双主权制。联邦不应介入、干涉州的行为。谢尔曼法只能管辖发生在州际的垄断与试图垄断。故而，所有的反垄断政策对州行为都无约束力。近些年来，最高法院又在一系列的案件中继续对州行为实行反垄断豁免。

③ 在特种行业，竞争者常用的手法是在潜在的竞争对手向执法机关申请行政许可时，提出反对意见，尽管明知反对意见最终不会阻止执法机关授予潜在的竞争对手行政许可，但却延迟了对手获得许可的时间，并为对手增添了额外费用。

为自己进行反竞争的有力武器。Omni公司因立法蒙受的间接经济损失责任固然在于市议会,哥伦比亚公司不对此承担“三倍赔偿”责任。但哥伦比亚公司拖延法规出台的时间,贿赂政府官员,则是玩弄阴谋以求垄断当地户外广告市场,是运用立法行为作为其从事非法目的的“虚假”借口。

1998年,最高法院将恶意与不正当目的统称为“奸诈”(Bad Faith),即竞争者明知自己的检举、控告与诉讼请求与事实相矛盾而仍然为之。案中的专利权所有人(patentee)“明知且不负责任、不计后果地故意对事实作不真实的陈述,或有意遗漏事实”,误导专利与版权办事处(the Patent and Trademark Office)或法院去执行其明知不能执行的专利权,被判违反谢尔曼法[1]。法院同时还建议:如果竞争一方在诉讼中提出的赔偿数额过低,则可能是“虚假”借口[2]。

四、有“正当理由”的检举、控告与起诉及公益诉讼,不构成“虚假”借口

(一)向政府请求救济的行为不构成“虚假”借口

在Professional Real Estate Investors, Inc. 案[3]中,职业不动产投资公司(Professional Real Estate Investors, Inc.)和Kenneth F. Irwin公司合资(在诉讼中由职业不动产投资公司代表,以下称“投资公司”)在加州Palm Springs市开办了名为La Mancha Private Club and Villas的休闲旅馆。旅馆内的小型图书馆收藏了200部电影光碟,每个房间内也都安装了影碟放映机。旅馆出租影碟给顾客,让其在房间观看。哥伦比亚

---

① 参见:Nobelpharma v. Implant Innovations, 141 F. 3d 1059 (Fed. Cir. 1998), cert. denied, 525 U. S. 876 (1998).

② 法院持这一立场的前提是:人不可能作不利于己的决定与行为,也就是说原告起诉的目的是为了寻求司法救济,中止对方的侵权行为,弥补自己的经济损失。在诉讼过程中原告要花费高额的诉讼费用,如果其提出的赔偿标准过低,就存在着将竞争对手拖入诉讼“泥潭”的可能。但如果是侵权人数众多,原告起诉是为了“杀一儆百”,则仍应首先审查案件事实。如:A是著作权人,社会上有B、C、D等诸多的盗版者,A选择起诉B,因B的侵权行为不甚严重,故而起诉标的也不大,但A可通过诉讼警告其他侵权人。这样的案件仍然不能划入“虚假”借口之列。

③ 参见:Professional Real Estate Investors, Inc. v. Columbia Pictures Industries, Inc. 508 U. S. 49 (1993).

图画产业公司(Columbia Pictures Industries, Inc.)与另外7个主要的电影摄影场(由哥伦比亚图画产业公司作为代表参与诉讼,以下称图画公司)拥有影碟所载电影的版权。图画公司许可Spectradyne公司对这些电影享有通过有线电缆系统面向旅馆业的转播权。因此,投资公司与图画公司在La Mancha旅馆的大厅与客房两个方面的电影放映上都存在着竞争。1983年,图画公司起诉投资公司在旅馆向顾客出租影碟,侵犯了其版权。投资公司则反诉图画公司试图从事垄断经营,认为其"侵权之诉只是从事垄断行为和图谋限制贸易的'虚假'借口"。

图画公司不否认投资公司根据版权法(Copyright Act)的"首卖原则"(first sale doctrine)[①],可以自由地出售或出租其合法购买的影碟。所以,地区法院的审理只是针对向客房的顾客出租影碟是否侵犯了图画公司"公开表演其版权"的独占权。法院的判决是这种出租不构成公开表演。上诉法院根据"旅馆中的一个个房间不是'公共场所'"且投资公司"没有转播或以其他形式播放图画公司的电影"为由,维持了地区法院的判决[②]。虽然两级法院都判决投资公司没有侵犯图画公司的版权,但同时也都否决了投资公司的反诉。判决没有把图画公司的版权诉讼视为"虚假"借口,也就没有判定图画公司按照谢尔曼法给予投资公司"三倍损失"的赔偿。相反,两级法院都认为从法律事实上看,图画公司有起诉投资公司的"正当理由"[③],因而不构成"虚假"借口。而且,由于投资公司也没有提供其因侵权之诉遭受经济损失的证据,法院拒绝了其调查图画公司诉讼动机的请求,反而责令投资公司提供图画公司恶意诉讼的证据。

投资公司要求最高法院撤销上诉法院关于"作为请求'三倍赔偿'的反垄断受害人,必须证明竞争对手是恶意诉讼"的判决部分,并辩解说图画公司有"掠夺性动机"。但遭到最高法院的拒绝。最高法院认为:"一

---

① 参见:17 U.S.C. § 109(a).

② 参见:866 F. 2d 278 (9th Cir. 1989).

③ 最高法院在此案的第四部分判决中,对正当理由作了阐述。"(谢尔曼法中)正当理由的概念,与普通法中的不当的民事诉讼侵权(tort)应作同样的理解,它要求一方证明另一方没有起诉理由,缺乏胜诉可能,行为暗含不正当的和恶意目的?? 在民事诉讼过程中,正当理由要求一方的胜诉机会要超出'合理相信'(reasonable belief)(的范围)。"由于缺少正当理由是民事侵权的本质要素,正当理由就成了反诉民事侵权指控的绝对理由。

般而言，向政府请求救济的行为没有反垄断责任。”“谢尔曼法并不禁止……人们联合起来劝说立法或行政机构采取特殊措施，包括制定法律、限制贸易或从事垄断。”政府的“权力来源于人民”，“行为代表民意”，政府“有权采取限制贸易的措施”。谢尔曼法不能处罚“人民向政府自由表达其意愿的政治行为(political activity)”[①]。但由于“尼诺案”不考虑竞争者的主观意图，它往往成为竞争者采取统一行动，借助政府之手打击对手的保护伞。虽然最高法院在“加州电机运输公司案”中曾将“尼诺原则”作了扩大解释，即将民众的请求权由立法与行政机构延伸到司法机关，同时还规定滥用请求权以达到阻止竞争对手、限制贸易或垄断的目的，属“虚假”借口，不能逃避反垄断法的制裁。但有客观原因的控告(不论其主观动机如何)并不构成“虚假”借口诉讼，即有“正当理由”的检举、控告与起诉都不承担反垄断责任。在此案中，由于图画公司享有对电影版权中公开表演权的独占权[②]，而投资公司又不能提出反驳图画公司版权侵权诉讼的法律依据，因而图画公司拥有起诉的法定权利，也就有了诉讼的“正当理由”，是否具有垄断的意图和掠夺性动机则在所不论。由此法院作出了有利于图画公司的裁定。

（二）公益诉讼享有反垄断豁免

2001年第四巡回法院引用“尼诺案”对“公益诉讼”(public interest lawsuit)实行反垄断豁免[③]。尽管这一诉讼中原告存在两个问题：第一、从一开始原告就得到被告竞争对手的秘密经济支持；第二、甚至原告律师还向法庭提供了不实的证据。对于第一个问题，巡回法院的观点是：(1) 原告没有告诉谁给予他财力援助，如果算是欺骗的话，那也是原被告之间的事，法院不是原告行骗的目标；(2) 案件的关键问题是“被告侵犯了市民群体的利益，他们客观上受到了损失，主观上有起诉的愿望。”只要被告侵犯公众利益的行为一天不止，即使原告不提起诉讼，也会有其

---

① 这是最高法院引用“尼诺”案的判决，作为新判决的法理基础。参见：Eastern R. R. Presidents Conf. v. Noerr Motor Freight, Inc., 365 U. S. 127 (1961).

② 最高法院认为版权是对垄断特权的限制同意(The notion of copyright is a “limited grant” of “monopoly privileges”.)，其目的是为了在激励作者们创作动机的同时，也使公众能够通过正当的途径欣赏到他们的产品。见：Sony Corp. of America v. Universal City Studios, Inc., 464 U. S. 417, 429 (1984).

③ 参见：Baltimore Scrap Corp. v. David J. Joseph Co., 237 F. 3d 394 (4th Cir. 2001).

他市民起诉。民众有起诉侵犯他们利益的正当理由。原告是在为公共利益而诉。被告的竞争对手是否给予财力支持，都不会阻止市民对被告的诉讼请求。至于原告律师在法庭上所作的不实陈述，虽然会产生误导法院的后果，但不是构成原告"虚假"借口的要件。因为法院的职责就是要辩明真假，分清是非。对原告律师的违规行为，应依照其律师所在的马里兰(Maryland)州律师协会惩治程序(the sanctioning process of the state bar)予以惩戒。

五、为保护弱者权利，限制"尼诺原则"：以"律师联盟"案为例

(一) 为穷人提供刑事法律援助是政府责无旁贷的义务

虽然独立宣言宣称人生而平等，权利法案也赋予了美国公民种种的宪法权利，但要将法律规定的权利"转化为现实"生活中个人拥有的权利，往往取决于个人的"实力"，特别是个人的经济力量。有钱人犯罪后高价聘请优秀律师，然后逍遥法外，穷人则只能坐以待毙，这成为美国社会的一大弊病。到上世纪60年代，联邦最高法院大法官们在建立一套面向所有人开放的法律制度，努力为社会各阶层人士提供优质法律服务，特别是能够保护处于社会弱势群体的穷人的利益方面，逐渐达成共识。1963年，联邦最高法院审理"吉迪恩案"(Gideon v. Wainwright, 1963)时①，主审大法官布莱克(Hugo Black)指出："任何熟悉美国司法制度的人都会承认，在刑事案件中，律师并非法庭的奢侈品，而是必需的。……任何人如果由于贫穷的缘故请不起律师，被送上法庭后又没有获得律师为他进行辩护，那么就无法确保他能够得到公正的审讯。对我

---

① 克拉伦斯·吉迪恩是佛罗里达州巴拿马市一位贫穷且没有文化的白人。1961年6月3日午夜，该市一家弹子房被盗，窗户玻璃被打碎，自动售货机内的一些硬币被偷走。下午，警察根据目击者"早晨5点半钟左右在弹子房看到了吉迪恩"的证词，在弹子房附近的一个地方找到了吉迪恩。当时他口袋里恰巧也装有一些硬币。警察以破门行窃为由将其逮捕。由于无钱聘请律师，审讯时，吉迪恩要求法庭为他指定一名律师，遭到法官的拒绝。无奈之下，吉迪恩只好自己辩护。由于他不懂得法庭程序，根本不会收集有利的证据，特别是他竟然传唤逮捕他的警察作为自己一方的证人。结果吉迪恩被判犯有破门盗窃罪。后来，吉迪恩在监狱自学法律，并将案子成功地打到联邦最高法院。联邦最高法院支持吉迪恩的观点，认为"吉迪恩有权获得由州指定的律师为他辩护，而且所有重罪刑事案件中的被告都有权要求律师帮助辩护"。吉迪恩后来被判无罪释放。参见：Gideon v. Wainwright, 83 S. Ct. 792, U. S. Fla., 1963. Decided March 18, 1963.

们而言，这是显而易见的真理。”法院由此确立了“刑事罪被告获得聘请律师辩护的权利是美国宪法的一项基本权利的原则”（即“吉迪恩原则”）[①]，也就是说，为穷人[②]提供刑事法律援助，帮助其实现宪法权利，成了各级政府责无旁贷的义务。为此，政府必须尽快建立刑事法律援助制度，为穷人免费提供辩护律师，确保穷人在受到犯罪指控时能打得起官司，维护其宪法权益。

（二）高等法院审判律师联盟：为提高补偿标准而抗争

根据“吉迪恩原则”，哥伦比亚特区[③]政府有责任向付不起律师费的刑事被告提供法律援助。但哥伦比亚特区刑事审判法（the District of Columbia Criminal Justice Act）对刑事法律援助的补偿标准过低。虽然在特区总共有超过 1 200 名的律师就刑事法律援助事项向政府登记，以备政府指定。但由于各种原因[④]，真正申请从事刑事法律援助的律师只有 100 名。这 100 名律师遂即被政府正式聘请刑事法律援助律师。而事实上，就刑事法律援助案件补偿费过低一事，律师协会组织从 1975 年就开始与特区政府进行交涉，呼吁政府及时提高补偿标准。

1982 年，这 100 名律师继续被政府留任，担任刑事法律援助律师。他们的收入也几乎全部来源于刑事法律援助。这一年，特区政府有大约 25 000 件刑事法律援助案，他们承办了全部轻罪（Misdemeanor）和少数严重的重罪（felony）案件，占全部刑事法律援助案件的 85%，政府向他们支付了总计为 4 579 572 美元的辩护费。特区公共辩护人系统（the District's Public Defender System，简称 PDS）的全职雇员办理了大多数严重的重罪案件，这一部分占全部援助案件数额的 15%。

---

① 在 1963 年 3 月 18 日联邦最高法院的判决中，9 名大法官极其罕见地全持同一观点。

② 美国刑事法律援助中的穷人是指生活在联邦贫困线以下的人。

③ 哥伦比亚特区（即华盛顿市）很像我国的直辖市，它不属任何州，行政上由联邦政府直接管辖，司法审判上依据联邦法律和特区法律。特区高等法院相当于一个州的法院，法官的任命程序是，先由国会、总统、市议会和律师协会任命的成员组成一个司法委员会，该委员会在收到法官申请后，从中选出三位候选人名单递交总统，总统再从中挑选一名他认为合适的法官人选送交参议院确认。这一点和联邦法院法官的任命相似。但特区法官的任期仅为 15 年，任期结束后，再由另一个司法委员会对法官的表现进行评估，决定是否继续任命。

④ 据律师协会的说法，律师们主要是因为补偿费用过低，导致其不愿涉足刑事法律援助事项。

从1982后开始，特区高等法院审判律师联盟（以下简称律师联盟）[①]、律师联盟官员以及其他律协组织试图说服特区政府将补偿标准提高到每小时35美元。政府虽然对此同意，但一直没有兑现承诺。尽管如此，这些律师仍然兢兢业业地为被告人服务。

到了1983年，这100名刑事法律援助律师在补偿标准问题上的态度开始趋于强硬。在一次特区高等法院审判律师联盟会议上，从事刑事法律援助的律师投票决定成立"罢工委员会"，随后委员会的八名委员迅速召开会议，并达成非正式协议：提高补偿费的唯一可行的办法是联合抵制，参与刑事法律援助的律师应全部停止向政府登记，迫使政府将补偿费的标准提高到庭外每小时45美元、开庭每小时55美元。1983年8月11日，刑事法律援助律师们向特区立法机构发出最后通牒，要求立法机构必须在9月6日前通过一项提高补偿标准的法案，否则他们将拒绝受理政府指定的法律援助案件。紧接着，律师们向社会公布了他们的请愿书。

自同年9月6日起，大约90%的律师不再接受政府的指定，开始罢工。随后，为吸引媒体的关注，获得公众的支持，律师联盟安排了一系列的社会活动。律师联盟的抗争不仅对政府造成了极大的社会压力，更使特区刑事审判体系置于崩溃的边缘。9月15日，律师联盟向市长递交了请愿信，警告政府如果不采取有效措施，"危机将在下周早些时候到来"，并敦促市长在议会没有通过新的决议之前，政府应立即以行政命令的方式将补偿标准提高到每小时35美元。市长随即会见了8名罢工委员会的委员，答应暂时将补偿标准提高至每小时35美元，并立即执行这一标准，同时承诺不久将庭外律师费与出庭费的补偿标准分别提高至每小时45美元和55美元。9月19日中午，这100名律师参加了哥伦比亚特区高等法院审判律师联盟会议，投票决定接受政府35美元的出价并终止罢工。

（三）FTC：律师联盟图谋垄断

但律师联盟就补偿标准一事的抗争并没有因为其终止罢工而结束。此事从一开始就引起了FTC的密切关注。在律师联盟与市长谈判的同

---

① 特区高等法院审判律师联盟（the Superior Court Trial Lawyers Association），是获得法院的准许、有资格在特区高等法院出庭的律师的自愿组织。

时,FTC已经着手对此案展开调查。就在律师联盟投票决定终止罢工不久,律师联盟的四名官员接受了FTC的询问。四名官员都承认,他们与其他律师共同达成了罢工协议:如果特区政府不提高刑事法律援助案件的补偿标准,他们将从1983年9月6日起拒绝受理政府指定的援助案件,决不会为争夺案源相互竞争。所有律师都在罢工协议上签了字。但这四人同时也辩解说,律师们旨在迫使政府增加补偿费用的联合抵制,最终能够提高刑事法律援助案件的办案质量;而且,尽管有些律师在罢工协议上签了字,但事实上他们仍然像往常一样争抢案源,也继续接受政府的指定。FTC拒绝接受这四人的辩护理由,认为律师联盟的"强制性规定与一致拒绝交易的行为"所指向的目标与达到的结果都是提高价格,构成了本身违法;四人关于"这一联合抵制本身无害"的辩解不能成立。FTC坚持认为,这些刑事法律援助律师共同拒绝再向"贫困的刑事被告"提供法律服务,"迫使市政府将补偿费的标准从'充分补偿'提高到律师们满意的水平。其结果是,为保证穷人获得法律服务,市政府每年不得不多支付400万至500万美元"。律师联盟的行为是一种非法的集团性联合抵制",并导致了"实质性的反竞争后果"。

在FTC看来,在律师联盟的联合抵制之前,从事刑事法律援助的律师为争夺案源开展竞争,独立决定是否依照政府规定的补偿标准受理特区政府请求给予刑事法律援助的案件以及如何提供法律服务。律师们签订协议的根本目的是为其法律服务获取高价。律师联盟在执行这一协议中一致拒绝为法律服务市场的一个重要客户——也就是刑事法律援助的唯一客户提供服务。这种行为最终导致了法律服务供给的缩减,而"缩减供给本质上就是为了'固定价格',不论这种缩减是针对法律的服务价格——那将导致服务质量的降低,还是针对法律服务的产出而言——那将提升服务的要价。"竞争者的这一水平安排在价格和产出方面构成了一种"赤裸裸的限制"。由此,FTC得出的结论是:律师联盟的联合抵制行为"符合谢尔曼法第1条的构成要件,是一种典型的限制贸易行为";同样这一行为也因使用"不公平的竞争方法"(unfair methods of competition),违反了联邦贸易委员会法第5条。理所应当受到反垄断法的严惩。FTC于是以律师联盟从事了"共谋固定价格和联合抵制的行为",违反了反垄断法为由,对律师联盟下达了行政处罚命令。

（四）律师联盟：联合抵制是宪法权利

律师联盟则持相反的观点。他们不服 FTC 的处罚命令，将案子打到联邦上诉法院。他们认为，他们的联合抵制行为是一种政治抗争，是在行使他们的宪法权利——宪法第一修正案赋予他们的表达自由与向政府请愿的权利。他们首先引用“尼诺原则”作为辩解理由，构筑自己一方的第一道防线。他们认为自己的联合抵制行为完全符合第一修正案的立法精神，是完完全全的宪法权利，根本与垄断无缘。若说垄断，政府恐怕是世界上最大的垄断组织。在民主国家，政治过程已经成为企业获得垄断利润的一种途径。企业通过寻租活动驱使政府授予其垄断经营的权力，给予其适用反垄断豁免的特权。许多私人公司曾明确要求政府赋予其完全的反垄断豁免，并确实从政府手中获取了这些特权。更为糟糕的是，有时政府作为私人企业的代言人，主动“迫使”企业从事垄断经营。反垄断政策的目的不是要阻止人们向政府提出他们的自身要求，更不是禁止政府一概否决公民提出的反竞争要求。个人有权依据第一修正案请求政府做出有利于己的决策与行动[①]。这一权利不受行为者反竞争意图的影响，也不论其请求行为是独自行动还是与其他人的联合行动。反垄断政策的调整范围应限制在私人之间的限制贸易行为的范围之内，对那些政府同意的垄断行为没有管辖权。“在代议制民主制度下，三个政府部门都必须根据人民的利益而行动。为使政府真正能够代表民众利益，就必须让民众有权向政府表达自己的意愿，提出自己的要求。政府无权限制公民的自由表达与请愿权。公民可自由地向政府表达自己的愿望。他们要求给予反垄断豁免的行动，不是商业行为，而是政治活动。”“民众根据自身利益，请求政府制定法律与政策，没有合法目的与非法目的之分。即使对其竞争对手造成了经济损害，那也是政府的责任，与请求者无关。”“表达与请求在民主政体下，至关重要。剥夺了公民的这项权利，政府也就无法从民众中获得信息，就不能代表民众利益，民众也就会因此而失去政府的实质保护。”[②]退一步讲，即使其联合抵制行

---

① 宪法第一修正案并没有这样的规定。这一权利产生于 1961 年联邦最高法院在尼诺案中对第一修正案的扩大解释。参见：Eastern R. R. Presidents Conf. v. Noerr Motor Freight, Inc., 365 U. S. 127 (1961).

② Herbert Hovenkamp, “Legislation, Well-Being and Public Choice”, 57 *U. Chi. L. Rev.* 63 (1990).

为被反垄断法所禁止，律师联盟坚信其行为仍然受第一修正案的宪法保护。律师联盟将其实施的联合抵制行为与克雷鲍恩案中的黑人联合抵制行为同等看待，认为二者都是在行使宪法权利，应当同样享受第一修正案的保护。

上诉法院支持律师联盟的观点，做出了有利于律师联盟的判决："特区高等法院审判律师联盟的联合抵制是其意思表达自由，受宪法第一修正案的保护。"法院还引用联邦最高法院在奥布莱案的判决："联合抵制在历史上就有被当作公民意思表达的先例"[①]，而律师联盟最多也就是想向公众传递一个政治信息。法官们认为，除非在本质上有更为重要的政府利益，否则对这种表达的限制就是不正当的。上诉法院以 FTC 用本身违法原则对律师联盟进行反垄断制裁在推理方面存在问题为由，要求 FTC 只有在证明：(1) 律师联盟拥有"明显的市场力量"；(2) 反垄断法所禁止的行为已经迫在眉睫，才能对律师联盟实施处罚。鉴于两个条件 FTC 都没达到，上诉法院否决了其行政处罚命令。

（五）最高法院：穷人获得法律援助的权利优于律师联盟的自由表达

案件最终被上诉到联邦最高法院。摆在最高法院面前的是两种宪法权利的冲突。"根据一项公开的计划，一些律师一致同意不再在哥伦比亚特区高等法院代理刑事法律援助案件，直至特区政府提高律师的补偿标准。这一案件争执的核心问题是：律师的"一致行动"是一种违反反垄断法的行为，还是行使其向政府请愿权的宪法权利。"[②]二种宪法权利孰轻孰重，困扰着最高法院。但最高法院最终通过"平衡测试"，将执法的天平偏向了前者。在最高法院看来，保护穷人、社会弱者在面临刑事指控时享有免费法律援助的宪法权利，比保护有自助能力、有多种权利选择方式的律师的请愿权更为迫切。律师联盟在审理过程中提出了两个观点，即：(1) 联合抵制价格前的补偿费过低，极不合理，且增加补偿费能够带来律师提高刑事法律援助案件质量的结果；(2) 需要刑事法律援助的社会弱者与他们的代理律师如果不诉求选民，不采用联合抵制的方式，特区法律援助案件的补偿费不等到国会修改联邦法律是不会增加

---

① United States v. O'Brien, 319 U. S. 367 (1968).

② E. Thomas Sullivan & Herbert Hovenkkamp, *Antitrust Law*, *Policy and Procedure*: *Cases*, *Materials*, *Problems*, Lexis Law Publishing (1999), p1007.

的。为保护穷人获取法律援助的权利，法院将这两个辩解意见视为律师联盟的两个假设，而"（这两个假设）并不能指导案件的审判，法院是依法断案，假设对审判没有意义。法院也没有审查固定价格协定的社会功效或政治智慧的职能。"①

为保护穷人享有法律援助的宪法权利，最高法院还煞费苦心将律师联盟的抗争分为两部分：一是律师联盟努力向公众说明其联合抵制，解释其行为动机的价值，游说特区官员制定有利于己的法律，这些都与"克雷鲍恩案"相同，理所应当受到宪法第一修正案的充分保护；二是除非提高其补偿标准，律师们就一致拒绝接受指派而为穷人提供刑事法律援助的行为，这一行为的经济目的是显而易见的，应当受到FTC禁令的限制。法院认为虽然在"克雷鲍恩案"的确也存在着联合抵制，但同为联合抵制，二者却有本质的不同②。在"克雷鲍恩案"中，被告是克雷鲍恩县的黑人公民。长期以来，他们一直饱受政治歧视、社会歧视与经济歧视。他们的联合抵制行为是为了追求其自身的特殊利益，"改变长久以来将他们视为二等公民的社会秩序"。其奋斗目标是要求获得宪法早已就赋予他们的平等保护和平等对待，而"平等和自由又是自由市场的先决条件"③。黑人们的抗争不是要"捣毁经济领域的合法竞争"，其行为根本就未涉及到反垄断法中的商品、价格等问题④。最高法院有意将律师费用问题突出出来，把它作为"律师联盟案"与"克雷鲍恩案"截然不同的根源。"商业竞争者为保持商品利润而进行的减少、降低竞争的联合抵制

---

① E. Thomas Sullivan & Herbert Hovenkkamp, *Antitrust Law, Policy and Procedure: Cases, Materials, Problems*, Lexis Law Publishing (1999), p1007.

② 但事实上，在"克雷鲍恩案"中黑人的联合抵制行为也存在着明显的经济目标。"克雷鲍恩案"作为美国平权政策（Affirmative Action）的一部分，实质上也是保护弱者的利益。参见：DeFunis v. Odegaard (1974), Regents of the University of California at Davis v. Bakke (1978), City of Richmond v. J. A. Croson Co. (1989), Adarand Constructors, Inc. v. Pena (1995), Hopwood v. Texas (1996), Grutter v. Bollinger (2003), Gratz v. Bollinger (2003), Civil Rights Act of 1964.

③ NAACP v. Claiborne Hardware Co., 458 U. S. 886 (1982).

④ "克雷鲍恩"案中黑人的联合抵制行为是指向所有白人商人的商品与服务，不论商品与服务的价格与质量，只要是白人商人经营或提供的就一概拒绝，比律师联盟案所涉及的范围有过之而无不及。

行为，不得引用‘克雷鲍恩案’作为辩解理由。”[①]不管律师联盟的动机是多么的“善良”或利他，但不可否认的是他们的直接目标是提高其法律服务的收费标准。这是一种典型的经济型联合抵制，因而与“克雷鲍恩案”中黑人的抗争行为存在着明显的区别。

近半个世纪以来，最高法院不再将自由表达的宪法权利视为一种绝对权利，自由表达不能再像以往那样成为不法行为的“避风港”。上世纪60年代，大学生反对越南战争的反战运动席卷全国。当时波士顿的大学生聚集到市法院门前举行抗议活动。一个名叫奥布莱的青年为表明自己的反战立场，跑上法院门口的楼梯，当众烧毁了自己的服兵役证明。当地法院判决奥布莱有罪，奥布莱以其是行使“明示的自由表达”为由，将官司打到联邦最高法院。最高法院认为“政府可以‘充分的国家利益’为由，偶尔限制第一修正案规定的‘非言论因素’行为”[②]。在审理律师联盟案时，上诉法院以律师联盟的联合抵制行为包含有“言论自由的因素”为由，依据“奥布莱”案，要求对律师联盟的表达自由给予了充分的注意，特别是在适用反垄断法时，务必要做到“小心谨慎”（prudently and with sensitivity）。因而要求FTC在限制或禁止律师联盟的这一宪法权利时，必须有“足够的国家利益”，并提供这一“足够的国家利益”的证据，且须证明（而不是假定）律师联盟同时还拥有市场力量。由于FTC不能证明这三者中的任何一项，上诉法院根据“奥布莱案”的结论判定，FTC的禁令没有体现更高的“国家利益”，律师联盟的联合抵制行为不适用“本身违法原则”，应给予反垄断豁免。

为使穷人享受到政府的法律救济，最高法院对上诉法院判决采取了一概否定的严厉立场。它谴责上诉法院在推理过程中过分夸大联合抵制中自由表达因素的意义，并否决了上诉法院的两点推论：(1)“绝大多数经济上的联合抵制没有表达成分”；(2)“绝对禁止固定价格[③]和联合

---

① 这是最高法院在“显像管联盟案”中对“克雷鲍恩案”的结论所作的归纳。参见：Allied Tube Corp. v. Indian Head, Inc. 486 U.S. 492 (1988).

② 联邦宪法修正案第一条规定，国会不得制定法律限制公民的言论自由。焚烧兵役证明因表达的是奥布莱的反战思想，本应归于“言论自由”的范畴。但由于联邦最高法院拥有的宪法解释权，它认为在国家处于战争状态下，奥布莱的这一“言论自由”危害了国家安全，故作出了“政府可以‘充分的国家利益’为由，偶尔限制第一修正案规定的‘非言论因素’行为”，并以此判决奥布莱有罪。参见：United States v. O'Brien, 391 U.S. 367 (1968).

③ 固定价格一直被视为反垄断法的天敌，毫无保留的适用“本身违法”原则予以严惩。

抵制仅仅是因为政府的'管理方便',并不服务于任何实质意义上的国家利益,除非固定价格的行为人拥有市场力量"。最高法院称:"在任何情况下,我们都不能接受上诉法院对这一联合抵制的定性(包含言论表达的成份,因而应对其实施反垄断豁免)"。一方面,任何针对某一潜在消费者或商品供应者的一致行动都含有一定的表达因素。可以肯定地说,竞争者之间经常交流信息、交换意见。最明显的例子是,赤裸裸的固定价格协议就是人们信息交流的结果,但它决不是实施反垄断法时给予特殊关照的原因。另一方面,竞争者之间达成固定价格协议之后,他们还必须在执行中反复沟通。正如一些联合抵制者常说的:"如果你们不按照协议要求行动,我们也不会执行协议。只有在你们也依协议行动时,我们才依照协议行动。"联合抵制行为中表达成份(expressive component)比比皆是,也可以说每一个得以有效执行的联合抵制都有一个共同特点,即它们都有许许多多的表达成份。律师联盟在联合抵制中的表达成份并无特殊之处。上诉法院"对被告的言论自由给予充分的注意,在适用反垄断法时,一定要做到'小心谨慎'"的要求为政府执行反垄断法设置了一个障碍。律师联盟的联合抵制与其他的联合抵制相比,并没有什么特殊的价值,不能给予反垄断豁免,必须依据"本质违法"原则予以严惩。律师联盟所采取的联合抵制是一种"私人拒绝交易"行为,而非政府决定。其根源还是在于希望提高收费标准。其行为中的"表达成份",即让政府与公众了解到了刑事法律援助的困境,但不足以排除对其"本身违法"的性质。

另外,最高法院也考虑到了政府会因补偿标准的提高而导致增加财政支出的问题,特别关注到政府购买法律服务的自由选择权问题。由于市政府负有为贫困的犯罪嫌疑人聘请律师的宪法义务,它必须购买律师联盟的法律服务。律师联盟的联合抵制不仅大幅度地提高了政府的经济给付(这部分新增的支出本来可以用来为更多的穷人提供法律服务),更是限制了政府购买法律服务时的自由选择机会。"虽然当诉讼费增加时,刑事辩护的质量也可能提高,但这决不是接受非法限制贸易的借口。"为此最高法院引用 1978 年它在"全美职业工程师协会案"的判决,"谢尔曼法是'竞争最终不仅将导致低廉的价格,还生产出高质量的商品,并提供优质的服务'这一立法判断的反映。"这一判断"认识到不仅仅是购买时的价格,协议的所有要素——质量、服务、安全性以及耐久性——都受益于购买者对商品与服务的供应者拥有自由选择的机会。”① 法院由此得出的结论是:国会当时的立法判断不仅适用于过去的工程设计安全性,同样也适用于现在的法律辩护的质量。因而,律师联盟“除非增加补偿费,否则就拒绝受理刑事法律援助案件的一致行动”明显违背了反垄断法 。“尼诺案”与“克雷鲍恩案”所形成的豁免规定不适用于律师联盟的这一联合抵制行为。② 应当说,律师联盟案在确保穷人享受刑事法律援助方面迈出了一大步。自此以后,两名或两名以上的律师不得为提高刑事法律援助案件的补偿费用联手行动,向政府施压。而政府则可以作为此项法律服务的唯一买主对分散的律师“各个击破”,从而保证了政府可以使用较少的公共资源购买到较多的法律服务③。

从最高法院在“律师联盟”案中及时调整反垄断法的适用范围或对个案特殊处理,作出有别于“先例”的判决,可以窥见法院在使用反垄断政策方面的“灵活性”。其实根据宪法(包括联邦与州两级),法院首先是一个政治实体,然后才是一个司法机构。而司法权的行使又是其政治实体地位得以实现的根本保证。法院常常依据经济、政治与社会的发展变化(或变迁),特别是所处的国际环境以及美国在其中的具体情况,作出不同的反映。与我国法院围绕党与政府的中心工作,为改革开放发展保

---

① National Society of Professional Engineers v. United States, 435 U. S. 679, 98 S. Ct. 1355, 55 L. Ed. 2d 637 (1978).

② FTC v. Superior Court Trail Lawyers' Association, 493 U. S. 411 (1990).

③ 从这意义上讲,政府是买方垄断。但为优先维护穷人享有刑事法律援助的权利,最高法院故意对之避而不谈。作为律师的主管机关,最高法院后来还将律师接受政府指定,承办刑事法律援助案件作为律师的一项法定义务,对拒绝接受政府指派的律师按轻罪处理,处以罚金或一年以下的有期徒刑。有着美国法律改革试验区之称的加利福尼亚州也正在进行名为“无家可归者法庭”的试验。同时,律师协会还设立了“刑事法律援助项目”,支持律师开展刑事法律援助工作,从各方面为其提供帮助,并作为衡量律师执业好坏的一个评价标准。各大学的法学院也都成立了“法律诊所”(Legal Clinic),由执业律师指导学生为穷人提供法律服务。但同时也应当看到,律师联盟案的判决并未能消除律师联盟联合抵制的经济根源。由于没有经费的保障,政府难以寻找到优秀的律师,向穷人提供优质的法律服务,从而有效地保障穷人在刑事诉讼中的合法权益。因政府资金方面的短缺导致穷人无法很好地得到辩护的情况依然严峻。有时即使有律师替其辩护,也和没有律师差别不大。虽然“吉迪恩原则”已经存在了 40 多年,法律面前人人平等的道理也人所共知。无论财富多寡,收入如何,人人都有权得到法律的帮助。但是,受制于经济状况,在刑事法律援助的具体实施过程中穷人的法律权利并没有真正得到落实。如果不彻底解决制约刑事法律援助的经济“瓶颈”,穷人们的宪法权利永远难以得到妥善的解决,让所有的穷人都能享受公平的法律机会将仍然是一个有待努力实现的“美国梦”。

驾护航，极其相似。凭借其对宪法的解释权，不拘泥于已有框框（主要是立法与判例）的束缚，随着形势的发展，作出新的决定（可以不中止法律法令的执行或宣布其无效，也可不推翻或撤销先前判决或行政规章与具体行政行为），是自马伯里诉麦迪逊案①以来美国法院的一个传统，以保证法院在调整社会关系有足够多的回旋空间，最大限度地介入社会生活，迅速②且最大程度地满足社会发展对审判活动的需求。

---

① 马伯里诉麦迪逊案是对美国社会影响最大的案件，也是美国历史上最为重要的案件。在此案中，首席大法官 John Marshall 机智巧妙地为最高法院争取到了宪法解释权，使法院成为三权分立中真正能够与立法与行政鼎足而立的一极。这位政治家出身的法官（Marshall 是由国务卿转任而来）因此成为对美国最具影响的人物之一。在今天的美国最高法院，只有这位没有读过大学的大法官保留有全身铜像，其他大法官则均为半身，以纪念他审判此案对美国社会所作出的巨大贡献。参见：Marbury v. Madison，1 Cranch（5 U.S.）137，2 L.Ed. 60（1803）.

② 与立法程序相比，审判程序的时间跨度相对要短得多，而且在法官们看来，“迟到的正义往往就是非正义。”

第六章　目标与现实的差距:反垄断政策被利益集团所异化

尽管反垄断政策时时处处打着公共利益的招牌[①],但它的出台与执行却常常刻上了利益集团的烙印。这项政府干预之所以没有实现保护竞争,维护竞争机制,提高经济效率,推动国民经济发展,确保消费者福利的功能,一个重要的原因就是利益集团的介入使它严重偏离了公共利益目标。利益集团通过对反垄断政策的滥用,破坏了竞争,将社会福利转变为集团利益。鉴于学者们对利益集团寻租行为做过深入的研究,本章就从这一理论出发,将企业、国会、执行机构、法院以及反垄断理论界作为利益集团,探讨它们是如何将惩治垄断的利器,转化为牟取私利的工具的。

一、福利转移市场:利益集团运用反垄断政策寻租的理论分析框架

在利益集团理论(interest-group theory)出台之初,不少公共选择学者认为,反垄断政策以提升社会整体福利为目标,它适用于所有经济领域,而不是某些特定行业,整体上不可能形成反对反垄断政策的力量。因而,反垄断政策能够独立于普通的政治领域之外(outside the realm of ordinary politics)。反竞争的商业行为是私人追求自身利益动机的产物,为提高社会整体福利,公务人员必然会对此严加约束,即使出现一些政策失误或错误也可以忽略不计。上世纪 70 年代,以 Robert Tollison、James C. Miller Ⅲ、Richard Higgins、Fred McChesney、Robert Mackay、Bruce Yandle 和 William F. Shughart Ⅱ 等为代表的一批在上世纪 60 年代受教育于维吉尼亚大学(the University of Virginia)的经济学家将公共选择模式(public choice model)运用于研究反垄断政策的制定与执行过程[②]。

---

① 国会的立法辩论充斥着议员口口声声要维护公共利益的发言,执行机构的反垄断指南也经常标明"为公共利益目的",法院在判决时,如果找不到被告具体的违法证据,就干脆以行为有违"公共利益"或行为有违"公共政策"或"公共政策精神",判决被告败诉。

② 参见 William F. Shughart Ⅱ, *Antitrust Policy and Interest-Group Politics*, Greenwood Publishing Group, Inc., 1990, Preface p17.(注:这是作者自己写的前言。)

在反垄断政策即将走向其第 90 个年头的时候，其"出淤泥而不染"，没有私人经济动机，因而有别于其他公共政策的神话被打破。同时也掀开了对其反思的序幕。利益集团模式（interest-group model）收集到了一系列的经验证据，获得了大量的经验支持。它向人们展示了反垄断政策的产出与执行是代议制下，政治组织体内由私人利益集团所形成的压力集团与有着私人利益的政策制定者与执行人相互影响、相互作用的结果，甚至认为反垄断政策的失败是利益集团与公职人员有意而为之。15 年 FTC 高级雇员的经历，使作为产业组织学家和公共选择专家的 Shughart 最终"看破红尘"，得出了"反垄断政策不再是服务于其政策目标，而成为福利再分配的一种工具"的结论[①]。

（一）反垄断领域中的福利转移市场

传统经济管制理论认为，管制政策的目的在于通过矫正市场失败，提高分配效率，降低被管制产业的经济成本，从而保护消费者福利。"利益集团"理论则揭示了政府的介入往往达不到它所宣称的目标：对公用事业如对电业的管制既没有减少消费者的电价支出，也没有降低这一产业的投资回报率[②]；证券交易委员会的政策也没有给证券购买人带来什么好处[③]。既然管制没有促进消费者福利，又消耗纳税人钱财，为何这些政策能够得以通过并持续这么长的时间？答案是有一个管制市场的存在。有一些经济利益非常集中而进行政治动员的成本相对低廉的集团，认识到自己的利益所在，有强烈的冲动去追求管制。它们坚持要求通过管制机构控制价格与市场准入来获取更大的经济利益。管制者从自身利益出发，也有从这些管制请求者那里得到政治支持的动机，心甘情愿地充当福利转移的掮客（broker）。二者各投所好，各取所需。但福利却从消费者一方转移到了利益集团一方。

直至 20 世纪 90 年代，学者们对反垄断政策的看法还与 20 世纪 70

---

① 参见 William F. Shughart Ⅱ, *Antitrust Policy and Interest-Group Politics*, Greenwood Publishing Group, Inc., 1990, Foreword p15.（这是 James C. Miller Ⅲ 为 Shughart 写的序言。）

② 参见 George J. Stigler, Claire Friedland, "What Can Regulators Regulate? The Case of Electricity", *Journal of Law and Economics* 5 (October 1962), p16.

③ 参见 George J. Stigler, "Public Regulation of the Securities Market", *Journal of Business* 2 (April 1964), p142.

年代人们对经济管制的观点如出一辙:政府制定与执行反垄断政策出于善良的愿望,政策的失败应归咎于认识错误或操作失误,只要能够尽可能地贴近经济原则,反垄断政策就能收到好的效果。他们忽视了一个关键问题:即利益集团从中作梗,将反垄断政策作为"寻租"的工具,在反垄断领域"开辟"出一片福利转移的市场。比如,对一名众议院议员来讲,其能否当选往往取决于他所在选区内几个关键企业的态度,因而,保护这些企业的利益自然就成为他职责中的重中之重。在制定法律时,他必然要支持有利于这些企业的议案,反对并尽力阻止不利于这些企业的提议。也就是说,在行使立法权时,他会将个人的政治利益摆在国家利益之上,"经济效率"原则很难有机会进入他的视野。我们可以设想一个能够提高经济效率的合并:由于合并能带来经济效率的提高,股东会因股价上涨获益,消费者会因商品的低价受益,但这些人每个人的利益份额又都很小,在地理分布上又十分地分散,动员与组织的成本极高,不大可能结成紧密的利益集团,而此时合并导致的利益受损人——公司的职业经理层和雇工们则聚集在一起。工厂会因合并而关门,生产线要么会被卖掉,要么会被遗弃,大量雇员将因合并失去工作机会,留下来的少数雇员也会被迫迁移到别处上班,等等。作为直接的利益受损体,被接管企业的经理与雇工就会寻求政治帮助,请求该选区的议员出面或通过其他途径阻止这一合并的最终完成,而议员也会积极回应这一请求,否则,他的福利——政治利益也会因合并而受损:失去这些人的政治捐款和选票;如果被兼并企业继续存在的话,或许他还能得到公司的竞选资助。这样,寻求政治支持最大化的议员有着强烈的利己动机,将反垄断政策作为维护其选区选民、赞助者、支持者利益的工具。同时,由于合并带给其他选区和州的选民、赞助者与支持者的利益过于分散而显得微不足道,合并成功与否对他们关系不大,他们的政治代表因此承受的压力就小,这些议员就会"事不关己、高高挂起",对合并持无所谓的态度,甚至可能接受被兼并企业所在选区或州的议员的提议,附和后者反对合并,换取与后者在其他事项上的合作或支持。议员们还会联合起来去影响、说服主管司法部或 FTC 财政预算委员会的议员。由于这些议员掌管着向两家执法机构拨款、批准总统对两家机构高层官员的提名等大权,因此在这些议员提议与推动下,司法部或 FTC 往往会出面阻止或否决合并方案。当然,如果是主管这两家机构财政预算的议员,他们就更有力量来促使这一合并的流产。这样，反垄断政策就成了利益集团寻求私人利益和福利转移的工具。

这样看来，在公共政策领域的确存在一个福利转移市场。具体到反垄断政策，一些企业或产业是这一市场的需求者，公职人员成为这一市场的提供方。需求者向提供方提供竞选资金与政治支持，提供方为需求者提供政策依据，并按照需求者的要求采取行动，使需求者能够从社会大众或他人身上得到相应的利益回报，比如现金补贴、控制新的竞争对手入场、限制产出、价格补贴、替代物品以及合法的价格固定方案等。也就是说，通过政治过程，利益集团可以将公众或他人的福利转移到自己的口袋。值得注意的是，反垄断福利转移市场并不仅仅存在于企业与议员之间，同样还存在于企业与行政、司法机构之间。"法经济学"的出现可被企业与法院之间福利转移市场的一个副产品。这个问题，我们留在本章最后再来论述。

（二）福利转移市场中的集体行动

在福利转移市场，有一个奇特的现象，那就是无论是这一市场的"胜者"还是"输者"，都常常保持沉默。"胜者"已胜，目的实现，利益已得，尽可窃窃自喜，自然不必再作无谓的"炫耀"之举。但"输者"利益受损，仍然选择沉默，即使是偶尔的强烈愤怒与反抗，充其量也只能算是"过眼烟云"。这一奇特现象的产生，与集体行动的成本密切相关。

在"代议制"民主下，谁的集体行动成本低，谁就可能更多地从福利转移市场捞取好处。集体行动与信息成本及组织成本呈正相关，信息成本及组织成本构成了集体行动费用的主体。寻找福利转移的信息成本包含两个基本部分，即福利转移市场的每个参与者都必须首先确认他（她）个人的福利，然后还必须发现与自己有着共同利益的其他个体。很明显，如果这种福利很小或不容易被发觉，为搜索这一福利信息而支付费用（或很大的费用）就显得得不偿失。集体行动的第二个障碍是组织成本，组成利益共同体以后，每个参与者必须就如何行动、如何有效运用其自身资源和动员各方面积极力量、如何消除搭便车现象等问题上达成共识，并采取共同行动。只有在潜在收益超过联合起来的花费时，集体行动才是值得的。

小的利益集团在寻求福利转移活动中总是拥有相对优势。当某一利益对一个小团体很重要，但分摊到社会大众身上就相对不重要时，这一利益集团就有动力去游说政府（如用金钱与选票开路，通过政治家、政治党派、选民等传递其压力等），从而获得有利于己的政策。因为这一利益对这个小的利益集团有重要影响，为获取潜在的收获或避免潜在的损失，集团的每个成员都有强大的动力为政治活动提供最大程度的帮助，同时，小的利益集团达成一致意见、监督与控制搭便车行为的成本都很低。而这些利益对大众来说相对分散，且他们的组织成本极高①，受制于集体行动的高昂成本，公众当然对此无力作出反映。面对一盘散沙的庞大对手，小的、联合紧密的利益集团能够轻易取胜，将社会福利从公众手中转移到自己的名下（社会公众是最大的一个利益集团，公共利益可视为其集团利益）。

还需说明的是，启动成本构成寻求福利转移所有花费的主要部分。一旦利益集团组建起来，它们不仅在原先设想的领域占有优势，也会顺手牵羊，在其他领域实现福利转移。这样，它们就节省了寻求转移的最初成本。工会、产业贸易协会、农业协作组织、专业社团、公司等组织良好的利益集团，由于其信息与组织成本早已付出，它们对操纵政治议题、获取福利转移得心应手。由于只需付出少量成本的集体行动，能给利益集团带来巨大的经济收益，几乎任何专业集团与亚集团（subgroup）都发现利用国家政治机器为自己谋利是一种一本万利又切实可行的方案。这一方案比“同行对同行”、“生产商对消费者”更方便、更有效、更持久。

政府政策所花费的社会成本常常远远超过其带给民众的利益。最低工资立法②、贸易保护主义、农产品价格保护③就是公共政策失败的明证，反垄断政策与以上政策不同的仅是其根本目的不同与适用范围更具有普遍性。十几年前，人们对反垄断政策普遍抱有一种“偏见”，认为其

---

① 这一观点请参看 Mancur Olson, *The Logic of Collective Action: Public Goods and the Theory of Groups*, Harvard University Press (1971).

② 笔者曾与美国宪法学教授 Gary Goodpaster 谈及这方面的问题。Goodpaster 教授认为，政府的工资政策（包括最低工资的立法），只能在一时一地产生好的社会效果，应当是市场而不是政府来决定薪酬。在我国媒体对最低工资规定一片叫好声中，笔者对这一政策的效果持强烈的怀疑态度。在劳动力供应量与市场需求量严重失衡的情况下，这样的政策无论出发点是多么善良，但绝不可能达到既定目标。笔者为此走访了一些民工和下岗再就业工人与部分企业主，雇工的答复是“多少能按时开出工资就行了，只要不拖欠”。老板们的回答更干脆，“如果你嫌（认为）我给的工资太少，请去别处，我不愁找不到人”。目前，我国从南到北，从东到西，无技术含量的工作，再苦再累，也基本上是 400～450 元左右。这是市场所决定的。政府对此花费太多的精力似乎没有必要，倒不如将更多的力量用在劳动安全方面。

③ 美国的公共卫生局（the Public Health Service）提倡少抽烟，可农业部（the Department of Agriculture）却要给烟草种植园主发放政府补贴，还花钱拓展海外的烟草销路。

追求消费者福利最大化的目标之所以没有实现，根本原因在于执行人员的失误或水平有限。如果能够选拔合适的人选去执行反垄断政策，其目标就能实现。但"利益集团理论"却把反垄断政策的失败看作是在既定制度与法律条件下，理性人追寻自身利益行为的必然结果。这是现实条件下的一种策略选择，行为人的目的很简单也很明确，那就是希望通过集体行动，迫使政府采取有利于己的决策与行为，使自己最终获得最大的回报率。

（三）福利转移市场中的反垄断诉讼

利益集团还常常利用反垄断诉讼实现福利转移。这一点与其他为实现福利转移而寻求政治过程的方法并无二致。Easterbrook 曾指出，作为经济领域中一项公共政策，反垄断政策在现实生活中成了不折不扣的促进福利再分配的工具。由于政府确信在某些产业中市场竞争无法正常开展，而议会又没有决定对这些产业实施管制，司法部和 FTC 就故意地选择这些产业进行反垄断诉讼，使这些产业屈服于它所制定的产业指南，将地区法院变成事实上（de facto）的管制机构[①]。这样，为在非管制领域进行有利于己的福利转移，一些组织良好的利益集团就视司法部和 FTC 为达到这一目的的一个选择机构，同时，执法机构也往往是利益集团"揉搓"竞争对手的工具，可以用它来"借刀杀人"[②]。而且，由行政执法机构作为原告，还具有以下好处：（1）庞大的诉讼费不是由这些利益集团，而是由纳税人支付；（2）法院的裁决（裁定）由国家监督实施；（3）即使诉讼失败，也给竞争对手带来资本损失[③]。在行政执法机构反垄断诉讼的鼓舞下，民间的反垄断诉讼急剧增加：通过反垄断诉讼，限制新的竞争对手进入某一行业，限制价格或非价格竞争，给竞争对手造成经济损失等等。一些竞争者纷纷期盼能够以法庭上的胜利，扭转其在市场竞争的失败。利益集团对反垄断政策的滥用成为致使这一公共政策

---

① 参见 Frank H. Easterbrook，"The Limits of Antitrust"，*Texas Law Review* 63 (1984)，p35.

② 关于我国这方面的例子及论述，可参见中国改革研究基金会等著：《中国改革发展报告 2003——中国反垄断案例研究》中的《电信业：准入、分拆、竞争与绩效》一章，上海远东出版社 2003 年版，第 82～132 页。

③ 参见 Thomas W. Ross，"Winners and Losers under the Robinson-Patman Act"，*Journal of Law and Economics* 27 (October 1984)，p243～71.

偏离其宗旨的“罪魁祸首”。

（四）各利益集团的动机与反映

以往，人们常常认为国会、法院、行政执法机构以及反垄断理论界是在追求公共利益，以提高经济的竞争力来促进社会福利最大化。而当“利益集团”理论出笼后，人们用这一理论分析反垄断政策时，就发现情况并非如此。“利益集团”理论强调，各种各样的政府政策都是受私人利益而非公共利益的驱使。税收、补贴、管制价格、市场准入、产品质量与安全性等都被用来使部分企业或产业受益，而使他人遭损。由于政府手握公共权力，组织良好的利益集团就会寻求借用公共政策制定者之手，制定有利于己的政策，而使自身受益。反过来，政策制定者只要认识到某一利益集团给予他的政治支持较政策受损者有力，他们就会有制定并保持这种政策的动力。这样，作为竞争一方的私人利益集团就可能以向政策制定者提供政治支持为筹码，假借政府之手，获取正常竞争中获不到的经济利益。公共政策学者、经济学家与法律界人士都认识到，在政府矫正市场失败措施的背后，往往有一只组织良好的私人利益集团的黑手。社会福利减少了，一部分社会福利悄悄地流进了利益集团的腰包，而所有的经济损失最终都由消费者来承付。

客观地说，在反垄断这一公共政策的制定与执行过程中的确存在着“黑箱”（“Black Box”）运作。从某种意义上讲，反垄断政策就是利益集团讨价还价的结果。反垄断政策不是运行于政治真空，只要有反垄断政策，利益集团就会从中找到用武之地。而且，利益集团的力量之大超乎一般人的想象。在自利动机的驱使下，企业、议员、行政执行机构、法官、律师与理论界组成了一个个运用反垄断政策为自己捞取好处的利益集团。企业会从商业行为向政治行为延伸。“国会议员（也）想方设法去阻止大公司对其选区或所在州公司的收购。”“制定与执行反垄断政策的公共官员与私人反垄断律师都在追求自身的特殊利益（special interests）。”[①] 只有在了解了企业自利的本性、反垄断的立法、执行与裁判机构在从事与反垄断政策有关的公务活动中，都同时追求着自身利益这一点，才能明了反垄断的政策目标（无论是效率还是其他）都不可能一帆风顺地达

① William F. Shughart Ⅱ, *Antitrust Policy and Interest-Group Politics*, Greenwood Publishing Group, Inc., 1990, Foreword p14.（这是 James C. Miller Ⅲ为 Shughart 写的序言。）

到，也才有可能对此进行限制乃至改革反垄断机构。

一些公司成为反垄断政策的坚定需求者。公共权力的介入成为其克敌致胜的“法宝”，反垄断政策及其执行被这些企业当作一种“投资”，成为其通向成功、实现其在市场竞争中所无法达到的胜出目标的捷径。不仅“零售商人为抑制强有力的竞争对手而提出价格歧视诉讼，生产商担心企业合并后的公司更具竞争力，而诉求法院禁止合并或要求行政执法机构介入审查”。国会议员对监督执行反垄断政策积极性很高。他们为获取政治支持（包括投票、竞选资助等），就必须“反哺选民”。在反垄断政策的制定、修改与执行方面，照顾选区或所在州的企业或产业，是其“反哺”的方式之一，这被称为“议员以反垄断为手段为选区谋利”（“antitrust pork barrel”）①。

在“公共政策为公共利益服务”和“行政机构远离政治过程”两个错误观点的指导下，以前的人们在分析反垄断案例时，总是以为司法部与FTC都是以公共利益最大化为出发点选择执行案件。上世纪70年代，William Long、Richard Schramm和Robert Tollision把委托——代理理论引入反垄断政策的研究后发现：作为代理人，一是司法部与FTC的律师们都有着自己的利益，他们时刻都在打着如意算盘。由于希望通过诉讼增加自己的办案经验，提高自身的办案技能，以便在离开公共服务机构后，到私人律师事务所专门从事反垄断诉讼，律师们处理诉讼案件时，把能否“提交法庭”作为首要标准，而不考虑案件本身的价值；二是诉讼对执行机构的高级官员及任命人员也极为重要。起诉案件的数量往往是国会与执行机构对其考核的一个主要考量。至于诉讼的巨额费用，则在所不惜；三是FTC的经济学家不是根据自己的学识，对公司与市场行为作独立的判断，向主管律师作实事求是的说明，而是为迎合律师的起诉冲动，歪曲事实真象，与律师团队“合作”，以求得到续聘。这样，他们选择起诉的案件看起来好象很有代表性，能够矫正市场缺陷，提高分配效率，但实际效果恰得其反。充当反垄断靶子的往往都是些有竞争力而不是垄断力量的公司。每当诉讼结束，被指控公司所在的行业就会处

---

① William F. Shughart Ⅱ, *Antitrust Policy and Interest-Group Politics*, Greenwood Publishing Group, Inc., 1990, Introduction p7.

于衰退之中[①]。Peter Asch 虽然不认为政府的起诉会使整个行业衰退，但他引用的产业数据却表明政府的起诉的确导致被起诉公司元气大伤[②]。反垄断政策的执行并没有带来原先所预见的提升社会福利的结果。

法官们任职终身，受利益寻租动机的影响甚小，利益集团理论似乎对司法判决影响不大。但近期的资料表明，下级法院支持行政执法机构的判决所占比例明显偏大，而其中的许多判决又被上级法院推翻。人们怀疑这与法官希望得到行政当局的提名、晋升到上一级法院任职有关[③]。而畸轻畸重的处罚，常被当作法官为减少工作量对正在等待审理或即将诉讼案件的警告[④]。

私人反垄断律师是执行反垄断政策获益最大的一个群体。反垄断诉讼越多，他们受理案件的余地越大，收费也会水涨船高。三倍赔偿的规定，使他们有能力、有动力去唆使当事人起诉，以共同分享这块"肥肉"。为此，律师们还专为无力支付诉讼费用的小企业与消费者，精心打造了"风险代理"。甚至有人戏称，是谢尔曼为律师找到了一个新的发财致富的途径。在 1950 年国会修改克莱顿法、制定 Celler-Kefauver Amendment 时，53 名律师界证人竟达成默契，一致同意支持新法案[⑤]。

反垄断本质上是个经济政策，但它却被操纵在不懂经济的法官和律师(包括私人律师和执法机构中的公职律师)手中。因此，对他们进行基本经济理论培训，或在具体的案件中为他们提供经济分析方法就显得很

---

① 参见 William Long, Richard Schramm & Robert Tollision, "The Economic Determinants of Antitrust Activity", *Journal of Law and Economics* 18 (October 1975), p360～64.

② 参见 Peter Asch, "The Determinants of Antitrust Activity", *Journal of Law and Economics* 18 (October 1975), p 559～60.

③ 美国有一句谚语："联邦法官就是了解总统的律师。"对地区法院的法官而言，更准确地说，它们是"熟悉参议员的律师"。有关行政(总统、司法部高官)与参议员对联邦法官任职的影响，请参见 James V. Calvi & Susan Coleman, *American Law and Legal Systems* (5th Edition), Prentice Hall (2003), p49, 54～64.

④ 司法判决具有警示作用，它表明了法院对此类案件的态度。如果原告感觉到，胜诉概率不大，或胜诉也不会带来多少经济利益，他就会选择撤诉。而如果被告认识到此时的法院对自己从事的某一类行为，处罚力度明显加大，可能判决自己支付巨额赔偿，则会要求与对方庭外和解(settle out of court)。

⑤ 参见 William F. Baxter, *Political Economy of Antitrust*, Lexington Books (1980), p45～46.

有必要。最高法院根据经济学家的建议所做出的 Sylvania 判决就得到人们的一致肯定①。但这又为大的垄断企业、财团及其基金提供了有乘之机。它们通过资助法官与律师的教育培训与研讨会、为经济学与法学教授提供研究基金、为学生提供奖学金,不仅催生了法经济学,还将其扶持为一门显学。芝加哥学派在上世纪 80 年代的如日中天,直至今日仍基本控制反垄断经济理论的话语权,这是学界与商业成功结合、互相帮助的楷模。无论是法院判决还是行政机构的指南与执行行为,都明显偏向了为上述活动提供财力支持的基金来源企业与产业。

二、企业对反垄断政策的利用

企业是运用反垄断政策进行福利转移的一个需求者。作为一个整体,企业与消费者一样,常常是反垄断政策的受害者。但是,无论市场竞争中的胜者还是输者,只要他们看到政府运用反垄断政策介入市场对己有利可图,他们就有动力去推动、促成这种介入。

反垄断政策作为一项福利转移的工具,能够被运用于所有的经济领域,因而具有特别的价值。它提供了一个总体法律框架,能在各行各业被用来夺取竞争对手的经济利益或逃避激烈的市场竞争,因而,它常被竞争者视作另类竞争方式。面对一个新对手抢走自己的市场份额,企业可以正常的竞争方式回应,如降价、提高产品质量、增加广告投入等等,当然它也可能选择请求政府的保护,它可以游说立法者,或试图影响行政决定;或以提供信息为条件,鼓动行政执行机构提起反垄断诉讼,甚至自己赤膊上阵,以受害人名义直接起诉。究竟选择何种方式,要看具体的环境下哪一种策略能给它带来最大的回报。

从公共利益的角度,寻求反垄断政策进行福利转移或保护已有福利,毫无疑问是对反垄断政策的误用或滥用,但这对实施者而言,又是经济人本性在既定条件下的理性选择。要列举私人企业通过寻租活动,对每一条反垄断规定及行政执法机构的利用几乎是不可能的。这里,我们

---

① Continental T. V. Inc. v. GTE Sylvania, 433 U. S. 36 (1977)是近 30 年来最为重要的判决之一。此案中,法院对垂直地区限制(vertical territorial restraint)适用了“推理原则”(rule of reason)。最高法院依据这一判决审理了 Monsanto Co. v. Apray-Rite Service Corp., 465 U. S. 752 (1984)和 Mastushita Electric Industrial Co., Ltd. et al v. Zenith Radio Corp. et al, 475 U. S. 574 (1986)。

从两个方面来探讨企业是怎样运用反垄断政策，实现有利于己的福利转移的。一是以反价格歧视政策为例，从政策规定上论述私人企业是如何运用反垄断政策实现福利转移的，二是探讨私人反垄断诉讼如何通过要挟竞争对手与有上、下游经济联系的企业，从而达到破坏竞争，实现有利于原告的福利转移的。

(一) 从反价格歧视政策看企业对反垄断政策的利用

1. 企业影响反价格歧视立法的历史考察

企业对价格歧视的偏见可谓根深蒂固，并长久地影响着反价格歧视法规的制定过程。价格歧视最初在 1887 年的州际商业法被规定为违法[①]。1914 年的克莱顿法又将价格歧视推广至所有行业。FTC 运用克莱顿法第二条起诉了大量的价格歧视案件，仅从 1914 年至 1919 年就有 100 件[②]。但到了经济繁荣的 20 年代，这一规定形同虚设。这一时期，经营方式发生了革命性变革，连锁店（chain store）开始取代传统的从生产商到批发商（wholesaler）再到零售商（retailer）的经营模式，对产业尤其是对传统的百货销售业产生了致命的冲击。由于连锁店摆脱了中间环节，将批发与零售合二为一，商品从生产厂商处直接送达店铺供消费者挑选，它能够获得巨额经济回报。独立的中小零售商、批发商、经纪人（broker）、中间商（middleman）面临的竞争压力日趋强烈，并逐渐被边缘化。上世纪前 20 年，连锁经营获得了长足的进展。到 1929 年，以 Great Atlantic & Pacific Tea Co. 为代表的大型连锁店的营业额占全国零售总额的 1/3[③]。

但连锁店的扩张也受到了在经济竞争上处于劣势的批发商与零售商的强烈抵抗。最初，他们游说地方议会通过了针对连锁经营的特别税收法案。在 20 世纪 20 年代晚期到 30 年代，总共有 28 个州议会又制定了要求连锁店交纳许可证年检费的法律。年检费随着在州内新增连锁店的数量增加而水涨船高，如蒙大纳州规定，当一家公司在其境内拥有

---

① 该法将铁路运费歧视（铁路公司对大宗货物的托运人或长途运输的托运人实行价格优惠，或事后回扣的做法）定为非法。

② 参见 Richard A. Posner, *A Statistical Study of Antitrust Enforcement*, Journal of Law and Economics 13 (October 1970), p370.

③ 参见 Thomas W. Ross, "Winners and Losers under the Robinson-Patman Act", *Journal of Law and Economics* 27 (October 1984), p70～71.

11 家连锁店时，每一家连锁店需交纳年检费 30 美元。德克萨斯州规定，当连锁店达到第 51 家时，年检费为 750 美元。由于 1935 年平均一家连锁店的年净利润仅为 950 美元[①]，年检费不仅限制了连锁经营的发展，更准确地讲，它是对发展连锁经营的一种惩罚。

大萧条（the Great Depression）催生了由国家复兴管理局（the National Recovery Administration）执行的保护批发与零售贸易的公平竞争法典（Codes of Fair Competition）。立法的目的是限制各行各业的价格竞争，防止"肆无忌惮的减价"行为。在药品贸易中，独立的药商（druggist）游说州议会强制生产商规定最低零售价格。如果最低零售价格超过了连锁店的要价，连锁店的价格优势就会消失殆尽。全国零售药商协会（the National Association of Retail Druggists）起草的模范零售价格维护条例（the Model Resale Price Maintenance Statute）最后被 20 个州采纳。45 个州最终通过了某种程度的公平贸易立法。1937 年国会通过的 Miller-Tydings 法还对各州议会制定的要求生产商规定最低零售价格的立法作了反垄断豁免[②]。

当 1935 年最高法院判决国家产业复兴法违宪后，独立的批发商和零售商马上向他们的坚强支持者、来自德州的众议员 Wright Patman 求助。Patman 曾公开宣称："美国商业体系中不应为连锁店保留一席之地。"批发商协会（the Whole Grocers Association）向这位议员递交了他们聘请律师起草的旨在加强克莱顿法第二条的一份法案。Patman 于 1935 年 6 月 11 日向议会呈报了这份强化价格歧视的法案。这份法案经过参议员 Robinson 的修改，由二人署名，第二年（1936 年）被国会通过，这即是有名的 Robinson-Patman 法。

2. Robinson-Patman 法带来的后果

显而易见，Robinson-Patman 法是冲着连锁店而来的。该法对连锁店、经纪人及其他中间商产生了重大影响。从 1935 年 6 月到 1937 年 12 月的 31 个月内，全美连锁店（作为一个整体计算）的资产净值下降了 58%，1936 年，全美最大的 6 家连锁店的平均税后利润为 8.1%，到 1937

---

① 参见 Thomas W. Ross, "Store Wars: The Chain Tax Movement", *Journal of Law and Economics* 29 (April 1986), p126～27.

② 参见 Thomas W. Ross, "Winners and Losers under the Robinson-Patman Act", *Journal of Law and Economics* 27 (October 1984), p248.

年下降到3.5%。如前所述,在1929年大型连锁店的营业额占全国零售总额的1/3,1933年达到44%,但在年检费与Robinson-Patman法的共同作用下,到1937年大型连锁店的营业额下降至36.7%,1948年恢复到37%①。

在连锁店丢城失地的同时,独立的批发商、零售商、经纪人、中间商又重新兴旺发达起来。以独立的食品经纪人为例,他们在Robinson-Patman法通过后情况急剧好转,1929年至1935年,其佣金下降了39%,但从1935年到1939年间,其佣金增长了50%。仅在1939年,经纪人就获利710万美元,是零售食品销售利润的2倍、批发商利润的7倍。② FTC根据克莱顿法第2条的执法活动,对指控的价格歧视公司产生了不利的影响。从1962年8月到1981年4月间,被FTC起诉的公司资产净值下降幅度为2%~9%,下降幅度取决于是双方就案件的处理在庭外达成一致,还是案件交由一位行政法法官(administrative law judge)主持的听审来决定结果。而被指控构成犯罪的价格歧视与一般违法的价格歧视,给每个公司带来的诉讼费用则大体相同③。

有关价格歧视的政策带有明显的私人利益的背景。Robinson-Patman法是批发商与独立的零售商阻止有效率的大型连锁店扩张的主要武器。虽然其终极目标并未达到,但却重创了连锁经营者,给其造成数以百万计的经济损失。而且,Robinson-Patman法还成功地扭转了福利转移的方向,为此消费者不得不为高物价买单。

反垄断政策中蕴涵的宣告某些商业惯例具有反竞争性而违法的权力,同样地被用来损害竞争过程。合并政策可以用来阻止让竞争对手感到不快、但却能节约合并公司费用的收购行为。垂直限制会被买方用以解决与卖方的合同纠纷。价格歧视的政策能够用以制止高效率的竞争对手向消费者提供低价商品与服务。窥一斑而识全貌,反垄断政策就这样被企业从维护与促进竞争、保护消费者福利的工具转变了破坏竞争与

---

① 参见Thomas W. Ross,"Winners and Losers under the Robinson-Patman Act", *Journal of Law and Economics* 27 (October 1984), p270.

② 参见Thomas W. Ross,"Winners and Losers under the Robinson-Patman Act", *Journal of Law and Economics* 27 (October 1984), p258.

③ 参见Thomas W. Ross,"Winners and Losers under the Robinson-Patman Act", *Journal of Law and Economics* 27 (October 1984), p271.

损害竞争对手与消费者利益的手段。一些公司与产业依靠积极运用反垄断政策，从对手中获得了更多的利益或减少自身的损失。这些利益也刺激着其他公司“投资”于反垄断政策，以期从竞争对手身上获利。从经济利益上来看，这一投资与企业将资本投资到生产与经营领域没有什么两样，它们同样也能为投资者带来期望的经济回报。

（二）私人反垄断诉讼对反垄断政策的利用

1. 私人反垄断诉讼及其激增原因

谢尔曼法第7条曾有“三倍赔偿”的规定，克莱顿法第4条对它作了补充规定：“任何因反垄断法所禁止的事由而遭受财产或经营损失的人，可在被告居住的、被发现的有代理机构的区向美国地区法院提起诉讼，不论损害大小，一律给予其损害额的三倍赔偿及诉讼费与合理的律师费。”法律对起诉身份的定义很宽泛。根据谢尔曼法第8条：“本法提到的‘人’，应被视为包括依据美国联邦法律、州法、准州法或外国法律成立的，经上述法律核准的现存公司及组织。”这样受害人除个人以外，还包括公司、合伙企业、其他经济实体。根据联邦最高法院的解释，政治自治体(municipality)①、州②、外国政府③都可构成谢尔曼法中的“人”。美国联邦政府虽符合“人”的构成，但不得要求三倍赔偿④。1955年，国会对克莱顿法第4条进行修改时，允许联邦政府可以对垄断损害要求等额赔偿，并附加诉讼费。

依据反垄断诉讼原告身份的不同，反垄断诉讼可分为公共反垄断(public antitrust)与私人反垄断(private antitrust)。前者的起诉主体主要是司法部与FTC，后者的起诉主体是因垄断行为而遭受经济损失的私人，包括与垄断行为人有竞争关系、有业务关系的私人及消费者。这里的私人与消费者既可以是自然人，也可以是企业法人或其他私营组织。当私人因各种原因无法行使其反垄断起诉权时，政府以“监护人”的身份所进行的反垄断诉讼应当归属于公共反垄断诉讼。私人提起反垄断诉讼受制于最高法院两个判决，它们都要求原告必须是垄断行为的直接受害者。而有“传递关系”的垄断行为受害人，不得依谢尔曼法起诉垄断行

① 参见：Chattanooga Foundry & Pipe Works v. City of Atlanta, 203 U.S. 390 (1906).

② 参见：Georgia v. Evans, 316 U.S. 159 (1942).

③ 参见：Pfizer, Inc. v. Government of India, 434 U.S. 308 (1978).

④ 参见：U.S. v. Cooper Corp., 312 U.S. 600 (1941).

为人。

从谢尔曼法通过后的最初几十年间，有关私人反垄断诉讼方面的数据很不一致。波斯纳的论文[①]中引用了四个相互矛盾的数据。第一种说法是在1938年前没有私人反垄断诉讼的记录，第二种说法是从1890年至1940年50年间总共有158起私人反垄断案件，第三种说法是在这50年间有175起私人反垄断诉讼，最后一种说法是50年间共有423起私人反垄断诉讼，但仅有13起案件胜诉。但无论如何，这些数据都表明了在反垄断政策出台的最初几十年时间内，私人反垄断案件很少发生。自上世纪40年代开始，私人反垄断诉讼开始兴起，1940年至1959年私人反垄断诉讼达到619起。在1952年至1958年间的144起私人反垄断诉讼中，原告仅在20起诉讼中获胜。虽然从上世纪60年代起，上述各种起诉资格的限制接踵而至，但私人反垄断诉讼还是迎来了大暴发的时代。在1960年私人反垄断诉讼首次超过公共反垄断案件[②]，并一直保持着高速增长的态势，最终将公共反垄断诉讼远远地抛在了后面。1971年至1984年，私人反垄断诉讼都保持在每年1 000起以上，最少的一年（1982年）为1 037起，最多的一年（1977年）为1 611起[③]。

私人反垄断案件剧增的原因，可以归结为如下几个因素：(1)“三倍赔偿”可能部分解释这一问题，它是反垄断政策的最大特色之一[④]。但“三倍赔偿”早在1890年就存在了，它只能被当作案件剧增的原动力，要让其发挥作用，还需要外界的诱因。(2) 最高法院在1946年的Bigelow案中，大大减轻了私人反垄断诉讼原告证明损害的举证责任[⑤]。判决后，私人反垄断诉讼快速增加并赶上了反垄断局起诉的案件。时间上的一致性可以为解释私人反垄断诉讼剧增作一个脚注。(3) 私人反垄断诉讼

① 参见Richard A. Posner, “Statistical Study of Antitrust Enforcement”, *Journal of Law and Economics* 13 (October 1970), p369～71.

② 公共反垄断案件数量为208起，私人反垄断案件为228起。

③ 参见Steven C. Salop and Lawrence J. White, “Economic Analysis of Private Antitrust Litigation”, *Georgetown Law Journal* 74 (April 1986), p1001.

④ 传统的民事损害赔偿为等额赔偿，它是以实际损害作为确定赔偿金数额的标准。反垄断政策是政府干预市场经济的基本手段，它有别于民事手段，美国政府在谢尔曼法中采用“三倍赔偿”以加大损害者的责任，保护受害人不受非法侵犯。参见王家福主编：《民法债权》，法律出版社1991年版，第243～54页。

⑤ 参见：Bigelow v. RKO Radio Pictures, Inc., 327 U.S. 251 (1946).

搭上了公共反垄断案件的“便车”。由于美国实行的是判例法，一个胜诉的政府诉讼往往吸引一大批私人诉讼。当执行机构的某个诉讼请求得到法院的支持后，持相同或类似事由的私人反垄断诉讼就会蜂拥而至。1946年至1963年间，在总计1,456起私人反垄断诉讼中，有986起是在反垄断局的案件胜诉以后，“尾随”反垄断局的诉讼，针对同一被告、就同一问题提起的，占总额的2/3。更为典型的是，在1962年最高法院最终判决通用电器公司与其他竞争者共谋，违反谢尔曼法后[①]，美国社会上掀起了一股“乘司法部胜诉东风，向共谋者追讨三倍赔偿”的飓风，整个60年代，发生了2 233起这样的诉讼[②]。克莱顿法第5条(a)宣称：“由美国或代表美国提起的民事、刑事诉讼中，做出的被告违反反垄断法的最终判决或禁令，是由其他个人对上述被告依据上述法律提起的诉讼中的最初证据(prima facie)。当事人之间对上述判决或禁令的各方面不能翻供。”这就意味着私人诉讼可以直接将公共诉讼中被法院认可的证据，作为自己的证据来使用，这样做不仅节约了收集证据的诉讼成本与律师费用，免去了法庭调查与质证的过程，这样的证据还更加有效有力。私人反垄断诉讼的原告只要证明自己受到过垄断行为的损害，计算出损害数额，既可赢得诉讼。虽然难以断定一个胜诉的公共反垄断诉讼到底“吸引”了多少起私人诉讼，但数量终究是可观的[③]。(4) 1966年联邦刑事诉讼规则(Federal Rules of Criminal Procedure)第23条(a)和(b)的修改，使单个个体遭受的小的垄断损害能够通过集团诉讼的形式得以弥补，这无疑促进了私人反垄断诉讼的积极性。

私人反垄断诉讼的激增引起了学界的高度关注。波斯纳认为，“三倍赔偿”引起了人们不正当的诉讼动机，无疑鼓动了许许多多的希望诈取他人大批钱财的无端诉讼，延长了诉讼时间，不是减轻而是抬高了整个社会的竞争成本。“在我看来，自利的私人反垄断诉讼过度膨胀，是阻

---

① 参见：U. S. v. General Electric Co., et al., (1962).

② 参见 Richard A. Posner, “Statistical Study of Antitrust Enforcement,” *Journal of Law and Economics* 13 (October 1970), p371～72.

③ 参见 Richard A. Posner, “Statistical Study of Antitrust Enforcement”, *Journal of Law and Economics* 13 (October 1970), p372.

碍而不是提升竞争。"[①]就单个私人反垄断诉讼来看，其诉讼花费之高让人难以置信。据 Reich 的统计，1979 年一年私人反垄断诉讼的诉讼成本与公共反垄断诉讼中被告所花费的钱财，总计达 21 亿美元[②]。Salop 与 White 也在 1986 年作过一个粗略的估计：近年来平均每个私人反垄断诉讼的成本在 20 万至 25 万美元之间，平均每年的私人反垄断诉讼要花掉 2 亿 5 千万美元[③]。"三倍赔偿"还"为保护主义行为提供了一个直接的动机"，即将反垄断政策作为"搅乱"竞争过程的工具[④]。

反垄断律师无疑从积极的反垄断政策执行中获得巨大收益。随着反垄断纠纷的增多，私人反垄断律师有了用武之地——公共反垄断诉讼中的被告、私人反垄断争议的双方当事人，都有求于私人反垄断律师，向他们咨询，请求他们代表自己一方与对手协商谈判、参与法庭诉讼。一位空想社会主义理论家对律师的批判在这里得到了应验，那就是"律师都希望天天有人打官司"。因为律师的劳动是有报酬的。律师的收费是，在胜诉的赔偿案中，其提成比例为原告所获赔偿额的 10～20%，庭外和解的提成比率适当提高。没有胜诉或案件不涉及赔偿金额的以律师的劳动量收取，劳动量按小时计算，每小时出庭的律师费比庭外费用高 1.5 倍左右[⑤]。这样，私人反垄断律师就有强烈的动机为当事人"热情服务"，加之含糊不清的反垄断执行标准与"三倍赔偿"，支配着律师将反垄断纠纷作为实现其福利转移的工具。

2. "三倍赔偿"对诉讼和解的影响

经济人的理性使人们认识到，如果预期的违法收益超过违法成本，违法就是"有价值的"，只有当他意识到其预期的违法行为会被发现，受

---

① Richard A. Posner, *Antitrust Law: An Economic Perspective*, University of Chicago Press (1976), p35.

② 参见 Robert B. Reich, "The Antitrust Industry", *Georgetown Law Journal* 68 (April 1980), p1068.

③ 参见 Steven C. Salop & Lawrence J. White, "Economic Analysis of Private Antitrust Litigation", *Georgetown Law Journal* 74 (April 1986), p1016.

④ 有关这一问题，本文将在下一节作专门探讨。也请参见 William J. Baumol & Janusz A. Ordover, "Use of Antitrust to Subvert Competition", *Journal of Law and Economics* 28 (May 1985), p253。

⑤ 参见 Steven C. Salop & Lawrence J. White, "Economic Analysis of Private Antitrust Litigation", *Georgetown Law Journal* 74 (April 1986), p1003.

害人会因此起诉他，而他又面临着败诉可能，这一违法行为给他带来的收益至少与其违法赔偿数额相等，其违法行为才能被阻止。由于每个阶段的行为后果都具有不确定性，行为人难以预测，即使是违法行为被发现，也不必然导致违法行为受惩罚，更不能保证惩罚力度一定能超过违法行为给他带来的收益。而且受害人也必然要在评估其预期的损害赔偿与诉讼成本之后，才会决定是否起诉（有时还涉及到以何种诉讼请求诉讼与诉讼的管辖权问题）①。那么，垄断行为的受害人在什么情况下才去请求损害赔偿，又是什么因素决定诉讼双方对薄公堂或进行庭外和解呢？

原告是否检举、起诉或与被告和解取决于被告的出价，也就是被告预期的赔偿数额加上诉讼成本减去原告要求的最小赔偿额。作为理性的经济人，原告清楚其最小赔偿额应当是其预期的赔偿额减去其诉讼成本。同时，由于诉讼的不确定性以及双方对案情及对法律适用的认识上存在着差异，也会严重影响纠纷的解决方式。这样，当原告认为诉讼成本较低而预期赔偿较大时，他就倾向于采取诉讼方式。但由于反垄断诉讼的一个特点是，如果原告胜诉，被告要为其支付合理的诉讼费与律师费。诉讼成本对原告是否采取诉讼方式解决争议影响不大。如果被告的预期赔偿数额加上其辩护成本超过了原告的最小赔偿额，他就会采取“息讼”的方式。如果双方当事人对各自的成本与收益在认识上差距较大，原告期望的诉讼收益与被告愿意支付的赔偿数额差距明显，甚至于被告根本不会认为自己会败诉，那么双方走上法庭、寻求司法途径就成为纠纷解决的唯一选项。亦即，原告越对胜诉志在必得，被告对原告胜诉的概率认识越低，双方越不介意诉讼成本，争议越有可能依靠法官来做出最终的裁决。如果双方都意识到原告胜诉的可能，为节省诉讼成本，争议就会以庭外和解的方式解决。当然，如果预期收益超过了诉讼

---

① 这种分析只具有普遍性，并不能适用于所有的诉讼行为。比如：普通法系的民事侵权法（tort law）中有一种名义赔偿，法官一般会判被告向原告赔偿 1 美元，其主要目的是通过国家强制的形式，向被告及所有这种行为的人宣告该行为的违法性，警示其不得再犯（若再犯，可能面临巨额的赔偿或罚款，第三次做出这一行为，可能还要面临刑事制裁）。我国也经常出现要求法院判决被告作象征性赔偿（如 1 元钱或 1 分钱）的诉讼请求。其主要功能是“正名”，或者说是原告要求法官为其“出一口气”。从经济分析的角度，这类诉讼行为往往是劳民伤财，没有价值的。但从社会角度来看，还是具有其积极的社会意义的，有时能产生极其良好的社会后果。当然，也可以从另一个“经济角度”对这类诉讼作一番“经济分析”。但这不是本文力所能及的。

成本，继续进行诉讼就变成理性的选择。

在诉讼过程中，双方当事人都冒着一定的风险。从某种意义上讲，诉讼对他们是一场“赌博”。反垄断专家的研究表明，由于双方都不大愿意冒太大的诉讼风险，因而庭外和解成为了其纠纷的主要解决方式。1964 年至 1970 年间，671 件私人反垄断诉讼中有 550 件以庭外和解的方式了结，占全部案件的 82%，而原告胜诉的案件只占全部案件的 15%①。另一对反垄断专家 Salop 与 White 对 1973 年至 1983 年 2 350 起私人反垄断案件的抽样统计数据显示，其中的 1 716 件案件以和解方式结案，占总数的 73%，而最终由法院判决的案件中，原告胜诉的案件仅占总数的 28%②。两组数据都显示了在最终的法院审判中原告的低胜诉率。数据还表明，被告和解的愿望很大程度上是由于他们对胜诉把握的不可知性，担心法院会判决其向原告支付巨额的赔偿金并承担高昂的诉讼费用。

如果原告提起私人反垄断诉讼的预期赔偿数额与被告可接受的支付数额，二者差距不大，双方的律师就会走到一起，协商解决纠纷，进而达成一致，了结案件。我们可以 Salop 与 White 对 1973 年至 1983 年间诉讼的统计数据为例。这一期间，原告胜诉率为 28%，除一起畸高的赔偿金额外③，平均每起案件的赔偿数额为 456 000 美元。也就是说，每个反垄断诉讼原告都面临着 28%的机会去赢得 456 000 美元的赔偿。假定原告在诉讼过程中消耗到 20%的赔偿金，即 91 000 美元，这一成本要由另外 72%的原告去承担，那么原告可期望的平均净赔偿额则为 62 000 美元④。这 62 000 美元就是原告希望获得的平均赔偿额。另一方面，被告面临着 28%的赔偿 456 000 美元的可能性，再加上原告的诉讼成本与合理的律师费用。我们仍然假定被告在诉讼过程中也需消耗 20%的赔偿金，即 91 000 美元，那么被告期望其判决支付的赔偿金为 244 400 美

① 参见 William Baxter, *The Political Economy of Antitrust*, in Robert D. Tollison, ed., Principal Paper, Lexington Press (1980), p17.

② 参见 Steven C. Salop & Lawrence J. White, “Economic Analysis of Private Antitrust Litigation”, *Georgetown Law Journal* 74 (April 1986), p1010.

③ 这起案件是 Litton Systems, Inc. v. American Telephone and Telegraph Co., 568 F. Supp. 507 (A. D. N. Y 1983). 原告 Litton 获得 2.76 亿美元的损害赔偿。

④ $62,000=$456,000′28%－$91,000′72%

第六章 目标与现实的差距

元[①]。在 62 000 美元与 244 400 美元幅度以内，原、被告就能达成和解协议[②]。

总体而言，对原告来说，提起反垄断诉讼是一件有利可图的事。三倍赔偿，反垄断诉讼过程中法律标准的不确定性以及因此产生的对原告胜诉可能性的过高估计，高昂的诉讼成本，原、被告对赔偿数额认识上的差异，这些都可“鼓舞”原告尽可能多地起诉，甚至视反垄断诉讼为一项获取高额利润的产业。

3. 以私人反垄断诉讼进行敲诈

以敲诈对方为目的进行反垄断诉讼是一个值得关注的严重问题。虽然这一问题涉及面到底有多大还不很清楚，但有证据表明大量的反垄断诉讼不是出自垄断行为的受害人为其损失寻求司法救济，也不是为了阻止反竞争行为。长期工作在 FTC 经济局(Bureau of Economics)的经济学家 Ippolito 在对 130 起针对被告使用转售价格维持(Resale Price Maintenance，简称 RPM)的私人反垄断诉讼指控研究后，认为有 103 起诉讼是零售商起诉其上游供应商，而其中的绝大部分是因为生产商中止了它对零售商的地区代理资格，占起诉总数的 87%。这 130 起案件中 70%以庭外和解的方式解决。被提交到法院进行审判的案子中，只有 15%的案件可以说是具有反竞争起诉理由，原告胜诉的案件仅占 28%[③]。Ippolito 指出：“事实上，就我所接触的这些反垄断纠纷，很大一部分私人反垄断诉讼(像这 130 起转售价格维持案)本质上并非是反垄断诉讼，而是合同纠纷。”[④]

FTC 经济局的另一位经济学家 Christopher C. Klein 通过对 1972 年至 1985 年间的 117 起虚假的私人反垄断诉讼的研究发现，这些诉讼原本就是“毫无根据的、轻佻的(frivolous)，且只具有反竞争目的”。他还发现这类诉讼“花样繁多”。如，1985 年百事可乐公司准备收购另一家软

---

① $244,400=($456,000+$91,000)'28%+$91,000

② 参见 Steven C. Salop & Lawrence J. White, “Economic Analysis of Private Antitrust Litigation”, *Georgetown Law Journal* 74 (April 1986), p1005～1006.

③ 这一胜诉率与 Salop 与 White 的数据碰巧一致。参见 Steven C. Salop & Lawrence J. White, “Economic Analysis of Private Antitrust Litigation”, *Georgetown Law Journal* 74 (April 1986).

④ Pauline M. Ippolito, “Resale Price Maintenance: Evidence from Litigation”, *Journal of Law and Economics* 34 (October 1991), p263～94.

饮料公司 Seven-up。当资料报给 FTC 后，在 FTC 公布的异议期，百事可乐的老对手可口可乐公司宣布它也就并购一事与另一家软饮料公司 Dr. Pepper 达成了协议。因可口可乐公司并购 Dr. Depper 后的 HHI（Herfindahl-Hirschman Index）指数过高，FTC 禁止可口可乐的并购方案。可口可乐不服，以其合并后与百事可乐后的 HHI 指数大体相同，FTC 执法标准不一，起诉到地区法院。法院驳回了这一起诉，但同时要求 FTC 不得批准百事可乐的并购方案。而根据法院查明的事实，可口可乐的并购协议并不是可口可乐真的要并购 Dr. Depper 的资产，只不过是它通过起诉 FTC，进而阻止竞争对手百事可乐的并购而有意设计的一个虚假借口①。

这样看来，反垄断政策的确被一些私人利用了，特别表现在反垄断诉讼经常被私人用来敲诈竞争对手。在 Salop 与 White 1973 年至 1983 年的统计数据还表明，私人反垄断诉讼主要体现在两大类。一是下游企业如零售商、商业客户、经销商、许可人等对上游供应商的诉讼。下游企业起诉上游企业对它们实行垂直固定价格、拒绝交易、非法终止商业关系等。这类诉讼占到了全部诉讼的一半。二是竞争对手之间的诉讼。它们起诉对手共谋、实行掠夺性价格、进行水平贸易限制、合并以及合资等②。有合同关系的上、下游企业与竞争者作为诉讼一方，对诉讼另一方的行为是否违法反垄断法非常了解，而且它们也有这方面的商业知识。因此，它们能够将反垄断法作为解决合同纠纷或成功阻止竞争对手的工具。对被告而言，无论诉讼输赢，它都对诉讼保持着十分谨慎的态度：如果诉讼输了，不仅要赔偿原告，更会为它招来一大批新的原告对同一问题提起反垄断之诉。即使被告预见到会在诉讼中获胜，但如果原告的赔偿要求是在前面论及的它可接受的范围，它仍会接受庭外和解的方式。同时，它还担心原告向法院申请禁令（injunction），要求中止其正在进行

---

① 参见 Christopher C. Klein, "Economics of Shame Litigation: Theory, Cases and Policy", DC: *Federal Trade Commission*, April 1989. 这一观点在"Federal Trade Commission: 1989 Annual Report"中也有反映。FTC1989 年的年度报告的网址是：http://www.ftc.gov/os/annualreports/ar1989.pdf.

② 参见 Steven C. Salop & Lawrence J. White, "Economic Analysis of Private Antitrust Litigation", *Georgetown Law Journal* 74 (April 1986), p1007. 有关这一问题的详细论述可参见 Phillip Areeda & Louis Kaplow, *Antitrust Analysis: Problems, Text and Cases*, Aspen Publishers, Inc. (1997), p73～91.

的某一商业行为，特别是如果这一行为正在或即将给它带来巨大的商业利润，而且法院有可能下达禁令。所以，被告一般会低调处理反垄断诉讼，对原告的诉讼请求妥协让步。

私人反垄断诉讼中原、被告关系[①]

原告为被告的		所占比率
下游企业		51.4%
零售商	27.3%	
作为消费者的公司	12.5%	
终端消费者与使用者	8.7%	
经销商	1.6%	
许可人	1.3%	
竞争者		36.5%
供应商		5.6%
雇员(含被解雇的雇员)		3.5%
州与地方政府		1.4%
其他		26.5%

注：(1) 由于一个诉讼可能不止一种经济关系，所以总的百分率超过100%。

(2) 作为消费者的公司主要是因生产资料起诉。如公司购买汽车作为生产工具，它就可以此起诉。这里的终端消费者与使用者指的是个人。如汽车如由个人购买，它就被视为生活资料。作为终端的消费者与使用者常是以集团诉讼的形式提起诉讼。

(3) 州与地方政府的诉讼是其司法部长(或检察长)以公民监护人的身份，在公民不便于起诉时，代位起诉，诉讼费用由政府负担，收益由公民享受。

由此看来，私人反垄断的的确确利用与滥用了反垄断政策，将它变成破坏竞争、实现有利于己的福利转移的工具。这一观点从私人反垄断诉讼主要是由竞争对手与和被告存在着(或以前有过)经济关系的企业所提起，且私人反垄断诉讼表现出高的庭外和解率特征这两方面得到证实。反垄断诉讼在阻止反竞争行为与补偿违法行为的受害人的同时，也常常成为要挟竞争对手与有上、下游经济关系的企业的工具。正如Salop与White所言："一旦在分析私人反垄断诉讼时，加上了原告的敲

① 资料来源：Steven C. Salop & Lawrence J. White, "Economic Analysis of Private Antitrust Litigation", *Georgetown Law Journal* 74 (April 1986), p1007.

诈动机……那么，高和解率就意味着反垄断政策成为了敲诈者的天堂(a blackmailer's paradise)。”[①]

三、国会议员对反垄断政策的利用：以对 FTC 的影响为例

根据美国宪法第二条、第三条，众议院与参议院的代表由各州选举产生。这种在地域划分基础上产生的议员有一个共同特征，就是他们更有动力去保护、提高所在选区的利益，而不是所谓的“国家利益”或含糊不清的“经济效率”。按照复旦大学孙哲教授的说法，美国国会本身是一个利益交织的平台，它在做出决策的时候，不得不去看别人的眼色去行事，这中间就涉及到一个选区的实际利益，还有背后为其出钱参加选举的人。议员们为自己所在的州多创造一些机会，就等于在自己的成绩单上添加了一笔。这种情况决定着议员们在其政治过程中，无法站在全局的角度去看待问题、采取行动。[②] 比如，议员们常常绞尽脑汁去为所在选区争取军事建设项目，强烈反对关闭已有军事建设工程，并不是这些设施有利于社会福利最大化，而在于它们直接关系到这些议员的选民的利益（如能为这些选民创造就业机会等），而成本由联邦全体纳税人承担。

（一）Posner 假设

Posner 认为，从根本上说，选区利益实实在在地影响着美国国会的选举和议员对待反垄断政策的态度。每个议员都有责任和义务去保护和促进其选区与选民的利益。如果一个企业或产业曾对本区的议员提供过政治支持（投票、竞选捐款等），当它想从竞争市场外寻求反垄断程序的保护时，作为回报，议员就须对其诉求鼎力支持。此时，保护和促进这些企业（或产业）的利益就成为他（她）作为议员的最重要的职责。而且，由于国会对司法部与 FTC 的预算和批准，对司法部与 FTC 领导人任命的权力集中在国会的特定委员会及其下属委员会中的少数议员手中，这些掌管预算或监督司法部和 FTC 的议员们“更有热情去影响执行机构，让它们作出有利于其所在选区的企业和产业的决策与决定，最大

---

① Salop 与 White 的数据碰巧一致。参见 Steven C. Salop and Lawrence J. White, “Economic Analysis of Private Antitrust Litigation”, *Georgetown Law Journal* 74 (April 1986).

② 这是上海复旦大学美国研究中心副主任孙哲教授在接受中央电视台采访时的观点。参见：http://www.cctv.com/program/hxla/20040831/101989.shtml

限度地损害竞争者(的利益)”。同时,他们也有“极大的权力去提升他所在选区的经济利益,而不顾这一利益从全国角度看是多么的微不足道”。[①] 这一过程可用下图表示:

图 1:利益集团影响反垄断政策执行过程示意图

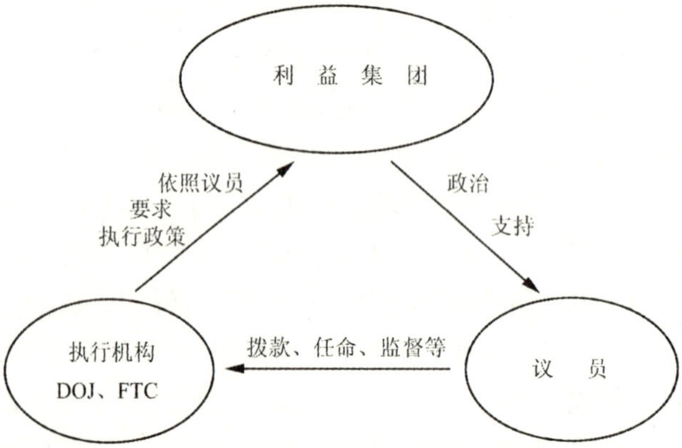

国会对执行机构的影响表现在,执行机构在政策执行的诸多方面对国会负责,并紧紧跟随着议员的指挥。国会明显地削弱了 FTC 执行政策的独立性,对 FTC 提高公共利益的努力产生了负面影响。因此,FTC 很少从公共利益出发展开案件调查,其中一个重要原因就在于,许多案件从一开始的立案就是回应“公司、同业公会和产业工会的要求,它们的动机是最大地将私人诉讼的成本转嫁给纳税人,最大可能地打击竞争对手”[②]。由此,Posner 提出了“议员以反垄断为手段为选区争取利益”的假设[③]。

Posner 的假设建立在三个基本的命题上。

首先,以地域划分为基础的代表制度使议员面临这样的不对称选择:是保护选区利益得到高回报,还是支持经济效率或国家利益得到低回报、无回报甚至负回报?选民们希望他们选出的代表要代表他们的利益,为他们的利益而战,因而有很大的动机告知议员他们的想法,游说议

① Richard A. Posner, “The Federal Commission”, *University of Chicago Law Review* 37 (1969), p87～88.

② Richard A. Posner, “The Federal Commission”, *University of Chicago Law Review* 37 (1969), p89.

③ Richard A. Posner, “The Federal Commission”, *University of Chicago Law Review* 37 (1969), p47.

员要保护当地的利益，所以来自工业州的议员渴望保证工人利益、农业州的议员希望提高农民福利，议员激励因素与政治压力皆源于此。与之相对的是，由于某一地区的利益相对集中，转移到该地的福利虽然让国家整体利益付出惨重代价，但由于是由全体纳税人承担，其他议员也就没有多少反对的压力。

假设的第二个命题是反垄断过程为将社会福利转移至某些产业与企业提供了机会。反垄断措施必然产生胜者与输者，胜者获得的利益往往是输者的损失。比如，当执行机构决定禁止一个能提高效率的合并提议时，就是将合并企业股东的利益分配给竞争对手；一个企业挑战其他企业某一行为违反反垄断政策时，就是为了减少对手的利益，增加自身的福利。假定反垄断过程能够提高或损害经济利益，企业就有动力为议员选举提供政治支持，换取议员对执行机构施加影响，以保护有利于它的反垄断措施，阻止不利于它的反垄断行动。议员们为了得到企业的政治支持，也会积极地回应企业的要求。

假设的第三个命题与一个经验主义的问题有关，即国会向执行机构施加影响，使之倾向于提高某一地区（产业、企业）的利益，而不顾或损害公共利益。

（二）对 Posner 假设的论证

1. 议员间的投票交易

总体而言，国会注重的是 FTC 的诉讼数量，因而预算拨款数额与诉讼案件量正相关。FTC 对此的“理性”回应当然就是多起诉，至于这些诉讼能带来什么样的社会经济后果则不在其考虑之列。从 FTC 的执行方式来看，对消费者潜在利益的考量远远低于对私人利益的关注，换言之，FTC 起诉的案件类型与国会的需要有关，与抽象的经济效率、公共利益与消费者福利无关。这样就涉及一个问题：FTC 对反垄断政策的执行是否有利于国会希望由此获益的产业呢？

由于政策议题的范围过于宽泛且需专业知识，国会设立了相应的委员会及附属委员会体系，让它们分别监督相关机构及相关政策的执行。这些委员会握有监督权，可以对行政机构的执行活动进行评估、举行听证，对执行机构的领导人的任命享有否决权（veto），对各种执行项目有增设基金、增加拨款的建议权，等等。这样，不可避免地产生了国会与行政的交叉管辖。监督相关行政机构及相关政策执行的各种委员会是由选举产生的议员组成，由于专业知识及所代表的选民组成等原因，形成了这一景象：在农业委员会中来自农业州的代表占主导地位、在海事委员会则由沿海区的议员所控制等。议员们必定会以他们占据的位置，通过选定政策议题、制定相关决定、通过相应法案等方式"反哺"其选民及所在的选区，以求得到政治支持的最大化。而且，每个议员都希望在其所在委员会中对相关行政机构发挥最大的控制力或影响力。但每个议员的权力又是有限的，每个议员又都有其政策偏好。为此，这些政治代表为实现各自设定的政策目标，互相间就会进行联合、拉拢与妥协，你在这个议案上支持我，我在另一个议案上附和你，甚至于组成临时"统一战线"，以"投票交易"(vote trading)的方式，最终实现共赢——实现了其政治支持的最大化。如此一来，议员之间也就大体上达到了"政治平衡"。

一旦议员间达到了政治平衡，委员会就希望看到其监督的相应行政机构能够以其偏好行事。议员们就会将其手中的权力"用足用活用到边"。他们会对执行情况举行听证，评估或审议执行机构的授权立法，批准或否决行政任命，视执行机构的表现调整预算标准。[①] 从官僚机构(包括 FTC)方面来看，辩认议员们的政策偏好，有助于它们把握议员对相关政策议题的关注程度。大量证据证明，国会对官僚机构决策过程与执行活动有巨大的影响。在里根执政的前期，国会每年向 FTC 的拨款都超出了 FTC 的请求，原因在于国会不愿意看到 FTC 的几个地区办公室因为预算不足被关闭，同时也通过增加拨款向 FTC 传递国会希望它积极执行 Robinson-Patman 法的愿望。[②]

2. 对 FTC 诉讼与准立法行为的干预

曾任 FTC 秘书的 Joseph W. Shea 在批评议员以影响 FTC 执行反垄断政策为所在选区争取利益时说："来自每个议员办公室的任何一封信——不论是议员写来的，还是由他(她)转来的检举材料——都必然加注'特急'字样，这些信件享有高度优先权，必须确保议员在 5 天内得到答复。"FTC 的前任委员 Elman 不顾其他委员的极力反对，冲破各种阻

① 参见 William F. Shughart Ⅱ, Robert D. Tollison & Brian L. Goff, "Bureaucratic Structure and Congressional Control", *Southern Economic Journal* 52 (April 1986), p962~72.

② 参见 Bruce Yandle, "Regulatory Reform in the Realm of the Rent Seekers", in Robert J. Mackay, James C. Miller Ⅲ & Bruce Yandle, eds., *Public Choice and Regulation: A View from Inside the Federal Trade Commission*, Hoover Institution Press (1987), p342.

力，向参议院通报了国会的压力“恶化了 FTC 的工作环境”，指责一些议员为私人公司的利益，向 FTC 打不留记录的私人电话，谋求 FTC 批准这些公司的合并方案。①

Faith 等三位学者的研究以详实的数据论证了议员对反垄断执行的影响，论证了 Posner “议员以反垄断为手段为选区争取利益”假设的正确性②。他们收集了 1961 年至 1979 年间 FTC 起诉的案件，结果发现：如果 FTC 起诉的被告其总部设在国会两院对 FTC 有控制权的议员的选区，与总部不设在其选区的被告相比，FTC 撤销、中止、终止对前者起诉的比例明显高于针对后者的起诉③。FTC 对不同地区反垄断案件的区别对待——对被告公司总部所在地为国会监控 FTC 的委员会与下属委员会议员或在国会有影响力的议员选区的案件，实行“优惠”，而对总部设在其他地区的公司的反垄断案件“严格执法”，表明了反垄断政策至少对一些议员来说，是极有价值的。它表明了公共机构执行公共政策的公共行为包含有私人目的，反垄断政策在一定意义上沦为了利益集团寻租的一种手段。

国会的政治压力对 FTC 执行活动的影响是显而易见的。国会意图常常是 FTC 行动的指挥棒。1964 年至 1976 年，FTC 之所以大量起诉合并、信用报告、纺织品及与 Robinson-Patman 法有关的四类案件，与国会中分管这一领域的下属委员会有明显的关联，从该时期国会下属委员会 ADA(Americans for Democratic Action)的投票记录来看，它较其他委员会奉行更为“自由的政策”，可以推测 FTC 在这一时期的积极行为深受 ADA 政策导向的影响。但 1979 年后，自由派议员被保守派议员所取代，只有 1/4 的 ADA 议员支持 FTC 采取积极行为保护消费者权益。

---

① 参见 William E. Kovacic, “The Federal Commission and Congressional Oversight of Antitrust Enforcement: A Historical Perspective”, in Rovert J. Mackay, James C. Miller Ⅲ & Bruce Yandle, eds., *Public Choice and Regulation: A View from Inside the Federal Trade Commission*, Hoover Institution Press (1987).

② 参见 Roger L. Faith, Donald R. Leavens & Robert D. Tollison, “Antitrust Pork Barrel”, *Journal of Law and Economics* 15 (October 1982), p329～42.

③ 而同一时期全美律师协会(American Bar Association，简称 ABA)的统计数据则大体相同。这意味着国会对 FTC 有较强的影响力，而对私人诉讼不具有影响力或影响力微乎其微。具体比例请详见 Roger L. Faith, Donald R. Leavens & Robert D. Tollison, “Antitrust Pork Barrel”, *Journal of Law and Economics* 15 (October 1982), p337 ～41.

国会对 FTC 的支持力度锐减，FTC 难以有大的作为。

国会的政治压力与 FTC 内部的争斗[①]共同作用于 FTC 对克莱顿法第 7 条的执行活动。1982 年 6 月 14 日至 1987 年 1 月 1 日期间，FTC 向申请合并的公司提出的“二次要求”(second request)[②]共有 70 起，其中 43 起获合并准许，27 起后来被 FTC 起诉到法院。国会的关注点表现在企业合并后的市场占有率方面，为此它要求 FTC 官员在二次要求后的 12 个月内到国会委员会作证。国会对某些合并的倾向性态度是 FTC 起诉或不起诉的重要因素，委员会对市场集中度采用的标准是 FTC 起诉的一个风标，要求作证的频率是 FTC 起诉更多案件的动力。议员因其在反垄断政策执行过程中扮演的政治角色而受益[③]。

国会对 FTC 执行反垄断政策的影响不仅表现在诉讼案件方面，还表现在 FTC 行使准立法权方面。从上世纪 60 年代后期开始到 1979 年，FTC 在制定反垄断规则方面极为活跃。作为消费者主权运动(consumerist movement)的一支重要力量，FTC 不仅根据 Truth-in-Packaging 法和 Truth-in-Lending 法起诉了大量侵犯消费者权益的案件[④]，还在各行各业都制定了相应的保护消费者权益的行政规章，尤其是依据 Magnuson-Moss Warranty 法（即 Federal Trade Commission Improvement Act of 1976）对保险、旧车市场、承办商的行为及其责任作出了严格的规定。但随着 1976 年与 1978 年议员选举中几位 ADA 议员的落选，新当选议员对前任采取完全否定的态度，FTC 在规则制定方面由积极转为消极。1979 年 9 月，改选后的 ADA 对 FTC 进行了一系列的听证，通过了参议员 Durkin 所提议的对 FTC 采取的“休克疗法”。FTC

---

① 在 FTC 内部，律师与经济学家对合并后果采用不同的评估方法。能否起诉一项合并，主要取决于二者能否在市场集中度、市场的进入障碍以及相关产业间的共谋等方面达成共识。

② 二次要求是 FTC 在对合并申请作初步审查后，认为该合并可能产生反竞争后果，要求申请合并的公司提供更多的公司资料，以备其评估合并后果。它属于合并前置审查程序。其授权依据是 Hart-Scott-Rodino Premerger Notification Act。

③ 其实，执行反垄断政策的最大受益人应是政府律师。他们用纳税人的钱为自己铺路，在取得了反垄断调查与诉讼的经验、提高了自身的律师实务技能、在反垄断领域获得了一定程度的知名度后迅速跳槽，加盟私人律师事务所，为自己赚回大量财富。

④ 美国的行政机构可以以公民监护人的身份，代表公民起诉商家。参见 E. Thomas Sullivan & Herbert Hovenkamp, *Antitrust Law, Policy and Procedure: Cases, Materials, Problems*, LexisNexis Press (1999), p150～51.

的诉讼热情与规制积极性急遽减退，FTC 继续以新的方式对议员俯首贴耳[①]。

毫无疑义，国会在反垄断政策执行中发挥着强大的影响力。议员是理性的、自利的，获取最大的政治支持是他们努力奋斗的目标，也是其一切行为的根本动因。美国的选举制度决定了作为政治代表的议员必然要代表其选区的利益，影响反垄断政策的执行只是他努力维护选区与选民利益的一个侧面。这是他的职责所在，也是他的个人利益所在。而反垄断政策正好为相互竞争的供需双方提供了一个福利转移的机制。反垄断政策对经济的干预，之所以经常产生反竞争的效果，一个重要原因就在于国会对提高社会福利远没有其对再分配社会福利感兴趣。议员们整天盘算的是“挖东墙补西墙”，对如何为企业创造一个充分竞争的经济环境心不在焉，有时甚至反对并力图破坏已经建立起来的竞争秩序。当然这也是议员理性的一种表现。同样，议员的立场也会经常发生变动，从其获得较少的政治支持一方转向能给他带来较大政治支持的一方。立场的转移过程充斥着政治交易（political deals）。政治掮客能发现无数的福利再分配机会，并利用这些机会为自己捞取利益。

四、公共执行机构对反垄断政策的利用

如果将作为选民政治代表的议员视为运用反垄断政策进行福利转移的经纪人，那么，反垄断政策公共执行机构——DOJ（Department of Justice，美国司法部）和 FTC 充当的则是这些经纪人的代理人角色。执行机构如此行为的动机在于机构的权力、威信和业务预算都取决于政治代表，而政治代表是在各式各样的利益集团的支持下被选举产生的在反垄断政策中拥有巨大经济利益的。由于国会手握执行机构的经费，它有权决定是否批准总统对执行机构领导人的提名，并监督执行机构的执法活动，因此司法部反垄断局与 FTC 有足够的动力去按照国会的意图执行反垄断政策。同时，执行机构在决定起诉具体哪一起案子时有自由裁

---

① 对 FTC 的这一转变，存在着两种解释。一种解释是，在 1979 年前国会对 FTC 这些积极行为没有引起重视，放任了 FTC 追求自身的政策议程。当国会发现 FTC 走得太远时，国会介入制止了 FTC 的这些无节制行为；另一种解释是，FTC 一直是在“紧跟”国会，按国会的要求行事，FTC 的这一转变是国会不支持其积极行为的结果。

量的权力。最终选择哪一个案子，很大程度取决于执行机构中那些有“理性”的、追求自身利益的雇员，他们的利益对执行活动有直接的影响。也就是说，公诉人(public prosecutor)的个人动机在政策执行过程中扮演着重要角色，至于执行后果是否符合抽象的“公共利益”，他们在所不问。完全可以说，私人动机影响公共行为，是反垄断政策带给美国民众的一大教训。

（一）司法部反垄断局

1. 影响反垄断局执行反垄断政策的因素

司法部反垄断局是司法部的一个组成部分，它由一名助理总检察长(assistant attorney general)负责。助理总检察长是隶属于政府行政部门的高官，由总统提名，参议院任命。反垄断局主要由律师以及为其服务的经济学家和一部分辅助工作人员组成，“基本上是一个在反垄断和相关领域代表政府的大型的专业律师事务所”[①]。反垄断局是一个起诉机关，其主要任务是根据谢尔曼法第一条、第二条及其他反垄断法，向联邦法院起诉从事垄断的公司(包括民事诉讼与刑事指控)，但它没有裁决权。另外，司法部内还设有一个经济政策局，为反垄断局提供政策建议和技术支持。

反垄断局的执行活动至少受到以下三个方面的影响：(1) 它希望得到较多的国会拨款。反垄断局执行活动的高涨源于国会提高其预算水平。之后，反垄断局的雇员就开始收集案源，将自己视为消费者福利的捍卫者，开展调查，进行诉讼，直至拨款用完。这就意味着国会可以通过限制预算及其他更直接(比如审议反垄断局高官的提名)的手段，去影响反垄断局的政策执行活动，特别表现在影响反垄断局对维持价格转售的立场[②]。(2) 律师们希望得到更多的锻炼和提高机会。Weaver 把反垄断局描绘成是由一群“起诉狂”(律师)组成的政策执行机构，居于其中的几十名经济学家对其不起丝毫的约束作用，律师对他们的建议置若罔闻，他们自己也常常被沦为律师的附庸或“帮凶”。律师们唯一的工作就是不断寻找新的、更多的证据去起诉案件，其对政策执行效果的理解不是看其行

---

① Oppenhemis, S., G. Weston & J. McCarthy, *Federal Antitrust Laws*, West Publish (1981), p108.

② 参见 Suzanne Weaver, Decision to Prosecute: *Organization and Public Policy in the Antitrust Division*, The MIT Press (1977), p499.

为的经济后果及行为对消费者福利的影响，而是把能否胜诉作为执行成功的唯一衡量标准。① （3）反垄断局对所要起诉的案件拥有相当大的自由选择权。这一选择权既受到律师们肆无忌惮的滥用，同时，反垄断局作为行政机构的一部分，其选择权也经常受到行政压力的影响。全美律师协会（ABA）在 1990 年的年度报告中，指责里根当政时期，反垄断局在总统的压力下，“借口强调过度执法的危险，反垄断局有意减少对积极的反垄断政策的执行计划……降低了公众对反垄断政策的尊重”，不太愿意执行谢尔曼法，尤其是根本不执行该法的第 2 条②。

2. 反垄断局的起诉情况：从 1890 到 1984 年

总体而言，从 1890 年反垄断局成立到 1938 年，其年均起诉的案件为 8 件，最多的一年（1911 年）为 23 件，从 1939 年开始，其起诉数量猛增，1939 年为 31 件，1940 年为 65 件，1941 年达到 71 件。之后的年均起诉案件为 40 件左右。与此相对应，该局的预算拨款亦水涨船高。1932 年为 204 000 美元，1938 年为 414 000 美元③。到了 1939 年是 789 000 美元，1940 年为 1 309 000 美元，增幅近 2/3。1942 年达到了 2 325 000 美元。由于第二次世界大战的原因，预算降了下来，直到 1948 年才恢复到 2 400 000。1949 年预算为 3 572 000 美元。上世纪 70 年代，预算急遽膨胀，1970 年为 10 026 000 美元，1980 年高达 43 544 000 美元④。

从 1963 年到 1984 年的 22 年里，反垄断局将大量的精力集中在处置水平共谋（horizontal conspiracy）上，其范围从简单的固定价格、非价格共谋条款、到交换信息、地区与产品市场的划分等等。水平共谋的案件占了全部起诉案件的一半。在里根政府大力解除反垄断管制的 1981 年至 1984 年，政府承建商（government contractor）在招标时的串标案件，

① Suzanne Weaver, *Decision to Prosecute: Organization and Public Policy in the Antitrust Division*, The MIT Press (1977), p500.

② 转引自 Sher, I., “Single Firm Conduct: the Government's legitimate and Antitrust Section's Views”, 59 (1991) *Antitrust Law Journal*, p527。

③ 反垄断局的预算从 1932 年才开始单列。

④ 数据来源于：Richard A. Psoner, “A Statistical Study of Antirust Enforcement”, *Journal of Law and Economics* 13 (October 1970), p366 和 Joseph C. Gallo, Joseph L. Craycraft & Steven C. “Bush, Guess Who Came to Dinner: An Empirical Study of Federal Antitrust Enforcement for the Period 1963～1984”, *Review of Industrial Organization* 2 (1985)。克莱顿法第 10 条主要是涉及公共运输、无线电通讯、电缆通讯、能源的无线传输、空运、银行、银行联合会及依托公司的不公平竞争问题。

又受到反垄断局的特别关注[①]。而水平共谋案件在1890年至1969年，只占反垄断局起诉案件的36%。这一时期的独占案件占反垄断局起诉案件总额的14%，联合抵制占到9%，独家交易占到5%，价格歧视占到5%，合并案件由于克莱顿法的语言过于模糊，反垄断局不敢轻易起诉，所占比例更低[②]。20世纪60年代以后，反垄断局逐渐提高执法力度，1963年至1984年起诉的案件超过了谢尔曼法通过后75年内的总和。这一时期，反垄断局起诉的成功率较以前也大大提高，达到86%，反垄断刑事指控的92%得到法院的支持。[③] 而在之前的反垄断局起诉历史上，案件胜诉率一直徘徊于38%～55%之间[④]。

3. 起诉效果评析

数字并不能反映反垄断局执行反垄断政策的全貌，更值得关注地是政策执行的实际后果，也就是执行反垄断政策给经济带来什么样的影响。实际情况是，许多案件因违反经济原则而受到尖锐的批评。Asch与Seneca对1958～1967年间生产商作为水平共谋诉讼当事人的案件研究发现，这些参与共谋的生产商与没有参与共谋的生产商相比，其利润一向很低。他们对这一现象的解释是，要么是只有利润率低的企业才有共谋的动力，利润高的企业靠自身力量就能实现高效益，不会与低利润企业同伍；要么是反垄断执行机构更有条件起诉不成功的卡特尔。[⑤] 与此相似，Palmer发现，在1966～1977年间的水平限制案件中，平均增长率较低的企业所占比例奇高。[⑥] Hay和Kelley曾对反垄断局起诉的水

---

① 参见Joseph C. Gallo, Joseph L. Craycraft & Steven C. Bush, "Guess Who Came to Dinner: An Empirical Study of Federal Antitrust Enforcement for the Period 1963～1984", *Review of Industrial Organization* 2 (1985), p126.

② 参见Richard A. Psoner, "A Statistical Study of Antirust Enforcement", *Journal of Law and Economics* 13 (October 1970), p398.

③ 参见Joseph C. Gallo, Joseph L. Craycraft & Steven C. Bush, "Guess Who Came to Dinner: An Empirical Study of Federal Antitrust Enforcement for the Period 1963～1984", *Review of Industrial Organization* 2 (1985), p114.

④ 参见Joseph C. Gallo, Joseph L. Craycraft & Steven C. "Bush, Guess Who Came to Dinner: An Empirical Study of Federal Antitrust Enforcement for the Period 1963～1984", *Review of Industrial Organization* 2 (1985), p119.

⑤ 参见Peter Asch & Joseph J. Seneca, "Is Collusion Profitable?" *Review of Economics and Statistics* 58 (February 1976), p1～10.

⑥ 参见J. Palmer, "Some Economic Conditions Conducive to Collusion", *Journal of Economic Issues* 6 (June 1972), p38.

平固定价格案作过专门研究，他们找来了1963年1月～1972年12月的所有依据谢尔曼法起诉并胜诉或以无罪申诉（nolo contendere）[①]方式了结的案子，将这些案子的案情与经济学理论认为的可以促进竞争对手共谋的事实相对比，得出了“尽管面临着反垄断局的调查，在某一点上的产业共谋稍后就能够从其他地方发现，秘密很难能够保住”的结论。他们据此认为：“如果提高违法的成本，对共谋采取更严厉的制裁，将会迫使企业由共谋转向阴谋。”[②]

Kenneth Elainga对反合并诉讼减轻企业集中度的效果作了深入地研究。他调查了1960年根据克莱顿法第7条起诉、1964年终结的39起案件。他的基本结论是，39个反合并案件中21个对减轻企业集中度无效，另外8个的抑制企业集中度的效果明显不足。[③] Rogowsky后来对1968年反垄断局与FTC起诉的104起反合并案进行跟踪，发现“大约1/3的案件，并购部分被剥夺，从而降低了过分的市场集中度。大约70%的案件明显减弱了企业间的竞争。个别案件的效果还有待做进一步研究。基本上可以看出，一些消费者福利流向了别处。”[④]

上述研究数据为反垄断局的执行活动描绘出一幅“政策失败”的图画。虽然反垄断局可以说由于其大多数的起诉请求得到了法院的支持，因而执行活动是卓有成效的。但这些执行活动介入了并非集中的产业内企业的正常经营，惩处了企业，却没有产生实质性的阻止效果[⑤]。人们对反垄断政策的厚望，即“通过惩治一个来阻止一批”的想法破灭了。谢

---

① 无罪申诉是被告对司法部或FTC的起诉指控不认同，但又没有申辩，要求地区法院对案件进行审查。法院接到申诉后，会指派一名法官对该案件进行听审，以决定是否受理。承办法官听审后，认为判决可能有问题时（包括事实不清、程序违法及适用法律错误），交由全体法官投票决定是否受理。法院不受理某一案件，就表明它认为被告行为是正确的。受理案件，就表明被告行为可能存在错误。联邦最高法院在选择受理案件时，还考虑案件对美国社会的影响力。如去年受理的两起密歇根大学招生案、今年的外国恐怖犯罪嫌疑人是否享有与美国公民同样的司法保护权案，就是针对社会某一重大问题，必须作出宪法解释。

② George A. Hey & Daniel Kelly, “An Empirical Study of Price—Fixing Conspiracies”, *Journal of Law and Economics* 17 (April 1974), p13～28.

③ 这些案件有的直至1981年才完结。参见Kenneth G. Elzinga, “The Antimerge Law: Pyrrhic Victories”, *Journal of Law and Economics* 12 (April 1969), p43～78.

④ Robert A. Rogowsky, “The Economic Effectiveness of Section 7 Relief”, *Antitrust Bulletin* 31 (Spring 1986), p228.

⑤ 反垄断政策并没有能有效抑制公司的并购浪潮。可参见张亚芸：《公司并购法律制度》，中国经济出版社2000年版，第28～39页。

尔曼参议员的幽灵不再游荡于大公司的董事会。反垄断政策的执行有时甚至可能不足以制止被判有罪的公司反复重复先前的违法行为。这将削弱民众对反垄断政策的支持力度。

（二）联邦贸易委员会(FTC)

1. FTC的职权及问题

FTC是一个独立的行政机构，它是1914年国会为执行克莱顿法和联邦贸易委员会法而设立的。它由5名委员（其中1人为主席）领导，实行委员会会议制。委员均由总统基于政治理由而提名，被提名的政治派别可能比其对职位的称职更为重要。委员在被总统提名后经参议院任命，任期7年。但5名委员中不得有3名以上来自同一党派。委员只有不称职、懈怠或违反职务等法定事由出现时，由总统决定是否免职。从1950年开始，总统选择一名委员担任为期4年的主席。由于这一任命的政治属性，主席与总统共进退。他们会在总统选举后向新总统提出辞呈，以便新总统提名自己的人选，但其委员身份继续保留。FTC的主席对FTC有相当大的影响力，他任命各局局长和其他高级行政官员①。FTC现设有9个职能部门②，其中竞争局(Bureau of Competition)与经济局(Bureau of Economics)最为关键。今天，FTC共雇用了500名左右的律师和90名经济学家，其年度预算超过了7千万美元，是反垄断局的1.5倍，这从一个侧面反映了FTC管辖范围的扩大。

虽然FTC在性质上属于行政体系，但它除了行使行政权以外，还享有准立法权与准司法权。其主要职责是：就新法律的内容与适用范围为企业提供指南；针对不正当的商业行为与欺骗性的商业做法制定解释性的规则，或发布普遍性的政策声明；在合并方面，与反垄断局共享管辖权；对联邦贸易委员会法拥有专属管辖权；除反垄断法律以外，FTC还负责监督联邦消费者保护法的实施。它对自己发现的可能的违法行为与

① 参见Bruce Yandle, "Chairman Choice and Output Effects: The FTC Experience, in Robert J. Mackay", *Public Choice and Regulation: A View from Inside the Federal Trade Commission*, James C. Miller Ⅲ & Bruce Yandle, eds., Hoover Institution Press (1987).

② 它们分别为：竞争局、经济局、消费者保护局(Bureau of Consumer Protection)、政策发展办公室(Office of Policy Development)、法律总顾问办公室(Office of the General Counselor)、行政法官室(Office of Administrate Law Judges)、与国会关系办公室、公共事务办公室和地区办事处。地区办事处下设地区工作站作为其特派机构。

检举材料[①]展开调查，颁布命令来中止不公正的竞争方式。绝大多数的反垄断调查以被调查公司与 FTC 达成一致协议而终结，如果有必要，被调查公司可以要求行政法官（administrative law judge，简称 ALJ ）[②]主持正式听审，对其裁决不服可向 FTC 提出上诉。有时法律总顾问办公室也会向 FTC 上诉。对 FTC 裁决不服的当事人，可以请求上诉法院进行司法审查，直至最高法院。但一般而言，由于 FTC 的裁决专业性较强，法院对其审查往往心有余而力不足，故不愿触动 FTC 的裁决。没有上诉或被法院维持的 FTC 决定则必须得到遵守，否则，FTC 可以对其处以罚款或给予其他民事制裁（civil penalty）。

FTC 拥有的起诉与判决双重功能招到了许多的非议。FTC 的案件在很大程度上都是自己调查、起诉与审判，较少受外界的监督，很容易出现暗箱操作，只是在案件的最后阶段五名委员可能将案件交由联邦法院去决定被告是有罪还是无辜。人们对 FTC 模仿法院建立所谓的标准案件也极为不满。这实质上是创制新法。虽然 FTC 的委员 Philip Elman 不承认 FTC 在处理案件是带有偏见或有先判后审的情况，但他也认为判例案件很快就被 FTC 自己遗忘。Philip Elman 的说法受到了 General Millis 的猛烈抨击。General Millis 是 FTC 办理的一起臭名昭著案件的主办律师。FTC 处理这起案件时，FTC 主席 Michael Pertschuk 公开发表声明，表示要求不惜一切代价“打败这位农产品收购商”。虽然 Michael Pertschuk 的提议在委员会的投票中未被通过，案件最终被撤销。但人们对 FTC 如此执法还是心有余悸，Michael Pertschuk 的行为还引起了法院的注意。哥伦比亚地区法院后来以其“怀有偏见”为由，剥夺了他参与 FTC 制定“儿童广告规则”的资格。曾分别以律师身份和 FTC 委员身份办理两起 American General Insurance Company[③] 案的

---

① 现在人们可以通过在 FTC 网站（www. ftc. gov）上留言或录音的方式进行投诉。

② 行政法官是主持行政听证的政府官员，他有权主持宣誓，记录证言，接受证据，确定证据规则，规定听证过程，并作出相应的决定。先前称之为“听证官”（hearing officer）或“听证审查官”（hearing examiner），根据 1978 年的一项联邦法律，改为现称。美国最高法院认为行政法官在职能上与美国地区法院的法官具有相同性。但行政法官隶属于行政系列，接受“公务员委员会”的领导与监督。

③ Colliers 以律师身份参与的这两起案件是：American General Ins. Co. v. FTC, 496 F. 2d 197（5th Cir. 1974），以委员身份参与的诉讼为：American General Ins. Co. v. FTC, 589 F. 2d 462 (9th Cir. 1979)。

Colliers，也被法院认定在其参与的两案中不能做到公正执法，后来，FTC在对该公司发布中止与终止命令时，因Colliers也参与了命令的制作，该命令被法院否决。Posner对此曾所作评论是："期望FTC不偏不倚地执法是一种奢望。而要让FTC自动撤销其诉讼案件，意味着让它承认它浪费了纳税人的钱财，将它们花到没有价值、没有意义的地方。而且（五名）委员不象法官那样终身任职，也缺乏法官那样的社会地位和处置案件的自由度，让他们执行法官的功能是不现实的。事实上，他们从来就没有做到过。"①

2. FTC的诉讼及其评价

总体而言，早期的FTC在起诉方面比反垄断局更为积极。反垄断局在1890年至1938年间，平均每年起诉8起案子，而FTC在大萧条之前，平均每年仅限制贸易案就达24件。但情况从1939年起发生了逆转，FTC的限制贸易案年均16件，是反垄断局年均数的1/5。这一逆转与1936年Robinson-Patman法的执行在时间上几乎是同时发生的。在1925年至1934年10年间，FTC共起诉价格歧视案7起，但1935年至1939年5年间起诉了124起，其中75%的案件发生在1936年至1939年②。简言之，在Robinson-Patman法的引导下，FTC将主要精力集中在价格歧视上，而将反垄断的其他领域让给了反垄断局去处理。上世纪七、八十年代，价格歧视案明显下降，1975～1981年7年间总共有23件。下降的原因一是由于FTC执行Robinson-Patman法的严厉态度受到了经济学家的广泛批评；二是1976年联邦贸易委员会改进法（Federal Trade Commission Improvement Act，又称Magnuson-Moss Act of 1976）要求FTC在行使准立法权制定产业政策时，要从全行业与整体经济发展状况出发，其暗含之意是要求FTC不要再拘泥于一个个价格歧视的具体案件上，而要将精力放在产业政策的制定方面，即使起诉价格歧视案，也需关注它对产业造成的影响。1962年前，FTC根据克莱顿法第7条起诉的案件占其同期全部诉讼案件的22%。而在1963年至1969

---

① Richard A. Posner, "A Statistical Study of Antitrust Enforcement", *Journal of Law and Economics* 13 (October 1970), p379.

② 参见Joseph C. Gallo, Joseph L. Craycraft & Steven C. Bush, "Guess Who Came to Dinner: An Empirical Study of Federal Antitrust Enforcement for the Period 1963～1984", *Review of Industrial Organization* 2 (1985), p119.

年期间,合并与并购案件占据了42%[①]。与反垄断局一样,FTC也没有放松反垂直限制(转售价格维持、搭售、独家交易等)。但与反垄断局不一样的是,FTC后来对限制贸易案件的指控一直没有多大改变。有人将此视为是两个执行机构不同的组织结构所致[②]。近些年,FTC将大量力量放在了合并(merger)与收购(acquisition)上。

FTC的诉讼成功率在1963年以后有了一个大的提高。1963年前,它在限制贸易案上的胜诉率为51%。从那以后,FTC的诉讼成功率一直保持在90%左右。但FTC案件的诉讼周期一般要比反垄断局长。FTC起诉的限制贸易案超过90%不能在半年内结案,1963年后的案件中14%的诉讼时间超过6年。[③]

如同反垄断局的"遭遇"一样,FTC起诉的许多案件也受到了学者们的批评。但与反垄断局不同的是,学者们更关注FTC与国会的关系。人们认识到,FTC并不是法律所规定的那样一个独立机构,它在政策执行的诸多方面都遵循于对其有监督权的国会的政治表现。这种行为是极易理解的,如果FTC的预算拨款与其起诉的数量有关,而与消费者的利益无涉,就会导致其漠视反垄断政策执行的社会后果[④]。因而,在反垄断政策的执行过程中,潜在的消费者利益往往让位于FTC的"自身"利益,而这影响到政策的执行方式(如是采取应急方式,还是花大力气,采用周期长、社会效果大但不能立竿见影的预防方式)。因而,FTC总是依据自身利益作出权衡,确定其目标指向,决定其行为方式,它关注的是执行政策所带来的自身利益,而不是抽象的经济效率、消费者福利及公共利益。

(三) 官僚机构诉讼背后的动机

这里,我们想着重探讨一下反垄断政策执行人员的动机和官僚机构

---

① 参见Richard A. Posner, "A Statistical Study of Antitrust Enforcement", *Journal of Law and Economics* 13 (October 1970), p408.

② 参见William F Shughart Ⅱ, Robert D. Tollison & Brian L. Goff, "Bureaucratic Structure and Congressional Control", *Southern Economic Journal* 52 (April 1986), p972.

③ 参见Joseph C. Gallo, Joseph L. Craycraft & Steven C. Bush, "Guess Who Came to Dinner: An Empirical Study of Federal Antitrust Enforcement for the Period 1963～1984", *Review of Industrial Organization* 2 (1985), p112～113.

④ 关于政府机构迎合国会监督委员会的动机部分的论述,可参见Cotton M. Lindsay, "A Theory of Government Enterprise", *Journal of Public Economy* 84 (October 1976), p1061～1076.

的组织结构对公共反垄断执行活动的影响。最早对政策执行机构内部个人动机进行研究的 Suzanne Weaver 采访了反垄断局的 100 名律师和工作人员，得出的结论是：个人动机强烈支配着反垄断局的案件诉讼。在回答为什么在一定时期内，反垄断局对特定案件报有强烈的兴趣时，她举例说，在 1950 年 Celler-Kefauver 法通过后，很短时间里竟然出现了 2 200起私人针对大电器生产商固定价格要求三倍赔偿的案子。反垄断专家霎间成了“香饽饽”。社会的需求使“希望最终从事私人律师事务的年轻律师赋予反垄断局的工作经历新的价值和期望”[①]，他们渴望获得反垄断诉讼的经验和技能，为此他们将对反垄断案件的调查与诉讼作为“练兵”手段。反垄断局的工作仅是他们谋取最终职业目标的一个捷径——花纳税人的钱，铺自己的路。“身在曹营心在汉”，受雇于反垄断局却不思为服务政府，整天盘算着如何在离开政府后发大财。自利目标导致了为诉而诉、为赢而赢，一切为了胜诉，为了自己成名，而置案件是否有诉讼价值，诉讼对企业及其所在产业的影响于不顾，付出多大的诉讼代价都在所不惜。私人动机在公共机构执行公共政策的活动上扮演重要角色。

Katzamn 分析了 FTC 律师的个人动机，指出他们中的许多人将在一家有名望的律师事务所谋得一份体面的工作作为自己的终极职业目标。FTC 的领导人也发现，如果让这些律师一直沉浸于复杂的产业结构与宽泛、繁琐的调查之中，就会威胁到律师们的“士气”，影响其工作的积极性。为提高律师们的工作积极性，FTC 的领导人也有动力支持律师们起诉一定数量的、相对容易的案件，满足律师们的要求，至于是否对消费者有利、诉讼对经济的影响如何，则在所不问。正如 FTC 的一位律师所言：“我太需要诉讼了。对我来说，每一个案件都是一次机会，每一个案件都有特别的价值，都使我向出庭律师前进了一步。”[②]Katzamn 发现，选择什么样的案件进行诉讼，FTC 既讲不出它的产业经济学理论依据，也难以用代理理论进行解释，因为许多案件并不服务于提高潜在的消费者福利这一目标。FTC 的起诉决定受其内部因素，即律师们今后的职业选

---

① Suzanne Weaver, *The Decision to Prosecute: Organization and Public Policy in the Antitrust Division*, The MIT Press (1977), p66.

② Robert A. Katzamn, *Regulatory Bureaucracy: The Federal Trade Commission and Antitrust Policy*, The MIT Press (1980), p61.

择、获得各种执行资源等的支配。Weaver 的统计数据也证明了这一点。1970 年至 1976 年，每年 FTC 律师的辞职率都在 13%～25%之间不等；90%的法务人员在 FTC 工作的时间为 4 年以下（含 4 年）。到 1976 年年底，在全部近 200 律师中从 1969 年开始为 FTC 服务的仅存 20 名尚未"跳槽"；1976 年 7 月，从 1972～1975 年进入 FTC 的律师中有 89%希望在两年内离职；1949 年反垄断局档案上找不到一名律师辞职去私人律师事务所的记录，而 1959 年有近 24%，到 1964 年有近 77%的律师做了私人律师。[①] 律师出身的 Posner 对这一点深有体会。他说："FTC 对律师的最大吸引力在于律师们可以将其作为获得审判经历、然后从事私人律师业务的踏脚石……诉讼的案子越多越好，这样就越能提高专业技能，越能实现美好前程，至于诉讼的社会成本则无须考虑。"[②]

FTC 的经济学家一直对价格歧视案耿耿于怀。为缓和其与律师的紧张关系，FTC 在 1970 年以后大幅减少了价格歧视案件，代之以较为复杂的、需要更多经济学理论的其他案件，这样经济学家的要求得到了满足，律师照样"有事可做"，继续提高自身技能。FTC 之所以对固定价格案件没有表现出像反垄断局那样的起诉热情，部分原因在于 FTC 的律师对离开政府后希望从事的律师事务与反垄断局的律师有别。他们更热衷于选择有一定经济学理论背景的案件，而反垄断局的律师则更注重程序性问题。

FTC 的律师与反垄断局律师们的工作热情源于自利目的。他们有着强烈的诉讼渴望，而不计诉讼的社会成本。在一个案子结束后，他们又马不停蹄地投入到新案件的调查与起诉。同时，他们也希望诉讼尽可能快地了结，这样他们就能在其有限的工作期间内经办更多的案件、有更多的诉讼经历。在发现胜诉无望时，他们便会与被告协商，以期迅速与被告达成协议，实现庭外和解。面对漫长的诉讼周期及其他现实与可能的损失，被告也时常无可奈何地接受这样的结局。像 IBM 那样，与政府"大战"13 年，迫使政府撤诉的公司实在少而又少，除了富可敌国的大垄断企业，一般公司（包括垄断企业）是没有这个财力和能力与政府这样

---

① 参见 Suzanne Weaver, *The Decision to Prosecute: Organization and Public Policy in the Antitrust Division*, The MIT Press (1977), p183～85.

② Robert A. Posner, *The Federal Trade Commission*, University of Chicago Law Review 37 (1969), p86.

较劲的。微软的几起案子（包括联邦政府、18个州及哥伦比亚特区的政府、竞争方、经销商与消费者对其的起诉）在耗时近10年后，终于都以微软让步（承诺一定事项或作出赔偿）而拉下帷幕。

我们不妨做一下小结，那就是反垄断执行机构对案件的起诉，包括在案件类型的选择上，往往并不是出于追求社会福利的目的。相反，诸多情况下，执行人员在案件的处理上自利因素所占的比重比公益因素更大。

五、司法系统对反垄断政策的利用

（一）传统观念下的司法独立

美国根据三权分立的原则，司法权独立于立法权与行政权之外，对所有案件独立审判，不受后者的干涉。[①] 这样看来，恐怕没有哪个政府机构能像法院这样远离政治过程。美国政治体制下这种只对宪法负责、只依据法律与事实进行审判、享有极大独立性的法官，成为政治辩论的一个焦点。绝大多数美国人赞同将法院与另外两个政府部门有效隔离，减轻政治过程对审判活动的影响[②]。在联邦层次，除哥伦比亚特区的联邦法官任期为15年外，其他的法官一经任命就终身任职，除非受国会弹劾而免职[③]。传统上，人们一直视司法与政治利益集团无缘。

对司法独立（judicial independence）的特点与后果流传着三个主要的非经济观点。首先，司法独立有时被描绘成确保政府司法分支功能，有效反制立法与行政分支的必要手段。简单而言，司法的角色是保护社会不受另外两个分支的违宪侵蚀，使法官有力量履行其保护公共利益的功能。其二，独立的司法有时被视为并不代表多数者利益，而是某些政治领域未被代表或未被充分代表的少数人的保护神，保护他们免受“多数的暴政”。第三，独立的司法有时被视作类似“自由的炮火”。法官可以根据公平公正的立法精神，不考虑外界任何因素，单凭“自由心证原

---

① 参见：The Constitution of the United States of America，Article Ⅲ.

② 关于美国政治对司法的限制与影响，请参阅 Kathleen M. Sullivan，Gerald Gunther，*Constitutional Law*，The Foundation Press (14th Edition，2001)，p73～83.

③ 美国从建国到现在的200多年里，被弹劾的法官（Judge）大概只有20多名。联邦最高法院的大法官（Justice）尚没有被解职的先例。众议院曾通过对大法官 Samuel Chase 的弹劾案，但在参议院没有得到法定的多数。

则"处理诉讼纠纷。一般认为由于法官不会因其审理案件而得到额外的经济与非经济利益，他就不可能有意作出有利于某一诉讼人或利益集团的判决。由此可得出司法行为没有经济与政治动机的结论[①]。也就是说，司法裁决与审判者的个人利益无关，故而不能用法官个人的经济与政治利益来分析。

（二）利益集团视野下的司法独立

但事实上，法官并不是不食人间烟火的神仙，他（她）也如同其他平常人一样有着七情六欲，同样也会寻求自身利益的最大化。比如，他（她）追求自身效用的最大化，想方设法将其个人的偏好和价值理念通过判决附加给社会，在社会发展中打上个人的烙印；在审判活动中，法官也并非完全从自己的良心与诚信出发，遵从宪法及宪法精神，法官的审判行为有时也会包含着某些经济与政治动因，存在着法官的私人利益；法院时常会遵从国会的意愿，等等。如果我们假设一项法律是议员们在某些利益集团的游说下通过的，是议员实践其与这些利益集团合同（利益集团为议员提供经济与政治支持，议员在任期间维护利益集团的利益）的产物，是保护这些利益集团的工具，那么，法院通过对法律及其立法目的的解释与执行，可以使法律真正体现国会的意图[②]，也就能够使该法律所体现的某些利益集团的利益现实化、长久化，并因得到司法肯定而固定化。这实际上加强了利益集团对国会的信心，使其感到通过寻求议员实现福利转移是一件有价值、有保证的事，值得投入。在反垄断政策的执行中，法院就常常表现出与国会合作的态度。当然，处置反垄断案件时，追求个人政治利益的法官并不像议员那样显山露水，但其在反垄断政策执行中的角色甚为关键，如他们拥有如何解释反垄断法规，使用什么样的原则，决定行为的合法与非法、是否予以处罚、给予什么样的处罚等项权力，左右着立法与执行机构与利益集团的交易能否最终得以实现。

波斯纳曾举例说，乳品加工业在上一届国会上为人造奶油厂"贿

① 参见[美]理查德·A. 波斯纳：《法律的经济分析》，蒋兆康译，中国大百科全书出版社1997年版，第19章第6节"司法独立与利益集团政治活动的关系"、第7节"法官以什么为最大化目标?"部分。

② 当然法官也可以通过对法律的解释，使法律偏离其立法宗旨，甚至中止或推翻法律的实施。

买"了一大笔税赋，但在下一届国会选举中人造奶油厂"资助"的议员为其取消了这一笔税赋。同样，通过法院也能达到这样的后果。如同样是乳品加工业从议会上为奶油厂"贿买"了一大笔税赋，但当法院宣布这一税收违宪时，奶油厂同样不需交纳这笔税款。而且，通过司法的成本还可能更低，毕竟法官只有几位，而议员却有几百名。这样，投资政治活动、以求更大经济回报的利益集团就更有动力去寻求"贿买"法官。若果司法独立于立法，法官只依据宪法精神，从公共利益的角度，以他(她)对公平正义的理解、诚信原则与自由心证的价值取向从事审判活动，那么，议员与利益集团交易的产物——无论是立法，还是影响法律执行的行为——都会被法院宣布实质无效。但如果司法独立，而这种独立完全是遵循立法的本意去解释与执行法律，那么，司法独立实际上起到了保护议员与利益集团先前的"立法合同"的作用。这样做的结果会提高以前与未来利益集团立法上的利益，从而抬升议员在与利益集团谈判、"签署"立法合同时的法码，最终有利于利益集团政治的实施。相反，如果在立法市场上，新一届的议员可以毫无约束地推翻上一届议员的立法，前期利益集团与议员之间立法合同的价值就大打折扣，福利转移的数量、幅度与期限就受到很大的限制。就像回到霍布斯(Thomas Hobbes)所言的政治混乱(anarchy)状态：如果对盗贼的社会评价降低了，盗贼的数量就减少①。法院是立法合同长久效力的维持者。依靠其独立性与将法律解释符合国会的本意②，法院增强了人们对现任国会福利转移的期望。由于法官的薪水水平与法院的预算拨款都掌握在现任议员的手中，法院对法律的解释与执行主要地还是服从与服务于现任议员的愿望。法院与本届国会"合则两利，斗则具伤"。

司法独立是一个很微妙的概念。像法官的终身任职一类的制度特

---

① 参见法学教材编辑部《西方法律思想史》编写组编：《西方法律思想史资料选编》中，托马斯·霍布斯的"利维坦"第13章"论人类之自然的状态由其祸福之点察之"部分，北京大学出版社1983年版。

② 法院探求立法意图是一个耐人寻味的过程。因为对任何一项立法，国会辩论中每个议员都要表态，且表态内容甚多，立法意图也就因而涉猎甚广，相互矛盾、冲突的地方实在太多。毕竟议员们的辩论并非国会最终通过的法条。而法院在解释时，采纳哪个议员的哪一部分论述，取决于多数法官们的态度。法官的独立性或者说他(她)是否受议会的政治影响及政治影响的程度，在一定程度要看法官对立法意图作何种解释。

征，的确增加了司法的独立程度，使司法系统较少地受到政治进程的干扰，但这并不能将法院排除在福利转移市场之外。相反，它倒会时常提高立法合同带来的福利转移的效力与效率。议员从法官的独立司法中获益，法官本身也从他们在政治压力面前保持独立性而受益。有数据表明，议会会对司法系统表现出来的独立性给予奖赏，从而提高法官的薪水、增加法院经费[①]。如果说法官保持“立法合同”有效性行为是对议员“投之以李”，议员提高法官薪水、增加法院经费的行为则是“报之以桃”。“自利的法官以其行为强制福利朝着议员与利益集团要求的方向转移，实现了所有参与者的利益最大化。”[②]

司法独立并不能减少乃至抹杀掉法官的个人私利，相反，往往是这种私人利益影响甚至左右着法官的判决、裁决与决定。正如波斯纳所言：“法官与其他人一样，在经济与非经济（包括闲暇、声望和权力等）两个方面都寻求其效用功能（utility function）的最大化。”除经济利益以外，由于法官们（除九名大法官以外）都渴望高就（promotion opportunity）[③]，希望在提名后能得到议员的附和，他们对推翻或撤销立法或中止法律的执行保持高度警觉，不愿在这个问题上与国会发生争执、产生矛盾。可从执法上的福利转移中受益，这激励着法官在许多案件的审理过程中并不遵循“公共利益”导向[④]。

（三）从执行机构的高胜诉率看法院对反垄断政策的利用

显而易见，法院在反垄断政策的执行方面发挥着关键性作用，它不仅是发生在某一经济领域的特定行为是否构成违法的标准制定者与执

① 参见 Gary M. Anderson, William F. Shughart Ⅱ & Robert D. Tollison, “On the Incentives of Judges to Enforce Legislative Wealth Transfers”, *Journal of Law and Economics* 32 (April 1989), p215.

② Gary M. Anderson, William F. Shughart Ⅱ & Robert D. Tollison, “On the Incentives of Judges to Enforce Legislative Wealth Transfers”, *Journal of Law and Economics* 32 (April 1989), p227.

③ 可以直译为提升机会，它是指当上一级法院的法官职位出现空缺时，下一级法院的法官获得提名与任命，填补这一空缺的可能性。联邦法官由总统提名，参议会任命。能否获得提名与法官是否与总统同属一个政党也至关重要。

④ Aranson 对法官在审理案件时，不以“公共利益”为指南的情况作过详尽的探讨。请参阅 Peter H. Aranson, “Judicial Control of the Political Branches: Public Purpose and Public Law”, in James A. Dorn and Henry G. Manne, eds., *Economic Liberties and the Judiciary*, The George Mason University Press, 1987, pp47～110.

行人之一，还是所有争议的最终裁决者。法院的功能主要表现为它对反垄断诉讼的审理与判决活动。这种对反垄断案件的处置是以国家强制力使反垄断政策最终得到贯彻执行。没有法院的介入(时常伴随着一定的处罚措施)，作为利益分配与调节杠杆的反垄断政策目标就无法达到，反垄断政策的权威性就无法体现。

传统观念认为，法院的审判过程受抽象的"公共利益"概念的指导，而根据"利益集团"理论，司法过程却经常服务于立法机构及其目标——保持政治市场上议员与利益集团达成的个人交易，为此，法院在解释法律时往往以国会的意图为依据，并为此寻找司法惯例与先前判决。法院在实施反垄断政策时是否如同"利益集团"理论所预言的那样，仍然是一个有待进一步考察的问题。目前并没有直接的证据可以证明反垄断领域的司法行为包含法官的个人目的。但一些学者却间接证明了法院实施反垄断政策追求着个人利益而非公共利益。波斯纳从反垄断政策的执行效果分析[①]，得出了"反垄断法的执行不是服务于提高经济效率，而是限制产出与阻碍生产力(productivity)的增长"的判断。法院在反垄断案件的审判过程中，从没有与国会唱对台戏，也没有实实在在地保护过最大的利益集团——消费者的利益，因为他们在政治议程中没有得到充分的代表。

法院在反垄断政策中扮演的角色还可以从联邦执行机构起诉案件的判决中得到反映。正如前面所提及的，如果 FTC 或司法部是根据议员的授意或暗示起诉某一案件，不论这一诉讼是否符合经济效率的要求，那么，从"利益集团"理论我们可以推测，此时法院能做的工作并不多，因此 FTC 与司法部对这类案件的胜诉率极高。当然，法院也可以说，它之所以支持 FTC 或司法部的起诉，是因为它遵从 FTC 或反垄断局专家的意见，法院没有反垄断方面的专门专家，它有赖于执行机构的这些专家的专门意见，这是判决科学性的保证。

Gallo 等人的研究发现，从 1963 年～1984 年 21 年间，65%的 FTC 反垄断案件以被告接受 FTC 的中止或终止命令而了结，仅有大约 1/3 的案件被告在 FTC 主持的听审中进行了辩护。FTC 委员极少投票否决

---

① 参见 Richard A. Posner, *Antitrust Law: An Economic Perspective*, The University of Chicago Press (1976), Chapter 1.

案件的起诉，在549起FTC委员投票决定是否起诉的案件中，只有39起未被通过，占全部投票案件的7%。其余的481起案件中，上诉到巡回法院的有48起，其中有12起案件FTC被判败诉，占上诉案件的25%。FTC在最高法院的表现更是惊人，21年间最高法院受理的14起FTC案件，仅有1起败诉。如果将“胜诉”案件限定为FTC的命令与决定没有被被告上诉到联邦法院的案件，以及法院受理后胜诉的案件，那么FTC在这21年间的胜诉率就会高达85%。司法部的战果同样辉煌。1963年至1984年间，其反垄断案件胜诉率为86%，其中占全部诉讼案件44%的刑事案件的胜诉率高达92%。虽然司法部在最高法院的表现没有FTC那样出色，但在最高法院受理的35起案件中，有25起胜诉，胜诉率为71%。在1963～1984年的21年间，平均只有15%的FTC与司法部起诉的反垄断案件被告获得法院的支持①。

以上数据显示，法院不太愿意介入到联邦执行机构执行反垄断政策的活动中去。也可以解释为：如果司法部与FTC服务于国会，其角色是执行“立法合同”——国会与利益集团政治交易的产物，司法分支通过判决支持执行机构执行国会的意图，而支持就表现为肯定司法部与FTC诉讼的判决远远多于否定的判决。从目前有限的资料来看，司法分支同样适用利益集团理论对政府机构的假设。反垄断领域的司法决定受到个人利益的直接影响。1989年Cohen发表了他对1955年～1980年间法院判决的600起违反谢尔曼法的刑事犯罪案件的研究报告，表明了“刑期对被告越来越长，罚金数额越来越大，法官听审后准备受理的无罪申诉案件因政府的反对，获得受理的案件可能性越来越小”。也就是说，法院对反垄断案件的处罚力度趋向严厉。这一严厉趋势不只表现在刑事案件，对其他案件也同样如此。采取严厉的态度，是法官附和政府的表现。以法院不愿受理无罪申诉来看，其直接原因在于法官们想得到提升的机会。同时，Cohen的研究还表明了，“总体而言，如果法院待判决的诉讼案件(docket)越多，在审判过程中选择辩护的反垄断被告受到的惩罚越重。”这意味着法官以对违法者采用更为严厉的惩罚为手段，让被

① 参见Joseph C. Gallo, Joseph L. Craycraft & Steven C. Bush, “Guess Who Came to Dinner: An Empirical Study of Federal Antitrust Enforcement for the Period 1963～1984”, *Review of Industrial Organization* 2 (1985), p117～119.

告在庭外与司法部或 FTC 达成协议，以减轻自己的过重的审判“负担”。同时，Cohen 还发现“有证据证明，私人利益影响着美国审判委员会的司法行为”①。

总之，法官的个人利益作为第三分支在解释反垄断政策、审判反垄断案件过程中起着重要作用。至于作用有多重要，还有待于进一步的研究。

六、反垄断理论界对反垄断政策的不利影响：以法经济学派为垄断集团鼓与吹为例

需要注明的是，虽然哈佛学派在上世纪四十年代至七十年代主导着美国的反垄断政策，但囿于本人收集的资料有限，尚没有发现他们与大的垄断企业及其基金联合起来对反垄断政策施加不利影响，还难以将其作为一个利益集团来看待，而法经济学派在对反垄断政策的影响过程中，不仅自己作为一个受益的利益集团出现，更为重要的是在其背后隐藏着一大堆垄断企业与财团等利益集团。因此，这里所指的反垄断理论界专指法经济学派，本文将这一学派当作一个利益集团来看待。

法经济学派是美国经济大萧条时期，持自由放任立场的经济学家们，坚持自己的学术立场，反对以罗斯福新政为代表的政府对市场经济的干预，将自己的经济学理论与方法应用于公共政策的研究，由此形成的一个经济学与公共政策相交叉的理论学派。之所以称其为法经济学②而没有称法政策学，是因为这一学派的学者对法作了广义的理解而对政

---

① 参见 Mark A. Cohen, “The Role of Criminal Sanctions in Antitrust Enforcement”, *Contemporary Policy*, Issue 7 (October 1989), p46.

② 对 Law and Economics 有多种译法。张军等在翻译[美]罗伯特·考特与托马斯·尤伦的著作时，将其译为《法与经济学》(上海三联书店，1991 年版)。陈正云在《刑法的经济分析》(中国法制出版社，1997 年版)中也持这一说法。沈宗灵在《现代西方法理学》(北京大学出版社，1992 年版)、张文显在《二十世纪西方法哲学思潮研究》(法律出版社，1996 年版)中将其译为“经济分析法学”。而孙林在《法律经济学》(中国政法大学出版社，1993 年版)与周林彬都称其为“法律经济学”，周林彬还将其专著取名为《法律经济学论纲》(北京大学出版社，1998 年出版)。蒋兆康在翻译波斯纳的著作(中国大百科全书出版社，1997 年版)与邹学平在《宪政的经济分析》中都称其为 “法律的经济分析”。张乃根在《经济学分析法学》(读书·新知·生活书店出版社，1995 年版)一书中将其译为“法学与经济学”，后在《法经济学——经济学视野里的法律现象》(中国政法大学，2003 年版)中又译为“法经济学”。本文将其翻译为“法经济学”。

策作了狭义的界定，即，他们将法视为公共政策的同义词，法等同于公共政策。他们认为所有的公共权力机构制定的所有的规则都可称为法，所有的公共政策都体现为由公共权力机构制定并具有强制力的规则①。由于这一理论起源于芝加哥大学法学院与经济学系，其代表人物要么是在芝加哥大学任过教的教授，要么是该校毕业的学生或与这一学派持相同理念的学者，且曾经有一段时期，这一理论的研究重点在分析反垄断政策上，所以也有人称之为反垄断政策的经济分析或芝加哥学派。严格意义上讲，反垄断政策的经济分析是芝加哥学派的同意语，它是与哈佛学派相对立的研究美国反垄断政策的一种经济理论。但这一理论只是法经济学理论在研究反垄断政策时的一个分枝，作为法经济学的一分子，被包涵于法经济学范畴之内。而且，随着法经济学运动的迅速扩展，这一理论学派也早已超出了芝加哥大学的樊篱，走向了全美国。

虽然法经济学派对反垄断政策的影响主要表现于芝加哥学派，但由于法经济学派活动的整体性，有时难以甚至不可能将芝加哥学派特别突出出来，因此，我们仍从法经济学这个整体来论述它对反垄断政策是如何施加影响的。

（一）法经济学运动：垄断资本与学术研究的联姻

法经济学在其起始阶段，是一批坚持古典自由市场理论的学者秉承自己的学术理念，专注于学术研究，努力探索经济与法（公共政策）的关系。此一阶段，尚难以看到金钱对学术的影响，但随着时间的流失，事情发生了逆转。上世纪70年代，凯恩斯主义受到了质疑，社会上反对政府干预经济的呼声日益高涨，长期把持反垄断政策话语权的哈佛学派理论面临越来越多的挑战。理论界开始重返亚当(斯密的古典经济学。1972年，波斯纳教授将经济学概念与理论运用于对美国法律制度的理解和改善的一部名著——《法律的经济分析》(Economic Analysis of Law)问世，一经出版，立即吸引了人们的注意力，就像“欧洲人重新发现罗马法”，美

① 1958年Director主编的《法经济学》杂志创刊号上发表的论文依次为：John Jewkes的《英国的垄断政策：1944－1956》；George Stigler的“规模经济”；Stanley Surrey的“美国对国外企业的征税”；Herbert Stein的“管理公共债务”；Gray S. Becker的“竞争与民主”；Scott Gordon的“经济学与自然资源保护问题”；Gale D. Johnson“政府与农业：农业是特例吗?”；Allison Dunham的“城市规划：总体方案内容的分析”与John S. McGee的“掠夺性定价的禁止：标准石油(新泽西)案”。从这些论文的题目来看，它们都与政府对市场的干预政策有关。

国人开始重新审视法经济学理论的价值。

最为关键的是这一著作受到了全美石油基金会主席 William Simon 等商业领袖的关注。他们将波斯纳及其他芝加哥学派学者的著作找来仔细研读,对波斯纳及其同事在研究中表现出来的保守意识形态和与众不同的为商界服务的定位,以及芝加哥学派的反管制倾向和其提出的以经济成本与收益代替抽象的公平正义这一概念极为欣赏。他们认为芝加哥学派的法经济学理论能代表自己的利益,正是自己所急需的理论。如果这一理论能够得以推广,对提高其公司利益、增加利润具有重要意义。因而全美石油基金会与其他组织因而开始大规模地向法学院、商学院与法学和经济学学者提供资金资助,希望他们能够继续并加强这一方面的研究,芝加哥学派的哲学观念由此侵入到法学与经济学的研究领域。在 Richard Scaife①的带动下,保守的基金会和大公司数百万美元的资金涌入了法经济学研究领域。于是,以经济理论分析法律问题的法经济学运动②(law and economics movement)在美国轰轰烈烈地开展起来③。《法律的经济分析》也成为了法学界与经济学界的必读书目,成为法经济学运动的"圣经"。

在意识形态和经济利益的双重推动下,政策制定者、法学界与经济学界普遍认识到投身于研究与传播法经济学理论能得到巨大利益。在保守基金会巨额基金的慷慨援助下,法经济学研究机构在几十所大学的法学院、经济(管理)学院生根、开花、结果。庞大的科研资金吸引着众多的年轻法学学者将法经济学视为毕生的职业追求,也诱使大学生接受、学习法经济学理论。截止到 1981 年,仅芝加哥学派的 Henry Manne 教授创立与领导下的法经济学中心,就获得 Richard Scaife 大约三百万美

---

① Richard Scaife 是美国老一代石油与银行家。据 CNN 报导,前白宫的法律顾问 Lanny Davis 将其称为"捣毁克林顿政府阴谋的出资人"与"幕后策划的共和党右翼决策人"。

② 对法经济学这一学术思潮的评介,请参见 Nicholas Mercuro edited, *Law and Economics*, Kluwer Academics Publishers (1989), Chapter 4.

③ 参见 Nan Aron, Barbara Moulton & Chris Owens, "Economics, Academia and Corporate Money in America: the 'Law and Economics' Movement", Antitrust Law & Economics Review, Vol. 24, No. 4. 中文方面关于法经济学派的介绍请查阅查德·A. 波斯纳:《法律的经济分析》,蒋兆康译,中国大百科全书出版社 1997 年版,"中文版译文序言"部分。也可参阅张乃根:《法经济学——经济学视野里的法律现象》,中国政法大学出版社 2003 年版,"芝加哥学派和法经济学"部分。

元的捐款[1]。在1987年至1993年间，Olin基金会就为法经济学研究资助了1 300万美元[2]。其他私人基金会也纷纷为全国有名望的法学院慷慨解囊。到目前为止，Olin与其他基金会还集中向全美几家精英法学院提供研究资金与奖学金等资助。而企业与基金对法经济学领域的投资可谓周期短、见效大。在巨大的资金支持下，学者们在这一领域里硕果累累。在上世纪80年代末的几年间，耶鲁（Yale）、哈佛（Harvard）、斯坦福（Stanford）与芝加哥大学四家大学的法律评论中，法经济学的论文占了25%[3]。巨大的资金投入，也使法经济学领域成为人们向往的一块热土。法学院为法经济学学科提供的奖学金与其他资助强烈地吸引着学生进入这一领域，即使是法学与经济学专业的学生也希望通过对法经济学课程的学习，拿到奖学金甚至是继续深造的机会[4]。在课程安排与授课内容方面，一些法学院纷纷将与法经济学有关的学科列为选修或必修课，并对相应的法律课程进行了“改革”。1986年，华尔街杂志（Wall Street Jorunal）引用维吉尼亚大学（University of Virginia）法学教授Edmund Kitch[5]的话说：“（法学）教学出现了许多方面的变化。比如，在20世纪60年代末与70年代，财产法学基本上是讲授承租人（tenant）的权利，当房东（landlord）提供的条件没有达到一定标准时，承租人可以中止租约。但法经济学改变了这一点，即承租人的权利变成了承租人的成本，房东可以提高租金，也可以中止租约。”他预测，法经济学理论将会塑

---

① 参见 Nan Aron, Barbara Moulton & Chris Owens, “Economics, Academia, and Corporate Money in America: the ‘Law and Economics’ Movement”, *Antitrust Law & Economics Review*, Vol. 24, No. 4.

② 参见 Nan Aron, Barbara Moulton & Chris Owens, “Economics, Academia, and Corporate Money in America: the ‘Law and Economics’ Movement”, *Antitrust Law & Economics Review*, Vol. 24, No. 4. 该文发表于1993年。可以推测，文中提及的数据应截止于1993年或之前。

③ 参见 Robert C. Ellickson, “Bringing Culture and Human Frailty to Rational Actors: A Critique of Classical Law and Economics”, 65 *Chicago-Kent Law Review* (1989), p35～37.

④ 调查表明，部分学生之所以选择一些学校的法学院，主要在于它们的法经济课程能为这些未来的学生提供较多的财政资助。仍以Priest教授为例，1990年夏，跟从他从事法经济学项目研究的学生，每周的收超过了600美元，而同一时期该法学院对研究助手的补贴为每小时9美元，即一周360美元（以每周工作40小时计）。

⑤ Edmund W. Kitch 曾获芝加哥大学的J. D（硕士）学位，并任芝加哥大学法律评论（University of Chicago Law Review）的编辑。现为维吉尼亚大学法学教授。其研究领域为反垄断、经济管制、法与经济史。其观点深受芝加哥学派的影响。

造一种"全新的律师",从关注买方利益到以卖方为中心。[①]

法经济学成为法学院的一门显学,至少应部分归功于保守基金的巨额投入[②]。时至今日,基金与学术研究联姻仍然是法经济学派的一个重要外部特征。而这一点也深深地影响着法经济学研究的价值取向与其确定的基本原则。

（二）以法经济学派为依托的私人基金对法官的培训:以法经济学中心为例

法经济学研究引起了期望通过其改变其经营状况与法制环境的巨头企业的共鸣与欢呼。法经济学派的创始人与追随者将自己的理论研究打扮成中立与客观的学术探讨,而这些貌似公允的理论却对行政与司法活动造成了极大的影响与压力。庞大的财团基金慷慨资助下发展起来的学术理论,实际上是一种学术霸权与学术掠夺。借助理论研究,法经济学派重塑司法理念,使之与财团的商业利益与私人财产利益相吻合,以更好地保护基金投资人的利益。在英美法系中,法官一直被视为"活着的法律宣示者",因而企业经营者信奉这样的原则:如果要使商业利益在司法过程中受到"公平对待",就必须像游说立法与行政机构一样,去强烈地影响法官。近几十年来,对法官的教育培训如雨后春笋般发展起来。今天,由公共机构与私人组织发起的,旨在提高法官在某一领域专门知识的研讨会、讲座等各式各样的会议遍地开花,不胜枚举。举办单位有联邦司法中心(Federal Judicial Center)、政府系统内部负责联邦法官继续教育的官方机构,还有各种基金会、法学院以及鼓吹某种理念的组织等。企业与基金会对这些活动的投资越来越大。就法官个人而言,他们也非常希望能得到这样的"教育"。一方面,法官们需要学习新的知识以应付日益复杂的法律问题;另一方面,由于活动的全部费用由举办方承担,也解决了法官经济上的后顾之忧。他们不再为了获取

---

① 参见 Paul M. Barrett, "A Movement Called 'Law and Economics' Sways Legal Circles", *The Wall Street Journal*, Aug. 4, 1986, p1.

② 在实用主义盛行的今天,学术思想乃至意识形态都可能在经济利益面前显得微不足道。曾极力反对反垄断政策、以一部"The Antitrust Paradox: A Policy at War with Itself"扬名的极端保守派旗手 Robert Bork 法官,是法学界与经济学界公认的奇才,但他受聘于网景(Netscape)公司后,立即调转枪口,作为美国司法部诉微软一案中控方的主要理论指导,向微软开火,引起反垄断理论界的震惊。其同事 W. Williams 教授问及此事时,Bork 一笑了之。

经费而向官僚机构填报一大堆的申请材料，更不会再因费用问题而受制于人。这对法官而言当然就颇具吸引力。

曾任司法部长和大法官的 James C. McReynolds 曾经说过："没有人能确切地告诉我们是什么因素引导法官如何适用谢尔曼法，但很大程度上取决于他们接受的经济观点。"[①]著名的经济学家与反垄断专家 R. Bork 法官也认为："执法者的行为严重地依赖他们的政策倾向、所接受的培训和各人独特的经历。"[②]在私人资本的背后运作下，为法官提供教育培训以及向公共培训机构提供资助的情况数不胜数。这里我们仅以法经济学中心(The Law and Economics Center)为例看看它是怎样争夺法官的思想阵地的。该中心主任 Hery Manne 教授很早就意识到用法经济学理论武装法官头脑的重要性。1976 年，他的法经济学中心[③]就开始每年为联邦法官主办有关经济理论方面的研讨会，同时也为经济学家举办法学研讨会、为法学教授与律师举办经济学研讨会。当然，联邦法官是这些活动最重要的听众。该中心的目标锁定在"要将全美新一代律师培训一遍"。1990 年中心向资助人提供的中心年度报告清晰地表明了它集中轮训法官的原因："法官人数的变化及他们不断面对的挑战，使我们的项目要连续不断地进行。对法经济学中心来说，就是要能确保经济分析融入司法判决。"中心 1991 年的年度报告表明，这一年有 376 名联邦法官在中心接受了法经济学的教育。截止到 1991 年，大约有 40%的现职联邦法官接受过中心提供的法经济学课程的专业培训。1993 年，这一数字达到 2/3。Manne 主持的法经济学中心当仁不让地成为了培训联邦法官的最大私人教育基地。

虽然法经济学中心现在附属于乔治梅森大学(the University of George Mason)，但它的运转却是独立的，且资金全部来源于私人捐助。维护捐资企业的利益因此也就成为该中心的一个重要职责。1988 年在

① Alexander M. Bichel & Benno C. Schmidt, Jr., 9 *History of the Supreme Court of the United States*, 166 (1984).

② Robert H Bork, Antitrust Paradox, "A Policy at War with Itself", The Free Press (second edition, 1993), p50.

③ 法经济学中心是由 Henry Manne 教授在 1974 年创办于 Miami 大学法学院，当时他是该院的经济学教授。后来他到 Emory 大学工作了很短一段时间，1986 年他被聘为乔治梅森大学法学院的院长，就将这个中心带到了乔治梅森大学。Henry Manne 教授是芝加哥学派的坚强信奉者，用他自己的话说，"他将乔治梅森大学经营成了法经济学理论的堡垒"。

乔治梅森大学法学院和1990年耶鲁法学院举办的两次"民事司法改革"研讨会，由公司与基金会出资，该中心承办举办方包揽了全部交通与食宿费用，未向与会的法官收取分文。1991年该中心花在直接为联邦法官举办研讨会上的费用达380 000美元，占中心当年接受的企业捐助的31%。捐助人都是些企业巨头，如Exxon、General Motors、Bethlehem Steel、ITT、General Electric、Mobil基金和Monsanto基金等，它们的捐资数额占当年中心接受全额的35%，另外65%来源于Olin、Bradley、Scaife等独立的基金会。这些基金会在塑造新型法官、使之所持理念符合自己期望的商业利益方面扮演着关键角色。

中心每年为法官举办的经济理论研讨会为期两周，期间，法官接受诸如"价格、市场、信息成本"、"竞争市场如何运转"、"统计推论"、"现代企业"、"现代经济的难题"等培训，为法官们培训其在审理反垄断案件时不可或缺的微观经济学理论。课程安排得极为紧凑。一星期六个上午，有时下午与晚上也有课。中心鼓励法官与教授之间的互动，提倡相互交流，甚至于每次用餐都分成小组，便于讨论与交流。仅1991年19位联邦法官参加的一个初级经济学理论研讨会，就花掉了中心106 365美元①。

（三）法经济学培训对反垄断司法的影响

培训对反垄断司法的影响用经济学的一句话概括就是："天下没有免费的午餐，其他一切都是细枝末节。"私人垄断资本扶持下的法经济学运动，通过所谓的培训与学术研讨，对反垄断司法至少产生了两个方面的影响：第一、通过教育培训推动法官观念的转变，促使法官在思想上与法经济学理论保持一致，从而作出有利于垄断财团的判决；第二、培养了一大批年轻律师，保证其事业上的后继有人，并将一部分持这一理念的律师推向了法官的位置。

以保险业巨头Aetna为例，其一直致力于为学术研讨会提供资助，1990年，Aetna更加积极地参与耶鲁大学法学院的活动。Priest教授称赞"Aetna为企业界资助理论界举办学术活动、促使学者们自由公正地进行学术交流方面树立了榜样"。纽约东区法院的Jack Weinstein法官也对Aetna致敬："我为Aetna在会议中，只追求纯粹的理论研究而没有附

---

① 这些数据均来源于：Law and Economics Center，1991 Annual Report.

带任何企业利益而高兴。"事实上，无论是企业也好，基金也罢，它们的对法经济学的资助肯定不是慈善活动，受赞助方也不可能"自由公正"地从事学术活动。Manne 教授就公开表示他与法经济学中心在对法律作经济分析时"没有持中立的立场"。他认为，经济学有好坏之分，法经济学中心所持的个人选择、私人财产、合同自由以及市场的资源配置是好的经济学理论，能在此基础上将建立起更优良的政治自由制度；可惜的是，极少有律师对法律行为的经济后果进行分析，因此，要用好的经济学理论"充实"律师们的头脑，使他们树立起反对政府对经济的干预、主张开放市场与保护私人产权的理念。

退一步说，即使 Aetna 等资助研讨会不附带任何条件，即使研讨会的主持方没有任何理论偏见，与会者的交流不受意识形态、理论学派观点的任何影响，Aetna 等出资人也会毫无疑问地从这种投资中受益颇丰，有时收效竟超出其意料。例如 Atena 仅在 Breland v. Aetna Casualty & Surety Co. Aetna 一案中少赔偿了 40 亿美元[①]。究其原因是因为这种会议为出资方提供了"在亲切友好、不拘礼节"的气氛下结识与会法官的良机；它还可以在法官"极其放松"的状态下，探听到法官对某类案件的态度与想法。几乎所有的私人承办方在举办活动前，都会"急法官之所急、想法官之所想"，竭诚为法官服务，希望把他们担心与考虑的问题都解决掉。此时的"教育"演变成了极佳的游说机会，本应时刻保持高度警惕的法官往往丧失了警觉，举办方的意识形态、所持的政策理念就这样不知不觉中"感染"了手握司法大权的联邦法官。由于企业经常参与诉讼活动，它们更有强烈的欲望要求裁决者听从它们的观点。法官接受由它们资助或主办的教育培训或研讨会等活动，对司法公正的影响可想而知。这种影响从不是在低级趣味的"糖衣炮弹"中进行的，而是在高深、高雅学术讨论的气氛下完成的。一批批法官因此被"洗脑"，例如一名法官就说过："我对这些(培训)项目很着迷。我竭力鼓动我们的新法官去申请这些项目。这些课程对我审判的一些案件真的很有帮助。"另一名法官补充说："(法经济学)中心通过这些项目，对提高整个司法系统的能力大

---

① 参见 Nan Aron, Barbara Moulton & Chris Owens, "Economics, Academia and Corporate Money in America: the 'Law and Economics' Movement", *Antitrust Law and Economics Review*, Vol. 24, No. 4.

有裨益。”还有一位法官在谈及中心对审判的影响时说：“由于我对边际成本的概念有了更深的理解，最近我驳回了陪审团对一件 1 500 万美元的反垄断裁决。”[①]

另外，在垄断财团与基金会的游说下，持保守观念的里根与老布什还任命了一大批非常年轻的联邦法官。在择人标准上，两位总统把“政治合格”放在首位，其次才是专业才能。也就是说，这 12 年间被提名任命为联邦法官的人选，其意识形态成为两位总统最为重要的考量[②]。大多被任命的法官的法律经历并不长，但却信奉自由市场理论，许多都是芝加哥学派的追随者。芝加哥学派的旗手波斯纳是在 1981 年由里根总统提名任命为第七巡回上诉法院法官的；前面提到的 1991 年参加法经济学中心初级经济学理论研讨会的 19 名联邦法官中，有 14 名是这两位总统提名任命的。

就反垄断政策而言，芝加哥学派的影响力已经持续了近三十年，芝加哥大学的几位著名校友如波斯纳法官、Easterbrook 法官、乔治梅森大学法学院的院长 Henry Manne 教授与 Richard Epstein 教授等，都是法经济学理论的热心布道者和坚持不懈的劝诱改宗者，他们在法学界都有着重要影响，至今还都占据着重要位置。接受芝加哥学派理论的法官大多还“坚守岗位”。但他们的理论也面临着诸多的挑战，在州层次上遭到了执行机构与法官的强烈抵制。与此同时，私人出资或资助的司法培训项目，特别是那些不向法官收取分文的所谓理论研讨，也受到了越来越多人士的质疑。乔治城大学(Georgetown University)法学院曾向美国司法会议(the Judicial Conference of the United States)呈交了一份关于调查私人资助司法教育项目的请求，认为这类所谓的培训与学术交流往往存在将自己的观点传递给法官，以左右法官审判意见，影响未来审理结果的不正当动机。在请求中，该法学院以 Manne 领导下的法经济学中

---

① 参见：Law and Economics Center, 1991 Annual Report.

② 影响总统提名的因素实质上还包括性别、种族、宗教信仰以及来自哪一个州或是哪个国家的移民等。党派政治更是左右大约 90%的联邦法官的提名与任命。里根与老布什在提名法官方面表现出来的强烈保守主义色彩是出了名的。南方一些州的法官由于在民权问题上“刁难”黑人，缺乏基本的同情心，黑人们往往转向联邦法院寻求救济。但在里根与老布什提名的联邦法官履职后，黑人们感到这些保守的联邦法院对他们的态度还不如那些臭名昭著的州法官，案件于是又发生了回流。参见 James V. Calvi & Susan Coleman, *American Law and Legal Systems* (*Fifth Edition*), Prentice Hall (2003), p49, 54～56.

心为例子，指责中心、Manne以及主要的授课人“全都持‘自由市场’的观念，他们坚信市场不应当被规制，政府介入经济对企业是不公平的。”请求还指出研讨会上的这些观点如果被法官所接受，只会极大地有利于资助中心的垄断资本，并引用司法行为法典（the Code of Judicial Conduct），提请美国司法会议关注法经济学中心及其举办的研讨会所引发的法律道德问题，呼吁法官为司法公正起见，对这些活动、活动所支持的理论观点、传递的信息、信息传递者以及它们背后的动机作审慎的审查。这一请求引起了诸多媒体的关注，一时成为报道的热点。法经济学虽然在塑造现今反垄断政策方面“功勋卓著”，但它未来究竟还能走多远、还能起多大作用，尚需拭目以待。

结　语

以上，笔者围绕着美国反垄断政策的发展进程和五个基本方面进行了考察与分析。如笔者在引言中所述，本文无法包含美国反垄断政策基本问题的全部，囿于自己的才疏学浅、研究的时间不长、收集的资料有限等因素的制约，挂一漏万的现象在所难免。同时，我国对反垄断问题的研究也刚刚起步，笔者是抱着将这一领域的研究作为终身学术生涯追求的念头，许许多多的问题有待于进一步的探索，一些想法有待于下一步的探明，尤其是反垄断元政策与具体政策的关系、政策内部的矛盾冲突等[①]，尚待于更深入的论证。

一、中美两国学术界对待反垄断政策基本问题立场上的相似性

在对待反垄断政策的态度，也就是在政府干预与市场自由问题的关系上，哈佛学派与芝加哥学派是对立的两方。而以弗里德曼（Lawrence M. Friedman）为代表的一部分新古典经济学家和以 Lawrence A. Sullivan 和 Eleanor M. Fox 等法学家为代表的民粹主义者又是这对立双方的两个极端。前者从根本上否定反垄断政策。弗氏抨击政府对微软的指控："打这场官司劳民伤财。科技的进步，比法庭的步伐要快得多。到这宗官司了结时，谁会知道行业的局面是怎样？肯定不是今天这样。邀请政府的官僚来调停，你就请来了未来的管制。过去电子行业有幸免受政府插手，得以进步神速，但你会马上看到，以后轮到政府的管制增长神速了。"他批评美国的反垄断政策："不仅在理论上站不住，在实践上还更有害。""反垄断法的实施并没有推动竞争，反而抑制了竞争，因为官僚总舍不得放弃调控的大权。我得出结论，反垄断法的害处远远大于好处，所以最好干脆废除它。"[②]联邦储备局主席格林斯潘还说："这个国

① 如对合并采取本身违法原则，会造成打击面太宽的弊病，并因而压抑企业创新的活力；但如果奉行合理原则，不仅司法等资源的浪费惊人，企业也不堪重负；若是对合并放任不管，不仅会造成垄断等经济问题，还会影响到社会稳定与民主政治。

② 转引自薛兆丰："不要学美国的反垄断法"，《南方周末》2000 年 5 月 12 日。

家的整套反垄断法，是经济无知和冲动的大杂烩。”[①]而民粹主义者则反驳说，单就经济方面，垄断导致了资源不能得到有效利用，给社会造成的净损失就达 GDP 的 0.5%～2%。虽然反垄断政策的政治性程度已经大大降低，但庞大的产业结合在本质上还是不宜追求的。反垄断政策仍然肩负着分散市场力量、维护弱势者的权益、消除胁迫和剥削的市场行为、给每个企业家公平竞试机会的使命。只要有证据证明竞争过程受到了损害，反垄断利剑就应当挥动起来[②]。以在反垄断政策上持温和立场而著称的 Hovenkamp 教授坚持认为：虽然哈佛学派的 SCP 范式在指导反垄断政策时有明显的缺陷与不足，其对立面芝加哥学派更是走向了另一个极端。市场与政府都有其得失利弊，与哈佛学派恐惧市场、主张严厉的政府干预相比，芝加哥学派美化市场、丑化政府以拒绝干预的理论肯定问题更大。[③] 他将 1992 年柯达案[④]视作芝加哥学派开始衰退的标志性事件。在人们指责“美国政府批准美国在线与时代华纳的合并[⑤]似乎与它对微软的穷追猛打形成了鲜明对比，是一种政策执行上的悖论”时，Hovenkamp 教授却将其解释为一种正常的执法行为。原因在于：因特网服务业正处于飞跃发展时期，一直表现出生机勃勃的竞争态势，这一市场具有竞争性、开放性与国际性的特征。美国在线的规模虽然最大，但它不具有市场支配力，它时时处处面临着雅虎等大大小小网络公司的挑战。虽然今天经济全球化对美国反垄断政策产生巨大影响，芝加哥学派至今还很大程度上把持着美国学界的话语权，接受该派理论的法官依然占据着重要岗位，信奉“新保守主义”的小布什（George W. Bush，2004 年连任成功）总统在反垄断政策方面又是芝加哥学派的积极追随者，

---

① 参见：http://www.stevenxue.com/

② 参见 Eleanor Fox & Lawrence Sullivan，“Antitrust－Retrospective and Prospective：Where are we coming from?”，*62 N. U. L. Rew. 936* (1987).

③ 在 Hovenkamp 教授看来，单纯地讲，芝加哥学派的理论只能说是逻辑推理出来的理论，无法在实践中得到验证；或者说是达尔文主义(Darwinism)在商界的表现。但真正值得注意的是：在芝加哥学派背后，大的垄断集团对这一理论的推波助澜。

④ 参见 Eastman Kodak Co. v. Image Technical Services Inc.，et al，504 U. S. 451 (1992).

⑤ 美国在线是世界最大的互联网服务公司，时代华纳是世界上最大的传媒公司。这起合并是美国迄今为止最大的一次合并案，合并金额高达 1 660 亿美元，合并后的美国在线－时代华纳公司市值达到 35 000 亿美元，年销售额 300 亿美元，成为融媒体、娱乐、通讯三位一体的世界巨头。

Hovenkamp 仍然坚信这些都无法改变只注重企业的经济效率而反对政府一切干预的芝加哥学派被逐渐边缘化的趋势，反垄断政策走进了更加注重维护有效竞争的“新时代”——“后芝加哥时期”。只要实行市场经济就必须以竞争机制作为配置资源的有效手段，就离不开反垄断政策。这一点是不变的，变化的只是它的执行方式。

中、美思想界在对待反垄断政策基本问题上具有惊人的相似性。美国理论家持有的几种立场，在我国都能找到相对的“名家”。张五常、薛兆丰[①]、张维迎[②]对市场几乎持完全肯定的态度。张氏曾说过：“美国的反垄断法例是完全没有法律的，永远都是武断，很有点乱来。”[③]有人以我国企业规模较小为由，不赞成反垄断立法[④]。也有许多学者充任既得利益者垄断行业（如电力、电信、铁路、邮政等）与一些政府部门的代言人，呼吁“反垄断立法应缓行”。而大批长期饱受垄断欺压的消费者对垄断“恨之入骨”。王晓晔教授等主张制定严厉的反垄断法，且不能让某些行业享有豁免[⑤]。朱慈蕴[⑥]、曹士兵[⑦]等专家则将我国反垄断立法在对“度”的

---

① 薛氏认为，反垄断政策是多此一举，最要反的是政府政策制造出来的垄断（参见薛兆丰：“政府应该反对什么样的垄断”，载于《南方周末》2004 年 1 月 24 日），市场准入是反垄断的唯一关健（参见薛兆丰：“从单向收费之争看反垄断重点”，载于《南风窗》2003 年 4 月下）。

② 张氏认为：“政府是具有暴力权力的垄断组织。”“所有的管制、审批制度解决以后，会产生多大的增长力量？我原来说国内生产商品总值可以实现增长 30%，我现在还要更乐观。”“政府官员应该学什么？其实很简单，政府官员应该人手一册《国富论》?? 默读 3 个月，比学任何东西都有效。为什么？《国富论》就是针对当时英国政府对经济的干预写的。”参见张维迎：《产权、政府与信誉》，上海三联书店 2001 年版，第 96 页、第 143 页、第 206 页。

③ 张氏认为，美国反垄断政策是本末倒置，性质模糊，而垄断又可能是竞争的结果。参见张五常：《经济解释》第二卷第六章第七节，“垄断可能是竞争的结果——我为微软说两句”（源自 http://www.macrochina.com.cn/zhzt/000029/006/20010419000984.shtml）。

④ 企业规模与经济效率的关系是复杂的。企业都渴望追求规模效应，但企业规模过大也会造成有规模无效率，这也是国外一些垄断巨头主动“拆分”的原因。就国内而言，一些国有企业是“浮肿”的庞然大物，其经济活力远远不及被称作“小狗经济”的浙江个体私营中小企业。做大不一定就会做强。在连锁超市早已遍地开花的美国，夫妻店、小门面一直保持着强韧的生命力，而一些商业大鳄也常常难免倒闭破产的命运。

⑤ 参见王晓晔：“中国反垄断立法还要等多久？”（源自 http://www.cel.cn/show.asp?c_id=112&c_upid=110&c_grade=3&a_id=2323）。

⑥ 参见朱慈蕴：“反思反垄断：我国应当建立温和型的反垄断制度”，《清华大学学报》2003 年第 2 期。

⑦ 参见曹士兵：“论中国反垄断立法”（源自 http://www.legaltheory.com.cn/info.asp?id=594）。

把握上定位为中庸。我国台湾地区在反垄断政策问题上也争议颇多①。

对他人问题的研究必然要围绕着解决自身问题来展开。今天，国内不单单在对待反垄断政策的态度上，在反垄断政策的目标与适用范围方面，也都与美国思想界极为类似。如反垄断与公民宪法权利的关系问题也已出现②。再如利益集团对反垄断政策的利用与滥用更是层出不穷，每一次垄断企业提出的涨价要求都会获得价格主管部门的批准等等。垄断行业财大气粗，目中无人，不仅在垄断领域欺凌消费者，还将经济权势延伸至社会生活的其他方面③。在惩治垄断方面，我们能否可以发挥后发优势，在充分研讨，分析利弊得失的基础上，吸收、借鉴、模仿乃至移植他人的成功经验呢？④

---

① 关于我国台湾地区学者对这一问题的争论，请参见赖源河编审：《公平交易法新论》，元照出版公司2000年版，第28～47页。

② "对比广告"就含有这方面的问题，只是不太为人关注而已。如1997年发生的"南京反不正当竞争第一案"中，原告金陵烷基苯厂生产的加佳牌合成洗衣粉含有磷、苯、荧光增白剂，被告大丹宜化厂（原告的竞争对手，"皂福"牌天然肥皂粉的生产商）在广告中称，含有此类成份的洗衣粉污染环境，危害健康。原告以广告损害了其声誉并致使其遭受巨大的经济损失起诉被告。被告反驳说，广告所言已为环境保护学和医学研究的科学文献所证明，在发达国家、国内的一些发达地区政府已经或正着手采取相应的措施。又如1999年农夫山泉曾作了一个将纯净水与矿泉水对比的广告。该广告传递的信息是：被污染的水虽然可以提取纯净水，但水质已经发生了根本变化，就像一件白衬衣弄脏以后很难恢复到原样。2000年5月，该公司又在央视黄金时段播发对比广告，通过老师使用"农夫牌"天然水和"农夫牌"纯净水养植水仙的试验，让学生得出应当喝天然水的结论。该公司在广告中还宣布：停止生产对健康无益的纯净水。这类对比广告如果虚假的话，依据广告法即可处理。但如果它是真实的，且又是有意针对竞争对手的，就会在一定程度上影响到一些商家的利益。但从消费者角度看，它的确照顾到了消费者的知情权，也提高了市场的透明度；而从宪法角度看，它又符合"言论自由"的原则。但这项权利同样在经济利益的诱使下可能被利用，直至被滥用。这应引起政策制定者与执行者的关注。

③ 如前两年，南京市鼓楼地区矗立起的一座高楼，打乱了南京市对这一地区的整体规则。当时的省领导都在报纸上大声疾呼，到现在高楼依然屹立在鼓楼的东方。

④ 前不久，中国政法大学一位硕士研究生在北京乘地铁时上了两次厕所，每次收费5角。当时，这位学生向工作人员索要发票，遭到拒绝。他以消费后没有收到收费凭证为由，起诉北京地铁公司。地铁公司答辩称，厕所是公司自筹资金建造，不是商业性经营，因而没有发票。法院认定原告消费后，应当得到消费凭证，判决地铁公司立即向原告开具两张发票。税务部门据此对地铁公司处以1 000元的罚款。该学生说，这起诉讼只是他的"第一步"，他要通过这种公益诉讼，让地铁等垄断部门的厕所向乘客免费开放。笔者虽然认为原告的精神可嘉，但单靠这种"奉献"，是不能有效地解决因垄断引起的诸如此类的问题的。美国反垄断法"三倍赔偿"外加合理的律师费与诉讼费的做法值得借鉴。这样，借助经济利益的杠杆，发动群众，打一场反对垄断的人民战争。美国今日的蓝天碧水也得益于当年治理污染时采用的"三倍赔偿"政策。我国消费者保护法第49条双倍赔偿的规定，鼓励了"王海"们的打假行动，对净化市场起到了重要作用。

二、美国经验对中国的主要启示

伴随着中国改革开放基本国策的实施，竞争政策也“风雨兼程”走过了二十几个春秋。反垄断立法的缺失是我国竞争政策最大的“憾事”，它使竞争缺少了“灵魂”。这一缺失可以归咎于多重原因，但最重要的原因恐怕在于我们所处的时代背景，即中国中央政府在推动国有企业改革与应对国际竞争的双重压力下所推行的培育大型企业集团的政策。由于我国企业规模偏小，而国际上以美国为代表的西方发达国家自上世纪80年代以来，在全球经济一体化快速发展的背景下，受新古典经济理论的影响，刻意放松反垄断执法，特别是大大放宽了对合并的限制，促成了国际上大企业的合并案件激增。在这一国际经济大环境下，我国政府确立了将培育具有国际竞争力的大公司和企业集团作为企业改革的战略要点①。这样，国家培育大型企业集团的现行政策与未来反垄断的政策目标发生了直接碰撞②。依靠政府的扶持与保护而不是凭借市场竞争，一

---

① 今天，我国政府依然保持了这一“扶持政策”的连贯性。《2002年中国国民经济和社会发展报告》强调：要“使一批大型企业集团成为技术创新能力强、市场开拓能力强、经营管理能力强、经济效益好，具有持续盈利能力和抗风险能力的‘国家队’。”2003年，为发展一批具有国际竞争力的大公司和大型企业集团，国家组建了国家资产监督管理委员会，负责指导和推进国有企业的改革和重组。中央通过国资委对196家最大的国有企业实施直接控制。另外，各级政府都积极组建自己的“国资航母”，如，2005年3月，江苏省南通市还在进行国企的重组与兼并，由南通纺织控股、南通精华集团、南通商贸控股、南通轻工控股和江苏华容集团五家资产经营公司合并，组建成立了该市最大的国资经营公司——南通工贸国有资产经营有限公司。又如，2006年3月，江苏省政府办公厅以2006年第13号文件的形式下发了《关于合并重组江苏开元国际集团有限公司和江苏省轻工资产管理有限公司的通知》。

② 这一点与日本的情况有些类似。早在1947年3月，日本议会就通过了盟军总司令部为其拟定了《禁止垄断法》(Antimonopoly Act，或称AMA)，同年7月开始实施。由于战后日本经济政策的主要目标是经济发展和增长，而竞争与增长在大部分时间里被认为是不一致的，当竞争政策与产业政策发生冲突时，政府会有意地压制竞争政策。当然，美苏关系的紧张、日本国内的反美呼声、朝鲜战争以及朝鲜战争后盟军结束对日本的占领、日本成为一个独立国家，也是日本宽缓执行反垄断法、允许与扶持垄断资本组建卡特尔的重要原因。参见：Takeshima Kazuhiko，“The Position of Competition Authorities within Government”，*Speech presented at ICN Annual Conference*，*Merida*，June 23～25，2003，来源：http://www2.jftc.go.jp/e-page/policyupdates/speeches/icn2chairman.pdf Kazuhiko是日本公平贸易委员会(Japan Fair Trade Commission，简称JFTC)的主席。JFTC是日本反垄断政策的实施机构，它隶属于首相，独立于内阁，不受任何一个政府部门的指导或监督，具有独立执行反垄断法的权力。JFTC包括一名主席和四名委员，他们由首相提名，两院同意并报天皇批准。委员必须是法律或经济学方面的专家。

批大型企业集团，如电信、电力、石化、银行、民航等，在各行各业迅速成长起来，或多或少都带有一定的垄断性质。世界企业500强排头兵都是竞争性行业企业，而在中国垄断行业大企业仍占主要地位[①]。2005年中国企业500强中排在前8位的都是垄断行业企业，大企业的发展壮大依赖政府力量和经济大势的惯性作用还在持续。此外，中国大企业还存在服务业发展明显滞后，传统竞争优势正在丧失等特点[②]。在政府精心呵护下而不是从市场打拚中获得市场优势地位的大企业，极有可能是一个个缺乏内在竞争力的庞然大物[③]。换言之，过分依赖政府政策的扶持，企业就难以通过市场竞争形成提升自身发展能力的机制。而我国正式加入WTO后，进口关税的大幅下调、非关税壁垒的急遽削减以及服务贸易的放开，又导致了更多外国企业尤其是跨国公司巨头涌入中国市场。依托资金、技术与管理优势，外国公司（及外资的进入）不仅对相对脆弱的国企造成强烈的冲击，还在一些高端市场占据了支配地位，甚至成为某一领域的寡头。跨国公司滥用市场力量、优势地位限制竞争[④]，以及为排斥竞争对手、占领市场份额而反复采用的拒绝交易、独家交易、捕食性定价等种种行为，不仅严重地损害了我国市场的竞争秩序，阻碍了中国企业的发展，侵害了中国消费者的利益，还部分"抵消"了入世带给我国的利益与机遇。

中国政府面临两难选择：要么尽快制定反垄断法，要么维持现状，将反垄断法制定的时间再往后移。前者使内资企业与外资企业接受同一

① 2003年，我国共有12家企业进入世界企业500强，它们分别是：中国石油天然气集团公司、中国石油化工集团公司、中国移动通信集团公司、中国工商银行、中国化工进出口总公司、中国电信集团公司、中国第一汽车集团公司、中国人寿保险公司、中国银行、中国建设银行、中国粮油食品进出口（集团）有限公司和中国农业银行。

② 详见："2005中国企业500强公布 大企业竞争力明显提升"，来源 http://politics.people.com.cn/GB/1026/3631680.html

③ 在2002年美国《财富》杂志公布的全球大企业500强中，我国中石化等10家企业跻身其中（均为国有企业）。中石化排名第86位，年收入400亿美元，职工人数119万，美国埃克森石油公司排名第2位，年收入1 920亿美元，是中石化的4.8倍，雇员只有97.5万人；中国工商银行的职工人数为56.5万，与美国通用汽车公司相近，但利润率仅为通用公司的13.5%。与国际企业巨头相比，我国大型国企的劣势明显。

④ 如微软在中国市场（不包括港澳台地区）实施明显的价格歧视行为，Window98系统在美国的零售价，折合成人民币是700多元，但在我国的零售价高达1 980元。又如瑞典利乐包装公司滥用在华市场垄断地位设置行业进入壁垒、捆绑销售自己的机器和制作材料等。

市场竞争规则，可能使内资企业失去政府的保护，却能以法律的方式规制外国公司的限制竞争行为与垄断行为；后者是继续扶持国内企业，但同时也无法制约外资的反竞争行为。即使是选择后者，享受政策优惠的国内企业仍旧难以与外企竞争、抗衡，还将导致政府缺乏规范外资企业反竞争行为的法律依据。无论如何，本土企业都面临着生存与发展的严峻考验。在这一背景下，中国政府最终选择了前者，加快了反垄断立法的步伐。为维护公平竞争的市场竞争环境和国家的经济安全，也作为一个反垄断政策的中间步骤，原对外贸易部、国家税务总局、国家工商总局、国家外汇管理局于2003年1月联合发布了《外国投资者并购境内企业暂行规定》，颁布该法旨在防止外国公司通过并购从而在我国市场形成垄断性的市场结构[①]。

美国反垄断政策的经验显示：有效的竞争政策是维护与促进公平竞争的前提。尽管经历了一百多年的风雨洗礼，反垄断政策在执行方面时紧时松、忽左忽右，但反垄断制度的结构框架依然是完好如初。对限制竞争行为的禁止、对滥用市场力量的阻却和对合并的控制仍然是美国反垄断制度的三个基本支柱[②]。与美国经验相比，零散于名目繁多的法律规章之中的我国竞争政策，最为缺乏的就是一个清晰的反垄断结构框架，且对损害这“三大基本支柱”的行为惩治不严、处置不力[③]。

从美国市场经济的发展过程来看，市场机制可以看作是一种横向的制度安排，而政府政策可以视为一种纵向的制度安排。正是这种横向与纵向的制度安排的有机结合才促成了美国有效的市场竞争。作为规制市场秩序的“经济宪法”，反垄断政策的缺位对我国建立和完善社会主义市场经济，不能不说是一个严重的缺陷。美国反垄断政策历史发展的轨迹向我们展示了在确立反垄断政策目标时，应当围绕着阻却市场力量、

---

① 该暂行规定的第三条规定：“外国投资者并购境内企业应遵守中国的法律、行政法规和部门规章，遵循公平合理、等价有偿、诚实信用的原则，不得造成过度集中、排除或限制竞争，不得扰乱社会经济秩序和损害社会公共利益。”第四条规定：“外国投资者并购境内企业，应符合中国法律、行政法规和部门规章对投资者资格和产业政策的要求。”

② 欧盟与日本也都将这三者作为各自反垄断法的框架支柱。这一方面反映了市场经济的共性，另一方面也可能是因为美国反垄断政策在国际上对其他国家竞争政策的影响力。日本与欧洲许多国家的反垄断法都是在美国的监督下或主动模仿美国反垄断法制定的。

③ 行政执法部门对违反竞争政策的行为一般是处以罚款，且数额不大。鲜有运用刑事手段维护公平竞争的事例。

建立与保护公平竞争的市场环境、着眼于提高经济效率与经济效益，并着力确保消费者福利的最大化等经济目标展开。其中，公平竞争的市场环境是基础，是在任何时候都不能动摇的核心目标。经济效率与效益和消费者福利既有共性的一面，也有相矛盾的一面。在政策执行时，对二者应根据经济环境的不同而适当地有所侧重。具体地说，在经济增长时期，应当更加注重消费者权益；在经济不太景气时期，着重促进企业经济效率与效益的提升。在全球经济一体化的大背景下，国际竞争日趋激烈，我国反垄断立法不应刻意保留美国反垄断政策那样的社会与政治功能。

反垄断法是市场经济的基本运行规则。从理论上讲，它具有普遍的适用性。但现实经济生活又是极其复杂的，政策是一个有机联系的整体，政府在制定经济政策时还须顾及其他方方面面。反垄断法不能包打天下，必须确定一个适合的适用边界。原则上，反垄断法只适用于非经济管制领域。随着政府简政放权，缩减行政审批，反垄断法的领域在我国将呈逐步扩展的态势[①]。对像银行、证券等涉及金融安全的“高危行业”，可以采取经济管制与反垄断法交叉共用的措施；而对工会等非营利组织、公益组织、政治性组织等，则要明确反垄断法对其不享有管辖权；对外向型企业、企业联合（联盟）、行业协会等组织，只要其产品与服务不回流国内市场、不对国内市场造成冲击，不仅要给予反垄断豁免，在适宜的条件下，国家还要给予某种形式与程度的鼓励与支持；对涉农（大农业）经济组织与非经济组织，只要不严重危害市场竞争，一般不予反垄断制裁。

竞争是市场经济的基本运行机制，是市场经济的核心。但市场是冷酷的、没有良知的，且存在着自身不可克服的缺陷，竞争也会播下毁灭自身的种子。为了保障市场竞争的有序进行，需要引进公共权力规制市场。政府具有调控经济的天职，有责任营造和维护良好的市场竞争环境。反垄断政策就是政府干预市场经济运行的最根本手段。但这一最

---

① 2005年2月16日，温家宝总理在国务院第三次廉政会议上指出，政府简政放权、简化行政审批制度改革，是转变政府职能和从源头上防治腐败的关键。他强调“行政审批项目要继续清理，不必要的或不适当的要取消或调整；要严格规范备案、核准的范围和程序，对已经取消的和放下去的审批事项，绝不能以“备案”的名义搞变相审批和权利上收。今后设定行政许可事项必须有法律依据”。行政审批的减少，势必会扩大反垄断法的“势力范围”。

根本手段也只能是规制市场经济的一种外在的补充手段，对市场经济而言，它只具辅助性，且必须置于一定的限度之内，不能影响到市场在配置资源方面的基础性作用。过度的干预是对市场机制的破坏与背叛，不仅政策目标无法实现，其存在的必要性与价值也会遭到质疑。但如何科学准确地界定、把握并严格践行反垄断政策的干预度，可能是一个永远无法精确回答的难题。具体到我国今天正在进行的反垄断立法，可以在实体内容上作一些灵活规定。换言之，立法时不仅要严，惩罚的幅度也要大，要留给执行部门相对宽松的空间，便于政府根据经济发展的不同状况"因时制宜"、"因行业制宜"，是否追究、如何追究某一反竞争行为，交由执行机构根据当时当地这一领域的具体情况，综合各方面因素，进行判断。在实施原则的选择上，除对"水平卡特尔"等有明显反竞争性质的行为使用"本身违法原则"一律加以禁止外，对更多的像"垂直控制"这样利弊兼有的行为，尽可能地采用"合理原则"进行逐个、细致的审查，使反垄断政策能够与国家因经济环境的变化而不断调整的其他经济政策相协调。

一般而言，反垄断政策作为一项基本的经济政策，不得与宪法相抵触。公民、企业及其他组织行使宪法权利，是一种政治行为，从属于政治过程，反垄断法没有管辖权。同时，从公共利益出发，民众对垄断行为有权实施社会监督。国家也应当鼓励、支持并保护公民、法人及其他组织对经营者的市场行为进行监督。利害关系人、消费者以及其他任何单位和个人对垄断行为，都可以向政府举报(有时也可以起诉)。这就带来了一个问题：一些个人、竞争对手、以前有合同关系的商业伙伴或其他营利、非营利组织，会依托或假借宪法权利，从事反竞争行为，阻止或限制对手的正常经营活动①，反垄断政策对之就不应无动于衷。我国的反垄断立法应当明确这类行为不得享有反垄断豁免，并与其他立法相衔接，对这类行为严惩不怠。社会是一个整体，要建立与维护和谐社会，在制

---

① 行文至此，正好发现2005年3月1日的《扬子晚报》(A16版)，用整版篇幅报道"王海西安打假遭'炮轰'"一事。在王海举行的新闻发布会上，王海称力帆公司的产品质量有问题，而被"打"对象现身新闻发布会，称王海和其竞争对手是"一伙儿"。总带墨镜的王海视对方冠以"商业黑势力"的头衔，而王海又称手里有充分证据，证明对方在"混淆视听"。在这一事件中，无论谁对谁错，对手都采用了反竞争行为，损毁了对方的商业信誉(王海是北京大海公司的法定代表人)，影响到了对方经营业务的正常开展。

定、执行政策法律时就要综合考虑各方面的因素，兼顾各方面的利益。为保证、救济弱势群体的利益或更大的公益，必要时也应当对强势群体正常、正当地行使宪法权利（及其他相关权利）的行为，作适当的限制。

利益集团对公共政策的利用从某种意义上讲，是追求其自身利益的一种表达方式，有其必然性与合理性的一面。但如果将自身利益强加于他人，将政策作为利益“寻租”和实现福利转移的工具，则构成对政策的滥用。在美国反垄断政策领域，处处活跃着利益集团的身影，从企业、律师到政治代表（有时被贬称为政客）再到两执行部门的高官与雇员，直至独立于立法与行政之外、广受尊重的法官和身处象牙之塔、一直被视为潜心于学术的理论家。他们对反垄断政策的滥用，严重地损害了市场竞争机制，使政策的执行及执行结果偏离了政策的公益目标，将社会福利转化为集团私利，致使反垄断政策一度被视作为一项失败的社会经济政策，必须进行全面、彻底的改革。我国在制定与执行反垄断法时，要对利益集团利用与滥用反垄断法予以特别的关注，尤其是要摆脱垄断行业主管部门对反垄断法的影响与干扰。反垄断行政执法部门要单设，机构要独立，要从制度上保证机构能够有效地实施法律赋予的权力，特别是惩治垄断行业主管部委的权力；对企业滥用诉权、虚假指控等行为，不能简单地以判决败诉或驳回指控结案，还要赔偿由此给对方造成的直接与间接损失；将律师利用反垄断政策为己谋利的此类行为纳入《律师职业道德和执业纪律规范》禁止的范围内，并对其进行考核；对法官可以结合“错案追究制度”予以追究。

三、行政性垄断应成为未来我国反垄断法的打击重点

我国在垄断方面与美国最大的不同，应当说是行政性垄断问题。也就是说，我国反垄断的一个重点应当对准那种不是企业通过竞争自发形成，而是由那只“看得见的手”背后所操控的垄断。这可能是我们最大的一块心病。2006 年下半年，国家工商总局将重点查处的五种垄断行为，即“供电部门强制用户购买其提供的电表等用电设备”、“供水部门限定他人购买其指定的经营者的商品”、“供气部门强制他人购买和使用其提供的燃气灶具”、“交通运输部门强制服务用户购买保险或者参加保价运输”、“邮政部门强制用户接受特快专递服务、礼仪礼品服务，强制搭售明信片、集邮册等商品”等。这些行为背后都有行政机关的影子。行政性

垄断不仅表现为具体行为，如强买强卖[①]、限制市场准入、强制经营者限制竞争等，还表现为抽象的行政垄断行为，即政府及其所属部门滥用行政权力，制定含有排除或者限制竞争内容的规定，妨碍建立与完善全国统一、规范有序的市场体系，损害公平竞争的环境。近年来各地发生的医患纠纷中，过激的患者（家属）不满鉴定委员会作出的鉴定结论，暴力冲砸医院设施、殴打医护人员的行为屡见不鲜，甚至在湖南等地形成了专门代患者"讨说法"的涉黑犯罪团伙。这里的一个症结在于医疗专家的鉴定结论公信力不高，而公信力不高的根源又在于医疗事故技术鉴定专家委员会的组成。"老子为儿子找人作鉴定"缺乏中立性，不要说是两纠纷之中的对立一方，就是对第三人也是难以接受鉴定结论的[②]。2004年12月17日，民航总局联合公安部发布的《关于维护民用航空秩序保障航班正常运行的通告》中规定，乘客在"航班延误时不得占机"。在禁止采取过激行为处理航班延误纠纷的同时，通告却未能兼顾到如何公平合理地解决消费者与民航系统的争执，切实维护消费者的合法权益。这又是一份"老子为儿子保驾护航"的行政文件，更让人不解的是以维护公共安全为己任的公安系统竟也介入了这一"霸王规定"[③]。2004年12月18日，南京电视台《东升直播室》以37名黑户大学生为专题，报道了2003年毕业的37名大学生被南京一民营企业录用后，因不能上南京户口而成为都市里的黑户一族。教育主管部门要求录用他们的那家民营企业必须按照其文件规定，将留宁大学生的档案委托教育主管部门下属的人事档案代管机构代管，而这家民营企业则认为政府出台这样的规定

---

① 即政府及其所属部门滥用行政权力，限定他人买卖其指定的商品（服务）或指定的经营者的商品（服务），限制其他经营者正当的经营活动。这类行为应当纳入我国反垄断法调整范围之内。

② 这方面我们可以借鉴美国的陪审团制度。美国法院的判决之所以能为大众所接受，一个重要原因就是代表民意的陪审团的存在。而陪审团成员是从符合条件的公民中随机抽取后，由原、被告双方与各自律师共同挑选出来的。由双方同意的人选对案件事实作出决定性判断后，法院再依据法律作出判决。我国全国人大常委会《关于完善人民陪审员制度的决定》于2005年5月1日正式实施，最高法院、司法部于2004年12月17日颁布了《关于人民陪审员选任、培训、考核工作的实施意见》，以期保障人民陪审员依法独立公正行使职权，真正把人民陪审员制度作为一项重要的审判制度加以落实，杜绝"陪审就是陪衬"等错误做法。

③ 按我的理解，如果乘客的过激行为影响了空运交通安全，应由公安部制定规章、或由国务院、人大常委会制定行政法规或法律来处置。有利益关系的民航总局作为这一文件的牵头人，不仅从法理上，更从情理上讲不通。

不公平。他们质疑：为什么国有公司可以自己管理员工档案而民营企业不行？将该文件规定视作是对民企的歧视。他们声称：可以将员工的档案交付人才中心，但不能交给教育主管部门指定的下属单位，教育主管部门联合有关行政执法机关共同出台这样的政策规定，是其企图垄断这一领域的丰厚利润（每份档案每月的代管费为 10 元，而普通档案每年每米的代管费仅为 1 元），不能助长这股“歪风”。双方争执不下，但受损失、受煎熬的是孤立无援的几十名学子。当下常见的公共权力机构在管辖的本行业经营机构的要求或唆使下，默许乃至授意的对某类产品或服务的所谓“封杀”行为，实质也就是将由经营机构协同行使即为非法的联合抵制行为，交由行政机关统一部署，以行政命令的方式实施。这一形式的行政性垄断较之经济性联合抵制、拒绝交易对产品或服务的提供者、对消费者福利、对正常的经济秩序和公平的竞争环境的杀伤力更甚。这样，有行政机关的红头文件作依托，再加上行政诉讼法对抽象行政行为不予受理，行政性垄断就可以畅通无阻，为所欲为。长期以来，房地产测绘市场一直是房管局下属测绘队的“独家生意”，各地房产管理部门对请求赋予房地产测绘资质的申请一概不批，近期来开始受到媒体与大众的质疑。这种基于其行政背景，以“规范市场”为借口，以公共机构的名义甚至以政府、人民的名义发出，以“滥用公共权力”为手段来获取巨额垄断租金的行政性垄断，被胡鞍钢教授斥责为“一种赤裸裸的、光天化日之下公然进行的掠夺性腐败”[①]。从我国的具体国情出发，我国的反垄断立法与执法的一个主要指向就应当是制止这种滥用行政权力限制竞争的行为。对行政机关或公共组织滥用公共权力，限定或变相限定经营者只能买卖其指定的商品或服务等指定交易行为，强制经营者实施限制或排除市场竞争等强制经营者限制竞争行为，设置关卡限制外地商品进入或本地商品输出的地区封锁行为，对本地与外地经营者区别对待，限制、

① 2001 年九 9 月 7 日，胡鞍钢教授在为中新社作的《腐败问题与中国经济形势》专题报告中指出：行政性垄断对行业的发展危害极大，妨碍了市场竞争，导致了竞争效率低下，不利于社会生产效率的提高。“行政性垄断就是一种腐败”，这种腐败所造成的损失已达五百多亿到一千多亿，并且直接侵害了人民的福利。他明确表示：反垄断是一场深刻的社会变革，已成为中国目前改革的重中之重。2002 年 7 月，他又指出，行政性垄断已经发展成一个庞大的既得利益集团，成为中国经济长期持续高速增长的最大的制度性瓶颈。它具有强大的政治影响力，能制造所谓的“政府失效”。政府一旦提出改革、打破垄断，既得利益集团将首先反对，并千方百计影响决策层，拖延改革。这也是行政性垄断行业成为计划经济“最后堡垒”的政治原因。

排斥外地经营者在本地投资或设立分支机构或在此过程中实行歧视性待遇的限制外地企业或资本的市场准入行为，以及形形色色的歧视性待遇①等诸如此类的行政性垄断，必须严加禁止，严加追究，至少在反垄断法通过后的一段时期内，它应当成为反垄断执法的一个重点。

《反垄断法》(草案)的形成，表明了我国政策决策者惩治垄断的决心与力度。送审稿对垄断协议、滥用市场支配地位与行政性垄断等作了禁止性规定；就控制经营者集中，根据不同情况，作了禁止、限制与许可(及附条件)的规定；并将行业协会、事业单位等非经营性组织以及滥用知识产权的行为也纳入了反垄断的适用范围；对一些严重的垄断行为处以500万元以下的罚款或上一年度在相关市场上的销售额的10%以下的罚款，并可动用刑罚予以制裁。我们期盼着我国的立法者能在进一步汲取国外经验教训基础上，结合我国的现状，制订出一部能够有效抑制垄断势力、阻却市场力量滥用的市场经济基本法，推动我国建立起并切实维护好一个统一、开放、竞争、有序的现代市场体系。笔者期望着本文能为目前的反垄断立法工作提供一些参考，也为未来的实施活动尽到微薄之力。

① 行政机关和公共组织滥用行政权力，实施的歧视性行为主要有：(一)对外地商品设定歧视性收费项目、规定歧视性价格，或者实行歧视性收费标准；(二)对外地商品采取与本地同类商品不同的技术要求、检验标准，或者对外地商品采取重复检验、重复认证等歧视性技术措施，限制外地商品进入本地市场；(三)采取专门针对外地商品的专营、专卖和行政许可等手段，实行歧视性待遇，限制外地商品进入本地市场；(四)通过设定歧视性资质要求、评审标准或者不依法发布信息等方式限制或者排斥外地经营者参加本地的招投标活动。

参考文献

一、中文著作

许涤新主编:《政治经济学辞典》(中),人民出版社 1980 年版。

法学教材编辑部"西方法律思想史编写组"编:《西方法律思想史资料选编》,北京大学出版社 1983 年版。

张宏生主编:《西方法律思想史》,北京大学出版社 1983 年版。

戴奎生、邵建东、陈立虎著:《竞争法研究》,中国大百科全书出版社 1993 年版。

沈达明编著:《英美合同法引论》,对外贸易教育出版社 1993 年版。

国家工商行政管理局条法司:《现代竞争法的理论与实践》,法律出版社 1993 年版。

张乃根著:《西方法哲学史纲》,中国政法大学出版社 1993 年版。

张文显:《法学基本范畴研究》,中国政法大学出版社 1993 年版。

经济学消息报社编:《诺贝尔经济奖得主专访录——评说中国经济与经济学发展》,中国计划出版社 1995 年版。

曹士兵著:《反垄断法研究》,法律出版社 1996 年版。

陈秀山著:《现代竞争理论与竞争政策》,商务印书馆 1997 年版。

樊亢、宁则行等编:《主要资本主义国家经济简史》,人民出版社 1997 年版。

晏智杰主编:《西方市场经济下的政府干预》,中国计划出版社 1997 年版。

阮方民著:《欧盟竞争法》,中国政法大学出版社 1998 年版。

王晓晔著:《竞争法研究》,中国法制出版社 1999 年版。

余劲松主编:《中国涉外经济法律问题新探》,武汉大学出版社 1999 年版。

陈东琪著:《新政府干预论》,首都经济贸易大学出版社 2000 年版。

漆多俊著:《经济法基础理论》,武汉大学出版社 2000 年版。

赖源河编审:《公平交易法新论》,元照出版公司 2000 年版。

邵建东著:《德国反不正当竞争法研究》,中国人民大学出版社 2000 年版。

徐杰主编:《经济法论丛》(第 1 卷),法律出版社 2000 年版。

杨紫烜主编:《经济法研究》第 1 卷,北京大学出版社 2000 年版。

张亚芸:《公司并购法律制度》,中国经济出版社 2000 年版。

张昕竹主编:《中国规制与竞争:政府和政策》,社会科学文献出版社 2000

年版。

本书编写组编：《各国反垄断法汇编》人民法院出版社 2001 年版。

纪坡民著：《产权与法》，三联书店出版社 2001 年版。

季晓南主编：《中国反垄断法研究》，人民法院出版社 2001 年版。

蒋泽中著：《企业兼并与反垄断问题》，经济科学出版社 2001 年版。

孔祥俊著：《反垄断法原理》，中国法制出版社 2001 年版。

秦晖著：《经济转轨与社会公正》，三联书店出版社 2001 年版。

沈敏荣著：《法律的不确定性：反垄断法规则分析》，法律出版社 2001 年版。

王为农著：《企业集中规制基本法理——美国、日本及欧盟的反垄断法比较研究》，法律出版社 2001 年版。

王晓晔著：《欧共体竞争法》，中国法制出版社 2001 年版。

吴敬琏著：《改革：我们正在过大关》，三联书店出版社 2001 年版。

张维迎著：《产权、政府与信誉》，三联书店出版社 2001 年版。

周其仁著：《数网竞争：中国电信业的开放和改革》，三联书店出版社 2001 年版。

刘宁元、司平平、林燕萍著：《国际反垄断法》，上海人民出版社 2002 年版。

单飞跃著：《经济法理念与范畴的解析》，中国检察出版社 2002 年版。

黄勇、董灵著：《反垄断法经典判例解析》，人民法院出版社 2002 年版。

包锡妹著：《反垄断法的经济分析》，中国社会科学出版社 2003 年版。

文学国著：《滥用与规制——反垄断法对企业滥用市场优势地位行为之规制》，法律出版社 2003 年版。

于雷著：《市场规制法律问题研究》，北京大学出版社 2003 年版。

袁祝杰著：《竞争秩序的建构——行政性限制竞争研究》，北京大学出版社 2003 年版。

张乃根著：《法经济学——经济学视野里的法律现象》，中国政法大学出版社 2003 年版。

中国经济改革研究基金会等著：《中国改革发展报告 2003——中国反垄断案例研究》，上海远东出版社 2003 年版。

傅军、张颖著：《反垄断与竞争政策：经济理论、国际经验及对中国的启示》，北京大学出版社 2004 年版。

李友根著：《人力资本出资问题研究》，中国人民大学出版社 2004 年版。

王传辉著：《反垄断的经济学分析》，中国人民大学出版社 2004 年版。

张金马主编：《公共政策分析：概念、过程、方法》，人民出版社 2004 年版。

邱小平著：《表达自由——美国宪法第一修正案研究》，大学出版社 2005 年版。

邱小平著：《法律的平等保护——美国宪法第十四修正案第一款研究》，大学出版社 2005 年版。

王晓晔主编：《经济全球化下的竞争法的新发展》，社会科学文献出版社 2005 年版。

二、中文论文

王先林："论反垄断法与国际贸易"，《学术界》1995 年第 1 期。

王育芬、范木荣："从"全球 1000"家公司排行榜看经济结构变化趋势"，《世界经济》2000 年第 4 期。

严强："政治研究的微观层面"，《南通师范学院学报》(哲社版)2000 年第 2 期，人大复印资料《政治学》2001 年第 1 期。

崔明霞："从'微软'案看美国反垄断法"，《经济管理文献》2000 年第 8 期。

何锦璇："信托立法不宜操之过急"，《北京大学法律评论》，第一卷第 2 辑。

金明路、柴志贤："美国反托拉斯政策变迁及对我国反垄断的启示"，《浙江学刊》2001 年第 3 期。

杜传忠："美国政府不再分解微软的原因及启示"，《经济理论与经济管理》2002 年第 2 期。

吉珊珊："美国经济大危机与反垄断法的演进"，山西大学学报(哲学社会科学版)2002 年第 3 期。

王忠宏："哈佛学派、芝加哥学派竞争理论比较及其对我国反垄断的启示"，《经济评论》2003 年第 1 期。

胡晓进、任东来："保守理念与美国联邦最高法院"，《美国研究》2003 年第 2 期。

王卓君、吴玉岭："是图谋垄断，还是行使宪法权利——从律师联盟案看美国宪法权利的冲突与协调"，《政法论坛》2004 年第 4 期，人大复印资料《宪法学行政法学》2004 年第 12 期。

吴玉岭、陈潭："消费者福利——美国反垄断政策的终极目标"，《消费经济》2004 年第 6 期。

吴玉岭、翟洁君："美国反垄断法的涉外特征"，《河北法学》2004 年第 11 期。

吴玉岭、赵耀："论美国反垄断法的豁免制度及其适用限制"，《南京社会科学》2005 年第 1 期。

吴玉岭："企业的自由度与政府的干预度：美国反垄断法的核心矛盾"，《行政法学研究》2005 年第 3 期。

田明君："企业间纵向关系的经济分析及其对美国反垄断法的影响"，《环球法律评论》2005 年 5 期。

三、中文译著

[德]马克思：《资本论》第三卷。

《马克思恩格斯全集》第23卷。

列宁：《帝国主义是资本主义的最高阶段》，人民出版社1971年版。

[日] 我妻荣：《经济复兴与统制立法》，有斐阁1948年版。

[苏] 列·伊·祖波克：《美国史纲：1877～1918》(上、下册)，庚声译，三联书店出版社1962年版。

[日] 今村成和：《独占禁止法》，有斐阁，1967年版。

[美] 福克讷：《美国经济史》(下)，何新等译，商务印书馆1978年版。

[英] 亚当·斯密：《国民财富的性质和原因的研究》(下卷)，郭大力、王亚南译，商务印书馆1979年版。

[美] 约翰·加尔布雷思：《经济学与公共目标》，蔡爱百译，商务印书馆1980年版。

[英] 埃里克·罗尔：《经济思想史》，商务印书馆1981年版。

[瑞士] 西斯蒙第：《政治经济学新原理》，何钦译，商务印书馆1983年版。

[美] 米尔顿·弗里德曼：《资本主义与自由》，张瑞玉译，商务印书馆1986年版。

[德] 马克斯·韦伯：《新教伦理与资本主义精神》，于晓、陈维纲等译，四川人民出版社1986年版。

[美] 马歇尔·霍华德：《美国反托拉斯法与贸易规则》，孙南申译，中国社会科学出版社1991年版。

[英] 约翰·亚格纽：《竞争法》，徐海等译，南京大学出版社1992年版。

[美] 保罗·萨缪尔森、威廉·诺德豪斯：《微观经济学》第十二版(上册)，萧琛等译，中国发展出版社1992年版。

[美] 查尔斯·沃尔夫：《市场或政府：权衡两种不完善的选择》，谢旭译，中国发展出版社1994年版。

[美] 罗伯特·考特，托马斯·尤伦，《法和经济学》，张军等译，上海三联书店、上海人民出版社1994年版。

[美] 道格拉斯·诺思：《经济史中的结构与变迁》，陈郁等译，上海三联书店1994年版。

[英] 洛克：《政府论》(上、下篇)，叶启芳等译，商务印书馆1997年版。

[美] 理查德·A. 波斯纳：《法律的经济分析》，蒋兆康，译中国大百科全书出版社1997版。

[美] 奥利弗·E. 威廉姆森：《反托拉斯经济学——兼并、协约和策略行为》，张群群、黄涛译，经济科学出版社1999年版。

[美] 保罗·萨缪尔森、威廉·诺德豪斯：《微观经济学》第十六版，萧琛等译，华夏出版社1999年版。

[美] 丹尼尔・F. 史普博:《管制与市场》,余晖等译,上海三联书店、上海人民出版社 1999 年版。

[美] 威廉・E. 哈拉尔:《新资本主义》,冯韵文、黄育馥等译,社会科学文献出版社 1999 年版。

[美] 本杰明・卡多佐:《司法过程的性质》,苏力译,商务印书馆 1998 年版。

[美] 卡尔・帕顿、大卫・沙维奇:《政策分析和规划的初步方法》,孙兰芝等译,华夏出版社 2000 年版。

[德] 柯武刚、史漫飞:《制度经济学——社会秩序与公共政策》,韩朝华译,商务印书馆 2001 年版。

[美] 拉雷・N. 格斯顿:《公共政策的制定——程序和原理》,朱子文译,重庆出版社 2001 年版。

[美] 莱斯利・里普林:《政治学的重大问题——政治学导论》(第 10 版),刘晓等译,华夏出版社 2001 年版。

[英] F. A. 冯・哈耶克:《个人主义与经济秩序》,邓正来译,上海三联书店出版社 2003 年版。

[美] 弗兰克・费希尔:《公共政策评估》,吴爱明等译,中国人民大学出版社 2003 年版。

[美] 理查德・A. 波斯纳:《反托拉斯法》(第二版),孙秋宁译,中国政法大学出版社 2003 年版。

[美] 曼昆:《经济学原理》,梁小民译,机械工业出版社 2003 年版。

[美] Jay Dratler, Jr. :《知识产权许可》(上、下册),王春燕等译,清华大学出版社 2003 年版。

[法] 托克维尔著:《论美国的民主》(上、下卷),商务印书馆 2004 年版。

[美] 吉帕・维斯库斯等:《反垄断与管制经济学》,陈甬军等译,机械工业出版社 2004 年版。

[美] 格伯尔:《二十世纪欧洲的法律与竞争:捍卫普罗米修斯》,冯克利、魏志梅译,中国社会科学出版社 2004 年版。

四、英文著作

A. D. Neale & DG Goyder, *The Antitrust Laws of the U. S. A. : The Origins and Historical Development of Antitrust*, Cambridge Univ. Press (1980).

Amy Chua, *World on Fire: How Exporting Free Market Democracy Breeds Ethnic Hatred and Global Instability*, Doubleday Press (2003).

Arthur R. Miller & Michael H. Davis, *Intellectual Property: Patents, Trademarks, and Copyright*, West Publishing Co. (Second Edition, 1999).

Carl Kaysen & Donald F. Turner, *Antitrust Policy*, Harvard University Press (1959).

Cass R. Sunstein, *After the Rights Revolution: Reconceiving the Regulatory State*, Harvard Univ. Press (1993).

Charles R. Van Hise, *Concentration and Control: A Solution of the Trust Problem in the United States*, Macmillan Publisher (1912).

David S. Clark & Tu Rul Ansay, *Introduction to the Law of the United States*, Aspen Publishers (Second Edition, 2002).

E. Thomas Sullivan & Herbert Hovenkamp, *Antitrust Law, Policy and Procedure: Cases, Materials, Problems*, LexisNexis (4th Edition, 1999).

E. Thomas Sullivan & Herbert Hovenkamp, *Antitrust Law, Policy and Procedure: Cases, Materials, Problems*, LexisNexis (5th Edition, 2003).

Ernest Gellhorn & William E. Kovacic, *Antitrust Law and Economics*, West Group (1994).

Frederic M. Scherer, *Competition Policies fro an Integrated World Economy*, The Brookings Institution (1994).

George Stigler, *The Organization of Industry*, Univ. of Chicago Press (1968).

Giuliano Amato, *Antitrust and the Bounds of Power——The Dilemma of Liberal Democracy in the History of the Market*, Northwestern University Press (1997).

Herbert Hovenkamp, *Federal Antitrust Policy*, LEXIS Law Publishing (2d ed. 1999).

James V. Calvi & Susan Coleman, *American Law and Legal Systems*, Pearson Education, Inc. , (4th Edition, 2002).

John Kenneth Galbraith, *American Capitalism: The Concept of Countervailing Power*, Houghton Mifflin Co. (1956).

Kathleen M. Sullivan & Gerald Gunther, *Constitutional Law*, Fundation Press (14th Edition, 2001).

Lawrence Anthony Sullivan, *Handbook of the Law of Antitrust*, West Publishing Co. (1977).

Lee Epstein & Thomas G. Walker, *Constitutional Law for a Changing America: Institutional Power & Constraints*, Congressional Quarterly Press (3rd Edition, 1998).

Lester C. Thurow, *Head to Head: The Coming Economic Battle Among Japan*, Europe and America, Warner Date Press(1993) .

Mancur Olson, *The Logic of Collective Action: Public Goods and the Theory of Groups*, Harvard University Press (1971).

Mark Furse, *Competition Law of the UK and EC*, Blackstone Press Limited (1999).

Michael E. Porter, *The Competitive Advantage of Nations*, Free Press (1990).

Milton Handler, *Trade Regulation: Cases and other Materials*, Foundation Press (1960).

Oppenhemis, S., G. Weston, J. McCarthy, *Federal Antitrust Laws*, West Publish (4th ed, 1981).

Phillip Areeda & Louis Kaplow, *Antitrust Analysis: Problems, Texts, and Cases*, Aspen Publishers Inc. (5th Edition, 1997).

Raymond SR Ku, Michele A. Farber & Arthur J. Cockfield, *Cyberspace Law: Cases and Materials*, Aspen Press (2002).

Richard A. Posner, *Antitrust Law: An Economic Perspective*, University of Chicago Press (1976).

Richard A. Posner & Frank H. Easterbrook, *Antitrust Cases, Economic Notes, and Other Materials*, West Pub. Co. (1981).

Robert A. Katzamn, *Regulatory Bureaucracy: The Federal Trade Commission and Antitrust Policy*, The MIT Press (1980).

Robert Bernard Reich, *The Work of Nations: Preparing Ourselves for 21st Century Capitalism*, Knopf Press (1991).

Robert H Bork, *Antitrust Paradox——A Policy at War with Itself*, The Free Press (1993).

Senator Sherman, 21 Cong. Rec. 3152 [1890].

Stephen G. Breyer, *Regulation and Its Reform*, Harvard University Press (1984).

Stephen M. McJohn, *Intellectual Property*, Aspen Publishers, Inc. (2003).

Suzanne Weaver, *The Decision to Prosecute: Organization and Public Policy in the Antitrust Division*, MIT Press(1977).

T. Barton Carter, Juliet Lushbough Dee & Harvey L. Zuckman, *Mass communication law in a nutshell*, West Group (2000).

William Letwin, *Law and Economic Policy in America: the evolution of the Sherman Antitrust Act*, University of Chicago Press (1965).

William F Shughart Ⅱ, *Antitrust Policy and Interest-Group Politics*, Greenwood Publishing Group, Inc. (1990).

五、英文论文

Christopher C. Klein, "Economics of Shame Litigation: Theory, Cases, and

Policy", *Federal Trade Commission*, April 1989.

Cotton M. Lindsay, "A Theory of Government Enterprise", *Journal of Public Economy 84* (October 1976).

D. Farber & P. James May, "Antitrust in the Formative Era", *50 Ohio St. L, J.*

E. Thomas Sullivan, "The Economic Jurisprudence of the Burger Court's Antitrust Policy: The First Thirteen Years", *58 Notre Dame L Rev. 1* (1982).

E. Thomas Sullivan, "The Antitrust Division as a Regulatory Agency: An Enforcement Policy in Transition", *64 Wash. U. L. Q. 996* (1986).

Eleanor Fox & Lawrence Sullivan, "Antitrust, Retrospective and Prospective: Where are we coming from? Where are we going to?", *in 62 NYUL. Rev.*, 936 (1987).

Eleanor M. Fox, "Toward World Antitrust and Market Access", *91 American Journal of International Law 1* (1997).

Eleanor M. Fox, "Antitrust and Regulatory Federalism: Races Up, Down and Sideways", *75 NYU L. Rev. 178* (2000).

Frank H. Easterbrook, "The Limits of Antitrust", *Texas Law Review 63* (1984).

Gary M. Anderson, William F. Shughart II & Robert D. Tollison, "On the Incentives of Judges to Enforce J".

George A. Hey, Daniel Kelly, "An Empirical Study of Price-Fixing Conspiracies", *Journal of Law and Economics 17* (April 1974),

George J. Stigler & Claire Friedland, "What Can Regulators Regulate? The Case of Electricity", *Journal of Law and Economics 5* (October 1962).

George J. Stigler, "Public Regulation of the Securities Market", *Journal of Business 2* (April 1964).

George Stigler, "The Economists and the Problem of Monopoly", *American Economic Review* (May 1982).

Gregg Easterbrook, "Workable Antitrust Policy", *84 Mich. L. Rev.* 1696 (1986).

Herbert Hovenkamp, "Antitrust Policy after Chicago", *84 Mich. L. Rev. 213* (1985).

Herbert Hovenkamp, "The Sherman Act and the Classical Theory of Competition", *74 Iowa Law Review 1019* (1989).

Herbert Hovenkamp, "Legislation, Well-Being and Public Choice", *57 U. Chi. L. Rev. 63* (1990).

Herbert Hovenkamp, "Antitrust as Extraterritorial Regulatory Policy", *48 Antitrust Bulletin 629* (2003).

Joseph C. Gallo, Joseph L. Craycraft & Steven C. Bush, "Guess Who Came to

Dinner: An Empirical Study of Federal Antitrust Enforcement for the Period 1963～1984", *Review of Industrial Organization 2* (1985).

Joseph Kattan, Antitrust of Technology Joint Ventures: "Allcoative Efficiency and the Rewards of Innovation", *61 Antitrust L.R. 936* (1993).

Katherine J. Alprin, "Recent Developments: Moving Towards an Antitrust Policy Based on Consumer Welfare: State Oil Co. v. Khan", *73 Tul. L. Rev. 353.*

Kenneth G. Elzinga, "The Antimerge Law: Pyrrhic Victories", *Journal of Law and Economics12* (April 1969).

Mark A. Cohen, "The Role of Criminal Sanctions in Antitrust Enforcement", *Contemporary Policy Issue 7* (October 1989).

Nan Aron, Barbara Moulton & Chris Owens, "Economics, Academia, and Corporate Money in America: the 'Law and Economics' Movement", *Antitrust Law & Economics Review*, Vol. 24, No. 4.

Paul M. Barrett, "A Movement Called 'Law and Economics' Sways Legal Circles", *The Wall Street Journal, Aug. 4, 1986.*

Pauline M. Ippolito, "Resale Price Maintenance: Evidence from Litigation", *Journal of Law and Economics 34* (October 1991).

Peter Asch, "The Determinants of Antitrust Activity", *Journal of Law and Economics 18* (October 1975).

Peter Asch, Joseph J. Seneca, "Is Collusion Profitable?", *Review of Economics and Statistics 58* (February 1976).

Richard A. Posner, "The Federal Commission", *University of Chicago Law Review 37* (1969).

Richard A. Posner, "A Statistical Study of Antitrust Enforcement", *Journal of Law and Economics 13* (October 1970).

Richard A. Posner, "The Federal Trade Commission", *University of Chicago Law Review 47* (1976).

Richard A. Posner, "The Chicago School of Antitrust Analysis", 127 U. *Pa. L. Rev. 925* (1979).

Richard Hofstadter, "The Age of Reform: From Bryan to FDR", *The Journal of Southern History*, Vol. 26, No. 4. (Nov., 1960)

Richard Hofstadter, "What Happened to the Antitrust Movement? The Paranoid Style in American Politics and Other Essays" (1965).

Richard Pitofsky, "The Political Content of Antitrust", 127 *University of Pennsylvania Law Review 1051* (1979).

Robert A. Rogowsky, "The Economic Effectiveness of Section 7 Relief", *Antitrust Bulletin 31* (Spring 1986) .

Robert B. Reich, "The Antitrust Industry", *Georgetown Law Journal 68* (April 1980).

Robert C. Ellickson, "Bringing Culture and Human Frailty to Rational Actors: A Critique of Classical Law and Economics", *65 Chicago-Kent Law Review* (1989).

Robert H. Lande, "Wealth Transfers as the Original and Primary Concern of Antitrust: the Efficiency Interpretation Challenged", 34 *Hastings Law Journal* (1982).

Roger L. Faith, Donald R. Leavens & Robert D. Tollison, "Antitrust Pork Barrel", *Journal of Law and Economics 15* (October 1982).

Steven C. Salop and Lawrence J. White, "Economic Analysis of Private Antitrust Litigation", *Georgetown Law Journal* 74 (April 1986).

Thomas W. Ross, "Winners and Losers under the Robinson-Patman Act", *Journal of Law and Economics 27* (October 1984).

Thomas W. Ross, "Store Wars: The Chain Tax Movement", *Journal of Law and Economics 29* (April 1986).

Timothy Dunne, "Functional Discounts under Housebrouck and Secondary Line Competitive Injury", 59 *Antitrust Law Journal*.

William F. Shughart Ⅱ, "Robert D. Tollison & Brian L. Goff, Bureaucratic Structure and Congressional Control", *Southern Economic Journal* 52 (April 1986).

William J. Baumol & Janusz A. Ordover, "Use of Antitrust to Subvert Competition", *Journal of Law and Economics* 28 (May 1985)

William Letwin, "The English Common Law Concerning Monopolies", 21 *U. Chi. L. Rev.* 355(1954)

William Long, Richard Schramm, Robert Tollision, "The Economic Determinants of Antitrust Activity", *Journal of Law and Economics 18* (October 1975).

六、法规

Robinson-Patman Ac

The Celler-Kefauver Anti-Merger Act

Hart- Scott Rodino Antitrust Improvement Act

The Constitution of the United States of America.

the Civil Rights Act of 1964

Hart-Scott-Rodino Premerger Notification Act

1968 Horizontal Merger Guidelines

DOJ & FTC: Horizontal Merger Guidelines of 1992

七、判例

Adarand Constructors, Inc. v. Pena, 515 U.S. 200 (1995)

Addyston Pipe & Steel Co. v. United States, 175 U.S. 211 (1899)

Alfred Dunhill of London v. Republic of Cuba, 425 U.S. 682 (1976).

Allied Tube & Conduit Corp. v. Indian Head, Inc. 486 U.S. 492 (1988).

Allgeyer v. Louisiana, 165 U.S. 578 (1897).

American General Ins. Co. v. FTC, 496 F. 2d 197 (5th Cir. 1974)

American General Ins. Co. v. FTC, 589 F. 2d 462 (9th Cir. 1979)

Apex Hosiery Co. v. Leader, 310 U.S. 469 (1940).

Appalachian Coals Inc. v. United States, 288 U.S. 344 (1933).

Baltimore Scrap Corp. v. David J. Joseph Co., 237 F. 3d 394 (4th Cir. 2001).

Bigelow v. RKO Radio Pictures, Inc., 327 U.S. 251 (1946).

Brown v. Pro Football, Inc., 518 U.S. 231 (1996).

Brown Shoe Co. v. United States, 370 U.S. 294 (1962)

Brunswick Corp. v. Pueblo Bowl-O-Mat Inc., et al., 429 U.S. 477(1977).

Business Electronics Corp. v. Sharp Electronics Corp., 485 U.S. 717 (1988).

Calder v. Bull, 3 U.S. 386 (1798).

California Motor Transport Co. v. Trucking Unlimited, 404 U.S. 508 (1972).

Chattanooga Foundry & Pipe Works v. City of Atlanta, 203 U.S. 390 (1906).

Chicago Board of Trade v. U.S., 246 U.S. 238 (1918).

City of Columbia & Columbia Outdoor Advertising, Inc. v. Omni Outdoor Advertising, Inc., 499 U.S. 365 (1991).

City of Richmond v. J. A. Croson Co., 488 U.S. 469 (1989).

Columbia v. Omni Outdoor Advertising, Inc., 499 U.S. 365 (1991).

Continental Ore Co. v. Union Carbide & Carbon Corp., 370 U.S. 690 (1962).

Continental T. V. Inc. v. GTE Sylvania, 433 U.S. 36 (1977)

CVD v. Raytheon Co., 769 F. 2d 842, 851 (1st Cir. 1985), cert. Denied, 475 U.S. 1016 (1986).

Darcy v. Allein, 11 Coke 84, 77 Eng. Rep. 260 (K. B. 1630).

DeFunis v. Odegaard, 416 U.S. 312 (1974).

Eastman Kodak Co. v. Image Technical Services Inc., et al, 504 U.S. 451 (1992).

Eastern R.R. Presidents Conf. v. Noerr Motor Freight, Inc., 365 U.S. 127 (1961).

Fairdale Farms v. Yankee Milk, 635 F. 2d 1037 (2d Cir. (1980).

Federal Baseball Club of Baltimore, Inc. v. National League of Prof. Baseball Clubs, 259 U. S. 200 (1922).

Finnegan v. Campeau Corp. , 915 F. 2d 828 (2d Cir. 1990).

Flood v. Kuhn, 407 U. S. 258 (1972).

Friedman v. Salomon/Smith Barney , Inc. , 313 F. 3d 796 (2d Cir. 2002).

FTC v. Superior Court Trial Lawyers' Association, 493 U. S. 411 (1990).

FTC v. Brown Shoe Co. , 384 U. S. 316 (1966).

FTC v. Procter & Gamble, 386 U. S. 568 (1967).

FTC v. Superior Court Trail Trial Lawyers' Association, 493 U. S. 411 (1990).

Georgia v. Evans, 316 U. S. 159 (1942).

Gideon v. Wainwright, 83 S. Ct. 792, U. S. Fla. , 1963. Decided March 18, 1963.

Gratz v. Bollinger et al. , certiorari to the united states court of appeals for the sixth circuit,No. 02 - 516. Argued April 1, 2003——Decided June 23, 2003.

Grip-Pak, Inc. v. Illinois Tool Works, Inc. , 692 F. 2d 466 (1982).

Gordon v. New York Stock Exch. , Inc. , 422 U. S. 659 (1975).

Group Life & Health Ins. Co. v. Royal Drug Co. , 440 U. S. (1979).

Grutter v. Bollinger et al. , certiorari to the united states court of appeals for the sixth circuit, No. 02 - 241. Argued April 1, 2003——Decided June 23, 2003.

Hartford Fire Ins. Co. v. California, 509 U. S. 764 (1993).

Haywood v. National Basketball Ass'n, 401 U. S. 1204 (1971).

Hopkins v. United States, 427 U. S. 123 (1898).

Hopwood v. Texas, 78 F. 3d 932 (5th Cir. 1996).

International Assn. Of Machinists & Aerospace Workers v. OPEC, 477 F. Supp. 553 (C. D. Cal. 1979).

Keogh v. Chicago & Nw. R. R. , 260 U. S. 156 (1922).

Mandeville Island Farms v. American Crystal Sugar Co. , 334 U. S. 219 (1948).

Mannington Mills, Inc. v. Congoleum Corp. , 595 F. 2d 1287 (3d Cir. 1979).

Marbury v. Madison, 1 Cranch (5 U. S.) 137, 2 L. Ed. 60 (1803).

Maryland & Va. Milk Producers Ass'n v. United States, 362 U. S. 458 (1960).

Mastushita Electric Industrial Co. , Ltd. et al v. Zenith Radio Corp. et al. , 475 U. S. 574 (1986).

Mitchel v. Reynolds, 1 P. Wms. 181, 24 Eng. Rep. 347 (1711).

Monsanto Co. v. Apray-Rite Service Corp. , 465 U. S. 752 (1984).

Munn v. Illinois, 94 U. S. 113 (1876).

NAACP v. Claiborne Hardware Co. , 458 U. S. 886 (1982).

National Society of Professional Engineers v. United States, 435 U. S. 679, 98 S. Ct. 1355, 55 L. Ed. 2d 637 (1978).

Nobelpharma v. Implant Innovations, 141 F. 3d 1059 (Fed. Cir. 1998), cert. Denied, 525 U. S. 876 (1998).

North Am. Soccer League v. National Football League, 465 F. Supp. 665 (S. D. N. Y. 1979).

North Texas Producers Ass'n v. Metzger Dairies, 348 F. 2d 189 (5th Cir. 1965).

Northern Pac. Ry. Co. v. United Stated, 365 U. S. 1,78 S. Ct. 514. 2L. Ed. 2d 545 (1958).

Northern Securities Co. v. United States, 193 U. S. 197 (1904).

Nynex Corp. v. Discon, Inc. , 525 U. S. 128 (1998).

Otter Tail Power Co. v. United States, 410 U. S. 366 (1973).

Pfizer, Inc. v. Government of India, 434 U. S. 308 (1978).

Professional Real Estate Investors, Inc. v. Columbia Pictures Industries, Inc. 508 U. S. 49 (1993).

University of California Regents v. Bakke, 438 U. S. 265 (1978).

Rothery Storage & Van Co. v. Atlas Van Lines, 792 F 2d 210 (1986).

Schechter Poultry Corp. v. United States, 295 U. S. 495 (1935).

Silver v. New York Stock Exch. , 373 U. S. 341 (1963).

Sony Corp. of America v. Universal City Studios, Inc. , 464 U. S. 417, 429 (1984).

Square D Co. v. Niagara Frontier Tariff Bur. , 476 U. S. 409 (1986).

St. Paul Fire & Marine Ins. Co. v. Barry, 438 U. S. 531 (1978).

Standard Oil Co. v. United States, 221 U. S. 1 (1911).

Strobl v. New York Mercantile Exch. , 768 F. 2d 22, (2d Cir. 1985).

Sunkist Growers v. FTC, 387 U. S. 244 (1979).

Tank Liners v. Joor Mfg. , 827 F. 2d 458 (9th Cir. 1987).

Timberlane Lumber Co. v. Bank of America , 549 F. 2d 597, (9th Cir. 1976)

Town of Concord v. Boston Edison Co. , 915 F. 2d 17 (1th Cir. 1990).

United States v. Trans Missouri Freight Ass'n, 166 U. S. 290(1987).

Union Labor Life Ins. Co. v. Pireno, 458 U. S. 119 (1982).

United Mine Workers v. Pennington, 381 U. S. 657 (1965).

United States Alkali Export Ass'n v. United States, 325 U. S. 196 (1945).

United States v. Addyston Pipe & Steel Co. 85F. 271 (6th Cir. 1988), affd, 175 U. S. 211 (1899).

United States v. Airline Tariff Publishing Co., et al, 836 F. Supp. 9 (D. DC 1993).

United States v. Aluminum Co. of America (ALCOA), 148 F. 2d 416 (2d Cir. 1945).

United States v. Arnold Schwinn & Co., 388 U. S. 365 (1967).

United States v. Chicago Title & Trust Co., 242 F. Supp. 56 (1965).

United States v. Cooper Corp., 312 U. S. 600 (1941).

United States v. du Pont & Co., 351 U. S. 377 (1956).

United States v. E. C. Knight Co., 156 U. S. 1 (1895).

United States v. Hutcheson, 312 U. S. 219 (1941).

United States v. Joint Traffic Ass'n, 171 U. S. 505 (1898).

United States v. Maryland Coop. Milk Producers, Inc., 145 F. Supp. 151(D. D. C. 1956).

United States v. Microsoft Corporation, 56 F. 3d 1448 (1995).

United States v. National Ass'n of Sec. Dealers, Inc., 422 U. S. 694 (1975)

United States v. O'Brien, 319 U. S. 367 (1968).

United States v. Philadelphia Nat'l Bank, 374 U. S. 321 (1963).

United States v. Socony Vacuum Oil Co., 310 U. S. 150 (1940).

United States v. Title Ins. Rating Bur. of Ariz., 700 F. 2d 1247 (9th Cir. 1983).

United States v. Topco Assocs. Inc., 405 U. S. 596 (1972).

United States v. Trans Missouri Freight Association, 166 U. S. 290 (1897).

United States v. Von's Grocery Co., 384 U. S. 270 (1966).

United States v. Watchmakers of Switzerland Information Center, 133 F. Supp. 40 (SDNY. 1955).

Walker Process Equipment v. Food Machinery & Chemical Corp., 382 U. S. 172 (1965).

八、网站

http://www.abanet.org/antitrust/

http://www.antitrust.org/

http://application2.tyfo.com/cms/search/tyfo_news_view.jsp?id=13

http://www.contractinstitute.com/

http://csgb.ubc.ca/

http://www.economist.com/

http://www.findlaw.com/

http://www.ftc.gov/

http：//groups. hass. berkely. edu/iber/cpc/

http：//home. olemiss. edu/～shughart/

http：//home. ubalt. edu/ntlaland/Articles. html

http：//ideas. repec. org/s/ucp/jlawec. html

http：//www. jjxj. com. cn/

http：//law-thinker. com/

http：//www. law. unimelb. edu. au/alc/

http：//www. megalaw. com/top/antitrust. php

http：//www. metrolink. net/～cmueller/

http：//www. ripon. edu/faculty/bowenj/antitrust/INTRO. htm

http：//www. supremecourtus. gov/

http：//www. usdoj. gov/atr/cases/f4700/4797. pdf

http：//www. usembassy-china. org. cn/index-c. html

http：//www. westlaw. com/

http：//www. whitehouse. gov

后　　记

一

虽然一些法学家从宗教信仰的角度质疑与责难"物竞天择"[①]，但我仍然坚信竞争是自然界与人类社会的常态。在人类社会，尤其是对经济活动而言，垄断又是与竞争相伴而生，是竞争的孪生兄弟，有竞争就有垄断。我的童年正逢中国的"文革"非常时期。我至今还记得当时常到我们村卖"米团"的几位老人，（"米团"是我幼时企盼能吃到的奢侈品，用糖稀将膨胀的米粒粘附而成）"米团"的价格都是二分钱一个，但老人之间为争夺我们这些小顾客也会在大小与甜度上比试一番。而当时买肥皂、牙膏一类的日用品要跑到几里地以外的街上（公社机关所在地），还要低声下气地看售货员的脸色，甚至有些时候不得不"走后门"。那时有几种令人向往的职业，随着时光的流失我只记得住两种，就是"方向盘"、营业员。一个今天看似笑话的故事却让我终身难忘，一位公社书记曾对一位小学教师说："好好干，我以后提拔你到供销社当营业员。"——垄断行业小职员的经济与社会地位都远远高于与我们朝夕相处、一直受我们尊敬与爱护的"人类灵魂的工程师"。这种反差给我留下了太深的印象。造成这种反差的一个重要原因应当说是计划经济下的国家专营，即公有垄断。当然，我们也可以换个角度称之为"经济管制"。我老家以面粉为主食，我们把面粉叫做粮食。等后来我再大一些，我随大人去粮管所买粮食，有的营业员就自己规定购粮者必须将面粉倒进自己的布袋里，而不得以粮袋换粮袋。这样，粘在原先粮袋上的面粉就被这位垄断部门的劳动者"积少成多"，给自己发福利了。再大一些，每逢去供销社与粮管所"消费"，工作人员就会对我们抱怨没零钱，将购物剩余下的一、两毛钱以糖果抵偿；而食品公司会要求买一斤猪肉需

① 参见 Phillip E. Johnson, *Darwin on Trail*, Inter Varsity Press (1991). 作者是 University of California at Berkeley 的法学教授，曾任联邦最高法院首席大法官 Earl Warren 的助手。

搭买两盒火柴。在我们原以为"计划经济"①一统天下的非常态时期，我们的经济生活并没有逃脱竞争与垄断的控制。

上中学时，离家较远，吃住在学校。被称为"公家的"学校食堂（当地也称"大伙"）独家经营，别无分店。我们这些乡下人在价高又难吃的饭菜与有背景大师傅的训斥声中完成了中学学业。2001 年我与爱人到南京大学南园办事，正巧目睹了南大食堂被慢慢焚烧的一目。我爱人说，要是她当年在南大上学时出这样的事，学生们就惨了，天一冷，吃饭都是问题。要是在早些年，市场经济尚欠发展，冬日里学子们吃点热饭、填饱肚子一定会成为校方的头等大事。而如今在南大附近盒饭与小餐馆遍地开花的情况下，校方再也不必转移工作重心去多虑此事②。我们能否说是竞争解决了这一问题，为校方排了忧、解了难？如果时光倒退若干年，又将会有怎样的后果？可以说，保护、鼓励、促进竞争，制止、限制乃至打破垄断，实实在在地影响着我们生活的方方面面，真真切切地改善了我们的生存环境。

二

研究反垄断的动因是想将这一领域作为终生的事业。在机关混久了，以前的专业是很难捡起来再冲到前面去的。而我国对反垄断问题的研究刚刚起步，有足够大的空间任凭后来者自由驰骋。而且，我在政府机关近十年的工作经历特别是在中共江苏省委从事文字秘书工作的经

---

① 严格意义上讲，我并不认为计划经济是坏的，是一种不良体制，市场经济就是好的。我赞同何新先生的观点：计划经济是对国民经济实施统筹安排、实施宏观调控的理性主义经济原则；市场经济不等于非理性的、无政府主义的自由放任；行政管制型经济即统制经济不能与计划经济混为一谈。笔者反对的是指令式计划经济（Command Economy）。这种经济带有决策高度集中和主要按实物分配物资的"物动型计划经济"的特点。参见何新著：《思考——新国家主义的经济观》，时事出版社 2001 年版。

② 本书即将出版的 2006 年底，我外出做实证调查。12 月 24 日晚，我与江西××大学一位曾姓师傅聊天。这位 64 岁的老人受聘在该校教师周转房工作。老人说："学校的东西应当比外面便宜，但现在什么都比外面贵。""在市区的学校，食堂价格比较便宜，因为有外面的竞争。（该校）瑶湖校区离市区远，所以饭菜就贵。"他告诉我，他每月的工资是 400 元，学校每月发 310 元，扣 90 元，然后再补助 90 元，计 180 元打入饭卡。上半年，学校有关部门规定他们这些后勤人员必须在一家名为长胜园的食堂就餐，否则，予以经济制裁。有些人吃饭很节省，消费额没有完成，被处以 5—10 元的罚款，而他因"吃饭"得到 5 元的奖励（最高奖）。他打电话告诉家人时，家人都很惊讶，说你没有得到其他奖，却得到"吃饭奖"。行政垄断在某些地区竟然达到如此赤裸裸的地步，从一个侧面表明，中国的反垄断立法确实到了刻不容缓的地步。

历，对我的研究大有裨益。它使我更加倾向于对反垄断法作政治、政策、经济、哲学及历史等多方面的宏观分析，并对法律环境作较为细致的审视，也使我这几年的研究未能局限于对法条的追究。

中国垄断问题之严重足以让人忧心忡忡，但更让人忧虑的是国人对这一问题的麻木[①]，甚至自鸣得意、以此为荣，对垄断手法所持有的那种由衷赞叹、期盼与追求。一些垄断行为还堂而皇之地登上大雅之堂，博得国人和同行的赞赏与敬佩。即使是公开的价格卡特尔与瓜分市场（如联合限产等行业自律行为）等等明显违规，破坏市场竞争秩序与自由，损害消费者利益，阻碍技术进步与经济发展的"大手笔"，都能获得政府的鼎立支持与主流媒体的一片喝彩。那些吹捧成功企业家的新闻报道乃至小说、电视剧（如引起轰动的《大染坊》）都将五花八门、在发达国家永远见不得阳光甚至被视作犯罪（重罪）而严厉打击的垄断行径当作成功经验而大肆宣扬[②]。这两天南京的大街小巷，时时可见报社的促销人员给订报人以种种"回报"：一年的《扬子晚报》，每天早、晚投递两次，价格仅为 35 元；《南京日报》全年 180 元，却返还超过 180 元的实物。典型的低价倾销"大鸣大放"竟无人过问。令人稀奇的是国内商界的竞争手法之高超。香港"7＋1"连锁超市进军南京零售市场不久，几家媒体就以新闻报道的形式，不点名地指责苏果超市以撤架等手段要挟供应商不得向"7＋1"供货、以"一件小商品我比你多亏五角也要将你挤垮"等明显的掠夺性价格对付这位新手。我专程联系了"7＋1"在南京的副总，准备为其

---

① 随手翻阅 2005 年 2 月 19 日《扬子晚报》，A6 版"今日财经"竟有 4 则新闻与垄断有关。分别为"被列为十大暴利行业之首：房地产高利润从何而来"、"北京出发机票'折'声一片航空公司将结价格同盟"、"专家据煤电价联运方案预测：全国多数地区电价将上调"和"信用卡还款，少一分也不行：'狂刷族'小心别当'冤大头'"。与 A6 版连页的 A11 版"今日神州"的两篇报道也涉及垄断行为：一篇是"C 群流脑疫苗为何全国仅一厂生产"，另一篇为"兰州：机场'霸王面'一碗 32 元"。报道称机场的牛肉面不仅价格贵得离谱，碗也比市区小多了，更让人难以置信的是所谓的牛肉面"根本不是人工拉的面"，而"是机器压的面"。其他食物的价格也基本"保持在高端运行的水平"：西红柿鸡蛋面与扁豆面都是 28 元，排骨面 32 元。但兰州的经济发达程度终究离上海还存在着不少的"差距"。笔者与朋友在虹桥机场就曾"享受"过 70 元一碗的牛肉面。

② 据 2005 年 2 月 20 日《北京青年报》报道：在广州，经营眼镜的暴利令人咂舌。一幅 20 元的镜架一般都卖到 400 元。由于打破了眼镜的高价壁垒，一家平价眼镜店超市开业仅一周时间就遭到以广州眼镜商会为首的全体眼镜零售商和批发商的集体封杀。他们联合向供应商施压，要求收货，致使平价超市面临断货的危机。对此现象，有人出于义愤赋诗一首，中间部分写道："市场经济不简单，但要暴利也不难。只须哥们联起手，就是一座火焰山。小小眼镜利润大，黑幕惊天浑不怕。哪个敢不听招呼，坚决要将他封杀。"

免费提供法律帮助，共同制止苏果的这一“霸道恶行”(用这类办法“修理”竞争对手的事例，在笔者所在的南京市不胜枚举)。但我调查的结果却是这则报道子虚乌有，是“7+1”在进入南京市场之初，为提高企业知名度与南京一些地方报纸联手制造的一则假新闻，乃是以“哀兵”的姿态变相作了一次广告。但“广告”却是以抵毁竞争对手的商业信誉为代价，是对对手商誉的公然践踏。

“3·15”来到中国快20个年头了，但消费者依然要面对似乎永远都道不明、数不清的霸王条款，而霸王条款又多出自垄断行业①。中国质量万里行质量促进会秘书长李迎丰将垄断称作是消费者维权的首要障碍②。2005年席卷大江南北的“油荒”事件，近期油价的再一次上扬及其对经济生产与民众生活的负面影响③，让人们进一步看清了寡头们的嘴脸，也领略到了垄断者反制公共政策决策者与执行人的强大力量，更认识到出台反垄断法的必要性与迫切性。而近来演艺圈屡屡发生的“罢演”、“罢唱”事件以及媒体对其的极端反应——“封杀”，也在时刻提醒着人们从反垄断的视角对这一领域的竞争秩序重新作一番审视④。

今年两会期间人大代表、政协委员怒斥“垄断福利”，要求进行相关的公益立法后，国家电网公司以内部文件的方式，率先叫停“福利腐败”。2005年4月，安徽省人大以地方立法的形式明确规定能源生产和经营性

---

① 参见张艳丽：“消除霸王条款需闯‘三关’——行业垄断、法律缺失、体制弊端是根本问题”，《扬子晚报》2005年3月15日A6版。

② 参见“消费者投诉解决率不到30%专家：垄断是维权首要障碍”，《扬子晚报》2005年3月14日A8版。

③ 比如今年“五一”黄金周，公路客运票价因油价上涨的压力，将上浮10%，且黄金周后上调的票价很可能不再下调。参见：“天上飞的，地上跑的，都要涨价，理由也很冠冕堂皇：‘五一’的感觉就是多花钱”，载于《现代快报》2006年4月20日A15版。

④ 据《现代快报》报道，因演员韩雪2006年4月18日罢唱江苏综艺频道《非常大明星》特别节目，江苏综艺频道“已将韩雪罢演一事向江苏广播电视总台汇报，总台要求各频道不再邀请韩雪参加节目，不报道韩雪的任何活动。”韩雪定于2006年4月25日赴宁宣传新专辑、举办歌友会及签售会。对此，江苏台联合兄弟媒体一同抵制韩雪在南京的宣传活动。江苏省新华书店的负责人表示：“我们不能允许造成恶劣影响的艺人来签售”，并已取消原本谈妥的签售活动。从法理上讲，如韩雪违约，江苏综艺频道可收集相关证据，向其提出经济索赔等。这是二者的民事纠纷。江苏台针对韩雪联合其他媒体推行的所谓“封杀”，则是一种典型的联合抵制行为。参见《现代快报》2006年4月20日A39版。

企业不得再吃这一"免费的午餐"[①]。但"冰冻三尺,非一日之寒",既然大家"恨之入骨"的"垄断福利"在全国普遍存在,要彻底制止,恐怕还需有更大的后续动作,且政策决策机构还须提高到国家最高权力机关的层面[②]。

三

市场经济的本质是竞争经济,竞争是配置资源和推动国民经济发展的根本手段,而竞争必须依据一定的规则进行。反垄断政策正是市场经济中的竞争规则,是市场自身规律的抽象与概括的反映。"全世界200个左右的国家,都存在着垄断问题,而垄断问题的存在,给每个国家都带来了巨额的经济损失。""世界上已有80多个国家制定了反垄断法。"[③]一般认为,中国经济成功得益于经济体制由计划经济向市场经济的转变。在这一过程中,政府对企业的直接干预越来越少,产业组织和市场结构的竞争性不断得到强化[④]。但就在我国经济的市场化程度有了相当快、相当大的提高,愈来愈多的国家承认我国的市场经济地位的同时,现实经济生活中也存在着大量的经济失范行为,市场秩序仍然较为混乱。极其普遍的歧视现象、不公平的竞争方法、假冒、贿赂、损害对手信誉、侵犯商业秘密、虚假广告、协议价格、分割市场、"强强联合"、设置准入障碍,过多过滥的部门自身垄断及行政垄断、地区保护与封锁等,严重地限制了正常的市场竞争,既不适应我国建立社会主义市场经济体制的形势,也有悖于我国对外开放与加入世贸组织的要求,不仅给我国造成了巨大的经济损失和负面影响,还制约着我国经济未来健康、持续、快速的发展。竞争制度是一个国家的基本经济制度,是市场经济中经济制度的

---

① 《安徽省节约能源条例》规定:"电、煤气、天然气、煤等能源生产和经营单位应当按照国家规定计量、收费,不得向本单位职工和其他居民无偿、低价提供能源产品或者实行包费制。"

② 应当说,安徽省的做法为遏制"垄断腐败"开了一个好头,至少表明了权力机构对这一问题的"政治立场"和"政策取向",但条例难以真正取得实效。因为它只能阻止表面的"垄断福利",解决不了根本问题,垄断企业完全可以变换方式,如以补贴的方式把钱再发给员工。"垄断福利"的产生根源在于这些企业本身拥有的垄断权力,所处的垄断地位。要根除"垄断福利",关键还在于端掉这些企业的垄断"铁交椅",砸破其"铁饭碗"。

③ 参见:http://www.metrolink.net/~cmueller/

④ 参见约瑟夫·斯蒂格利茨:"促进规制与竞争政策:以网络产业为例",载于张昕竹主编:《中国规制与竞争:理论和政策》,社会科学文献出版社2000年版。

基石。它不仅包含着比所有制更为广泛的内容，改变着生产要素的运行方式与运行结果，从而有力地推动经济发展[①]，还深深地影响着一个社会的政治与文化形态。弥补这一市场经济必备制度，加紧建立起法治、信用的公平竞争经济秩序，自然而然就成为当前我国法治建设的一项根本任务，也是一项重大的经济与政治任务。单就经济方面而言，未来的反垄断法将成为中国经济的下一个"助推器"[②]。

美国是世界反垄断政策的"母国"，1890 年的谢尔曼法被认为是世界上最早的反垄断政策，其反垄断政策也最为发达与完善。作为一个资本主义市场经济国家，美国的基本经济政策是保护与促进市场竞争，并以竞争为手段配置各种经济要素与社会资源，从而推动经济的向前发展。一百多年来，美国的反垄断政策对促进美国经济持续、快速发展，保护消费者福利，维护资本主义经济民主、政治民主与社会安定立下了汗马功劳。美国也是反垄断政策的"输出国"，对许多国家与地区构建自身的反垄断制度有着重要的影响。无论是今天被称作"老欧洲"的德国、意大利，还是被称为"新欧洲"的波兰、捷克等前社会主义国家，无不以美国反垄断政策为蓝本构建自己的竞争政策和反垄断指导原则。与前两个二战轴心国一样，日本的反垄断立法也是在美国军事占领期间，综合美国反垄断政策三个主要法律（谢尔曼法、克莱顿法和联邦贸易委员会法）而形成的。占领当局将日本走上军国主义道路归结于国内卡特尔的合法化与经济力量集中于大财阀之手，将移植美国反垄断政策作为维持日本经济民主千秋万代的法宝。在赶超阶段，韩国与我国台湾地区都模仿美国反垄断政策，建立起自己的反垄断制度，用以刺激内部的经济活力、更好地参与外部竞争，且都取得了很好的经济与社会效果。德国竞争法权威马尔克特曾说过："美国的反托拉斯法作为世界上历史最悠久、适用范围最广泛、法学研究和经济学研究最为发达的法律，对世界上所有国家都可以提供帮助。"[③]王晓晔研究员也持有这样的思想。在我国建立市场经济体制、加入世贸组织、全方位参与国内国际两个市场的竞争、全面融

---

① 参见[美]A. 爱伦・斯密德：《财产、权力和公共选择——对法和经济学的进一步思考》，黄祖辉等译，三联书店、上海人民出版社 1999 年版，中文序言部分。

② 王怡："我们需要什么样的反垄断法?"，《21 世纪经济报道》，2003 年 3 月 31 日。

③ 库尔特・马尔克特："美国反托拉斯法的现状和发展趋势"，载于《美国和德国的经济与经济法》，法律出版社 1991 年版，第 151 页。

入经济全球化的背景下，研究美国反垄断政策，借鉴其成功经验和有益的做法，探寻其中的规律，从而前瞻性地预防与克服其我们政策中的不足，服务于我们的反垄断政策的制定与执行，无异是一件十分有益的工作。

四

感谢我的恩师严强教授气势磅礴、饱富激情的授课。十多年来，先生的学优才赡、博古通今、中西合璧，时时让我产生"虽不能至，心向往之"的念头。本书写作的整个过程，都一直得到先生的悉心指导与热情鼓励，从文章的选题到结构的搭建直至观点的表述，无不凝聚着先生的心血。先生的高尚人格和严谨治学的精神是我未来人生道路与学术生涯不竭的动力源泉，将激励我踏踏实实地去走自己人生与学术之路的每一步。

衷心感谢我国著名经济法学家和反垄断权威王晓晔教授给予我的知识上的深厚恩惠对我从事反垄断研究的呵护、期许和抬爱。作为我从事博士后研究的导师，王老师为本书的修改和定稿提供了多方面指导，并赠予和借给我许多珍贵的资料。本书中的一些观点依然带有王老师反垄断思想的标签。感谢我国著名经济刑法学家孙国祥教授十几年来对我学业与生活的关心与帮助。感谢法学院的三老——李乾亨教授、林仁栋教授、钱大群教授，感谢张永桃教授、张凤阳教授、文晓明教授、闾小波教授、黄健荣教授、冒荣教授、叶南客教授、从丛教授，感谢邵建东教授、李友根教授、方晓敏教授、蒋大兴教授、赵娟教授、温晋锋教授、孔繁斌教授、曹明老师、张菊影老师。感谢李永刚教授、周向红教授以及苏向荣、黄澜、喻捷、张锁根、宋仁宪（韩国）、叶鸿蔚、陈秋苹、蒋好华、陈潭、陈堂发、窦正斌、樊雅强、贾涛、张敏、夏洁秋、李倩等诸位教授与同门学友。与他们之间的思想与学术交流是人生中一件难以忘怀的喜事。学术沙龙、博士论坛上的争论，所受的启迪与共鸣，至今仍历历在目。

感谢当今美国反垄断法的领军人物、IOWA 大学法学院的 Herbert Hovenkamp 教授、行政法教授 John C. Reitz 和加州大学 Davis 分校的宪法学教授 Gary Goodpaster。感谢 IOWA 大学亚太中心（CAPS）副主任刘东旺博士和在洛杉基执业的余波律师。还要特别感谢南京大学出版社编辑为本书出版所付出的努力。

我的家人为我能在学业上有所进步付出了艰辛的努力，是他们坚定了我走学术之路的决心，给予我信心、勇气与力量，是他们用爱心陪我走过了最为艰苦的日子。每逢假日，我常想把女儿送走，以便自己静下心来写些东西。懂事的孩子就会哀求："爸爸，不要送我走，我不会耽误你学习，我玩我的，不影响你。"想到这些，对女儿、对家人的歉意就会油然而生，涌上心头。这些年来，我欠他们的太多太多，而给予他们的又太少太少，没有他们的劳苦与关爱我将一事无成。亲情重如山！一句简单的感谢根本无法表达对亲人的感激之情。有了亲情的呵护和陪伴，就能够在这个以"长浮华"为常态的物欲横流社会，保持一颗童心，拥有一份耐心和恒心；告别"逐物意移"，不再"心动神疲"；认定学术的目标，"守真志满"；下定坐"冷板凳"的决心，"性静情逸"。蒙学时读《三字经》，最后总言道："勤有功，戏无益，戒之者，宜勉力。"而唯有"读书十年，不出户庭"之途，方能通达"众里寻他千百度，蓦然回首，那人却在灯火阑珊处"的境界。清人李毓秀曾言："圣与贤，可驯致。"在此权作自勉。

吴玉岭

2004 年 9 月初稿

2005 年 1 月再稿

2005 年 4 月三稿

2005 年 12 月四稿

2006 年 4 月定稿于龙江小区蓝天园寓所

图书在版编目(CIP)数据

扼制市场之恶：美国反垄断政策解读/吴玉岭著.
—南京：南京大学出版社，2007.3
(社会转型与公共政策研究书系)
ISBN 978-7-305-04941-5

Ⅰ.扼… Ⅱ.吴… Ⅲ.①市场竞争-经济政策-研究-美国 ②反托拉斯法-研究-美国 Ⅳ.F171.20 D971.222.9

中国版本图书馆 CIP 数据核字(2007)第 031985 号

出 版 者 南京大学出版社
社　　址 南京市汉口路 22 号 邮编 210093
网　　址 http://press.nju.edu.cn
出 版 人 左　健
丛 书 名 社会转型与公共政策研究书系
书　　名 扼制市场之恶——美国反垄断政策解读
著　　者 吴玉岭
责任编辑 潘琳宁
照　　排 南京大学印刷厂
印　　刷 南京大学印刷厂
开　　本 787×960 1/16 印张 21.5 字数 328 千
版　　次 2007 年 3 月第 1 版 2007 年 3 月第 1 次印刷
印　　数 1—2 000
ISBN 978-7-305-04941-5
定　　价 38.00 元
发行热线 025-83592169 025-83592317
电子邮件 sales@press.nju.edu.xn(销售部)
nupressl@publicl.ptt.js.cn